Kristian Köhler

Softwaredesign und Entwurfsmuster

Das umfassende Handbuch

Rheinwerk
Computing

Liebe Leserin, lieber Leser,

mit diesem umfassenden Handbuch über Softwaredesign und Entwurfsmuster haben Sie sich einiges vorgenommen! Nämlich nicht mehr und nicht weniger, als sauberes, nachhaltiges und erweiterbares Softwaredesign zu lernen – die Grundlage professioneller Softwareentwicklung.

Je nachdem, ob Sie schon Berufserfahrung mitbringen oder noch ganz am Anfang Ihrer Karriere stehen: Sie können dieses Buch als Lehrwerk von Seite eins an durcharbeiten oder es zum Nachschlagen nutzen oder Wissenslücken füllen und dabei einfach dorthin springen, wo Sie etwas lernen möchten.

Kristian Köhler bringt seine langjährige Erfahrung als Softwarearchitekt und Entwickler ein – neben den wichtigen Grundlagen hat er eine Vielzahl an Code-Beispielen, Best Practices und Anwendungsbeispielen in diesem Buch versammelt. Den Code können Sie zum besseren Arbeiten auch als Downloadmaterial auf der Seite zum Buch herunterladen.

Zum Schluss noch ein Wort in eigener Sache: Wir möchten nicht nur gute Bücher machen, sondern immer bessere. Wir hoffen dazu beizutragen, dass Sie so lernen können, wie Sie es sich wünschen – effizient, mit Spaß, in einem angenehmen Tempo ... was immer Ihnen wichtig ist. Und wer könnte besser sagen, ob uns das gelungen ist, als Sie? Deshalb freuen wir uns über Feedback! Wie hat es Ihnen gefallen? Können wir noch etwas verbessern?

Ihre Almut Poll
Lektorat Rheinwerk Computing

almut.poll@rheinwerk-verlag.de
www.rheinwerk-verlag.de
Rheinwerk Verlag • Rheinwerkallee 4 • 53227 Bonn

Auf einen Blick

Wir hoffen, dass Sie Freude an diesem Buch haben und sich Ihre Erwartungen erfüllen. Ihre Anregungen und Kommentare sind uns jederzeit willkommen. Bitte bewerten Sie doch das Buch auf unserer Website unter **www.rheinwerk-verlag.de/feedback**.

An diesem Buch haben viele mitgewirkt, insbesondere:

Lektorat Lisa Helmus, Almut Poll
Korrektorat Friederike Daenecke, Zülpich
Herstellung Nadine Preyl
Typografie und Layout Vera Brauner
Einbandgestaltung Bastian Illerhaus
Coverbilder shutterstock: 2218017813 © SeventyFour, 2111828198 © TippaPatt
Satz III-satz, Kiel
Druck Beltz Grafische Betriebe, Bad Langensalza

FSC www.fsc.org MIX Papier | Fördert gute Waldnutzung FSC® C089473

Dieses Buch wurde gesetzt aus der TheAntiquaB (9,35/13,7 pt) in FrameMaker.

Gedruckt wurde es mit mineralölfreien Farben auf chlorfrei gebleichtem und FSC®-zertifiziertem Offsetpapier (90 g/m²).

Hergestellt in Deutschland.

Bibliografische Information der Deutschen Nationalbibliothek:
Die Deutsche Nationalbibliothek verzeichnet diese Publikation in der Deutschen Nationalbibliografie; detaillierte bibliografische Daten sind im Internet über *http://dnb.dnb.de* abrufbar.

ISBN 978-3-367-10259-4

1. Auflage 2025

Rheinwerk Verlag GmbH • Rheinwerkallee 4 • 53227 Bonn
service@rheinwerk-verlag.de

Informationen zu unserem Verlag und Kontaktmöglichkeiten finden Sie auf unserer Verlagswebsite **www.rheinwerk-verlag.de**. Dort können Sie sich auch umfassend über unser aktuelles Programm informieren und unsere Bücher und E-Books bestellen.

Inhaltsverzeichnis

Materialien zum Buch

Auf der Webseite zu diesem Buch stehen folgende Materialien für Sie zum Download bereit:

- **Alle Codebeispiele aus dem Buch**

Gehen Sie auf *www.rheinwerk-verlag.de/5930*. Klicken Sie auf den Reiter MATERIALIEN. Sie sehen die herunterladbaren Dateien samt einer Kurzbeschreibung des Dateiinhalts. Klicken Sie auf den Button HERUNTERLADEN, um den Download zu starten. Je nach Größe der Datei (und Ihrer Internetverbindung) kann es einige Zeit dauern, bis der Download abgeschlossen ist.

Kapitel 1
Einleitung

Die Softwareentwicklung blickt auf eine lange und bewegte Geschichte zurück, die von diversen Entwicklungen und immer wieder neuen und grundlegenden Ideen und Konzepten geprägt ist. Ziel dieser Entwicklungen war stets die Erstellung besserer Software. Dieses Kapitel beleuchtet die wichtigsten Programmierparadigmen sowie verschiedene Entwicklungsformen und Einflüsse, die maßgeblich die heutige Softwareentwicklung prägten und wahrscheinlich auch zukünftig prägen werden.

Die Softwareentwicklung hat eine faszinierende Geschichte und Evolution hinter sich. Nachdem Konrad Ernst Otto Zuse im Jahr 1941 den ersten frei programmierbaren funktionsfähigen Computer der Welt vorstellte, wurde immer komplexere Software erstellt.

Zu Beginn wurde Software in Form von maschinenlesbarem Binärcode und als Einheit mit der entsprechenden Hardware entwickelt. Diese Entwicklung in Maschinensprache war zeitaufwendig und – durch die immer größer werdende Komplexität – leider recht fehleranfällig.

Mit der Zeit entstanden höhere Programmiersprachen, mit denen Entwickler und Entwicklerinnen in einer verständlicheren Form Sourcecode erstellen konnten. Bedeutende Meilensteine waren die Erfindung von *Fortran* (Formula Translation) Mitte der 1950er-Jahren sowie die darauffolgende Veröffentlichung von *Cobol* (Common Business-Oriented Language) und *Lisp* (List Processing) im Jahr 1959.

Die damals entstandenen Grundlagen und Konzepte sind heute weiterhin gültig und immer noch im Einsatz – wie z. B. die *Backus-Naur-Form* (BNR), mit der die Syntax einer Programmiersprache in einer *kontextfreien Grammatik* dargestellt werden kann.

Backus-Naur-Form und kontextfreie Grammatik

In der Informatik bezeichnet eine *kontextfreie Grammatik* (CFG) eine spezielle Form einer Grammatik, die zur Beschreibung der Syntax von formalen Sprachen verwendet wird. Die Regeln, die dabei die Struktur der Sprache definieren, hängen nicht vom Kontext ab, in dem sie angewendet werden.

Sie entstand aus der Notwendigkeit, rekursive und hierarchische Strukturen präzise zu beschreiben zu müssen, sowohl in der Linguistik als auch in der Informatik. Noam Chomsky legte in den frühen 1950er-Jahren mit seiner Arbeit den theoretischen Grundstein, und Informatiker wie John Backus und Peter Naur sorgten dafür, dass die sogenannten CFGs ein praktisches Werkzeug für die Spezifikation von Programmiersprachen wurden.

Zu dieser Zeit führte der schnelle Fortschritt der Computer und deren Hardware immer wieder zur Weiterentwicklung bestehender Programmiersprachen oder zur Entstehung neuer, angepasster Sprachen, mit denen bestimmte Probleme effizienter gelöst werden konnten.

Doch auch mit diesen neuen *höheren Programmiersprachen* konnte in den 1960er-Jahren die erste sogenannte *Softwarekrise*, nicht verhindert werden: Die Kosten für die Softwareentwicklung überstiegen die Kosten der Hardware. Fehler häuften sich, Termine konnten nicht eingehalten werden und Projekte scheiterten.

Daraufhin entstand in den 1970er-Jahren die Idee des *Software-Engineerings*, mit dem Ziel, Softwareentwicklung als ingenieurwissenschaftliches Vorgehen zu etablieren, das klaren Methoden, Werkzeugen und Standards folgt. In dieser Zeit entstanden zudem neue Konzepte, beispielsweise das Paradigma der *objektorientierten Programmierung* oder Vorgehensmodelle wie das *Wasserfallmodell*.

Diese ganzen Entwicklungen führten zu einer Fülle von Programmiersprachen und Programmierstilen bzw. Programmierparadigmen, die sich in den 1980er-Jahren zusehends konsolidierten und standardisierten.

So entstand z. B. die von Bjarne Stroustrup 1983 vorgestellte Sprache *C++*, die eine objektorientierte Erweiterung für die 1972 für UNIX entwickelte und verbreitete Sprache *C* darstellt. *Agile Methoden* wurden entwickelt, beschrieben und eingesetzt.

Das schnelle Wachstum des Internets in den 1990er-Jahren wurde für die Softwareindustrie zur Herausforderung. Mit ihm entstand eine neue Grundlage für die Entwicklung von Softwaresystemen, und Software wurde oftmals speziell für die Umgebung des Internets entwickelt.

Mit *Java* stellte *Sun Microsystems* im Jahr 1995 eine neue, objektorientierte Programmiersprache vor, die sich seitdem einer großen Beliebtheit erfreut und sicher zur Beliebtheit des Programmierparadigmas der objektorientierten Programmierung beigetragen hat.

Neben den vielen neuen Programmiersprachen und Konzepten wurde, wie erwähnt, die Standardisierung und Qualitätssicherung in der Softwareentwicklung immer wichtiger. In den späten 1980er-Jahren entstand aus diesem Grund im Rahmen des Software-Engineerings zusätzlich die Idee, bewährte Lösungen für häufig auftretende Probleme in der Softwareentwicklung mit sogenannten Mustern bzw. *Design-*

Patterns zu standardisieren und somit effiziente und einheitliche Entwicklungsprozesse zu ermöglichen.

In verschiedenen sogenannten Pattern-Katalogen werden seitdem erprobte Lösungen zusammengefasst und beschrieben. Das Buch »*Design Patterns: Elements of Reusable Object-Oriented Software*« der sogenannten *Gang of Four* stellt hierbei einen Meilenstein dar und zählt sicher zu einem der bekanntesten und weitverbreitetsten Bücher zum Thema Softwaredesign.

Die Softwareentwicklung hat sich seit ihren Anfängen kontinuierlich verändert und stetig weiterentwickelt. Neue Ansätze, weitere grundlegende Konzepte oder auch zusätzliche Programmiersprachen entstanden, um die unterschiedlichsten Herausforderungen optimaler zu lösen.

Diese Weiterentwicklungen führten nicht nur zu neuen Ansätzen und Methoden in der Softwareentwicklung, sondern auch zur Entstehung innovativer Technologien, die wiederum den Fortschritt der Softwareentwicklung nachhaltig beeinflussten. Ein Beispiel hierfür sind Microservices, ein *Programmierstil*, der erst durch die Einführung von Container-Technologien, wie z. B. Docker, praktikabel und populär wurde.

In den folgenden Abschnitten werden verschiedene Programmierparadigmen, der Begriff der Design-Patterns sowie wichtige und einflussreiche Entwicklungen bzw. Evolutionen in der Softwareentwicklung ausführlicher beschrieben, da sie meist weiterhin die Basis für aktuelle Produkte, Technologien oder Frameworks darstellen.

Spätestens seit der genannten Softwarekrise ist klar, dass ein Ziel der Softwareentwicklung und des Softwaredesigns immer darin bestehen sollte, gut handhabbaren, wartbaren und wiederverwendbaren Code zu erstellen, der dabei hilft ein Problem zu lösen. Entwickelte Systeme sollen auf lange Sicht zu vertretbaren Kosten wartbar und erweiterbar bleiben.

Wiederkehrende, erkennbare Muster bei der Entwicklung helfen, den Sourcecode entsprechend verständlicher zu machen, sodass die genannten Kriterien besser erfüllt werden können. Sich wiederholende Strukturen und Vorgehen lassen sich nicht nur einfacher erstellen und dokumentieren, sondern können auch von einem Leser leichter erfasst und verstanden werden.

Auf unterschiedlichen Abstraktionsebenen haben sich dementsprechend verschiedene Programmierparadigmen und Lösungsvorschläge bzw. Design-Patterns etabliert, die in diesem Buch in den einzelnen Kapiteln vorgestellt werden. Nur mit dem Wissen über die grundlegenden Konzepte und Vorgehensweisen lassen sich saubere Softwarelösungen erstellen und pflegen.

Softwareentwicklung besteht allerdings nicht nur aus der Erstellung von Sourcecode durch die Entwickler. Die zu erstellenden Lösungen bzw. erstellte Umsetzungen müssen in einer adäquaten Form beschrieben und dokumentiert werden. Nur so kann

Software nachhaltig erstellt und später verstanden und gepflegt werden. Auch dieses Thema ist Bestandteil des Buchs und wird in Kapitel 3 betrachtet.

1.1 Programmierparadigmen

Programmierparadigmen sind fundamentale Stile der Programmierung. Sie sind von Programmiersprachen unabhängig und definieren ein grundlegendes Konzept oder eine grundlegende Herangehensweise an die Strukturierung und Organisation von Sourcecode bzw. Software.

Ein Programmierparadigma beeinflusst Entwickler dahingehend, wie sie Probleme angehen, Algorithmen entwerfen oder Code umsetzen. Jedes Paradigma hat seine eigenen Stärken und Schwächen.

In den folgenden Abschnitten werden die bekanntesten und meistverbreiteten Stile vorgestellt.

1.1.1 Strukturierte Programmierung

Die *strukturierte Programmierung* zählt zum Paradigma der *imperativen Programmierung*, bei dem eine Abfolge von Anweisungen definiert und ausgeführt wird, um den gewünschten Endzustand zu erreichen.

Als Weiterentwicklung zur grundlegenden imperativen Programmierung zerlegt die strukturierte Programmierung Programme in eine logische, baumartige Struktur und verlangt auf der untersten Code-Ebene eine Beschränkung auf grundlegende Kontrollstrukturen.

Diese Aufgliederung und Strukturierung von Software ermöglicht eine *rekursive Dekomposition*: Größere zu lösende Probleme werden in höheren bzw. größeren Funktionen zusammengefasst und dann in kleinere, niedere Funktionen untergliedert. Dieser Ansatz einer Aufteilung in kleinere untergeordnete Einheiten kann nahezu unendlich fortgesetzt werden und wird als *funktionale Dekomposition* bezeichnet. Er bildet oftmals die Basis bei der Entwicklung oder beim Entwurf einer Architektur von Software.

Eine strukturierte Untergliederung des Codes fördert eine mögliche Wiederverwendung und verbessert die Wartbarkeit, da Fehler schneller lokalisiert werden können.

Den Grundstein für die strukturierte Programmierung legten mehrere bekannte Informatiker. Zu ihnen zählen Corrado Böhm, ein italienischer theoretischer Informatiker und Computerpionier, und sein Student Giuseppe Jacopini, die 1966 mit ihrem *Satz von Böhm und Jacopini* zeigten, dass Programme mit lediglich den drei folgenden Kontrollstrukturen aufgebaut werden können und dass man auf die bis dahin oftmals verwendeten (globalen) Sprunganweisungen verzichten kann:

- Sequenz (Reihenfolge von Anweisungen)
- Auswahl (Selektion bzw. bedingte Verzweigung)
- Iteration bzw. Wiederholung (Schleifen)

1968 veröffentlichte dann Edsger Wybe Dijkstra den mitlerweile sehr bekannten Aufsatz »*Go To Statement Considered Harmful*«, in dem er schreibt:

> *»For a number of years I have been familiar with the observation that the quality of programmers is a decreasing function of the density of go to statements in the programs they produce.« (Edsgar Dijkstra, 1968)*

Dijkstra stellte bei seinen Untersuchungen, die er zu `goto`-Statements vornahm, fest, dass ihr Einsatz in manchen Szenarien verhinderte, dass Module in weitere, kleinere Bestandteile untergliedert und strukturiert werden konnten. In anderen Situationen war dies trotz des `goto`-Einsatzes allerdings möglich.

Edsger Wybe Dijkstra (1930–2002)

Edsger Wybe Dijkstra war ein niederländischer Informatiker, der als Erfinder zahlreicher Prinzipien der Softwareentwicklung gilt. 1972 erhielt er für seine Arbeit den weltweit anerkannten *Turing Award*, der Personen verliehen wird, die sich besonders um die Entwicklung der Informatik verdient gemacht haben. Der Turing Award gilt als höchste Auszeichnung in der Informatik.

Eine Konsequenz der gesammelten Erkenntnisse zur besseren Untergliederung von Programmen ist die Vermeidung oder – je nach Programmiersprache – die eingeschränkte und standardisierte Verwendung von Sprunganweisungen wie dem `goto`-Statement.

Dijkstra stellte z. B. durch seine Analyse fest, dass `goto`-Statements in vielen Fällen mit einfachen Kontrollstrukturen oder Schleifen gleichwertig waren. Die Ausdrücke konnten beispielsweise oftmals durch `if-then-else`- oder `do-while`-Statements ersetzt werden.

Aktuelle Programmiersprachen unterstützen keine *absoluten* Sprunganweisungen, mit denen an beliebige Stellen im Programmcode gesprungen werden kann. Das eventuell vorhandene `goto`-Statement ist in den meisten Sprachen stark beschränkt und ermöglicht keine *absoluten* Sprungziele, sondern lediglich Sprünge in bestimmten Bereichen.

Beispiele für goto-Statements in modernen Programmiersprachen

Java: In Java ist zwar das Schlüsselwort `goto` für die Sprache reserviert, allerdings ist in der Sprachspezifikation kein Verhalten für es definiert. Es kann dementsprechend nicht eingesetzt werden. Mit den vorhandenen Schlüsselwörtern `label` und `break` können ausschließlich sehr beschränkte »Sprünge« im Programmcode umgesetzt werden.

Javascript: Diese Sprache bietet kein `goto`-Schlüsselwort. Eine Umsetzung mit `label` und `break` ist (vergleichbar mit Java) sehr eingeschränkt und bietet keinen »Ersatz« für ein `goto`-Statement.

PHP: Die Skriptsprache PHP besitzt ein `goto`-Statement, mit dem nicht uneingeschränkt gesprungen werden kann. Das Sprungziel muss sich in derselben Datei und im selben Kontext befinden. Das heißt, es kann nicht in oder aus Funktionen bzw. Methoden gesprungen werden.

Go: Auch die Sprache Go kennt ein `goto`-Statement. Auch hier können sich die Sprungziele nur innerhalb einer Funktion befinden und es kann nicht in Codeblöcke hineingesprungen werden.

Jede heutige, moderne Programmierung basiert auf der strukturierten Programmierung und ermöglicht eine Untergliederung eines Programms in mehrere Bestandteile, z. B. in Funktionen, Methoden oder Klassen, um eine bessere Wiederverwendung, Lesbarkeit und Wartbarkeit zu erreichen. In Listing 1.1 sehen Sie ein Beispiel:

```
package main

import "fmt"

func ausgelagerteFunction() {
    fmt.Println("Ausgelagert!")
}

func main() {

    //Untergliederung
    ausgelagerteFunction()

    //Sequenz
    fmt.Println("Start")
    fmt.Println("Hello world")

    //Auswahl
    x := 5
```

```
    if x > 0 {
        fmt.Println("x ist positiv")
    } else {
        fmt.Println("x ist nicht positiv")
    }

    //Iteration
    for i := range 10 {
        fmt.Println(i)
    }
}
```

Listing 1.1 Beispiel für strukturierte Programmierung

1.1.2 Objektorientierte Programmierung

In den 1960er-Jahren entwickelten Ole-Johan Dahl und Kristen Nygaard die Programmiersprache *Simula*, die als Vorläuferin der *objektorientierten Programmierung* betrachtet wird. Simula führte Konzepte wie *Klassen*, *Vererbung* und *Polymorphismus* ein, die später zu den grundlegenden Prinzipien der objektorientierten Programmierung wurden.

Bei der objektorientierten Programmierung (OOP) werden Programme auf der logischen Basis von Objekten organisiert, die Daten und Methoden kombinieren. Die Kommunikation zwischen den einzelnen Objekten erfolgt über den Austausch von Nachrichten. In manchen Definitionen wird die objektorientierte Programmierung auch als Möglichkeit beschrieben, »die reale Welt in Form von Software« abzubilden.

Die Beschreibung der objektorientierten Programmierung fällt je nach Autor recht unterschiedlich aus, und selbst Alan Kay, einer der Erfinder der ersten rein objektorientierten Programmiersprache *Smalltalk*, hat seine Definition der Objektorientierung mit der Zeit angepasst. 1993 führte er z. B. im Kontext von Smalltalk sechs Punkte zur Beschreibung der Objektorientierung auf:

- Alles ist ein Objekt.
- Objekte kommunizieren durch das Senden und Empfangen von Nachrichten (die aus Objekten bestehen).
- Objekte haben ihren eigenen Speicher (strukturiert als Objekte).
- Jedes Objekt ist die Instanz einer Klasse (die ein Objekt sein muss).
- Die Klasse beinhaltet das Verhalten aller ihrer Instanzen (in der Form von Objekten in einer Programmliste).
- Um eine Programmliste auszuführen, wird die Ausführungskontrolle dem ersten Objekt gegeben und das Verbleibende als dessen Nachricht behandelt.

Im Jahr 2003 stellte Kay mit seiner neuen, angepassten Definition der Objektorientierung den Nachrichtenaustausch mehr in den Vordergrund:

> *»OOP to me means only messaging, local retention and protection and hiding of state-process, and extreme late-binding of all things.« (Alan Kay, 2003)*

Parallel dazu entstand im Jahr 1999 mit dem Standard ISO/IEC-2382-15 folgende Definition der Objektorientierung:

> *»Pertaining to a technique or a programming language that supports objects, classes, and inheritance.«*
>
> *»Bezieht sich auf eine Technik oder Programmiersprache, welche Objekte, Klassen und Vererbung unterstützt.« (ISO/IEC-2382-15-Standard, 1999)*

Nimmt man die Definitionen zur Objektorientierung zusammen, ergeben sich einige Grundprinzipien der objektorientierten Programmierung:

- **Objekte und Klassen:** Bei der objektorientierten Programmierung werden Daten und Methoden zu logischen Objekten zusammengefasst und durch eine sogenannte Klasse beschrieben. Eine Klasse stellt den Bauplan für gleichartige Instanzen bzw. Objekte dar.
- **Kapselung:** Die definierten Objekte verbergen ihre internen Zustände, indem ein Zugriff ausschließlich über eine definierte Schnittstelle in Form von öffentlichen Methoden ermöglicht wird. Diese Methoden werden über den Empfang von entsprechenden Nachrichten aufgerufen.
- **Vererbung:** Klassen können von anderen Klassen abgeleitet sein bzw. von diesen erben und dadurch Eigenschaften und Verhalten dieser *Basisklasse* übernehmen. Dies ermöglicht die Wiederverwendung von Code und die Organisation von Klassen in einer Hierarchie.
- **Abstraktion:** Mit dem Konzept der Abstraktion werden komplexe Details einer Implementierung verborgen und nur relevante Merkmale und Verhalten eines Objektes sicht- und nutzbar. Das Konzept hilft bei der Identifizierung von Schlüsselmerkmalen und fördert eine bessere Strukturierung von Software.
- **Polymorphismus:** Durch die Konzepte der Vererbung und der Abstraktion können Algorithmen mit verschiedenen Objekttypen arbeiten, ohne diese unterscheiden zu müssen. Das heißt, dass auch abgeleitete Objekte anstelle des Basisobjekts verwendet werden können und somit die Ausführung »mehrere Formen« (Polymorphie, dt. Vielgestaltigkeit) annehmen kann.

In Listing 1.2 sehen Sie ein Beispiel für eine Klasse und ein Objekt in Java:

```
package com.sourcefellows.intro;

// Klassenbeschreibung
public class Auto {
```

```
    //Eigenschaft gekapselt.
    //Eigenschaft nicht außerhalb der Klasse referenzierbar.
    private int geschwindigkeit;
    //Abstraktion von Verhalten.
    public void beschleunigen(int wert) {
        geschwindigkeit += wert;
        System.out.println("Beschleunigt auf " + geschwindigkeit + " km/h.");
    }
    public String getGeschwindigkeit() {
        return String.format("%d km/h", geschwindigkeit);
    }
    public static void main(String[] args) {
        //Objekterstellung
        Auto auto = new Auto();
        auto.beschleunigen(10);
        System.out.println(auto.getGeschwindigkeit());
    }
}
```

Listing 1.2 Beispiel für eine Klasse und Objektorientierung in Java

Da es sich bei der objektorientierten Programmierung um einen Programmierstil handelt, erfordert ihr Einsatz nicht zwangsläufig eine objektorientierte Programmiersprache. Die Konzepte lassen sich auf viele Sprachen, z. B. auf C, übertragen und anwenden.

1.1.3 Funktionale Programmierung

Die *funktionale Programmierung* ist ein Programmierstil, der sich darauf konzentriert, Software hauptsächlich durch die Auswertung von Funktionen zu definieren.

Die theoretische Grundlage bildet das sogenannte *Lambda-Kalkül*, das in den 1930er-Jahren von Alonzo Church erstmals benutzt wurde, um berechenbare Funktionen klar zu definieren.

Im Gegensatz zum Stil der imperativen Programmierung, bei der innere Zustände innerhalb des Programms verändert werden, verzichtet die funktionale Programmierung auf diese inneren Zustandsänderungen. Mögliche Seiteneffekte, die dadurch entstehen könnten, werden ausgeschlossen.

Programme werden bei der funktionalen Programmierung als Zusammenschlüsse von Funktionen verstanden. Die einzelnen Funktionen nehmen Parameter entgegen und erzeugen eine Rückgabe, die eindeutig und ausschließlich durch ihre Eingabewerte bestimmt ist.

Durch eine Verschachtelung der Funktionen können komplexere Strukturen aufgebaut und komplette Anwendungen zusammengestellt werden. Jede Funktion fungiert dabei unabhängig voneinander und kann wie ein Datenobjekt behandelt und z. B. als Parameter einer weiteren Funktion übergeben werden.

Beispiel für funktionale Programmierung

Das folgende Haskell-Beispiel zeigt das Prinzip der funktionalen Programmierung.

```
-- Funktion, die eine Zahl verdoppelt (pure)
double :: Int -> Int
double x = x * 2

-- Funktion, die die Verdopplung auf
-- eine Liste von Zahlen anwendet
-- (verwendete höhere Funktion 'map')
doubleList :: [Int] -> [Int]
doubleList xs = map double xs

-- Hauptprogramm: Beispielaufruf
main :: IO ()
main = do
    let numbers = [1, 2, 3, 4, 5]

    let doubledNumbers = doubleList numbers
    putStrLn ("Original: " ++ show numbers)
    putStrLn ("Verdoppelt: " ++ show doubledNumbers)
```

Listing 1.3 Beispiel für funktionale Programmierung

Das Beispiel zeigt drei Funktionsdefinitionen:

- Die erste Funktion, `double`, ist eine sogenannte *pure Funktion*, die den Eingabewert `x` verdoppelt und das entsprechende Ergebnis zurückliefert.
- Die zweite Funktionsdefinition, `doubleList`, nutzt intern eine *höhere Funktion* `map`, die eine Funktion auf alle in einer Liste enthaltenen Elemente anwendet. Im Beispiel wird die `double`-Funktion verwendet.
- Die `main`-Funktion erzeugt eine Liste von Integer-Werten und verdoppelt deren Werte durch den Aufruf der `doubleList`-Funktion. Beide Listen werden anschließend auf der Konsole ausgegeben.

Ein großer Vorteil der funktionalen Programmierung besteht darin, dass die einzelnen Funktionen keinen inneren Zustand, also keine Attribute oder Felder, über einen einzelnen Aufruf hinweg besitzen und dementsprechend nicht veränderbar sind. Das erleichtert die Verifikation und Optimierung der Programme bzw. der Funktionen.

Zusätzlich können Teilausdrücke eines Programms beispielsweise in eine parallel auswertbare Form gebracht und nebenläufig ausgeführt werden.

In vielen modernen Programmiersprachen lassen sich sogenannte *Lambda-Funktionen* implementieren, die eine enge Beziehung zur funktionalen Programmierung besitzen und einige ihrer grundlegenden Prinzipien bieten. Lambda-Funktionen sind im Wesentlichen kurzlebige, anonyme Funktionen, die wie Datenobjekte behandelt werden können.

Lambda-Beispiel in Java

Java unterstützt seit der Version 8 des *Java Development Kits* Lambda-Ausdrücke, um eine funktionale Programmierung besser zu unterstützen.

Folgendes Beispiel zeigt, wie mit einem Lambda-Ausdruck jedes Element einer zuvor gefüllten Liste ausgegeben werden kann:

```
List<Integer> numbers = new ArrayList<>();
numbers.add(5);
numbers.add(9);
numbers.forEach( (n) -> { System.out.println(n); } );
```

Listing 1.4 Beispiel für eine Lambda-Funktion

In der letzten Zeile des Beispielcodes wird eine Lambda-Funktion als Parameter übergeben. Die Funktion besitzt keinen Status und erzeugt für denselben Parameter immer dasselbe Ergebnis.

Bekannte Vertreter der überwiegend funktionalen Programmiersprachen sind beispielsweise *LISP*, *Clojure*, *Haskell*, *F#* oder *Scala*.

Beispiel für funktionale Programmierung mit LISP

Folgendes Beispiel zeigt die Verschachtelung von Funktionen für die Berechnung einer Fläche zweier konzentrischer Kreise mit den Radien `r1` und `r2` in LISP:

```
(defun ringarea (r1 r2)
    (flet ((sq (x)
        (* x x)))
    (* pi (- (sq r1)
        (sq r2)))))
```

Listing 1.5 Beispiel für funktionale Programmierung in LISP

Im Beispiel wird die Funktion `ringarea` definiert, die mit den entsprechenden Parametern aufgerufen werden kann.

Der Aufruf von Funktionen erfolgt über eine Klammerung der einzelnen Werte. Schreibt man die ebenfalls definierte Hilfsfunktion `sq` separat, ergibt sich ein eventuell besser lesbarer Ausdruck (»Funktion sq wird mit Parameter x aufgerufen. Die Funktion lautet: Multipliziere x mit x.«):

```
((sq (x)(* x x)))
```

1.1.4 Reaktive Programmierung

Die reaktive Programmierung hat das Ziel, den Umgang mit asynchronen und datengetriebenen Prozessen zu erleichtern. Programmteile werden so ausgelegt, dass sie auf Änderungen in sogenannten Datenströmen reagieren und der Kontrollfluss nicht mehr explizit gesteuert werden muss.

Klassische Anwendungsbereiche für eine reaktive Programmierung sind beispielsweise Benutzeroberflächen oder die Verarbeitung von Echtzeitdaten.

Bei der reaktiven Programmierung werden Daten nicht als statische Werte betrachtet, sondern als Sequenz von Ereignissen, die von einer *Datenquelle* bzw. einem sogenannten *Observable* kontinuierlich geliefert werden. Der so entstehende *Datenstrom* wird von einem oder mehreren *Operatoren* bearbeitet (siehe Abbildung 1.1), bis die Daten bei einem Empfänger, dem *Subscriber*, angelangen.

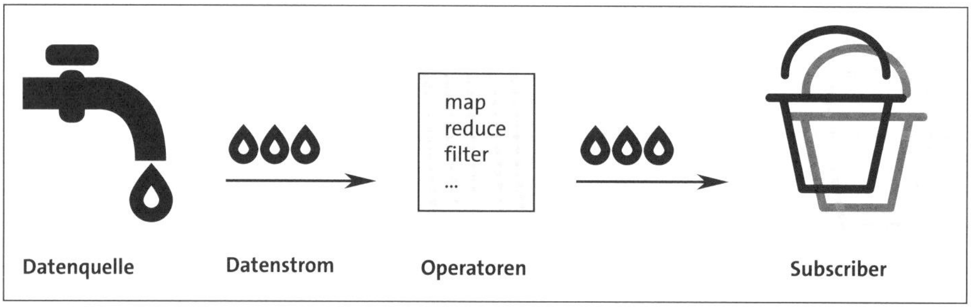

Abbildung 1.1 Datenfluss in der reaktiven Programmierung

Die Operatoren spielen in der reaktiven Programmierung eine zentrale Rolle und sind dafür zuständig, die Daten des Datenstroms zu manipulieren, zu filtern, zu transformieren oder mehrere Datenströme zu kombinieren. Auf diese Weise soll deklarativer und modularer Code entstehen, der leicht verständlich und dadurch wartbar ist. Der Programmfluss wird bei diesem Ansatz nicht mehr explizit kontrolliert, sondern *ereignisbetrieben* angestoßen. Die resultierende Anwendung reagiert auf Ereignisse bzw. Daten, die von entsprechenden Datenquellen erzeugt werden.

In der Regel werden die Operatoren mit den Mitteln der funktionalen Programmierung umgesetzt, um eine flexible Kombination und einen unabhängigen bzw. seiteneffektfreien Einsatz zu gewährleisten. Die einzelnen Operatoren werden oftmals asynchron und nicht blockierend ausgeführt und ermöglichen dadurch ein effizientes Management von nebenläufigen Prozessen. Sowohl komplexe und asynchrone als auch ereignisgesteuerte Systeme können sich auf diese Weise ihre gute Reaktionsfähigkeit erhalten.

Eine reaktive Programmierung kann in vielen modernen Programmiersprachen (meist über externe Bibliotheken) eingesetzt werden bzw. wird durch bereits vorhandene Sprachelemente ermöglicht, z. B. durch `async` und `await` (C#) bzw. durch `go` und `chan` (Golang).

Reaktive Programmierung über Bibliotheken

Die folgende Liste führt einige Beispiele für Bibliotheken auf, mit denen eine reaktive Programmierung in der entsprechenden Programmiersprache umgesetzt werden kann:

JavaScript

- RxJS – *https://rxjs.dev/*
- React – *https://react.dev/* (React ist eigentlich ein UI-Framework, das allerdings auf reaktiven Konzepten basiert.)

Java

- Project Reactor – *https://projectreactor.io/*
- RxJava – *https://github.com/ReactiveX/RxJava*
- Akka Streams – *https://akka.io/*

C#

- Rx.Net – *https://github.com/dotnet/reactive*

Python

- RxPy – *https://github.com/ReactiveX/RxPY*
- Dask – *https://www.dask.org/* (eine Bibliothek für paralleles Computing mit reaktiven Konzepten)

Das folgende Beispiel in Listing 1.6 zeigt den Einsatz des Programmierstils innerhalb einer Oberflächenlogik mithilfe von JavaScript und der *RxJS-Bibliothek*. Jeder Klick eines Anwenders innerhalb des Browserfensters soll auf der Konsole des Browsers ausgegeben werden.

Innerhalb des Codes wird mit dem Aufruf von `fromEvent(document, 'click')` eine Datenquelle, ein sogenanntes *Observable*, erzeugt, das die JavaScript-Events `click`, die auf dem gesamten Dokument registriert werden, in den entsprechenden Datenstrom einspeisen.

Mit der Anmeldung des Operators `map` werden die Daten, die als JavaScript-Event im Datenstrom vorhanden sind, in ein anderes, eigenes Datenformat mit nur zwei Attributen `x` und `y` umgewandelt und weitergegeben.

Am Ende dieser einfachen Verarbeitungskette wird über die Funktion `subscribe` eine Funktion als Empfänger bzw. Subscriber registriert, die anschließend die Daten auf der Konsole ausgibt.

```
// Observable aus Mausklicks erstellen
const { fromEvent } = rxjs;
const { map } = rxjs.operators;

// Observable für Klicks auf das Dokument erstellen
const clicks = fromEvent(document, 'click');

// Transformation der Klick-Ereignisse
const positions = clicks.pipe(
    map(event => ({ x: event.clientX, y: event.clientY }))
);

// Abonnieren des Datenstroms (Subscriber)
positions.subscribe(position => {
    console.log(`Klick an Position: X=${position.x}, Y=${position.y}`);
});
```

Listing 1.6 Reaktive Programmierung in JavaScript mit RxJS

1.2 Was sind Design-Patterns und wie sind sie entstanden?

In den Jahren 1977 und 1979 veröffentlichte Christopher Alexander, ein Professor für Architektur, mit seinen Kollegen im Center for Environmental Structure in Berkley die beiden Bücher »*A pattern language*« und »*A timeless way of building*«. Er bezeichnete selbst beide Bücher als zusammenhängende Teile einer gemeinsamen Arbeit.

Im ersten Buch bzw. Teil, »*A timeless way of building*«, beschreibt Alexander die Theorie zur Erstellung und Nutzung einer von ihm so genannten *Muster-Sprache*. Im zweiten Buch, »*A pattern language*«, liefert er eine konkrete Ausprägung einer Sprache zur Beschreibung von Architektur.

Das Ziel von Christopher Alexander bestand zum einen darin, dass sich jeder aus dem Musterkatalog, der in mehr als acht Jahren Architekturarbeit entstanden war, bedienen kann, um selbst eine Stadt, ein Haus oder ein Büro zu entwerfen oder zu verbessern. Zum anderen beschreibt er, dass jeder sich eine eigene Sprache entwickeln kann – entweder aus komplett neuen Beschreibungen oder über eine Zusammenstellung der vorhandenen Ansätze. Er betonte explizit für das Buch »*A pattern language*«, dass die Betonung auf dem Wort »A« (dt. »ein«) liege, es sich also nur um eine Ausprägung handele und dass die Zusammenstellung nicht als komplett und als allgemeingültig zu verstehen sei. Jeder solle die Patterns nutzen, weiterentwickeln und selbst wieder teilen, damit sich die Architektur weiterentwickeln könne.

Der Einfachheit halber und zur besseren Verständlichkeit schlug er einen einheitlichen Aufbau der *Patterns*, wie er die Beschreibungen nannte, vor und beschrieb 253 Patterns auf insgesamt 1220 Seiten in seinem Werk. Aufgenommen wurden ausschließlich erfolgreich angewendete Patterns.

Jedes seiner Patterns bzw. *Muster* enthielt folgende Blöcke in einem fest vorgegebenen Format:

- Ein **einleitendes Bild** zeigt die idealtypische Verwendung des Patterns.
- Ein einführender Abschnitt liefert eine **Kontextbeschreibung**, in welchem Rahmen das Pattern eingesetzt werden kann bzw. an welcher Stelle es als Teil eines größeren Patterns dazu beitragen kann, dieses umzusetzen.
- **Problemtitel und Beschreibung**: In diesem längsten Block wird das zu lösende Problem beschrieben und mit empirischen Werten zur Untermauerung der Aussage belegt. Neben der reinen Problembeschreibung werden hier unterschiedliche Einsatzfelder des Patterns angesprochen.
- Die **Lösungsbeschreibung** bildet das Kernstück eines Patterns und beinhaltet detaillierte Informationen darüber, wie die Lösung im beschriebenen Kontext angewendet werden kann. Zudem enthält sie wichtige Einschränkungen, die den Einsatz des Patterns unter bestimmten Bedingungen verhindern.
- Mit einem **Diagramm** wird das Muster noch einmal dargestellt.
- Da jedes Pattern **Beziehungen zu anderen Patterns** besitzt, werden diese im letzten Abschnitt aufgeführt.

Das Format der Pattern-Beschreibung von Christopher Alexander

Christopher Alexander benutzte strikte Formatierungsregeln für die Patterns. Drei Sternchen *** trennten z. B. die einzelnen Blöcke der Patterns. Es folgte keine Unterüberschrift.

Die einzelnen Patterns wurden zusätzlich mit Sternchenangaben »gewichtet«, um einen Hinweis darauf zu geben, wie ausgereift und umsetzbar die Patterns sind und ob noch Verbesserungspotenzial besteht.

Die Patterns im entstandenen Katalog unterteilte Alexander in drei Untergruppen. Jede dieser Gruppen bezog sich auf eine Abstraktionsebene in der Architektur.

Die ersten Patterns im Katalog beschrieben großflächige Strukturen für ganze Städte und Gemeinden. Mit den zweiten Patterns wurden Lösungen für die Anordnung von Häusern dargestellt, und die dritte Gruppe befasste sich mit der Konstruktion von Häusern.

»The fact is, that we have written this book as a first step in the society-wide process by which people will gradually become conscious of their own pattern languages, and work to improve them.«
(Christopher Alexander – »A pattern language«, 1977)

Bis dahin hatten seine Beschreibungen bzw. seine Begriffe der Patterns oder Pattern-Kataloge noch nichts mit der Softwareentwicklung zu tun. Erst Ward Cunningham und Kent Beck machten den Patterns-Begriff in der Softwareentwicklung bekannt.

Beide arbeiteten in den 1980er-Jahren zusammen bei Tektronix mit der objektorientierten Programmiersprache *Smalltalk*. Sie fanden zu dieser Zeit keine guten Anleitungen, um die damit verbundene objektorientierte Denkweise oder den Umgang mit Begriffen aus der Objektorientierung zu erlernen bzw. zu notieren.

Durch das Buch von Christopher Alexander, das Ward Cunningham von seinem Studienfreund William Croft zugeschickt wurde, kamen Cunningham und Beck auf die Idee, diese Lücke zu schließen, indem sie die Welt der Architektur mit der Welt der Softwareentwicklung zusammenführten und den Patterns-Begriff bzw. die Patterns-Sprache adaptierten.

Im September 1987 hielten sie auf der OOPSLA-Konferenz (Object-Oriented Programming, Systems, Languages & Applications) in Orlando den Vortrag zu »*Using Pattern Languages for Object-Oriented Programs*«, der diese Idee bekannter machte.

Ihr Vortrag stellte Christopher Alexanders Idee einer Pattern-Sprache und deren Einsatzmöglichkeiten in der Softwareentwicklung vor. Ebenfalls Teil des Vortrags waren die ersten fünf durchnummerierten Patterns für die objektorientierte Oberflächenentwicklung:

1. Windows per Task
2. Few Panes Per Window
3. Standard Panes
4. Short Menus
5. Nouns and Verbs

Cunningham und Beck kündigten bereits in der Vortragsbeschreibung an, dass sie weitere 20 bis 30 Patterns identifiziert und skizziert hatten und dass sie diese in einer eigenen Pattern-Sprache mit ca. 100 bis 150 Patterns veröffentlichen wollten:

»We have completed approximately ten patterns, have sketched out 20-30 more, and expect our finished pattern language to contain about 100-150 patterns. Our initial success using a pattern language for user interface design has left us quite enthusiastic about the possibilities for computer users designing and programming their own applications.«
(Kent Beck und Ward Cunningham – OOPSLA 1987)

Im Anschluss daran verbreitete sich der Gedanke der *Entwurfsmuster* immer weiter in der Welt der Software. 1991 legte dann Erich Gamma in Zürich mit seiner Promotion über »*Objektorientierte Software-Entwicklung am Beispiel von ET++*« den Grundstein für das Buch »*Design Patterns: Elements of Reusable Object-Oriented Software*«, das er mit seinen drei Mitautoren Richard Helm, Ralph Johnson und John Vlissides 1994 veröffentlichte.

Die Gruppe dieser Autoren wird seitdem, wegen ihrer Gruppengröße von vier, gerne als *Gang of Four* bezeichnet. Ihre im Buch aufgeführten Patterns werden dementsprechend oftmals *GoF-Patterns* genannt.

Die Gang of Four

Die *Gang of Four* besteht aus folgenden Mitgliedern:

- Erich Gamma
- Richard Helm
- John Vlissides
- Ralph Johnson

Auch sie nahmen – analog zur Gruppierung der Patterns, wie es Christopher Alexander vorgemacht hatte – eine Gruppierung bzw. Klassifizierung der Patterns anhand ihres Einsatzzweckes und ihres Anwendungsbereichs vor.

Noch vor der Veröffentlichung des Patterns-Buch der Gang of Four im Jahr 1994 traf sich eine andere Gruppe im August 1993 auf Einladung von Kent Beck und Grady Booch in einer Berghütte in Colorado, um sich dort weiter mit dem Design-Patterns-Gedanken zu beschäftigen. Die Teilnehmer dieses Treffens wollten auf der Grundlagenarbeit von Erich Gammas Dissertation aufbauen und einen wiederverwendbareren Ansatz für generische Muster erarbeiten. Sie lieferten mit ihrer Arbeit die Basis für das spätere »Gang of Four«-Buch.

Auch diese Gruppe ging, in Anlehnung an den Ort des Treffens, in die Geschichte ein: als die *Hillside Group*.

Hillside Group

Die *Hillside Group* bestand bei ihren Treffen 1993 aus:

- Ward Cunningham
- Ralph Johnson
- Ken Auer
- Hal Hildebrand
- Grady Booch
- Kent Beck
- Jim Coplien

Mittlerweile ist die Hillside Group als gemeinnützige Bildungsorganisation eingetragen und sponsert oder organisiert verschiedene Konferenzen. Sie fördert die Verwendung von Mustern bzw. Mustersprachen, um das Aufzeichnen, Analysieren und Teilen von Wissen zu ermöglichen. Ihre Mission besteht nach eigener Aussage darin, die Lebensqualität und die Gesellschaft als Ganzes zu verbessern (*https://hillside.net*).

Mit der Veröffentlichung des Buchs »*Design Patterns: Elements of Reusable Object-Oriented Software*« der Gang of Four haben sich die Design-Patterns endgültig in der Softwareentwicklung verbreitet, und dieses Werk gilt als eines der weitverbreitetsten und wichtigsten Bücher zum Thema Softwaredesign.

Christopher Alexanders grundlegende Ideen zur Problemlösung in der Architektur wurden daraufhin von verschiedenen Softwareentwicklern aufgenommen, die eigene Pattern-Sprachen entwickelten und veröffentlichten.

Auch wenn bei der Entstehung der Design-Patterns in der Softwareentwicklung die objektorientierten Sprachen im Vordergrund standen, ist die grundlegende Idee nicht auf diesen Einsatzzweck beschränkt. Design-Patterns wurden und werden ebenfalls für die Beschreibung von entsprechenden Problemlösungen in anderen Kontexten oder Sprachen eingesetzt.

Patterns skizzieren immer eine erfolgreich angewendete Problemlösung, und über die Zeit haben sich vier Bestandteile etabliert, die jede Pattern-Beschreibung mindestens besitzt:

- Name
- Problem
- Lösung
- Konsequenz

Wichtig ist, dass Patterns keine konkrete Ausprägung darstellen, sondern »nur« eine abstrakte Vorlage, mit der das initial beschriebene Problem gelöst werden kann.

Die »Gang of Four«-Design-Patterns und Java

In vielen Köpfen sind die GoF-Patterns sehr eng mit der Java-Entwicklung verbunden. Java wurde allerdings erst im Jahr 1995/1996 veröffentlicht, also nach dem Erscheinen des »Gang of Four«-Buches.

Das Patterns-Buch enthält somit auch keine Java-, sondern ausschließlich C++- und Smalltalk-Beispiele.

Abbildung 1.2 verdeutlicht den zeitlichen Ablauf dieser Entwicklung.

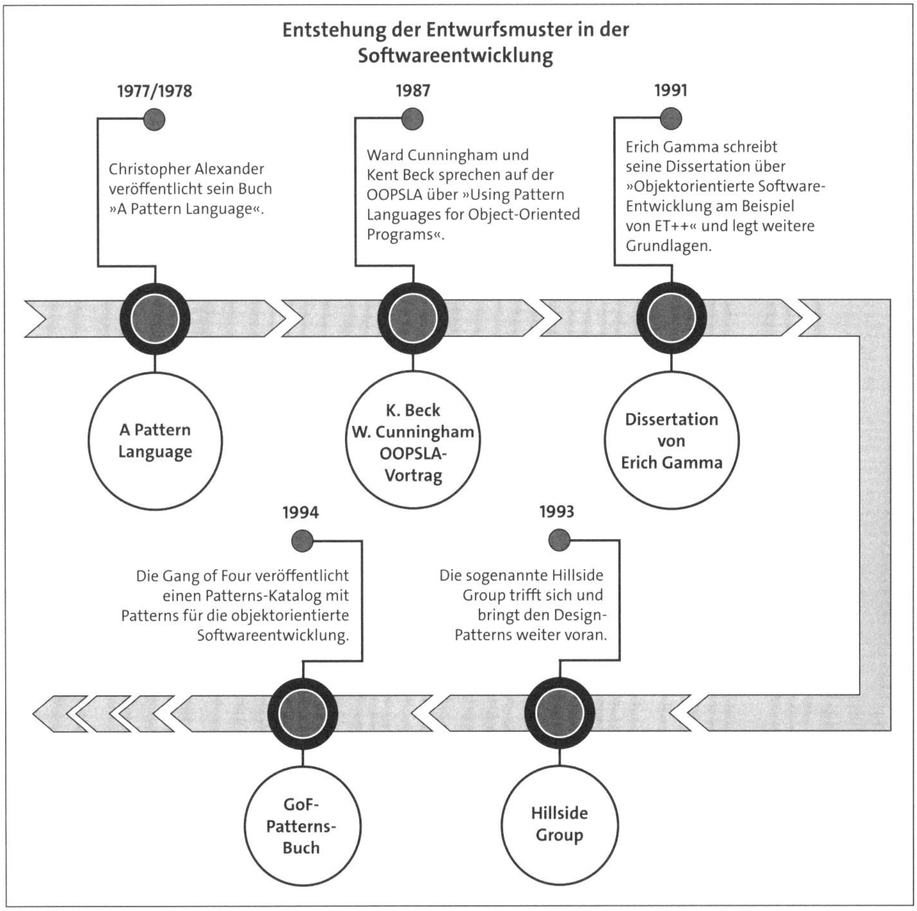

Abbildung 1.2 Entstehung der Entwurfsmuster in der Softwareentwicklung

1.3 Was sind Softwarearchitektur und Softwaredesign?

Der Entstehung des Begriffs *Architektur* im Kontext der Softwareentwicklung reicht bis in die 1960er-Jahre zurück, und der Begriff als solcher besitzt bis heute keine einheitliche Definition. Die vorhandenen verschiedenen Definitionen haben allerdings gemeinsam, dass sie eine Architektur als eine abstrakte Darstellung des Grundgerüsts eines Softwaresystems, seiner Komponenten und deren Zusammenspiel miteinander beschreiben.

Paul Clements hat mit seinen Mitautoren des Buchs *»Documenting Software Architectures: Views and Beyond«* beispielsweise folgende Definition aufgestellt:

»The software architecture of a computing system is the set of structures needed to reason about the system, which comprise software elements, relations among them, and properties of both.« (Paul Clements et al.)

Eine klare Trennung zwischen Softwarearchitektur und dem bereits beschriebenen Softwaredesign ist oft schwierig, da die Abgrenzung von der Abstraktionsebene der Betrachtung abhängt. Während beide Konzepte die Komponenten einer Software und deren Beziehungen beschreiben, fokussiert sich die Architektur auf ein größeres, strategisches Bild des Systems. Das Design hingegen konkretisiert das durch die Architektur vorgegebene Grundgerüst in Form detaillierter Spezifikationen für einzelne Module und deren Zusammenspiel. Mit der verwendeten Abstraktionsebene wird somit der Fokus der Architektur definiert.

In der Softwareindustrie werden verschiedene Abstraktionsebenen und daraus resultierende Architekturen verwendet. Hier sind einige Beispiele für gängige und gebräuchliche Architekturen:

- Systemarchitektur
- Netzwerkarchitektur
- Sicherheitsarchitektur
- Infrastrukturarchitektur
- Anwendungsarchitektur
- Businessarchitektur
- Softwarearchitektur
- Hardwarearchitektur
- ...

Eine Betrachtung der Architektur ohne Berücksichtigung der Details, die durch das Design beschrieben werden, ist nicht sinnvoll und macht deren unabhängigen Einsatz nahezu unmöglich. Jeder Architekt, der eine Architektur entwirft, sollte sich auch über die entsprechenden Details zur Umsetzung Gedanken machen.

Robert C. Martin, Autor diverser Softwaredesign- und -architekturbücher sowie Begründer der sogenannten Clean-Code-Bewegung, sieht beispielsweise auch keine klare Grenze zwischen den beiden Begriffen und beschreibt das Zusammenspiel der verschiedenen Abstraktionsebenen mit einem Beispiel aus der Häuserarchitektur: Ein Gebäudearchitekt entwirft das Aussehen eines Hauses, darf gleichzeitig aber nicht die Details vernachlässigen, z. B. die Platzierung von Steckdosen oder Wasserleitungen. Ein Badezimmer ohne Wasserzuleitung ist ebenso sinnlos wie eine Anwendungsarchitektur eines Webshops ohne mögliche Punkte zur Nutzerinteraktion.

Die Definition einer Struktur für Software ist wichtig, um qualitativ hochwertigere Software zu erstellen. Software, die keine formale Architekturdefinition besitzt, verfügt meist über unklare Strukturen und zeichnet sich durch eine starke Kopplung der einzelnen Bestandteile aus. Der verflochtene Aufbau einer Anwendung erschwert deren Wartung und Weiterentwicklung, da Änderungen an einer Stelle unvorhersehbare Auswirkungen auf andere Bereiche des Systems haben können.

Allerdings sollten Architekturen für Software nie als statisch betrachtet werden. Sie müssen in der Lage sein, sich weiterzuentwickeln und sich neuen oder geänderten Anforderungen anzupassen. Es ist die Aufgabe eines Softwarearchitekten, diese Strukturen zu definieren, sie über die Laufzeit eines Projekts aufrechtzuerhalten und sie gegebenenfalls zu modifizieren.

Das Ökosystem der Softwareentwicklung entwickelt sich stetig weiter und es entstehen fortlaufend neue Architekturansätze. Das nächste große Ding der Architekturen (»The next big thing«) entsteht nicht, wie man vermuten könnte, am Reißbrett großer Architekten, sondern durch einen organischen Prozess, in dem bestehende Ideen neu kombiniert, angepasst oder erweitert werden. Software, Architekturen und Rahmenbedingungen ändern sich und Projekte müssen dementsprechend flexibel gehalten werden.

Der Architekturstil der Microservices wäre beispielsweise in den 1990er-Jahren mit den damals vorhandenen Technologien nicht sinnvoll bzw. nur sehr aufwendig umzusetzen gewesen. Erst die Entwicklung der Container-Architekturen und die gestiegene Verbreitung und Popularität der Open-Source-Betriebssysteme ermöglichten es, mehrere Anwendungen als eigenständige Komponenten völlig getrennt voneinander preisgünstig und effizient auf einem Rechner nebeneinander zu betreiben. Teure Lizenzen und Hardware konnte eingespart werden und neue Deployment-Szenarien entstanden.

Obwohl es wichtig ist, innovative und individuelle Lösungen zu entwickeln und die eigene Vorgehensweise eventuell entsprechend anzupassen, sollten Entwicklerinnen und Entwickler grundlegende Softwarearchitekturansätze kennen und anwenden können.

1.3.1 Aufgaben einer Softwarearchitektur

Softwarearchitekturen definieren, wie bereits beschrieben, den grundsätzlichen Rahmen und Grundaufbau einer Anwendung und helfen dabei, die Komplexität in überschaubare Teile zu untergliedern. Sie legen dabei den Grundstein für eine effiziente Entwicklung, Wartung und Skalierung von Anwendungen. Als Blaupause für die Entwicklung eines gesamten Softwaresystems stellen die Architekturen sicher, dass alle Bestandteile konsistent zusammenarbeiten und die gesamten Anforderungen der Anwendung erfüllt werden.

Der Softwarearchitekt ist verantwortlich für die Definition und Dokumentation der Architektur eines Systems. Er muss die verschiedenen Aspekte einer Architektur, wie z. B. Skalierbarkeit, Sicherheit, Performance und Wartbarkeit, während des Entwicklungsprozesses berücksichtigen und in die architektonischen Entscheidungen einbeziehen. In Kapitel 2 wird hierzu das Thema »Dokumentation einer Softwarearchitektur« beschrieben, um diese mit anderen zu teilen bzw. darüber kommunizieren zu können.

Eine Softwarearchitektur muss mehrere Aufgaben erfüllen und verschiedene Aspekte beinhalten und dokumentieren:

- **Strukturierung** – Mithilfe einer Softwarearchitektur werden komplexe Systeme in kleinere, überschaubarere Module oder Anwendungsschichten untergliedert, um so eine bessere Organisation und Verwaltung des Systems zu ermöglichen.
- **Entwurfsprinzipien** – Die Entwurfsprinzipien legen die grundlegenden Richtlinien und Muster fest, die als Leitfaden für alle Entscheidungen während des Entwicklungsprozesses des Systems dienen.
- **Kommunikation zwischen Modulen** – Im Rahmen der Architektur wird definiert, wie die einzelnen Module miteinander kommunizieren und Daten austauschen.
- **Anforderungen umsetzen** – Anwendungen besitzen funktionale und nicht funktionale Anforderungen, die von der Softwarearchitektur berücksichtigt und umgesetzt werden müssen.
- **Technologische Entscheidungen** – Im Rahmen der Architektur werden zu verwendende Technologien, Programmiersprachen, Frameworks und Tools festgelegt.
- **Anpassungsfähigkeit** – Gute Architekturen ermöglichen es einem Softwaresystem, sich leicht an neue Anforderungen anzupassen, und können fachlich gut skaliert werden. Dies erleichtert die Entwicklung, das Testen und die Wartbarkeit der Software.
- **Integration mit anderen Systemen** – Softwarearchitekturen definieren nicht nur die Kommunikationsmechanismen innerhalb der Anwendung, sondern auch, wie die Software mit anderen Systemen integriert wird.
- **Dokumentation und Kommunikation** – Die Dokumentation einer Softwarearchitektur dient als Kommunikationsmittel zwischen verschiedenen Interessengruppen. Mit ihr wird ein gemeinsames Verständnis vom System und den Lösungen aufgebaut, die es bietet.

Für den bereits erwähnten Robert C. Martin besteht das Ziel einer guten Softwarearchitektur darin, den Personalaufwand für die Erstellung und Wartung eines Systems zu minimieren:

> *»The goal of software architecture is to minimize the human resources required to build and maintain the required system.« (Robert C. Martin)*

Die Vorteile einer guten und dokumentierten Softwarearchitektur liegen auf der Hand. Das sind z. B.:

- **Verbesserte Wartbarkeit** – Eine gut strukturierte Anwendung mit einer klaren Architektur ist verständlicher, und Fehler können dadurch leichter lokalisiert und behoben werden.
- **Erhöhte Erweiterbarkeit** – Klare Strukturen und definierte Grenzen zwischen den einzelnen Komponenten ermöglichen es, neue Funktionen einfacher zu integrieren, ohne die bestehende Funktionalität zu beeinträchtigen und Nebenwirkungen hervorzurufen.
- **Vereinfachte Zusammenarbeit** – Mit der Aufteilung einer Anwendung in unabhängigere Blöcke können mehrere Teams gleichzeitig arbeiten, ohne sich in die Quere zu kommen.
- **Verbesserte Wiederverwendbarkeit** – Klare und wohlüberlegte Schnittstellen zwischen den einzelnen Komponenten können die Wiederverwendbarkeit erhöhen.
- **Bessere Testbarkeit** – Durch die Einhaltung von klaren Strukturen und die klar definierten Abhängigkeiten wird die Testbarkeit der einzelnen Komponenten gefördert. Sie können isoliert und autark getestet werden, wobei die externen Abhängigkeiten der Komponente dabei durch sogenannte Mock-Objekte auf Basis der vorhandenen Schnittstellenspezifikationen ersetzt werden können.
- **Höhere Sicherheit** – Eine gut strukturierte Architektur kann helfen, Sicherheitslücken zu vermeiden und das System besser gegen Angriffe zu schützen.

1.3.2 Was ist ein Architekturstil und was ist ein Architektur-Pattern?

In den frühen 1990er-Jahren untersuchte Mary Shaw, eine US-amerikanische Informatikerin und Hochschulprofessorin, verschiedene Softwaresysteme und erkannte, wie Ward Cunningham und Kent Beck bereits auf kleinerer Code-Ebene, wiederkehrende Architekturkonzepte in verschiedenen Anwendungen. Sie nannte diese »Elemente einer Entwurfssprache für Softwarearchitektur« oder auch »Entwurfsidiome« und legte damit den Grundstein für die Beschreibung von Softwarearchitekturen.

Fast zeitgleich übernahmen Dewayne Perry und Alexander Wolf 1992 ebenfalls bestehende Konzepte aus der Gebäudearchitektur, um diese in die Welt der Software zu übertragen. Eines dieser Konzepte war der sogenannte *Architekturstil*. Wie bereits Mary Shaw erkannten Perry und Wolf wiederkehrende Entwurfsformen im Aufbau der Softwaresysteme.

In der Gebäudearchitektur beschreibt ein Architekturstil eine bestimmte Art oder Methode, wie Gebäude entworfen oder konstruiert werden. Typischerweise umfasst er bestimmte Designprinzipien, ästhetische Merkmale oder Konstruktionsmethoden, die für eine bestimmte Epoche oder Region charakteristisch sind. Architekturstile können sich entwickeln und sich an neue Technologien oder Vorgehensweisen anpassen. Jeder Stil kann über seine eigenen, speziellen Merkmale identifiziert bzw. klassifiziert werden.

Für Softwaresysteme war das Ziel, ähnliche Klassifizierungen zu finden und Systeme anhand der verwendeten Formen bzw. ihrer Merkmale zu identifizieren. Als Merkmale werden meist die Struktur oder die Organisation des Codes sowie die Interaktionen der verschiedenen Software-Komponenten verwendet.

Vier bekannte Architekturstile in der Softwareentwicklung sind zum Beispiel:

- **Schichtenarchitektur** – Bei einer *Schichtenarchitektur* wird die Software in verschiedenen Schichten organisiert, wobei jede Schicht eine bestimmte Funktion übernimmt. Gängig sind z. B. *3-Schichten-Architekturen*, bei denen zwischen Präsentations-, Geschäftslogik- und Datenhaltungsschicht unterschieden wird.
- **Client-Server-Architektur** – Eine *Client-Server-Architektur* unterteilt eine Anwendung in zwei Hauptkomponenten. Eine Komponente dient zur Präsentation bzw. als Benutzeroberfläche und eine zentrale, auf einem Server ausgeführte Komponente stellt die Geschäftslogik bereit.
- **Microservices** – Bei diesem Ansatz wird eine Anwendung mithilfe von mehreren kleineren, eigenständigen Services umgesetzt, die jeweils einen bestimmten Geschäftsbereich abdecken. Jeder Service kann eigenständig entwickelt, bereitgestellt oder skaliert werden.
- **Event-Driven Architektur** – Dieser Architekturstil basiert auf dem Konzept der ereignisgesteuerten Programmierung. Komponenten reagieren auf Ereignisse, die von anderen Komponenten erzeugt werden. Dieser Stil verzichtet auf synchrone, stark gekoppelte Kommunikation zwischen den Komponenten.

Welcher Architekturstil gewählt werden sollte, hängt von den Anforderungen an die Software ab. In größeren Softwaresystemen findet man oftmals Kombinationen mehrerer Stile, da auf verschiedenen Ebenen der Software unterschiedliche Aspekte der Ansätze zum Einsatz kommen.

Im Jahr 1996 stellten Frank Buschmann und seine Kollegen bei Siemens die logische, aber seinerzeit noch ausstehende Verbindung zwischen der Softwarearchitektur und den Entwurfsmustern her. Durch ihr Buch »*Pattern-Oriented Software Architecture, Volume 1*« wurde der Begriff der *Architekturmuster* eingeführt. Der Begriff verbreitete sich schnell und das Buch entwickelte sich zu einem Standardwerk für Softwarearchitekten, analog zum »Gang of Four«-Buch für Programmierer.

Bücher zur Pattern-Oriented Software Architecture (POSA)

Dem ursprünglichen *Pattern-Oriented Software Architecture*-(POSA-)Buch folgten noch fünf Erweiterungen, die unterschiedliche Aspekte der Softwarearchitektur in den Fokus stellten:

- Pattern-Oriented Software Architecture Volume 1: A System of Patterns
- POSA Volume 2: Patterns for Concurrent and Networked Objects
- POSA Volume 3: Patterns for Resource Management
- POSA Volume 4: A Pattern Language for Distributed Computing
- POSA Volume 5: On Patterns and Pattern Languages

Die Autoren beschrieben in ihrem Buch die Architekturmuster mit einer einheitlichen Beschreibungsvorlage, um die Patterns vergleichbar zu machen. Auch sie nutzten als Basis eine Kontext-Problem-Lösung-Beschreibung, die sie um einige Punkte erweiterten:

- **Name** und alternative Namen des Patterns
- **Beispiel** – Das aufgeführte Beispiel stellt das zu lösende Problem dar.
- **Kontext** – Beschreibung, in welchen Situationen das Pattern eingesetzt werden kann
- **Problem** – Beschreibung des zu lösenden Problems und Diskussion der daraus entstehenden Abhängigkeiten
- **Lösung** – grundlegende Darstellung der Lösung
- **Struktur** – eine detaillierte Darstellung der Struktur des Patterns mithilfe von entsprechenden Diagrammen. Zum Einsatz kommen CRC-Karten und Klassendiagramme aus der *Object Modeling Technique* (OMT). Beides sind Mittel, die zur Kommunikation und Darstellung von Softwaredesign verwendet werden können und durch die *Unified Modelling Language* (UML) abgelöst wurden.
- **Dynamik** – typische Szenarien, die das Laufzeitverhalten des Musters beschreiben. Auch hier werden Diagramme, wie z. B. *Object Message Sequence Charts*, zur Visualisierung eingesetzt.
- **Umsetzung** – Leitfaden, Vorschläge und Codefragmente, die für eine Umsetzung des Patterns verwendet werden können
- **Weitere Aspekte des Beispiels** – Beschreibung weiterer Aspekte zur Umsetzung des aufgeführten Beispiels, die noch nicht in den Abschnitten Lösung, Struktur, Dynamik oder Umsetzung behandelt wurden
- **Varianten** – kurze Darstellung von möglichen Abwandlungen des Musters
- **Bekannte Einsätze** – Beispiele aus echten Systemen, um nachzuweisen, dass dieses Pattern tatsächlich erfolgreich angewendet wurde

- **Konsequenzen** – Vor- und Nachteile beim Einsatz des jeweiligen Patterns
- **Siehe auch** – Querverweise zu anderen verwandten und ähnlichen Patterns

Das »POSA Volume 1«-Buch führt folgende Architekturmuster mit dieser Beschreibungsvorlage auf:

- Layers
- Blackboard
- Model-View-Controller
- Microkernel
- Pipes and Filters
- Broker
- Presentation-Abstraction-Control
- Reflection

Folgende Entwurfsmuster wurden beschrieben:

- Whole-Part
- Proxy
- View Handler
- Client-Dispatcher-Server
- Master-Slave
- Command Processor
- Forwarder-Receiver
- Publisher-Subscriber

1.4 Die Evolution in der Softwareentwicklung und -architektur

Die Softwareentwicklung, das Softwaredesign und die Softwarearchitektur haben sich seit ihren Anfängen kontinuierlich verändert und stetig weiterentwickelt. In der heutigen Softwareentwicklung nehmen die *Design-Patterns* nach wie vor eine große Rolle ein. Ihr Fokus bzw. die Abstraktionsebene hat sich allerdings über die Zeit deutlich vergrößert, und mit ihnen werden nicht nur Problemlösungen für objektorientierte Programmiersprachen beschrieben, sondern auch z. B. Lösungen für Systemarchitekturen. Nach den ersten Veröffentlichungen entstand ein regelrechter Hype um die Entwurfsmuster und sie wurden überall eingebaut und zur Beschreibung genutzt.

Parallel zu den Design-Patterns entstanden fortlaufend weitere neue Ansätze, Architekturstile, Herangehensweisen bzw. Methodiken, die Einfluss auf die heutige Softwareentwicklung hatten und weiterhin haben, indem sie weiterentwickelt werden.

In den folgenden Abschnitten stelle ich bekannte und verbreitete »Evolutionen« bzw. Weiterentwicklungen im Softwaredesign und der Softwarearchitektur vor, die großen Einfluss hatten bzw. immer noch haben, und beschreibe sie detaillierter. Wie bereits gesagt, entstehen neue Architekturmuster in einem organischen Prozess, in dem bestehende Ideen neu kombiniert, angepasst oder erweitert werden. Aus diesem Grund ist es sinnvoll, sich auch mit der Entstehung und den Hintergründen verschiedener Themen zu beschäftigen.

1.4.1 Class-Responsibility-Collaboration-Karten

Mit der steigenden Popularität der objektorientierten Softwareentwicklung wurden auch neue Mittel zur Kommunikation und zur Darstellung von Softwaredesign gesucht. Ende der 1980er-Jahre veröffentlichten Kent Beck und Ward Cunningham die *Class-Responsibility-Collaboration*-(CRC-)Karten als visuelles Werkzeug zur Analyse und Dokumentation, die genau dieses Problem adressierten.

Die CRC-Karten bestehen aus drei Elementen: aus dem Namen der Klasse sowie aus Informationen zu ihren Verantwortlichkeiten und zu ihrer Zusammenarbeit mit anderen Klassen. Die Darstellungsform der CRC-Karten ist nicht fest definiert oder vorgegeben.

Auch wenn die CRC-Karten heute fast keine Bedeutung mehr haben, zeigt es, dass eine sinnvolle Darstellung von Softwaredesign schon früh als nötig empfunden wurde und dass eine strukturierte und eventuell grafische Darstellung bessere Kommunikationsmöglichkeiten bietet.

Aus den gesamten Überlegungen zur grafischen Darstellung von Software und deren Aufbau entstand im weiteren Verlauf unter dem Dach der *Object Management Group* (OMG) die *Unified Modelling Language* (UML), die inzwischen fast durchgängig für eine Modellierung und Darstellung eingesetzt wird. Sie definiert eine standardisierte grafische Notation zur Visualisierung, Spezifikation, Konstruktion und Dokumentation von Software und Systemarchitekturen. Einen Überblick über die UML finden Sie in Kapitel 3, »Sourcecode und Dokumentation der Softwareentwicklung«.

1.4.2 Die »Gang of Four«-Patterns und ihr Aufbau

In Abschnitt 1.2, »Was sind Design-Patterns und wie sind sie entstanden?«, habe ich bereits das Buch »*Design Patterns: Elements of Reusable Object-Oriented Software*« der sogenannten Gang of Four angesprochen. Es gilt seit seinem Erscheinen im Jahr 1994 als eines der Standardwerke zur Softwareentwicklung und hat stark zur Verbreitung der Design-Patterns beigetragen.

Den Grundstein legte Erich Gamma mit seiner Dissertation, in der er begann, wiederverwendbare, verbreitete Lösungsmuster zu dokumentieren und zu katalogisieren. Viele der im Buch aufgeführten Patterns waren bereits Bestandteil seiner Dissertation und wurden mithilfe der anderen Autoren erweitert und ergänzt.

Die Herausforderung bestand seinerzeit darin, ein Beschreibungsformat zu finden, mit dem die Patterns so dargestellt werden konnten, dass auch andere Entwickler, die noch nicht mit ihnen in Berührung gekommen waren, sie verstehen und ihre Relevanz erkennen konnten. Es ging nicht nur um eine Beschreibung, »wie« etwas gemacht werden kann, sondern vor allem auch um das »Warum«.

Eigene Patterns zu erkennen, fällt in der Praxis meist leichter, als diese dann so zu dokumentieren, dass andere Entwickler den Sinn hinter ihnen verstehen und die Patterns erfolgreich für ihre eigenen Projekte adaptieren können.

Das GoF-Buch orientiert sich an der von Christopher Alexander vorgeschlagenen Struktur bzw. seinem Format der Design-Patterns. Die vier Hauptelemente einer Pattern-Beschreibung (Name, Problem, Lösung, Konsequenzen) wurden allerdings zu einem umfangreicheren Template erweitert:

> *»Design patterns are not about designs such as linked lists and hash tables that can be encoded in classes and reused as is. Nor are they complex, domain-specific designs for an entire application or subsystem. The design patterns in this book are descriptions of communicating objects and classes that are customized to solve a general design problem in a particular context.« (GoF)*

Die Bestandteile des Pattern-Templates der Gang of Four werde ich im Folgenden detaillierter vorstellen, da das Template oftmals als Grundlage von weiteren Pattern-Beschreibungen eingesetzt wurde bzw. immer noch eingesetzt wird.

Das Template besteht aus den folgenden Elementen:

Pattern-Name und Klassifikation

Mit dem Pattern-Namen sollen das Problem, die Konsequenzen und die Lösung eindeutig in ein oder zwei Wörtern beschrieben werden. Der Name soll klar und markant sein, damit das Muster in einer Dokumentation oder in der Kommunikation mit Kollegen eindeutig beschrieben und referenziert werden kann. Zusätzlich soll mit dem Namen der Aufbau eines Design-Vokabulars unterstützt werden.

Wie weiter oben beschrieben, führte die Gang of Four eine Klassifizierung der Patterns ein, wobei zwei Kriterien unterschieden wurden:

- Einsatzzweck und
- Einsatzgebiet.

Mit dem Einsatzzweck sollte die Aufgabe des Patterns beschrieben und aufgezeigt werden. Die GoF unterschieden dementsprechend zwischen:

- *Creational patterns/Erzeugermustern* – Diese Muster dienen dem Prozess der Objekterstellung.
- *Structural patterns/Strukturmustern* – Diese Muster befassen sich mit der Zusammenstellung von Objekten oder Klassen.
- *Behavioral patterns/Verhaltensmustern* – Diese Muster befassen sich mit dem Zusammenspiel mehrerer Objekte oder Klassen.

Beim Einsatzgebiet wurden zwei Kriterien verwendet:

- Klasse oder
- Objekt.

Objekte und Klassen

Sollten Ihnen die Begriffe *Objekt* und *Klasse* noch nicht geläufig sein, finden Sie in Abschnitt 2.1, »Grundkonzepte der objektorientierten Programmierung«, eine entsprechende Erläuterung.

Das ergab folgende Matrix in Tabelle 1.1, in die die einzelnen Pattern eingeteilt werden können:

	Einsatzzweck: Erzeugung	**Einsatzzweck: Struktur**	**Einsatzzweck: Verhalten**
Einsatzgebiet: Klasse	Factory Method	Adapter	Interpreter, Template Method
Einsatzgebiet: Objekt	Abstract Factory, Builder, Prototype, Singleton	Adapter, Bridge, Composite, Decorator, Facade, Flyweight, Proxy	Chain of Responsibility, Command, Iterator, Mediator, Memento, Observer, State, Strategy, Visitor

Tabelle 1.1 Einteilung der GoF-Patterns anhand von Kriterien

Jedes GoF-Pattern besitzt eine entsprechende Klassifikation mit Einsatzgebiet und Einsatzzweck, die mit seinem Namen angegeben wird. Das *Composite-Pattern* ist beispielsweise bei den *Objekt-Struktur-Patterns* eingeordnet.

Pattern-Namen

Die Gang of Four beschreibt in ihrem Buch das Finden eines guten Namens für ein Pattern als größte Herausforderung. Manche Patterns wurden während der Arbeit am Katalog auch umbenannt, damit der Name aussagekräftiger wurde. Das heute als *Decorator* bekannte Pattern hieß z. B. vormals *Wrapper* und das *Glue-Pattern* wurde später zur *Facade*.

Zweck

Der Abschnitt zum Zweck in einem GoF-Template entspricht im Grunde der Problembeschreibung von Christopher Alexanders Pattern-Begriff. Hier soll kurz und knapp die Frage beantwortet werden, welches Problem bzw. welches Design-Problem das Pattern löst.

Andere bekannte Namen

Wie ich im Kasten oben erwähnt habe, kann ein Pattern unter mehreren Namen bekannt sein. An dieser Stelle sollen andere bekannte Namen des Patterns aufgeführt werden.

Motivation

Innerhalb der Motivationsbeschreibung wird das Designproblem durch ein beispielhaftes Szenario dargestellt und es wird gezeigt, wie es durch das Muster gelöst werden kann. Das Szenario soll dabei helfen, die in den nächsten Abschnitten abstrakt gehaltene Beschreibung besser zu verstehen.

Anwendbarkeit

Dieser Abschnitt der Beschreibung erläutert, wann das Pattern sinnvoll anzuwenden ist. Dabei helfen Negativbeispiele, indem sie Designentscheidungen aufzeigen, die ohne Anwendung des Patterns zu Problemen führen würden. Sie verdeutlichen so den Nutzen und die Notwendigkeit des Patterns für bestimmte Entwicklungssituationen.

Struktur

Mithilfe des Strukturabschnitts des GoF-Templates wird der Aufbau des Patterns skizziert. Zur Darstellung der Elemente und ihren Beziehungen verwenden die Autoren drei Darstellungsvarianten:

- Klassendiagramm
- Objektdiagramm
- Interaktionsdiagramm

Allerdings wird nur das Klassendiagramm zwingend bei allen Patterns verwendet.

Die Gang of Four nutzte die *Object-Modeling Technique* (OMT), *Objectory* und die *Booch-Methode*, um die Diagramme zu erstellen. Alle zusammen sind Vorläufer der *Unified Modelling Language* (UML), die zu diesem Zeitpunkt noch nicht definiert war.

Beteiligte Komponenten

Jedes Pattern besteht aus einer oder mehreren Komponenten, die in diesem Template an dieser Stelle benannt werden. Neben den Namen werden auch die Beziehungen zwischen den Komponenten sowie deren spezifische Verantwortlichkeiten erläutert. Ziel ist es, den Lesern ein klares Verständnis vom Aufbau und von der Funktionsweise des Patterns zu vermitteln.

Zusammenspiel

Hier wird gezeigt, wie die beteiligten Klassen oder Objekte während der Ausführung interagieren und welche spezifischen Aufgaben sie dabei übernehmen.

Konsequenzen

In diesem Abschnitt werden die Auswirkungen und die möglichen Kompromisse des Patterns dargestellt. Es werden sowohl positive als auch negative Konsequenzen aufgezeigt, um eine Entscheidungsgrundlage für eine Anwendung zu schaffen. Der Leser soll dadurch in die Lage versetzt werden, abzuschätzen, ob die Vorteile des Patterns die potenziellen Nachteile überwiegen und ob es somit sinnvoll ist, das Pattern einzusetzen.

Implementierung

Die abstrakte Beschreibung zur Implementierung enthält Hinweise für eine Umsetzung des Patterns und beschreibt Überlegungen dazu sowie mögliche Herausforderungen. In manchen Fällen sind auch sprachspezifische Besonderheiten hervorgehoben, die zu beachten sind.

Beispielcode

Da C++ und Smalltalk zum Zeitpunkt der Veröffentlichung des GoF-Buches gängige objektorientierte Sprachen waren, sind die im Buch dargestellten Beispielcode-Fragmente, die die Implementierung der Patterns veranschaulichen, in diesen Sprachen verfasst.

Da es sich bei den Patterns immer um Schablonen bzw. Templates handelt, die man selbst adaptieren muss, finden Sie hier keine kompletten Umsetzungen, sondern nur kleinere Codeblöcke mit den wichtigsten Implementierungsdetails, die das Pattern charakterisieren.

Bekannte Einsätze

Da es sich bei Patterns immer um bewährte Lösungsbeschreibungen handelt, werden in diesem Abschnitt zwei erfolgreich umgesetzte Anwendungsfälle aus realen Systemen verschiedener Domänen gezeigt, die den Erfolg der Patterns belegen.

Die Gang of Four verweist hier z. B. auf frühere Veröffentlichungen oder bestehende Bibliotheken, in denen das Pattern umgesetzt und entdeckt wurde.

Querverweise

In diesem Abschnitt werden Verknüpfungen zu anderen Patterns hergestellt und sowohl verwandte als auch unterschiedliche Muster vorgestellt. Die Beschreibung hebt hierbei die entsprechenden Unterschiede hervor. Zusätzlich werden Möglichkeiten aufgezeigt, wie das aktuelle Pattern sinnvoll mit anderen Patterns kombiniert werden kann.

Design-Principals

Neben dem Pattern-Katalog und den entsprechenden Beschreibungen der Muster enthält das GoF-Buch allgemeine Design-Richtlinien bzw. Hinweise zu Implementierungen für objektorientierte Software.

Diese aufgeführten sogenannten *Design-Principals* werden oftmals nicht mit dem GoF-Buch in Verbindung gebracht und sind auch nicht so umfangreich und aufwendig wie die Patterns aufgearbeitet.

Ein Beispiel:

> *»Favor object composition over class inheritance.« (Gang of Four)*

1.4.3 Clean Code

Mit der zunehmenden Verbreitung und dem Einsatz der objektorientierten Programmierung wurden immer mehr Designrichtlinien formuliert, mit denen Software besser strukturiert sowie effizienter und ausdrucksstärker entwickelt werden konnte. Diese Idiome bzw. Designprinzipien lieferten die Grundlagen bzw. grundlegende Strukturierungen, nach denen die Design-Patterns aufgebaut wurden.

Anders als durch die Design-Patterns werden durch die *Clean-Code*-Ansätze keine größeren Lösungsansätze für konkrete Probleme beschrieben, sondern der sinnvolle Umgang mit Programmiersprachen, im Speziellen mit objektorientierten Sprachen.

Mit dem Buch »*Advanced C++: Programming Styles and Idioms*« veröffentlichte James Coplien im Jahr 1991 einen Katalog solcher Idiome für C++ und eine Reihe von Programmierstilen, die so auch in andere Sprachen adaptiert wurden und immer noch werden.

Eines seiner beschriebenen Idiome, *Handle/Body*, geht z. B. auf die Trennung zwischen der öffentlichen Schnittstelle und der Implementierung ein, um die Komplexität einer Schnittstelle zu reduzieren und private Details einer Implementierung zu verbergen.

Diese übergreifenden Designprinzipien, Techniken und Praktiken haben vor allem das Ziel, den Sourcecode lesbarer, verständlicher und wartbarer zu gestalten:

> *»Any fool can write code that a computer can understand. Good programmers write code that humans can understand.« (Martin Fowler)*

Im Jahr 2008 veröffentlichte Robert C. Martin sein Buch »*Clean Code: A Handbook of Agile Software Craftsmanship*« und prägte damit maßgeblich den Begriff *Clean Code*. Dieser entwickelte sich seitdem in der Softwareindustrie zu einem Synonym für Softwarequalität und als Standard für Wartbarkeit von Systemen. Die Prinzipien gelten mittlerweile als »guter Ton« in der Entwicklung.

Robert C. Martin alias »Uncle Bob«

Robert C. Martin, der auch als »Uncle Bob« bekannt ist, hat mit seinen Büchern, Veröffentlichungen und Vorträgen maßgeblich den Begriff des *Clean Code* geprägt und ist international als Experte anerkannt.

Als Mitunterzeichner des Agilen Manifests und Mitglied der Software-Craftsmanship-Bewegung versucht er, die Softwareentwicklung als eigenständiges Handwerk wahrnehmbar zu machen und weiter zu professionalisieren.

Die folgende Liste ist ein Auszug aus den Büchern, die Robert C. Martin bereits veröffentlicht hat:

- 1995: »Designing Object-Oriented C++ Applications«
- 2002: »Agile Software Development. Principals, Patterns and Practices«
- 2008: »Clean Code. A Handbook of Agile Software Craftsmanship«
- 2011: »Clean Coder. A Code of Conduct for Professional Programmers«
- 2017 »Clean Architecture: A Craftsman's Guide to Software Structure and Design«

Folgende wichtige Prinzipien und Praktiken beschreibt er in seinem Buch:

- **Aussagekräftige Namen** – Für Variablen, Funktionen oder Klassen sollen aussagekräftige, klare Namen definiert werden, die von anderen gut verstanden und verwendet werden können.
- **Funktionen mit genau einer Aufgabe** – Funktionen bzw. Methoden sollen genau einen klaren, spezifischen Zweck erfüllen. Sie sollen möglichst kurz und prägnant geschrieben werden.
- **Vermeidung von Dopplungen** – Redundanzen sollen im Code so gut wie möglich vermieden werden. Darunter kann die Wartbarkeit leiden.
- **Sinnvolle Kommentare** – Der Sourcecode soll möglichst selbsterklärend sein, sodass keine Kommentare benötigt werden, um ihn zu verstehen.
- **Einheitliche Formatierungsregeln** – Sourcecode sollte innerhalb eines Projekts einheitlich formatiert werden.

- **Testbarkeit** – Sourcecode muss getestet werden, und auch die Tests müssen kompakt, klar und wartbar sein.

Neben diesen eher sehr feingranularen Betrachtungen innerhalb des Sourcecodes widmet sich Uncle Bob ebenfalls dem prinzipiellen Aufbau von Klassen oder Systemen. Für deren Organisation bzw. Interaktion beschrieb er Prinzipien wie:

- Single Responsibility Principal (SRP)
- Dependency Injection (DI)
- Cross-Cutting Concerns

Seine Gedanken und Ansätze führten im Jahr 2002 zur Veröffentlichung des Buchs »*Agile Software Development. Principles, Patterns, and Practices*«, in dem er zum ersten Mal verschiedene Designprinzipien zusammentrug und vorstellte. Durch eine passende Sortierung der Anfangsbuchstaben der Prinzipien entstand daraus im Jahr 2004 das mittlerweile sehr bekannte und verbreitete Akronym *SOLID*:

- **S**ingle Responsibility Principle
- **O**pen-Closed Principle
- **L**iskovsches Substitutionsprinzip
- **I**nterface-Segregation Principle
- **D**ependency-Inversion Principle

Diese und weitere Prinzipien und Praktiken werden in Kapitel 2, »Prinzipien für gutes Softwaredesign«, detaillierter betrachtet.

Der Ansatz des Clean Code bzw. der Clean Architecture gehen Hand in Hand mit den Design-Patterns. Manche Prinzipien, wie z. B. das *Single-Responsibility Principle*, liefern die Grundlage für Patterns. Sie lassen sich allerdings auch eigenständig – eventuell mit einem angepassten Fokus – anwenden. Die Einhaltung des *Open-Closed Principles* hilft z. B. nicht nur bei der Implementierung einer Klasse, sondern kann auch bei der Definition einer öffentlichen HTTP-Schnittstelle hilfreich sein.

Die Prinzipien sind sehr allgemeingültig und können an unterschiedlichen Stellen, nicht nur auf Quellcodeebene, zur Verbesserung der Qualität beitragen.

1.4.4 Komponentenbasierte Entwicklung

In den 1990er-Jahren entstanden viele neue individuelle Anwendungen mithilfe der objektorientierten Konzepte. Meist wurden die Lösungen allerdings als größere zusammenhängende Blöcke implementiert und besaßen nur eine eingeschränkte Wiederverwendbarkeit ihrer Bestandteile.

In der Folge entstanden sogenannte *Komponentenmodelle*, die in Bibliotheken oder Frameworks an Bedeutung gewannen und zum Ziel haben, dass man mit ihnen wiederverwendbare, flexibel einsetzbare und skalierbare Komponenten entwickeln kann, die in mehreren Anwendungen zum Einsatz kommen können bzw. auch mit weniger Aufwand umgesetzt werden können.

Zu den bekanntesten Komponentenmodellen zählen:

- das *Component Object Model* (COM) von Microsoft
- die *Common Object Request Broker Architecture* (CORBA) der Object Management Group (OMG)
- *Java Enterprise JavaBeans* von Sun Microsystems
- *Java Applets*

Diese Komponentenmodelle setzten die Modularisierung von Softwaresystemen fort. Die bisher sehr monolithisch aufgebauten Systeme wurden in mehrere einzelne, unabhängigere Komponenten mit dem Zweck der Wiederverwendung aufgeteilt. Sie können unabhängig voneinander entwickelt, getestet und gewartet werden.

Jedes dieser Komponentenmodelle beschreibt Anforderungen an die Komponente selbst sowie auch an die Umgebung, in der sie ausgeführt werden soll. Für Komponenten sind diese Anforderungen meist definierte Schnittstellen oder Metadaten, die zur Verfügung gestellt werden müssen (siehe Abbildung 1.3). Oft spricht man von einem *Vertrag* bzw. *Contract*, der erfüllt werden muss.

Wichtig ist hierbei, dass die Komponenten nicht mehr allein lauffähig sind und nicht mehr ohne eine sogenannte *Laufzeitumgebung* bzw. einen *Container* ausgeführt werden können. Die meisten Modelle setzen einen vorgegebenen Lebenszyklus für die Komponenten voraus. Das heißt, dass die Laufzeitumgebung in diesem Fall z. B. die Aufgabe der Instanziierung oder die Zerstörung der jeweiligen Komponente übernimmt. Eine Installation der Komponente in eine Laufzeitumgebung wird als *Deployment* bezeichnet.

Manche Komponentenmodelle werden in Form einer Spezifikation beschrieben, und Hersteller haben die Möglichkeit, diese Spezifikation umsetzen, um eigene Implementierungen zu erstellen. Für Java gibt es beispielsweise die *Web-Container-Spezifikation*, mit der eine Webkomponenten-Laufzeitumgebung definiert wird. Mit dem *Jakarta EE Technology Compatibility Kit* (TCK) wird dann überprüft, ob die Spezifikation, also der definierte Vertrag, erfüllt wird.

Ist dies der Fall, darf der Hersteller seine Implementierung als *Jakarta EE*-kompatibel bezeichnen. *Apache Tomcat* oder *Jetty* sind hier Beispiele für die Umsetzung der *Jakarta-Servlet-Spezifikation*, die Teil der Jakarta EE ist.

Mit *Apache TomEE* stellt die *Apache Software Foundation* zusätzlich eine Distribution von Apache Tomcat mit weiteren Komponenten zur Verfügung, die zusammen die *Jakarta EE 9.1 Web Profile-Spezifikation* umsetzen.

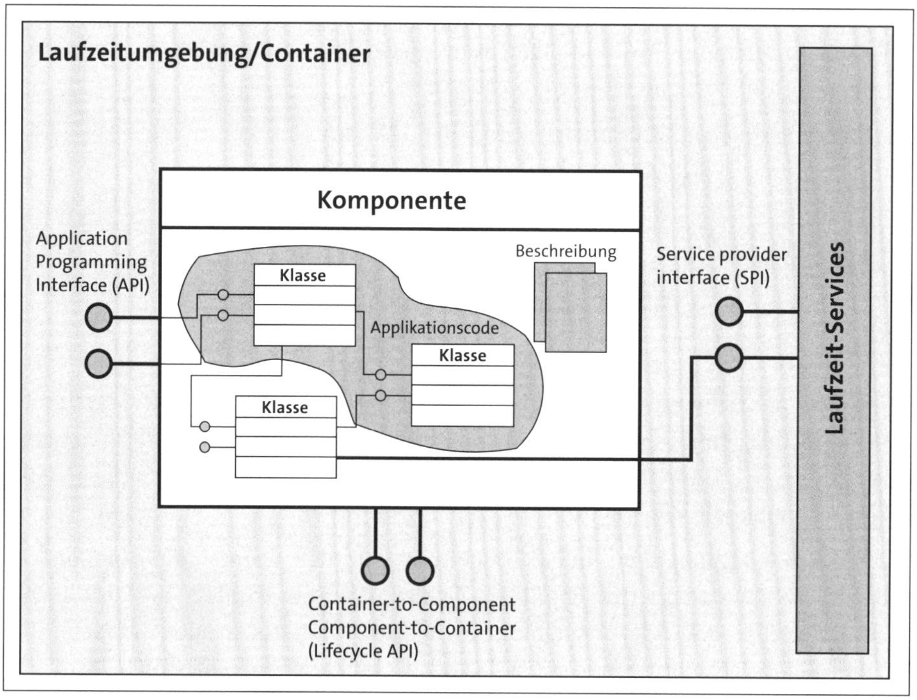

Abbildung 1.3 Bestandteile einer Komponente

Komponenten werden meist als Einheit ausgeliefert und bestehen aus:

- eigenem Applikationscode, der aus einer oder mehrerer Klassen besteht
- exportierten Schnittstellen der Komponente
- beschreibenden Informationen über die Komponente, damit diese in einer Laufzeitumgebung ausgeführt werden kann

Bei den exportierten Schnittstellen kann man grundsätzlich zwischen drei Arten von Schnittstellen unterscheiden:

Application Programming Interface (API)

Innerhalb einer Komponente wird Geschäftslogik umgesetzt. Entweder über eine oder über mehrere Klassen. Die Applikationsschnittstelle (API) dient dazu, diese Geschäftslogik anderen Komponenten bereitzustellen und eine Interaktion zu ermöglichen.

Service Provider Interface (SPI)

Laufzeitumgebungen stellen gemeinsam nutzbare Funktionalität bereit, z. B. die Anbindung an einen Datenbank-Verbindungspool oder einen Transaktionsmanager.

Diese können ebenfalls über eine Schnittstelle, das sogenannte *Service Provider Interface* (SPI), von den Komponenten an der Umgebung aufgerufen werden. 1

Neben der Nutzung einer SPI können Komponenten selbst diese Schnittstellen implementieren und anderen Komponenten zur Verfügung stellen. Sie können damit selbst zur Laufzeitumgebungskomponente werden.

Containerschnittstelle

Die dritte Art der Schnittstelle dient der Kommunikation mit der Laufzeitumgebung. Komponentenmodelle definieren meist für die auszuführenden Komponenten einen sogenannten *Lebenszyklus*, der z. B. definiert, wann eine neue Instanz erstellt werden soll. In den meisten Fällen müssen die Komponenten hierzu ein von der Umgebung vorgegebenes Interface implementieren.

Beispiel für eine aktuelle komponentenbasierte Entwicklung

Im folgenden einfachen Hello-World-Beispiel wird zur besseren Darstellung einer aktuellen komponentenbasierten Entwicklung eine Webkomponente umgesetzt, die bei *Jakarta EE* als *Servlet* bezeichnet wird. Die Komponente soll in einer Laufzeitumgebung installiert bzw. deployt werden und auf HTTP-Anfragen reagieren.

Was sind Java Servlets?

Bei den *Java Servlets* handelt es sich um Webkomponenten zur Erzeugung von dynamischen Inhalten. Sie werden innerhalb einer Laufzeitumgebung, einem sogenannten *Webcontainer*, ausgeführt und liefern für eine Anfrage eine entsprechende Antwort (Request/Response). Sie sind als Teil der Jakarta-EE-Spezifikation standardisiert (siehe dazu auch Abschnitt 1.4.4).

Für die Installation eines Servlets innerhalb einer Laufzeitumgebung (Deployment) wird das Servlet als Teil einer Webanwendung ausgeliefert. Dies geschieht über eine definierte Verzeichnisstruktur, die oftmals zu einem eigenen Archiv, einem *Web Application Archive* (WAR) zusammengepackt wird.

Zur Erfüllung des Servlet-Komponentenvertrags, der besagt, dass die Komponente das `Servlet`-Interface implementieren muss, erweitert die Hello-World-Komponente die abstrakte Klasse `HTTPServlet`, die das entsprechende Interface implementiert. Dadurch muss die Klasse nicht sämtliche Methoden des `Servlet`-Interfaces implementieren und bleibt deutlich übersichtlicher. Das ist im Übrigen auch der von der Spezifikation empfohlene Weg. Abbildung 1.4 stellt die Klassenhierarchie der `HttpServlet`-Klasse dar.

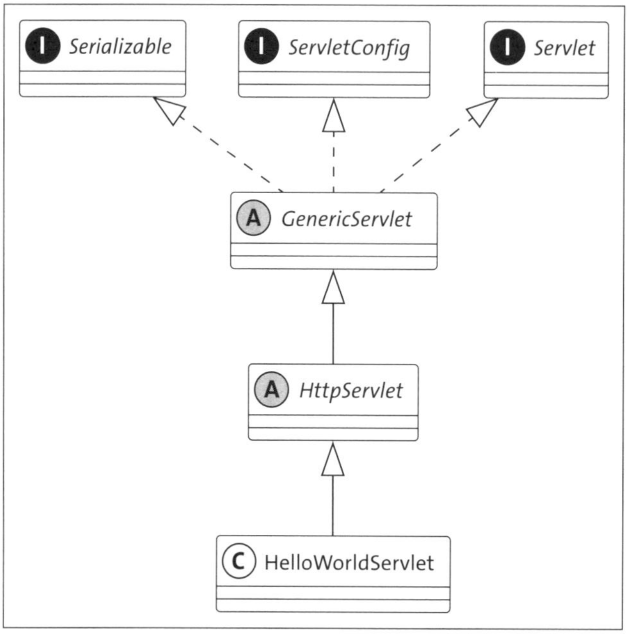

Abbildung 1.4 Das Klassendiagramm des »HelloWorldServlet«

Der resultierende Quellcode, um eine Webkomponente zu implementieren, ist übersichtlich. Für das Beispiel muss lediglich die `doGet`-Methode mit den entsprechenden Parametern implementiert werden:

```
package com.sourcefellows.javaee.helloworld;

import jakarta.servlet.annotation.WebServlet;
import jakarta.servlet.http.HttpServlet;
import jakarta.servlet.http.HttpServletRequest;
import jakarta.servlet.http.HttpServletResponse;

import java.io.IOException;
import java.io.PrintWriter;

@WebServlet("/HelloWorld")
public class HelloWorldServlet extends HttpServlet {

    @Override
    protected void doGet(HttpServletRequest req,
                         HttpServletResponse resp)
                         throws IOException {
```

```
        try(var writer = resp.getWriter()) {
            writer.println("Hello World!");
        }
    }

}
```

Listing 1.7 »HelloWorldServlet«-Beispiel in Java

Die vom Komponentenvertrag geforderten und übergebenen Parameter dienen der Komponenten-Implementierung zur Kommunikation mit der Laufzeitumgebung. Im Beispiel wird z. B. die Ausgabe mittels eines übergebenen `PrintWriter` geschrieben.

In der Jakarta-EE-Spezifikation können Metainformationen, z. B. unter welchem Namen das Servlet erreichbar sein soll, direkt in der Klasse als Annotation angegeben werden. Im Beispiel ist das die `@WebServlet`-Annotation mit einem entsprechenden Parameter.

Die Klasse `HelloWorldServlet` ist so weit bereits komplett. Sie kann kompiliert und innerhalb eines WAR-Archivs in einem kompatiblen Webcontainer deployt werden. Diese Klasse ist nicht allein lauffähig und kann nur innerhalb eines Containers eingesetzt werden.

Nach dem Deployment übernimmt der Container bzw. die Laufzeitumgebung die Kontrolle über die Komponente und diese kann so aufgerufen werden, wie es in Abbildung 1.5 dargestellt ist.

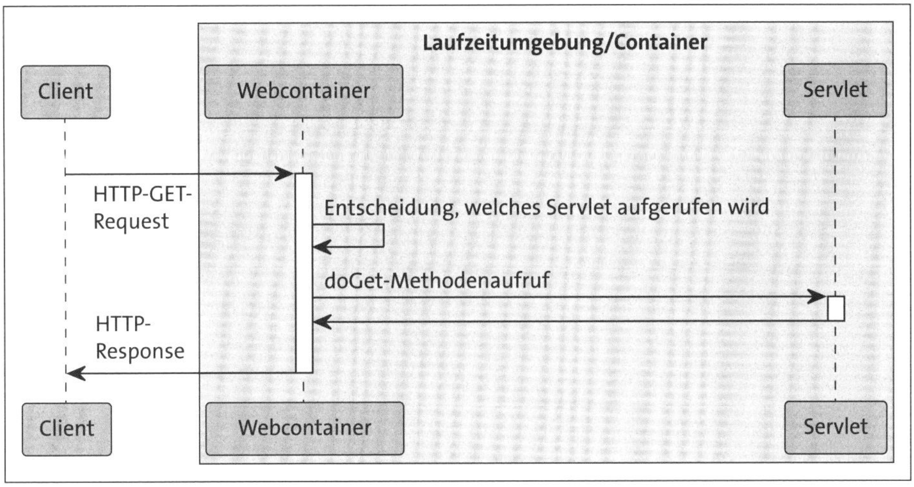

Abbildung 1.5 Sequenzdiagramm eines Servlet-Aufrufs

1.4.5 Core J2EE Patterns

Am 23. Januar 1996 veröffentlichte Sun Microsystems mit *Java* eine weitere objektorientierte Programmiersprache in der Version 1.0. Java sollte einfacher und universeller als C/C++ sein und zeichnete sich durch ihre Plattformunabhängigkeit aus. Ein durch den Compiler erzeugter Bytecode konnte und kann innerhalb einer plattformabhängigen, zur Verfügung gestellten *virtuellen Maschine* ausgeführt werden. Java-Anwendungen müssen nicht mehr aufwendig für unterschiedliche Plattformen übersetzt werden.

Diese Punkte trugen sicher dazu bei, dass Java immer beliebter und bald für die Erstellung von unternehmenskritischen Anwendungen verwendet wurde.

In der Folge entstanden viele verteilte Java-basierte Anwendungen und die Standardbibliothek wurde um weitere Spezifikationen und Bestandteile in Form von Klassen und Objekten für eine entsprechende Entwicklung erweitert.

Diese Entwicklung führte schließlich 1999 dazu, dass diese Einzelstandards unter einem gemeinsamen Dach zusammengeführt und koordiniert wurden: Die *J2EE-Spezifikation* war geboren.

J2EE wurde zu JavaEE und später zu Jakarta EE

Sun Microsystems entwickelte 1999 die *Java 2 Platform, Enterprise Edition*, abgekürzt *J2EE*. Sie bestand aus einer Zusammenstellung mehrerer unabhängiger Spezifikationen aus dem Java-Enterprise-Umfeld. Suns Ziel war es, die Entwicklung unter einem Dach zusammenzuführen, zu koordinieren und einen gemeinsamen Standard zu schaffen. Server-Anbieter konnten ihre *Application-Server* als kompatibel zu einer *J2EE-Spezifikation* ausweisen und Anwendungen waren zwischen den Servern (zumindest laut Werbung) kompatibel.

J2EE wurde 2006 mit der Einführung der Version 1.5 in *JavaEE – Java Enterprise Edition* umbenannt und 2019 in *Jakarta EE*.

In der Folge wurden mit der J2EE-Spezifikation viele unternehmenskritische Anwendungen umgesetzt und es entstanden auch hier wiederverwendbare Problemlösungen in Form von Design-Patterns, die 2001 von Deepak Alur, John Crupi und Dan Malks als *»Core J2EE Patterns – Best Practices and Design Strategies«* im gleichnamigen Buch veröffentlicht wurden.

Diese Patterns wurden daraufhin nicht nur in Java-Anwendungen übernommen, sondern auch angepasst in andere Programmiersprachen, weshalb sie auch für die Softwareentwicklung allgemein bedeutsam waren und noch immer sind.

Kategorisierung der Patterns

Deepak Alur und seine Co-Autoren folgten ebenfalls dem Patterns-Gedanken von Christopher Alexander und wollten dementsprechend ihre Patterns in unterschiedliche Kategorien einteilen. Allerdings hatten sie das Problem, dass keine der seit dem Erscheinen des GoF-Pattern-Buchs vorgeschlagenen und angewendeten Kategorien für Software zu passen schien. Bislang gab es:

- Design Patterns
- Architecture Patterns
- Analysis Patterns
- Creational Patterns
- Structual Patterns
- Behavioral Patterns

Jedes ihrer Patterns war aus ihrer Sicht zwischen den Design- und Architektur-Patterns anzusiedeln, weshalb sie die eigene Kategorie *J2EE Pattern* ins Leben riefen.

Am Ende ordneten sie die 15 in der ersten Version des Buchs enthaltenen Patterns jeweils einer der drei logischen architektonischen Schichten einer 3-Schichten-Architektur zu:

- Presentation
- Business
- Integration

3-Schichten-Architektur

Bei der 3-Schichten-Architektur handelt es sich um ein verbreitetes Schichtenmodell, bei dem eine Anwendung in drei logische Schichten unterteilt wird:

- Präsentations- bzw. Darstellungsschicht
- Anwendungsschicht
- Datenhaltungs- bzw. Integrationsschicht

Die Präsentationsschicht ist klassischerweise für die Aufarbeitung der Daten zum Zweck der Darstellung bzw. Ausgabe zuständig, die Anwendungsschicht enthält die eigentliche Geschäftslogik und in der Datenhaltungs- bzw. Integrationsschicht werden die Geschäftsdaten gespeichert bzw. an externe Systeme weitergegeben.

Jahrzehntelang handelte es sich hierbei um die vorherrschende Architektur von geschäftskritischen serverbasierten Anwendungen.

Mit der zweiten Auflage des *Core J2EE Pattern*-Buchs von 2003 kamen weitere 6 Patterns hinzu, sodass insgesamt folgende 21 Patterns zusammenkamen:

Presentation

- Intercepting Filter
- Application Controller (ab Version 2)
- Context Object (ab Version 2)
- Dispatcher View
- Front Controller
- Composite View
- View Helper
- Service To worker

Integration

- Service Activator
- Web Service Broker (ab Version 2)
- Domain Store (ab Version 2)
- Data Access Object

Business

- Application Service (ab Version 2)
- Service Locator
- Transfer Object
- Value List Handler
- Transfer Object Assembler
- Business Delegate
- Session Facade
- Business Object (ab Version 2)
- Composite Entity

Pet Store – Beispielanwendung

Mit der J2EE-1.3-Spezifikation entstand erstmals eine komplette Beispielanwendung, mit der die J2EE-Patterns in einer lauffähigen Anwendung gezeigt wurden. Der sogenannte *Pet Store* wurde als Teil des *BluePrint Program* bei Sun Microsystems erstellt.

Die Idee einer kompletten Beispielanwendung für Technologien, Konzepte oder Frameworks hat sich seitdem verbreitet. Man findet immer wieder komplette Pet Stores, die z. B. ein Framework vorstellen.

Patternbeschreibung

In den J2EE-Patterns wurde kein grundsätzlich neues Beschreibungstemplate verwendet. Die Autoren orientierten sich weitestgehend am Template der Gang of Four, das sie nur leicht anpassten. Neu hinzu kam beispielsweise die Beschreibung unterschiedlicher Varianten einer Umsetzung. Folgende Struktur wurde verwendet:

- Problem
- Voraussetzungen
- Lösung
- Teilnehmer und Verantwortlichkeiten
- Unterschiedliche Varianten der Umsetzung/Strategien
- Konsequenzen

- Beispielcode/Implementierung
- Querverweise

Kritik an J2EE – Frühling kam auf

Die J2EE-Spezifikation und auch die für sie veröffentlichten Core J2EE Patterns waren großer Kritik ausgesetzt. Die Lösungsansätze wurden oftmals als viel zu komplex und viel zu technisch orientiert betrachtet. Die erforderliche Menge an Code führte zu einer Komplexität der Anwendungen, die in der Folge gepflegt und beherrscht werden musste.

Die größte Kritik löste dabei die *Enterprise Java Beans*-(EJB-)Spezifikation mit ihren unterschiedlichen Formen der *Entity Beans* aus. Eigentlich sollte der Einsatz eines Frameworks bzw. einer solchen Spezifikation Komplexität aus der Anwendungslogik fernhalten. Das Gegenteil war jedoch der Fall und die Anwendungen wurden unnötig komplex und mit vielen technischen Details überladen. Kritiker sprachen davon, dass in J2EE-Anwendungen schnell ein sogenanntes *Over-Engeneering* betrieben wird.

Mit dem Buch *»Expert One-on-One J2EEDesign and Development«* stellte Rod Johnson 2002 vor, wie aus seiner Sicht J2EE-Anwendungen sinnvoll aufgebaut und entwickelt werden können. Er plädierte dafür, sich (wieder) an den bestehenden objektorientierten Ansätzen zu orientieren, die durch die verbreiteten Design-Patterns vorhanden waren, und sich nicht durch eine technische Spezifikation wie J2EE bzw. EJB ein Anwendungs- und Objekt-Design strikt vorgeben zu lassen. Er stellte dabei nicht sämtliche, sondern einzelne J2EE-Spezifikationen infrage. Seiner Meinung nach war vor allem ein Einsatz der EJB-Spezifikation fraglich und oftmals die strikte Verknüpfung der Begriffe J2EE und EJB ein Fehler.

In einem zweiten Buch, *»Expert One-on-One J2EE Development without EJB«*, das Rod Johnson 2004 zusammen mit Jürgen Holler veröffentlichte, stellten die beiden alternative Entwicklungsansätze von J2EE-basierten Java-Anwendungen vor – und zwar ohne Einsatz der EJB-Spezifikation, wie der Name schon vermuten lässt.

Um ihre Ansätze zu verdeutlichen und deren Praxistauglichkeit unter Beweis zu stellen, nutzten die beiden ein Framework, das im Jahr 2003 aus Codebeispielen des ersten Buches entstanden war: das *Spring Framework*.

Der Rest ist Geschichte. Das Spring Framework ist seitdem aus der Java-Welt nicht mehr wegzudenken und hat mit seinen Ideen und Ansätzen auch die weitere J2EE-Entwicklung beeinflusst. Mit der späteren Umbenennung von J2EE in JavaEE und später JakartaEE wollte Sun sicher auch den negativ belegten Namen loswerden.

Mittlerweile lässt sich das Verhältnis zwischen JakartaEE und dem Spring-Framework als Wettbewerb und gleichzeitig als komplementäre Beziehung innerhalb des Java-Ökosystems charakterisieren. Beide Frameworks besitzen unterschiedliche Stärken und Zielsetzungen. Spring bietet ein alternatives, flexibles Ökosystem, während Jakarta EE als standardisierte Plattform fungiert.

1.4.6 Enterprise Integration Patterns

Der Fokus der ersten Design-Patterns in der Softwareentwicklung lag auf dem inneren Aufbau und der Erstellung von Software. Das war sinnvoll, doch in der Praxis wird Software meist nicht auf einem isolierten System eingesetzt, sondern muss mit anderen Systemen interagieren.

Im Jahr 2004 veröffentlichten Gregor Hohpe und Bobby Woolf mithilfe einiger Mitwirkender das Buch *»Enterpise Integration Patterns«*, in dem sie den Fokus vergrößerten und Design-Patterns für die Integration verschiedener Softwaresysteme zusammentrugen. Das Buch stellt eine gemeinsame Arbeit von etlichen Autoren dar, die bereits eigene Pattern-Kataloge begonnen hatten und diese in das Werk einbrachten.

Mitwirkende an »Enterprise Integration Patterns«

Das Buch *»Enterprise Integration Patterns«* entstand durch die Arbeit vieler Mitwirkender. Gregor Hohpe und Bobby Woolf sind die offiziellen Autoren und sie wurden von folgenden Personen unterstützt:

- Kyle Brown
- Conrad F. D'Cruz
- Martin Fowler
- Sean Neville
- Michael J. Rettig
- Jonathan Simon

Aus ihrer Sicht steht man bei einer Integration von Softwaresystemen, die auf mehreren Umgebungen ausgeführt werden, immer vor denselben fundamentalen Herausforderungen:

- Netzwerke sind unzuverlässig.
- Netzwerke sind langsam.
- Anwendungen sind verschieden.
- Änderungen sind an der Tagesordnung.

Bei der Integration von Anwendungen müssen in der Regel Daten von einem Computer zu einem weiteren Computer übertragen werden. Auch wenn in moderneren Systemlandschaften das eventuell nur virtualisierte Umgebungen sind, erhöht sich das Fehlerpotenzial im Vergleich zu einem lokalen Methodenaufruf um ein Vielfaches. Netzwerkzugriffe können langsam sein, Daten können gefiltert werden oder die Verbindung kann eventuell ganz ausfallen. Die Anzahl der beteiligten Komponenten bei einer Übertragung ist enorm hoch und jede einzelne stellt eine mögliche Fehlerquelle dar.

Wenn eine Übertragung der Daten erfolgreich war, müssen Integrationslösungen sicherstellen, dass die Daten auch technisch verstanden werden. Die betroffenen Anwendungen nutzen eventuell unterschiedliche Technologien, z. B. Programmiersprachen, Betriebssysteme oder Datenformate. Anwendungen sind verschieden. Eventuell ist eine Transformation der Daten nötig.

Eine technisch korrekte Übertragung und eine passende technische Transformation der Daten führen jedoch nicht zwangsläufig dazu, dass alle Anwendungen mit den Daten umgehen und diese verarbeiten können. Software ändert sich, und die Änderungen an einer Stelle im System sollten sich nicht auf die anderen beteiligten Komponenten auswirken. Abhängigkeiten müssen auch hier minimiert werden. Änderungen sind an der Tagesordnung.

Diese Herausforderungen wurden von unterschiedlichen Entwicklern mit verschiedenen Lösungen adressiert:

- Dateiaustausch
- geteilte Datenbank
- Remote Procedure Calls
- Messaging

Im ersten Teil von *»Enterprise Integration Patterns«* werden die Unterschiede sowie die Vor- und Nachteile dieser Integrationstypen diskutiert. Der zweite Teil des Buchs geht dann auf die einzelnen Integrationsstile ein und enthält schließlich einen umfassenden Patterns-Katalog für einen asynchronen Messaging-basierten Kommunikationsstil. Hier liegt das Hauptaugenmerk des Buches und diese Patterns haben auch zur Wichtigkeit des Buches beigetragen.

Das Ziel der meisten Patterns in *»Enterprise Integration Patterns«* ist es, ein möglichst lose gekoppeltes System mit viel Flexibilität und Stabilität zu erstellen.

Viele der beschriebenen Patterns liefern die Grundlage für die Kommunikation in verteilten Umgebungen, z. B. in der Cloud. Nachrichtenübertragungen bzw. Event-basierte Kommunikation ist allgegenwärtig und die Patterns haben mit dem Aufkommen von Cloud-Umgebungen weiter an Wichtigkeit gewonnen. Die Konzepte lassen sich weiterhin sehr gut einsetzen.

Warum sind die Enterprise Integration Patterns interessant?

Der *»Enterprise Integration Patterns«*-Katalog hat sich zum ersten Mal im großen Umfang mit Patterns für eine asynchrone Kommunikation und eine daraus entstehende nebenläufige Verarbeitung beschäftigt.

In heutigen Cloud-Umgebungen spielt die Integration bzw. die Kommunikation zwischen Anwendungen immer noch eine zentrale Rolle und Sie finden die Patterns immer wieder in aktuellen Produkten oder Dokumentationen von Cloud-Anbietern. Die Enterprise Integration Patterns sind allgegenwärtig.

Manche Patterns lassen sich zusätzlich auch sehr gut für eine nebenläufige Verarbeitung innerhalb nur einer Anwendung adaptieren und einsetzen.

Die einzelnen Patterns werden mit einer Beschreibungsschablone vorgestellt, die folgende Punkte enthält. Die Beschreibungen werden allerdings nicht in einer Tabelle oder Liste, sondern vielmehr in einem Prosatext mit diesen Punkten beschrieben.

- Der **Patterns-Name** entspricht der GoF-Semantik. Es ist ein eindeutiger, einprägsamer Name, der die Aufgabe des Patterns beschreibt und für eine Kommunikation verwendet werden kann.
- Die meisten Patterns werden zusätzlich durch eine kleine **Grafik** dargestellt (siehe Abbildung 1.6). Dies soll neben der verbalen Sprache eine visuelle Sprache aufbauen, um die in der Softwareentwicklung beliebte Kommunikation durch Bilder zu unterstützen. Für ihr Buch entwickelten Hohpe und Woolf spezielle Bildkomponenten, mit denen zusätzlich die Kombinierbarkeit der einzelnen Teile dargestellt werden soll.

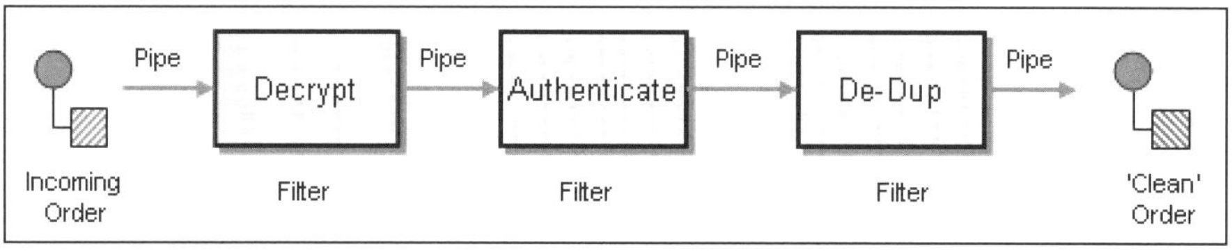

Abbildung 1.6 Beispielgrafik für Enterprise Integration Patterns
(Quelle: *https://enterpriseintegrationpatterns.com/*)

- Der **Kontext** beschreibt den Rahmen, in dem das Pattern eingesetzt werden kann, und welches Problem durch das Pattern gelöst werden soll. Meist werden verwandte Patterns aufgeführt, die potenziell bereits im Einsatz sind.
- Mit dem **Problem** werden die Herausforderungen, denen man gegenübersteht, in Form einer Frage beschrieben. Im Unterschied zu anderen Pattern-Katalogen beschränken sich die Autoren auf einen einzigen Satz, der beschreibt, ob das Pattern für die eigene Arbeit wichtig ist. Beispiel:

  Woher weiß ein Anfragender, der eine Antwort erhalten hat, für welche Anfrage dies die Antwort ist? (Problem des Correlation Identifier Pattern)
- Jede Pattern-Beschreibung **bekräftigt** den jeweiligen Ansatz, indem weitere Ansätze vorgestellt werden, mit denen das Problem gelöst werden könnte. Mit den Alternativen soll der Mehrwert dieser Lösung herausgearbeitet werden, da diese nicht zielführend sind.

- Dann folgt die Beschreibung der **Lösung**, mit der das Problem angegangen werden kann.
- Jede Lösungsbeschreibung wird durch eine kurze, entsprechende **Skizze** erweitert. Hier geht es auch wieder um eine schnelle Identifikation der Lösung. Im Idealfall soll jedes Pattern durch einen Blick auf den Namen und diese Skizze erfasst werden können.
- Im **Ergebnis**-Abschnitt werden die Details einer Anwendung und die Auswirkungen des Patterns verdeutlicht. Eventuell auftretende neue Herausforderungen werden genannt.
- Dann werden **weitere Patterns** genannt, die nach dem Einsatz des aktuellen Patterns noch in Betracht gezogen werden könnten bzw. müssen.
- In den sogenannten **Sidebars** werden technische Probleme oder Varianten diskutiert. Dieser Abschnitt ist von der eigentlichen Beschreibung abgesetzt.
- Im letzten Abschnitt werden **Beispiele** zum Einsatz des Patterns vorgestellt.

Insgesamt sind auf den 683 Seiten des Buchs 61 Enterprise Integration Patterns zusammengekommen:

Messaging

- Message Channel
- Message
- Pipes and Filters
- Message Router
- Message Translator
- Message Endpoint

Message Channel

- Point-to-Point Channel
- Publish-Subscribe Channel
- Datatype Channel
- Invalid Message Channel
- Dead Letter Channel
- Guaranteed Delivery
- Channel Adapter
- Messaging Bridge
- Message Bus

Message Construction

- Command Message
- Document Message
- Event Message
- Request-Reply
- Return Address
- Correlation Identifier
- Message Sequence
- Message Expiration
- Format Indicator

Message Router

- Content-Based Router
- Dynamic Router
- Splitter
- Resequencer
- Scatter-Gather
- Process Manager
- Message Filter
- Recipient List
- Aggregator
- Composed Message Processor
- Routing Slip
- Message Broker

Message Transformation

- Envelope Wrapper
- Content Filter
- Normalizer
- Content Enricher
- Claim Check
- Canonical Data Model

Message Endpoint

- Messaging Gateway
- Transactional Client
- Event-Driven Consumer
- Message Dispatcher
- Durable Subscriber
- Service Activator
- Messaging Mapper
- Polling Consumer
- Competing Consumers
- Selective Consumer
- Idempotent Receiver

System Management

- Control Bus
- Wire Tap
- Message Store
- Test Message
- Detour
- Message History
- Smart Proxy
- Channel Purger

Produkte mit Enterprise Integration Patterns

In einigen Produkten sind bereits Implementierungen für den Einsatz der Enterprise Integration Patterns eingebaut.

Folgende Open-Source-Produkte unterstützen die Patterns direkt:

- Spring Integration
- Apache Camel
- RedHat Fuse
- Mule ESB

Das folgende Beispiel aus der Dokumentation von *Spring Integration* zeigt eine einfache XML-basierte Konfiguration für die Verarbeitung von einkommenden Webservice-Nachrichten.

Eingesetzt werden einige der im Katalog enthaltenen Patterns:

- **Gateway** – Beispiel: verwendetes Element `gateway`
- **Message-Channel** – Beispiel: verwendetes Attribut `input-channel`
- **Normalizer** – Intern werden alle Nachrichten normalisiert.
- **Content-Ennricher** – Beispiel: verwendetes Element `header-enricher`

```
<!-- Web Service -->
<int:gateway id="wsGateway" service-interface="foo.TempConverter"
   default-request-channel="viaWebService" />

<int:chain id="wsChain" input-channel="viaWebService">
   <int:transformer
      expression="'&lt;FahrenheitToCelsius xmlns=&quot;https://
www.w3schools.com/xml/&quot;&gt;&lt;Fahrenheit&gt;XXX&lt;/Fahrenheit&gt;&lt;/
FahrenheitToCelsius&gt;'.replace('XXX', payload.toString())" />
   <int-ws:header-enricher>
      <int-ws:soap-action value="https://www.w3schools.com/xml/
FahrenheitToCelsius"/>
   </int-ws:header-enricher>
   <int-ws:outbound-gateway
      uri="https://www.w3schools.com/xml/tempconvert.asmx"/>
   <int-xml:xpath-transformer
      xpath-expression="/*[local-name()='FahrenheitToCelsiusResponse']/*[
local-name()='FahrenheitToCelsiusResult']"/>
</int:chain>
```

Listing 1.8 Spring-Integration-Beispiel einer Datenverarbeitung

1.4.7 Well-Architected Cloud

In den späten 1990er- und frühen 2000er-Jahren stand Amazon vor der Herausforderung, seine stark wachsende Online-Handelsplattform auszubauen und gleichzeitig die Kosten für den Betrieb zu senken. Amazon investierte dafür stark in den Ausbau seiner IT-Infrastruktur sowie in die Entwicklung von internen Softwarelösungen. Das Ergebnis waren neben neuen Softwarelösungen Technologien und Werkzeuge zur Virtualisierung von Servern und zur Automatisierung von Betriebsabläufen.

Im Jahr 2002 startete daraufhin Amazon das sogenannte *Amazon Web Services Developer Program*, mit dem Entwicklern der Zugang zu den Ressourcen von Amazon.com gewährt wurde, sodass sie Anwendungen auf der Amazon-Infrastruktur entwickeln und betreiben konnten. Die heute als *Cloud* bekannte Umgebung war erfunden.

Die offizielle Einführung von *Amazon Web Services* (AWS) als eigenständiges Geschäftsfeld im Jahr 2006 unterstrich die Bedeutung der Cloud für Amazon, das die Umgebung für weitere Kunden öffnete. In den Jahren 2008 und 2010 folgten Google und Microsoft mit eigenen Cloud-Angeboten und stellten ihrerseits die eigenen Ressourcen für Kunden zur Verfügung (siehe Abbildung 1.7).

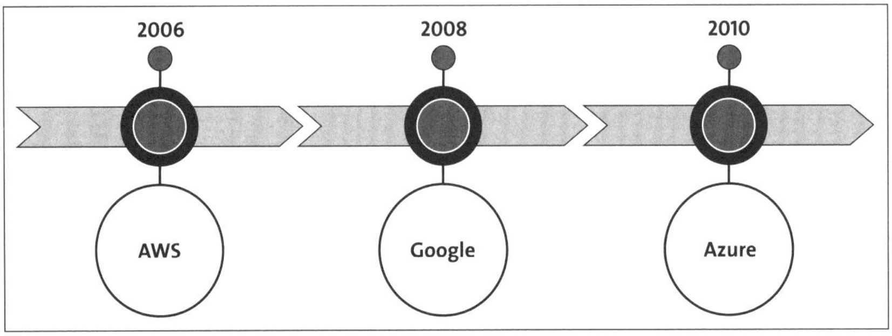

Abbildung 1.7 Entstehung der großen Cloud-Anbieter

Das Geschäftsmodell mit der Vermarktung von Computerinfrastruktur hat sich seitdem stetig weiterentwickelt und wurde zu einem großen Geschäftszweig für die Anbieter.

Während viele kundenspezifische und eigene Anwendungen der Cloud-Anbieter erfolgreich in die entsprechende Umgebung migriert oder neu für diese entwickelt wurden, traten bei einigen Umsetzungen neue Herausforderungen auf. Sowohl die großen Cloud-Anbieter als auch die Kunden hatten zum Teil Schwierigkeiten im Zuge der Implementierung und Weiterentwicklung oder auch Probleme mit nötigen Anpassungen an Prozesse und Arbeitsweisen.

Im Jahr 2015 veröffentlichte daraufhin AWS eine Sammlung von bewährten Methoden und Prinzipien für das Design und die Implementierung von Cloud-Anwendungen und -Infrastrukturen und prägte damit den Begriff der *Well-Architected Cloud*. Die anderen Anbieter erkannten ebenfalls den Bedarf an Lösungsbeschreibungen und veröffentlichten ihrerseits Beschreibungen, wie die neuen Herausforderungen des Cloud-Computings gemeistert werden können.

»Well-Architected Cloud«-Anleitungen der Anbieter

Die großen Cloud-Anbieter haben jeweils eigene Sammlungen der Best Practices für eine Entwicklung in ihrer Umgebung veröffentlicht. Diese Sammlungen lassen sich unter folgenden URLs abrufen:

- *https://aws.amazon.com/de/architecture/well-architected/*
- *https://learn.microsoft.com/de-de/azure/well-architected/*
- *https://cloud.google.com/architecture/framework?hl=de*

Die für AWS definierten Leitlinien basieren aktuell auf sechs Säulen, den sogenannten *Pillars*, und beschreiben Lösungen in folgenden Bereichen:

- **Operational Excellence** – Fokus auf Betriebsprozessen und -verfahren sowie deren ständiger Optimierung
- **Sicherheit** – Schutz von Informationen und Systemen
- **Zuverlässigkeit** – Sicherstellung der Betriebsverfügbarkeit und Erholung von Ausfällen
- **Leistung und Effizienz** – Optimierung der Ressourcennutzung sowie Überwachung der Leistung und Aufrechterhaltung der Effizienz
- **Kostenoptimierung** – Verwaltung und Reduzierung der Betriebskosten
- **Nachhaltigkeit** – Minimierung von Auswirkungen auf die Umwelt

Eine gut konzipierte Cloud-Architektur steht in einem engen Zusammenhang mit der Softwareentwicklung. Ein gut strukturierter Cloud-Einsatz bietet eine stabile, sichere und skalierbare Basis für die Softwareentwicklung, während gleichzeitig gute Praktiken in der Softwareentwicklung zu einer optimierten Nutzung der Cloud beitragen.

Mit den folgenden Softwareentwicklungsmethoden unterstützen Sie beispielsweise unter anderem eine Well-Architected Cloud und nutzen diese optimal:

- **Modularisierung bzw. Microservices-Architektur** – Durch die Entwicklung einer Anwendung in kleineren Einheiten lassen sich Updates, Erweiterungen und Deployments wesentlich gezielter durchführen. Damit lässt sich die Umgebung flexibler nutzen.
- **Continuous Integration / Continuous Deployment (CI/CD)** – Eine automatisierte Build-, Test- und Deployment-Pipeline beschleunigt den Entwicklungszyklus und unterstützt den Verbesserungsprozess.
- **Containerisierung** – Die Paketierung von kompletten Anwendungen mit ihren Abhängigkeiten in Containern vereinfacht deren Bereitstellung und Betrieb.
- **DevOps-Praktiken** – Mit Praktiken wie *Infrastructure as Code* lässt sich die Konsistenz und Reproduzierbarkeit von Umgebungen erhöhen und damit unter anderem die Zuverlässigkeit der Umgebung steigern. Zusätzlich lassen sich mit sinnvollem Monitoring und Logging-Lösungen Probleme schnell eingrenzen und lösen.
- **Skalierung** – Werden Anwendungen statuslos ausgelegt, können deren Instanzen schnell skaliert und an die benötigten Anforderungen im Bereich Last oder Ausfallsicherheit angepasst werden.

Eine Well-Architected Cloud bietet für die Softwareentwicklung:

- **Skalierbarkeit** – Die Cloud bietet die Möglichkeit, neue Ressourcen dynamisch hinzuzufügen oder zu entfernen. Damit kann schnell auf veränderte Anforderungen reagiert werden und können z. B. neue Entwicklungs- oder Testumgebungen aufgebaut werden, was die Geschwindigkeit und Zuverlässigkeit von Software-Releases erhöhen kann.

- **Kosteneffizienz** – Durch eine optimale Nutzung und dynamische Anpassung der benötigten Ressourcen können bei einer Abrechnung nach Verbrauch unnötige Ausgaben minimiert werden. Die Cloud-Anbieter stellen hierzu Tools zur Kostenüberwachung und -optimierung bereit.
- **Zuverlässigkeit** – Redundant ausgelegte Systeme und automatisierte Failover-Mechanismen können die Verfügbarkeit der Anwendungen auch bei Störungen gewährleisten.
- **Sicherheit** – Cloud-Anbieter stellen integrierte Sicherheitsfunktionen zur Verfügung, die von den Entwicklern in eigenen Anwendungen genutzt werden können. Dazu zählen z. B. Identitäts- und Zugriffsmanagement, Verschlüsselung und Netzwerk-Sicherheitsgruppen.

Kapitel 2
Prinzipien für gutes Softwaredesign

Um Software nachhaltig zu gestalten und langfristig nutzbar und wartbar zu halten, spielt gutes Softwaredesign eine entscheidende Rolle.
Dieses Kapitel beleuchtet verschiedene Konzepte und Prinzipien für ein effektives und gutes Softwaredesign und zeigt Ihnen, wie Sie Ihre Software sinnvoll aufbauen und strukturieren können.

Die Softwareentwicklung ist ein Werkzeug, das eingesetzt wird, um Herausforderungen und Probleme zu bewältigen. Sie sollte nicht dazu dienen, reine Funktionalität als Selbstzweck zu erschaffen, sondern Lösungen für konkrete Geschäftsbedürfnisse und -anforderungen zu entwickeln.

Das Ziel bei der Entwicklung von Software besteht darin, fehlerfreie, wartbare und erweiterbare Produkte zu erstellen, die den Anforderungen des Nutzers gerecht werden und gleichzeitig mit einem vertretbaren Aufwand in Bezug auf Zeit, Ressourcen und Kosten entwickelt und gepflegt werden können.

Ein gutes Softwaredesign sowie eine strukturierte und systematische Arbeitsweise bilden zusammen eine solide Grundlage für ein erfolgreiches Softwareprojekt. Beides gewährleistet Stabilität, Skalierbarkeit und Wartbarkeit des Produkts im Laufe der Zeit.

In der Praxis kollidiert jedoch häufig der Wunsch des Geschäftsbereichs nach schnellen Lösungen mit der tatsächlich möglichen Entwicklungsgeschwindigkeit der Softwareentwicklungsabteilung, die nach qualitativ hochwertigen und zuverlässigen Ergebnissen strebt. Es werden Kompromisse eingegangen, die zwar kurzfristig praktikabel erscheinen, jedoch langfristig zu schwerwiegenden Problemen führen können, da eine spätere Korrektur oft nicht durchgeführt wird oder mit erheblichen Herausforderungen und Kosten verbunden ist.

Manche Projekte beginnen beispielsweise mit der schnellen Umsetzung von oberflächlichen Features, die dem Management und den Kunden einen falschen Eindruck von der Entwicklungsgeschwindigkeit einzelner Funktionen vermitteln. Diese schnelle Entwicklung wird oft auf Kosten von Kompromissen in Bezug auf Qualität, Funktionalität oder Wartbarkeit erreicht. In vielen Fällen wird damit argumentiert, dass die Kompromisse später aufgelöst werden.

Dave LeBlanc, ein Softwareentwickler, dessen ironisches Scheingesetz es über das Clean-Code-Buch von Robert C. Martin zu einiger Berühmtheit gebracht hat, formuliert es so:

»Later equals never« (das »Dave LeBlanc Law«)

Wurde dem Management also fälschlicherweise eine zu hohe Geschwindigkeit für die Entwicklung neuer Features vorgeführt, müssen möglicherweise weitere Kompromisse eingegangen werden, um diese unrealistischen Erwartungen weiter zu erfüllen, und die Qualität der Software leidet zunehmend.

Die sogenannte Softwarekrise in den 1960er-Jahren und viele weitere gescheiterte Projekte in der Vergangenheit belegen eindringlich, dass die Qualität des Codes eine entscheidende Rolle für den Erfolg eines Softwareprojekts spielt – nicht nur zu Beginn in der Entstehungsphase, sondern vor allem bei der Erweiterung und Wartung der Software.

Gutes Softwaredesign ist ein kontinuierlicher Prozess, der nicht nur im Code selbst entsteht, sondern sich auf verschiedene Ebenen erstreckt. Die Gestaltung eines robusten und effizienten Systems beginnt bereits mit den Anforderungen und in den Konzeptphasen, wird durch Architekturentscheidungen weitergebracht und schließlich im Quellcode umgesetzt.

Eine effiziente und fehlerfreie Softwareentwicklung stellt heute eine zentrale Herausforderung dar. Schlechter und unzureichend strukturierter Code wirkt wie ein Bremsblock, der den Entwicklungsprozess verlangsamt und zu Frustration bei den Entwicklern und allen anderen Projektbeteiligten führt. Oftmals resultiert diese aus mangelnder Verständlichkeit des Codes, was zusätzlich Fehler begünstigt.

Sauberer Code und ein gutes Softwaredesign sind daher der Schlüssel zur Beschleunigung der Softwareentwicklung. Durch klare Strukturen, übersichtliche Formatierung und gut dokumentierte Funktionen lässt sich Code leichter verstehen und bei Bedarf modifizieren.

In den folgenden Abschnitten stelle ich Ihnen Konzepte und Prinzipien für ein gutes Softwaredesign auf Codeebene vor. Diese sollen Ihnen dabei helfen, Software zu erstellen, die robust, wartbar, skalierbar und leicht verständlich ist.

2.1 Grundkonzepte der objektorientierten Programmierung

Weil die Komplexität in Softwareprojekten zunehmend stieg, wurde schon in den 1960er-Jahren nach neuen Konzepten und Ansätzen gesucht, um Software wartbarer und wiederverwendbarer zu machen. Daraufhin entstand, wie bereits in Kapitel 1 beschrieben, die *objektorientierte Programmierung*. Sie beruht auf wenigen Grundkonzepten, die ich in den nächsten Abschnitten näher vorstellen werde:

- Objekte und Klassen
- Kapselung
- Abstraktion
- Vererbung
- Polymorphismus

In objektorientierten Programmiersprachen werden diese Konzepte direkt durch entsprechende Sprachkonstrukte oder Schlüsselwörter unterstützt. Beispielsweise besitzen die Sprachen *Java*, *TypeScript*, *C#*, *Python*, *C++* usw. das Schlüsselwort `class`, mit dem eine Klassendefinition eingeleitet wird.

Das bedeutet allerdings nicht, dass diese Konzepte und Ideen nicht auch in anderen Programmiersprachen oder Softwarearchitekturen zur Verbesserung der Wartbarkeit eingesetzt werden können. Als Beispiel seien an dieser Stelle das Konzept der Kapselung oder der Abstraktion genannt.

2.1.1 Objekte und Klassen

Bei der objektorientierten Programmierung werden logisch zusammenhängende Daten und Funktionen zu Objekten zusammengefasst und durch eine sogenannte *Klasse* beschrieben. Eine Klasse stellt den Bauplan für gleichartige Objekte dar, und die Objekte sind somit Instanzen eine Klasse.

Objekt, Klasse, Instanz

Manchmal werden die Begriffe nicht eindeutig voneinander abgegrenzt und uneindeutig verwendet. In diesem Buch steht der Begriff *Objekt* jedoch immer für eine konkrete Instanz, also eine Ausprägung bzw. ein Exemplar, einer Klasse.

Für die Beschreibung der Objektorientierung werden oftmals Parallelen zur realen Welt hergestellt und Klassen wie z. B. `Person` definiert. In diesen Beispielen besitzt beispielsweise jede Person die Eigenschaften Name und Alter sowie das gemeinsame Verhalten, dass sie andere Personen grüßen kann.

Von dieser Klasse `Person` kann es innerhalb einer Anwendung mehrere Instanzen bzw. Objekte geben, die jeweils erzeugt und unterschiedlich konfiguriert werden. Jede einzelne Person besitzt ihren eigenen Namen und ihr eigenes Alter, und trotzdem wurden alle mithilfe desselben Bauplans erstellt. Zur Erzeugung der Objekte enthält eine Klasse die Anleitung zum Erstellen ihrer Instanzen. In den meisten Programmiersprachen gibt es dafür einen sogenannten *Konstruktor*. Das ist eine spezielle Funktion der Klasse. Funktionen, die eng an eine Klasse gebunden sind, werden als *Methoden* bezeichnet.

Wie bereits erwähnt, werden Klassendefinitionen in Programmiersprachen, in denen objektorientiert programmiert werden kann, meist durch das Schlüsselwort `class` eingeleitet. Im Python-Beispiel aus Listing 2.1 wird z. B. die Klasse `Person` mit zwei Eigenschaften `name` und `age` definiert. Eine solche Eigenschaft wird auch *Attribut* oder *Feld* genannt. Zusätzlich enthält das Beispiel die Funktion `greet`, die einen Text mit Attributen eines Objekts ausgibt und aus diesem Grund an die Klasse gebunden ist (über eine sogenannte `self`-Referenz). Das macht sie zur Methode der Klasse.

Neben der `greet`-Methode besitzt die Klasse einen Konstruktor, mit dem neue Instanzen der Klasse erzeugt werden können. In Python heißt dieser immer `__init__`.

```
class Person:
    # Konstruktor
    def __init__(self, name, age):
        self.name = name  # Attribut
        self.age = age    # Attribut

    # Methode
    def greet(self):
        print(f"Hi, my name is {self.name}, I am {self.age} years old.")
```

Listing 2.1 Beispiel einer Klassendefinition in Python

Die Verwendung der Klasse aus dem Beispiel oben ist beispielhaft in Listing 2.2 zu sehen:

```
# Erstellen von Objekten mittels Konstruktor
person1 = Person("Alice", 30)
person2 = Person("Bob", 25)

# Aufruf der definierten Methode
person1.greet()  # Ausgabe: Hi, my name is Alice, I am 30 years old.
person2.greet()  # Ausgabe: Hi, my name is Bob, I am 25 years old.
```

Listing 2.2 Verwendung der definierten Klasse »Person« in Python

Für Java ist das Beispiel analog und würde so wie in Listing 2.3 aussehen:

```
public class Person {
    public String name;
    public int age;

    public Person(String name, int age) {
        this.name = name;
        this.age = age;
    }
```

```
    public void greet() {
        System.out.printf("Hi,… %s, I am %d years old.\n", name, age);
    }
}
```


Listing 2.3 Die Klasse »Person« in Java

2.1.2 Kapselung

Die *Kapselung* beschreibt den Mechanismus, durch den die Daten und die definierten Methoden eines Objekts vor unerlaubtem Zugriff und Manipulation von außen geschützt werden.

Die Objekte verbergen ihre internen Zustände, indem ein Zugriff ausschließlich über eine definierte Schnittstelle in Form von öffentlichen Methoden ermöglicht wird. Das Ziel bei der Kapselung ist es, die Integrität der Daten eines Objekts sicherzustellen und die eigene Implementierung vor externen Zugriffen zu verbergen.

Zusätzlich kann bei gekapselten Objekten die interne Struktur verändert werden, ohne dass zwangsläufig die externe Schnittstelle ebenfalls angepasst werden muss. Das erhöht die Wartbarkeit und gleichzeitig die Wiederverwendbarkeit der Objekte, da diese als unabhängige und selbstständige Einheit eingesetzt werden können.

In den meisten Programmiersprachen wird die Kapselung durch die Verwendung von *Zugriffsmodifikatoren* wie `public`, `private` oder `protected` erreicht.

Listing 2.4 zeigt ein Java-Beispiel, in dem das Feld `anzahlGaeste` der Klasse `Party` vor direktem Zugriff von außen geschützt ist. Das Feld ist mit dem Zugriffsmodifikator `private` versehen und kann deshalb nur über die Methoden `neueGaesteEinladen` und `zeigePartyGroesse` gesetzt bzw. ausgelesen/angezeigt werden. Die Information »Anzahl der Partygäste« ist in diesem Fall vor unberechtigten Zugriffen und Änderungen geschützt.

```
public class Party {
    private int anzahlGaeste;

    public void neueGaesteEinladen(int neueGaeste) {
        anzahlGaeste = anzahlGaeste + neueGaeste;
    }

    public void zeigePartyGroesse() {
        System.out.printf("Es kommen %d Gäste\n", anzahlGaeste);
    }
}
```

Listing 2.4 Beispiel für die Kapselung in Java

Aufbrechen der Kapselung

Auch wenn viele objektorientierte Programmiersprachen das Konzept der Kapselung durch Zugriffsmodifikatoren unterstützen, handelt es sich meist nicht um eine starke bzw. absolute Kapselung der Objekte.

In Java besteht z. B. die Möglichkeit, über *Reflection* die Kapselung zu umgehen und Attribute eines Objekts ohne Zugriffsmethode zu verändern.

Das *Spring Framework* nutzt z. B. Reflection, um Referenzen zu anderen Objekten direkt zu setzen. Folgender Code umgeht die Kapselung des Objekts:

```
@Service
public class BadDatabaseAccountService {
    @Autowired //Kapselung wird umgangen
    private Assessor assessor;
    public BadDatabaseAccountService() {
        // Das Attribut "assessor" sollte als Parameter übergeben werden!
    }
}
```

Listing 2.5 Aufheben der Kapselung im Spring Framework

Aus diesem Grund wird für Spring-Anwendungen auch empfohlen, Referenzen nur über externe Schnittstellen, wie den Konstruktor, zu setzen. Folgender Code zeigt diesen Ansatz:

```
@Service
public class GoodDatabaseAccountService {
    private Assessor assessor;
    @Autowired
    public GoodDatabaseAccountService(Assessor assessor) {
        this.assessor = assessor;
    }
}
```

Listing 2.6 Bessere Lösung mit Kapselung im Spring Framework

2.1.3 Abstraktion

Wie schon bei den Objekten und Klassen wird für die Beschreibung der *Abstraktion* oftmals ein Vergleich mit der realen Welt herangezogen: Stellen Sie sich vor, Sie möchten ein Auto fahren. Für Sie ist es nicht relevant, wie der Motor funktioniert. Sie nutzen die abstrakte Bedienoberfläche – Lenkrad, Pedale und Schaltknüppel –, mit der die komplexen Mechanismen im Motorraum und Getriebe vereinfacht werden.

Abstraktion in der Softwareentwicklung funktioniert nach dem gleichen Prinzip. Komplexe Details einer Implementierung werden durch abstrakte Schichten verborgen, und nur die relevanten Merkmale und Verhalten eines Objekts werden sicht- und nutzbar. Die Abstraktion hilft bei der Identifizierung von Schlüsselmerkmalen und fördert eine bessere Strukturierung von Software.

In objektorientierten Programmiersprachen wird eine Abstraktion mit sogenannten *Interfaces* oder *abstrakten Klassen* erreicht. Beide definieren eine allgemeingültige Schnittstelle, die von Aufrufenden verwendet werden kann und für die es konkrete Implementierungen gibt. In den abstrakten Schnittstellen wird Verhalten beschrieben, das von konkreten Klassen umgesetzt wird.

Interface

Ein *Interface* definiert einen Vertrag, den alle implementierenden Klassen erfüllen müssen. Das Beispiel in Abbildung 2.1 zeigt in einer UML-Darstellung die (abstrakte) Interface-Definition `Auto`, die vier Methoden umfasst und allgemeines Verhalten eines Autos definiert.

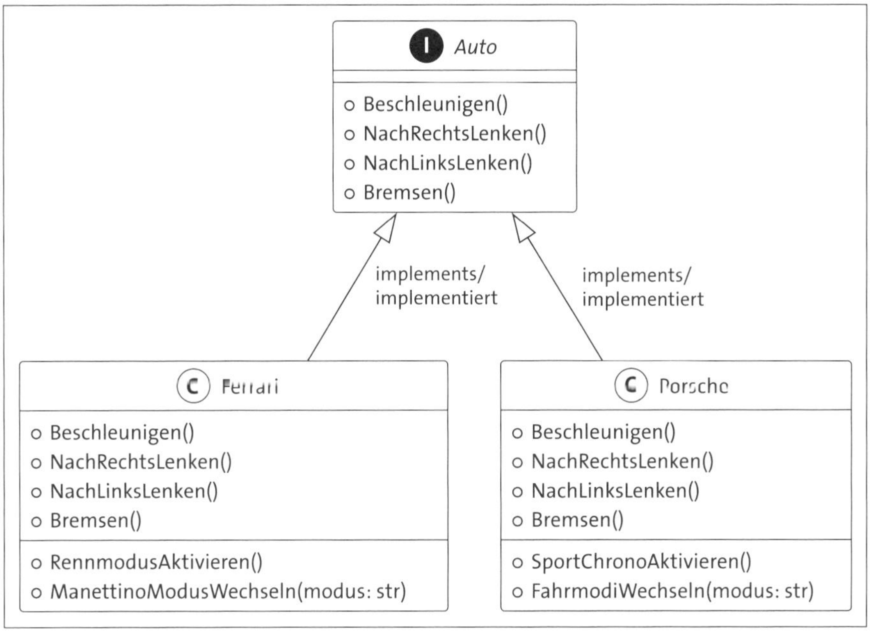

Abbildung 2.1 Abstrakte Typen am Beispiel eines Autos

UML-Darstellung

Die *Unified Modelling Language* (UML) definiert eine standardisierte grafische Notation zur Visualisierung, Spezifikation, Konstruktion und Dokumentation von Software und

Systemarchitekturen. Falls Sie noch wenig Erfahrung mit der Syntax von UML haben, finden Sie in Abschnitt 3.3, »UML zur Darstellung von Software«, einen Überblick.

Die zwei Klassen Ferrari und Porsche implementieren das Interface Auto und müssen dadurch die vier definierten Methoden realisieren. Jede Klasse besitzt im Beispiel zusätzliche spezifische Funktionalität in Form von weiteren Methoden.

Wie im eingangs erwähnten Beispiels des Motors sind für Aufrufende weitere Details der konkreten Implementierungen nicht relevant: Sie können Auto-Implementierungen beschleunigen, lenken und bremsen.

Die Implementierung des Interfaces Auto kann in Java so umgesetzt werden:

```
interface Auto {
    void beschleunigen();
    void nachRechtsLenken();
    void nachLinksLenken();
    void bremsen();
}
```

Listing 2.7 Abstrakte Definition des Interfaces »Auto« in Java

Eine konkrete Umsetzung des Interfaces zeigt Listing 2.8:

```
public class Porsche implements Auto {
    @Override
    public void beschleunigen() {
        //Implementierung des Interfaces
        ...
    }
    @Override
    public void nachRechtsLenken() {
        //Implementierung des Interfaces
        ...
    }
    @Override
    public void nachLinksLenken() {
        //Implementierung des Interfaces
        ...
    }
    @Override
    public void bremsen() {
        //Implementierung des Interfaces
        ...
    }
```

```
    public void SportChronoAktivieren() {
        //Zusätzliche Implementierung
        ...
    }
    public void FahrmodiWechseln(String modus) {
        //Zusätzliche Implementierung
        ...
    }
}
```

Listing 2.8 Konkrete Implementierung von »Porsche« in Java

Abstrakte Klasse

Abstrakte Klassen beschreiben ebenfalls ein allgemeingültiges Verhalten. Sie können allerdings im Gegensatz zu den Interfaces zusätzlich Methoden implementieren und Felder bzw. Instanzvariablen besitzen.

Abbildung 2.2 zeigt das UML-Diagramm eines Beispiels für die abstrakte Klasse Animal. Sie besitzt die als abstrakt marktierte Methode makeSound sowie die konkrete Methode sleep. Abgeleitete Klassen müssen dementsprechend die Methode makeSound realisieren und können die Funktionalität der Methode sleep weiternutzen.

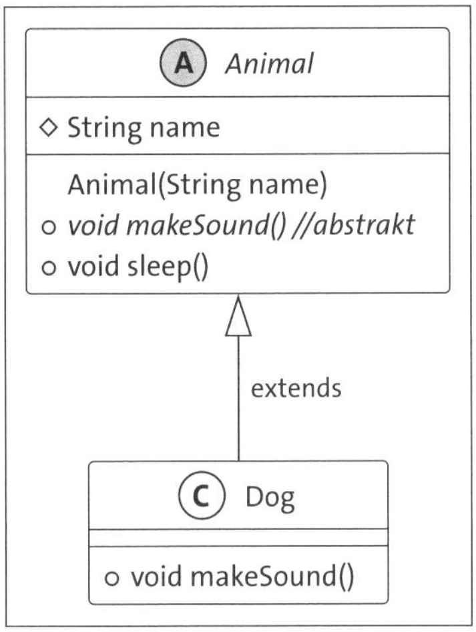

Abbildung 2.2 UML-Diagramm einer abstrakten Klasse

Listing 2.9 und Listing 2.10 zeigen die entsprechende Umsetzung in Java. In Listing 2.11 sehen Sie die Nutzung der konkreten Umsetzung Dog.

```
abstract class Animal {
    protected String name;
```

```
    public Animal(String name) {
        this.name = name;
    }

    public abstract void makeSound(); // Abstrakte Methode

    public void sleep() { // Konkrete Methode
        System.out.println(name + " schläft...");
    }
}
```

Listing 2.9 Beispiel einer abstrakten Klasse in Java

```
class Dog extends Animal {
    public Dog(String name) {
        super(name);
    }

    @Override
    public void makeSound() {
        System.out.println(name + " bellt: Wuff!");
    }
}
```

Listing 2.10 Konkrete Implementierung einer abstrakten Klasse in Java

```
Dog bello = new Dog("Bello");
bello.sleep();
bello.makeSound();
```

Listing 2.11 Anwendung des konkreten Typs »Dog« in Java

Auswirkungen der Abstraktion

Die Anwendung von Abstraktion kann Software einfacher gestalten, da sich der aufrufende Code ausschließlich auf die geringere Komplexität der jeweiligen Abstraktionsschicht konzentrieren kann. Er muss sich nicht mit den Details der einzelnen Implementierungen beschäftigen.

Außer auf der Sourcecode-Ebene wird in der Softwareentwicklung in vielen Bereichen Abstraktion eingesetzt:

- **Application Programming Interfaces (API)** – Sie bieten eine abstrakte Schnittstelle zur Interaktion mit anderen Softwarekomponenten. Interne Details der aufgerufenen Komponente müssen für einen Aufruf nicht bekannt sein.

- **Bibliotheken** – Sie bieten oftmals einfache abstrakte Schnittstellen oder Objekte für komplexe Sachverhalte, die innerhalb der Bibliothek umgesetzt sind.
- **Frameworks** – Sie bieten vorgefertigte Strukturen und Abstraktionen für bestimmte Softwareanwendungen.

2.1.4 Vererbung

Die *Vererbung* in der Softwareentwicklung ist eine spezielle Form der Abstraktion und definiert spezielle Beziehungen zwischen Klassen. Eine sogenannte *Unterklasse* bzw. *abgeleitete Klasse* übernimmt Eigenschaften und Verhaltensweisen in Form von Methoden einer anderen Klasse, der sogenannten *Oberklasse* bzw. *Basisklasse*.

Bei der Abstraktion wird, wie bei der Vererbung auch, oftmals mit einer Analogie aus der realen Welt gearbeitet: Stellen Sie sich vor, Sie haben (wie in Abbildung 2.3 skizziert) eine Basisklasse `Tier`, die z. B. die Eigenschaften `Name` und `Alter` sowie eine Methode `laufen` besitzt. Sie können nun zusätzlich die Unterklassen `Hund`, `Katze` und `Vogel` definieren, die jeweils von der Basisklasse `Tier` erben und somit die dort angegebenen Eigenschaften und Methoden übernehmen. Ein `Hund` könnte somit durch die Vererbung bereits `laufen` und besitzt einen `Name`n sowie ein `Alter`. Zusätzlich zu den übernommenen Eigenschaften und Methoden können Sie in den abgeleiteten Klassen eigene spezifische Eigenschaften oder Methoden definieren. Ein Hund könnte zusätzlich `bellen` oder ein Vogel `fliegen`.

Bei der Vererbung werden Eigenschaften und Methoden an die abgeleiteten Klassen weitergegeben und müssen dort nicht umgesetzt werden. Die Funktionalität steht implizit bereits zur Verfügung.

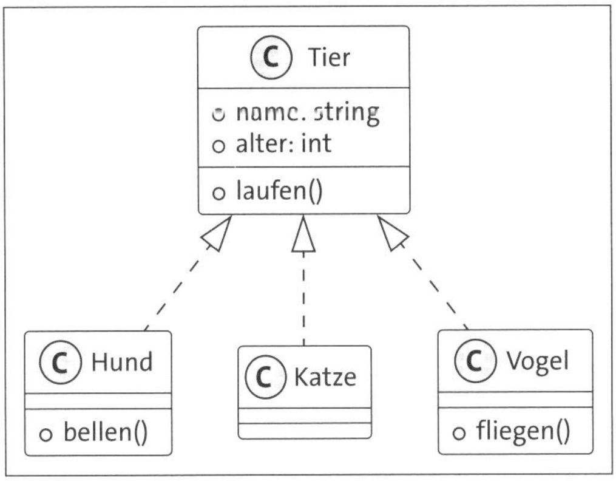

Abbildung 2.3 Vererbung am Beispiel der Klasse »Tier«

In Java (wie in vielen anderen objektorientierten Programmiersprachen auch) wird eine Vererbung von Klassen mit dem Schlüsselwort `extends` ausgedrückt. Listing 2.12 zeigt die Umsetzung des beschriebenen Beispiels aus Abbildung 2.3.

Innerhalb der Basisklasse `Tier` wird die `laufen`-Methode definiert, und `Tier` vererbt diese an die Klasse `Hund`, für die sie aufgerufen werden kann:

```
class Tier {
    public void laufen() {
        System.out.println("Tier läuft los");
    }
}
class Hund extends Tier {
    public void bellen() {
        System.out.println("Hund bellt");
    }
}
public class Main {
    public static void main(String[] args) {
        Hund h = new Hund();
        h.laufen();
        h.bellen();
    }
}
```

Listing 2.12 Beispiel einer Vererbung in Java

Die Vererbung ermöglicht die Wiederverwendung von Code, indem Funktionalität einer Basisklasse automatisch an ihre abgeleiteten Klassen weitergegeben wird. Dieselbe Funktionalität muss so nicht immer wieder neu geschrieben werden und der Entwicklungsaufwand reduziert sich erheblich. Gleichzeitig bietet die Vererbung Flexibilität für Erweiterungen: Unterklassen können neue Funktionen hinzufügen, ohne die ursprüngliche Basisklasse zu verändern. Dieses Prinzip ermöglicht eine hierarchische Organisation des Codes, die die Software modularisiert und somit besser strukturiert und leichter verständlich macht.

2.1.5 Polymorphismus

Die *Polymorphie* bzw. der *Polymorphismus* ist ein weiteres grundlegendes Prinzip der objektorientierten Programmierung und ermöglicht es, Objekte verschiedener Klassen, die eine gemeinsame Schnittstelle besitzen, gleichförmig zu behandeln. Durch Polymorphie können z. B. Objekte unterschiedlicher Art in einer Variablen gespeichert werden und je nach Klasse bzw. Objekttyp bei einem Aufruf unterschiedliche Aktionen auslösen.

Auch in diesem Fall soll die Polymorphie mit einer Analogie zur realen Welt beschrieben werden: Stellen Sie sich einen städtischen Vollzugsbeamten vor, der in einer Parkverbotszone Strafzettel an widerrechtlich geparkte Fahrzeuge verteilt. Er geht von Fahrzeug zu Fahrzeug, notiert das Kennzeichen und stellt einen entsprechenden Strafzettel für das Falschparken aus. Er bearbeitet immer ein Fahrzeug nach dem anderen und für ihn ist es unerheblich, welche konkrete Ausprägung eines Fahrzeugs gerade vor ihm steht. Ob Motorrad, Auto, Sportwagen oder LKW – er notiert ausschließlich das Kennzeichen, das lesbar am Fahrzeug angebracht sein muss.

Übertragen auf die Softwareentwicklung, können Sie für diesen Fall beispielsweise ein Interface `Fahrzeug` erstellen, das eine Schnittstelle zum Auslesen des Kennzeichens definiert. Die Klasse `Vollzugsbeamter` hat eine Variable `aktuellesFahrzeug` mit dem Interface `Fahrzeug`, die jeweils mit der konkreten Instanz eines Fahrzeuges gefüllt und verwendet wird. Für die Klasse `Vollzugsbeamter` ist es unerheblich, mit welcher konkreten Implementierung gearbeitet wird, solange diese die Schnittstelle zum Auslesen eines Kennzeichens bereitstellt und eine entsprechende Implementierung besitzt. Jede Klasse kann eine eigene Implementierung besitzen. Zur Laufzeit wird jeweils die entsprechende Umsetzung ausgeführt.

Diese *Vielseitigkeit* der Variablen `aktuellesFahrzeug` ist namensgebend für das Prinzip der Polymorphie (griechisch für »Vielseitigkeit«). Abbildung 2.4 zeigt ein entsprechendes Klassendiagramm.

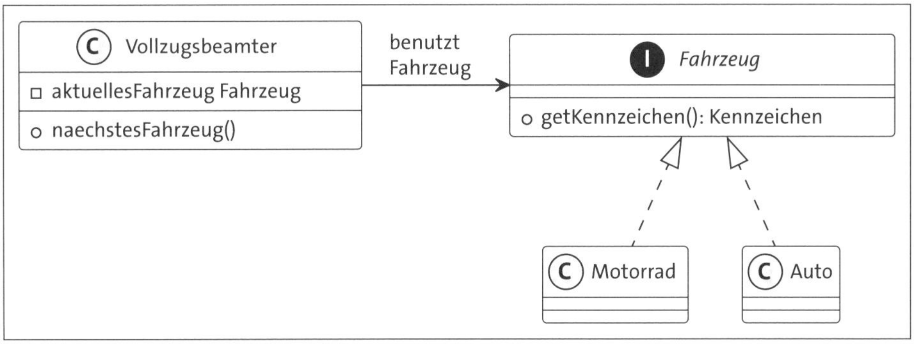

Abbildung 2.4 Klassendiagramm für Polymorphie

Sind in einer Klassenhierarchie mehrere Methoden mit gleicher *Methodensignatur* auf unterschiedlichen Ebenen implementiert, wird erst zur Laufzeit ermittelt, welche der Methoden für ein Objekt verwendet wird. Dieser Vorgang nennt sich *dynamisches Binden*.

Methodensignatur

Die sogenannte *Methodensignatur* ist ein eindeutiger Identifikator einer Methode. Sie besteht aus ihrem Namen und der Liste ihrer Parameter, inklusive deren Datentyp und Reihenfolge. Sie ermöglicht z. B. eine klare Abgrenzung zwischen verschiedenen Methoden, insbesondere beim *Überladen* und *Überschreiben*:

- **Überladen** – Mit »Überladen von Methoden« meint man die Möglichkeit, innerhalb einer Klasse mehrere Methoden mit gleichem Namen, aber unterschiedlichen Parameterlisten zu implementieren.
- **Überschreiben** – Das Überscheiben bezeichnet den Vorgang, wenn innerhalb einer abgeleiteten Klasse eine Methode einer Basisklasse neu definiert wird.

Listing 2.13 zeigt die wichtigen Teile einer Umsetzung des obigen Beispiels in Java:

```
interface Fahrzeug {
    Kennzeichen getKennzeichen();
}

public class Vollzugsbeamter {
    Fahrzeug aktuellesFahrzeug; //Typisierung auf Interface!

    void naechstesFahrzeug() {
        //...
        Kennzeichen kenn = this.aktuellesFahrzeug.getKennzeichen();
        //...
    }
}
```

Listing 2.13 Polymorphie in Java an einem Beispiel

2.2 Clean-Code-Prinzipien

Verständlicher, ausdrucksstarker und lesbarer Sourcecode ist die Basis für wartbaren Code und das Fundament für ein gutes Softwaredesign.

In den 1970er-Jahren stellten verschiedene Programmierer und Softwarearchitekten mehrere Leitlinien und Best Practices zusammen, die dabei helfen sollen, Sourcecode klarer zu schreiben und zu strukturieren. Diese sogenannten *Clean-Code-Prinzipen* wurden über die Jahre immer wieder angepasst und haben sich seitdem stetig weiterentwickelt.

Beeinflusst wurde die Entstehung der Prinzipien wesentlich von folgenden Personen:

- *Robert C. Martin* (Uncle Bob) – Er gilt als einer der bedeutendsten Vertreter des Clean-Code-Prinzips. Mit seinen Büchern und vor allem mit seinem im Jahr 2009 erschienenen Buch *»Clean Code«* prägte er die moderne Entwicklung des Begriffs und stellte darin viele zentrale Prinzipien gesammelt vor.
- *Kent Beck* – Als einer der Begründer des *Extreme Programmings* (XP) vertrat er bereits in den späten 1990er-Jahren die Auffassung, dass Software immer wieder

verbessert werden sollte. Eines seiner Ziele war leicht änderbarer und wartbarer Sourcecode.

- *Fred Brooks* – Er veröffentlichte im Jahr 1975 sein Buch *»The Mythical Man-Month«*, das ebenfalls Einfluss auf die Clean-Code-Bewegung hat. Er betonte darin die Wichtigkeit von guter Dokumentation und Modularität in der Softwareentwicklung.
- *James Coplien* – 1991 veröffentlichte er sein Buch *»Advanced C++: Programming Styles and Idioms«*, in dem er den sinnvollen Umgang mit der objektorientierten Programmiersprache C++ in Form eines Vorgehenskatalogs veröffentlichte. Die von ihm beschriebenen Programmierstile wurden daraufhin in viele weitere Sprachen adaptiert.

Die Prinzipien des Clean Code sind keine starren Regeln, sondern eher Leitlinien für eine bessere Programmierpraxis. Sie basieren insgesamt auf Erfahrungswerten aus vielen erfolgreichen Softwareprojekten und sollen dazu beitragen, Code lesbarer zu machen, die Fehlerbehebung zu erleichtern und darüber Wartungskosten zu senken. Die Clean-Code-Prinzipien sind auch heute ein wichtiger Teil des modernen Programmierens und dienen als Grundlage für viele weitere Entwicklungsmethoden und -richtlinien.

Gut strukturierter und lesbarer Code ist leichter verständlich. Das gilt für den Ersteller selbst wie auch für andere Entwickler, die im Laufe der Zeit mit dem Code arbeiten. Im Normalfall wird Code während des Lebenszyklus einer Software öfter gelesen als geschrieben. Studien zeigen, dass beispielsweise die Wartung von Software ca. 60 % bis 80 % der Lebenszykluskosten ausmacht.

Investiert man 10 oder 20 Minuten mehr Zeit bei der Erstellung einer Codestelle, die dadurch später von anderen Entwicklern besser verstanden werden kann, wird sich der zusätzliche Zeitaufwand schnell amortisieren. Wird z. B. infolgedessen ein Fehler im produktiven System schneller lokalisiert und behoben, müssen unter Umständen auch keine zeitaufwendigen Korrekturen an inkonsistenten Produktivdaten durchgeführt werden oder kann der Stillstand einer Produktionslinie verhindert werden.

Wenn Sie sich Gedanken über gutes Softwaredesign machen und die Clean-Code-Prinzipien anwenden, zahlt sich das meist nach kurzer Zeit aus, da Sie auf diese Weise den Wartungsaufwand minimieren und somit über den längeren Lebenszyklus einer Software Geld sparen können.

Im Jahr 2008 hat Thom Holwerda in einem humoristischen Comic die für ihn allgemeingültige Qualitätsmetrik für guten Sourcecode geliefert: *»The only valid measurement of code quality: WTFs/minute«* (siehe *https://www.osnews.com/story/19266/wtfsm/*): Je öfter andere Entwickler über den Code fluchen, desto unverständlicher und damit schlechter ist er ihrer Meinung nach.

Schlechten und undurchsichtigen Code zu erkennen, ist oftmals leicht, und über ihn zu fluchen, ist einfach. Allerdings ist es wesentlich schwerer, selbst ausdrucksstarken und gut lesbaren Code zu produzieren!

In den folgenden Abschnitten stelle ich verschiedene Praktiken vor, die Sie dabei unterstützen, ausdrucksstärkeren, besser lesbaren und dadurch besser wartbaren Code zu produzieren. Die vorgestellten Praktiken werden allerdings nicht das einzige Mittel für besseren Code sein. Es kommt auch darauf an, den Code anderer Entwickler zu lesen, zu verstehen und bewährte, erfolgreiche Muster aus ihm zu übernehmen.

Letztendlich sind das Lernen von Best Practices und das Lesen von gutem Code eine effektive Methode, um Ihre eigenen Programmierfähigkeiten nachhaltig zu verbessern. Und am Ende zählen drei Dinge, die Ihren Code wirklich besser machen: Übung, Übung, Übung.

2.2.1 Bezeichnernamen und Konventionen im Code

Die Namensgebung von Bezeichnern ist ein wichtiger Bestandteil der Softwareentwicklung, da sie die Lesbarkeit und Verständlichkeit des Codes erheblich beeinflusst. Eindeutige Namen vermeiden Verwirrung und Fehlinterpretationen, wobei sprechende Namen den Sinn des jeweiligen Elements schnell erkennbar machen.

Betrachten Sie Sourcecode genauer, werden Sie feststellen, dass die gewählten Bezeichner von Funktionen, Klassen, Methoden usw. den Großteil der Codebasis ausmachen. Im *Software Quality Journal* veröffentlichten z. B. Florian Deissenboeck und Markus Pizka 2006 den Artikel *»Concise and consistent naming«*, in dem sie für den Anteil der Bezeichner im Code einen Prozentsatz von 70 % ermittelten und daraus klar ableiteten, dass die gewählten Bezeichnernamen einen großen Einfluss auf die Verständlichkeit des Sourcecodes ausüben.

Die Herausforderungen und Schwierigkeiten bei der Namensgebung für Bezeichner im Quellcode werden in der Branche häufig mit der humorvollen Aussage *»Naming Things: The Hardest Problem in Software Engineering«* (oder in leicht abgewandelten Worten) hervorgehoben. Tom Benner hat im Jahr 2023 sogar ein gleichnamiges Buch veröffentlicht, in dem er genauer auf die Herausforderungen eingeht.

Oft wird in diesem Zusammenhang auch die Aussage von Phil Karlton zitiert, einem bekannten Principal Developer, der unter anderem bei Xerox PARC und Netscape tätig war. Er sieht die Namensgebung nur an zweiter Stelle im Ranking der schwierig umzusetzenden Dinge:

> *»There are only two hard things in Computer Science: cache invalidation and naming things.« (Phil Karlton)*

In diesen humorvollen Aussagen steckt allerdings ein wahrer Kern. Die Namensgebung von Bezeichnern im Sourcecode ist eine der stärksten Abstraktionsebenen der

Programmierung. John Ousterhout, ein Pionier der Softwareentwicklung und Erfinder der Sprache *Tcl*, brachte es treffend auf den Punkt:

> *»[T]he best names are those that focus attention on what is most important about the underlying entity, while omitting details that are less important.« (John Ousterhout)*

Gute Namen konzentrieren sich demnach auf die wichtigsten Merkmale der zu benennenden Objekte. Für deren Auswahl können Sie sich an folgenden vier Grundprinzipien orientieren. Jeder Name sollte demnach:

- **verständlich**,
- **kurz und prägnant**,
- **konsistent** und
- **unterscheidbar** sein.

Verständliche Namen

Ein Name sollte dem Leser helfen, das Konzept bzw. den Einsatzzweck, den er bezeichnet, so gut wie möglich zu verstehen.

Ohne zusätzliche Informationen bzw. Kontext ist z. B. der Variablenname `a` für eine Instanz der Klasse `Auto` nur schwer zu verstehen. Undurchsichtiger wird es, wenn generische Namen wie `item` oder falsche Namen für Typen dieser Klasse `Auto` wie `fahrrad` zum Einsatz kommen. In diesen Fällen wird es für Personen, die solchen Code lesen müssen, fast unmöglich, ein Konzept oder einen Einsatzzweck eines Bezeichners zu erkennen! Das Beispiel in Listing 2.14 zeigt, dass es im weiteren Code schwer zu erkennen sein wird, was in der Variable `foo` gespeichert wurde:

```
Auto foo = new Auto();
```

Listing 2.14 Unverständlicher Variablenname (in Java)

Gute Namen sind einprägsam und erklären, was gemeint ist. Wenn der Leser das Konzept hinter dem bezeichneten Objekt schon kennt, sollte ihm der Name ebenfalls bekannt vorkommen. Ist ihm das Konzept unbekannt, sollte der Name die korrekte Fachterminologie vermitteln können.

Das Beispiel in Listing 2.15 zeigt die Variable `auto`, aus der klar ersichtlich ist, dass es sich bei dem referenzierten Objekt um eine Instanz bzw. das »Konzept« `Auto` handelt. Die Variable beschreibt ein Auto und sollte auch so benannt werden. Damit ist im weiteren Sourcecode ersichtlich, um was für ein referenziertes Objekt es sich handelt.

```
Auto auto = new Auto();
```

Listing 2.15 Verständliche Namen für Bezeichner (in Java)

Jeder verwendete Name für einen Bezeichner sollte möglichst in einem Wörterbuch auftauchen. Entweder in einem allgemeingültigen, gebräuchlichen Wörterbuch wie dem Duden oder auch in einem domänenspezifischen Glossar, das z. B. bei einem Domain-Driven Design immer mit angelegt werden sollte.

Gebräuchliche Begriffe sind für den Leser deutlich verständlicher und einprägsamer als erfundene Begriffe, die nicht in der Kommunikation z. B. zwischen Fachbereich und Entwicklungsabteilung verwendet werden. Das Beispiel in Listing 2.16 zeigt entsprechende Namen für Variablen:

```
// Schlechte Beispiele
o, org, people_group, leute

// Besseres Beispiel
organization, computer
```

Listing 2.16 Verwenden Sie Namen aus Wörterbüchern!

Neben den Begriffen und Namen für fachliche Objekte werden meist zusätzlich domänenunabhängige Konzepte in einer Software eingesetzt. Dazu gehören beispielsweise abstrakte Datentypen, Algorithmen, allgemeine oder technische Konzepte sowie Designmuster. Für diese Objekte bzw. Konzepte sollten Sie die allgemein gängigen und etablierten Namen verwenden und keine eigenen Namen erfinden.

Sobald standardisierte Begriffsdefinitionen (z. B. Einheiten für Zeitangaben oder physikalische Einheiten) bzw. verbreitete anerkannte Namen (z. B. Fachbegriffe aus der Informatik für Netzwerke oder Datenbanken) vorhanden sind, sollten Sie diese auch nutzen.

Die Arbeit mit einem Eintrag in einer SQL-basierten Datenbank wird höchstwahrscheinlich für die meisten Entwickler eingängiger und schnell erfassbar, wenn Sie nicht mit einem `entry`, sondern mit einer `row` arbeiten, da Datenbanken zeilenorientiert arbeiten und dieses Konzept allgegenwärtig ist. Dasselbe gilt für Aktionen, die mit der Datenbank ausgeführt werden: SQL enthält den `delete`-Befehl. Aus diesem Grund ist es sinnvoll, entsprechende Methoden auch nach diesen Begriffen und Konzepten zu benennen:

```
// Schlechtes Beispiel
database.removeEntry(...);

// Besseres Beispiel
database.deleteRow(...);
```

Listing 2.17 Leiten Sie Namen von etablierten Begriffen und Konzepten ab!

Eine der wichtigsten Regeln bei der Namensfindung ist die Nutzung vorhandener, gängiger Begriffe. Keine Neukreationen!

Durch eine gute Namensgebung lässt sich, wie ich bereits mehrfach erwähnt habe, die Software zunehmend besser verstehen. Aus diesem Grund sollten Sie ebenso auf eine korrekte Schreibweise des Namens sowie auf eine korrekte Grammatik achten.

Listing 2.18 zeigt ein Beispiel einer falschen Pluralbildung für einen Variablennamen, die in folgenden Codestellen für Verwirrung sorgen kann, da der Leser eventuell nicht davon ausgeht, dass nur mit einer Organisation gearbeitet wird:

```
// Schlechtes Beispiel
organizations := repository.GetAll()[0]

// Besseres Beispiel
organization := repository.GetAll()[0]
```

Listing 2.18 Falsche Pluralbildung für Variablennamen (in Go)

In der Praxis hat sich zur Umsetzung einer besseren bzw. eindeutigeren Grammatik eine Zuordnung von Identifier-Typen zu grammatischen Funktionen durchgesetzt, die Sie in Tabelle 2.1 sehen.

Typ	Grammatische Funktion	Beispiel
Klasse	▸ Substantiv ▸ Substantivierungen	`Organization`, `PaymentMethod`
Variablen	▸ Substantiv ▸ Verbindung aus Verb und Substantiv	`name`, `age`, `isValid`, `succeeded`

Methoden	▸ Verben
	▸ Verbindung aus Verb und Substantiv
		`validate`
		`findAll`
		`canHandle`
		`isValid`
		`ParseTime`

Interfaces	▸ Substantiv
	▸ Substantivierungen
	▸ Adjektive
		`Handler`
		`DataInput`
		`Calculator`
		`Formatter`
		`Runnable`

Tabelle 2.1 Zuordnung von Identifier-Typen zu grammatischen Funktionen

Das Beispiel in Listing 2.19 zeigt den Einsatz einer davon abweichenden grammatischen Funktion, die den Code schwerer verständlich macht. Die Methode `Cancellation` des Objekts `transport` sollte besser `CancelRequest` heißen, um klarzustellen, dass es sich um eine Methode handelt, die für dieses Transport-Objekt einen Request abbricht. Die Prüfung, ob das `Request`-Objekt tatsächlich abgebrochen wurde, übernimmt dann die Methode `IsCancelled`.

```
// Schlechtes Beispiel
transport.Cancellation(request)
cancelled := request.Cancel()

// Besseres Beispiel
transport.CancelRequest(request)
cancelled := request.IsCancelled()
```

Listing 2.19 Wenden Sie grammatische Funktionen an! (hier in Go)

Einige, vor allem ältere Bibliotheken enthalten häufig Schnittstellen, mit denen man Zeitspannen, z. B. Timeouts, angeben kann. Leider besitzen sie häufig keine Angabe zur entsprechenden Zeiteinheit, die verwendet werden soll. Listing 2.20 zeigt beispielsweise die Konfiguration für den *Apache HTTPClient* in Version 4.3:

```
// Schlechtes Beispiel
int timeout = 5000;
RequestConfig config = RequestConfig.custom()
  .setConnectTimeout(timeout)
  .setConnectionRequestTimeout(timeout)
  .setSocketTimeout(timeout).build();
CloseableHttpClient client =
  HttpClientBuilder.create().setDefaultRequestConfig(config).build();
```

Listing 2.20 Codebeispiel für den Apache HTTPClient Version 4.3 (in Java)

Anhand der Zahl `5000` kann man eventuell vermuten, dass es sich um Millisekunden handelt, aber eindeutig ist es für den Leser im ersten Moment sicher nicht.

Namen sollten eine entsprechende Einheit als Namensbestandteil besitzen, damit ihre Bedeutung klar wird. Das obige Beispiel könnte so angepasst werden, wie in Listing 2.21 dargestellt:

```
int timeoutInMilliseconds = 5000;
RequestConfig config = RequestConfig.custom()
  .setConnectTimeoutInMilliseconds(timeoutInMilliseconds)
  .setConnectionRequestTimeoutInMilliseconds(timeoutInMilliseconds)
  .setSocketTimeoutInMilliseconds(timeoutInMilliseconds).build();
```

Listing 2.21 Fiktives Beispiel einer Erweiterung des HTTPClients (in Java)

Die Variable wurde in `timeoutInMilliseconds` umbenannt und die Methoden um den Zusatz `InMilliseconds` erweitert. Somit sind die Einheiten bekannt. Der Mehraufwand für die längeren Bezeichnernamen kann sicher für eine bessere Lesbarkeit in Kauf genommen werden.

Einheiten in APIs – neue Version des HTTPClients

Neuere APIs enthalten meist bereits Schnittstellen mit einer passenden Einheit. Das Beispiel des HTTPClients sieht in Version 5.x übersichtlicher aus:

```
ConnectionConfig connConfig = ConnectionConfig.custom()
    .setConnectTimeout(timeout, TimeUnit.MILLISECONDS)
    .setSocketTimeout(timeout, TimeUnit.MILLISECONDS)
    .build();
```

Mit einem zweiten Parameter wird die entsprechende Zeiteinheit mit übergeben. Auch so können APIs klarer formuliert werden.

In Go wurde beispielsweise der Typ `time.Duration` für die Übergabe von Zeitabschnitten in der Standardbibliothek definiert. Er enthält einen Wert mit zugehöriger Einheit. Die Übergabe z. B. eines Timeout-Wertes in Form einer `Duration` enthält somit immer einen Wert mit zugehöriger Einheit:

```
context.WithTimeout(ctx, 2 * time.Second)
```

Wie bereits erwähnt, sollten Namen verständlich sein und am besten aus Wörterbüchern stammen. Abkürzungen oder Einzelzeichen als Namen können Code schwerer verständlich gestalten.

Auch hier gilt aber, dass Sie Abkürzungen oder verbreitete Einzelzeichennamen einsetzen können, wenn es sich um tatsächlich verbreitete und bekannte Begriffe handelt. Kennt der Leser z. B. eine Abkürzung jedoch nicht, wird er die Intention hinter einem Codeblock eventuell nur sehr schwer erkennen. Abkürzungen sollten also möglichst vermieden werden.

```
// Eventuell problematische Abkürzungen
ap   //für AccessPoint (?) AccountPeriod (?) ...

// Bekannte Abkürzungen
url, dns, id
```

Listing 2.22 Beispiele für Abkürzungen

Bei den Einzelzeichennamen verhält es sich ähnlich. Oftmals werden für Schleifenvariablen die Buchstaben `i` und `j` verwendet. Da es sich hierbei um eine verbreitete und gängige Praxis handelt, ist ihr Einsatz möglich.

Wird der Kontext des Variableneinsatzes größer als ein überschaubarer Codeblock und kann der Leser den Bereich, in dem die Variable eingesetzt wird, nicht mehr auf einmal überblicken, sollten Sie auch hier besser einen sprechenden Namen verwenden: Sobald der Leser die Namen in ein eigenes mentales Modell übersetzen muss, sind die verwendeten Bezeichner nicht intuitiv genug und sollten angepasst werden.

Durch die Verwendung der ausführlichen Namen entsteht in der Codebasis ein zusätzlicher Vorteil: Es kann besser nach ihnen gesucht werden. Neue Entwickler finden sich auf diese Weise besser im Code zurecht bzw. können schneller zu einer relevanten Stelle navigieren.

Insgesamt sollten sämtliche Namen von Bezeichnern immer am Leser ausgerichtet sein und keine Mehrdeutigkeiten besitzen. Sie sollten generell nur einmal vergeben werden. Späße oder Wortspiele dürfen niemals in Namen einfließen! Der Sinn einer Methode mit dem Namen `goldeneKokosnuss` ist ohne Kontextwissen (oder wenn man nicht den gleichen Humor wie der Autor hat) unersichtlich und führt unnötigerweise zu Verwirrung.

Uncle Bob drückt es recht klar aus:

> *»Say what you mean. Mean what you say.« (Uncle Bob)*

Kurze und prägnante Namen

Wie im vorherigen Abschnitt erläutert, sollen Namen möglichst verständlich und auf das Publikum zugeschnitten sein. Andererseits sollten die Namen auch nicht zu lang sein und zu viel Raum einnehmen – weder im Sourcecode noch im Kopf des Lesenden.

Studien haben gezeigt, dass längere Namen schwerer zu erfassen, zu merken und zu verarbeiten sind. Sie sollten dementsprechend kurz und prägnant sein.

Ein guter Name vermittelt mit einer geringen Anzahl von Buchstaben eine große Menge an Informationen:

> *»The more you say, the less people remember.« (François Fénelon)*

Das Finden der richtigen Abstraktionsebene ist dabei essenziell. Der Name sollte nicht zu abstrakt sein. Dadurch würde er nur wenige bzw. gar keine relevanten Informationen für das Zielpublikum liefern. Auf der anderen Seite sollte der Name auch nicht zu spezifisch sein und dadurch zu viele und damit irrelevante Informationen für das Publikum liefern.

Ein Vergleich mit der realen Welt soll das verdeutlichen: Mit welchen dieser Sätze würden Sie sich vorstellen (vorausgesetzt, sämtliche Aussagen treffen zu)?

1. Hi, ich bin Mensch.
2. Hi, ich fahre Fahrrad.
3. Hi, ich bin Mountainbiker und fahre ein Lux Trail CF7.

Mit dem zweiten Satz würden Sie sich eventuell in einer Runde von Sportlern als Fahrradfahrer zu erkennen geben. Die beiden anderen Varianten würden dem Zielpublikum entweder zu wenige bzw. zu viele Informationen in diesem Kontext liefern. Welche Abstraktionsebene Sie verwenden, hängt also vom Publikum ab.

Für die Programmierung gilt Ähnliches: Namen sollten so gewählt werden, dass sie die Zielsetzung oder Funktion des benannten Objekts klar kommunizieren, anstatt auf technische Details seiner Implementierung hinzuweisen.

In Listing 2.23 ist ein Beispiel mit mehreren Optionen für unterschiedliche, alternative Methodennamen für den Typ `TaxCalculator` aufgeführt. Die Methode soll die Steuern für ein Produkt berechnen können.

```
type TaxCalculator struct{}

func (tc *TaxCalculator) Process(p Product) {}
func (tc *TaxCalculator) CalculateTax(p Product) {}
func (tc *TaxCalculator) ProductPriceMultipleTaxValue(p Product) {}
func (tc *TaxCalculator) MultiplyValues(p Product) {}
```

Listing 2.23 Namensauswahl einer Implementierung in Go

Der erste Methodenname `Process` erscheint ungeeignet, da er zu abstrakt formuliert ist und dem Leser keine Information zur durchgeführten bzw. beabsichtigten Aktion liefert. Der Name `MultiplyValues` ist das andere Extrem. Er ist zu spezifisch und beschreibt exakt den internen Aufbau der Methode, die im Grunde den Preis eines Produktes mit einem Steuersatz multipliziert.

Im vorliegenden Beispiel beschreibt der Name `CalculateTax` die Absicht bzw. den Kontext der Methode am besten, ohne Implementierungsdetails zu veröffentlichen.

Sie sollten also jede Namensvergabe daraufhin überprüfen, ob der Name nicht zu viel Implementierungsdetails veröffentlicht und auch nicht zu abstrakt formuliert ist. Die Intension hinter dem Bezeichner sollte immer verständlich sein.

In Firmen schreiben manche Styleguides Präfix- bzw. Suffix-Angaben für Bezeichnernamen vor. Klassenattribute müssen z. B. das Präfix `m_` besitzen, da es sich um ein *Member-Attribut* handelt, oder ein `I` soll als Präfix für Interfacenamen verwendet werden. Aus Sicht des Clean Codes oder des Prinzips von kurzen und prägnanten Namen sind solche Präfixangaben nicht nötig oder sogar störend. Aktuelle Entwicklungsumgebungen zeigen die entsprechenden Typen an, und Code sollte generell so aufgebaut sein, dass keine endlosen Codestrecken entstehen, aus denen nicht mehr ersichtlich ist, was darin geschieht und was sich hinter einem Bezeichner verbirgt.

Klassen, Methoden oder Funktionen sollten so überschaubar bleiben, dass Präfixe bzw. Suffixe und auch weitere Metadaten (z. B. Typangaben) für Bezeichner unnötig sind.

Namensbestandteile, die die Lesbarkeit der Namen und somit des Sourcecodes nicht wesentlich verbessern, sollten immer ausgelassen werden:

```
// Schlechtes Beispiel
user.deleteNow();

//Besseres Beispiel
user.delete();
```

Listing 2.24 Beispiel für überflüssige Namensbestandteile

In Listing 2.24 bringt beispielsweise der Zusatz `Now` keinen signifikanten Mehrwert. Dass der User beim Aufruf der Methode gelöscht wird, ist – solange nicht alle anderen Methoden asynchron arbeiten – das erwartete Verhalten.

Konsistente Namen

Neben dem Aufbau der Namen und ihren Bestandteilen sind ihre einheitliche Verwendung sowie ein einheitliches Format wichtig.

Werden folgende Regeln eingehalten, entstehen konsistente Namen:

- Jedes Konzept erhält genau einen Namen.
- Ähnliche Konzepte werden ähnlich benannt.
- Ähnliche Namen sind ähnlich aufgebaut.

Werden an unterschiedlichen Stellen dieselben Konzepte in einer Anwendung verwendet, sollten diese auch gleich bezeichnet werden. Damit wird der Code insgesamt verständlicher, da die Wiedererkennung von Codestellen oder Vorgehen erhöht wird. Außerdem lässt er sich besser nach Ähnlichkeiten durchsuchen.

Programmiersprachenunabhängig liefern Design-Patterns eine einheitliche Sprache für Konzepte bzw. Lösungen. Ihr Einsatz und die Verwendung der dort definierten einheitlichen Namen ist sinnvoll und bietet den Vorteil, dass die Patterns schneller erkannt und erfasst werden und dass eine Anwendung besser verstanden werden kann. Listing 2.25 zeigt ein Beispiel:

```
// Schlechtes Beispiel
CarServiceCreator

// Besseres Beispiel mit bekanntem Namen
CarServiceFactory
```

Listing 2.25 Verwenden Sie Namen von Design-Patterns!

Jede Programmiersprache oder jedes Framework besitzt darüber hinaus gemeinhin akzeptierte Namenskonventionen bzw. Namensmuster oder Konzepte. Diese in die eigene Codebasis zu übernehmen, ist sinnvoll und ermöglicht es Entwicklern, sich schneller im Code zurechtzufinden sowie ein tieferes Verständnis für die Anwendung aufzubauen. Abweichungen von den bekannten Mustern einer Sprache oder eines Frameworks führen oftmals zu Verwirrung und zu Missverständnissen unter den Entwicklern.

In der *Java Servlet*-Spezifikation wird beispielsweise der Begriff *Filter* verwendet, um eine Komponente zu bezeichnen, die (aspektorientiert) den Ablauf von HTTP-Anfragen und Antworten beeinflussen kann. In Go hat sich für diesen Ansatz der Begriff *Middleware* etabliert. Arbeitet man in einer entsprechenden Umgebung, sollten die gängigen Begriffe verwendet werden.

In Listing 2.26 wurde eine Go-`http.HandlerFunc` mit dem an die *Java Servlet*-Spezifikation angelehnten Namen `myservlet` ausgestattet. Das führt zur Verwirrung und sollte vermieden werden! Besser wäre ein Name wie z. B. `myHandlerFunc`.

```
func main() {
   http.HandleFunc("/", myservlet)
   fmt.Println(http.ListenAndServe(":8081", nil))
}

func myservlet(writer http.ResponseWriter, request *http.Request) {
   fmt.Fprint(writer, "Hello World")
}
```

Listing 2.26 Vermischte Konzepte führen zu Verwirrung!

Überdenken Sie beim Wechsel der Programmiersprache Ihr Vorgehen

Ein Anzeichen dafür, dass Entwickler beim Wechsel der Programmiersprache ihre gewohnten Konzepte beibehalten und die Ihnen neuen Konzepte der neuen Sprache oder des neuen Frameworks ignorieren, sind beim Codereview Aussagen wie: »Ah, dieser Code stammt von einem [abweichende Programmiersprache hier einsetzen]-Entwickler. Was wird hier gemacht? Warum denn so? Das machen wir hier aber anders!«

Dass man zu einer neuen Programmiersprache wechselt, hat meist Gründe, und Sie sollten sich auf die neue Sprache und ihre Konzepte und Konventionen einlassen, ohne die Prinzipien des Clean Code zu vernachlässigen.

Zu den gemeinsamen Konzepten zählen auch fachliche Begriffe und die Benennung von Typen oder Attributen. Werte mit der gleichen Bedeutung müssen auch an verschiedenen Stellen gleich benannt werden.

Listing 2.27 zeigt zwei Go-`structs`, mit denen ein Containerschiff und ein Segelschiff repräsentiert werden. Beide Schiffe besitzen Felder für die Angabe des Heimathafens. Trotz derselben Bedeutung der Felder besitzen die beiden Typen unterschiedliche Bezeichnungen dafür: `homeport` und `homeharbor`. Einem Leser erschließt sich eventuell nicht direkt, dass es sich um dieselbe Angabe handelt. Das Gleiche gilt für die unterschiedlichen Bezeichnungen für Schiff: `Ship` vs. `Vessel`. Das mag fachlich eventuell korrekt sein, führt aber potenziell ebenso zu Verwirrung.

```
type ContainerShip struct {
    homeport string
}
type SailingVessel struct {
    homeharbor string
}
```

Listing 2.27 Uneinheitlicher Code mit Synonymen (in Go)

Eine einheitlichere und besser lesbare Umsetzung sehen Sie in Listing 2.28:

```
type ContainerShip struct {
    homeport string
}
type SailingShip struct {
    homeport string
}
```

Listing 2.28 Einheitliche Bezeichnungen im Code (in Go)

Die Namensgebung bei Methoden oder anderen generischen Konzepten unterliegt denselben Regeln der Konsistenz: Gleiche oder ähnliche Konzepte sollten gleiche bzw. ähnliche Namen erhalten.

In Listing 2.29 sind für zwei verschiedene Typen zwei Methoden definiert, die jeweils einen Be- bzw. Entladevorgang eines Schiffs starten (`Run` und `Start`). Dadurch, dass für die Methodennamen synonyme Verben verwendet wurden, wird nicht klar, dass es sich um analoge Konzepte handelt:

```
var unloader internal.ShipUnloader
var onboarder internal.ShipOnboarder

onboarder.Run()
unloader.Start()
```

Listing 2.29 Inkonsistente Methodennamen (in Java)

Mit einer Angleichung der Namen reduzieren Sie mögliche Verwirrung neuer Mitarbeitender. Listing 2.30 zeigt die Umsetzung:

```
var unloader internal.ShipUnloader
var onboarder internal.ShipOnboarder

onboarder.Start()
unloader.Start()
```

Listing 2.30 Konsistente Namensgebung für gleiche Konzepte (in Java)

Weitere Beispiele sehen Sie in Tabelle 2.2:

Keine Konsistenz	Konsistente Namen
Unterschiede in der Grammatik	
▶ ShipService	▶ ShipService
▶ Container**s**Service	▶ ContainerService
Antonyme (Gegensatzworte)	
▶ Open() und Kill()	▶ Open() und Close()
▶ Increase() und Lower()	▶ Increase() und Decrease()
▶ Acquire() und GetRidOff()	▶ Acquire() und Release()
▶ Create() und Clean()	▶ Create() und Destroy()
Synonyme (Wörter mit gleicher Bedeutung)	
▶ Fetch(), Get(), Load(), Find()	▶ Fetch()

Tabelle 2.2 Weitere Beispiele für konsistente Namensvergabe

Die Erstellung eines *Styleguides* und dessen automatisierte Überprüfung mithilfe eines sogenannten *Linters* kann helfen, Abweichungen von Konventionen oder bekannten Konzepten zu minimieren.

Styleguide und Linter

Ein Code-Styleguide ist eine Sammlung von Richtlinien und Konventionen, die sicherstellen sollen, dass Code einheitlich formatiert und aufgebaut ist. Das soll die Lesbarkeit erhöhen und somit zu einer effizienteren Zusammenarbeit innerhalb des Teams, einer Organisation oder eines Projekts führen.

Mit dem Einsatz eines sogenannten *Linters* kann über eine statische Codeanalyse Quellcode automatisiert auf potenzielle Fehler, Sicherheitslücken oder Stilprobleme bzw. Abweichungen vom Styleguide untersucht werden. Als Teil einer Build-Pipeline kann damit sichergestellt werden, dass die aufgestellten Regeln auch eingehalten werden.

Es gibt viele beliebte Code-Styleguides, z. B. *PEP 8* für Python oder den *Google Java Style Guide*, die Ihnen als Grundlage für einen eigenen Styleguide dienen können. Das ist oftmals sinnvoll, da in dieses Guides bereits gängige Konventionen enthalten sind und nur noch minimale bis keine Anpassungen nötig sind.

Für eine einheitliche Formatierung des Quellcodes bieten sich zusätzlich die Funktionalitäten in den Entwicklungsumgebungen an, die den Code automatisiert formatieren und die Einhaltung des entsprechenden Styleguides sicherstellen. Eine entsprechende Konfiguration kann zwischen den Entwicklern ausgetauscht und eingerichtet werden. Für Go liefert z. B. bereits das Go-Team Werkzeuge zur Formatierung mit, was eine eigene Konfiguration unnötig macht.

Unterscheidbare Namen

Damit Namen für Bezeichner verständlich und prägnant sind, sollten sie ebenfalls nicht mehrdeutig oder verwechselbar sein. Die Bedeutung eines Namens sollte jeweils klar ersichtlich sein.

Wörter mit kontextabhängiger Bedeutung sind aus diesem Grund für Namen oftmals ungeeignet. Beispielsweise kann das Wort »Bank« im Deutschen als Geldinstitut oder das Sitzgelegenheit aufgefasst werden. In der englischen Sprache haben manche Wörter je nachdem, ob sie als Verb oder Substantiv verwendet werden, unterschiedliche Bedeutungen bzw. können in der Programmierung Verwirrung auslösen, wenn sie eingesetzt werden. Tabelle 2.3 zeigt einige bekannte Beispiele:

Wort	Bedeutung als Verb	Bedeutung als Substantiv
record	aufnehmen	der Datensatz
list	auflisten	die Liste
check	überprüfen	der Scheck
map	abbilden	die Landkarte

Tabelle 2.3 Verwechslungsgefahr bei englischen Wörtern

Gute Namen sind einfach zu unterscheiden und bieten keine Verwechslungsgefahr. Vorsicht ist auch bei Wörtern geboten, die sich nur in einzelnen Zeichen voneinander unterschieden, z. B.:

- affect (dt. *beeinflussen*) vs. effect (dt. *Wirkung*)
- principal (dt. *Direktorin/Direktor*) vs. principle (dt. *Prinzip*)

Programmiersprachen unterscheiden in der Regel im Sourcecode zwischen Groß- und Kleinschreibung. Für den Compiler sind unterschiede Groß- und Kleinbuchstaben oder ähnlich aussehende Zeichen kein Problem, für den Leser können diese jedoch eine Herausforderung darstellen, wie Sie in Listing 2.31 sehen:

```
var onboarder internal.ShipOnboarder
var onBoarder internal.ShipOnboarder
var onBOarder internal.ShipOnboarder
var onBOarder internal.ShipOnboarder
```

Listing 2.31 Schwer lesbarer Sourcecode durch nur minimale Unterschiede

2.2.2 Funktionen und Methoden definieren

Um Anwendungen effizient und übersichtlich zu gestalten, ist eine strukturierte Entwicklung unerlässlich. Die kleinste Einheit dieser Struktur bilden Funktionen bzw. Methoden, die einzelne Aufgaben spezifisch ausführen und so den Code in kleinere, wiederverwendbare Blöcke unterteilen.

Die Lesbarkeit und Verständlichkeit ihrer Implementierungen sind essenziell. Funktionen bzw. Methoden sollten auf eine Weise umgesetzt sein, dass jeder Leser den Sinn der Methode schnell und eindeutig erkennen kann. Eine klare Kommunikation der Intention bzw. Aufgabe ist entscheidend, um Missverständnisse zu vermeiden und die Nachvollziehbarkeit für alle Beteiligten sicherzustellen.

Einige wenige grundlegende Prinzipien bzw. Regeln dienen als Grundlage und Orientierung bei der Implementierung. Funktionen und Methoden sollen

- aussagekräftige Namen besitzen.
- kurz, prägnant und übersichtlich sein.
- genau eine Aufgabe erfüllen.
- sich auf einer Abstraktionsebene befinden.
- keine Seiteneffekte besitzen.
- passende Parameter besitzen.
- anwenderfreundlich und »narrensicher« sein.

Aussagekräftige Namen

Dieses Thema habe ich bereits im vorigen Abschnitt ausführlich behandelt. Wichtig bei Methoden ist es, dass sich bereits beim Lesen des Namens der Inhalt der Methode erschließt, ohne dass dieser betrachtet oder studiert werden muss.

Kurz und prägnant

Die ideale Länge einer Funktion oder Methode ist von mehreren Faktoren abhängig, z. B. vom Kontext oder von der Komplexität der Aufgabe. Es existiert keine pauschale

Regel, die festlegt, ab welcher Länge eine Funktion oder Methode als zu lang gilt. Jedoch kann beobachtet werden, dass mit zunehmender Länge auch die innere Komplexität steigt und es schwieriger wird, den Funktionsumfang vollständig zu erfassen.

Ihr Ziel sollte dementsprechend darin bestehen, Methoden möglichst kurz und prägnant zu implementieren, um die Lesbarkeit und die Verständlichkeit zu erhalten:

> *»The object programs that live best and longest are those with short methods.«*
> *(aus »Refactoring – Improving the Design of Existing Code« von Martin Fowler)*

Kent Beck schlägt in seinem Buch *»Extreme Programming«* beispielsweise eine Methodenlänge von einigen Zeilen bis maximal einigen Dutzend Zeilen vor. Oftmals werden auch Längenangaben wie »maximal eine Bildschirmseite« zur groben Orientierung genannt.

Funktionen und Methoden, die kurz und prägnant formuliert sind, konzentrieren sich auf ihre Kernfunktionalität und können zudem leichter als komplexe oder ausführliche Implementierungen in anderen Kontexten wiederverwendet werden.

Um das Ziel von übersichtlichen und prägnaten Methoden und Funktionen zu erreichen, können Sie sich an den Techniken und Vorgehensweisen orientieren, die Martin Fowler mit weiteren Autoren in seinem bereits weiter oben zitierten Buch *»Refactoring – Improving the Design of Existing Code«* veröffentlicht hat.

Eigentlich zielt *Refactoring* darauf ab, bestehenden Code zu optimieren und verständlicher zu machen. Die Autoren nennen hierzu sogenannte *Code Smells*, die als Indikatoren für potenzielle Probleme in Sourcecode dienen, die dementsprechend überarbeitet werden sollten. Für jeden dieser »Gerüche« liefern sie Techniken und ein passendes Zielbild, wie der Code aufgebaut sein sollte. Dieses Zielbild und die entsprechenden Techniken können Ihnen als Leitplanken bei der Erstellung von Methoden dienen.

Folgende Vorgehen und Tricks helfen Ihnen, Methoden und Funktionen möglichst kurz und übersichtlich zu halten:

- Methode statt Dokumentation
- kurze Block-Statements
- niedrige Verschachtelungstiefe

Was bedeutet das? Innerhalb von Methoden entstehen bei der Programmierung oftmals logische Blöcke, um eine komplexe Aufgabe strukturiert anzugehen. Wenn Sie diese Logik in separate Methoden auslagern, entstehen automatisch kürzere und übersichtlichere Methoden (siehe Abbildung 2.5).

Wie das Beispiel in Listing 2.32 und Listing 2.33 zeigt, kann ein vorhandener Kommentar über einem logischen Block darauf hinweisen, dass Code in eine separate Methode ausgelagert werden kann und sollte.

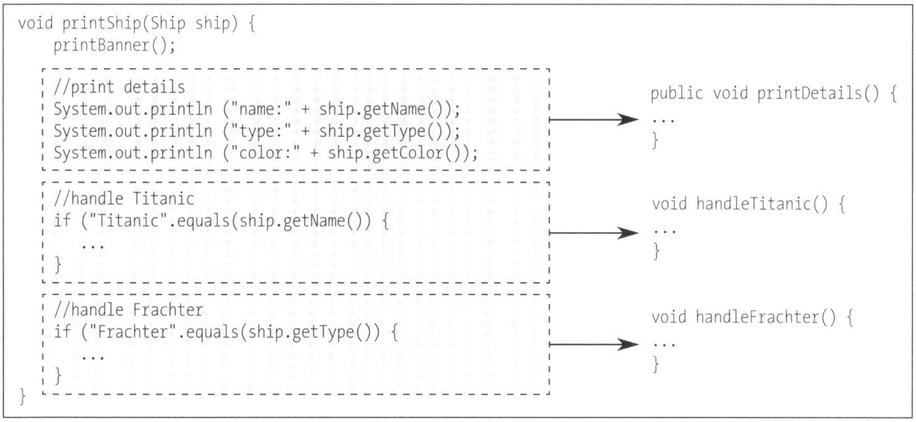

Abbildung 2.5 Blöcke in Methoden umwandeln

Mit einem sinnvoll gewählten Methodennamen kann zudem eine Dokumentation des Blocks eingespart werden und der resultierende Code wird übersichtlicher und verständlicher. Der Leser muss nicht mehr die komplette Methode Zeile für Zeile analysieren, um die Funktionalität zu erfassen. Ein entsprechender Methodenname sollte nicht beschreiben, *wie* etwas in der Methode getan wird, sondern *was* in der Methode implementiert wurde.

```
void printShip(Ship ship) {
    printBanner();

    //print details
    System.out.println ("name:" + ship.getName());
    System.out.println ("type:" + ship.getType());
    System.out.println ("color:" + ship.getColor());
}
```

Listing 2.32 Lange Methode mit Kommentar über einem Block (in Java)

Im Beispiel ist die Methode `printShip` nach einem entsprechenden Umbau in Listing 2.33 kürzer und dadurch übersichtlicher.

```
void printShip(Ship ship) {
    printBanner();
    printShipDetails(ship);
}
private void printShipDetails(Ship ship) {
    System.out.println("name:" + ship.getName());
    System.out.println("type:" + ship.getType());
    System.out.println("color:" + ship.getColor());
}
```

Listing 2.33 Extrahierter Block einer Methode (in Java)

Martin Fowler nennt das Auslagern eines solchen logischen Codeblocks in eine separate Methode *Extract Method*.

Nicht nur längere Methoden werden schnell unübersichtlich. Eine hohe Verschachtelungstiefe bzw. lange verschachtelte Blöcke führen oftmals zu unübersichtlichem Code. Listing 2.34 zeigt ein abschreckendes Beispiel.

Den meisten Entwicklern wird es schwerfallen, die Aufgabe des Codeblocks aus dem Beispiel rasch zu erfassen.

```
public static void main(String[] args) {
    int[][] data = new int[3][3];
    for (int i = 0; i < data.length; i++) {
        if (data[i][0] % 2 == 0) { // Entscheidung 1
            for (int j = 1; j < data[i].length; j++) {
                if (data[i][j] > 5) { // Entscheidung 2
                    // Verschachtelung 1
                    for (int k = 0; k < data.length; k++) {
                        if (data[k][0] == i + 1) { // Entscheidung 3
                            // Verschachtelung 2
                            for (int l = 1; l < data[k].length; l++) {
                                if (data[k][l] < 4) { // Entscheidung 4
                                    System.out.println("found: " + data[i][j]);
                                    return; // Beenden der Schleifen
                                }
                            }
                        }
                    }
                }
            }
        }
    }
}
```

Listing 2.34 Tiefe Verschachtelungen sind schwer lesbar! (Java)

Während der Entwicklung können Ihnen folgende Faustregeln dabei helfen, Ihren Code übersichtlicher zu halten:

- Lassen Sie Bedingungsblöcke nur wenige Zeilen lang werden. Führen Sie wenn möglich einen Methodenaufruf zu einer ausgelagerten Methode durch.
- Bauen Sie eine maximale Verschachtelungstiefe von maximal 1 oder 2 Stufen auf.

In Kombination mit der Anwendung der *Extract Method*-Methode lässt sich die implementierte Suchlogik aus Listing 2.34 beispielsweise zu Listing 2.35 umwandeln:

```
int[][] matrix = Beispiel.data;

Predicate<Integer> greaterThanFive = i -> i > 5;
Predicate<Integer> smallerThanFour = i -> i < 4;

List<Integer> rowIdx =
 rowIndexesWithValuesInFirstColumn(matrix, Beispiel2::isEven);
for (int idx : rowIdx) {
    var currentRow = matrix[idx];

    List<Integer> indexesOfValues =
                columnIndexesOfValues(currentRow, greaterThanFive);
    if (indexesOfValues.isEmpty()) {
        continue;
    }

    Predicate<Integer> currentIndexPlusOne = i -> i == idx + 1;
    if (!containsRowWithValues(matrix, currentIndexPlusOne, smallerThanFour))
{
        continue;
    }

    var indexToUse = indexesOfValues.getFirst();
    System.out.println("Data point found: " + currentRow[indexToUse]);
    return;

}
```

Listing 2.35 Mögliche Anpassung des verschachtelten Blocks (in Java)

Das Auslagern von Methoden führt nicht, wie oft behauptet wird, zwangsläufig zu langsamerem Code. Heutige Compiler optimieren die Aufrufe von Methoden und führen intern meist das gegenteilige Refactoring, die sogenannte *Inline Method*, aus.

Ihr Ziel sollte immer darin bestehen, lesbaren und übersichtlichen Code zu erstellen. Führen Sie ebenfalls keine fragwürdigen Optimierungen durch, also solche, bei denen Sie nicht sicher sind, dass es sich tatsächlich um eine Optimierung handelt.

Genau eine Aufgabe, eine Abstraktionsebene

In gut strukturiertem, lesbarem Code besitzt jede Methode eine klar definierte Aufgabe, die durch ein oder mehrere Statements innerhalb der Methode umgesetzt wird. Jedes dieser Statements muss sich hierbei auf derselben Abstraktionsebene befinden. Abstraktionsebenen können mit den Zoomstufen eines Fotoapparats verglichen werden: Man kann sich auf verschiedene Details fokussieren oder einen größeren Überblick behalten. Das Vermischen verschiedener Abstraktionsebenen innerhalb einer Methode führt zur Verwirrung des Lesers und erschwert die Unterscheidung zwischen zentralen Konzepten und Details der Methode.

Das Beispiel in Listing 2.36 vermischt beispielsweise verschiedene Abstraktionsebenen. Zum einen wird auf einer hohen Detailebene ein XML-String eingelesen und ein SQL-Statement aufgebaut. Zum anderen wird auf einer fachlichen Ebene eine Steuerberechnung durchgeführt.

```
public void parseDocumentAndCalculatePriceAndStoreInDB(String data) {
    int beginIdx = data.indexOf("<tax-value>");
    int endIdx = data.indexOf("</tax-value>");
    String taxValueString = data.substring(beginIdx + 11, endIdx);
    BigDecimal taxValue = new BigDecimal(taxValueString);
    beginIdx = data.indexOf("<price-value>");
    endIdx = data.indexOf("</price-value>");
    String productPriceString = data.substring(beginIdx + 13, endIdx);
    BigDecimal productPrice = new BigDecimal(productPriceString);
    String price = String.format("%.2f", taxValue.multiply(productPrice));
    String sqlString = "UPDATE products SET price =";
    sqlString += price;
    sqlString += " WHERE id = ";
    beginIdx = data.indexOf("<product-id>");
    endIdx = data.indexOf("</product-id>");
    sqlString += data.substring(beginIdx + 12, endIdx);
    Database.execute(sqlString);
}
```

Listing 2.36 Codebeispiel mit verschiedenen Abstraktionsebenen (Java)

Insgesamt ist der Code recht unübersichtlich, und bereits der Name der Methode `parseDocumentAndCalculatePriceAndStoreInDB` deutet darauf hin, dass hier mehrere Aufgaben und Ebenen vermischt wurden. Methodennamen, in denen die Wörter `Und` oder `And` im Namen vorkommen, deuten bereits darauf hin, dass nicht nur eine klar definierte Aufgabe umgesetzt wurde.

Um die richtige bzw. einheitliche Abstraktionsebene innerhalb einer Methode zu finden, stellt Robert C. Martin die sogenannte *Stepdown-Regel* auf. Sie besagt, dass Methoden von oben nach unten in einer einheitlichen Detailstufe gelesen bzw. geschrieben werden sollen und dass jede aufgerufene Methode eine weitere tiefere Abstraktionsebene mit mehr Details darstellt. Zudem empfiehlt Uncle Bob, die Methoden innerhalb einer Datei nach ihrer Abstraktionsebene zu sortieren. Je mehr höhere Konzepte oder Algorithmen enthalten sind, desto weiter oben in einer Datei sollten die Methoden seiner Meinung nach aufgenommen werden.

Eine mögliche Lösung für das vorige Beispiel sehen Sie in Listing 2.37. Die Logik bzw. die Details zum Parsen des übergebenen Strings sowie für das Speichern der Daten wurden ausgelagert und der Name der Methode `updateProductGrossPrice` stellt die Aufgabe der Methode klar dar. Die Klasse `Product` wurde zusätzlich eingeführt, um die Daten eines Produkts zusammenzubringen:

```
public void updateProductGrossPrice(String data) {
    Product product = Product.fromString(data);
    BigDecimal grossPrice =
            product.getNetPrice().multiply(product.getTaxValue());
    Database.updateGrossPrice(product, grossPrice);}
```

Listing 2.37 Auslagerung der Details in eigene Abstraktionsebenen (Java)

Listing 2.38 zeigt einen Ausschnitt der ausgelagerten Parsing-Logik, die in diesem Beispiel direkt in die Klasse `Product` innerhalb der statischen Methode `fromString` aufgenommen wurde:

```
//Noch nicht vollständiges und perfektes Beispiel
public class Product {
    private BigDecimal taxValue;
    private BigDecimal netPrice;

    public Product(BigDecimal taxValue, BigDecimal netPrice) {
        this.taxValue = taxValue;
        this.netPrice = netPrice;
    }

    public static Product fromString(String data) {
        int beginIdx = data.indexOf("<tax-value>");
        int endIdx = data.indexOf("</tax-value>");
        String taxValueString = data.substring(beginIdx + 11, endIdx);
        BigDecimal taxValue = new BigDecimal(taxValueString);
        beginIdx = data.indexOf("<price-value>");
        endIdx = data.indexOf("</price-value>");
        String productPriceString = data.substring(beginIdx + 13, endIdx);
        BigDecimal productPrice = new BigDecimal(productPriceString);
        return new Product(taxValue, productPrice);
    }
...
}
```

Listing 2.38 Ausschnitt aus »Product« mit Parsing-Logik (Java)

Parsing-Logik in der Klasse?

Möglich und sinnvoll wäre es in diesem Beispiel auch, die Parsing-Logik, die innerhalb der `fromString`-Methode implementiert ist, in eine separate Klasse auszulagern. Hierzu bietet sich z. B. das Factory-Pattern an, das ich in Kapitel 4, »Softwaremuster«, vorstelle. Es kann für eine Objekt-Erzeugung eingesetzt werden.

Methoden sollten grundsätzlich entweder den Zustand eines Objekts verändern oder Daten bzw. Informationen des Objekts liefern, aber niemals beides. Für einen Aufrufenden kann beispielsweise die Methode aus Listing 2.39 verwirrend sein und dementsprechend zu Fehlern führen:

```
public boolean setTaxValue(BigDecimal taxValue) {
    if (taxValue.signum() == -1) {
        return false;
    }
    this.taxValue = taxValue;
    return true;
}
```

Listing 2.39 Zwei Aufgaben in einer Methode (Java)

Ein Anwender der Schnittstelle kann in diesem Beispiel anhand der Methodensignatur nicht erkennen, dass ein Rückgabewert ausgewertet werden muss, um festzustellen, dass der Wert nicht übernommen wurde. In Listing 2.40 zeige ich Ihnen eine falsche und eine richtige Verwendung der Methode, indem nur in einer Variante geprüft wird, ob der übergebene Wert valide ist:

```
Product product = new Product();
product.setTaxValue(new BigDecimal(-1));

// oder "richtig"
boolean valid = product.setTaxValue(new BegDecimal(-1));
if (!valid) {
    ...
}
```

Listing 2.40 Richtiger und falscher Aufruf der »Set«-Methode (Java)

Die Aufteilung in zwei Methoden ist in diesem Beispiel sinnvoll. Eine Methode könnte auf Validität des Wertes prüfen, und über die zweite Methode könnte ausschließlich der neue Wert gesetzt werden. Listing 2.41 zeigt die Anwendung der angepassten Schnittstelle:

```
if (isValidTax(val)) {
   product.setTaxValue(val);
}
```

Listing 2.41 Aufteilung in zwei Methoden (Java)

Das Prinzip der Aufteilung in Aktions- und Abfragemethoden wird oftmals als *Command Query Separation*-Prinzip bezeichnet.

Zusammenfassend: Um besser strukturierte Methoden zu erstellen, halten Sie sich an folgende Punkte:

- Finden Sie die Hauptaufgabe bzw. Verantwortlichkeiten einer Methode.
- Mischen Sie keine Aufgaben innerhalb einer Methode.
- Eine Methode sollte nur nur auf einer Abstraktionsebene stehen. Lagern Sie Details in aufgerufene Methoden aus.
- Methodennamen mit `Und` und `And` sind ein *Code Smell* und sollten demzufolge vermieden werden.
- Methoden sollen entweder eine Aktion ausführen oder Anfragen beantworten.

Keine Seiteneffekte

Die Aufgaben und Tätigkeiten einer Methode müssen klar definiert und kommuniziert werden. Das kann über die Dokumentation oder über einen aussagekräftigen Methodennamen erfolgen. Versteckte, nicht dokumentierte Seiteneffekte können zu Verwirrung führen, Fehler schwer fassbar machen und unerwünschte Abhängigkeiten zwischen verschiedenen Teilen des Codes erzeugen.

Unerwünschtes und unerwartetes Verhalten beim Aufruf einer Methode kann z. B. durch folgende nicht dokumentierten internen Aktionen entstehen:

- unerwartete Änderungen an Feldern der eigenen Klasse
- Aufrufe oder Änderungen von globalen Ressourcen
- unerwartete Änderungen an übergebenen Parametern

Das Beispiel in Listing 2.42 zeigt einige Aktionen, die für den Aufrufer unerwartet sein können:

```
public boolean isValid(Product product) {
    if (product.getId() == null) {
        // Änderung am Parameter!
        product.setId(String.valueOf(Math.random()));
        return false;
    }
    if (...) {
```

```
        return false;
    }
    // Unerwartete Änderung einer globalen Ressource
    SessionCache.initWithProduct(product);
    return true;
}
```

Listing 2.42 Methode mit Seiteneffekten (Java)

Der Methodenname `isValid` suggeriert, dass die Methode das übergebene Produkt auf Validität überprüft. Falls allerdings das `Product` über keine `Id` verfügt, wird diese mit einem neuen, zufälligen Wert gesetzt:

```
product.setId(String.valueOf(Math.random()));
```

Zusätzlich wird im Beispiel innerhalb des Codeblocks bei erfolgreicher Prüfung der global definierte und zugreifbare `SessionCache` mit dem `Product` initialisiert. Auch das kann zu einem verwirrenden Verhalten für den Aufrufenden führen und ihn unter Umständen dazu zwingen, die API in einer festen Reihenfolge aufzurufen. Eventuell muss der gloabale `SessionCache` zu einem festen Zeitpunkt initialisiert werden, und mit dem Aufruf der Methode `isValid` besteht die einzige Möglichkeit dazu.

Diese zeitlichen und impliziten, unerwarteten Abhängigkeiten, die durch ungewollte Seiteneffekte hervorgerufen werden, sind für Aufrufende verwirrend. Durch eine klar definierte Aufgabe einer Methode und die Einhaltung der Abstraktionsebenen, die ich bereits beschrieben habe, können diese Abhängigkeiten minimiert und transparenter werden.

Die Umbenennung der `isValid`-Methode in `validateAndInitSession` macht den Seiteneffekt der Abhängigkeit sichtbarer, verletzt aber das *Single-Responsibility-Prinzip*, das besagt, dass jede Methode nur eine Aufgabe bzw. einen Änderungsgrund besitzen sollte.

Eine mögliche Lösung könnte darin bestehen, das Setzen der `Id` und den Aufruf des `SessionCache` aus der Methode zu entfernen und eine neue umschließende Methode mit einem passenderen Namen zu erstellen. Die Aufgabe der neuen Methode wäre es dann, eine neue Session mit einem validen Produkt zu initialisieren. Entsprechend könnte ihr Name beispielsweise `initializeSessionWithValidProduct` lauten.

Passende Parameter

Methoden bzw. Funktionen arbeiten mit Daten. Sie analysieren diese Daten, berechnen daraus neue Informationen oder verändern ihre Struktur. Parameter und Felder dienen der Datenübergabe an Methoden. In objektorientierten Sprachen können Felder, die Eigenschaften eines Objekts repräsentieren, genutzt werden, während in anderen Programmiersprachen Parameter verwendet werden, um Daten direkt an eine Methode zu übergeben.

Allerdings erhöht jeder zusätzliche Parameter einer Methode deren Komplexität und macht die Methode schwerer zu lesen, unverständlicher und komplexer zu testen. Idealerweise besitzen Methoden dementsprechend keine Parameter bzw. möglichst wenige. Auf Methoden mit drei oder mehr Parametern sollten Sie möglichst ganz verzichten oder sie nur mit einer guten Begründung einsetzen.

Ein paar Tipps helfen, die Parameter von Methoden übersichtlich und klein an der Zahl zu halten:

Methoden mit einem Parameter

Methoden mit nur einem Parameter sollten Sie für Fragestellungen oder für die Transformation eines Parameters in einen anderen verwenden. Folgende Methode beantwortet beispielsweise mit einem Parameter klar eine gestellte Frage: `boolean isValid(myObject)`. Eine Methode mit der Signatur `File openFile("meineDatei.txt")` transformiert beispielsweise einen String-Parameter in einen entsprechenden File-Handle und liefert diesen zurück.

Wie erwähnt, ist es sinnvoll, dass jede Methode entweder eine Aufgabe oder eine Abfrage bearbeitet. Niemals beides auf einmal. Das gilt insbesondere im Kontext der Parameterübergabe. Treffen Sie immer eine klare Aussage, welche Aufgabe oder Abfrage eine Methode erledigen soll.

Besitzt eine Methode nur einen `boolean`-Parameter, kann und sollte dieser, wie in Listing 2.43 gezeigt, komplett durch zwei entsprechende, lesbarere Methoden ersetzt werden:

```
// nur reiner Boolean-Parameter
void run(boolean full);

// ersetzen durch
void runSingle();
void runFull();
```

Listing 2.43 Vermeiden Sie einzelne boolesche Parameter! (Java)

Methoden mit mehreren Parametern

Besitzen Methoden mehr als nur einen Parameter, neigen sie dazu, unübersichtlicher zu werden – vor allem dann, wenn die Reihenfolge der Parameter eine Rolle spielt. Das Beispiel in Listing 2.44 zeigt ein entsprechendes Problem aus dem Testframework *JUnit* mit einer Methode, die zwei Parameter des gleichen Datentyps besitzt:

```
// Assert that expected and actual are equal.
static void assertEquals(int expected, int actual)
```

Listing 2.44 Beispiel der JUnit-API (Java)

Die Methode vergleicht die beiden übergebenen Werte daraufhin, ob diese gleich sind, und meldet bei einer Abweichung einen Fehler des Tests mit der Information, welcher Wert erwartet wurde und welcher tatsächlich übergeben wurde. Ohne das Wissen oder die API-Dokumentation ist es in diesem Beispiel beim Einsatz der Methode nur schwer zu erkennen, bei welchem Parameter es sich um den erwarteten oder den tatsächlichen Wert für den Testvergleich handelt.

Aussagekräftige Methodennamen

Aussagekräftige Methodennamen, die die Aufgabe der Methode sowie die Parameter mit ihrer potenziellen Reihenfolge klar beschreiben, machen den Sourcecode verständlicher. Bei Methoden mit einem Parameter lassen sich z. B. Verb/ Substantiv-Kombinationen bilden und bei Methoden mit mehreren Parametern kann es sinnvoll sein, die Parameternamen als Bestandteil des Methodennamens einzusetzen:

```
// Methode mit einem Parameter
String serialize(Person person);

// Methode mit einem Parameter
String serializePerson(Person person);
```

Listing 2.45 Parametername als Bestandteil des Methodennamens (Java)

Im obigen Beispiel aus JUnit hätte man beispielsweise auch den Namen `assertExpectedEqualsActual` verwenden können, um die Reihenfolge der Parameter klar zu kommunizieren und dem Leser den Sprung in die API zu ersparen.

Alternative Lösung für lesbareren JUnit-Testcode

Um lesbareren Testcode mit *JUnit* zu erstellen, besteht – neben einer Nutzung der eigenen API – die Möglichkeit, populäre externe Bibliotheken wie z. B. *AssertJ* oder *Hamcrest* einzusetzen. Die Bibliotheken besitzen einen moderneren Ansatz und eine lesbarere API.

Wenn Sie die *Hamcrest*-Bibliothek und ihren sogenannten Matcher nutzen, können Sie Testvergleiche z. B. so formulieren:

```
assertThat(calculator.subtract(4, 1), is(equalTo(3)));
```

Nutzen Sie hingegen AssertJ, kann ein Test zum Vergleich so ausgedrückt werden:

```
assertThat(frodo).isNotEqualTo(sauron);
```

Wie ich bereits erwähnt habe, steigt die Komplexität von Methoden mit einer steigenden Anzahl von Parametern. Um die Anzahl der Parameter möglichst überschaubar zu halten, können Sie sich wieder an den Refactorings aus Martin Fowlers Buch *»Refactoring – Improving the Design of Existing Code«* orientieren. Der Code Smell *Long Parameter List* kann mit folgenden Ansätzen bereinigt werden:

- Replace Parameter with Method
- Introduce Parameter Object
- Preserve Whole Object

Die »Zielzustände« dieser Refactoring-Techniken möchte ich im Folgenden kurz vorstellen. Sie können als Grundlage für eine saubere Entwicklung dienen und verhindern, dass der *Codegeruch* entsteht.

Replace Parameter with Method

Wird ein Wert durch einem Methodenaufruf ermittelt und anschließend als Parameter einer Methode übergeben, kann dieser Aufruf in die aufgerufene Methode übernommen werden. Listing 2.46 zeigt ein entsprechendes Beispiel:

```
price := 1.20
taxValue := TaxValue()
grossPrice := CalculateGrossPrice(price, taxValue)
```

Listing 2.46 Rückgabewert eines Methodenaufrufs als Parameter (Go)

Der Aufruf der Methode `TaxValue` zum Ermitteln des Steuersatzes kann, wie in Listing 2.47 gezeigt, auch in die Methode `GrossPrice` selbst verschoben werden:

```
price := 1.20
grossPrice := CalculateGrossPrice(price)
```

Listing 2.47 Der Methodenaufruf wurde in die Methode verschoben. (Go)

Diese Technik ist nur möglich, wenn

- der übergebene Wert nicht mehrmals in der aufrufenden Methode benötigt wird und ein mehrmaliger Aufruf zu unterschiedlichen Werten führen würde.
- die Bestimmung des zu übergebenden Werts nicht parametrisiert ist.
- die aufgerufene Methode eine Referenz zur aufzurufenden Methode besitzt.

Introduce Parameter Object

Wenn einer Methode mehrere logisch zusammenhängende Parameter übergeben werden, können diese zu einem Parameterobjekt zusammengefasst werden.

In Listing 2.48 sehen Sie das Beispiel einer `UpdatePosition`-Methode, bei der die Längen- und Breitenangaben der Position einzeln übergeben und gespeichert werden:

```
type Ship struct {
    name string
    lat  float64
    lon  float64
}

func (s *Ship) UpdatePosition(lat, lon float64) {
    s.lat = lat
    s.lon = lon
}
```

Listing 2.48 Positionsänderung mit Latitude und Longitude (Go)

Mit einem zusammenfassenden Parameterobjekt können alternativ die einzelnen Werte zu einem Objekt kombiniert und übergeben werden. In Listing 2.49 habe ich das Beispiel mit einem Parameterobjekt `Position` angepasst, das gleichzeitig intern zum Speichern der Daten verwendet wird:

```
type Position struct {
   Lat float64
   Lon float64
}

type Ship struct {
   name     string
   position Position
}

func (s *Ship) UpdatePosition(pos Position) {
   s.position = pos
}
```

Listing 2.49 Einführung eines Parameterobjekts (Go)

Wird das Parameterobjekt zusätzlich in verschiedenen Methoden als Parameter verwendet, wird die Schnittstelle der Klasse insgesamt konsistenter und damit verständlicher.

Code, der bisher jeweils in den einzelnen Methoden implementiert werden musste, kann im Parameterobjekt umgesetzt und gemeinsam genutzt werden.

Preserve Whole Object

Beim Aufruf von Methoden, bei denen mehrere einzelne Werte übergeben werden, die jeweils von demselben Objekt stammen, sollte das komplette Objekt und nicht die Einzelwerte als Parameter verwendet werden.

Das Beispiel aus Listing 2.50 zeigt die Methode `calculateDistance`, bei der die Entfernung zwischen zwei Punkten in Kilometern berechnet wird. Als Parameter dienen die Breiten- und Höhenangaben des Start- und des Zielpunktes, die jeweils einzeln als Parameter übergeben werden.

```
type Ship struct {
    name                string
    position            Position
    traveledDistanceInKm int
}

func (s *Ship) UpdatePosition(pos Position) {
    s.position = pos
    if s.position.Lat == 0 {
        return
    }
    s.traveledDistanceInKm += calculateDistance(s.position.Lat,
                                                s.position.Lon,
                                                pos.Lat,
                                                pos.Lon)
}

//Zu viele einzelne Parameter! Verbesserungswürdig!
func calculateDistance(startLat, startLon, endLat, endLon float64) int {
    start := geodist.Coord{Lat: startLat, Lon: startLon}
    target := geodist.Coord{Lat: endLat, Lon: endLon}

    _, km, _ := geodist.VincentyDistance(start, target)
    return int(km)
}
```

Listing 2.50 Verbesserungswürdige Einzelwertübergabe an eine Methode (Go)

Die Parameter der Methode stammen paarweise jeweils von der Klasse `Position` und sollten nach dem *Preserve Whole Object Refactoring* nicht einzeln, sondern als gesamtes Objekt übergeben werden. Listing 2.51 zeigt eine angepasste Variante mit nur noch zwei übersichtlicheren Parametern:

```
//Bessere Variante
func calculateDistance(startPos, endPos Position) int {
   start := geodist.Coord{Lat: startPos.Lat, Lon: startPos.Lon}
   target := geodist.Coord{Lat: endPos.Lat, Lon: endPos.Lon}
```

```
    _, km, _ := geodist.VincentyDistance(start, target)
    return int(km)
}
```

Listing 2.51 »Position«-Objekte für die Parameterübergabe (Go)

Das Beispiel lässt sich noch weiter anpassen: Beispielsweise könnten mit dem Struct `Movement` die beiden `Position`-Objekte so wie in Listing 2.52 zu einer Bewegung bzw. einem `Movement` zusammengefasst werden:

```
type Movement struct {
    from Position
    to   Position
}
func calculateDistanceWithMovement(movement Movement) int {
    start := geodist.Coord{Lat: movement.from.Lat,
                           Lon: movement.from.Lon}
    target := geodist.Coord{Lat: movement.to.Lat,
                            Lon: movement.to.Lon}
    _, km, _ := geodist.VincentyDistance(start, target)
    return int(km)
}
```

Listing 2.52 Einführung eines »Movement«-Typs (Go)

Ein weiterer Schritt hin zu einer besseren Lesbarkeit des Codes könnte darin bestehen, dass die Methode für die Berechnung der Distanz zwischen den Punkten in den Typ `Movement` verschoben wird. Das entsprechende Refactoring nennt sich *Move Method* und führt zu dem Code in Listing 2.53:

```
type Movement struct {
    from Position
    to   Position
}

func NewMovement(fromPosition Position, toPosition Position) *Movement {
    return &Movement{from: fromPosition, to: toPosition}
}}

func (m *Movement) calculateDistanceinKm() int {
    start := geodist.Coord{Lat: m.from.Lat, Lon: m.from.Lon}
    target := geodist.Coord{Lat: m.to.Lat, Lon: m.to.Lon}

    _, km, _ := geodist.VincentyDistance(start, target)
```

```
    return int(km)
}

type Ship struct {
    name                string
    position            Position
    traveledDistanceInKm int
}

func (s *Ship) UpdatePosition(pos Position) {
    s.position = pos
    if s.position.Lat == 0 {
        return
    }
    s.traveledDistanceInKm +=
            NewMovement(s.position, pos).calculateDistanceinKm()
}
```

Listing 2.53 »Move Method Refactoring« der Distenzberechnung (Go)

2.2.3 Don't Repeat Yourself

Das sogenannte *Don't Repeat Yourself*- bzw. *DRY-Prinzip* ist ein fundamentales Konzept in der Programmierung, das besagt, dass Code-Duplizierungen möglichst vermieden werden sollen. Wenn derselbe Code mehrmals verwendet wird, sollte er zentral an einem Ort gepflegt und wiederverwendbar gestaltet werden.

Ohne Wiederholungen wird Code kompakter, lesbarer und besser wartbar, da Änderungen, Erweiterungen oder nötige Bugfixes nur an einer Stelle vorgenommen werden müssen und Blöcke durch das Zusammenfassen und Auslagern in Methoden einfacher zu erfassen sind. Zentralisierter und wiederverwendbarer Code trägt zudem zu einer höheren Geschwindigkeit in der Softwareentwicklung bei, da nicht in jedem Projekt oder Modul das Gleiche implementiert werden muss. Robert C. Martin meint sogar:

> *»Duplication may be the root of all evil in software.« (Robert C. Martin)*

Wiederholungen im Code lassen sich beispielsweise unter anderem mit folgenden Techniken und Ansätze minimieren:

- **Funktionen bzw. Methoden** – Das Auslagern von Logik in Funktionen bzw. Methoden ist das Grundgerüst der Wiederverwendung.
- **Objekte und Abstraktion** – Mithilfe von Klassen können Daten und Funktionalität als Bauplan für Objekte zusammengefasst und genutzt werden. Abstraktionen ermöglichen es zusätzlich, die Funktionalität mehrerer Klassen zu vereinen und somit Wiederverwendbarkeit – auch bei aufrufendem Code – zu fördern.

- **Module bzw. Bibliotheken** – Das Auslagern von Funktionalität in Module bzw. Bibliotheken ermöglicht es anderen Anwendungen, bereits existierende Implementierungen zu nutzen. Das spart Entwicklungsaufwand.
- **Konfigurationen** – Wird eine Konfiguration aus dem Code ausgelagert, kann Code flexibler an verschiedene Szenarien angepasst werden.
- **Erweiterungsmechanismen** – Klassen, die über Ableitungen oder sogenannte Plug-ins erweitert werden können, bieten eine bessere Wiederverwendung.
- **Templates und Vorlagen** – Bei Generierungen von z. B. HTML-Seiten oder Datenreports können allgemeine Strukturen definiert und über Platzhalter unterschiedlich gefüllt werden.

Setzen Sie das DRY-Prinzip nicht übertrieben ein: Code darf nicht wegen der Wiederverwendung weniger Zeilen unnötig komplex gestaltet und jede Funktionalität in separate Klassen ausgelagert bzw. zusammengefasst werden. Mit jeder Auslagerung von Code entsteht eine Abhängigkeit zwischen Modulen oder Klassen, die wiederum zu Problemen führen kann.

Das Beispiel in Abbildung 2.6 zeigt eines der möglichen Probleme: Eine Anwendung nutzt die Bibliothek `Library Y` in Version 1. Diese nutzt wiederum `Library X`, ebenfalls in Version 1.

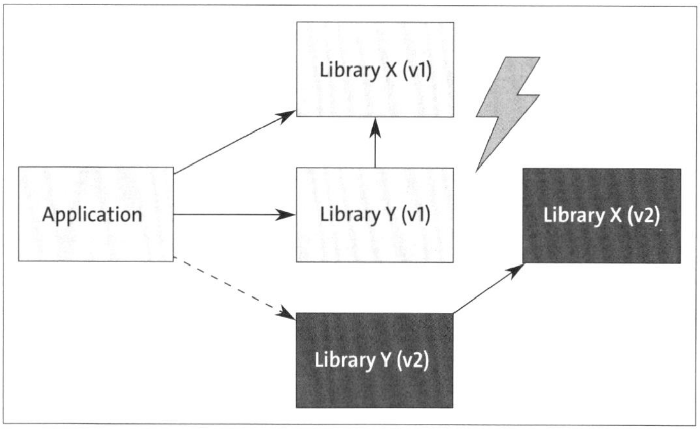

Abbildung 2.6 Mögliche Abhängigkeitsprobleme bei einem Update

Wenn nun ein Update der `Library X` auf Version 2 nötig wird und diese nur mit `Library Y` in einer neuen Version 2 eingesetzt werden kann, muss eventuell die Anwendung an einer bisher nicht berücksichtigten Stelle angepasst werden, da nicht beide inkompatiblen Versionen gleichzeitig zum Einsatz kommen können. Das führt zu höherem Aufwand bei der Entwicklung und potenziell zu Fehlern in Bereichen, die eigentlich nicht von dem Update betroffen sind. Rob Pike meint dazu:

> *»A little copying is better than a little dependency.« (Rob Pike)*

2.2.4 Klare Grenzen zwischen Komponenten aufbauen

In den meisten Fällen entwickeln wir nicht die komplette Software selbst, sondern greifen auf externe Bibliotheken zurück, um bestimmte Aufgaben effizient zu lösen. Es ist entscheidend, dass diese Bibliotheken, unabhängig von ihrem Ursprung, sauber und korrekt in die eigene Software integriert werden, um die Qualität und Stabilität der Software weiterhin zu gewährleisten.

Jede Integration einer Schnittstelle eines externen Moduls führt zwangsläufig zu einer engeren Bindung und einer Abhängigkeit zwischen den beiden beteiligen Modulen. Kontrolliert man diese abhängigen Schnittstellen nicht selbst, kann dies zu Abhängigkeitsproblemen, ungewollten Seiteneffekten oder dazu führen, dass die eigene Anwendung von den externen Abhängigkeiten kontrolliert wird. Eine sinnvolle Abgrenzung bzw. Abschottung gegenüber den externen Abhängigkeiten ist dementsprechend sinnvoll.

Wird ein externer Datentyp, wie z. B. in Listing 2.54 das Interface `java.util.Map` in einer eigenen Schnittstelle exportiert (`getShips` und `setShips`), erhält auch der Benutzer der Klasse Zugriff auf die komplette Schnittstelle des Interfaces und könnte in diesem Beispiel direkt Schiffe anlegen oder mittels der Methode `clear` die `Map` komplett leeren. Die inneren Details der Klasse `Harbor` sind in diesem Fall nicht gegen externe Zugriffe abgeschottet.

Änderungen am Interface, auch wenn sie im Beispiel sehr unwahrscheinlich sind, haben zusätzlich Auswirkungen auf die Clients, die daraufhin eventuell ebenfalls angepasst werden müssen.

```
// Beispiel für mögliche Seiteneffekte
public class Harbor {

    private Map<String, Ship> ships = new HashMap<>();

    public Map<String, Ship> getShips() {
        return ships;
    }

    public void setShips(Map<String, Ship> ships) {
        this.ships = ships;
    }
}
```

Listing 2.54 Ungewollte externe Abhängigkeit in einer Schnittstelle (Java)

Listing 2.55 zeigt den ungewollten Zugriff auf das veröffentlichte Interface `Map` und den dadurch möglichen Aufruf der Methode `clear`:

```
Ship titanic = new Ship("Titanic", "Kreuzfahrtschiff", "blue");
Map<String, Ship> ships = new HashMap<>();
ships.put("Titanic", titanic);

Harbor shouthampton = new Harbor();
shouthampton.setShips(ships);

// Ungewollter Zugriff!
shouthampton.getShips().clear();
```

Listing 2.55 Die veröffentlichte Schnittstelle führt zu Fehlern. (Java)

Die Problematik des ungewollten Zugriffs wird durch eine umfangreiche Schnittstelle verstärkt. Meist sind die Schnittstellenanbieter daran interessiert, eine möglichst breite generische Schnittstelle mit vielen Methoden anzubieten, damit ihre Implementierung in unterschiedlichen Einsatzbereichen verwendet werden kann. Clients haben hingegen meist nur an einem kleinen Ausschnitt der Schnittstelle Interesse (vgl. auch das *Interface-Segregation-Prinzip*). Dieser Interessenkonflikt kann über die Definition einer eigenen Schnittstelle für den Client behoben werden.

Für das obige Beispiel kann, wie in Listing 2.56 gezeigt, die neue Klasse `Ships` erstellt werden, die den Zugriff auf das Interface `Map` kapselt und eine eigene, für die Anwendung optimierte Schnittstelle anbietet. Die interne Verwaltung der Schiffe erfolgt weiterhin über die externe Abhängigkeit `Map`, aber die Schnittstelle für die eigenen Clients wird selbst definiert und interne Details werden vor Aufrufenden versteckt. Zugriffe können nicht mehr direkt über das Interface `Map` erfolgen. Zusätzlich werden die Auswirkungen von Änderungen an der externen Bibliothek minimiert, da diese Abhängigkeit nur noch ein internes Detail ist und nicht mehr exportiert wird.

```
public class Ships {

    private final Map<String, Ship> ships = new HashMap<>();

    public void addShip(Ship ship) {
        ships.put(ship.getName(), ship);
    }
    public Ship getShip(String name) {
        return ships.get(name);
    }
}
```

Listing 2.56 Die Klasse »Ships« kapselt die externe Schnittstelle »Map«. (Go)

Mit der Kapselung der externen Bibliotheken bzw. Module in eigenen Klassen schaffen Sie eine klare Abgrenzung von internen und externen Komponenten. Diese Implementierungen, die auch häufig als *Sollbruchstelle* bezeichnet werden, verhindern die Ausbreitung von erzwungenen Änderungen, die durch eine externe Bibliothek ausgelöst werden.

2.2.5 Die »Broken Windows Theory« und die »Boy Scout Rule« in Software

Im Jahr 1982 haben James Q. Wilson und George L. Kelling die sogenannte *Broken Windows Theory* veröffentlicht, deren Ursprung im Bereich der Kriminologie liegt. Sie besagt, dass sichtbare Schäden an einer Umgebung, z. B. ein zerbrochenes Fenster, Anzeichen für Vernachlässigung und Kriminalität sind, und dass diese Zeichen zu weiteren Delikten führen können. In Experimenten und Studien wurde gezeigt, dass auf vernachlässigte bzw. vorbeschädigte Dinge weniger geachtet wird als auf gut gepflegte. Bei Dingen, die bereits beschädigt waren, setzte sich die Zerstörung deutlich schneller fort.

In der Softwareentwicklung kann dies bedeuten, dass unsauberes Design, ein kleiner Bug oder eine ungenaue Dokumentation zunächst unbedeutend erscheinen, aber über die Zeit zu schwerwiegenderen Problemen wie Fehlern oder einer erodierenden Softwarearchitektur führen. Das Ignorieren kleiner Fehler oder Unzulänglichkeiten kann bei Teammitgliedern den Eindruck erwecken, dass Qualität und Wartung nicht wichtig sind. Dadurch entstehen weitere Bugs, weitere unsauber aufgebaute Softwarebestandteile und das Projekt gerät potenziell insgesamt in eine Schieflage. Eine ständige Korrektur von Fehlern, die auf diese Weise entstehen, kann die Entwicklungsgeschwindigkeit stark verlangsamen und den Fokus auf neue Funktionen verdrängen.

Die weltweite Pfadfinderbewegung, gegründet von Robert Baden Powell, hat eine Regel, die besagt, dass man versuchen solle, die Welt besser zu hinterlassen als man sie vorgefunden hat. Diese Regel wird in der Softwareindustrie gerne im Zusammenhang mit der »Broken Window Theorie« genannt, umd auf sie zu verweisen.

> *»Try and leave this world a little better than you found it.«* (Robert Baden Powell)

Diese Regel kann auf vielfältige Weise bei der Programmierung beachtet und angewendet werden:

- Unzulänglichkeiten direkt ansprechen bzw. direkt beheben (z. B. Tippfehler, fehlende Dokumentation, fehlende Tests usw.)
- Kultur des *Continuous Improvement* zur ständigen Weiterentwicklung
- frühzeitige Fehlererkennung durch hohe automatisierte Testabdeckung
- regelmäßige *Code-Reviews*
- transparente Architekturentscheidungen

Die Broken-Windows-Theorie zeigt die Wichtigkeit von Qualitätssicherung im gesamten Softwareentwicklungsprozess. Es ist besser, kleinere Probleme schnell zu beheben, als sie sich über längere Zeit vermehren zu lassen, sodass sie später zu größeren Problemen führen. Auch das ist Teil eines guten Softwaredesigns.

2.3 Die SOLID-Prinzipien

Mit dem Akronym SOLID werden fünf Prinzipien des Softwaredesigns bezeichnet, die von Robert C. Martin zusammengetragen und bekannt gemacht wurden.

Im Jahr 2002 veröffentlichte er das Buch *»Agile Software Development. Principles, Patterns, and Practices«*, in dem er Designprinzipien für agile Software veröffentlichte. Zwei Jahre später, im Jahr 2004, wies dann Michael Feathers, ein weiterer Autor im Softwarebereich, Martin in einer E-Mail darauf hin, dass bei einer Umsortierung der beschriebenen Leitlinien deren Anfangsbuchstaben das Akronym SOLID ergeben.

Die einzelnen beschriebenen Prinzipien basierten auf der Arbeit von vielen weiteren Personen und auf der Erfahrung, die »Uncle Bob« selbst in verschiedenen Softwareprojekten gesammelt hatte.

Die SOLID-Grundsätze sollen dabei helfen, stabile, wartbare und erweiterbare Software zu entwickeln, und somit zu einer längeren Lebensdauer von Anwendungen beitragen. Ihr Einsatz ist allerdings nicht nur auf Ebene des Sourcecodes sinnvoll, wie Martin ursprünglich gedacht hatte: Im Zeitalter der Microservices müssen und werden die Prinzipien ebenfalls für Systemarchitekturen oder Systemdesigns interpretiert und eingesetzt.

Die fünf Prinzipien heißen:

- *Single-Responsibility-Prinzip* (SRP)
- *Open-Closed-Prinzip* (OCP)
- *Liskovsches Subsititutionsprinzip* (LSP)
- *Interface-Segregation-Prinzip* (ISP)
- *Dependency-Inversion-Prinzip* (DIP)

In den folgenden Abschitten stelle ich die Prinzipien näher vor und erläutere sie an Beispielen.

2.3.1 Das Single-Responsibility-Prinzip (SRP)

Mit dem Das Single-Responsibility-Prinzip bzw. *Single-Responsibility Principle*, wie es auf Englisch heißt, wird ausgedrückt, dass es für ein Modul immer nur einen verantwortlichen Anwender oder Stakeholder bzw. eine entsprechende Gruppe geben soll. Robert C. Martin drückt das so aus:

»*A module should be responsible to one, and only one, actor.*« (Robert C. Martin)

Nur diese eine Gruppe an Personen mit gleichen Interessen kann Änderungen an diesem Modul veranlassen bzw. der Grund für eine Änderung sein.

Der Begriff *Modul* ist für das Single-Responsibility-Prinzip recht weit gefasst. Es kann sich um eine einzelne Sourcecode-Datei oder um eine größere zusammenhängende Ansammlung von Funktionen und Daten handeln.

Oftmals wird der Begriff *Kohäsion* zur Beschreibung eines Zusammenhalts einzelner Teile verwendet – hier von Funktionen und Daten. Die Verantwortung für ein Modul ist bildlich gesprochen der Klebstoff, der den Zusammenhalt, die Kohäsion, der einzelnen Teile darstellt bzw. steuert.

»*This principle is about people.*« (Robert C. Martin)

Das Prinzip soll an einem Beispiel der Klasse `Product` verdeutlicht werden. Abbildung 2.7 zeigt die Klasse mit ihren beiden Methoden `CalculateTax` und `GetHTMLRepresentation` sowie die beiden Akteure `WebShop` und `Accounting`.

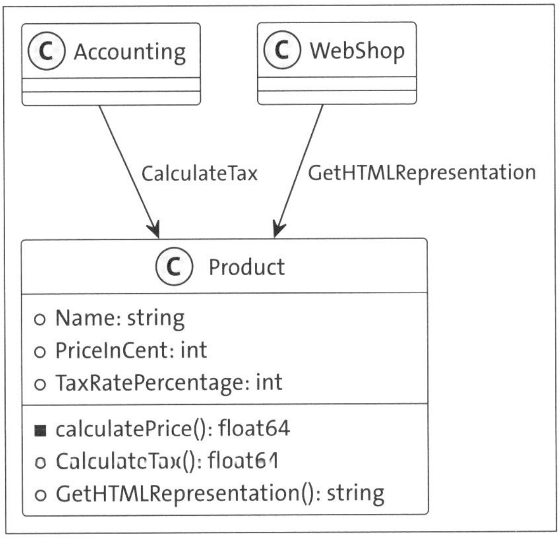

Abbildung 2.7 Ohne das Single-Responsibility-Prinzip kommt es zu Problemen.

Die Methode `CalculateTax` wurde vom Akteur `Accounting` definiert und wird ausschließlich von ihm aufgerufen. Für die Spezifikation und Implementierung der Methode `GetHTMLRepresentation` ist der Akteur `WebShop` verantwortlich. Er hat die Klasse `Product` entsprechend erweitert.

Mit ihrem Aufbau verletzt die Klasse `Product` das Single-Responsibilty-Prinzip, da mehrere Akteure sich die Verantwortung für die Klasse teilen und Anpassungen initiieren können. Dadurch, dass der Sourcecode mehrerer Akteure in einer Klasse zusammengeführt wurde, entsteht eine *enge Kopplung* zwischen den einzelnen eigentlich unabhängigen Akteuren.

Werden Änderungen für den `WebShop` benötigt, kann dies durch möglicherweise vorhandenen gemeinsam genutzten Sourcecode zu Fehlern in der Logik eines anderen Akteurs führen.

Im obigen Beispiel könnte z. B. von beiden Methoden (wie in Listing 2.57) die innere private Methode `calculatePrice` für eine Preisbestimmung verwendet werden. In der HTML-Oberfläche des Shops wird der Preis neben der Angabe des Steuersatzes angezeigt, und das Accounting-Team nutzt den Wert als Basis für eine Berechnung des Bruttopreises.

```
type Product struct {
    Name              string
    PriceInCent       int
    TaxRatePercentage int
}

func (p *Product) calculatePriceInCent() int {
    // umfangreiche Logik!
    return p.PriceInCent
}

func (p *Product) CalculateTax() int {
    return p.calculatePriceInCent()/
100 + p.TaxRatePercentage*p.TaxRatePercentage
}

func (p *Product) GetHTMLRepresentation() string {
    return fmt.Sprintf("<div>%d Cent zzgl. %d %% MwSt</div>",
        p.calculatePriceInCent(), p.TaxRatePercentage)
}
```

Listing 2.57 Gemeinsam genutzte Function (Go)

Durch eine Erweiterung der Shop-Oberfläche soll ab sofort nur noch der Bruttopreis auf der Oberfläche präsentiert werden. Die WebShop-Entwickler entscheiden sich daraufhin, mit `calculatePrice` nicht mehr den Netto-, sondern den Bruttopreis für die Endkunden zu ermitteln und diesen direkt anzuzeigen.

Die vom Shop-Team durchgeführten Tests sind erfolgreich. Allerdings haben die Entwickler nicht bemerkt, dass die Anpassung auch Auswirkungen auf das Accounting-Team hat. In dessen Logik wird jetzt die Mehrwertsteuer doppelt bei der Steuerberechnung aufgeschlagen, da die Berechnung der Steuer auf Basis der Methode `calculatePrice` stattfindet und diese keinen Nettopreis mehr liefert. Ein Deployment der Anwendung ohne weitere Tests wäre fatal.

Je mehr Code von mehreren Teams zusammen verwaltet wird, desto größer ist die Wahrscheinlichkeit, dass sich die Änderungen der Teams gegenseitig beeinflussen. Auch wenn Änderungen der beiden Teams unterschiedliche Funktionalität betreffen, aber parallel von mehreren Teams in derselben Quellcode-Datei gearbeitet wird, kann es beispielsweise beim Zusammenbringen bzw. *Merge* der verschiedenen Änderungen zu Konflikten in der Versionsverwaltung kommen. Werden diese nicht korrekt bereinigt, entstehen weitere Fehler.

Um dieses Problem zu lösen, kann das Single-Responsibility-Prinzip angewendet werden. Hierbei sind mehrere Umsetzungen sind möglich, die sich in der Aufteilung der Daten und der Funktionalität der betroffenen Klassen unterscheiden. In allen Varianten wird jedoch die Logik, die von den jeweiligen Akteuren benötigt wird, in separate Komponenten ausgelagert und kann dort getrennt gepflegt werden.

Komplette Trennung der Daten und Funktionalitäten

Abbildung 2.8 zeigt eine Umsetzung, bei der die Daten, sprich die Attribute, der Klasse `Product` komplett von ihrer Funktionalität getrennt sind. Die Logik der Akteure ist jeweils in einer separaten Klasse implementiert und beide Implementierungen greifen auf die gemeinsame Klasse `ProductData` zu, die als Datencontainer fungiert.

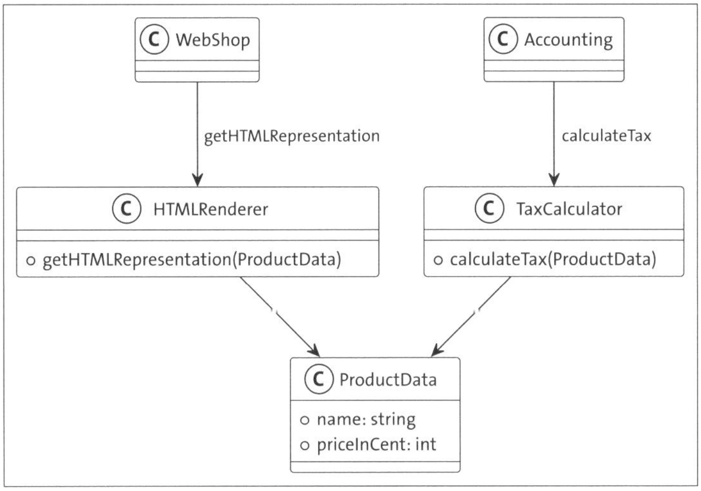

Abbildung 2.8 Beispiel mit Single-Responsibility-Prinzip

Jeder Akteur ist für seine Klasse selbst verantwortlich und Änderungen daran wirken sich nur lokal begrenzt auf den eigenen Teilbereich aus.

Der Nachteil dieser Lösungsumsetzung besteht darin, dass die WebShop- und Accounting-Entwickler jeweils die entsprechenden Daten- und Logikklassen kennen müssen. Im Beispiel muss der `WebShop` die Klasse `HTMLRender` sowie `ProductData` explizit kennen, instanziieren und mit ihnen arbeiten.

Trennung der Funktionalität und Nutzung einer Facade

Alternativ zu einer kompletten Trennung und Bekanntgabe der Details der Klasse `Product` kann eine sogenannte *Facade*, wie in Abbildung 2.9 skizziert, aufgenommen werden. Sie enthält Code für die Instanziierung der Daten- und Akteurlogikklassen sowie eine Weiterleitung der Aufrufe zu den entsprechenden Methoden. Bei diesem Ansatz werden die Daten weiterhin in der separaten Klasse `ProductData` gehalten, die allerdings beim Aufrufenden nicht mehr bekannt sein muss.

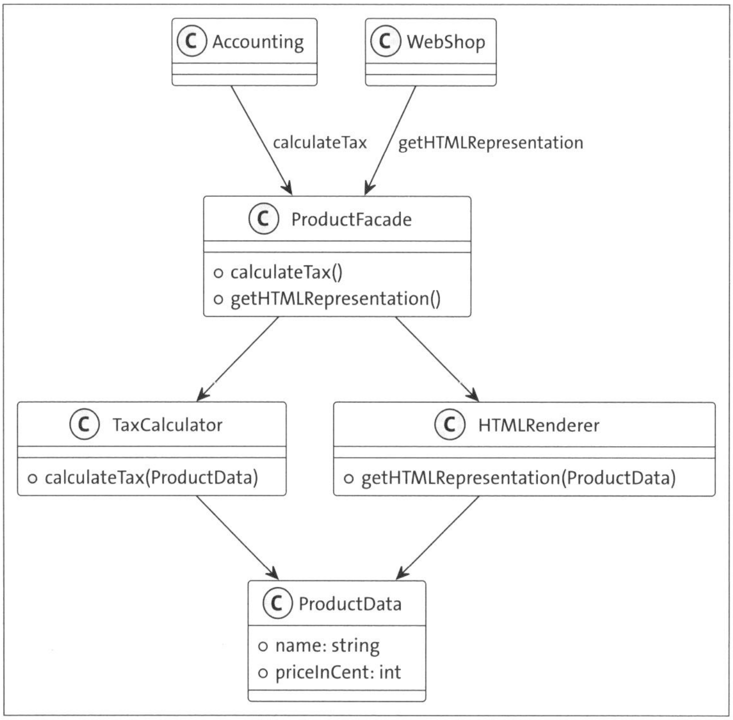

Abbildung 2.9 SRP mit Facade

Der Vorteil dieses Ansatzes besteht in der einfacheren Schnittstelle für die Klassen `WebShop` und `Accounting`, deren verantwortliche Entwickler und Entwicklerinnen sich nicht mit den Details zur Instanziierung oder Verwendung der Daten- und Logikklassen auseinandersetzen müssen. Für sie bleibt die Schnittstelle einfach zu verwenden.

Datenobjekt als Facade zur Abtrennung der Funktionalität

Eine dritte Umsetzungsvariante besteht darin, das Datenobjekt selbst als `Facade` zu verwenden und damit auch die Möglichkeit zu schaffen, wichtige Funktionalität innerhalb dieser Klasse zu implementieren. Abbildung 2.10 zeigt ein entsprechendes Klassendiagramm.

Bei diesem Ansatz können die Klassen `WebShop` und `Accounting` weiter mit einer einfachen Schnittstelle arbeiten, und Änderungen an den ausgelagerten Logiken der einzelnen Akteure beeinflussen sich nicht gegenseitig.

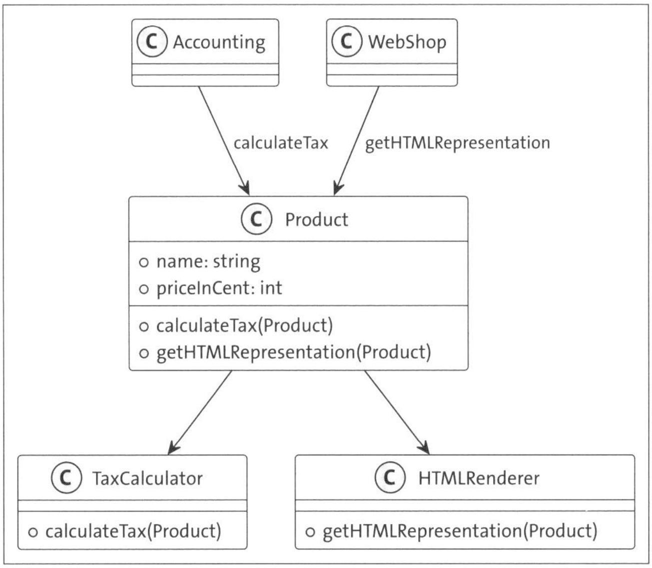

Abbildung 2.10 SRP mit Datenobjekt als Facade

Vorteile durch das Single-Responsibility-Prinzip

Für jede Umsetzungsvariante gilt, dass die Logik in einem separaten Modul bzw. einer Klasse implementiert wird und somit eine entsprechende *Kapselung* der Funktionalität stattfindet. Das fördert die Lesbarkeit und die Wartbarkeit des entstandenen Codes. Fehler innerhalb der Logikklassen können beispielsweise leichter identifiziert und dementsprechend behoben werden.

Wird Funktionalität klar abgegrenzt und eine klare Verantwortlichkeit definiert, wird eine Widerverwendung einer Logikklasse in anderen Anwendungsbereichen zudem ermöglicht.

2.3.2 Das Open-Closed-Prinzip (OCP)

Mit dem *Open-Closed-Prinzip*, das bereits 1988 von Bertrand Meyer in seinem Buch *»Object-Oriented Software Construction«* veröffentlicht wurde, wird ausgedrückt, dass Software so geschrieben werden soll, dass sie erweiterbar ist, ohne bestehende Funktionalität zu beeinflussen.

> *»A software artifact should be open for extension but closed for modification.« (Bertrand Meyer)*

Die meiste Software wird nicht in einem Schritt entwickelt, fertiggestellt und anschließend nicht mehr angepasst. Die an die Software gestellten Anforderungen ändern sich ja mit der Zeit und Anpassungen werden nötig.

Das Ziel einer guten Softwarearchitektur besteht darin, dass notwendige Anpassungen am System nicht immer wieder zu tiefgreifenden Änderungen führen, sondern dass die Änderungen sich auf einen kleinen Teilbereich beziehen und möglichst keine Auswirkungen auf andere Bereiche besitzen. Im Idealfall sind z. B. bei Erweiterungen der Funktionalität keinerlei Anpassungen an bestehendem Code notwendig.

Das von Bertrand Meyer beschriebene Open-Closed-Prinzip basierte ursprünglich auf dem Konzept der Vererbung von Klassen. Neue Funktionalität oder Attribute werden (wie in Abbildung 2.11 dargestellt) in neue, von der Basisklasse abgeleitete Klassen aufgenommen, um den bestehenden Code nicht anpassen zu müssen. Im Beispiel wird die Klasse `OriginalClass` um das Attribut `attributeB` und die Methode `doExtendedSomething` erweitert.

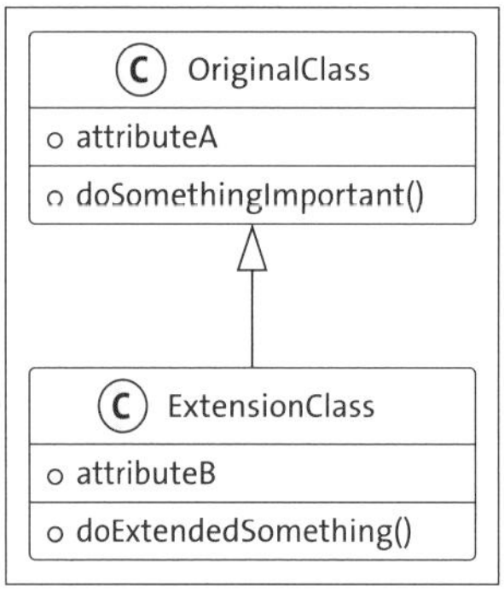

Abbildung 2.11 Das Open-Closed-Prinzip mittels Vererbung

Im Laufe der Zeit hat sich die Umsetzung des Open-Closed-Prinzips von einer primären Betonung auf Vererbung hin zur Nutzung von Polymorphie verschoben. Der Grund dafür waren unter anderen Robert C. Martin und Joshua Bloch, der Autor des Buchs »*Effective Java*«, die in ihren Publikationen immer wieder auf die enge Kopplung bei der Vererbung von Klassen und deren negative Auswirkungen auf die Abhängigkeiten hinwiesen.

Der polymorphe Ansatz nutzt, wie in Abbildung 2.12 visualisiert ist, Interfaces, für die mehrere Implementierungen vorhanden sein können. Diese Interfaces werden nicht mehr verändert, und Funktionalität kann über zusätzliche konkrete Klassen erweitert werden.

Die Einführung der Interfaces führt zu einer neuen Abstraktionsebene in der Anwendung und ermöglicht dadurch eine lose Kopplung der einzelnen unabhängigen Komponenten, die die entsprechende Logik umsetzen.

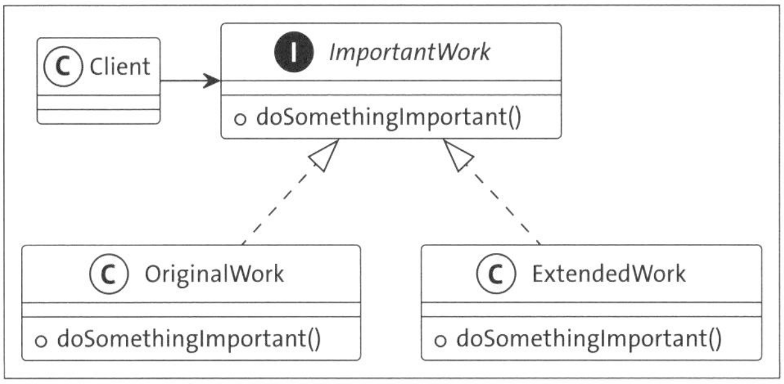

Abbildung 2.12 Das Open-Closed-Prinzip durch Polymorphie

Das Open-Closed-Prinzip auf Architekturebene

Das Beispiel einer Software zur Schulungsverwaltung soll den möglichen Einsatz des Open-Closed-Prinzips für eine Softwarearchitektur aufgezeigen: Mithilfe der Software soll eine Internet-Präsenz mit Schulungsangeboten aufgebaut werden. Die entsprechend benötigten Schulungsdaten liegen in einer Datenbank vor und sollen von dort ausgelesen werden. Neben einer HTML-Repräsentation im Browser soll für jede Schulung ein PDF-Dokument erstellt werden können, dessen Layout sich von dem der Internetpräsenz unterscheidet.

Unter Beachtung des Single-Responsibility-Prinzips des vorherigen Abschnitts und der damit verbundenen Trennung der Verantwortlichkeiten entsteht für das Beispiel ein grober Entwurf wie in Abbildung 2.13. Auch wenn die Darstellung nicht ganz UML-konform ist, soll verdeutlicht werden, dass die Verantwortlichkeit für das Laden aus der Datenbank bei der Komponente `DBTraining` liegt und die Verantwortlichkeit für die Aufbereitung der Daten für die Darstellungen in der Komponente `PresentationView`. Zwei weitere Komponenten übernehmen die Ausgabe in HTML bzw. PDF (`HTMLPresenter` und `PDFPresenter`).

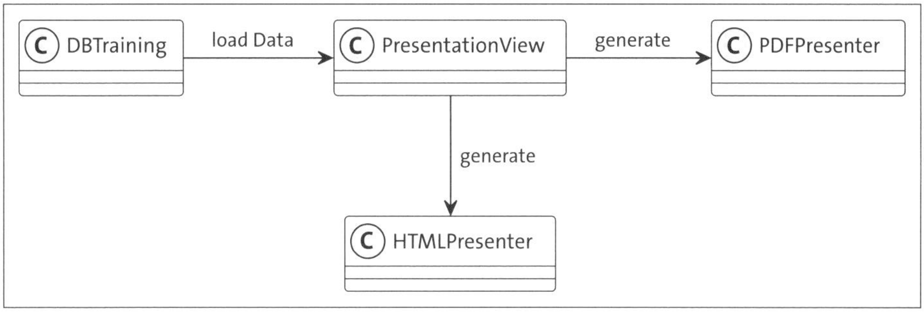

Abbildung 2.13 Grobe Darstellung der Schulungsanwendung

Nachdem die grobe Einteilung der Verantwortlichkeiten getroffen ist, lassen sich erste Klassen und deren Abhängigkeiten definieren.

Abbildung 2.14 zeigt das Package `Controller`, in dem die Klasse `GeneratorController` sowie die Interfaces `PresentationGenerator` und `TrainingRepository` definiert sind. Der `GeneratorController` übernimmt die Steuerung des kompletten Ablaufs der Generierung und nutzt dazu eine `TrainingRepository`- sowie eine `PresentationGenerator`-Implementierung.

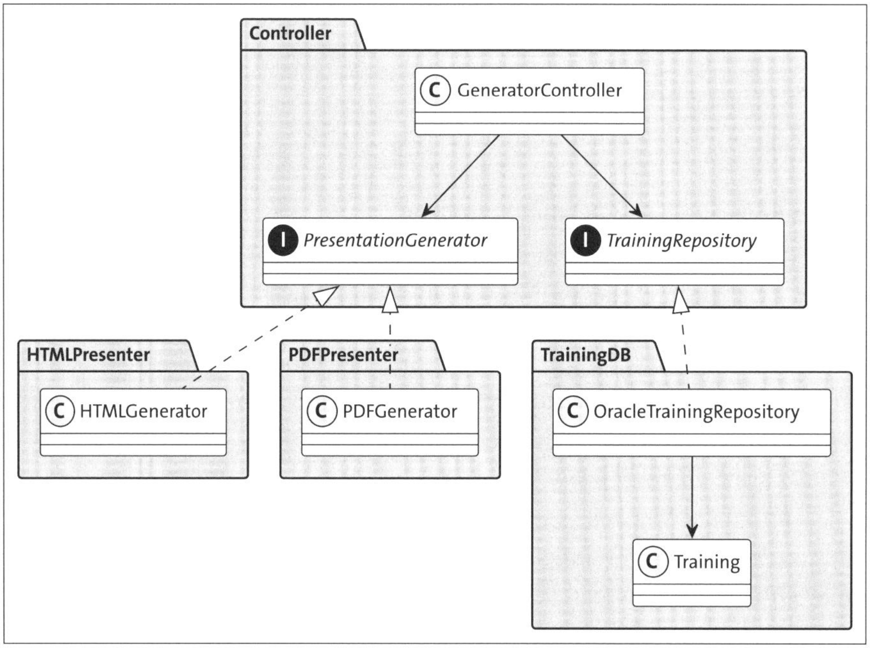

Abbildung 2.14 Die Trainingsanwendung in Klassendarstellung

In diesem Klassendiagramm lassen sich die Abhängigkeiten zwischen den Komponenten und die Einteilung dieser in sogenannte *höhere und niedrigere Anwendungsschichten* erkennen. Eine niedrigere Anwendungsschicht besitzt Abhängigkeiten zu einer höheren Schicht, aber höhere Schichten sind niemals von einer der niedrigeren Schichten abhängig. Jede Abhängigkeit im Diagramm wird als gerichteter Pfeil visualisiert und zeigt ausschließlich in die Richtung der verwendeten Abhängigkeit. Das hier verwendete Prinzip der *Dependency Inversion* wird in Abschnitt 2.3.5 ausführlicher betrachtet.

Abhängigkeiten zwischen Komponenten wirken sich potenziell auf deren Änderungsbedarf aus. Werden z. B. Änderungen an einer referenzierten Komponente vorgenommen, kann dies zu Änderungen an der referenzierenden Implementierung führen. Werden hingegen referenzierende Komponenten angepasst, ist die referenzierte Komponente dagegen geschützt und muss nicht verändert werden.

> *»If a component A should be protected from changes in component B, then component B should depend on component A.« (Robert C. Martin)*

Für das Beispiel bedeutet das, dass sich das Package `Controller` in einer höheren Anwendungsschicht befinden, da es keine weiteren Abhängigkeiten zu anderen Packages besitzt. Die Packages `HTMLPresenter`, `PDFPresenter` und `TrainingDB` befinden sich in einer niedrigeren Schicht, da sie jeweils Abhängigkeiten in Form von Interfaces in die höhere Schicht des `Controller`-Packages aufweisen. Ändert sich z. B. die Implementierung der HTML-Ausgabe, hat dies keine Auswirkung auf das `Controller`-Package. Dasselbe gilt für die Implementierung der PDF-Ausgabe. Änderungen innerhalb der Steuerungslogik des `GeneratorController` werden im Beispiel als unwahrscheinlich angesehen.

Die Einteilung eines Systems und seiner Komponenten in Abhängigkeitsschichten setzt das Open-Closed-Prinzip auf Architekturebene um. Höher gelegene Schichten werden vor Änderungen in niedrigeren Schichten geschützt und können durch sie nicht geändert werden. Erweiterungen können über die Nutzung von Polymorphie bzw. durch Implementierung von Interfaces einer höher gelegenen Schicht erfolgen. Das Beispiel könnte zusätzlich mit einem `WordPresenter` erweitert werden, ohne dass Logik innerhalb des `Controller`-Packages angepasst werden muss.

Das Options-Pattern in Go als Beispiel für das Open-Closed-Prinzip im Code

Das *Options-Pattern* ist in Go eine Designpraxis, die es ermöglicht, Funktionen mit einer variablen Anzahl von Parametern bzw. mit Standardwerten zu erstellen, ohne die Lesbarkeit und die Erweiterbarkeit des Codes zu beeinträchtigen. In Go wird diese Technik oft verwendet, um *Konstruktoren* bzw. *Factory-Methoden* von Structs mit optionalen Parametern zu implementieren.

Das Options-Pattern in anderen Programmiersprachen

Das *Options-Pattern* findet man auch in anderen Programmiersprachen analog umgesetzt. Das *Builder-Pattern*, das in Abschnitt 4.2 vorgestellt wird, ist im Übrigen ebenfalls eine Umsetzung des Open-Closed-Prinzips.

Folgendes Beispiel zeigt das Pattern: In Listing 2.58 können mit der Funktion `NewServerConfig` neue Instanzen vom Typ `Config` erzeugt werden. Als Parameter für die Erzeugung wird eine Liste an `string`-Werten übergeben.

```
func NewServerConfig(param1, param2, param3, param3 string) Config {
    //doSth
}
```

Listing 2.58 Factory-Methode zum Erstellen von Objekten ohne OCP (Go)

Ohne passende Parameternamen ist es, wie ich in Abschnitt »Passende Parameter« (siehe Abschnitt 2.2.2) gezeigt habe, zum einen schwer, die Semantik der einzelnen

Parameter zu erkennen. Zum anderen können keine weiteren Parameter ohne einen sogenannten *Breaking-Change* (also eine inkompatible Änderung) der Schnittstelle aufgenommen werden. Aufrufender Code muss bei Änderungen angepasst werden und das Open-Closed-Prinzip ist verletzt.

Vorsicht vor zu allgemeinen und generischen Datentypen als Parameter

In einer Schnittstelle sollten möglichst explizite Datentypen verwendet werden. Wenn Sie aus Bequemlichkeit nur sehr allgemeine und generische Datentypen (z. B. `string`, `int` oder `float`) als Parametertypen verwenden und darin die unterschiedlichsten Daten übergeben, wird die Schnittstelle zusätzlich schwer verständlich: Ein `string`-Wert kann z. B. Dezimalzahlen, XML-Strings oder IP-Adressen beinhalten. Das macht eine Schnittstelle schwer lesbar und wartbar.

Beispiel:

```
//Schwer verständlich
func NewServerConfig(param1 string, param2 string) {…}
//Besser lesbar durch die Datentypen IpAddress und Port
Func NewServerConfig(addr IpAddress, port Port) {…}
```

Mithilfe des Option-Patterns sieht die angepasste Schnittstelle der Factory-Methode so wie in Listing 2.59 aus:

```
func NewServerConfig (opts ...Option) ServerConfig {
    //doSth
}
```

Listing 2.59 Factory-Methode mit Options-Pattern (Go)

Im Unterschied zur ersten Variante mit den vielen Parametern wird hier der abstrakte Typ `Option` als Parameter erwartet, und da es sich bei der Definition des Parameters um einen *Variadic-Parameter* handelt, kann dieser bei einem Aufruf beliebig oft angegeben werden.

Die Anpassung der Funktion führt dazu, dass beliebige Option-Implementierungen übergeben werden können und die Liste der möglichen Optionen zu einem späteren Zeitpunkt durch Neuimplementierungen erweitert werden kann. Abbildung 2.15 zeigt ein entsprechendes UML-Diagramm.

`Option`-Typen sind (wie in Listing 2.60) in Go meist als *Function-Typen* implementiert, wobei die Signatur den zu konfigurierenden Typ als Parameter besitzt. Im Beispiel aus Listing 2.60 soll dementsprechend ein `ServerConfig`-Objekt mit Werten gefüllt werden:

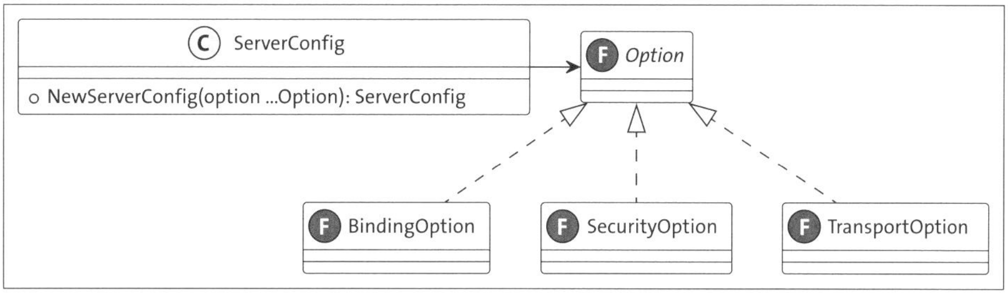

Abbildung 2.15 Das Go-Option-Pattern

```
type Option func(config *ServerConfig)
```

Listing 2.60 Function-Typ für das Option-Pattern in Go

Eine konkrete `Option`-Implementierung kann, wie in Listing 2.61, als *Closure* umgesetzt werden, die von einer Funktion als Rückgabewert geliefert wird:

```
func WithBinding(binding string) Option {
   return func(config *ServerConfig) {
      config.Addr = binding
   }
}
```

Listing 2.61 Konkrete »Option«-Implementierung (Go)

Innerhalb der Factory-Methode `NewServerConfig` kann, unabhängig von der konkreten Umsetzung des `Option`-Typs, über sämtliche übergebenen Instanzen iteriert und damit eine neue Konfiguration erstellt werden. Werden Werte nicht übergeben, können diese bei der Initialisierung eines Objekts mit Standardwerten gefüllt werden:

```
func NewServerConfig(opts ...Option) ServerConfig {
    config := &ServerConfig{}
    for _, opt := range opts {
        opt(config)
    }
    return *config
}
```

Listing 2.62 Auswerten der »Option«-Instanzen (Go)

Der Aufruf der Funktion ist anschließend leicht verständlich und erweiterbar:

```
config := NewServerConfig (WithBinding (":8080 "))
```

Listing 2.63 Nutzung des Option-Patterns (Go)

2.3.3 Das Liskovsche Substitutionsprinzip (LSP)

Barbara Liskov – eine US-amerikanische Informatikerin, die 2008 unter anderem als zweite Frau für ihre Arbeit in der Informatik mit dem Turing Award ausgezeichnet wurde – stellte 1987 auf der OOPSLA-Konferenz unter dem Titel *»Data Abstraction and Hierarchy«* zum ersten Mal ihr sogenanntes Substitutionsprinzip vor. Sie beschrieb, dass eine Unterklasse in Bezug zu ihrer Basisklasse bestimmte Bedingungen erfüllen muss, damit die Unterklasse die Basisklasse fehlerfrei ersetzen kann.

Anders formuliert besagt das Prinzip, dass eine Anwendung, die mit Objekten einer Basisklasse korrekt arbeitet, auch mit davon abgeleiteten Klassen weiterhin, also ohne Anpassung am Code, korrekt arbeiten muss.

Die Informatikerin Barbara Liskov beschreibt ihre Vorstellung einer korrekten Klassenhierarchie formal so:

> *»What is wanted here is something like the following* **substitution property***: If for each object o1 of type S there is an object o2 of type T such that for all programs P defined in terms of T, the behavior of P is unchanged when o1 is substituted for oz, then S is a subtype of T.« (Barbara Liskov, OOPSLA 1987)*

Eine solche korrekte Klassenhierarchie wird durch die Einhaltung folgender Bedingungen erreicht:

- Abgeleitete Klassen dürfen keine Vorbedingungen der Basisklasse einschränken bzw. verschärfen.
- Nachbedingungen eines Einsatzes der abgeleiteten Klasse dürfen nur verstärkt werden.
- Bedingungen, die im Basistyp wahr sind, müssen auch im abgeleiteten Typ wahr bleiben.

Die Begriffe *Vorbedingung* und *Nachbedingung* geben an, welche Bedingungen vor bzw. nach einem Aufruf des Typs bzw. einer Methode erfüllt sein müssen, damit der Aufruf als fehlerfrei gilt. Eventuell muss die Schnittstelle des Objekts in einer bestimmten Reihenfolge aufgerufen werden oder müssen bestimmte, korrekte Parameter übergeben werden.

Man spricht auch von einem sogenannten *Contract* oder *Vertrag*, der zwischen dem Aufrufenden und dem Aufgerufenen geschlossen wird und eventuell nicht direkt in der Programmierschnittstelle ersichtlich ist. Weicht eine abgeleitete Klasse von diesem Vertrag ab, widerspricht das dem *Liskovschen Substitutionsprinzip* (LSP) und der Client kann nicht ohne Anpassungen fehlerfrei eingesetzt werden.

Überprüfen können Sie das korrekte Verhalten verschiedener Klassen z. B. mit einem Unit-Test, der für die Basisklasse dasselbe Ergebnis wie für eine abgeleitete Klasse liefern muss.

Mögliche Probleme bei der Vererbung von Klassen

Das Beispiel in Abbildung 2.16 soll die Problematik eines nicht eingehaltenen Liskovschen Substitutionsprinzips noch einmal verdeutlichen.

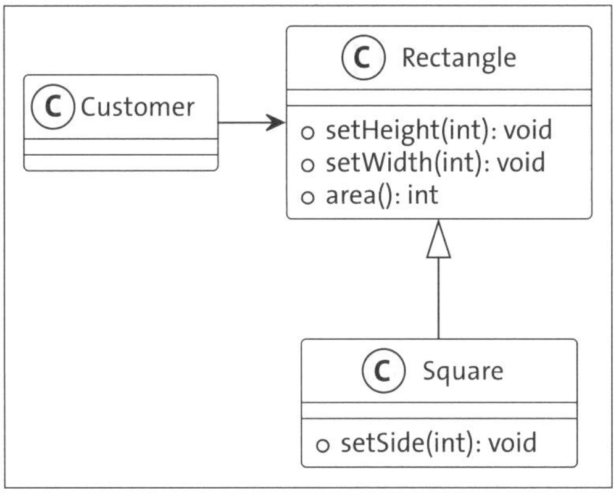

Abbildung 2.16 Beispiel für die Verletzung des Liskovschen Substitutionsprinzips

Die Klasse `Rectangle` repräsentiert ein Rechteck, bei dem die Höhe und die Breite über Setter-Methoden gesetzt werden können. Mit dem Aufruf der Methode `area` kann daraufhin die Fläche des Rechtecks ermittelt werden. In Listing 2.64 ist die Klasse in Java implementiert:

```
public class Rectangle {
    protected int height;
    protected int width;

    public void setHeight(int height) {
        this.height = height;
    }
    public void setWidth(int width) {
        this.width = width;
    }
    public int getArea() {
        return height * width;
    }
}
```

Listing 2.64 »Rectangle«-Klasse in Java für die Berechnung einer Fläche

Ein Aufrufender kann die Klasse instanziieren und, wie in Listing 2.65 gezeigt, die Fläche berechnen lassen:

```
Rectangle rectangle = new Rectangle();
rectangle.setWidth(10);
rectangle.setHeight(2);
System.out.println(rectangle.getArea()); // Ausgabe: 20
```

Listing 2.65 Verwendung der »Rectangle«-Klasse

Da es sich bei einem Quadrat um ein spezielles Rechteck handelt, wird nun (in Listing 2.66) die Klasse `Square` von der Klasse `Rectangle` abgeleitet und entsprechend angepasst. Beim Setzen der Höhe bzw. der Länge werden die Seitenlängen über die neue Methode `setSide` immer auf denselben Wert gesetzt:

```
public class Square extends Rectangle {
    @Override
    public void setHeight(int height) {
        setSide(height);
    }
    @Override
    public void setWidth(int height) {
        setSide(height);
    }
    public void setSide(int side) {
        this.width = side;
        this.height = side;
    }
}
```

Listing 2.66 Implementierung einer abgeleiteten Klasse

Das Ergebnis im Client ist nun allerdings etwas verwirrend:

```
Rectangle rectangle = new Rectangle();
rectangle.setWidth(10);
rectangle.setHeight(2);
System.out.println(rectangle.getArea()); //Ausgabe: 20

Rectangle square = new Square();
square.setWidth(10);
square.setHeight(2);
System.out.println(square.getArea()); //Ausgabe: 4
```

Listing 2.67 Verwirrendes Ergebnis, da das LSP nicht eingehalten wurde

Obwohl es sich um zwei Variablen vom Typ `Rectangle` handelt und diese gleich aufgerufen werden, unterscheidet sich in Listing 2.67 unerwarteterweise das Ergebnis. Ein Unit-Test, der die Funktionalität der Basisklasse testet, könnte nicht fehlerfrei mit einer Instanz der abgeleiteten Klasse ausgeführt werden. Das Ergebnis würde abweichen, und das Liskovsche Substitutionsprinzip wäre damit verletzt.

Muss man das Liskovsche Substitutionsprinzip immer einhalten?

Der strikte Einsatz des LSPs wird manchmal in der Praxis als problematisch betrachtet. Nicht immer kann sich eine abgeleitete Klasse genau gleich wie die Basisklasse verhalten.

Folgendes kurzes Beispiel in Java zeigt den Widerspruch:

```
System.out.println(rectangle.toString().equals(square.toString()));
```

Hier wird jeweils für beide Objekte die `toString`-Methode aufgerufen, die eine Textrepräsentation des Objekts liefert. Die Ausgabe des Vergleichs lautet `false`, da die beiden Objekte nicht identisch sind und das potenziell vorhandene polymorphe Verhalten gewünscht ist. Das LSP ist verletzt.

Trotz dieses Beispiels ist in den meisten Anwendungsfällen die Einhaltung des LSP dennoch sinnvoll. Für den Praxiseinsatz sollte definiert werden, in welchem Rahmen bzw. welchem Kontext das Prinzip für die Klassen gelten soll.

Das Liskovsche Substitutionsprinzip in der Architektur

Das Prinzip der fehlerfreien Substitution lässt sich nicht nur, wie von Barbara Liskov ursprünglich beschrieben, auf der Ebene des Codes einsetzen, sondern auch auf eine Softwarearchitektur erweitern.

Einige Open-Source-Projekte bieten beispielsweise schnittstellenkompatible Server-Implementierungen für bestimmte HTTP/Rest-Schnittstellen kommerzieller Produkte. Clients können sich daraufhin entscheiden, ob sie die Verbindung mit einer kommerziellen oder einer auf der Open-Source-Lösung basierenden Server-Instanz aufbauen möchten. Das Ziel ist es, die Migration zwischen den Produkten zu erleichtern und Anwendern die Möglichkeit eines Wechsels zu geben.

Der *MinIO*-Server, ein Open-Source-veröffentlichter *Object Store*, bietet beispielsweise eine Amazon-S3-kompatible Schnittstelle zum Verwalten von Dateien an. Er kann dadurch entweder als Ersatz für S3 oder zum lokalen Testen einer eigenen Implementierung verwendet werden.

Würden sich die Implementierungen unterschiedlich verhalten, müsste der Client-Code angepasst und eine entsprechende Codeweiche eingebaut werden. Auch hier würde das Liskovsche Substitutionsprinzip verletzt werden.

Vorsicht mit Codeweichen!

Ein Hinweis und *Code Smell*, der zeigt, ob das Liskovsche Substitutionsprinzip verletzt ist, sind im Code vorhandene Weichen, die zwischen unterschiedlichen Implementierungen unterscheiden und entsprechende Anpassungen vornehmen.

2.3.4 Das Interface-Segregation-Prinzip (ISP)

Ein Ziel einer guten Softwarearchitektur besteht – wie ich bereits mehrfach erwähnt habe – darin, Software wartbar und erweiterbar zu machen. Eine zu hohe Kopplung durch Abhängigkeiten zwischen den Komponenten der Software kann dies erschweren oder im schlimmsten Fall komplett verhindern.

Das *Interface-Segregation-Prinzip (ISP)* konzentriert sich aus diesem Grund auf die Definition von Schnittstellen in Bezug auf die Clients, die sie einsetzen, und minimiert die daraus resultierende Kopplung der Komponenten. Das Prinzip besagt, dass kein Code von anderem Code abhängen sollte, den er nicht benötigt:

> *»Clients should not be forced to depend upon interfaces that they do not use.« (Robert C. Martin)*

Eine umfangreiche Schnittstelle mit vielen definierten Methoden führt oftmals bei neuen konkreten Umsetzungen der Schnittstelle dazu, dass nicht alle Methoden implementiert werden oder dass auf der anderen Seite im Clientcode nicht alle Methoden verwendet werden. Dadurch entstehen unnötige Abhängigkeiten, die bei Erweiterungen mit gepflegt werden müssen.

Beispiel für das Interface-Segregation-Prinzip auf Codeebene

Ich möchte die abstrakte Beschreibung des Prinzips anhand eines Beispiels erläutern: Ein Druckerhersteller entwickelt für seine Produkte eine Software, mit der die Geräte verwaltet werden können. Da bisher nur Laserdrucker hergestellt wurden, wurde die Klasse `LaserPrinter` mit der entsprechenden Logik umgesetzt. Die Klasse enthält, wie in Abbildung 2.17 zu sehen ist, die drei Methoden `print`, `suppliesSummary` und `supportsColor`.

Mit der Methode `suppliesSummary` kann der Status der Verbrauchsmaterialien abgefragt werden, die Methode `supportsColor` liefert die Information, ob es sich um einen Farbdrucker handelt, und mit der Methode `print` kann ein Druck ausgelöst werden.

Da der Hersteller plant, weitere Produkte auf den Markt zu bringen, entschließen sich die Entwickler dazu, eine abstrakte Beschreibung für Drucker in Form eines Interfaces zu erstellen und die drei Methoden dort zu definieren. Die bisherige Klasse `LaserPrinter` implementiert nun das neue Interface `Printer`, was Sie ebenfalls in Abbildung 2.17 sehen.

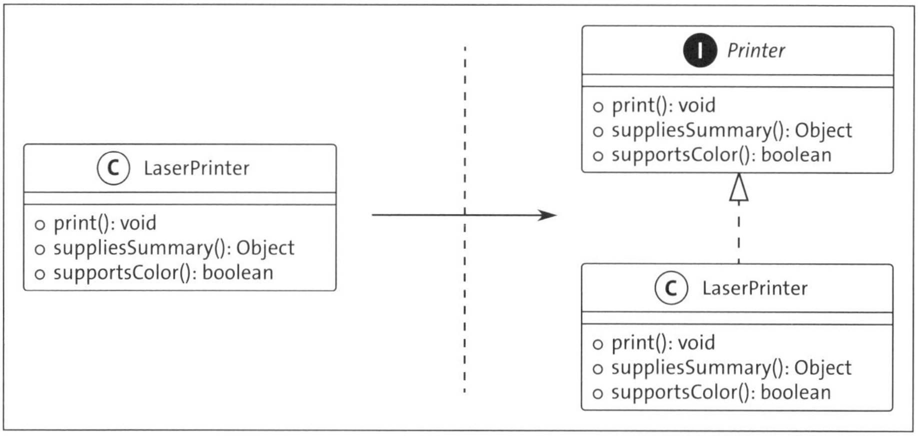

Abbildung 2.17 Herauslösen des Printer-Interfaces

Parallel zu den Druckern wird an der Herstellung reiner Kopierer gearbeitet, und in der Software für die Kopierer soll eine ähnliche Funktionalität angeboten werden wie bei den bestehenden Produkten. Aus diesem Grund wird, wie in Abbildung 2.18 gezeigt, eine neue Klasse `Copier` erstellt, die ebenfalls das Interface `Printer` implementiert. Somit können auch die neuen Kopierer von der bisherigen Client-Software, die das Interface `Printer` nutzt, polymorph verwendet werden.

Damit sämtliche Funktionalität der Klasse `Copier` in der Client-Software angeboten werden kann, wird das Interface `Printer` zusätzlich um die Methode `startCopy` erweitert, da die Klasse `Copier` eine entsprechende Methode besitzt.

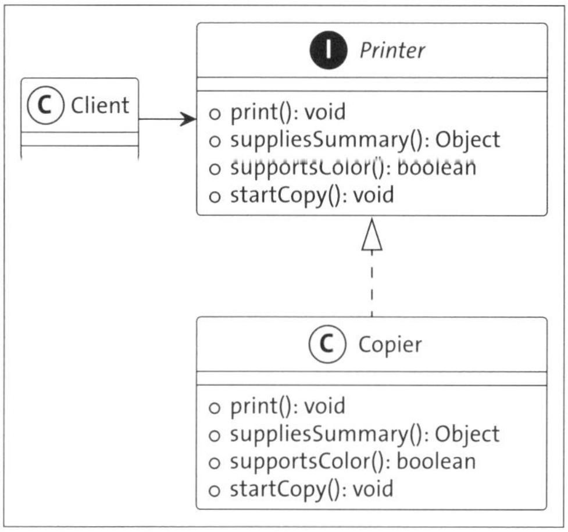

Abbildung 2.18 Die Klasse »Copier« (Kopierer), die das Interface »Printer« umsetzt (schlecht)

Da der `Copier` keine Druck-Funktionalität besitzt, wird die Methode `print` leer implementiert bzw. liefert, wie Sie in Listing 2.68 sehen, beim Aufruf direkt einen Fehler:

```
//Unnötige leere Implementierung wird aufgezwungen!
public class Copier implements Printer {
    @Override
    public void print() {
        throw new UnsupportedOperationException("Not supported yet.");
    }
    ...
}
```

Listing 2.68 Implementierung der »print«-Methode in der Klasse »Copier« (Java)

Auch die Klasse `LaserPrinter` muss entsprechend angepasst werden. Auch sie liefert eine Exception, wenn die nicht benötigte Methode `startCopy` aufgerufen wird:

```
//Unnötige leere Implementierung wird aufgezwungen!
public class LaserPrinter implements Printer {
    @Override
    public void startCopy() {
        throw new UnsupportedOperationException("Not supported yet.");
    }
    ...
}
```

Listing 2.69 Leere Implementierung der »startCopy«-Methode in »LaserPrinter« (Java)

Durch die Beispielimplementierung wird klar, dass das Interface `Printer` nicht für beide Klassen geeignet ist. Es musste jeweils eine leere Methode in die entsprechende konkrete Umsetzung eingefügt werden.

Schlimmer als die leeren Implementierungen in den Klassen ist die eingeführte Abhängigkeit zwischen den Klassen `LaserPrinter` und `Copier`. Ändert sich z. B. die Funktionalität des Kopierers und muss die Signatur der `startCopy`-Methode im Interface `Printer` angepasst werden, hat dies ebenfalls Auswirkungen auf die Klasse `LaserPrinter`, obwohl diese von der Anpassung eigentlich nicht betroffen ist.

Durch eine Auftrennung des Interfaces `Printer` in einzelne, spezielle und voneinander unabhängige Interfaces für Drucker und Kopierer kann dieses Problem gelöst werden.

Jeder Client erhält eine speziell an seine Anforderungen angepasste Schnittstelle. Gemeinsame Funktionalität, wie die Methoden `suppliesSummary` und `supprtsColor`, werden weiterhin in einem gemeinsamen Interface `PageDuplicator` definiert. Abbildung 2.19 zeigt ein entsprechendes Klassendiagramm.

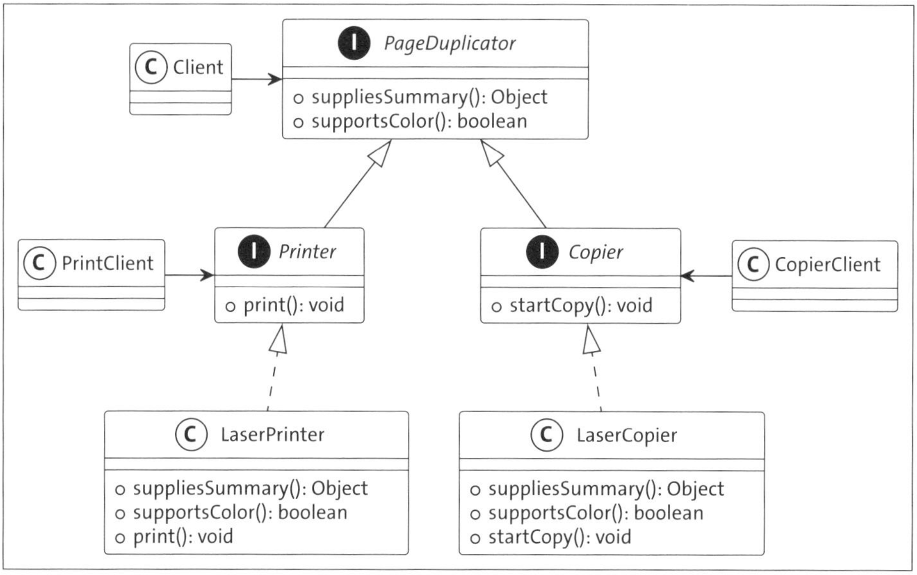

Abbildung 2.19 Auftrennung der Interfaces zur Umsetzung des ISP

Die Einführung der zusätzlichen Abstraktionsschicht in Form des Interfaces `PageDuplicator` ermöglicht es allgemeinen Client-Anwendung weiterhin, mit beiden Klassen über dieses Interface zu arbeiten und gemeinsames Verhalten klar abzugrenzen. Abhängigkeiten zwischen den beiden Interfaces `Printer` und `Copier` sind abgebaut, und eine potenzielle Änderung an der Funktionalität eines Interfaces hat keine Auswirkungen auf die Implementierungen des anderen Interfaces. Die enge Kopplung zwischen ihnen wurde aufgehoben.

Eine weitere positive Nebenwirkung der Änderung ist folgende: Falls der Druckerhersteller eines Tages neue Multifunktionsdrucker, die drucken und kopieren können, anbieten möchte, kann z. B. eine Klasse `MultifunctionPrinter` erstellt werden, die beide Interfaces implementiert (siehe Abbildung 2.20).

Durch eine Abstraktion von Schnittstellen lassen sich oftmals Kopplungen und Abhängigkeiten minimieren oder ganz auflösen. Rob Pike, einer der Initiatoren von Go, sagt beispielsweise zusätzlich, dass die Abstraktion einer Schnittstelle umso geringer ist, je mehr Methoden sie besitzt:

> *»The bigger the interface, the weaker the abstraction.« (Rob Pike)*

Abstraktionen und die Schaffung von clientbezogenen, schlanken Schnittstellen, wie sie das Interface-Segregation-Prinzip vorsieht, helfen dabei, Code wartbarer und erweiterbarer zu machen.

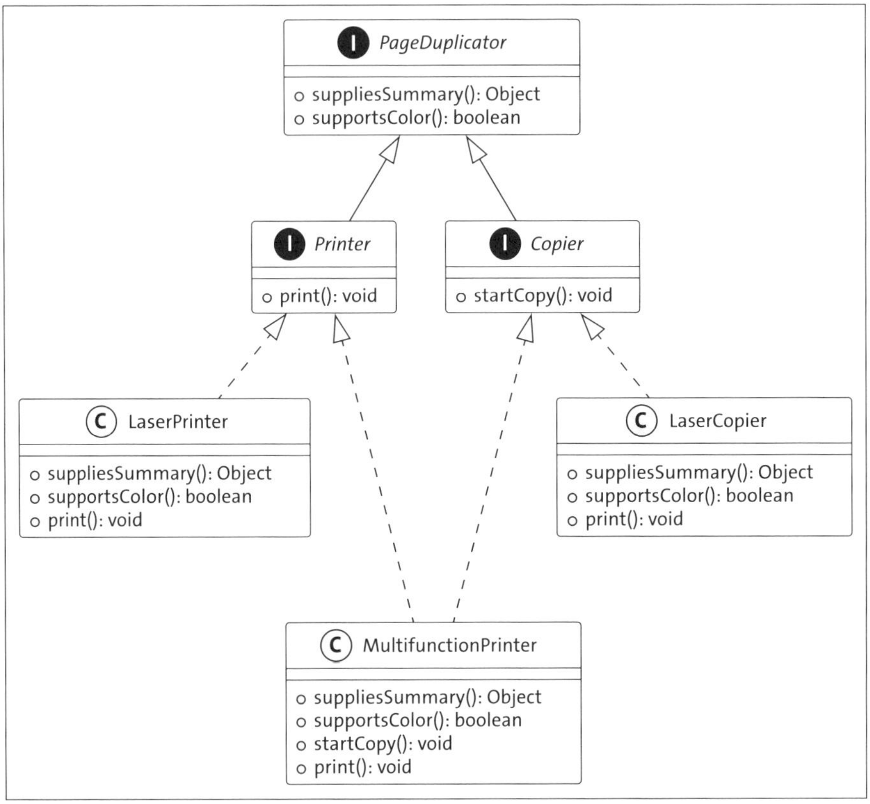

Abbildung 2.20 Multifunktionsdrucker implementieren zwei Interfaces.

Das Interface-Segregation-Prinzip auf Architekturebene

Die Schaffung und Nutzung von clientbezogenen, schlanken Schnittstellen kann ebenfalls auf Architekturebene hilfreich sein und zum Beispiel unnötige Abhängigkeiten reduzieren.

Wenn beispielsweise eine Bibliothek vor ihrer Nutzung immer über einen zwangsläufig benötigten Lademechanismus Konfigurationsdaten aus einer Datenbank lädt, aber eine aufrufende Anwendung keine Funktion verwendet, die eine entsprechende Konfiguration benötigt, ist auch hier das ISP verletzt:

```
Bibliothek bib = new Bibliothek(oracle); // Parameter muss angegeben werden!
                                         // Angabe von null nicht möglich.
                                         // Konfiguration wird geladen.
Result r = bib.addInteger(1,2); // Hier wird keine Konfiguration benötigt!
```

Listing 2.70 Eine Bibliothek verletzt das ISP wegen unnötiger Datenbank. (Java)

Die aufrufende Anwendung enthält dadurch eine Abhängigkeit von einer Datenbank, die gar nicht verwendet wird (siehe Listing 2.70).

Wie auf Codeebene wird die Anwendung schwerer wartbar und der unnötige Ballast bzw. die Abhängigkeiten können später Probleme oder zumindest Schwierigkeiten verursachen.

2.3.5 Das Dependency-Inversion-Prinzip (DIP) und die Inversion of Control

In Abschnitt 2.3.2, »Das Open-Closed-Prinzip (OCP)«, bin ich bei der Beschreibung von dessen Architektur bereits auf die Einteilung der Komponenten einer Software in *höhere und niedrigere Anwendungsschichten* eingegangen.

Der Hintergrund für diese Einteilung ist das sogenannte *Dependency-Inversion-Prinzip (DIP)*. Es hat zum Ziel, dass höhere Anwendungsschichten mit den in ihnen enthaltenen komplexen Logiken nicht von niedrigeren Anwendungsschichten mit Hilfsfunktionen und technischen Details abhängig sind. Die Absicht dahinter ist, wieder einmal, eine hohe Wiederverwendbarkeit und Wartbarkeit der Komponenten der höheren Anwendungsschichten zu gewährleisten.

Robert C. Martin definiert das Ziel einer Einführung des *Dependency-Inversion-Prinzips* wie folgt:

- Höhere Anwendungsschichten dürfen nicht von niedrigeren Schichten abhängig sein. Beide Schichten sollten ausschließlich von Abstraktionen abhängen.
- Abstraktionen sollten nicht von Details abhängig sein. Details sollten von Abstraktionen abhängen.

Für die Anwendungsentwicklung bedeutet das, dass alle Abhängigkeiten von einer zu einer anderen Schicht immer über Abstraktionen und niemals über konkrete Details definiert sein sollten. Ganz konkret: Abhängigkeiten zwischen Schichten sollten Sie immer über Interfaces implementieren und nicht über Klassen.

Der Grund besteht (wie ich schon beim Open-Closed-Prinzip erklärt habe) in dem durch die Abhängigkeiten potenziell entstehenden Zwang zu Änderung, der eingegrenzt werden soll. Änderungen an einer Komponente können Anpassungen an der referenzierenden Komponente nach sich ziehen. In der Regel unterliegen konkrete Implementierungen häufiger Änderungen als deren abstrakte Schnittstelle.

Gutes Software- und Schnittstellendesign zeichnet sich dementsprechend unter anderem dadurch aus, dass Sie Schnittstellen stabil halten und Änderungen möglichst nur in konkreten Umsetzungen dieser Interfaces durchführen bzw. nötig machen. Referenzieren Sie ausschließlich stabile Schnittstellen, schützt das vor Änderungen.

Mit folgenden Regeln kann ein solches Softwaredesign, bei dem Änderungen sich nicht auf weitere Komponenten ausbreiten, aufgebaut werden:

- Keine konkreten Klassen referenzieren, die sich häufig ändern.
- Keine Vererbungshierarchien auf Klassen aufbauen, die sich häufig ändern.
- Keine konkreten Implementierungen überschreiben.

Abhängigkeiten von stabilen Schnittstellen

In der Praxis wird es nicht möglich sein, sämtliche Abhängigkeiten von Komponenten mittels abstrakten Schnittstellen zu definieren. Verwendet man z. B. konkrete Klassen oder Typen aus der Standardbibliothek einer Programmiersprache, ist es nicht sinnvoll, diese hinter einer abstrakten Schnittstelle zu verbergen.

Ausschlaggebend für die Einführung einer abstrakten Schnittstelle ist die Änderungswahrscheinlichkeit bzw. die Frequenz, mit der Änderungen vorgenommen werden.

Standardbibliotheken der verschiedenen Programmiersprachen und die in ihnen enthaltenen Klassen oder Typen können Sie in der Regel als stabil betrachten und konkret verwenden. Sogenannte *Breaking-Changes*, also inkompatible Anpassungen der Schnittstellen dieser Bibliotheken, werden so gut wie möglich vermieden, da ansonsten alle bestehenden Programme in dieser Programmiersprache nach einer Aktualisierung auf die neue, angepasste Version modifiziert werden müssten. Das wollen sicherlich alle Programmiersprachen-Teams vermeiden!

Die Nutzung abstrakter Schnittstellen zwischen Komponenten führt zur namensgebenden Umkehrung der Abhängigkeitsrichtung (*Inversion of Control*) zwischen diesen und damit auch zu einem Schutz der referenzierenden Komponente vor Änderungen.

Folgendes Beispiel soll das DIP verdeutlichen: Abbildung 2.21 zeigt in einem Klassendiagramm einen Ausschnitt einer Anwendung, in der über ein User-Interface Daten aus einer Datenbank dargestellt werden. Der Ausschnitt enthält drei Klassen in drei unterschiedlichen Anwendungsschichten, deren Abhängigkeiten als Pfeile dargestellt sind.

Verfolgt man die Abhängigkeitspfeile der Anwendung, stellt man fest, dass im Beispiel die Anzeigekomponente von der Datenzugriffskomponente abhängt. Änderungen an konkreten Klassen in dieser Komponente könnten dementsprechend zu Anpassungen in der Darstellungsschicht führen. Das ist für Datenobjekte, die um neue, zur Darstellung gedachte Felder erweitert werden, eventuell noch sinnvoll, aber sicher nicht, wenn z. B. das Datenbankprodukt gewechselt wird und die entsprechenden Klassen angepasst werden müssen.

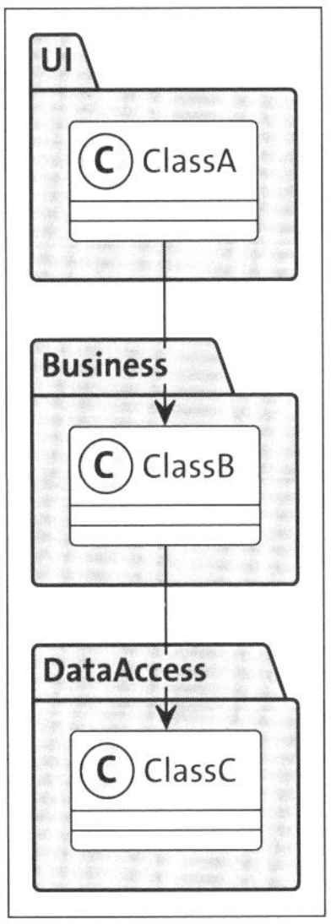

Abbildung 2.21 Abhängigkeiten zwischen Komponenten

Nach dem Dependency-Inversion-Prinzip sollten die Abhängigkeiten zwischen den Komponenten immer über Abstraktionen stattfinden. Im Beispiel führt das dementsprechend, wie in Abbildung 2.22 dargestellt, zur Einführung des Interfaces `InterfaceC`, das eine abstrakte Schnittstelle zur Ablage und zum Laden der Daten definiert.

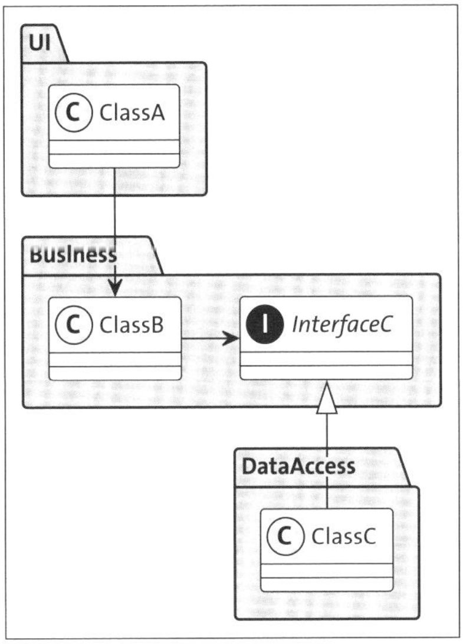

Abbildung 2.22 DIP bei Komponentenabhängigkeiten

Mit der Einführung der abstrakten Schnittstelle innerhalb der Business-Komponente hat sich die Abhängigkeitsrichtung gedreht. Der Abhängigkeitspfeil zeigt nicht mehr von der Business-Komponente zur DataAccess-Komponente bzw. von `ClassB` zu `ClassC`, sondern genau in die entgegengesetzte Richtung. Änderungen an der technischen Umsetzung von `ClassC` wirken sich nicht mehr auf die Darstellungskomponente aus.

Um es kurz zusammenzufassen: Bei Beachtung des Dependency-Inversion-Prinzips entstehen lose gekoppelte Anwendungen bzw. Komponenten, die einfacher und klarer aufgebaut sind. Diese Flexibilität führt insgesamt zu einer besseren Testbarkeit und Erweiterbarkeit der Komponenten. Während der Ausführung von Unit-Tests kann z. B. zusätzlich eine konkrete Implementierung durch eine Mock-Implementierung ersetzt werden.

2.4 Information Hiding

Das Prinzip *Information Hiding* ist ein Grundpfeiler für ein gutes Softwaredesign, und ich habe es bereits an einigen Stellen indirekt beschrieben, ohne es explizit zu nennen. Es bedeutet, dass Daten und Funktionen innerhalb einer Komponente möglichst nach außen verborgen werden und nur die wichtigen bzw. relevanten Informationen außerhalb der Komponente sichtbar sind.

Die Schlüsselprinzipen des *Information Hiding* sind *Kapselung* und *Abstraktion*. Beide sollen dafür sorgen, die Abhängigkeiten der Komponenten so zu minimieren, dass ein flexibleres, robusteres und besser wartbares Softwaredesign entsteht.

Je geringer die Abhängigkeiten zwischen den Komponenten sind, desto besser sind die Komponenten vor Änderungen an einer referenzierten Komponente geschützt, die von außen vorgenommen wurden. Insgesamt sind die Vorteile des Information Hiding:

- verringerte Abhängigkeiten zwischen Komponenten
- geringere Komplexität der Anwendung
- robustere Software
- bessere Wartbarkeit und Erweiterbarkeit
- bessere Wiederverwendbarkeit der Komponenten

Viele der Prinzipien, die ich in den vorigen Abschnitten vorgestellt habe, implementieren das *Information Hiding* bzw. unterstützen Sie bei dessen Umsetzung:

- **Kapselung** – Durch die Kapselung werden interne Details versteckt. Der Client erhält ausschließlich Zugriff eine exportierte Schnittstelle.

- **Abstraktion** – Über Abstraktion werden Interfaces geschaffen, die Details einer konkreten Implementierung verbergen.
- **klare Grenzen zwischen Komponenten** – Klare Grenzen zwischen Komponenten entstehen durch eine klare Definition der Schnittstelle und die Abschottung der Details bzw. der Informationen.
- **das Interface-Segregation-Prinzip** – Der Einsatz dieses Prinzips ermöglicht es, schlanke Schnittstellen für Clients zu definieren und somit Informationen zu verstecken und Abhängigkeiten zu minimieren.
- **das Dependency-Inversion-Prinzip** – Mit dem DIP wird die Richtung einer Abhängigkeit umgedreht, indem Abstraktionen verwendet werden. Die Abstraktion sorgt für eine Minimierung der Abhängigkeiten.

Das Prinzip des *Information Hiding* kann und sollte in vielen Ebenen der Softwareentwicklung eingesetzt werden, und Sie sollten immer – unabhängig von der aktuellen Abstraktionsebene – darauf achten, möglichst wenige Informationen zu exportieren. Achten Sie immer auf die übergebenen Parameter bzw. Rückgabewerte einer Schnittstelle! Sie bestimmen die übergebene Informationsmenge und beeinflussen damit direkt das Information Hiding.

Anwenden können Sie das Prinzip unter anderem bei der Definition von:

- Klassen
- Interfaces
- Packages
- Modulen
- Bibliotheken
- Anwendungen
- externen Schnittstellen (z. B. der REST-Schnittstelle)
- ...

> *»Weniger ist mehr, aber nicht weniger als nötig.« (Weisheit des Information Hiding)*

2.5 Inversion of Control und Dependency Injection

Jedes Programm besitzt einen Programmablauf bzw. *Kontrollfluss* (engl. *Flow of Control*), der die Reihenfolge der auszuführenden Befehle definiert. Eine Komponente ruft beispielsweise eine wiederverwendbare Bibliothek auf, um allgemeine Aufgaben zu erledigen. In diesem Fall liegt die Kontrolle über den Programmablauf in der Komponente selbst, da sie den Code für den Aufruf enthält.

Mit dem *Inversion of Control-(IoC-)*Prinzip hingegen wird der Kontrollfluss einer Komponente nicht mehr in ihr selbst definiert, sondern von einer externen Komponente bzw. einem Framework.

Gerne wird dieser Ansatz humoristisch mit der Filmindustrie in Hollywood verglichen: Nicht die Schauspieler rufen die ganze Zeit bei der Produktionsfirma an und erkundigen sich nach dem Stand der Ausschreibung, sondern sie geben die Verantwortung an einen Agenten ab, der die Vermittlung für sie übernimmt und sie anruft, wenn es etwas Neues gibt.

> *»Don't call us, we'll call you« (das Hollywood-Prinzip)*

Das IoC-Prinzip ermöglicht in der Softwareentwicklung zum einen die Implementierung generischen Codes innerhalb von Bibliotheken bzw. Frameworks, der flexibel an verschiedene Anforderungen angepasst werden kann. Zum anderen werden Abhängigkeiten innerhalb der aufgerufenen Komponente minimiert.

In vielen Bibliotheken und Frameworks (z. B. im Spring Framework in Java) kommen IoC für das Abhängigkeitsmanagement und das damit verbundene *Dependency-Injection-(DI-)*Prinzip zum Einsatz. Abhängigkeiten werden hierbei nicht mehr von der Komponente selbst aufgelöst, sondern von einem sogenannten *Container* bzw. einer *Laufzeitumgebung*, der bzw. die die Abhängigkeit per Methodenaufruf von außen an bzw. für die Komponente setzt.

Wird z. B. in einer Komponente eine Datenbankverbindung benötigt, muss die Komponente nicht selbst eine Verbindung aufbauen, sondern definiert eine Schnittstelle, über die sie eine Verbindung übergeben bekommen kann. Listing 2.71 zeigt ein Beispiel ohne *Dependency Injection*:

```
public class ShipService {
    public void storeShip(Ship ship) throws NamingException, SQLException {
        Context context = new InitialContext();
        DataSource dataSource =
            (DataSource)context.lookup("database_connection");

        Connection connection = dataSource.getConnection();
        //...
    }
}
```

Listing 2.71 »ShipService« ohne Dependency Injection (Java)

Durch den Einsatz der *Dependency Injection* ändert sich das Beispiel so, wie in Listing 2.72 gezeigt. Die Abhängigkeit einer `DataSource`-Instanz wird nicht mehr innerhalb der Komponente mittels *JNDI* (dem *Java Naming and Directory Interface*) aufgelöst, sondern von einer externen Komponente (dem Container) übernommen. Dieser nutzt die Methode setDataSource, um eine entsprechende DataSource-Implementierung von außen zu setzen:

```
public class ShipService {
    private DataSource dataSource;
    public void setDataSource(DataSource dataSource) {
        this.dataSource = dataSource;
    }
    public void storeShip(Ship ship) {
        Connection connection = dataSource.getConnection();
        //...
    }
}
```

Listing 2.72 »ShipService« mit DataSource-Abhängigkeit als DI (Java)

Die resultierende Komponente enthält durch die Anpassung weniger Abhängigkeiten und wird wartbarer und besser testbar. Die Variante ohne DI war im Gegensatz zu der angepassten Version z. B. auf eine vorhandene JNDI-Umgebung angewiesen. Wie und woher der Container in der angepassten Variante die Referenz zur DataSource bezieht, spielt im Code der Komponente keine Rolle.

Zusammenfassend lässt sich sagen, dass mit den Prinzipien *Inversion of Control* und *Dependency Inversion* sauberere, modularere und flexiblere Software erstellt werden kann und dass die meisten Frameworks diesen Ansatz forcieren.

2.6 Separation of Concerns und Aspektorientierung

Das Designprinzip *Separation of Concerns* (SoC) ist ein weiteres grundlegendes Entwurfsprinzip, bei dem Software in verschiedene Teilbereiche untergliedert wird, die jeweils eine spezifische Aufgabe erledigen. Anwendungen sollen nicht als komplexer, undurchsichtiger Block entwickelt werden, sondern in kleineren, wartbareren Blöcken. Das Prinzip bildet unter anderem die Basis für die beiden bereits vorgestellten SOLID-Prinzipien *Interface-Segregation-Prinzip* und *Single-Responsibility-Prinzip*.

Eine Trennung der Anliegen, die das Prinzip beschreibt, findet man in verschiedenen Bereichen und Ebenen von Software. In der Webentwicklung wird beispielsweise der textuelle Inhalt einer Seite innerhalb einer HTML-Datei abgelegt, während das Aussehen über CSS in separaten Dateien erstellt wird und das dynamische Verhalten ebenfalls separat in JavaScript-Dateien.

Die Vorteile einer Aufteilung in kleinere Blöcke liegen – wie bei den entsprechenden SOLID-Prinzipien beschrieben – auf der Hand:

- bessere Lesbarkeit
- bessere Wartbarkeit
- erhöhte Wiederverwendbarkeit

Eine starre und unreflektierte Auftrennung der Anwendung in verschiedene funktionale Blöcke ist in der Softwareentwicklung allerdings problematisch, da sich Themen oder Anforderungen oftmals über mehrere Anwendungsteile bzw. Blöcke hinweg erstrecken und es mit der Auftrennung zu Codeduplizierungen kommt (wie in Abbildung 2.23 innerhalb der Komponenten A, B und C). Kent Beck prägte im Jahr 1997 für solche übergreifenden Themen bzw. Anforderungen den Begriff *Cross Cutting Concerns*. Hierzu zählen beispielsweise:

- **Sicherheit** – In so gut wie allen Anwendungen müssen Authentifizierung, Autorisierung und Verschlüsselung berücksichtigt werden.
- **Logging** – Jede relevante Funktion sollte Informationen protokollieren.
- **Transaktionen** – Geschäftslogik, die sich über mehrere Aufrufe erstreckt und mehrere Datenbankoperationen beinhaltet, muss meist zuverlässig als Einheit behandelt werden.

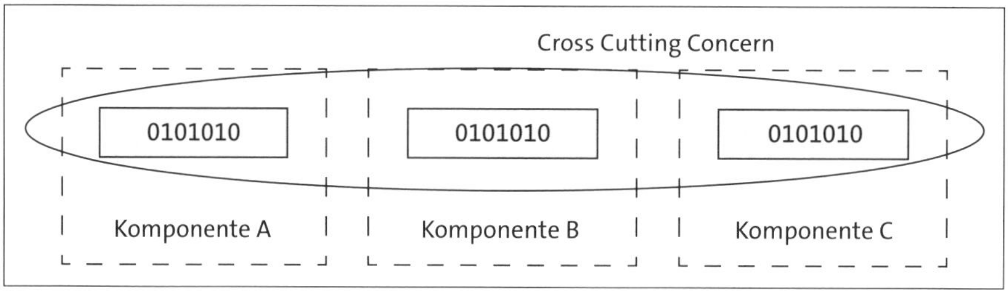

Abbildung 2.23 Cross Cutting Concern

2.6.1 Aspektorientierte Programmierung

Ein Lösungsansatz, um diese Codeduplizierungen der *Cross Cutting Concerns* und die damit verbundenen Probleme der Lesbarkeit und Wartung anzugehen, ist die *aspektorientierte Programmierung* (AOP). Bei ihr wird generische Funktionalität aus den einzeln aufgeteilten Blöcken in unabhängigen Komponenten zusammengefasst und über eine Konfiguration an angegebenen Stellen zur Ausführung gebracht.

Gregor Kiczales und seine Kollegen bei Xeroc PARC haben ihre Ideen zur aspektorientierten Programmierung 1997 auf der »European Conference on Object-Oriented Programming« vorgestellt und daraufhin mit *AspectJ* eine konkrete Implementierung ihrer Ideen vorgestellt. In der Java-Welt hat sich das AOP-Framework mittlerweile als De-facto-Standard etabliert.

AOP im Java-Enterprise-Umfeld

Die aspektorientierte Programmierung ist mittlerweile ein fester und grundlegender Teil der Java-Enterprise-Entwicklung geworden. AOP-Funktionalitäten finden sich sowohl in *JavaEE* als auch z. B. im verbreiteten *Spring Framework*. In beiden Fällen wird gemeinsam genutzte Funktionalität in zentrale Komponenten ausgelagert und muss nicht immer neu implementiert werden. Dieser Ansatz macht die beiden Umgebungen sehr mächtig.

In jedem AOP-Framework wird ein sogenanntes *Join Point Model* definiert, das eine dynamische Definition von Querschnittsbelangen durch präzise Bestimmung ihrer Einbindungspunkte im Programmcode ermöglicht. AspectJ verwendet hierzu folgende Begriffe:

- **Join point** – Ein *Join point* ist ein Ausführungspunkt, an dem die ausgelagerte Funktionalität eingebracht werden kann. Das ist beispielsweise ein Methodenaufruf, eine Objektinitialisierung oder ein Feldzugriff.
- **Pointcut** – Ein *Pointcut* markiert einen bestimmten Joint point in der Anwendung. Er stellt z. B. einen Aufruf einer spezifischen Methode einer konkreten Klasse dar.
- **Advice** – Ein *Advice* enthält die eigentliche ausgelagerte Funktionalität sowie die Zuordnung zu einem speziellen Pointcut.
- **Weaving** – Advices werden in den bestehenden Code über das sogenannte *Weben* bzw. *Weaving* eingebracht. Dies kann bei AspectJ entweder zum Compile-Zeitpunkt mit dem sogenannten *Compile-Time-Weaving* oder erst später zur Laufzeit mittels *Load-Time-Weaving* erfolgen.

Die Nutzung von AspectJ kann auf verschiedene Arten erfolgen. Die wahrscheinlich gängigste Variante für die Definition eines *Join Point Model* für die eigene Software besteht in der Angabe von Annotations im Quellcode.

Listing 2.73 zeigt ein Beispiel für einen mit Annotations versehenen Advice: Mit der `@Pointcut`-Annotation der Methode `updatePositionPointcut` wird ein Pointcut für alle Aufrufe der Methode `updatePosition` der Klasse `com.example.Ship` definiert. Dieser Pointcut kann in der Folge über seinen Methodennamen `updatePositionPointcut` referenziert werden.

Advice-Arten in AspectJ

In AspectJ kann man über drei verschiedene Arten den Ausführungszeitpunkt eines Advice angeben. Für jeden Join point besteht die Möglichkeit, die eingewobene Funktionalität entweder davor, danach oder umschließend aufzunehmen. Bei der umschließenden Variante kann im Code, wie in Listing 2.73 zu sehen ist, mit dem Aufruf der Methode `proceed` entschieden werden, wann der umschlossene Code aufgerufen werden soll.

Folgende Advice-Arten bzw. zugehörige Annotations können Sie nutzen:

- `@Before` – vor dem aufgerufenen Join point
- `@Around` – um den aufgerufenen Join point
- `@After` – nach dem aufgerufenen Join point

Der Advice, also das Zusammenbringen von Pointcut und Funktionalität, wird im Beispiel mit der Methode `around` definiert. Sie besitzt die Annotation `@Around` mit der Angabe des entsprechenden Pointcuts `updatePositionPointcut` und enthält die einzuwebende Funktionalität:

```
@Aspect
public class ShipAdvice {

    @Pointcut("call(void com.example.Ship.updatePosition(*))")
    public void updatePositionPointcut() {
    }

    @Around("updatePositionPointcut()")
    public Object around(ProceedingJoinPoint pjp) throws Throwable {
        System.out.println("Calling " + pjp.getSignature().getName());
        Object methodResult = pjp.proceed();
        System.out.println("After " + pjp.getSignature().getName());    }
}
```

Listing 2.73 AspectJ-Advice für die »Ship«-Klasse (Java)

Wird an einem Objekt der Klasse `com.example.Ship` die Methode `updatePosition` aufgerufen, wird die eingewebte Funktionalität entsprechend aufgerufen:

```
public class Ship {
    ...
    public void updatePosition(Position position) {
        System.out.println("Updating position: " + position);
        this.position = position;
    }
...
```

Listing 2.74 Ausschnitt aus der Klasse »Ship« und »updatePosition« (Java)

```
public static void main(String[] args) {
    System.out.println("Starting");
    Position pos = new Position();
```

```
    Ship ship = new Ship("Titanic", pos);
    ship.updatePosition(pos);
}
```

Listing 2.75 Beispielanwendung mit AspectJ (Java)

Das Beispiel in Listing 2.75 gibt dementsprechend folgende Zeilen aus:

```
Starting
Calling updatePosition
Updating position: com.example.Position@5d41d522
After updatePosition
```

Listing 2.76 Ausgabe der Beispielanwendung

2.7 Mit Unit-Tests die Qualität sicherstellen

Software muss – unabhängig vom Softwaredesign oder der eingesetzten Programmierprinzipien – korrekt arbeiten und die definierten Anforderungen z. B. in Bezug auf Funktionalität, Leistungsfähigkeit oder Sicherheit umsetzen. Um das sicherzustellen, muss Software getestet werden.

Das geschieht mithilfe von Testfällen, in denen ein erwartetes Verhalten für zuvor definierte Parameter festgehalten wird. Eine erfolgreiche Überprüfung des erwarteten Verhaltens führt zu einem Testerfolg. Liefert die Software ein abweichendes Ergebnis bzw. verhält sie sich abweichend, ist der Test fehlgeschlagen.

Für jede moderne Programmiersprache steht mittlerweile mindestens eine Bibliothek oder ein Framework zum Erstellen von Tests zur Verfügung, und eine Ausführung ist in den meisten Entwicklungsumgebungen direkt möglich. Für Python können Sie beispielsweise das Framework *unittest*, für Java *JUnit* und für Go das im Standardumfang enthaltene Testframework verwenden. Neben den funktionalen Anforderungen können oftmals in den Umgebungen auch weitere Anforderungen getestet werden, z. B. Anforderungen an die Leistungsfähigkeit mithilfe von Benchmarks.

Die Definition von Testfällen ähnelt sich in allen Varianten. Listing 2.77 zeigt einen Python-Test, der zwei Testfälle definiert, in denen String-Methoden überprüft werden. Der erste Testfall nutzt die `assertEquals`-Methode, um Werte auf Gleichheit zu überprüfen. Beim ersten an die Methode übergebenen Wert handelt es sich um den tatsächlichen, berechneten Wert; der zweite Wert stellt das erwartete Ergebnis dar. Weichen die beiden Parameter voneinander ab, ist der Test fehlerhaft.

Der zweite Testfall arbeitet analog, allerdings mit `assertTrue` bzw. `assertFalse`, bei denen tatsächliche Werte auf einen booleschen Wert überprüft werden.

```
import unittest

class TestStringMethods(unittest.TestCase):

    def test_upper(self):
        self.assertEqual('foo'.upper(), 'FOO')

    def test_isupper(self):
        self.assertTrue('FOO'.isupper())
        self.assertFalse('Foo'.isupper())

if __name__ == '__main__':
    unittest.main()
```

Listing 2.77 Unit-Test mit »unittest« für Python

Ändern sich die Implementierung der getesteten Methoden `isupper` oder `upper`, kann durch eine erneute Ausführung der Tests geprüft werden, ob die Testfälle weiterhin erfüllt werden und die Software weiterhin fehlerfrei funktioniert.

Eine Durchführung der Tests kann entweder durch manuelle Schritte oder automatisiert erfolgen, z. B. als Teil einer Build-Pipeline. Die zweite Variante einer automatisierten Ausführung ist in der aktuellen Softwareentwicklung verbreitet und kann als Standard angesehen werden.

Mit einer automatisierten und regelmäßigen Ausführung der Tests wird kontinuierlich sichergestellt, dass alle Anforderungen an die Software auch nach vorgenommenen Änderungen noch erfüllt werden. Das Ziel dieser sogenannten *Regressionstests* ist es, nicht bekannte und problematische Zusammenhänge zwischen Komponenten aufzudecken und sicherzustellen, dass auch nicht direkt von den Änderungen betroffene Komponenten weiterhin fehlerfrei arbeiten.

Oftmals werden Tests nach ihren Abhängigkeiten bzw. ihrer Isolation unterschieden. Betreffen Tests beispielsweise nur eine einzelne Einheit bzw. Komponente, spricht man von *Unit-Tests* oder *Komponententests*. Werden in einem Test mehrere Einheiten bzw. Komponenten zusammen getestet, spricht man beispielsweise von *Integrationstests*. Der Übergang zwischen den Begriffen ist meist fließend, und oft werden Sie zusätzliche Begriffe wie *Service-Tests* oder *UI-Tests* lesen. Wichtig ist, unabhängig von der Begrifflichkeit, bei der Erstellung eines Testfalls eine klare Grenze zwischen den Tests zu definieren und auch hier z. B. das *Single-Responsibility-Prinzip* für Tests anzuwenden.

Mike Cohn, einer der Mitbegründer der *Agile Alliance* und der *Scrum Alliance*, hat mit der sogenannten *Testpyramide* ein Konzept entwickelt, das Tests nach ihrer Ausführungsgeschwindigkeit und den durch sie verursachten Kosten hierarchisch in eine

Pyramide einordnet. Das Konzept besagt, dass Unit-Tests die breite Basis eines Testkonzepts darstellen sollen, da mit ihnen Software schnell und isoliert von anderen Komponenten getestet werden kann und sie somit eine rasche Rückmeldung zum Zustand der Software liefern. Tests mit einer höheren Integration zu anderen Komponenten werden langsamer ausgeführt und sollen demnach auch nicht so häufig durchgeführt werden, da sie kostspieliger sind. Abbildung 2.24 zeigt die Pyramide mit ihrer entsprechenden Einteilung.

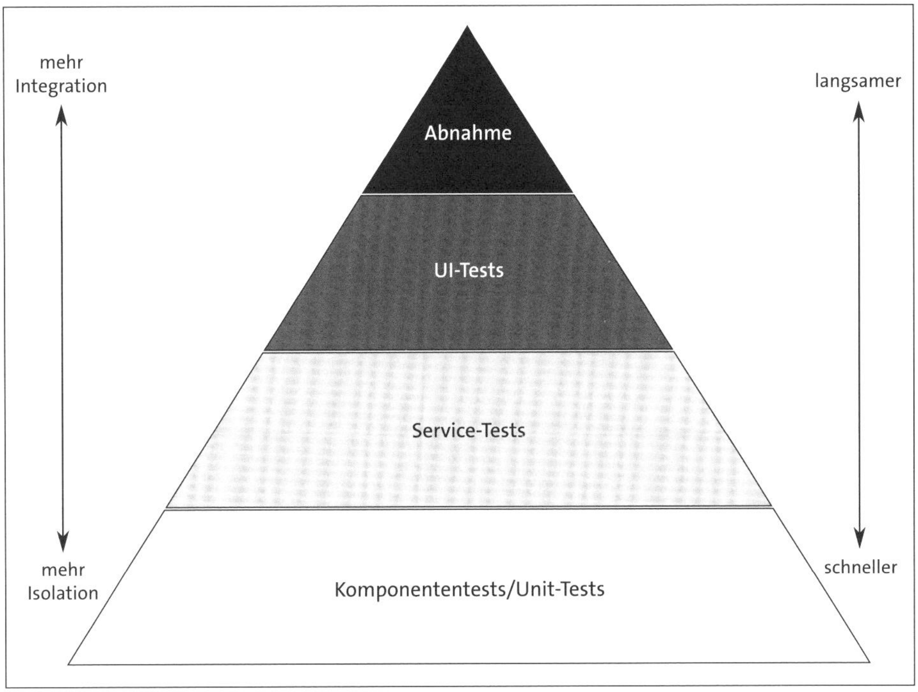

Abbildung 2.24 Testpyramide

Für effektives Testen müssen Softwarekomponenten dementsprechend so gestaltet sein, dass sie möglichst einzeln und isoliert getestet werden können. Dies erfordert ein Softwaredesign, das Komponenten modularisiert und ihre Abhängigkeiten klar definiert. Hierbei spielen die SOLID-Prinzipien und ihr Einsatz eine wichtige Rolle, da sie ein solches Design unterstützen. Gut aufgebaute Komponenten lassen sich deutlich einfacher testen als unstrukturierte und mit vielen Abhängigkeiten versehene Komponenten.

Insbesondere mit dem Konzept der *Dependency Injection* in Komponenten lässt sich der Testprozess vereinfachen, da die benötigten Abhängigkeiten zum Testzeitpunkt durch alternative Implementierungen ersetzt werden können. Auf diese Weise können spezifische Szenarien abgebildet und unerwünschte Nebenwirkungen ausgeschlossen werden.

Sogenannte *Mock-Frameworks*, die für die verschiedenen Programmiersprachen verfügbar sind, bieten die Möglichkeit, zum Testzeitpunkt Stellvertreter- bzw. *Mock-Objekte* für bestehende Interfaces oder Klassen zu erzeugen. Sie besitzen dieselbe Schnittstelle, können analog verwendet werden und bieten den Vorteil, dass ihr Verhalten während des Tests bzw. vor dem Test für den jeweiligen Testfall konfiguriert werden kann.

Listing 2.78 und Abbildung 2.25 zeigen die Klasse `ShipService`, deren Methode `getShipWithActualPosition` im Folgenden getestet wird. Der Service besitzt eine Abhängigkeit zum Interface `ShipTracker`, das zum Bestimmen der Position eines Schiffs die Methode `getPositionForShipName` anbietet. Getestet werden soll, ob während des Aufrufs der `ShipService`-Methode `getShipWithActualPosition` eine Implementierung des `ShipTracker`-Interfaces mit den richtigen Parametern aufgerufen wird und ob am Ende des Methodenaufrufs ein korrektes `Ship`-Objekt zurückgegeben wird.

Das Beispiel ist in Java mit *JUnit* implementiert und verwendet das *EasyMock*-Framework für die Generierung des Mock-Objekts.

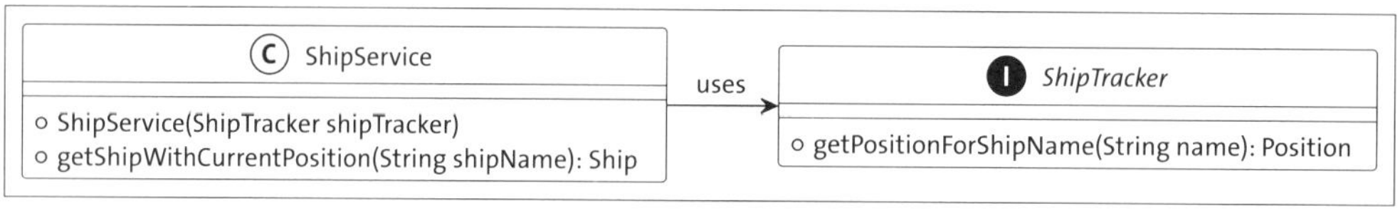

Abbildung 2.25 Aufbau der Klasse »ShipService«

```
public class ShipService {

    private ShipTracker shipTracker;

    public ShipService(ShipTracker tracker) {
        this.shipTracker = tracker;
    }

    public Ship getShipWithCurrentPosition(String shipName) {

        Position shipPosition =
            this.shipTracker.getPositionForShipName(shipName);
        return new Ship(shipName, shipPosition);

    }

}
```

Listing 2.78 Beispiel, das mit EasyMock getestet werden soll (Java)

Das Interface ShipTracker enthält nur eine Methode, die Sie in Listing 2.79 sehen:

```
public interface ShipTracker {
    public Position getPositionForShipName(String name);
}
```

Listing 2.79 Das »ShipTracker«-Interface (Java)

Innerhalb der Testmethode testGetShipWithCurrentPosition in Listing 2.80 wird keine »echte« ShipTracker-Implementierung verwendet, sondern ein von EasyMock erzeugtes *Mock-Objekt*. Erzeugt wird die Instanz über die JUnit-5-Extension von EasyMock und die Annotation @Mock, die für die Attributdefinition angegeben wird.

Vor jeder Testdurchführung wird durch die Methode setUp eine neue ShipService-Instanz erzeugt, die per Dependency Injection eine Referenz zum ShipTracker-Mock-Objekt übergeben bekommt.

Zu Beginn des eigentlichen Tests wird das Mock-Objekt so konfiguriert, dass er beim Aufruf der Methode getPositionForShipName ein Position-Objekt zurückgeliefert:

```
expect(shipTrackerMock.getPositionForShipName(shipName))
    .andReturn(new Position());
```

Am Ende des Tests wird mit der Methode assertEquals überprüft, ob das erzeugte Ship-Objekt den passenden Namen besitzt und ob die Methoden des Mock-Objekts tatsächlich aufgerufen wurden. Das übernimmt die verify-Methode aus der EasyMock-Bibliothek.

```
@ExtendWith(EasyMockExtension.class)
public class ShipServiceTest {

    ShipService shipService;

    @Mock
    ShipTracker shipTrackerMock;

    @BeforeEach
    public void setUp() {
        shipService = new ShipService(this.shipTrackerMock);
    }

    @Test
    public void testGetShipWithCurrentPosition() {

        //given
        String shipName = "Titanic";
```

```
        expect(shipTrackerMock.getPositionForShipName(shipName))
              .andReturn(new Position());
        replay(shipTrackerMock);

        //when
        Ship titanic = this.shipService.getShipWithCurrentPosition(shipName);

        //then
        assertEquals(shipName, titanic.getName());

        verify(shipTrackerMock);
    }

}
```

Listing 2.80 Unit-Test für »ShipService« mit EasyMock (Java)

Unit-Tests sind ein wichtiger Bestandteil einer professionellen Softwareentwicklung. Sie helfen, Fehler frühzeitig zu erkennen und die Qualität der Software zu verbessern, und legen potenzielle Seiteneffekte offen, die ohne die Tests eventuell erst auf Produktionssystemen auftreten würden.

Kapitel 3
Sourcecode und Dokumentation der Softwareentwicklung

Software muss dokumentiert werden. Gute Dokumentation besteht nicht nur aus detaillierten Informationen über den Quellcode, sondern deckt auch die Architektur eines Softwaresystems ab. Sie ermöglicht es Entwicklern, Software effizient zu verstehen, anzupassen oder zu warten, und trägt damit zum Erfolg, zur Nachvollziehbarkeit und zum Qualitätsmanagement eines Systems bei.
Dieses Kapitel erläutert, wie Sie eine umfassende und qualitativ hochwertige Dokumentation für Ihre Software erstellen können.

Eine Dokumentation trägt oftmals entscheidend zum Erfolg eines Projekts bei. Jede Zielgruppe hat jedoch unterschiedliche Interessen an der Softwaredokumentation. Benutzer und Kunden benötigen beispielsweise eine Anwenderdokumentation, in der beschrieben wird, wie man die fertige Software einsetzen kann. Entwickler, Projektleiter oder auch das Qualitätsmanagement sind eher an technischen Details, Informationen zum Aufbau der Software oder auch an grundlegenden Entscheidungen interessiert, die während der Entwicklung getroffen wurden.

Das Ziel beim Erstellen einer Softwaredokumentation ist es, einen klaren Einblick in die Struktur, Funktionalität und Implementierung der Software zu liefern und damit ein besseres Verständnis bei allen Teammitgliedern zu schaffen. Durch detaillierte, sinnvolle Informationen kann der Code effizienter verstanden, erweitert und gewartet werden.

Viele Projekte werden nicht mit einem konstanten Projektteam erstellt, erweitert und gepflegt: Entwickler verlassen das Projekt und neue Entwickler stoßen zum Projektteam hinzu. Deshalb ist die Dokumentation ein unverzichtbarer Bestandteil des Entwicklungsprozesses, um den Erfolg einer Software langfristig sicherzustellen und ein einheitliches Verständnis von der Lösung zu schaffen.

Dieses Kapitel zeigt, wie Software im Entwicklungsprozess für die technisch interessierten Zielgruppen dokumentiert werden kann.

3.1 Kommentare im Sourcecode

Kommentare im Sourcecode können enorm hilfreich sein, um schwer verständlichen Code für andere oder nach einer gewissen Zeit für sich selbst verständlicher zu machen. Sie können z. B. weitere, zusätzliche Detailinformationen liefern, die eine Erweiterung oder Anpassung der entsprechenden Codestelle erst sinnvoll möglich machen. Schlechte bzw. auch veraltete Kommentare im Code bewirken oftmals genau das Gegenteil und führen zu Verwirrung oder falschen Annahmen.

Aus diesem Grund sollte ein Ziel in der Softwareentwicklung darin bestehen, ausdrucksstarken, lesbaren und für sich sprechenden Code zu schreiben, den ein Entwickler auch ohne separate, explizite Kommentare innerhalb des Sourcecodes verstehen kann. Robert C. Martin, der Autor des »Clean Code«-Buchs, bezeichnet bestimmte Kommentare sogar als Fehler, da mit ihnen offenbart wird, dass der Entwickler sich nicht über den Sourcecode allein ausdrücken und verständlichen Code produzieren konnte. Jedoch stellt er auch klar, dass in manchen Fällen Kommentare notwendig sind, aber man nicht stolz auf sie sein sollte.

Nach seiner Meinung sollte jeder Kommentar daraufhin überprüft werden, ob der kommentierte Code nicht übersichtlicher geschrieben werden kann – und der Kommentar somit überflüssig wird.

Schlechter Code kann nicht durch einen Kommentar verbessert werden. Oftmals findet man an besonders unübersichtlichen Codestellen Kommentare dazu, was in diesem Abschnitt gemacht bzw. bezweckt wird. Haben Sie bei der Entwicklung das Gefühl, dass eine Codestelle dokumentiert werden sollte, damit sie verständlicher wird, sollten Sie besser überlegen, wie Sie diesen Block umschreiben könnten, damit kein zusätzlicher Kommentar mehr benötigt wird.

Weniger Kommentare im Code zu schreiben, hat außerdem einen großen Vorteil: Es reduziert den Aufwand bei der Wartung der Software. Kommentare müssen in jeden Fall – wie der Quellcode selbst – gepflegt und wohlüberlegt sein. Sind weniger Kommentare für ein Verständnis des Codes nötig, ist auch Pflegeaufwand für sie geringer. In Projekten, die mehrere Überarbeitungen erfahren haben, sind Kommentare oft veraltet, falsch oder auch durch Codeverschiebungen an falscher Stelle zu finden. Auf Kommentare ist demnach leider nicht uneingeschränkt Verlass.

Es ist eine große Herausforderung, die Kommentare mit dem aktuellen Code synchron zu halten, und Entwickler können diesen Aufwand oftmals nicht leisten bzw. übersehen oder ignorieren ihn.

Mit Code, der sich selbst dokumentiert und sich von selbst erklärt, kann das Problem abgemildert werden. Kommentare treten dann in den Hintergrund, da sie nicht mehr benötigt werden, und Überarbeitungen des Codes führen nicht direkt zu veralteten Kommentaren. Wird Code z. B. an eine andere Stelle verschoben, muss der passende Kommentar nicht mit verschoben werden.

> *»Truth can only be found in one place: the code.« (Robert C. Martin alias Uncle Bob)*

Auch wenn bis eben der Eindruck entstehen könnte, dürfen Sie nicht alle Kommentare oder sämtliche Dokumentationen als Fehler, schlecht oder überflüssig betrachten. Es gibt Situationen, in denen Kommentare nützlich oder wegen verschiedener Rahmenbedingungen (z. B. Lizenzbestimmungen) unbedingt erforderlich sind. Öffentliche Schnittstellen, wie APIs von Bibliotheken, müssen bzw. sollten immer dokumentiert werden, damit andere Entwickler diese einsetzen können.

In den folgenden Abschnitten gehe ich darauf ein, wie Sie Kommentare im Sourcecode erstellen können und wie Sie den Umfang dieser Kommentare durch ausdrucksstärkeren Code minimieren oder eventuell komplett vermeiden können. Ich zeige dazu Beispiele, in denen Kommentare sinnvoll oder auch überflüssig sind.

Format der Kommentare im Sourcecode

Sourcecode-Kommentare werden in den meisten Programmiersprachen entweder über doppelte Schrägstriche (//) oder durch die Kombination aus Schrägstrich und Stern (/*) eingeleitet. Letzteres dient dabei zur Definition von Kommentarblöcken, die mit einem */ wieder geschlossen werden müssen. Die doppelten Schrägstriche werden hingegen für einzeilige Kommentare verwendet.

3.1.1 Schnittstellen mithilfe von Kommentaren dokumentieren

In den meisten Sprachen können Sie mit einer bestimmten Position und Syntax der Kommentare eine Programmierschnittstelle dokumentieren. Daraus lässt sich anschließend mit den entsprechenden Werkzeugen ein Dokument erstellen, das Sie anderen Entwicklern als Dokumentation zur Verfügung stellen können.

Java-Quellcode mit javadoc dokumentieren

In Java können Sie z. B. mit dem Kommandozeilentool `javadoc` aus Java-Quellcode eine übersichtliche Ansammlung von HTML-Seiten generieren (siehe Abbildung 3.1). Eine solche Dokumentation gibt es für sämtliche Versionen der Java-Standardbibliothek.

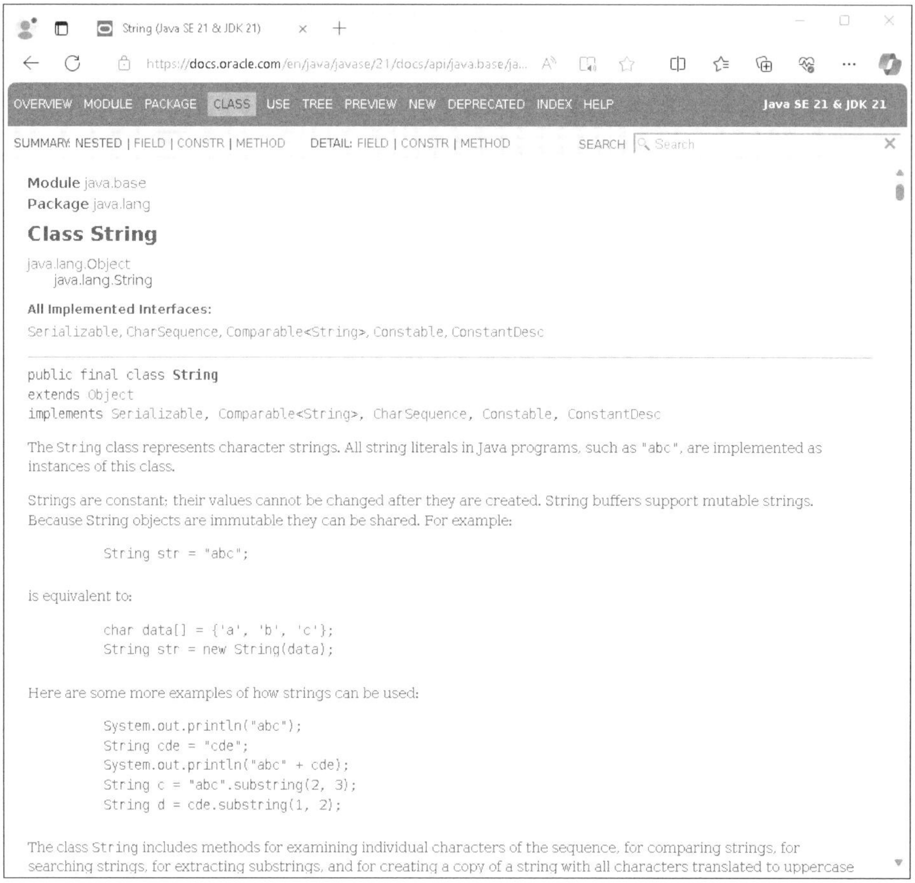

Abbildung 3.1 JavaDoc-Dokumentation aus Sourcecode-Kommentaren

Die Dokumentation der API wird über Kommentare direkt oberhalb der Implementierung aufgenommen. Wenige Schlüsselwörter bzw. *Annotations* steuern das Aussehen und die Bedeutung der angegebenen Werte. Mit `@param` dokumentieren Sie z. B. einen Parameter; mit `@return` oder `@throws` werden Rückgabewerte oder Ausnahmen in der Dokumentation ausgewiesen.

```
/**
* Allocates a new {@code String} so that it represents the sequence of
* characters currently contained in the character array argument. The
* contents of the character array are copied; subsequent modification of
* the character array does not affect the newly created string.
*
* @param  value
*         The initial value of the string
*/
```

```
public String(char[] value) {
....this(value, 0, value.length, null);
}
```

Listing 3.1 JavaDoc-Beispiel für die »java.lang.String«-Klasse

3

Dokumentation aus Sourcecode generieren

Das Konzept, dass aus dem Sourcecode eine Dokumentation erzeugt werden kann, findet man in vielen Programmiersprachen. Dieser Ansatz ist an das *DocBook*-Format angelehnt, bei dem technische Dokumentation in strukturierten XML-Dokumenten abgelegt wird und in verschiedene Ausgabeformate umgewandelt werden kann.

In Python können Sie beispielsweise die sogenannten *DocString*-Kommentare mithilfe von *Sphinx* in eine Dokumentation umwandeln.

Code-Beispiele als Dokumentation in Go

Go bietet neben den Dokumentationsmöglichkeiten über Text zusätzlich die Option, sogenannte *Example-Tests* zu erstellen. Sie werden analog zu Unit-Tests implementiert und bei einem Testlauf mittels `go test` wie ein Unit-Test ausgeführt.

Die in den Tests enthaltenen Code-Beispiele sollen aufzeigen, wie Methoden oder Funktionen richtig verwendet werden können.

Jeder Test wird über ein Namensmuster der Test-Methode einer speziellen Methode oder Funktion zugeordnet und automatisch bei der Erstellung der HTML-Repräsentation der Dokumentation unter der angegebenen Methode bzw. Funktion in Textform dargestellt. Somit enthält die Dokumentation nicht nur die reinen Schnittstellenbeschreibungen, sondern auch Beispiele zu deren Einsatz.

Mit Godoc eine Go-HTML-Dokumentation erstellen

Um eine HTML-Repräsentation der Go-Dokumentation zu erstellen, können Sie das Tool `godoc` installieren und einsetzen. Die Installation erfolgt über ein `go install`-Kommando, das die benötigten Dateien herunterlädt und lokal installiert:

```
go install golang.org/x/tools/cmd/godoc@latest
```

Ist die Go-Umgebung richtig konfiguriert und das `GOBIN`-Verzeichnis in der Betriebssystem-Umgebungsvariable `PATH` enthalten, können Sie die Dokumentation mit folgendem Kommando unter Port 6060 auf dem lokalen Rechner abrufen:

```
godoc -http :6060
```

Dadurch, dass die Code-Beispiele als Test implementiert und bei jedem Testlauf überprüft werden, sind die Beispiele immer lauffähig und die Dokumentation bleibt aktuell. Der Anwender kann sich auf die angegebenen Beispiele verlassen.

Die Überprüfungen bzw. die Testbedingungen für den Beispiel-Code werden mit einer speziellen Syntax geschrieben. Am Ende kann eine Überprüfung mit dem String `//Output:` eingeleitet werden. Die diesem Ausdruck folgende Zeichenkette muss innerhalb des Tests über eine `fmt.Print`-Ausgabe ausgegeben worden sein.

Das folgende Beispiel zeigt einen Example-Test, bei dem ein `Car`-Objekt erstellt und das auf den Wert `Blue` vorinitialisierte Attribut `Color` durch einen entsprechenden Methodenaufruf auf den Wert `Red` geändert wird. Es folgen eine Ausgabe sowie die Überprüfung mittels `//Output:`.

```
func ExampleCar_PaintRed() {

    a := &Car{Color: "Blue"}
    a.PaintRed()
    fmt.Println(a.Color)
    //Output: Red
}
```

Listing 3.2 Example-Test mit Überprüfung der Farbe (Go)

In der Go-Standardbibliothek finden sich viele Anwendungsfälle. Hier sehen Sie ein Beispiel für die `Get`-Funktion aus dem `http`-Package, das ohne Überprüfung umgesetzt ist. Es soll »nur« den Einsatz der Funktion zeigen:

```
func ExampleGet() {
    res, err := http.Get("http://www.google.com/robots.txt")
    if err != nil {
        log.Fatal(err)
    }
    body, err := io.ReadAll(res.Body)
    res.Body.Close()
    if res.StatusCode > 299 {
        log.Fatalf("Response ..: %d and\nbody: %s\n", res.StatusCode, body)
    }
    if err != nil {
        log.Fatal(err)
    }
    fmt.Printf("%s", body)
}
```

Listing 3.3 Beispiel-Test in Go aus dem »net/http«-Package zur »Get«-Funktion

Abbildung 3.2 zeigt die Darstellung für den oben gezeigten Code. Es handelt sich um ein Beispiel für die `Get`-Funktion des `net/http`-Package.

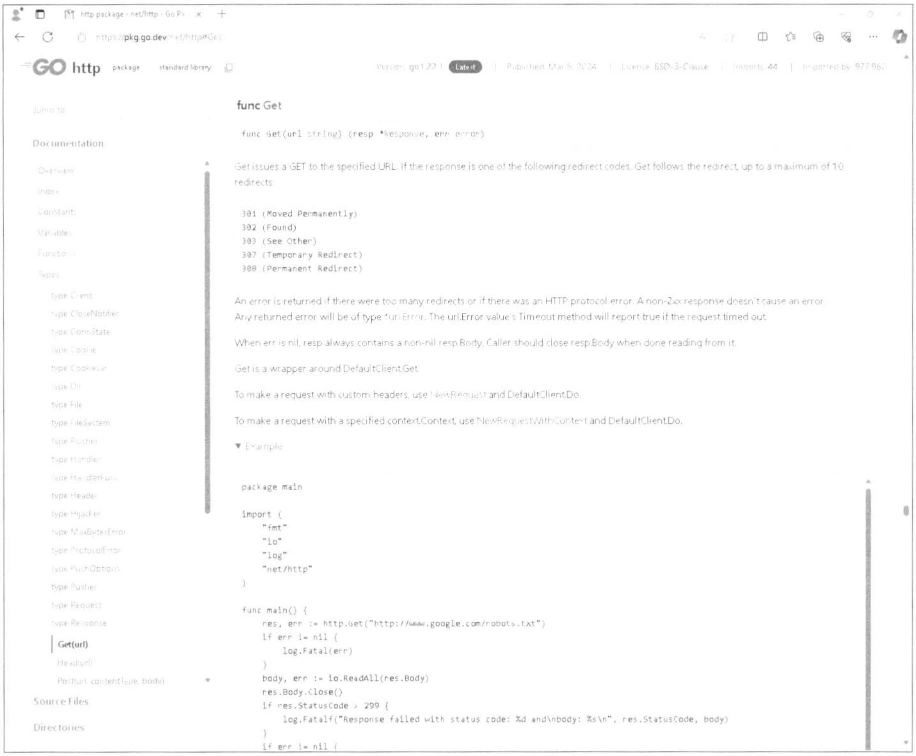

Abbildung 3.2 Darstellung des Tests als Beispiel in der Dokumentation

---

Das doctest-Package von Python

In Python können Sie mit dem *doctest*-Package ebenfalls Code innerhalb der bereits erwähnten DocStrings aufnehmen und zum Testzeitpunkt ausführen lassen.

Folgendes Beispiel zeigt die Syntax in der Dokumentation der `factorial`-Funktion:

```
"""
This is the "example" module.

The example module supplies one function, factorial().  For example,

>>> factorial(5)
120
"""

def factorial(n):
...//Implementierung wurde ausgelassen
```

3.1.2 Ausdrucksstarken Code erstellen

In der Einführung zu diesem Kapitel habe ich es bereits erwähnt: Je lesbarer und selbsterklärender eine Codestelle ist, desto weniger Kommentare sind notwendig, um auch anderen Entwicklern den Sinn und Zweck des Abschnitts zu erläutern. Die Grundprinzipien des Clean Codes oder der Einsatz von Software-Mustern können ein wichtiger Beitrag zur Übersichtlichkeit und Lesbarkeit sein.

Mit einfachen Refactoring-Techniken, wie der *Extract Method* oder *Decompose Conditional*, lassen sich z. B. Details an schwer verständlichen Codestellen übersichtlicher gestalten, um Kommentare zu vermeiden.

Bei folgendem Codebeispiel ist ein Kommentar hilfreich, um auf einen Blick zu verstehen, um was für eine Prüfung es sich handelt:

```
// Check if date is in summer
if (!aDate.isBefore(plan.summerStart) &&
    !aDate.isAfter(plan.summerEnd)){
...
}
```

Listing 3.4 Komplexe If-Bedingung (Java)

Das Auslagern einer Methode für die Bedingungsprüfung macht den Code übersichtlicher und lesbarer (siehe Listing 3.5). Der Kommentar kann nun entfernt werden, da sich der Code in diesem Fall selbst erklärt:

```
if (isSummer(aDate)) {
...
}
```

Listing 3.5 Decompose-Conditional-Refactoring für mehr Übersichtlichkeit (Java)

3.1.3 Nötige und sinnvolle Kommentare

Ein Ziel in der Softwareentwicklung sollte, wie bereits erwähnt, darin bestehen, Sourcecode zu erstellen, der lesbar und ausdrucksstark ist und aus diesen Gründen keine expliziten Kommentare zur Erläuterung von Codestellen benötigt. Allerdings gibt es Situationen, in denen Kommentare wichtig und hilfreich sind oder wegen verschiedener Rahmenbedingungen, wie z. B. Lizenzbestimmungen, zwingend erforderlich sind.

In den folgenden Abschnitten zeige ich Ihnen Beispiele für Sourcecode-Kommentare, in denen der Einsatz eines Kommentars im Code sinnvoll sein kann bzw. auch erforderlich ist.

3

Lizenzbestimmungen

Lizenzhinweise zu Beginn jeder Sourcecode-Datei schaffen Klarheit über die Bedingungen für die Verwendung und Weiterverbreitung der entsprechenden Software.

Einige Firmen und viele Open-Source-Lizenzen verlangen z. B., dass der Lizenztext zusammen mit dem Quellcode bereitgestellt wird, um damit transparent über die geltenden Lizenzbestimmungen zu informieren und sicherzustellen, dass der Code dementsprechend verwendet wird.

Zusätzlich sorgen Lizenzhinweise für Transparenz bezüglich der Urheberrechte einer Firma bzw. der Entwickler und helfen dabei, diese Rechte einzuhalten.

In Entwicklungsumgebungen lassen sich solche Standard-Header für Sourcecode-Dateien so konfigurieren, dass sie automatisch in jede Datei aufgenommen werden können.

Bei Kommentaren zu Lizenzbestimmungen sollten Sie darauf achten, dass der Kommentar nicht die komplette Lizenzbestimmung enthält, sondern lediglich einen Hinweis, wo die konkrete Version gefunden werden kann.

In der Java-*Apache Commons*-Bibliothek finden Sie z. B. folgende Hinweise in jeder Datei:

```
/*
 * Licensed to the Apache Software Foundation (ASF) under one or more
 * contributor license agreements.  See the NOTICE file distributed with
 * this work for additional information regarding copyright ownership.
 * The ASF licenses this file to You under the Apache License, Version 2.0
 * (the "License"); you may not use this file except in compliance with
 * the License.  You may obtain a copy of the License at
 *
 *      http://www.apache.org/licenses/LICENSE-2.0
 *
 * Unless required by applicable law or agreed to in writing, software
 * distributed under the License is distributed on an "AS IS" BASIS,
 * WITHOUT WARRANTIES OR CONDITIONS OF ANY KIND, either express or implied.
 * See the License for the specific language governing permissions and
 * limitations under the License.
 */
```

Listing 3.6 Beispiel für Lizenzbestimmungen einer »Apache Commons«-Datei

Informative Hinweise

Kurze, klare Hinweise für eine Codestelle können helfen, diese schnell zu verstehen. Das Beispiel in Listing 3.7 zeigt einen regulären Ausdruck, der durch einen Kommentar besser verständlich wird. Ohne Kommentar würde eventuell die Frage im Raum stehen bleiben, warum nur bestimmte Zeichen, und zwar genau die angegebenen, erlaubt sind.

```
// regularExpression validates a "Vehicle Identification Number" (VIN)
// that it has a valid length and no illegal characters.
var regularExpression = regexp.MustCompile("^[A-HJ-NPR-Z0-9]{17}$")
```

Listing 3.7 Regulärer Ausdruck mit Kommentar (Go)

Alternativ zu einem expliziten Kommentar könnte durch die Umbenennung der Variablen in diesem Beispiel die Lesbarkeit eventuell weiter verbessert und dadurch der Kommentar doch wieder überflüssig werden (siehe Listing 3.8).

Beim Lesen des aufrufenden Codes müssten Sie in diesem Fall nicht extra den Kommentar lesen bzw. an die entsprechende dokumentierende Stelle springen.

```
var vinLengthAndValidCharacterExpression =
    regexp.MustCompile("^[A-HJ-NPR-Z0-9]{17}$")
```

Listing 3.8 Die Variable wurde umbenannt, um das Verständnis zu erleichtern. (Go)

Eine Umbenennung von Variablen ist sicher nicht in allen Situationen möglich, da ein Variablename oftmals keinen kompletten bzw. längeren informativen Hinweis ersetzen kann.

Das Beispiel oben könnte auch beide Aspekte vereinen und einen ausdrucksstärkeren Variablennamen sowie einen kurzen informativen Hinweis kombinieren (siehe Listing 3.9), eventuell mit einem Verweis auf eine externe Ressource. In diesem Fall ist der verwendende Code lesbarer, da klar ist, was der reguläre Ausdruck prüft, und Details zum Ausdruck können in der Dokumentation nachgesehen werden:

```
// regularExpression validates a VIN that it has a valid length
// and no illegal characters.
var validVinExpression =
    regexp.MustCompile("^[A-HJ-NPR-Z0-9]{17}$")
```

Listing 3.9 Kombination von informativem Hinweis und Variablennamen (Go)

Erklärende Kommentare

In manchen Situationen erscheinen Codestellen beim Lesen falsch oder zumindest seltsam. Ein kurzer Kommentar, warum Sie diese Stelle so umgesetzt haben, und eine kurze Begründung Ihrer Entscheidung hilft anderen, den Block zu verstehen. Unabhängig davon, ob man die Stelle eventuell auch anders hätte lösen können, wird die Intention klarer.

Das Beispiel aus Listing 3.10 zeigt einen Ausschnitt aus der Go-Standardbibliothek mit einer kurzen Erläuterung, warum die Schleife in dieser Form geschrieben wurde:

```
// The loop condition is < instead of <= so that the last byte does not
// have a zero distance to itself. Finding this byte out of place implies
// that it is not in the last position.
for i := 0; i < last; i++ {
    f.badCharSkip[pattern[i]] = last - i
}
```

Listing 3.10 Go-Beispiel aus der Standardbibliothek mit erklärendem Kommentar

Klarstellungen

Wenn Code z. B. wegen verwirrender Rückgabewerte oder anderer Parameter nicht klarer formuliert werden kann, können kurze, ausdrucksstarke Kommentare ihn lesbarer bzw. verständlicher machen.

In erster Linie sollten Sie nach einer Lösung mit übersichtlicherem Code suchen, sodass keine Kommentare notwendig sind. Klar ist allerdings auch, dass nicht jeder Code angepasst werden kann. Verwenden Sie z. B. eine externe Bibliothek oder werden Daten wie in Listing 3.11 in ein Datenobjekt gemappt, muss unter Umständen ein Kommentar für Klarheit sorgen:

```
type Subscription struct {
    // true/1 = eingeschaltet (keine Einschränkung)
    // false/0 = ausgeschaltet (alles betroffen)
    PrivacyEnabledByUser    bool
}
```

Listing 3.11 Klarstellung von Werten durch Kommentare

Wie jeder Kommentar können auch erklärende Kommentare falsch sein und sollten durch aussagefähigen Code ersetzt werden.

Warnungen und Anforderungen

Mithilfe von Kommentaren können Sie auf Seiteneffekte hinweisen, die durch eine Änderung hervorgerufen werden:

```
if err != nil {
    //Attention: this string/message is used for alerting in splunk
    return fmt.Errorf("failed to doSth: %v", err)
}
```

Listing 3.12 Warnung mit Kommentar zu Konsequenzen (Go)

Auch umständlich anmutende Designentscheidungen oder Implementierungen können mit Warnungen bzw. mit Hinweisen zu den auftretenden Konsequenzen versehen werden, damit zu fleißige Refactoring-besessene Entwickler an dieser Stelle ausgebremst werden und den Code nicht »verschlimmbessern«. Listing 3.13 zeigt ein Beispiel:

```
//SimpleDateFormat is not thread safe!
//We need to create each instance independently.
SimpleDateFormat df =
    new SimpleDateFormat("MMM dd yyyy HH:mm:ss");
```

Listing 3.13 Warnung vor Multithreading-Konsequenzen (Java)

Nebeneffekte bzw. Anforderungen an aufrufenden Code müssen in Kommentaren bzw. in einer Dokumentation vollumfänglich und klar formuliert werden. Deshalb wird in diesem Beispiel klar auf die Verantwortlichkeit des Clients hingewiesen:

```
// Body is the request's body.
//
// For client requests, a nil body means the request has no
// body, such as a GET request. The HTTP Client's Transport
// is responsible for calling the Close method.
// ...
Body io.ReadCloser
```

Listing 3.14 Dokumentation von Anforderungen an nutzenden Code (Go)

Noch zu tun – TODOs

Viele Entwickler verteilen im Sourcecode Hinweise, dass an bestimmten Stellen noch Änderungen nötig sind, die sie aus verschiedenen Gründen noch nicht vorgenommen haben.

Solche //TODO-Kommentare sind nur dann sinnvoll, wenn die Änderung aktuell tatsächlich nicht durchgeführt werden kann. Das Beispiel aus Listing 3.15 bezieht sich auf einen Bug, der in einem fremden System zuerst gelöst werden muss:

```
if testenv.Builder() == "darwin-amd64-10_14" {
    // TODO(#23011): When the 10.14 builders are gone, remove this skip.
    t.Skip("skipping due to platform bug on macOS 10.14;
            see https://golang.org/issue/43926")
}
```

Listing 3.15 Hinweise auf Abhängigkeiten (Go)

TODO-Kommentare sollten nicht dazu verwendet werden, Codestellen mit Hinweisen zu markieren, die angeben, dass für diese Stelle noch keine optimale Lösung gefunden wurde! Manche Entwickler sind auch der Auffassung, dass jedes TODO im Code einen eingebauten Fehler darstellt, da es vermutlich nie behoben wird.

Hierfür bieten die meisten IDEs vor dem Check-in in eine Versionsverwaltung (VCS – Version Control System) eine automatische Prüfung bzw. Darstellung von TODO-Kommentaren an. Damit kann verhindert werden, dass noch nicht fertig bearbeitete Codestellen aus Versehen eingecheckt werden.

3.1.4 Kommentare, auf die verzichtet werden kann

Neben den Kommentaren, die sinnvoll eingesetzt werden können und sollten, gibt es Kommentare im Sourcecode, die überflüssig sind. Gut strukturierter und klar aufgebauter Code benötigt im Idealfall keine Kommentare, um sich zu erklären.

Hier sehen Sie ein Beispiel für einen überflüssigen Kommentar, der keinen Mehrwert bietet:

```
public interface Validated {
    //Empty
}
```

Listing 3.16 Ist das Interface jetzt noch leer? (Java)

Wenn Sie einen Kommentar schreiben, sollte dieser auf jeden Fall aussagekräftig sein und dem Leser zusätzliche Informationen bieten. Jeder Kommentar sollte wohlüberlegt sein und Dinge klarstellen. Lassen Sie den Leser nicht mit neuen Fragen zurück!

Im Beispiel aus Listing 3.17 lässt der Kommentar noch Fragen offen. Warum wird versucht, das Feature auszuschalten bzw. warum kann ein Fehler ignoriert werden? Ist das Feature doch nicht wichtig? Welche Auswirkungen hat es, wenn das Feature nicht deaktiviert werden kann?

Daher wäre in diesem Beispiel zumindest ein weiterer Kommentar mit einer Begründung hilfreich, warum das Feature deaktiviert werden soll.

```
@Override
protected DocumentBuilderFactory createDocumentBuilderFactory(int
    validationMode, boolean namespaceAware)
    throws ParserConfigurationException {
    DocumentBuilderFactory factory =
        super.createDocumentBuilderFactory(validationMode, namespaceAware);
    try {
        factory.setFeature("../features/..", false);
    } catch (Throwable e) {
```

```
        // we can get all kinds of exceptions from this
        // due to old copies of Xerces and whatnot.
    }
    return factory;
}
```

Listing 3.17 Kommentar in Java-CXF-Quellcode (Den Feature-Namen habe ich gekürzt.)

Doppelte Aussage durch Kommentare vermeiden

Jeder Kommentar sollte zusätzliche Informationen zum Code liefern. Wird der Code im Kommentar in anderen Worten noch einmal aufgeführt, ist der Kommentar schlicht überflüssig.

Muss Code über Kommentare »strukturiert« werden, sollten Sie stattdessen besser den Code überarbeiten:

```
//do the calculation
result := thing.calculate()

//check the result if it is valid
isValid := result.IsValid()

//return error if not valid
if !isValid {
....return errors.New("result is not valid")
}
```

Listing 3.18 Doppelte Aussage mit Kommentaren

In manchen Projekten werden aufgrund von Projekt- oder Unternehmensregeln Getter- und Setter-Methoden mit Kommentaren dokumentiert. Welchen Mehrwert soll die Dokumentation in Listing 3.19 bringen? Es handelt sich um eine Dopplung, die eingespart werden kann, da sie keine zusätzliche Information liefert.

```
/**
 * Sets the bus
 * @param bus the bus
 */
public void setBus(Bus bus) {
    this.bus = bus;
}
/**
 * Gets the bus
 * @return the bus
 */
```

```
public Bus getBus() {
    return bus;
}
```

Listing 3.19 Beispiel einer Dokumentation zu Getter- und Setter-Methoden in CXF

Analog gilt diese Aussage für die Dokumentation von Feldern einer Klasse oder für Dinge, die sich klar aus dem Code ablesen lassen:

```
//the license
private String license;
```

Listing 3.20 Dokumentation eines Feldes

Historie einer Datei

In den Zeiten, in denen Versionsverwaltungen noch nicht so verbreitet waren und Sourcecode über eine Dateiablage weitergegeben wurde, nahmen die Entwickler häufig die Historie einer Datei als Kommentar in den Code auf. Glücklicherweise sind diese Zeiten vorbei und Versionsverwaltungen wie Git haben sich durchgesetzt. History-Kommentare sind damit unnötig geworden und sollten daher auch nicht mehr verwendet werden.

Entwicklungsumgebungen erzeugen häufig automatisch Dokumentations- bzw. Kommentar-Templates. Deshalb sollten Sie jeden automatisch eingeführten Kommentar auf seine Notwendigkeit prüfen und bewerten, ob und welche zusätzliche Information durch ihn zur Verfügung gestellt wird.

Im Gegenzug müssen Sie ebenfalls prüfen, ob der Code verständlich und klar formuliert ist und ob Sie ihn eventuell umbauen oder um hilfreiche Kommentare ergänzen müssen, damit er besser verstanden wird und korrekt verwendet werden kann.

Auskommentierter Code

Auch wenn auskommentierter Code keinen Kommentar im klassischen Sinne darstellt, möchte ich hier auf ihn eingehen.

Auskommentierter Code bleibt oft in der Codebasis erhalten, selbst wenn er nicht mehr benötigt wird. Die Gründe, die zum Auskommentieren geführt haben, sind meist unklar, was andere Entwickler, die den Code lesen, verwirren kann: Sie können nicht beurteilen, ob der auskommentierte Code noch relevant ist oder nicht. Eventuell wurde der Code durch eine bessere Alternative ersetzt und lediglich an dieser Stelle vergessen. Solche Unklarheiten erschweren es, Code zu verstehen.

Wenn Code auskommentiert wird, sollte der Grund dafür entweder als Kommentar vermerkt werden oder der Code komplett gelöscht werden. Auskommentierter Code trägt zur sogenannten *technischen Schuld* bei, einem Begriff, der die zusätzlichen Kosten und den Aufwand beschreibt, die durch eine unstrukturierte, veraltete oder unzureichend gepflegte Codebasis entstehen.

3.2 Dokumentation der Softwarearchitektur

Die Dokumentation einer Software und vor allem ihrer Architektur erfüllt mehrere Zwecke.

Das Zitat von Robert C. Martin, dass die Wahrheit im Code liege, stimmt, aber zur Wahrheit gehört meist mehr als nur der Blick auf einen Ausschnitt. Die Dokumentation der Softwarearchitektur hat einen größeren Fokus. Sie stellt komplexere Systeme dar und dokumentiert diese.

> *»The code doesn't tell the whole story.« (Simon Brown)*

Paul Clements und seine Mitautoren haben in ihrem Buch *»Documenting Software Architectures: Views and Beyond«* drei Aufgabengebiete für die Dokumentation von Softwarearchitekturen identifiziert:

- Weiterbildung
- Kommunikation
- Basis für Analyse und Weiterentwicklung

Documenting Software Architectures: Views and Beyond

Im Jahr 2003 erschien die Erstauflage des Buchs *»Documenting Software Architectures: Views and Beyond«* von Paul Clements, Felix Bachmann, Len Bass, David Garlan, James Ivers, Reed Little, Paulo Merson, Robert Nord und Judith Stafford zum Thema Architekturdokumentation. Mit der zweiten Auflage, die im Jahr 2010 erschien, wurde es überarbeitet und erweitert, und es wird oftmals als wegweisendes, unverzichtbares Nachschlagewerk bezeichnet.

Das Buch stellt nicht nur die Bedeutung der Architekturdokumentation für eine Kommunikation dar, sondern betrachtet sie ebenso als Instrument zur Unterstützung von Entscheidungen, zur Risikominimierung und zur langfristigen Wartbarkeit von Software.

Stoßen neue Teammitglieder, wie Entwickler oder Softwarearchitekten, zu einem bestehenden Team hinzu, hilft eine Architekturdokumentation bei der Einführung in die bestehende Lösung bzw. in deren Aufbau. Mit einer entsprechenden Präsentation können neue Mitglieder oder auch externe Interessierte einen strukturierten Überblick erhalten und ihr Wissen zur Software erweitern bzw. vertiefen.

Neben dieser Art der Wissensvermittlung über die Software dient die Dokumentation einer effizienteren Kommunikation zwischen den Mitgliedern eines Entwicklungsteams oder auch über dessen Grenzen hinweg.

Eine der Hauptaufgaben eines Softwarearchitekten besteht in der Kommunikation zu entwickelten bzw. zu noch zu entwickelnden Lösungen. Die Softwarearchitekturdokumentation unterstützt diese Kommunikation und bietet eine klare und präzise Möglichkeit des Austausches. In ihr werden neben den konkreten Lösungen auch die getroffenen Entscheidungen und zugehörigen Begründungen dokumentiert, damit sie später nachvollzogen werden können. So erhält man ein tieferes Verständnis.

In vielen Fällen zählt der Architekt selbst zu den Hauptkonsumenten der Dokumentation. Meist stehen die getroffenen Entscheidungen und ihre Begründungen in einem komplexen Geflecht miteinander in Beziehung, und jede Entscheidung mit Begründung im Gedächtnis zu behalten, ist oftmals ohne aussagekräftige Dokumentation unmöglich.

Getroffene Entscheidungen, die dokumentiert wurden, können die Basis für zukünftige Entwicklungen darstellen und diese beeinflussen. Umständliche Designentscheidungen können revidiert werden, gute Entscheidungen können beibehalten und erneut bei Umsetzungen angewendet werden.

Neben den erfolgreichen Entscheidungen können auch negative Erfahrungen dokumentiert werden. Aus Fehlern kann man so lernen, und durch die transparente Dokumentation kann zukünftig erfolgreicher agiert werden. Auch Fehler können und sollten einen Einfluss auf die zukünftige Entwicklung und damit verknüpfte Entscheidungen haben.

Früh getroffene, grundlegende Entscheidungen über das Softwaredesign innerhalb eines Projekts sollten möglichst zeitnah dokumentiert und kommuniziert werden. Das verhindert, dass ähnliche Überlegungen mehrfach angestellt werden und diese unter Umständen zu leicht unterschiedlichen Ansätzen an verschiedenen Stellen in der Anwendung führen.

Gute Dokumentation führt zu einer langfristigen Wartbarkeit von Software. Wissen wird weitergegeben, festgehalten und kann als Basis für zukünftige Überlegungen verwendet werden.

3.2.1 Qualitätsmerkmale dokumentieren

Neben den fachlichen Anforderungen (z. B., dass sie Berechnung korrekt durchführt) muss die meiste Software weitere Qualitätsmerkmale erfüllen.

Software, die zwar ein richtiges Ergebnis erzeugen kann, aber nicht in der Lage ist, dieses korrekt und zur richtigen Zeit auszuliefern, bringt dem Anwender wenig bis keinen Mehrwert.

Nicht-fachliche Qualitätsmerkmale von Software können beispielweise folgende sein:

- Performance
- Stabilität
- Sicherheit
- Wartbarkeit
- Möglichkeit zu inkrementellen Updates

Eine hohe Performance erreicht man z. B. mit der Parallelisierung von Aufgaben oder mit optimierten Remote-Aufrufen, die ein geringeres Datenvolumen erzeugen oder seltener ausgeführt werden. Die Lösungsmöglichkeiten sind vielfältig und hängen vom Einsatzgebiet ab.

Soll eine Software wartbar bleiben, kann sie in einzelne Komponenten untergliedert werden, die jeweils ihre spezifische Aufgabe erfüllen und unabhängig voneinander entwickelt werden können. Die Anwendung des Single-Responsibility-Prinzips kann helfen.

Alle diese Qualitätsmerkmale können und müssen von der Softwarearchitektur berücksichtigt und adressiert werden. Dementsprechend müssen in der Softwarearchitekturdokumentation diese Merkmale als Anforderungen aufgenommen werden und muss die gewählte Lösung dokumentiert werden.

Drei Fragestellungen sollten zu jedem Qualitätsmerkmal beantwortet werden:

- Welches Qualitätsmerkmal wurde mit der Architektur adressiert?
- Welche Lösung wurde gewählt, um die Herausforderung zu lösen?
- Warum stellt die Lösung das Qualitätsmerkmal sicher?

3.2.2 Regeln für eine gute Softwarearchitekturdokumentation

In ihrem Buch »*Documenting Software Architectures: Views and Beyond*« stellen Paul Clements und seine Mitautoren sieben Regeln für eine gute Dokumentation der Softwarearchitektur auf. Diese Regeln sehen wir uns nun genauer an.

Schreibe aus Sicht des Lesers

Jede Dokumentation entsteht mit einer gewissen Zielgruppe im Hinterkopf, und genau für diese Zielgruppe sollte die Dokumentation geschrieben werden.

Die Autoren des Buchs verweisen auf Edsger Wybe Dijkstra, der behauptet hat, gerne zwei Stunden damit zu verbringen, darüber nachzudenken, wie er einen einzelnen Satz in der Dokumentation klarer formulieren könne. Er war der Meinung, dass Kommentare von vielen Personen gelesen werden und dass sich diese zwei Stunden schnell rechnen, wenn jede Person ein bis zwei Minuten an Verwirrung sparen kann.

Dijkstras Prinzip lässt sich analog auf Sourcecode anwenden. Dieser wird in der Regel einmal geschrieben, aber mehrfach gelesen.

Eine zielgruppenorientierte Dokumentation wird in der Regel nicht nur gelesen und verstanden, sondern auch öfter als Referenz zu einem späteren Zeitpunkt wieder verwendet. Erhält der Leser nicht die benötigten Informationen, wird die Dokumentation für ihn keine weitere Rolle spielen.

Die Autoren geben folgende Tipps, die Sie beim Schreiben von Dokumentation beachten sollten:

- **Kenne die Leser** – Uninformierte Annahmen über die Leserschaft sollten vermieden werden. Es ist wichtig, die Erwartungen an die Dokumentation zu kennen. Ein kurzer Austausch, wenn möglich, kann hilfreich sein.
- **Strukturierte Dokumentation** – Informationen sollten strukturiert aufbereitet werden und an passenden Stellen auftauchen.
- **Klare Begriffe verwenden** – Dokumentationen werden von einem großen Personenkreis gelesen, mitunter auch von Personen, die sich noch nicht ausreichend mit der Fachlichkeit oder einem Fachjargon auseinandergesetzt haben. Begriffe sollten deshalb, wenn sie verwendet werden, z. B. in einem Glossar klar definiert sein.
- **Keine Überfrachtung mit Akronymen** – Akronyme (also Kurzwörter, die aus den Anfangsbuchstaben ihrer Bestandteile zusammengesetzt sind wie »API«) machen die Kommunikation innerhalb eines Projekts manchmal effizienter. In einer Dokumentation sollten diese Abkürzungen allerdings nur mit Bedacht verwendet werden und auf jeden Fall auch in einem Glossar aufgeführt werden.

Vermeide unnötige Wiederholungen

Dieselbe Dokumentation sollte nicht an mehreren Stellen wiederholt aufgeführt werden. Die Gefahr besteht, dass durch Anpassungen oder unterschiedliche Formulierungen die Informationen eines Tages variieren und nicht klar wird, welche Stelle nun ausschlaggebend ist und tatsächlich die korrekte Information darstellt.

Wiederholungen sind unter Umständen dann sinnvoll, wenn dieselbe Information an mehreren Stellen mit einer etwas anderen Sichtweise oder einem leicht geänderten Fokus dargestellt werden soll.

Vermeide Mehrdeutigkeit

Sobald eine Dokumentation nicht klar genug formuliert ist und unterschiedlich interpretiert werden kann, entstehen Mehrdeutigkeiten. Das führt zu abweichenden Auffassungen und kann zu falschen Schlussfolgerungen führen.

Mithilfe standardisierter Formulierungen oder Darstellungen lassen sich solche Probleme umgehen bzw. abmildern.

Requests for Comments (RFC) – Indicate Requirement Level

Die für RFCs definierten *Requirement Levels* sind ein Beispiel für standardisierte Textformulierungen. Mit ihnen wird z. B. die Bedeutung der englischen Ausdrücke »must«, »must not«, »should«, »should not« und »may« innerhalb der RFC-Dokumente festgelegt.

Siehe: *https://datatracker.ietf.org/doc/html/rfc2119*

Egal mit welchem Format gearbeitet wird, die entsprechende Bedeutung muss klar festgelegt sein. Klassische Box-und-Linien-Diagramme, wie man sie oftmals auf Whiteboards findet, laden zu Missverständnissen ein.

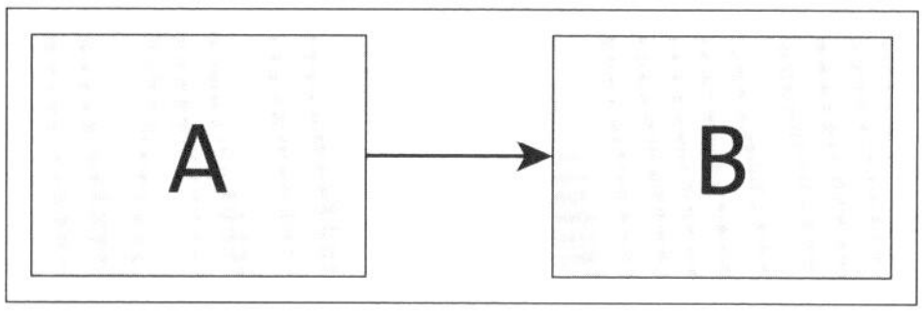

Abbildung 3.3 Box-und-Linien-Diagramm

In Abbildung 3.3 kann der Pfeil z. B. Unterschiedliches bedeuten: Ruft A B synchron auf? Oder instanziiert A den Typ B, oder wird eine Nachricht asynchron von A nach B versendet? Ist die Klasse A eventuell eine Ableitung von Klasse B?

In vielen Fällen arbeitet man besser mit weitverbreiteten, standardisierten Darstellungsformaten, z. B. mit der Unified Modelling Language (UML) oder dem C4 Model, um Klarheit über die Darstellung zu schaffen.

Verwende eine standardisierte Strukturierung

Die Dokumentation sollte mithilfe einer vorgegebenen Strukturierungsvorlage erstellt werden – also mithilfe eines Templates, das bereits Teilbereiche vorgibt, die mit der eigentlichen Dokumentation gefüllt werden.

Für den Leser ist dies von Vorteil, da er durch die klare Strukturierung Informationen besser finden kann. Außerdem kann die Vorlage in mehreren Projekten eingesetzt werden. Dies hat zur Folge, dass man sich schneller in neue Projekte einarbeiten bzw. sich dort schneller zurechtfinden kann.

Darüber hinaus bieten die vorgegebenen Strukturierungen auch zum Erstellungszeitpunkt viele Vorteile. Informationen können, sobald sie entstehen, direkt in den jeweiligen Abschnitt aufgenommen werden – unabhängig davon, ob davor liegende

Bereiche bereits gefüllt sind oder nicht. Die Vorlage dient auf diese Weise als passende Ablage der Informationsschnipsel, die in der Summe einen größeren Sinn ergeben.

Zu jedem Zeitpunkt herrscht Transparenz darüber, wie viel Dokumentation vorhanden ist und ob Teilbereiche noch gefüllt werden müssen. Sind Abschnitte nicht gefüllt, fehlen Informationen; sind alle Bereiche vollständig, ist dementsprechend die Dokumentation komplett.

Im deutschsprachigen Raum hat sich z. B. das *arc42*-Template als solch eine standardisierte Strukturierung verbreitet.

Halte Entscheidungen und deren Begründung fest

In der Softwareentwicklung führen viele einzelne Entscheidungen in der Summe zu einer Softwarearchitektur. Jede Entscheidung sollte dabei bewusst getroffen werden und am Ende zu einer gut durchdachten, passenden Softwarearchitektur führen.

Unbewusst getroffene Entscheidungen führen oftmals zu unklaren Strukturen innerhalb der Anwendung oder zu unbeabsichtigten Abhängigkeiten im Sourcecode bzw. von externen Systemen. Änderungen können schwieriger umzusetzen sein, und unter Umständen leidet die Stabilität oder Sicherheit der Software.

Insgesamt können unbewusst getroffene Entscheidungen in einer Softwarearchitektur zu einer Vielzahl von Problemen führen und sollten daher auf jeden Fall vermieden werden.

Einige der wichtigsten Entscheidungen, die getroffen werden müssen, sind beispielsweise:

- Programmiersprache bzw. Technologie-Stack
- gewählter Architekturstil
- Identifizierung von Komponenten und Schnittstellen
- Datenmodellierung
- Integration und Interoperabilität
- Sicherheitsrichtlinien, -mechanismen, -protokolle etc.

Jede wichtige getroffene Entscheidung muss in der Dokumentation mit der entsprechenden Begründung festgehalten werden. Am besten werden auch die in Betracht gezogenen Alternativen aufgelistet und Argumente für die gewählte Lösung aufgeführt. So kann zu einem späteren Zeitpunkt die Entscheidung nachvollzogen und überprüft werden, warum eine Alternative nicht eingesetzt wird.

Halte die Dokumentation aktuell, aber nicht zu aktuell

Wenn eine Dokumentation gelesen werden soll, muss sie aktuell und korrekt sein. Eine veraltete Dokumentation, die nicht die tatsächliche Situation darstellt, sorgt für

Verwirrung und wird von der Zielgruppe gemieden, sobald diese das Problem festgestellt hat. Auftretende Fragen, die durch die Dokumentation beantwortet werden könnten, müssen dann anderweitig recherchiert werden und erzeugen zusätzlichen Aufwand bei der Leserschaft.

Jede Dokumentation sollte aktuell sein. Aber im Gegenzug muss nicht jede Neuerung sofort dokumentiert werden. Werden alternative Ansätze evaluiert bzw. neue Ansätze schnell wieder verworfen, kann die Dokumentation verzögert erstellt werden, um unnötigen Aufwand zu minimieren. Hier sollte zuerst abgewogen werden, wie nachhaltig eine Neuerung ist.

Im Entwicklungsprozess sollte die Aktualisierung der Dokumentation als fester Punkt aufgeführt sein. Für *Scrum* hat sich z. B. der Begriff der *Definition of Done* etabliert. Diese Definition dient als Checkliste von Punkten, die erledigt werden müssen, bevor eine Aufgabe als abgeschlossen betrachtet werden kann. So sollte ein Punkt auf der Liste die Aktualisierung der Dokumentation sein.

Überprüfe die Dokumentation auf Gebrauchstauglichkeit

Jede Dokumentation hat ihre spezielle Zielgruppe. Nur diese Personengruppe kann Feedback zum Inhalt geben und entscheiden, ob die von ihren Mitgliedern gesuchten Informationen in einer passenden Weise enthalten sind.

Aus diesem Grund sollte die Dokumentation regelmäßig von der entsprechenden Zielgruppe gelesen und überprüft werden.

3.2.3 arc42 zur Gesamtdokumentation

Im deutschsprachigen Raum hat sich *arc42* als strukturierte Architekturbeschreibung verbreitet. Die von Gernot Starke und Peter Hruschka initial entwickelte Dokumentenstruktur dient häufig als Grundlage für eine eigene Architekturdokumentation bzw. wird manchmal als Basis eines Vorgehensmodells für einen Architekturentwurf eingesetzt. Die Vorlagen sind als Open Source verfügbar und können in verschiedenen Formaten direkt in eigenen Projekten eingesetzt werden. Für jeden Abschnitt wird zudem in der Vorlage eine kurze Beschreibung geliefert, was in dem entsprechenden Abschnitt enthalten sein sollte.

arc42 bietet eine klare, einfache und effiziente Struktur für die Dokumentation und Kommunikation von Softwarearchitekturen und umfasst zwölf Abschnitte, die die wichtigsten Aspekte einer Architektur bzw. Anwendung abdecken. Abbildung 3.4 stellt den Aufbau der gesamten Dokumentenvorlage dar.

Nicht immer werden sämtliche Gliederungspunkte benötigt, und in einer auf arc42 basierenden Dokumentation können Kapitel ausgelassen werden.

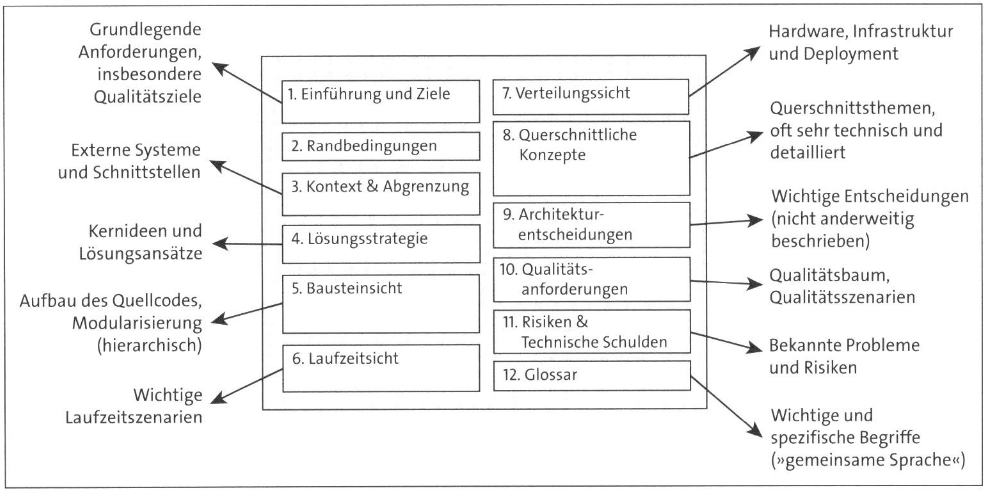

Abbildung 3.4 Überblick über arc42 (Quelle: https://arc42.org/overview)

arc42-Beispiele

Unter *https://arc42.org/examples* finden Sie ausführliche Beispiele für verschiedene Projekte. Die ausgefüllten arc42-Dokumente können als erweiterte Dokumentation von arc42 betrachtet werden.

Für die Darstellung wird die Beispielanwendung »HtmlSanityCheck« von Gernot Starke verwendet. Sie finden diese unter *https://hsc.aim42.org*.
Die verwendeten Grafiken wie folgt lizenziert:

https://creativecommons.org/licenses/by-sa/4.0/deed.en

Das arc42-Template enthält folgende Gliederungspunkte:

Einleitung und Ziele

Der Einleitungsabschnitt beschreibt die grundlegenden Anforderungen und die Ziele des Systems sowie die Intention und Motivation hinter der Entwicklung der Softwarelösung.

Neben den fachlichen Anforderungen und den grundlegenden Geschäftszielen werden die wichtigsten Qualitätsanforderungen an die Architektur und darüber hinaus alle wichtigen Stakeholder mit ihrer entsprechenden Erwartungshaltung an die Software beschrieben.

Randbedingungen

Die meisten Softwarearchitekturen entstehen nicht ohne Vorgaben oder Rahmenbedingungen. In vielen Projekten muss z. B. dem Datenschutz oder anderen rechtlichen

Rahmenbedingungen besondere Aufmerksamkeit geschenkt werden. Manche Unternehmen schränken zusätzlich die Auswahl der eingesetzten Technologie bzw. des eingesetzten Technologie-Stacks ein.

In diesem Abschnitt werden alle Punkte aufgeführt, die die Freiheit des Teams in Bezug auf Entwurfs- und Implementierungsentscheidungen einschränken.

Gibt es sehr viele Einschränkungen, ist es unter Umständen sinnvoll, zwischen technischen, organisatorischen und politischen Rahmenbedingungen zu unterscheiden.

Kontextabgrenzung

Für jedes System bzw. jede Architektur ist es wichtig, sich von anderen Systemen abzugrenzen und einen klaren Kontext sowie die entsprechenden Verantwortlichkeiten der Systeme zu definieren. Diese Abgrenzungen helfen außerdem, Schnittstellen zu den anderen externen Systemen zu definieren und darzustellen.

Ein Kontext sollte immer aus geschäftlicher oder domänenbezogener Sicht dokumentiert werden. Für den Fall, dass Infrastruktur oder Hardware eine wichtige Rolle spielen, kann zusätzlich eine technische Perspektive dargestellt werden.

Die Darstellung der Kontexte und ihrer Systemabhängigkeiten kann als Text oder auch mithilfe von Diagrammen erfolgen, z. B. mit UML-Diagrammen. In Abbildung 3.5 sehen Sie ein Beispiel.

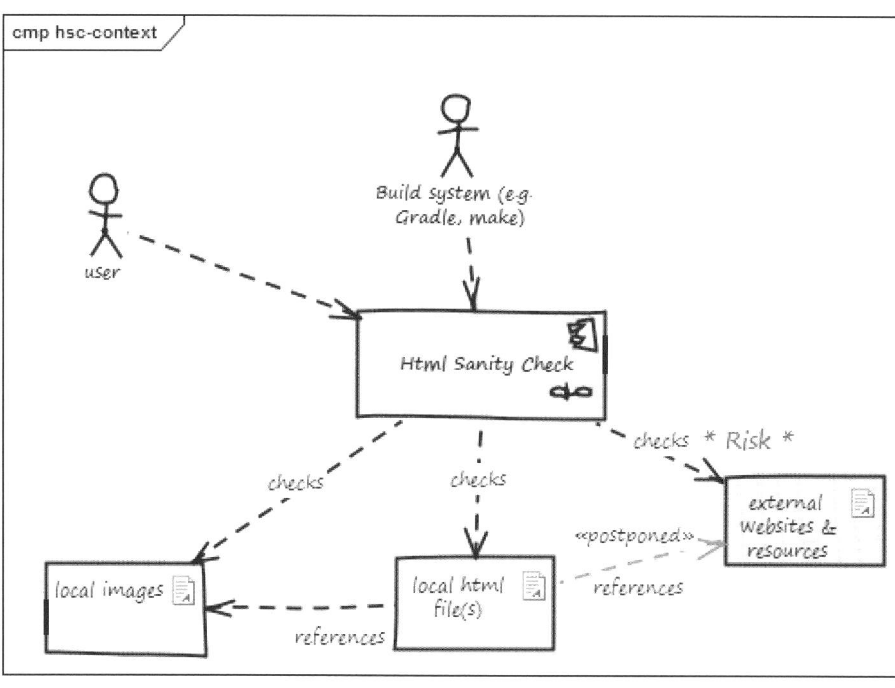

Abbildung 3.5 Kontextbeispiel der »HtmlSanityCheck«-Beispielanwendung

Lösungsstrategie

Dieses Kapitel liefert einen Überblick über alle grundlegenden Entscheidungen und Lösungsansätze, die den Entwurf und die Implementierung des Systems bestimmen. Sie bilden das Grundgerüst der Anwendung und beeinflussen viele weitere Entscheidungen und Implementierungsregeln.

Wird in der Lösungsstrategie z. B. die Entscheidung zur Auswahl eines Go-basierten Technologie-Stacks getroffen, werden dadurch auch Entscheidungen zur Auswahl von externen Bibliotheken beeinflusst.

Die Liste der Lösungsansätze und Entscheidungen enthält in der Regel folgende Punkte:

- Technologieentscheidungen
- Darstellung der Zerlegung bzw. Modularisierung auf höchster Abstraktionsebene
- Einsatz von prägenden Entwurfs- oder Architekturmuster
- Entscheidungen zu den wichtigsten Qualitätsmerkmalen
- relevante organisatorische Entscheidungen

Bausteinansicht

Die Bausteinsicht kann als erste Übersicht dienen und zeigt die statische Zerlegung eines Systems in seine Bestandteile und deren Beziehungen zueinander. Die enthaltenen Module, Komponenten, Subsysteme, Klassen, Schnittstellen, Pakete, Bibliotheken, Frameworks, Schichten, Partitionen usw. werden am besten mithilfe von Diagrammen aufgeführt. Diese Sicht verfeinert die Kontextansicht, in der das System als eine große Box dargestellt wird.

Die abstrakte Darstellung der Struktur des Systems kann dabei helfen, einen besseren Überblick über den Quellcode zu erhalten, und dient als Basis für eine Kommunikation auf abstrakter Ebene. Details der Implementierung spielen an dieser Stelle keine Rolle.

Unterschieden wird bei der Darstellung zwischen sogenannten *Whiteboxen* und *Blackboxen* sowie zwischen mehreren Ebenen, die unterschiedliche Detaillierungsgrade aufweisen.

In der ersten Ebene werden die wichtigsten Subsysteme, Komponenten oder Teile des Systems aufgeführt, und in der zweiten Ebene können diese, falls es notwendig sein sollte, jeweils mithilfe sogenannter Whiteboxen verfeinert aufgeführt werden.

Nicht jede Komponente aus Ebene 1 muss in der zweiten Ebene dargestellt sein.

Abbildung 3.6 zeigt die Darstellung der Ebene 1 des *HtmlSanityCheck*-(HSC-)Beispiels von der Webseite *https://hsc.aim42.org/*. In der Dokumentation für die Ebene sind tabellarisch die einzelnen Boxen und die entsprechenden Schnittstellen mit ihren Aufgaben beschrieben.

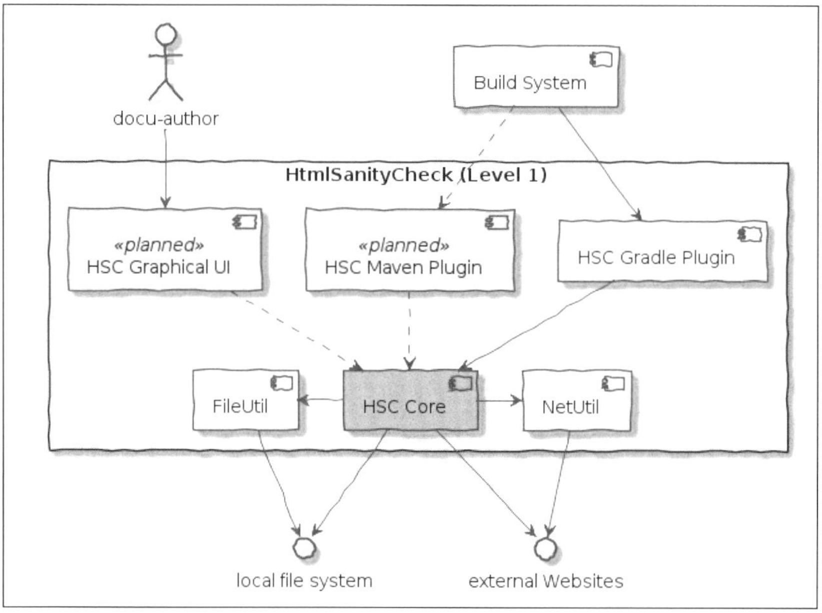

Abbildung 3.6 Die Ebene 1 des »HTMLSanityCheck«-Beispiels (Quelle: *https://github.com/aim42/htmlSanityCheck*)

In Ebene 2 werden die HSC-Core-Komponenten detailliert mithilfe einer Whitebox dargestellt (siehe Abbildung 3.7). Auch hier sind in der Dokumentation die einzelnen Bestandteile in einer Tabelle mit ihren entsprechenden Aufgaben erläutert.

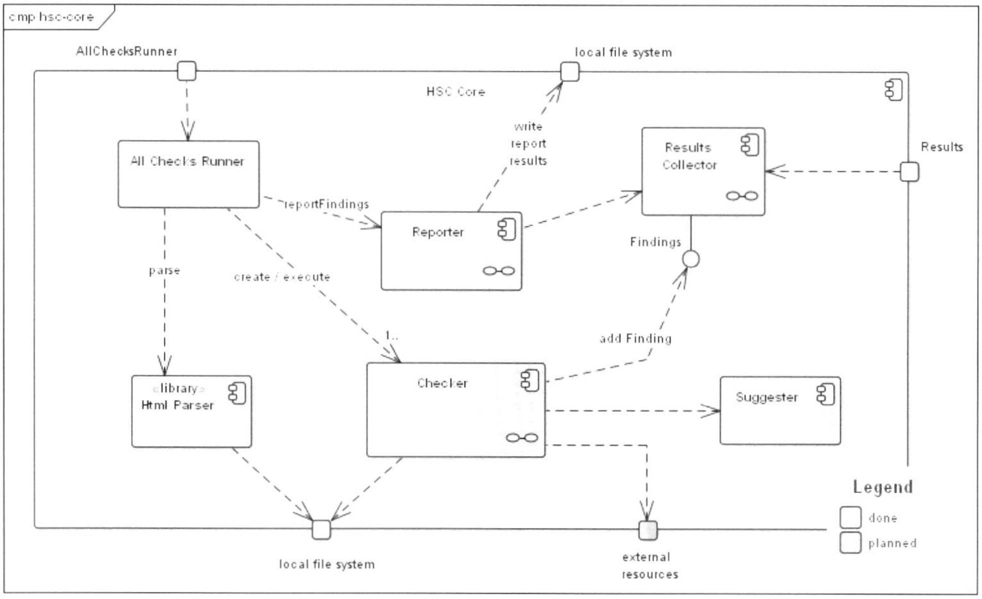

Abbildung 3.7 HSC-Core-Darstellung auf Ebene 2 als Whitebox

Laufzeitansicht

In der Laufzeitsicht werden wichtige bzw. kritische konkrete Abläufe, Aufgaben und Beziehungen zwischen den Bausteinen der Architektur aufgezeigt. Dabei kann es sich um interne wie auch um externe Komponenten handeln.

Mithilfe von Szenarien werden die Kenntnisse über die einzelnen Bausteine und ihre Interaktion mit anderen Komponenten vertieft. Einzelne Szenarien können per Text oder per Diagramm beschrieben werden.

Verteilungssicht

Software wird auf Hardware ausgeführt. Die Verteilungssicht zeigt die technische Infrastruktur mit sämtlichen Umgebungen, Computern, Prozessoren, Netzwerken und Netzwerktopologien und ordnet die Softwarebausteine entsprechend zu (siehe Abbildung 3.8).

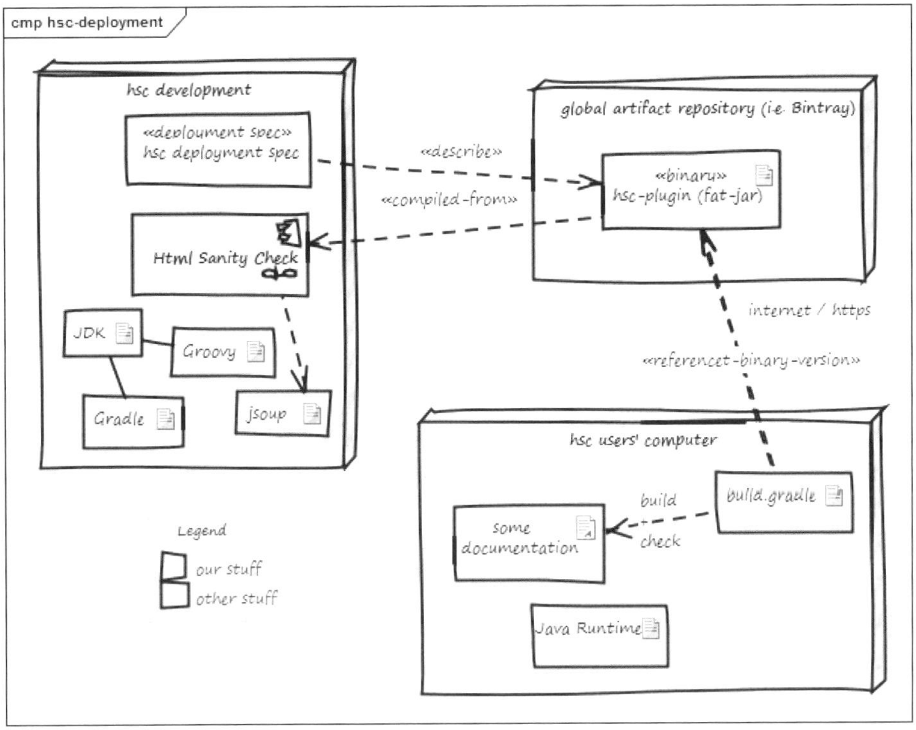

Abbildung 3.8 Verteilungssicht der HSC-Anwendung

Querschnittliche Konzepte

In diesem Abschnitt werden wesentliche Regelungen, Lösungsansätze und Konzepte dokumentiert, die mehrere Bausteine betreffen. Das können ganz unterschiedliche Themen sein:

- Modelle, insbesondere fachliche Modelle
- der eingesetzte Architekturstil
- verwendete Architektur- oder Entwurfsmuster
- Regeln für den konkreten Einsatz von Technologien oder Bibliotheken
- Implementierungsregeln

Architekturentscheidungen

Architekturentscheidungen sollten immer klar durchdacht, bewusst getroffen und mit Begründungen dokumentiert werden.

In diesem Abschnitt werden die architektonisch wichtigen Entscheidungen mit einer entsprechenden Begründung dokumentiert, und auch die Dokumentation von verworfenen Alternativen, auf die später zurückgegriffen werden könnte, sollte hier Bestandteil sein.

Qualitätsanforderungen

Jede Qualitätsanforderung kann die Softwarearchitektur beeinflussen. Aus diesem Grund ist es wichtig, diese zu kennen und transparent darzustellen.

In diesem Abschnitt des Templates werden die bereits in der Einleitung aufgeführten wichtigsten Qualitätsziele mit allen weiteren Qualitätsanforderungen möglichst komplett in Form eines sogenannten Qualitätsbaums mit Szenarien dargestellt.

Die Szenarien sollen aufzeigen, wie ein System beim Eintreten bestimmter Vorkommnisse reagiert, und die eventuell vage formulierten Anforderungen möglichst gut konkretisieren.

Anforderungen zur Performance könnten beispielsweise mit konkreten Werten hinterlegt werden: »Das System muss in maximal 100 ms eine Antwort liefern.«

Risiken und technische Schulden

In jeder Software finden sich potenzielle Probleme bzw. unausgereifte Stellen, mit denen das Entwicklungsteam noch nicht zufrieden ist. In diesem Abschnitt werden sie in Form einer priorisierten Liste aufgeführt und damit transparent.

Die Punkte der Liste können bereits mit Lösungsvorschlägen versehen werden, damit diese direkt eingeplant werden können.

Glossar

Im Abschnitt des Glossars werden sämtliche wichtige Domänen- bzw. Fachbegriffe, die für die Kommunikation mit den einzelnen Stakeholdern verwendet werden, aufgeführt und erläutert. Allgemein bekannte Akronyme wie HTTPS oder REST müssen hier nicht aufgeführt werden.

Ein Glossar kann auch als Übersetzungsreferenz in internationalen Umfeldern hilfreich sein.

3.3 UML zur Darstellung von Software

Die *Unified Modeling Language* (UML) ist eine Modellierungssprache, die unter anderem entwickelt wurde, um die Kommunikation zwischen Softwareentwicklern untereinander zu verbessern und es ihnen zu erleichtern, die Software zu verstehen. Mit den grafischen Sprachelementen der UML können Spezifikation, Konstruktion, Dokumentation und Visualisierung von Softwaresystemen vorgenommen werden.

Die erste Version der UML entwickelte sich in den 1990er-Jahren, nachdem bereits einige Modellierungssprachen und Methoden für die objektorientierte Softwareentwicklung entstanden waren. Grady Booch, Ivar Jacobson und James Rumbaugh haben während ihrer Zeit bei Rational Software maßgeblich an der Definition der Sprache gearbeitet und gelten aus diesem Grund als »Väter« der UML.

Im Jahr 1997 wurde die Unified Modeling Language der *Object Management Group* (OMG) übergeben und von ihr als Standard akzeptiert. Seit dieser Zeit wird die UML stetig weiterentwickelt.

In heutigen Softwaresystemen ist die UML ein verbreitetes Werkzeug für die Modellierung bzw. die einheitliche Dokumentation, auch wenn in den wenigsten Fällen der komplette Funktionsumfang der Sprache genutzt wird. Denn die bekannte grafische Notation ist nur ein Teilaspekt zur Darstellung der durch die UML beschriebenen Modelle.

Die UML-2.3-Spezifikation definiert 14 unterschiedliche Diagramme, die grob in zwei Hauptkategorien unterteilt werden können:

Strukturdiagramme

- Klassendiagramm
- Objektdiagramm
- Paketdiagramm
- Komponentendiagramm
- Verteilungsdiagramm
- Profildiagramm
- Strukturdiagramm

Verhaltensdiagramme

- Aktivitätsdiagramm
- Anwendungsfalldiagramm
- Interaktionsübersichtsdiagramm
- Kommunikationsdiagramm
- Sequenzdiagramm
- Zeitverlaufsdiagramm
- Zustandsdiagramm

UML-Diagramme kommen in der modernen Softwareentwicklung oft zum Einsatz. Deshalb stelle ich die bekanntesten und verbreitetsten Diagramme in den folgenden Abschnitten dar. Damit wird es Ihnen möglich, eigene Diagramme zu erstellen; allerdings kann ich Ihnen hier aus Platzgründen keine vollumfängliche UML-Einführung bieten. Für die Diagramme in diesem Buch nutze ich ebenfalls die UML-Notation für eine Visualisierung. Zum Einsatz kommt hier das verbreitete, einfach nutzbare und – im Gegensatz zu etlichen kommerziellen Werkzeugen – leichtgewichtige Open-Source-Modellierungswerkzeug *PlantUML*, mit dem aus Textdateien grafische UML-Diagramme erstellt werden können, meist direkt aus der Entwicklungsumgebung heraus. In Abschnitt 3.5.2 werde ich das Tool genauer vorstellen.

PlantUML

PlantUML ist eine Open-Source-Komponente, mit der Sie aus Textdateien unterschiedliche Diagramme erstellen können.

Sie finden PlantUML und dessen Dokumentation unter: *https://plantuml.com/*

3.3.1 Anwendungsfalldiagramm / UseCase Diagram

Mit einem Anwendungsfalldiagramm sollen die Funktionen bzw. Aktionen eines Systems und deren Interaktionen mit den Benutzern oder anderen Systemen dargestellt werden. Das Ziel ist es, die funktionalen Anforderungen an das System aufzuzeigen und zu visualisieren, wie ein Benutzer mit dem System interagieren kann, um seine Ziele zu erreichen.

Drei Elemente sind, wie in Abbildung 3.9 dargestellt, definiert:

- **Akteur** – Ein *Akteur* ist ein Nutzer, der mit einem System interagiert. Akteure werden als »Strichmännchen« dargestellt. Es kann sich um Personen, aber auch um externe Systeme handeln.
- **Anwendungsfall** – Das ist eine einzelne Aktion, die von einem Nutzer ausgeführt werden kann. Sie wird als Ellipse dargestellt und kann durch entsprechende Beziehungen untergliedert oder mittels »Vererbung« erweitert werden.

- **Kontext** – Der Systemkontext wird als Rechteck gezeichnet und umschließt die in ihm definierten Anwendungsfälle.

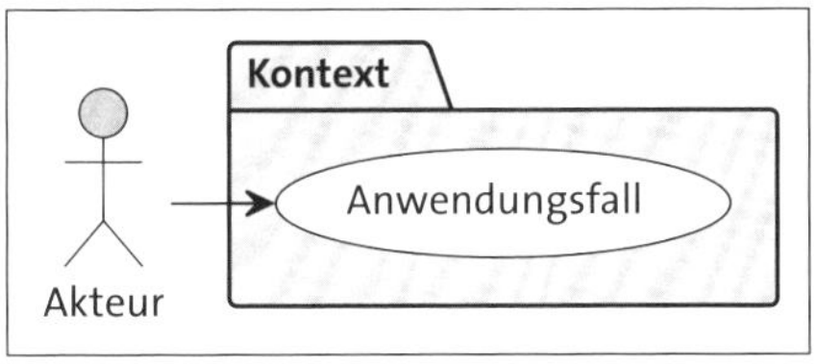

Abbildung 3.9 Elemente eines Usecase-Diagrams

Anwendungsfalldiagramme enthalten keine weiteren Details wie z. B. Angaben zur Reihenfolge, in der die einzelnen Interaktionen ausgeführt werden müssen. Sie dienen in erster Linie dazu, Ihnen einen Überblick über das System und dessen Kontext zu vermitteln, und werden meist durch eine textuelle Beschreibung ergänzt.

In Abbildung 3.10 sind beispielhaft Anwendungsfälle einer Schulungsfirma dargestellt, in denen ein Kunde Schulungen buchen kann, entweder online oder per Telefon. Nach dem Eingang einer Buchung wird diese durch einen Mitarbeiter des Schulungsmanagements bestätigt, der zuvor einen entsprechenden Raum buchen muss. Die Terminbestätigung beinhaltet den Versand einer Teilnahmebestätigung an den Teilnehmer.

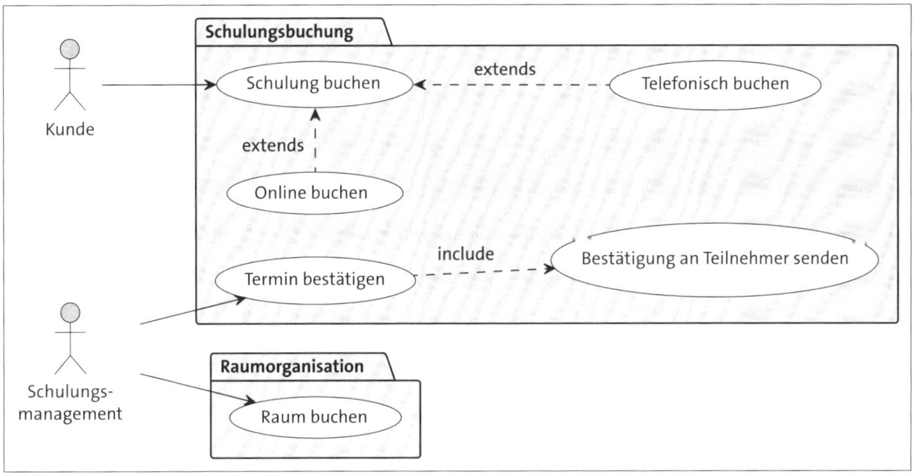

Abbildung 3.10 Beispiel für ein UML-Anwendungsfalldiagramm

3.3.2 Klassendiagramm

Klassendiagramme werden bei der objektorientierten Programmierung mit Abstand am häufigsten genutzt. Sie dienen zur grafischen Darstellung von Klassen und Interfaces sowie von deren Beziehungen zueinander.

Jede Klasse und jedes Interface wird als Rechteck dargestellt und enthält neben dem Namen die Attribute und die Methoden der Klasse bzw. des Interfaces.

In Abbildung 3.11 ist die Darstellung des Modellierungstools PlantUML für Klassen gezeigt, wie sie innerhalb dieses Buchs verwendet wird. Folgende Informationen können für eine Klasse bzw. ein Interface dargestellt werden:

- **Name** – zeigt den Namen der Klasse oder des Interfaces.
- **Typ** – zeigt, ob es sich um eine Klasse, eine abstrakte Klasse oder um ein Interface handelt. Bei PlantUML werden Klassen mit einem »C«-Symbol, Interfaces mit »I« und – wie im Beispiel – abstrakte Klassen mit »A« gekennzeichnet.
- **Stereotyp** – Mit den sogenannten *Stereotypen* kann der Zweck einer Klasse dargestellt werden. In UML 2.1 wurden bereits einige Typen, wie der im Beispiel verwendete Typ `entity`, definiert. Bei Klassen, die z. B. mit `entity` markiert sind, handelt es sich um Klassen, die für die Umsetzung einer Geschäftslogik verwendet werden.
- **Generics Info** – Einige Programmiersprachen ermöglichen die Parametrisierung von Klassen. In Java oder Go sind das z. B. *Generics*. Mit diesem Zusatz, den sogenannten *Template Arguments*, kann die entsprechende Information angegeben werden.
- **Attribute** – Hier finden Sie die Auflistung aller Attribute mit ihren entsprechenden Sichtbarkeiten.
- **Methoden** – Ebenso wie die Attribute werden sämtliche Methoden mit ihren Sichtbarkeiten, Parametern und Rückgabewerten aufgeführt.

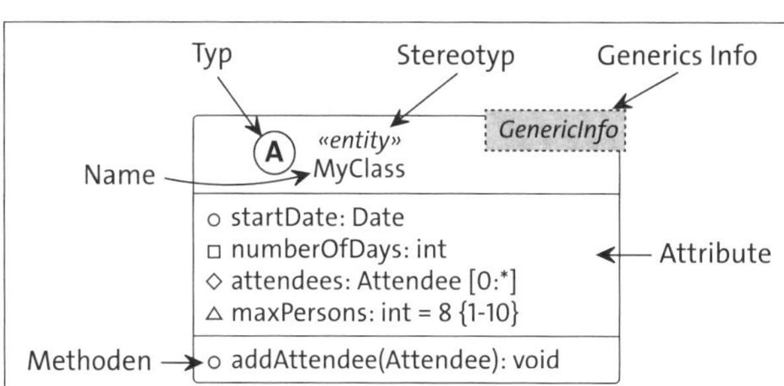

Abbildung 3.11 Darstellung einer Klasse am Beispiel von PlantUML

Die textuelle Darstellung der einzelnen Attribute eines Klassendiagramms folgt in verschiedenen UML-Tools (und dem UML-Standard entsprechend) typischerweise folgendem Schema:

```
[Sichtbarkeit] [/] name [: Typ] [ Multiplizität ] [= Vorgabewert] [
{eigenschaftswert*}]
```

Bei PlantUML werden die Sichtbarkeiten der Elemente dementsprechend innerhalb der Textdateien über einzelne Zeichen definiert und über Symbole in der grafischen Darstellung visualisiert.

- Ein Kreis entspricht `public` bzw. »+« in der PlantUML-Syntax.
- Ein Viereck entspricht `private` bzw. »-« in der PlantUML-Syntax.
- Eine aufgestellte Raute entspricht `protected` bzw. »#« in der PlantUML-Syntax.
- Ein Dreieck entspricht `package` bzw. »~« in der PlantUML-Syntax.

Methodensignaturen werden analog beschrieben und visualisiert. Wichtig ist hier, dass der Rückgabewert am Ende aufgenommen wird und nicht wie in vielen Programmiersprachen vorne in der Signatur:

```
[Sichtbarkeit] name [({Parameter})] [: Rückgabetyp] [{eigenschaftswert*}]
```

Abbildung 3.12 zeigt als Beispiel ein Klassendiagramm für eine Schulungsverwaltung, in dem auch Beziehungen zwischen den Klassen dargestellt sind.

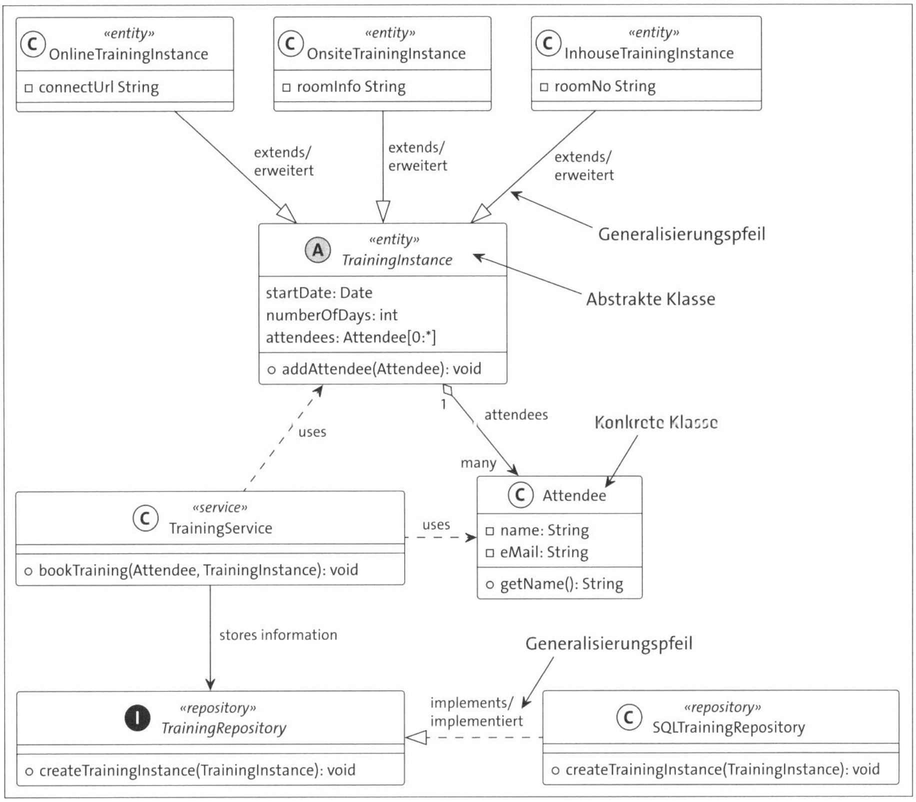

Abbildung 3.12 Beispiel für ein Klassendiagramm

Das Beispiel enthält die abstrakte Klasse `TrainingInstance`, die von den drei Klassen `OnlineTrainingInstance`, `OnsiteTrainingInstance` und `InhouseTrainingInstance` erweitert wird. Diese Generalisierung wird mit einem gerichteten, durchgezogenen Pfeil dargestellt, der von der speziellen zur generellen Implementierung führt und eine nicht gefüllte Pfeilspitze hat.

Auch Interface-Implementierungen werden über einen Generalisierungspfeil dargestellt, allerdings hat dieser eine gestrichelte Pfeillinie. Im Beispiel implementiert die Klasse `SQLTrainingRepository` das `TrainingRepository`-Interface.

Beziehungen zwischen Klassen, sogenannte *Assoziationen*, werden durch einfache Pfeile dargestellt. Der `TrainingService` nutzt z. B. das `TrainingRepository`, um Daten zu speichern. Oftmals wird über die Angabe von Multiplizitäten bei den Beziehungen festgehalten, wie viele der referenzierten Objekte zu den anderen Objekten in Relation stehen. Im Beispiel besitzt der `TrainingService` genau eine `TrainingRepository`-Instanz – auf eine Angabe wurde hier allerdings verzichtet.

Für die Durchführung eines Schulungstermins, die im Beispiel als `TrainingInstance` umgesetzt ist, werden ein oder mehrere Teilnehmer benötigt. Aus diesem Grund besitzt die Beziehung zwischen `TrainingInstance` und `Attendee` im Gegensatz dazu Multiplizitäten und der Beziehungspfeil ist um diese Information ergänzt.

Die Information, dass mindestens ein Teilnehmer vorhanden sein muss, kann mit UML über eine spezielle Art der Assoziation abgebildet werden: Dies sind Komposition und Aggregation (siehe Abbildung 3.13):

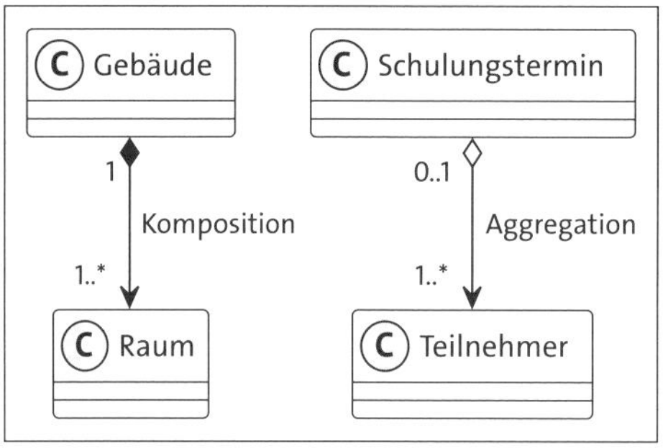

Abbildung 3.13 Darstellung von Komposition und Aggregation

- Eine *Komposition* beschreibt eine Beziehung zwischen einem Ganzen und dessen Teilen, bei der das Ganze nicht ohne seine Bestandteile existieren kann. Als klassisches Beispiel dient hier oftmals ein Gebäude, das nicht ohne Räume existieren kann.
- Wenn das Ganze auch ohne seine Teile existieren kann, wird von einer *Aggregation* gesprochen. Das ist zum Beispiel bei der Durchführung einer Schulung möglich: Auch wenn eine `TrainingInstance` ohne `Attendee` wenig Sinn ergibt, muss bei der Planung eine `TrainingsInstance` ohne `Attendee` angelegt werden können.

Dargestellt wird eine Aggregation mit einer nicht ausgefüllten Raute, die sich am Ende der Beziehung am Ganzen befindet. Bei der Komposition wird stattdessen eine ausgefüllte Raute verwendet (siehe Abbildung 3.13).

3.3.3 Sequenzdiagramm

Sequenzdiagramme werden für die Darstellung von Interaktionen in einem System eingesetzt und modellieren den Nachrichtenaustausch zwischen verschiedenen Objekten.

Jedes Objekt besitzt im Diagramm eine sogenannte *Lebenslinie*, die als Ausgangsbasis für einen Nachrichtenversand oder Empfang dient und als gestrichelte Linie unterhalb des Objekts dargestellt wird. Der Nachrichtenaustausch zwischen den Objekten wird durch Pfeile repräsentiert.

Eine Verzweigungs- bzw. Entscheidungssyntax ist in Sequenzdiagrammen nicht vorgesehen und es wird immer eine Variante eines Ablaufs dargestellt. Werden mehrere Varianten eines Ablaufs benötigt, müssen dementsprechend mehrere Diagramme erstellt werden.

In Abbildung 3.14 wurde als Beispiel ein Sequenzdiagramm für eine Schulungsbuchung erstellt. Ein Kunde, dessen Lebenslinie zur besseren Lesbarkeit des Diagramms in der Darstellung nicht abgebildet ist, löst im Buchungssystem zunächst eine neue Buchung aus.

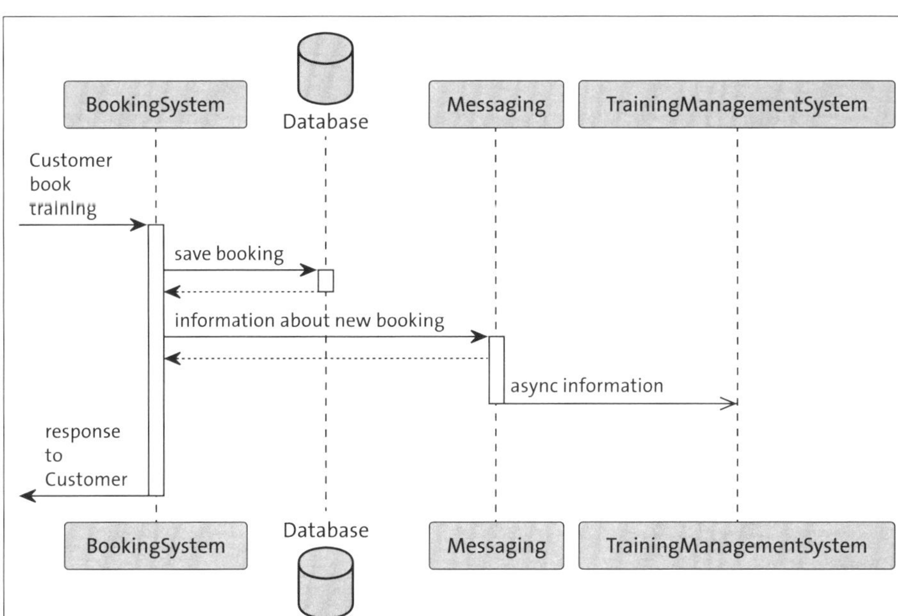

Abbildung 3.14 Beispiel für ein Sequenzdiagramm

Das System speichert daraufhin die Daten in einer Datenbank und erzeugt eine Nachricht im Messaging-System, dass eine neue Buchung eingegangen ist. Der Vorgang ist für den Kunden vorerst abgeschlossen. Asynchron wird allerdings die Nachricht mit der Information, dass eine neue Buchung erstellt wurde, an das `TrainingManagementSystem` übermittelt.

Die Unterscheidung zwischen synchronen und asynchronen Nachrichten wird über die Spitze des Pfeils bei der Nachrichtenübermittlung vorgenommen: Ist die Pfeilspitze ausgefüllt, handelt es sich um eine synchrone Nachricht. Bei nicht gefüllten Pfeilspitzen handelt es sich um eine asynchrone Nachricht, wie Sie im Beispiel rechts bei der Weiterleitung einer Nachricht an das `TrainingManagementSystem` sehen.

3.3.4 Zustandsdiagramm

Jedes Objekt in einem System kann während seines Lebenszyklus verschiedene Kombinationen von internen Informationen und somit unterschiedliche Zustände annehmen. Mithilfe eines UML-Zustandsdiagramms können die möglichen Zustände und deren Übergänge visualisiert werden.

Jedes Zustandsdiagramm hat einen Start- und einen Endpunkt, die jeweils auch als solche dargestellt werden. Im Gegensatz zum Startpunkt ist der Endpunkt umrandet.

Zwischen Start und Ende werden die Objektzustände sowie deren mögliche Übergänge aufgeführt. Übergänge werden durch Pfeile mit einer optionalen Beschriftung dargestellt; Zustände werden als Rechteck mit abgerundeten Ecken visualisiert.

Abbildung 3.15 zeigt als Beispiel die Zustände eines Schulungstermins in einer Schulungsverwaltung. Ein Schulungstermin kann demnach im Zustand »Im Angebot« sein, und sobald eine Buchung eingeht, wechselt der Status zu »Durchführung geplant«. Geht bis zum Termin keine Buchung ein, wechselt der Status auf »Abgesagt« usw.

Neben dem gezeigten Zustandsdiagramm für einen *Verhaltenszustand*, bei dem das Verhalten eines Objekts modelliert wird, können mit der UML auch sogenannte *Protokollzustände* modelliert werden.

Bei ihnen wird die zulässige Nutzung eines Objekts bzw. seines Verhaltens so beschrieben, wie in Abbildung 3.16 am Beispiel dargestellt. Mithilfe des Diagramms werden neben den Zuständen auch die möglichen aufrufbaren Methoden angegeben und spezifiziert.

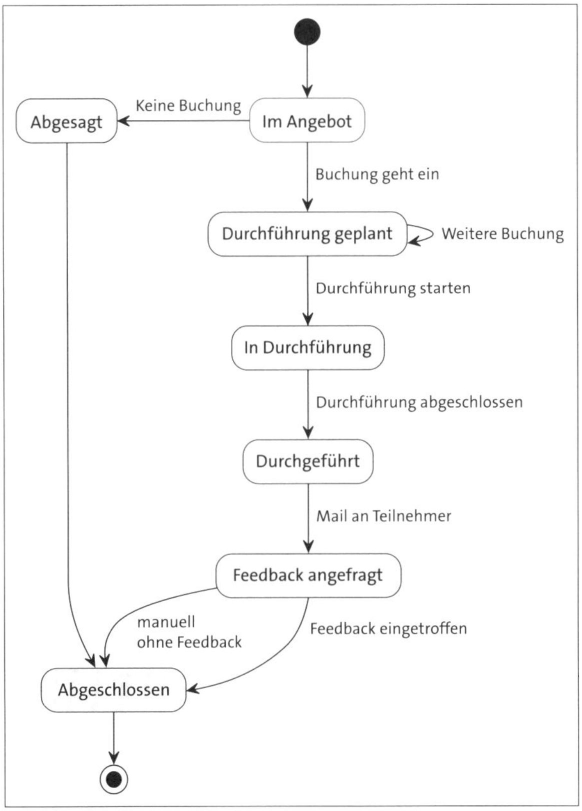

Abbildung 3.15 »TrainingInstance«-Zustandsdiagramm, hier ein Verhaltenszustand

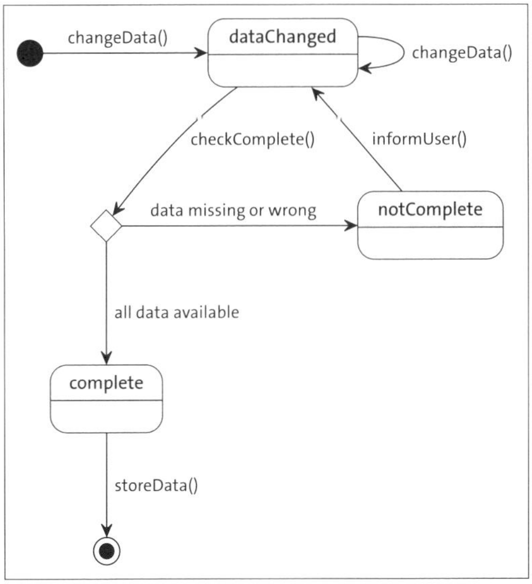

Abbildung 3.16 Protokollzustände mit Zustandsdiagramm

3.3.5 Komponentendiagramm

Das *Komponentendiagramm* zählt zu den Strukturdiagrammen in der UML und stellt Komponenten und deren Beziehungen zu anderen Komponenten im System dar.

In der UML bezeichnet der Begriff *Komponente* ein Modul, das aus mehreren Klassen besteht und als unabhängiges System bzw. Teilsystem betrachtet werden kann. Schnittstellen definieren die Verbindungen zu anderen Bestandteilen des restlichen Systems.

Mithilfe von Komponentendiagrammen können Softwaresysteme auf einer hohen Abstraktionsebene visualisiert werden, um einen möglichst guten Überblick über alle beteiligten Komponenten zu bieten. Vor allem in Cloud- bzw. Microservice-basierten Anwendungen, bei denen mehrere Komponenten zusammenspielen, ist diese Darstellung sinnvoll.

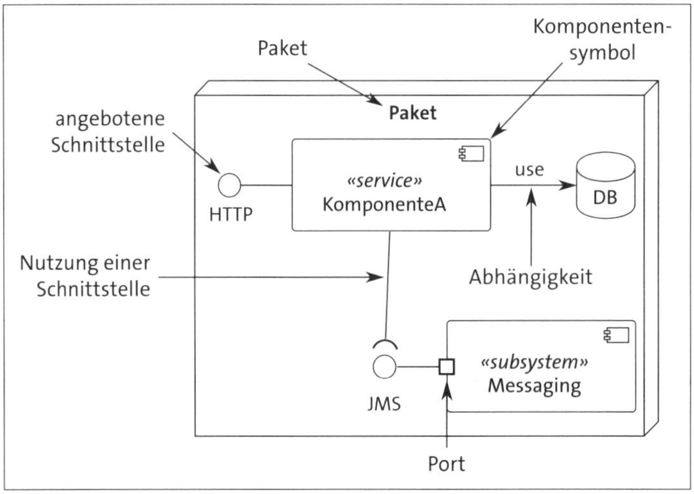

Abbildung 3.17 Bestandteile eines Komponentendiagramms

Die Diagramme bestehen aus mehreren Bestandteilen:

- **Komponente** – Die Komponenten werden als Rechtecke mit einem kleinen Komponentensymbol dargestellt. Manche Darstellungsvarianten verwenden den Stereotyp `<<component>>` für eine Auszeichnung.
- **Paket** – Mehrere Komponenten können in einem Paket zusammengefasst werden, um deren enge Bindung zu verdeutlichen. Pakete werden ebenfalls als Rechtecke bzw. Rahmen dargestellt.
- **Schnittstelle** – Jede Komponente kann eine oder mehrere Schnittstellen für die Kommunikation mit anderen Komponenten anbieten. Diese Schnittstellen können als Interaktionspunkte verwendet werden. Dargestellt werden angebotene Schnittstellen durch einen Kreis mit einer verbindenden Linie. Genutzte Schnittstellen werden mit einem Halbkreis und einer entsprechenden Linie dokumentiert.

- **Port** – Werden Aufrufe an einer bereitgestellten Schnittstelle in interne Klassen delegiert, wird dies über einen sogenannten Port visualisiert. Er wird als Viereck dargestellt.
- **Abhängigkeit/Beziehung** – Abhängigkeiten werden, wie in anderen UML-Diagrammen auch, als Linie zwischen den Komponenten gezeichnet. Auch hier gibt der Pfeil die Richtung der Abhängigkeit an.

Abbildung 3.18 zeigt die Bestandteile eines Komponentendiagramms für die Software einer Schulungsverwaltung. Das Diagramm zeigt drei unabhängige Anwendungsbestandteile und eine Cloud-basierte `Messaging`-Lösung, die zueinander in Verbindung stehen.

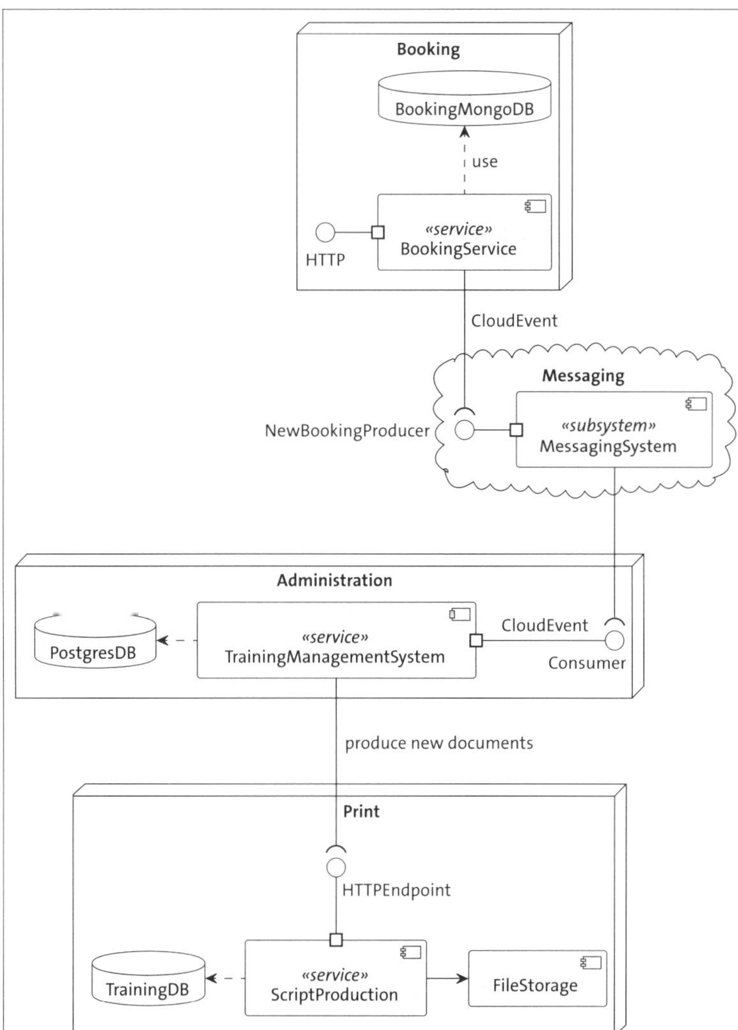

Abbildung 3.18 Komponentendiagramm der Schulungsanwendung

Über die `Booking`-Komponente kann eine Buchung ausgelöst werden, die mithilfe der `Messaging`-Lösung als Event an die `Administration`-Komponente weitergegeben wird. Die `Print`-Komponente wird per HTTP-Endpunkt aufgerufen und produziert Dokumente für die Schulung, die in einer Dateiablage gespeichert werden.

3.4 C4 Model zur Darstellung von Softwarearchitektur

Das *C4 Model* ist ein weiteres Darstellungskonzept, das von Simon Brown, einem unabhängigen englischen Softwarearchitekten, als leichtgewichtiger Ansatz zur Visualisierung von Softwarearchitekturen entworfen wurde. In seinem 2012 erschienenen Buch *»Software Architecture for Developers«* beschreibt Brown seine Erfahrung als Softwarearchitekt und stellt mit C4 eine Dokumentationsmöglichkeit vor, die mittlerweile wegen ihrer pragmatischen Herangehensweise bei Entwicklern sehr beliebt ist.

Simon Browns Ansatz zielt auf die Tatsache ab, dass in der Kommunikation über Software häufig sogenannte *Box-und-Linien-Diagramme* eingesetzt werden, wobei diese Darstellung der Architektur aber leicht zu Missverständnissen oder Verwirrung führt, da die Notation und deren Bedeutung nicht eindeutig geklärt ist. In jedem Diagramm werden zudem meist unterschiedliche Detaillierungsgrade verwendet und die enthaltenen Informationen, wie z. B. die eingesetzten Technologien oder Protokolle, unterscheiden sich meist von Diagramm zu Diagramm. Ohne Kontext sind viele Diagramme deshalb nicht zu verstehen.

Browns Meinung und Erfahrung nach sollten Diagramme klar und auch für Außenstehende ohne weitere Erklärung verständlich sein:

> *»Diagrams are the maps that help software developers navigate a complex codebase.« (Simon Brown)*

Das C4 Model stellt Softwaresysteme mithilfe von vier hierarchischen Abstraktionsebenen und Detaillierungsgraden dar, die mit den Ebenen assoziiert sind. Da die relevanten Schlüsselbegriffe der einzelnen Ebenen alle den Buchstaben C enthalten, spricht Brown eben vom »C4«-Modell:

- **System-Context (Level 1)** – Level 1 vermittelt einen Überblick, wie sich das Softwaresystem in die restliche Systemlandschaft eingliedert.
- **Container (Level 2)** – Level 2 ist eine vergrößerte und detailliertere Darstellung des Systems in Form von grobgranularen, technischen Bestandteilen (den sogenannten *Containern*) und deren Beziehungen untereinander.
- **Component (Level 3)** – Level 3 bietet eine vergrößerte Darstellung eines Containers mit dessen internen Bestandteilen.

- **Code (Level 4)** – Auf Level 4 sehen Sie eine weitere Vergrößerung einer Komponente und die Darstellung von deren Implementierung in klassischer Form von z. B. UML-Klassendiagrammen.

Für jede dieser Ebene können mehrere *Sichten* erstellt werden, die wiederum jeweils nur einen speziellen Ausschnitt der Ebene darstellen.

Die Einteilung in vordefinierte Ebenen schafft ein einheitliches Vokabular für die einzelnen Bausteine einer Architektur und beschreibt entsprechende Detaillierungsgrade für eine Darstellung. Die folgenden Abbildungen (Abbildung 3.19, Abbildung 3.21, Abbildung 3.22, Abbildung 3.23) zeigen einen Überblick über die C4-Darstellungen und deren Detaillierungs- bzw. Zoomstufen. Genauere Details sind in dieser Übersicht noch nicht zu erkennen. Auf diese gehe ich in den folgenden Abschnitten ein.

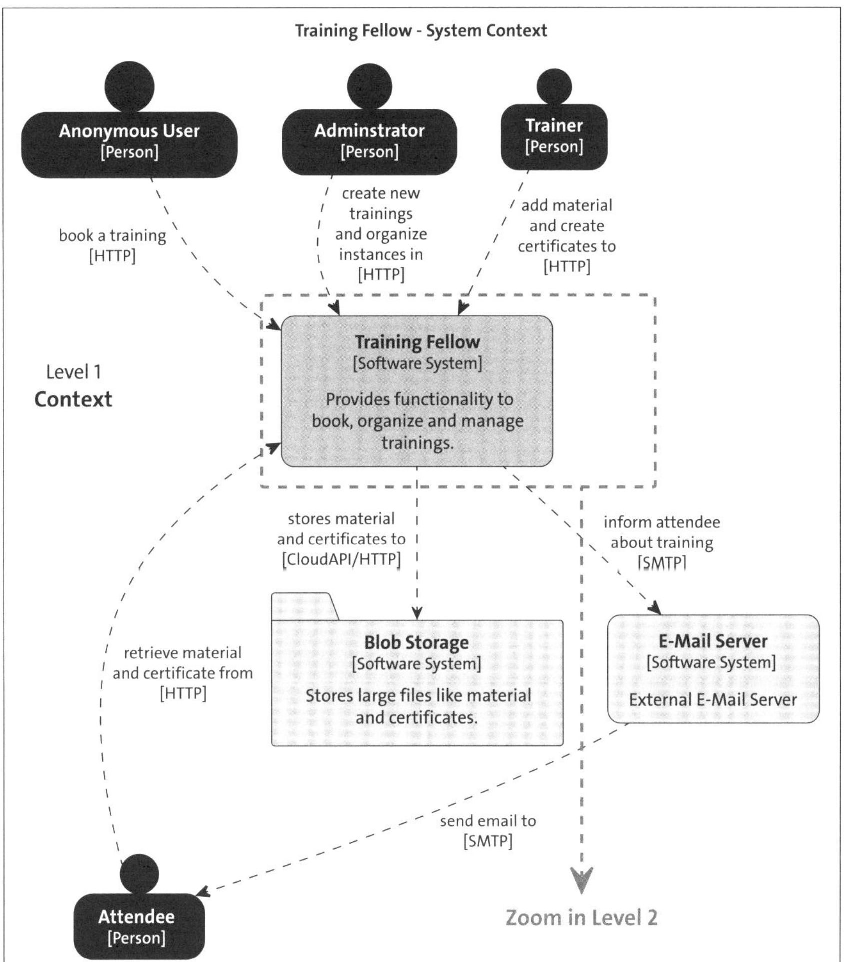

Abbildung 3.19 System-Context (Level 1) im »C4 Model«

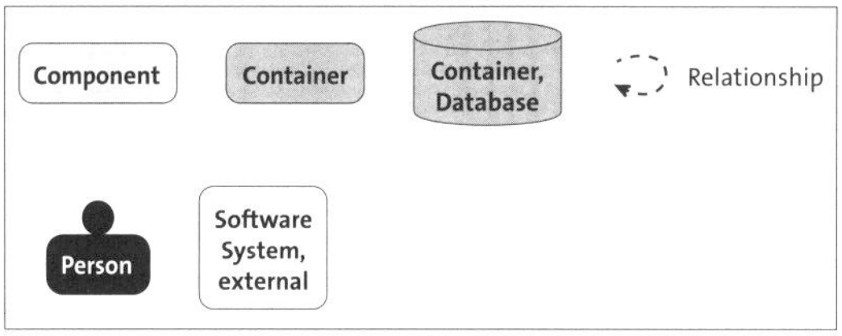

Abbildung 3.20 Legende für den System-Context (Level 1)

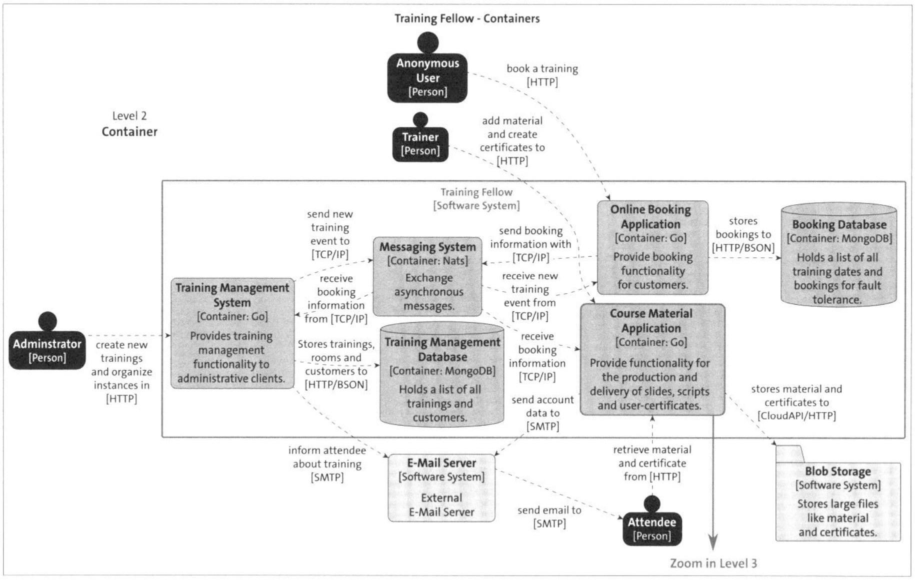

Abbildung 3.21 Container (Level 2, auch C2) im »C4 Model«

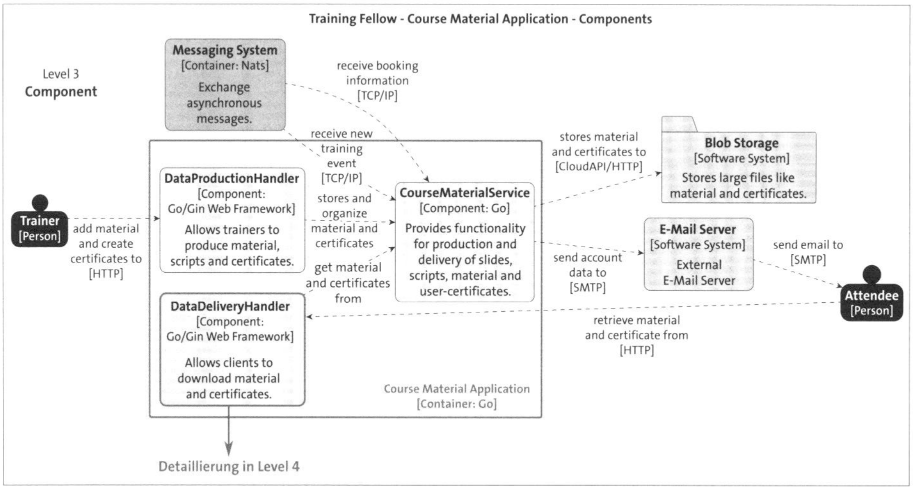

Abbildung 3.22 Component (Level 3, auch C3) im »C4 Model«

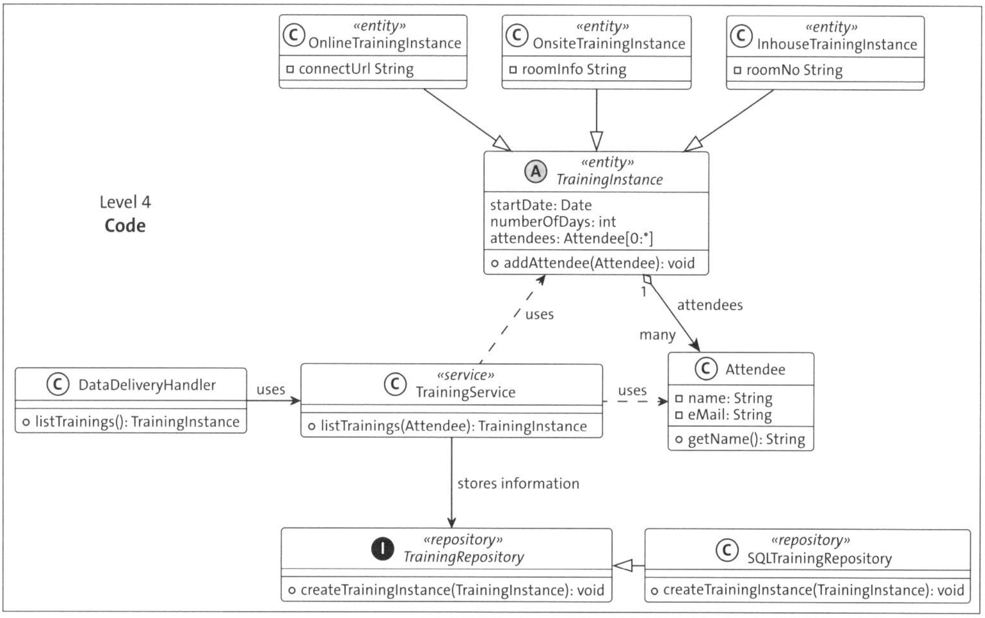

Abbildung 3.23 Code (Level 4, auch C4) im »C4 Model«

Verschiedene Tools bieten die Möglichkeit, die Modelle so darzustellen, dass bei der Anzeige in die entsprechende Verfeinerungsebene verzweigt werden kann, wodurch der Betrachter interaktiv durch das Modell navigieren kann.

Gerne werden die C4-Diagramme mit einer Darstellung von Landkarten oder der Verwendung von z. B. Google Maps verglichen. Auch in diesen Fällen werden in unterschiedlichen Detailstufen verschiedene Informationen dargestellt und spezielle Ansichten liefern ausgewählte Details. Ein S-Bahn-Plan enthält beispielsweise keine Informationen über das Autobahnnetz, da es in diesem Kontext nicht relevant ist. Für mehr Information zoomt man hinein, und für einen besseren Überblick kann wieder herausgezoomt werden.

Da im Gegensatz zur UML bei den C4-Diagrammen keine feste Notation bzw. Designsprache vorgeschrieben ist, besteht die Möglichkeit, eigene Elemente oder Designs zu definieren und zu verwenden.

Wenn Sie das tun, ist es sinnvoll – und von Brown empfohlen –, eine Legende entweder direkt in das Diagramm oder separat als Erläuterung zu erstellen. Das ermöglicht es, die Bedeutung von Formen, Linienart, Farbe, Umrandungen oder Abkürzungen klar zu kennzeichnen und die Verständlichkeit zu erhöhen. Abbildung 3.20 zeigt beispielsweise eine Legende für das Diagramm in Abbildung 3.19.

Weit verbreitet ist eine Notation der C4-Diagramme, wie sie für die Beispiele mit *Structurizr* erzeugt wird. Structurizr ist ein Modellierungswerkzeug, mit dem verschiedene Ansichten aus einem gemeinsamen textuell beschriebenen Modell erzeugt werden können. Das Tool stelle ich noch in Abschnitt 3.5.3 genauer vor.

In Abbildung 3.24 sind die gängigen Darstellungsformen zusammengefasst. Jedes Element hat einen Namen, einen angegebenen Elementtyp und eine Beschreibung. Zusätzlich können technische Details aufgenommen werden, die je nach Detaillierungsgrad der Ansicht angezeigt werden können. Farben unterstützen die Darstellung. Externe Systeme sind beispielweise grau hinterlegt. Für das Beispiel wurde auf eine Unterscheidung zwischen synchronen und asynchronen Aufrufen verzichtet, aber auch solche Details könnten über eine unterschiedliche Farbwahl der Beziehungspfeile dargestellt werden.

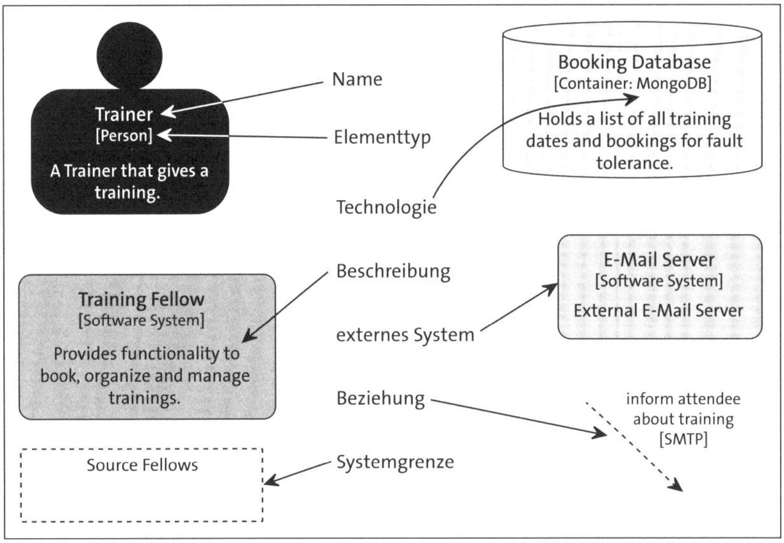

Abbildung 3.24 Legende für die benutzte Notation

3.4.1 System-Context (Level 1 bzw. C1)

Das System-Context-Diagramm soll technisch wie auch nicht technisch Interessierten einen Überblick über das System vermitteln und folgende Fragen beantworten:

- Was ist das Softwaresystem, das erstellt wurde bzw. erstellt wird?
- Wer benutzt das System?
- Wie fügt es sich in die Systemlandschaft ein?

Auf dieser Ebene werden, wie Sie es in Abbildung 3.25 für die Training-Fellow-Beispielanwendung sehen, noch wenige Details dargestellt. Das Ziel ist hier, einen groben Überblick über das System und dessen Abhängigkeiten in einem sogenannten *Big Picture* aufzuzeigen.

Das System wird als zentrale Box dargestellt, um die sich die restlichen Beteiligten anordnen. Sämtliche Abhängigkeiten zu externen Systemen und Anwendern werden in das Diagramm eingezeichnet, und im Idealfall wird jede Beziehung mit einer kurzen Information versehen, warum und wie mit dem externen System bzw. Anwender kommuniziert wird. 3

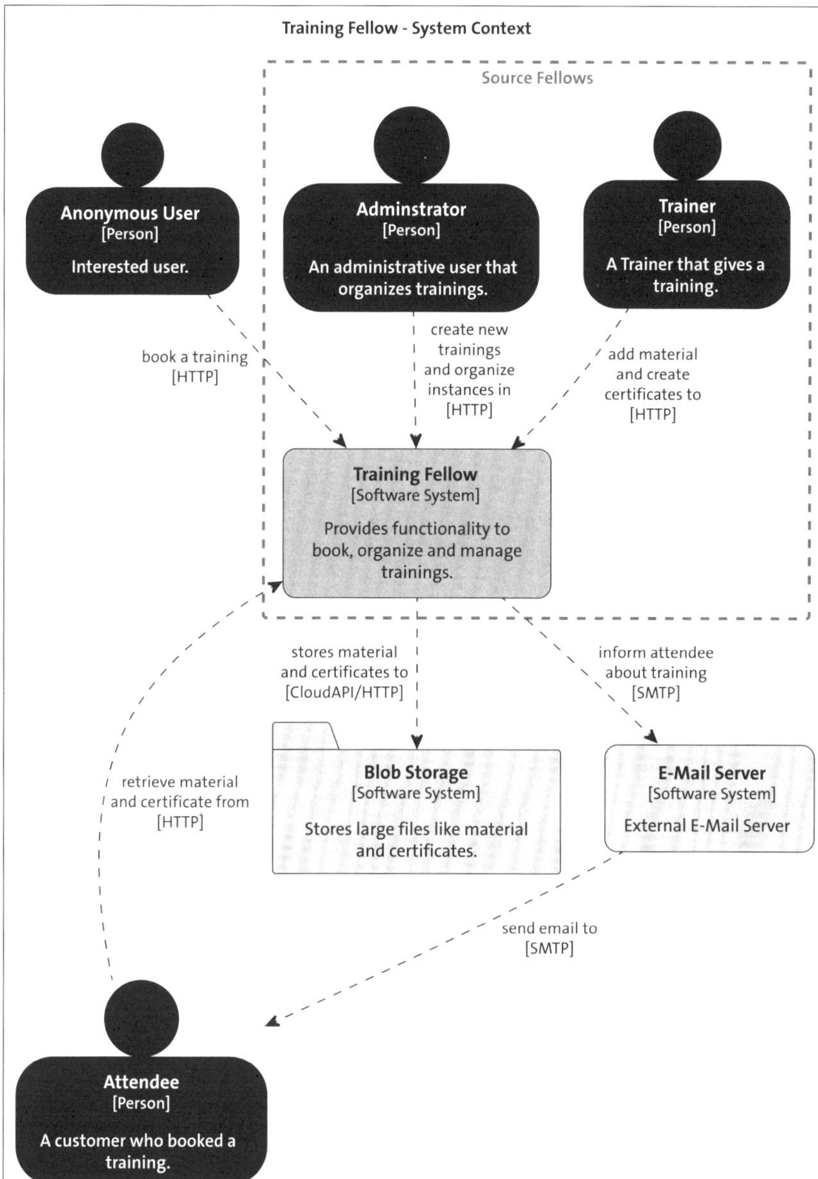

Abbildung 3.25 C4-System-Context-Beispiel

3.4.2 Container (Level 2 bzw. C2)

Auf der zweiten Abstraktionsebene zeigen Container-Diagramme den groben Aufbau der Softwarearchitektur sowie die Verantwortlichkeiten der darin enthaltenen einzelnen Bestandteile. Das Diagramm enthält bereits Details zu den verwendeten Technologien, allerdings auf einer recht hohen Abstraktionsebene.

Folgende Fragen sollen durch die Container-Diagramme beantwortet werden:

- Wie ist die Softwarearchitektur des Systems aufgebaut?
- Welche Technologieentscheidungen wurden auf hoher Abstraktionsebene getroffen?
- Wie sind die Verantwortlichkeiten über die einzelnen Bestandteile verteilt?
- Wie kommunizieren die einzelnen Container miteinander?
- In welchem Container soll Funktionalität durch das Entwicklungsteam umgesetzt werden?

Das Beispiel in Abbildung 3.26 verfeinert die System-Context-Ansicht der Training-Fellow-Beispielanwendung und zeigt, dass die Anwendung aus drei separaten Containern besteht, die asynchron über ein Messaging-System miteinander kommunizieren. Im vorliegenden Fall werden die Nachrichten über eine TCP/IP-Verbindung zwischen Container und Messaging-System ausgetauscht.

Die Verantwortlichkeiten der Komponenten sind jeweils vermerkt, sodass Erweiterungen an der entsprechenden Stelle vorgenommen werden können.

Wie Sie im Diagramm zu erkennen, ist der Training-Management-System-Container z. B. für die Verwaltung von Schulungen zuständig und stellt diese Funktionalität einem administrativen Anwender über eine HTTP-Verbindung zur Verfügung. Der Container ist in Go implementiert und nutzt für seine Aufgaben eine eigene MongoDB-Datenbank, in der alle Schulungen und Kundendaten gespeichert sind. Aus dem Diagramm wird zusätzlich ersichtlich, dass der Training-Management-System-Container Statusänderungen von Schulungsbuchungen per E-Mail an die Teilnehmer versendet und über das Messaging-System Nachrichten mit den anderen Containern austauscht. Er informiert über neu geplante Schulungstermine und erhält Nachrichten, wenn neue Buchungen vorgenommen wurden.

Der Detaillierungsgrad eines Container-Diagramms ist nicht explizit vorgegeben und kann selbst bestimmt werden. Es müssen keine technischen Details angegeben werden, allerdings können bestimmte Entscheidungen durch die Darstellung von mehreren Informationen besser nachvollzogen werden.

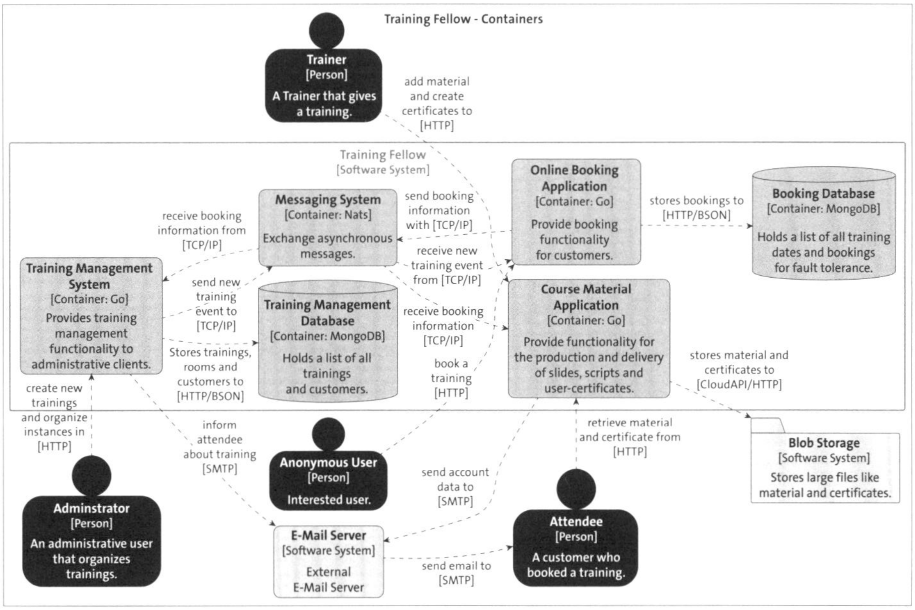

Abbildung 3.26 Beispiel für ein C4-Container-Diagramm

3.4.3 Component (Level 3 bzw. C3)

Die dritte Ebene der C4-Diagramme zeigt einzelne Komponenten mit zusätzlichen Details zur Technik und deren internen Aufbau. In Abbildung 3.27 ist die `Course Material Application` dargestellt, die für die Erstellung und Verwaltung von Schulungsmaterialien und Zertifikaten zuständig ist.

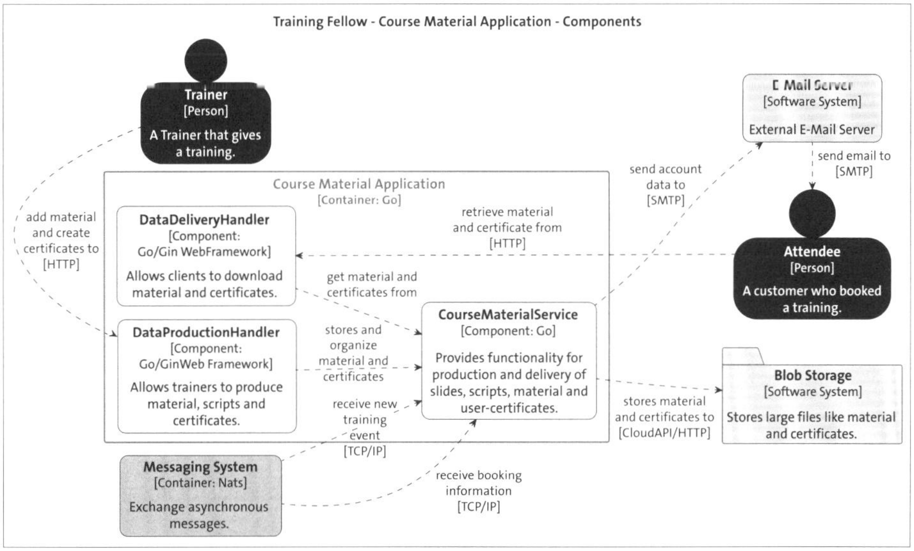

Abbildung 3.27 Die »Course Material«-Component im »C4 Model«

Das Diagramm stellt immer nur genau einen Container dar und soll folgende Fragen beantworten:

- Aus welchen Komponenten besteht ein Container?
- Sind alle Komponenten einem Container zugeordnet?
- Ist auf abstrakter Ebene klar, wie die Software arbeitet?

Für die `Course Material Application` aus dem Beispiel sind drei interne Komponenten aufgeführt: zwei Handler-Implementierungen, die für eine HTTP-basierte Kommunikation mit Anwendern zuständig sind, und eine Service-Komponente, in der die Geschäftslogik enthalten ist. Jede Komponente besitzt ihre Verantwortlichkeit sowie weitere Informationen zu den internen technischen Details. Aus dem Container-Diagramm wird ersichtlich, dass es sich um eine Go-basierte Anwendung handelt, und aus den weiteren Details wird klar, dass das *Gin*-Web-Framework für die Handler-Implementierungen eingesetzt wird.

In diesem Beispieldiagramm sind keine Infrastrukturkomponenten oder *Querschnittsbelange*, wie sie z. B. für das Logging benötigt werden, aufgeführt, da diese für den Anwendungsfall nicht geschäftskritisch sind. Sind diese Informationen wichtig bzw. kritisch, können die benötigten Komponenten aufgenommen werden oder kann über einen zusätzlichen Kommentar auf ihren Einsatz hingewiesen werden. Ebenso möglich ist eine gesonderte Darstellung der betroffenen Komponenten durch eine farbliche Kennzeichnung und Beschreibung in der Legende.

Dasselbe gilt für gemeinsam genutzte Funktionalität. Ist diese geschäftskritisch, sollte die Information aufgenommen werden; wenn nicht, ist ein Verweis ausreichend.

3.4.4 Code (Level 4 bzw. C4)

Den letzten und höchsten Detaillierungsgrad in den C4-Diagrammen stellen die Code-Level-Diagramme dar. Sie sollen aufzeigen, wie eine einzelne Komponente auf Code-Ebene aufgebaut bzw. strukturiert ist und intern arbeitet.

Für die Darstellung auf dieser Ebene können UML-Diagramme bzw. Ausschnitte aus diesen verwendet werden. Sinnvoll sind hier Klassen- oder Sequenzdiagramme.

Simon Brown empfiehlt, diese Ebene nicht in das Modell aufzunehmen, da der Inhalt überwiegend automatisiert über Tools aus dem Sourcecode erstellt werden kann: Der Aufwand für eine manuelle Erstellung der Ebene ist im Vergleich zu ihrem Nutzen zu hoch.

Generierung der C4-Diagramme

In Abschnitt 3.5.2 und Abschnitt 3.5.3 stelle ich die beiden Tools *PlantUML* und *Structurizr* vor, mit denen sich C4-Modelle beschreiben und darstellen lassen.

3.5 Doc-as-Code

In der Vergangenheit wurde die Softwaredokumentation bzw. Architekturdokumentation oftmals parallel zur Entwicklungsarbeit mit separaten Werkzeugen erstellt und verwaltet, z. B. mit einem eigenständigen UML-Editor, Powerpoint, Microsoft Word oder mit Wiki-Systemen wie Atlassian Confluence. Diese Tools lassen sich nicht bzw. nur sehr schlecht in den Entwicklungsprozess integrieren und die Entwickler sind oftmals dazu gezwungen, für ihre Arbeit ihre gewohnte Umgebung, also die Entwicklungsumgebung, zu verlassen und zu den Dokumentationswerkzeugen zu wechseln. Eventuell sind die Tools nicht für ihre Entwicklungsplattform verfügbar und müssen dann auf virtuellen Maschinen oder über Remote-Verbindungen eingesetzt werden.

Tools, die sich nur sehr schwer oder eventuell gar nicht in den Entwicklungsprozess integrieren lassen, haben Nachteile: Neue oder angepasste Features müssen z. B. dort konsequent dokumentiert bzw. nachdokumentiert werden. Selbst wenn das Entwicklungsteam die dazu benötigte Disziplin aufbringt, entsteht ein großer Aufwand, um die Dokumentation aktuell und vollständig zu halten.

Zudem erschweren manche Werkzeuge eine sinnvolle Zusammenarbeit der Teammitglieder untereinander, weil ihre Dateiformate nicht gemeinsam bearbeitet werden können oder manuelle Abläufe für den Release-Prozess aufgenommen werden müssen. Werden z. B. UML-Diagramme als PNG-Bilder eingebunden, kann an ihnen nicht kollaborativ gearbeitet werden.

Doc-as-Code hingegen verfolgt den Ansatz, Dokumentation wie Sourcecode zu betrachten und sie dementsprechend zu erstellen, zu bearbeiten und zu verwalten. Die einzelnen Dokumente werden dabei in leichtgewichtigen Textformaten erstellt und im verwendeten Sourcecode-Repository versioniert und verwaltet. Verschiedene Versionen können mit den gewohnten Werkzeugen verglichen werden, um im Bedarfsfall auf einen bestimmten Zustand zurückgesetzt zu werden.

Änderungen an den Dokumenten können, wie Sourcecode-Änderungen, mit Teammitgliedern abgestimmt und z. B. über Pull-Requests oder Review-Prozesse integriert werden.

Die Ablage der Dokumente innerhalb eines Sourcecode-Repositorys bietet nicht nur bei der Erstellung und Bearbeitung Vorteile. Aus den meist Plain-Text-Formaten können durch eine entsprechende Integration in bestehende Build-Prozesse verschiedene Ausgabeformate oder Umfänge generiert werden. Aus derselben Textquelle kann für jede Zielgruppe ein spezielles Ausgabedokument mit den passenden Inhalten zur Verfügung gestellt werden.

Auch eine Aggregation von Informationen aus mehreren Quellen, wie Textdatei und Sourcecode, wird möglich. Automatisch erstellte UML-Diagramme können direkt in die Dokumentation integriert werden und müssen nicht jeweils separat aktualisiert oder redundant vorgehalten werden.

Mit jedem Release einer Anwendung wird automatisch eine aktuelle Dokumentation erstellt und ausgeliefert. Sie wird ein auszulieferndes Artefakt und in den agilen Entwicklungsprozess als *Continuous Documentation* integriert.

Im Folgenden stelle ich Ihnen Formate und Tools vor, mit denen Sie einen Doc-as-Code-Ansatz verfolgen können.

3.5.1 AsciiDoc

AsciiDoc ist ein Textformat, mit dem Plain-ACSII-Text-Dokumente für eine strukturierte Dokumentation erstellt werden können. Es ist eine für Menschen lesbare, plattformunabhängige Auszeichnungssprache, analog zu *Markdown*, allerdings mit vielen zusätzlichen Funktionen und einer klar definierten Syntax.

AsciiDoc wurde entwickelt, um die Lücke zwischen reinem Text und komplexen Markup-Sprachen wie HTML oder LaTeX zu schließen. Aus den Dokumenten lassen sich verschiedene Ausgabeformate generieren, z. B. HTML, PDF, Word oder EPUB.

AsciiDoc und Asciidoctor

AsciiDoc ist eine einfache Textauszeichnungssprache für die Erstellung technischer Inhalte. Sie finden die Sprachspezifikation unter *https://asciidoc.org/*. Für die gängigen Entwicklungsumgebungen sind Plug-ins verfügbar, die Unterstützung beim Bearbeiten liefern und die Vorschau von Dokumenten ermöglichen.

Die Transformation von AsciiDoc-Dokumenten in die unterschiedlichen Ausgangsformate übernimmt *Asciidoctor* (*https://asciidoctor.org/*), das mit seinen vielen Erweiterungen gut in eine eigene Build-Pipeline integriert werden kann.

Das AsciiDoc-Format erinnert sehr stark an andere Auszeichnungssprachen. Die Textdatei in Listing 3.21 wird beispielsweise mittels Asciidocotor, wie in Abbildung 3.28 dargestellt, als PDF erzeugt:

```
= Hello, AsciiDoc!

Die Syntaxbeschreibung findet man unter: https://asciidoc.org[AsciiDoc].

== Section Title

* A list item
* Another list item
```

```
[source,go]
----
fmt.Println("Hello, World!")
----
```


Listing 3.21 AsciiDoc-Beispiel

Abbildung 3.28 Dieses PDF-Dokument wurde aus der AsciiDoc-Datei erzeugt.

Die Vorteile von AsciiDoc beim Erstellen technischer Dokumente wie Architektur-Dokumentationen bestehen zum einen im Tooling, das gut in die eigene Build-Pipeline aufgenommen werden kann, und zum anderen in der einheitlichen Syntax. In dieser Syntax sind alle bekannten Auszeichnungen enthalten (wie Tabellen, Listen etc.), aber auch z. B. das Einfügen externer Inhalte ist vorgesehen.

Der Kern des Toolings ist beispielsweise der sogenannte *Asciidoctor*, ein leistungsstarker Textprozessor, der AsciiDoc in verschiedene Formate wie HTML und PDF umwandelt.

Zusammenfassung der Vorteile:

- definierte Syntax – keine unterschiedlichen Grammatiken
- Generierung verschiedener Ausgabeformate möglich
- umfangreiches Tooling für Integration in die Build-Pipeline
- Einfügen von externen Inhalten aus externen Dateien gut möglich (Bilder, Grafiken, Sourcecode, AsciiDoc-Dokumente etc.)
- mögliche Nutzung von Variablen in Dokumenten
- Erstellung zielgruppengerechter Dokumentation durch die Aggregation von Inhalten

3.5.2 PlantUML

Mithilfe des Open-Source-Projekts *PlantUML* können Sie aus einfachen Textbeschreibungen verschiedene grafische Darstellungen erzeugen. Unterstützt werden mehrere UML-Diagramme, aber auch weitere Diagrammtypen wie z. B. *Wireframes* oder *Mindmaps*.

Bei PlantUML handelt es sich streng genommen um ein Zeichenwerkzeug, da die erstellten Modelle bzw. Zeichnungen nicht validiert und auf Konsistenz überprüft werden.

PlantUML-Diagrammtypen

Folgende Diagramme bzw. Darstellungen werden von PlantUML unterstützt:

- Sequenz-Diagramm
- Klassendiagramm
- Aktivitätsdiagramm
- Deployment Diagram
- Timing Diagram
- Display YAML Data
- Salt/Wireframe
- Gantt Diagram
- Work Breakdown Structure
- Entity Relationship Diagram
- Anwendungsfall-Diagramm
- Objektdiagramm
- Komponentendiagramm
- Zustandsdiagramm
- Display JSON Data
- Network diagram
- Archimate Diagram
- MindMap
- Maths

Die Diagramme können entweder selbst in einem Texteditor bzw. in der Entwicklungsumgebung erstellt oder mithilfe verschiedener Werkzeuge aus Quellcode generiert werden.

Sobald die Textbeschreibungen fertig sind, können sie mit dem verfügbarem Kommandozeilenwerkzeug in eine grafische Darstellung transformiert werden, z. B. in PNG- oder SVG-Dateien. Das ganze Layout der Diagramme übernimmt PlantUML, sofern Sie dies nicht durch eine eigene Konfiguration übersteuern.

Für die meisten Entwicklungsumgebungen stehen Plug-ins mit Syntaxhervorhebung und einer direkten Vorschau der Diagramme zur Verfügung.

Die Syntax ist für die unterschiedlichen Diagrammarten recht ähnlich. Es werden Elemente direkt oder implizit definiert, die über Beziehungen miteinander verbunden werden.

Das Beispiel in Listing 3.22 zeigt ein *Sequenz-Diagramm*, in dem die beiden Elemente `Alice` und `Bob` implizit definiert werden und mithilfe von Aufrufen kommunizieren, die als Pfeile `-->` beschrieben werden. Abbildung 3.29 zeigt das generierte Diagramm.

```
@startuml
Alice -> Bob: Authentication Request
Bob --> Alice: Authentication Response
Alice -> Bob: Another authentication Request
Alice <-- Bob: Another authentication Response
@enduml
```

Listing 3.22 PlantUML-Beispiel eines Sequenz-Diagramms

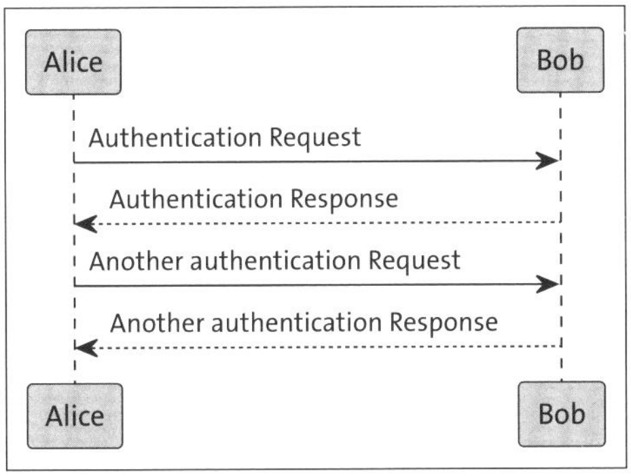

Abbildung 3.29 Generiertes PlantUML-Sequenz-Diagramm

Eine explizite Definition von Elementen ist beispielsweise für Klassendiagramme sinnvoll, sobald die Klasse Attribute und Methoden besitzt.

Das Beispiel in Listing 3.23 zeigt die explizite Definition der Klasse `A` mit dem Attribut `counter` und der abstrakten Methode `start`. Die Klasse `B` ist implizit definiert und erweitert die Klasse `A`. In Abbildung 3.30 sehen Sie das generierte Ergebnis.

```
@startuml
class A {
{static} int counter
+void {abstract} start(int timeout)
}
note right of A::counter
This member is annotated
end note
note right of A::start
This method is now explained in a UML note
end note

A <|-- B

@enduml
```

Listing 3.23 Definition einer Klasse in PlantUML – explizit und implizit

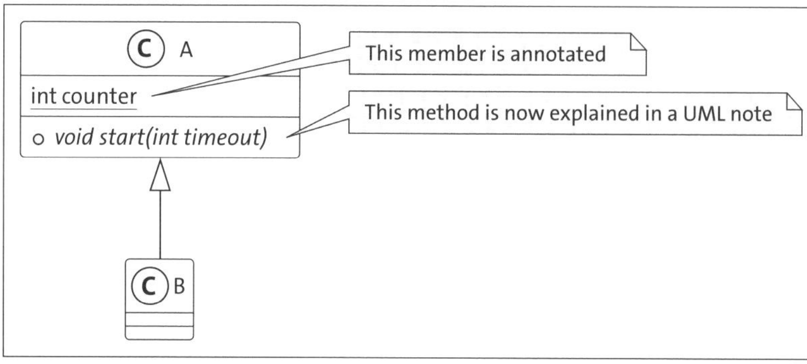

Abbildung 3.30 Erzeugtes PlantUML-Klassendiagramm

PlantUML-Diagramme lassen sich sehr gut in AsciiDoc-Dokumentationen einbinden und unter Umständen über Plug-ins direkt aus dem Sourcecode heraus während eines Build-Laufs generieren. Auf diesem Wege zeigen die Diagramme immer den aktuellen Stand der Anwendung und der Ansatz *Doc-as-Code* wird um *Diagrams-as-Code* erweitert.

Mermaid als Alternative zu PlantUML

Als Alternative zu *PlantUML* erfreut sich das Open-Source-Tool *Mermaid* zunehmender Beliebtheit. Mermaid ist ein JavaScript-basiertes Diagramm- und Chart-Tool, das ebenfalls Textdateien verarbeitet und grafisch darstellt. Obwohl die Syntax beider Werkzeuge ähnlich ist, gilt Mermaid bei manchen Anwendern als benutzerfreundlicher und einfacher zu erlernen, da es eine noch intuitivere Syntax und zusätzlich grafische Editoren bietet.

Im Internet finden Sie das Tool unter *https://mermaid.js.org/*.

3.5.3 Structurizr

Mit der *Structurizr*-DSL *(Domain Specific Language)* lassen sich komplette C4-basierte Softwarearchitekturmodelle in Form von Textdateien beschreiben und als Code verwalten. Obwohl Sie dazu auch andere Tools, z. B. PlantUML, verwenden können, bietet Structurizr einen besonders einfachen Weg zur Modellierung.

Für jedes erstellte Architekturmodell können Sie mehrere Ansichten bzw. Diagramme mit unterschiedlichen Detaillierungsstufen erzeugen (siehe Abbildung 3.31).

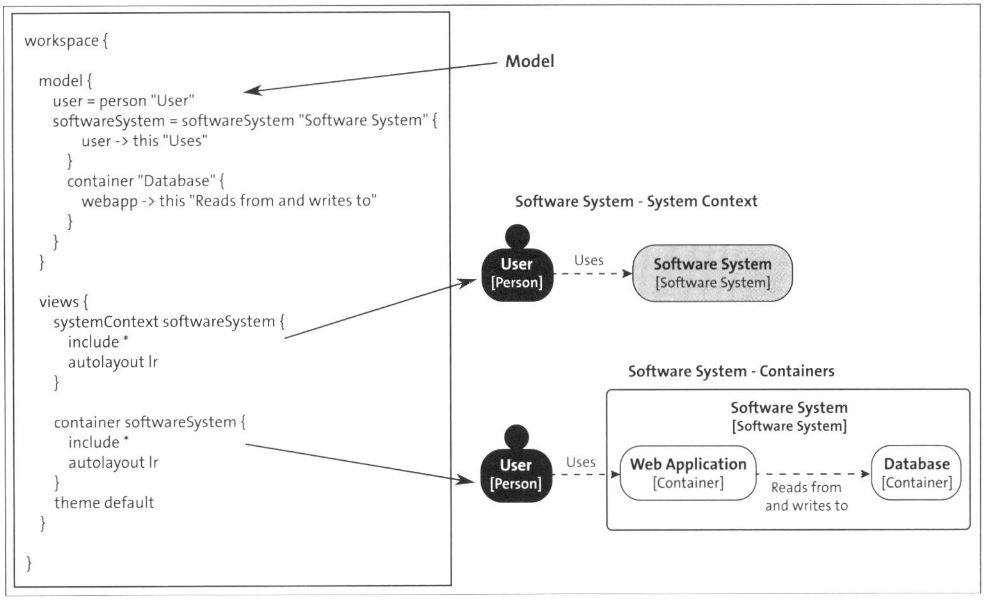

Abbildung 3.31 Structurizr-Modell und -Views

Ausgangsbasis für das Modell ist ein sogenannter `workspace`, in dem im Bereich eines `model` die aus C4 bekannten Bestandteile `component`, `container` oder `softwaresystem` definiert werden. Unterhalb des Elements `views` werden anschließend verschiedene Ansichten und deren Inhalt definiert.

Das Beispiel in Listing 3.24 zeigt ein Architekturmodell, das den Anwender `User` und das beschriebene Softwaresystem `Software System` enthält. Das Softwaresystem besteht wiederum aus den zwei Containern `Web Application` und `Database`. Über Pfeile `->` werden die Beziehungen zwischen den Bestandteilen beschrieben und in das Modell aufgenommen. Im Beispiel ruft der `User` beispielsweise den Container `Web Application` auf.

Im Bereich `views` sind zwei Ansichten definiert, in denen jeweils sämtliche Bestandteile angezeigt werden sollen.

Die Generierung der Diagramme erfolgt entweder über das Kommandozeilenwerkzeug *Structurizer CLI* oder über einen Server, der entweder selbst verwaltet oder als Cloud-Service genutzt wird.

Auch Structurizr-Diagramme lassen sich sehr einfach in AsciiDoc-Dokumente einbinden und durch Werkzeuge aus Code heraus generieren.

```
workspace {
    model {
        user = person "User"
        softwareSystem = softwareSystem "Software System" {
            webapp = container "Web Application" {
                user -> this "Uses"
            }
            container "Database" {
                webapp -> this "Reads from and writes to"
            }
        }
    }
    views {
        systemContext softwareSystem {
            include *
        }
        container softwareSystem {
            include *
        }
    }
}
```

Listing 3.24 Beispiel für ein Structurizr-Architekturmodell

Kapitel 4
Softwaremuster

Design-Pattern sind bewährte Rezepte in der Programmierung. Sie bieten Lösungen für wiederkehrende Probleme, denen Entwicklern immer wieder begegnen.
In diesem Kapitel stelle ich Ihnen gängige Software-Patterns detailliert vor. Ich erläutere ihre Struktur, typische Einsatzbereiche sowie praktischer Beispiele, um Ihnen das Verständnis und die Anwendung in der Praxis zu erleichtern.

Das Ziel der Design-Patterns ist es, einheitliche und bewährte Lösungen für wiederkehrende Probleme in der Softwareentwicklung zu beschreiben und zu standardisieren. Diese Muster dienen als Blaupausen, die Entwicklern helfen, robuste, effiziente und wartbare Software und Softwarearchitekturen zu erstellen.

Der Einsatz von Software-Design-Patterns kann die Qualität des Codes verbessern und gleichzeitig Zeit und Kosten sparen. Durch die Verwendung bewährter Schablonen können Entwickler effizienter arbeiten und müssen nicht für jede auftretende Herausforderung eine neue Lösung erfinden.

Zudem kann die Verwendung der etablierten Namen für Design-Patterns die Dokumentation vereinfachen und die Software verständlicher machen, da Entwickler die Funktion des Codes anhand des Namens sofort erkennen können, ohne den Quellcode detailliert studieren zu müssen bzw. in der Dokumentation jedes Detail nachlesen müssen. In diesem Kapitel beschreibe ich eine Auswahl von gängigen und noch gebräuchlichen GoF-Patterns sowie einige gängige sogenannte *Anti-Patterns*.

Die Beschreibung jedes Patterns folgt einer festen Struktur, die sich am Design-Muster-Buch der Gang of Four (GoF) orientiert. Folgende Abschnitte werden verwendet:

- Ursprung
- Problem und Motivation
- Lösung
- Lösungsbeispiel
- Wann kann oder soll man das Pattern einsetzen?
- Konsequenzen
- konkretes Beispiel

Die Lösungsbeispiele habe ich als UML-Diagramme dargestellt und in verschiedenen Programmiersprachen erstellt. Für jedes der Patterns ist zusätzlich ein Real-World-Beispiel aufgeführt, das den Einsatz in der »freien Wildbahn« zeigt.

Folgende Patterns finden Sie in den genannten Abschnitten:

- Factory-Method/Fabrikmethode (Abschnitt 4.1)
- Builder/Erbauer (Abschnitt 4.2)
- Strategy/Strategie (Abschnitt 4.3)
- Chain of Responsibility/Zuständigkeitskette (Abschnitt 4.4)
- Command/Kommando (Abschnitt 4.5)
- Observer/Beobachter (Abschnitt 4.6)
- Singleton/Einzelstück (Abschnitt 4.7)
- Adapter/Wrapper (Abschnitt 4.8)
- Iterator (Abschnitt 4.9)
- Composite/Kompositum (Abschnitt 4.10)

Kapitel 5, Kapitel 6 und Kapitel 7 befassen sich mit weiteren Patterns auf Softwarearchitektur- und Systemebene.

4.1 Factory-Method/Fabrikmethode

Ursprung: Gang of Four – Creational Pattern – Erzeugermuster

Das *Factory-Method Pattern* gehört zu der Kategorie der Erzeugermuster und dient dazu, Objekte, die von einem gemeinsamen abstrakten Basistyp abgeleitet sind, einheitlich zu erzeugen. Die abstrakte Schnittstelle zur Generierung der Objekte ist bei diesem Pattern in einem Basistyp definiert und wird in konkreten Ausprägungen dieses Typs entsprechend umgesetzt.

4.1.1 Problem und Motivation

In einer Software zur Schulungsverwaltung können verschiedene Schulungen verwaltet werden. Für jede dieser Schulungen wird ein Raum für die Durchführung benötigt, der reserviert, gebucht und bestätigt werden muss.

Die erste Version der Software geht davon aus, dass sämtliche Schulungen lediglich vor Ort beim Schulungsanbieter durchgeführt werden. Die Software verwendet dazu intern die Klassen `Training` und `Room`. An vielen Stellen im Code wird dementsprechend direkt mit den Instanzen der Klasse `Room` oder `Training` gearbeitet. Diese werden jeweils instanziiert und eingesetzt.

Mit steigender Kundenzahl wächst das Interesse an Firmenveranstaltungen. Die Schulungen sollen nun nicht mehr nur in den Räumen des Schulungsanbieters durchgeführt werden, sondern auch direkt beim Kunden. Auch hier werden Räume benötigt, die jedoch auf unterschiedlichere Weise reserviert und gebucht werden müssen.

Die Reservierung, Buchung und Bestätigung von Firmenräumen erfolgt in der Regel per E-Mail über die zuständige Abteilung. Im Gegensatz dazu können interne Räume des Schulungsanbieters direkt über eine Programmierschnittstelle aus anderen Anwendungen gebucht werden.

Da die bisherige Software direkt mit der `Room`-Klasse und deren Logik zum Reservieren und Buchen arbeitet, müssen nun sämtliche Stellen, an denen diese Klasse eingesetzt wird, angepasst bzw. erweitert werden, sodass nun auch die neu eingeführte Klasse `OnsiteLocation` verwendet werden kann (siehe das Klassendiagramm für interne und externe Schulungen in Abbildung 4.1).

```
if (training.isOnsite()) {
    OnsiteLocation onsite = new OnsiteLocation();
    //... weiterer Code für Reservierung und Bestätigung
    //...
} else if (training.isInhouse()) {
    Room room = new Room();
    //... weiterer Code für Reservierung und Bestätigung
}
```

Listing 4.1 If-Bedingungen für die Raumbuchung (Java)

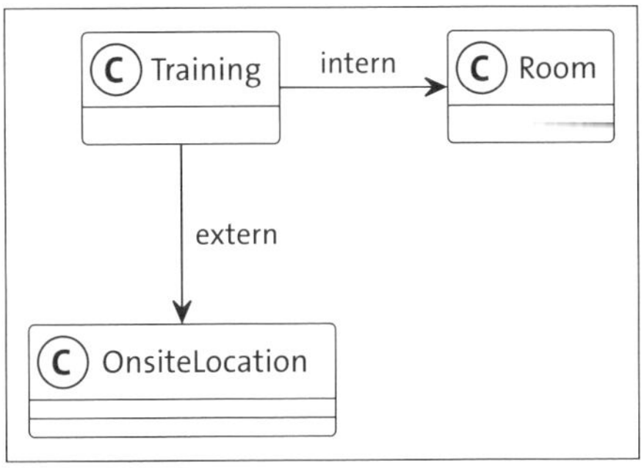

Abbildung 4.1 Klassendiagramm für interne und externe Schulungen

Sollte zu einem späteren Zeitpunkt entschieden werden, zusätzlich Online-Schulungen anzubieten, wäre auch in diesem Fall weiterer Aufwand erforderlich, um den Code nochmals an denselben Stellen anzupassen. Das birgt die Gefahr, dass diese Codestellen durch viele If-Bedingungen und alternative Codestrecken unübersichtlich und fehleranfällig werden. Letztendlich muss für jeden Durchführungsort der Schulung jeweils spezielle Logik für die Reservierung oder die Buchung umgesetzt werden.

4.1.2 Lösung

Das *Factory-Method Pattern* löst dieses Problem, indem es die Erzeugung der Objekte, der sogenannten Produkte, nicht mehr direkt über den eigenen Konstruktor der Klasse durchführt, sondern die Erzeugung über eine separate Methode, die sogenannte *Factory-Methode*, initiiert.

Diese Factory-Methode ist, wie in Abbildung 4.2 dargestellt, wiederum als abstrakte Methode einer Factory-Klasse definiert, zu der es für die konkreten Produkttypen jeweils eine entsprechende Implementierung gibt.

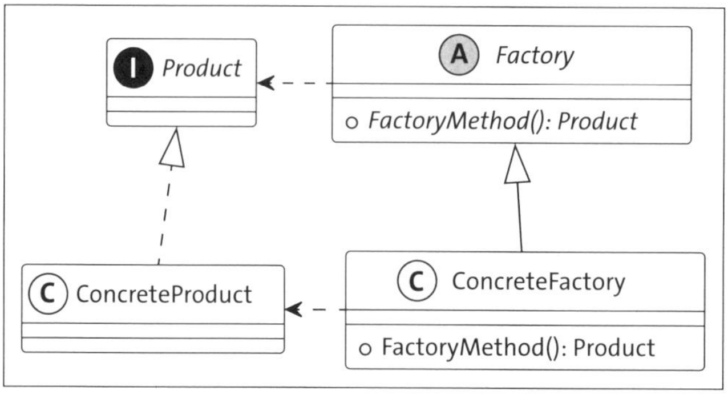

Abbildung 4.2 Struktur des »Factory-Method Pattern«

Struktur und Teilnehmer

- **Produkt/Product** – beschreibt den abstrakten Datentyp der zu erzeugenden Objekte.
- **Konkretes Produkt/Concrete Product** – konkrete Ausprägung des abstrakten Datentyps eines Produkts und somit die zu erzeugenden Objekte.
- **Fabrik/Factory** – (Abstrakte) Klasse mit der Definition der auch als *Erzeuger-Methode* bezeichneten Factory-Methode, die als Rückgabewert den abstrakten Datentyp des Produkts liefert. Neben den abstrakten Definitionen der Factory-Methoden kann eine Fabrik-Klasse auch konkrete Umsetzungen dieser Factory-Methoden enthalten und darüber Standardwerte für Produkte zurückgeben.
- **Konkrete Fabrik/Concrete Factory** – Implementierung der abstrakten Fabrik-Klasse mit einer konkreten Ausprägung für die Factory-Methode. Hier werden jeweils die konkreten Produkte erzeugt. Für jeden Produkttyp ist eine separate konkrete Fabrik vorhanden.

Abstrakte oder konkrete Factory-Methode in der Factory verwenden?

Die Factory-Methode in der Factory-Klasse kann entweder abstrakt oder nicht abstrakt implementiert werden. Wird sie als abstrakte Methode definiert, müssen die konkreten Fabriken ihre eigene Implementierung beisteuern. Wird die Methode hingegen nicht abstrakt definiert, kann innerhalb der Fabrik eine Standardimplementierung umgesetzt werden, die von den konkreten Fabriken angepasst werden kann.

4.1.3 Lösungsbeispiel

Als Beispiel dient hier eine Java-basierte Umsetzung des *Factory-Method Pattern* für das Schulungsunternehmen (siehe Abbildung 4.3).

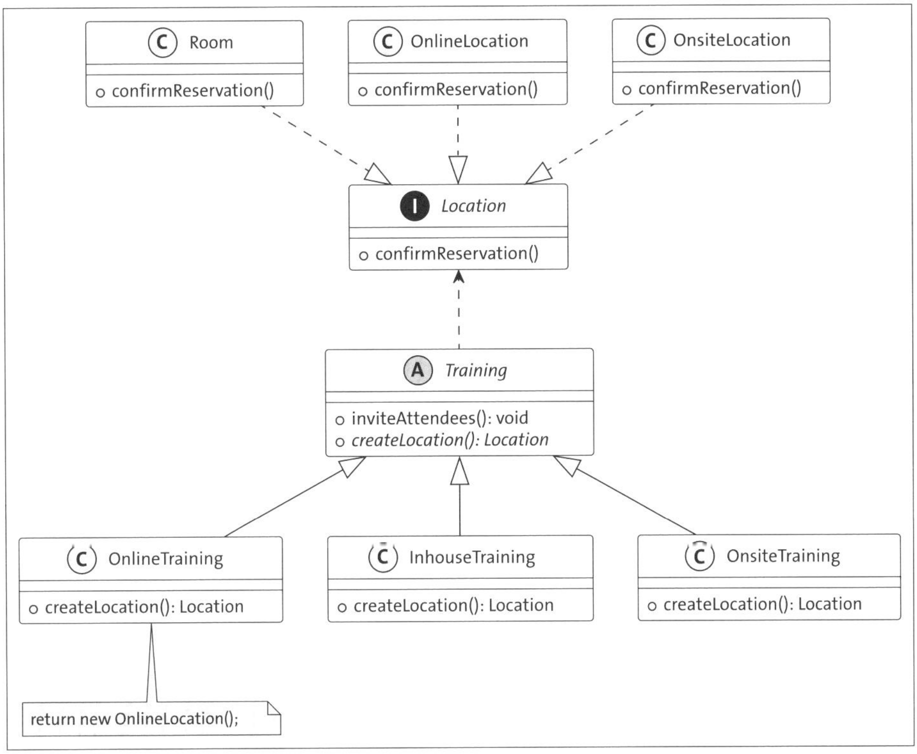

Abbildung 4.3 Factory-Method Pattern – Schulungsbeispiel

Eingeführt wird das Interface `Location` (siehe Listing 4.2), das von den konkreten Typen `Room`, `OnsiteLocation` und `OnlineLocation` implementiert wird. Es enthält die Methode `confirmReservation`, in der die jeweilige Logik zur Bestätigung einer Reservierung für die unterschiedlichen Lokalitätstypen umgesetzt wird. Die `Location`-Objekte stellen somit die konkreten Produkte des *Factory-Method Pattern* dar.

```
package com.sourcefellows.patterns.factory;

public interface Location {
    void confirmReservation();
}
```

Listing 4.2 »Location«-Interface in Java – das abstrakte Produkt

In Listing 4.3 ist beispielhaft die `Location`-Implementierung `Room` dargestellt:

```
package com.sourcefellows.patterns.factory;

public class Room implements Location{
    @Override
    public void confirmReservation() {
        System.out.println("Room.confirmReservation");
       // Logik für Reservierungsbestätigung
       // eines Raums beim Schulungsanbieter
       ...
    }
}
```

Listing 4.3 Die »Room«-Klasse – ein konkretes Produkt (Java)

Die abstrakte Klasse `Training` entspricht in diesem Beispiel der Fabrik des Patterns, die für die Erzeugung der Objekte die Methode `createLocation` definiert. Die jeweiligen Fabriken `OnlineTraining`, `InhouseTraining` und `OnsiteTraining` erweitern die abstrakte Klasse `Training` und erzeugen die jeweils entsprechenden Produkte:

- `InhouseTraining` erzeugt Produkte vom Typ `Room` – Die Schulung findet direkt beim Schulungsanbieter statt.
- `OnsiteTraining` erzeugt Produkte vom Typ `OnsiteLocation` – Die Schulung wird beim Kunden in dessen Räumlichkeiten durchgeführt.
- `OnlineTraining` erzeugt Produkte vom Typ `OnlineLocation` – Die Schulung findet in einem virtuellen Klassenzimmer online statt.

Wie in diesem Beispiel anhand des Klassendiagramms oder anhand von Listing 4.4 zu sehen ist, kann die Fabrik zusätzliche Logik enthalten, z. B. den Versand von Einladungen für die einzelnen Teilnehmer (Methode `inviteAttendees`). Diese Logik wird für alle Anwendungsfälle einheitlich umgesetzt. Einladungen an die Teilnehmer werden z. B. immer per E-Mail versendet und enthalten weitere Informationen zur Lokalität. Darüber hinaus findet keine weitere Unterscheidung statt.

```
package com.sourcefellows.patterns.factory;

public abstract class Training {

    abstract Location createLocation();
    void inviteAttendees() {
        ...//einheitliche Logik für alle Locations
    }
}
```

Listing 4.4 Abstrakte Klasse »Training« – die abstrakte Fabrik (Java)

Aufgaben einer Factory

Fabriken müssen nicht immer *nur* die Aufgabe übernehmen, eine Instanz anzulegen. Sie können auch übergreifende Geschäftslogik enthalten. Im obigen Beispiel werden Einladungen zu Veranstaltungen ergänzt.

Die konkreten Fabriken sind für die Erzeugung der zugehörigen Objekte zuständig. Im Beispiel in Listing 4.5 erzeugt das `InhouseTraining` eine `Room`-Instanz:

```
package com.sourcefellows.patterns.factory;

public class InhouseTraining extends Training {
    @Override
    public Location createLocation() {
        System.out.println("InhouseTraining.createLocation");
        // Logik für direkte Reservierung per API ...
        return new Room();
    }
}
```

Listing 4.5 Die Klasse »InhouseTraining« – eine konkrete Fabrik (Java)

Der aufrufende Code kann nun über die konkrete Fabrik neue Räumlichkeiten erstellen und einheitlich die Reservierung bestätigen. Die zugehörige Logik für die Buchung ist in der entsprechenden Implementierung umgesetzt, und beim Aufruf muss nicht mehr über If-Bedingungen unterschieden werden, wie Listing 4.6 beweist.

```
Training training = new OnlineTraining();
Location location = training.createLocation();
location.confirmReservation();
```

Listing 4.6 Einsatz des »Factory-Method Pattern« (Java)

4.1.4 Wann kann oder soll man das Pattern einsetzen?

Die zu erzeugenden Typen sind (noch) nicht bekannt

Das *Factory-Method Pattern* kann immer dann eingesetzt werden, wenn innerhalb einer Anwendung neue Objekte bzw. Produkte erzeugt werden müssen, deren exakte Typen oder Abhängigkeiten noch nicht vollumfänglich bekannt sind. Eventuell kommen zu einem späteren Zeitpunkt weitere Produktausprägungen hinzu, die nahtlos in die bestehende Software – und vor allem in deren Logik – ohne Anpassungen integriert werden sollen.

Komplexität oder Variabilität bei der Erzeugung von Objekten

Das Pattern trennt die Instanz-Erzeugung der einzelnen Produkte von deren tatsächlicher Verwendung. Werden z. B. Änderungen im Erzeugungscode notwendig, können diese unabhängig von der Produktverwendung umgesetzt werden. Neue Produkte werden mithilfe neuer Fabriken aufgenommen. Auch hier ist keine Anpassung beim Einsatz der Produkte erforderlich.

Zusätzlich bietet die Abtrennung der Logik zur Instanz-Erzeugung den Vorteil, dass auch komplexe Abläufe für die Instanziierung umgesetzt werden können und diese sich nicht auf die Komplexität der Verwendung der Produkte auswirken.

Erweiterungsmöglichkeit einer Bibliothek

Das *Factory-Method Pattern* kann in Bibliotheken verwendet werden, um diese erweiterbar zu machen. Bestehende Basisfunktionalität kann für neue Produkte ohne Anpassungen weiter eingesetzt werden.

Benutzer können z. B. durch Vererbung eine neue konkrete Fabrik erstellen und dadurch die bestehende interne Logik nutzen. In obigem Beispiel wäre das z. B. die Methode `inviteAttendees`, die unabhängig von der konkreten Erzeugung einer Räumlichkeit weiterverwendet werden kann.

Caching oder Pooling von Produkten

Da man innerhalb der konkreten Factory-Methoden Instanzen des konkreten Produkttyps zurückliefert, besteht ebenfalls die Möglichkeit, die Erzeugung durch einen Cache oder Pool zu ersetzen, um nicht bei jedem Aufruf neue Objekte zu erzeugen.

4.1.5 Konsequenzen

Entkopplung von Objekterzeugung und Nutzung

Die Anwendung des Patterns entkoppelt die Objekterzeugung von deren Nutzung. Dadurch wird der Code flexibler und leichter anpassbar, da Änderungen in der Objektproduktion keinen zwangsläufigen Einfluss auf den übrigen Code haben.

Erweiterbarkeit

Anwendungen oder Bibliotheken können durch die Aufnahme neuer Produktvarianten ohne Änderung der bestehenden Logik erweitert werden. Die neuen Varianten können auch auf bestehende Basisfunktionalität zurückgreifen (siehe hierzu auch Abschnitt 2.3.2, »Das Open-Closed-Prinzip (OCP)«).

Nutzung von Abstraktion und Polymorphie

Die Struktur des Patterns wird mit dem Konzept der Polymorphie sowie durch den Einsatz von Abstraktion umgesetzt.

Verbesserte Testbarkeit

Mit der Nutzung des *Factory-Method Pattern* und der daraus resultierenden Trennung zwischen Erzeugung und Nutzung von Produkt-Objekten lassen sich in Testfällen nicht nur konkrete Produkte, sondern z. B. auch Mock-Objekte zurückliefern, um damit die Testbarkeit der Software zu erhöhen.

Zusätzlicher Code und Komplexität, Vererbungshierarchien

Für die Erzeugung von Produkten wird beim Einsatz des Patterns zusätzlicher Code benötigt. Anstatt direkt den Konstruktor einer Klasse aufzurufen, um ein Objekt zu erstellen, wird die Vererbungshierarchie von verschiedenen Fabriken genutzt. In kleineren Anwendungsfällen kann dies als übermäßige Komplexität betrachtet werden – vor allem dann, wenn die Logik der einzelnen Objekterzeugungen als simpel erachtet werden kann.

Insbesondere in komplexeren Systemen mit vielen verschiedenen Produktklassen und Varianten kann die Gesamtkomplexität beim Einsatz des Patterns deutlich zunehmen und den Entwicklungsprozess aufwendig gestalten.

4.1.6 Real-World-Beispiel in Open-Source-Software

Java – Apache Commons Compress

Mit der *Apache Common Compress*-Bibliothek können verschiedene Datenkompressionsformate in Java genutzt werden. Neben den »klassischen« Formaten wie z. B. tar, zip, 7z und bzip2 werden auch eventuell unbekanntere Formate oder Kompressionsalgorithmen wie ar, Pack200 oder LZMA unterstützt. Eine komplette Liste der unterstützten Formate finden Sie auf der Projektseite:

https://commons.apache.org/proper/commons-compress/index.html

In der Bibliothek wird zwischen Kompressions- und Archivformaten unterschieden. *Kompressionsformate* komprimieren in der Regel eine Datei bzw. einen Java-Stream, während *Archivformate* dazu dienen, mehrere Dateien in einer strukturierten Form zu verwalten. Ein gängiges Kompressionsformat ist z. B. Gzip.

Für die Arbeit mit den unterschiedlichen Formaten werden in der Bibliothek sogenannte `Compressor`- und `Archiver`-Implementierungen verwendet, die jeweils als Java-Streams umgesetzt sind. In beiden Fällen werden diese Instanzen über Fabriken erzeugt und können anschließend eingesetzt werden.

Abbildung 4.4 zeigt die `CompressorStreamFactory`, mit der z. B. ein `CompressorInputStream` erzeugt werden kann. In diesem Beispiel ist es ein `GzipCompressorOutputStream`.

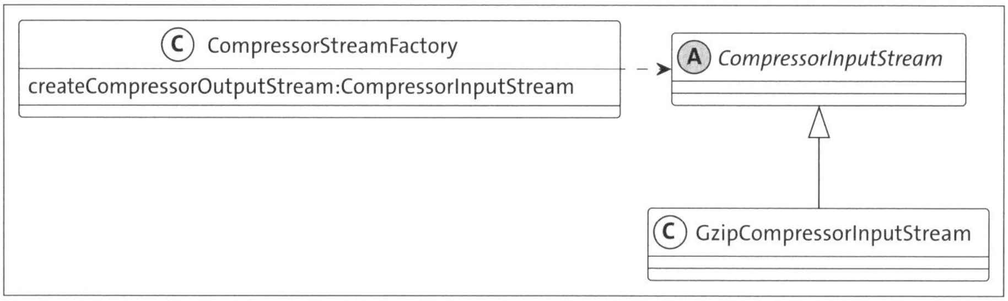

Abbildung 4.4 Factory in Apache Commons Compress

Die Bibliothek *Apache Commons Compress* verzichtet auf die Unterscheidung zwischen einer abstrakten und einer konkreten Fabrik zur Erzeugung der Produkte. Allerdings findet sich folgender Hinweis in der Dokumentation zur Erweiterung:

> *»To add other implementations you should extend CompressorStreamFactory and override the appropriate.« (JavaDoc)*

Sollen eigene Kompressionsimplementierungen zur Bibliothek hinzugefügt werden, soll dies dementsprechend über eine Ableitung der vorhandenen Fabrik geschehen.

Das Beispiel in Listing 4.7 zeigt, wie mithilfe der *Apache Commons Compress*-Bibliothek eine komprimierte Datei erstellt werden kann. Die zu komprimierenden Daten werden in einen `CompressorOutputStream` geschrieben, der durch die `CompressorStreamFactory` erzeugt wird:

```
var myOutputStream = Files.newOutputStream(Paths.get("my.gz"));
CompressorOutputStream gzippedOut = new CompressorStreamFactory()
        .createCompressorOutputStream(CompressorStreamFactory.GZIP,
  myOutputStream);

gzippedOut.write("Hello World".getBytes(Charset.defaultCharset()));
```

Listing 4.7 Erzeugung eines Compressors mit Apache Commons Compress (Java)

4.2 Builder/Erbauer

Ursprung: Gang of Four – Creational Pattern – Erzeugermuster

Das *Builder Pattern* gehört zu der Kategorie der Erzeugermuster und ermöglicht es, komplexe Objekte schrittweise und flexibel zu erstellen. Die Logik zur Objekterstellung ist vom eigentlichen zu erzeugenden Objekt getrennt, was sowohl eine iterative Erstellung als auch die Verwendung desselben Codes zur Generierung mehrerer unterschiedlicher Objekte ermöglicht.

4.2.1 Problem und Motivation

Bei einem Computer-Hersteller werden verschiedene Computer mit unterschiedlicher Konfiguration auf Kundenwunsch zusammengestellt und ausgeliefert. Eine solche Konfiguration ist umfangreich und kann aus mehreren Einzelschritten bestehen, die eventuell auch optional sind. Nicht jeder ausgelieferte Computer verfügt beispielsweise über ein Blu-ray-Laufwerk, das nur auf Kundenwunsch in die Konfiguration aufgenommen wird.

Der Code zur Erzeugung entsprechender `Computer`-Objekte ist komplex und führt unter Umständen zu sehr umfangreichen Implementierungen innerhalb des Konstruktors oder zu verteiltem Initialisierungscode innerhalb der Anwendung. An jeder Stelle, an der die Objekte erzeugt werden, muss Code eventuell redundant gepflegt werden.

Für Computer mit einer Standard-Office-Ausstattung würde eventuell ein Konstruktor mit zwei Parametern ausreichen. Für komplexe Computer-Konfigurationen müssten weitere Konstruktoren mit einer großen und unterschiedlichen Anzahl an Parametern zur Verfügung gestellt werden (siehe Listing 4.8).

Das würde dazu führen, dass entweder pro potenzieller Konfiguration ein entsprechender Konstruktor angelegt werden müsste oder dass ein Konstruktor mit sehr vielen Parametern definiert wird, bei dem für die unterschiedlichen Konfigurationen nicht immer alle Parameter gesetzt werden. In beiden Fällen ist der Code unübersichtlich, fehleranfällig und nicht zentral wartbar.

```
//Konstruktor für Standard-Office-PCs
public Computer(int ramSizeInGB, int harddiskSizeInGB) {
...
}
//Konstruktor mit "allen" Details
public Computer(int cpuCoreCount,
              int ramSizeInGB,
              HardDisk harddisk,
              int usbConnectorCount,
```

```
            boolean silentConfig,
            boolean hasBlueray,
            boolean hasCardReader,
            ...) {
...
}
```

Listing 4.8 Computer-Konstruktor mit vielen Parametern (Java)

Alternativ könnte ein Lösungsansatz auch, wie in Abbildung 4.5 dargestellt, darin bestehen, dass für jeden Konfigurationstyp eine Ableitung des Typs `Computer` implementiert wird und die einzelnen Subklassen dabei jeweils eine bestimmte Konfiguration repräsentieren. Die verschiedenen `Computer`-Ausprägungen würden damit über einen einfachen Konstruktoraufruf erzeugt werden können.

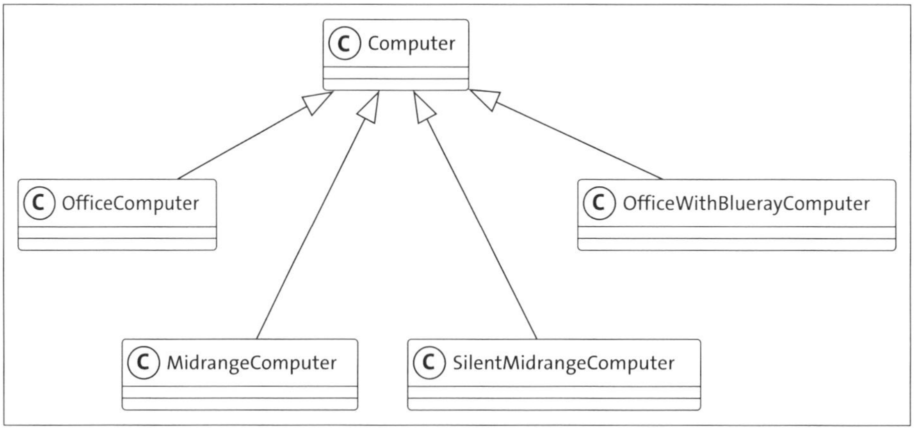

Abbildung 4.5 »Computer«-Vererbungshierarchie für Konfigurationen

Allerdings entsteht bei dieser Variante, wie Sie in Abbildung 4.5 erkennen, potenziell eine sehr große Vererbungshierarchie. Für jede Konfigurationspermutation wird eine neue, zusätzliche Klasse benötigt. Das führt zwangsläufig zu einer unübersichtlichen und komplexen Struktur innerhalb der Anwendung.

Daneben lässt sich die Konfigurationslogik, die innerhalb der einzelnen `Computer`-Konstruktoren umgesetzt ist, nicht für weitere Anwendungsfälle nutzen. Wenn z. B. eine Computerkonfiguration zusätzlich zur Erstellung von Werbe-HTML-Seiten oder eines passenden Handbuchs eingerichtet werden soll, muss diese erneut umgesetzt werden.

4.2.2 Lösung

Das *Builder Pattern* ist ein Erzeugermuster, bei dem die Logik zur Erstellung komplexer Objekte aus der eigenen Klasse ausgelagert wird. Anstelle von direkten Objektinitialisierungen werden stattdessen Methoden in einer separaten Klasse, dem sogenannten *Builder*, für die Erzeugung einzelner, komplexer Objekte verwendet.

Innerhalb des Builders werden die benötigten Einzelschritte bzw. Konfigurationen der Objekterzeugung separat definiert und müssen für die Instanziierung eines Objekts nicht komplett ausgeführt werden. Im Beispiel der Computer-Zusammenstellung ist die Konfiguration des Blue-ray-Laufwerks optional und würde dementsprechend als optionaler Einzelschritt im Builder definiert werden.

Die separaten Schritte eines Erzeugungsvorgangs werden in einer abstrakten Implementierung, dem *Builder*, festgelegt und durch konkrete Implementierungen umgesetzt, wie Sie in Abbildung 4.6 sehen. Somit können mit derselben Konfigurationslogik mehrere unterschiedliche Objekte bzw. Produkte erzeugt werden. Diese Produkte können völlig unabhängig voneinander sein und müssen z. B. keinen gemeinsamen Basis-Typ besitzen.

Im Beispiel des Computers könnte eine konkrete Builder-Implementierung für die Erstellung des physischen Computers verantwortlich sein und eine zweite für die Erstellung der Werbe-HTML-Seite des Computers. Mit den gleichen Anweisungen würden so zwei verschiedene Artefakte entstehen: der Computer und die Werbeseite.

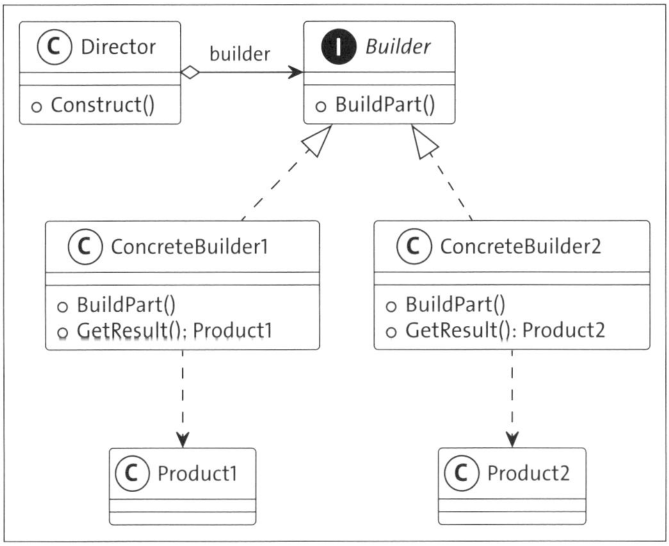

Abbildung 4.6 Struktur des »Builder Pattern«

Die einheitliche Schnittstelle für die unterschiedlichen konkreten Builder-Implementierungen ermöglicht es Anwendern der Schnittstelle, mit derselben Konfigurationslogik verschiedene Produkte zu erstellen und den Code wiederverwendbarer zu machen.

Als Erweiterung kann die eventuell komplexere Koordination der Einzelschritte von einem sogenannten *Director* übernommen werden. Er dient dazu, umfangreichere Abläufe zusammenzufassen und Anwendern eine einfachere Schnittstelle zur Verfügung zu stellen – ohne Details zur Erzeugung der Objekte über den Builder.

Für das Computer-Beispiel könnte beispielsweise eine Director-Implementierung Methoden anbieten, mit denen ein Standard-Office-PC oder ein Max-Power-PC mit wenigen Optionen erstellt werden kann.

Struktur und Teilnehmer

- **Erbauer/Builder** – beschreibt das abstrakte Interface mit den Einzelschritten zur Erstellung der Objekte bzw. Produkte.
- **Konkreter Erbauer/Concrete Builder** – konkrete Umsetzung der abstrakten Beschreibung des Builders, die für die Erstellung der Produkte zuständig ist. Innerhalb der Builder-Instanz wird der Zustand des zu erstellenden Objekts bzw. des Produkts gespeichert. Die konkreten erzeugten Produkte werden durch den Aufruf einer separaten Methode zurückgeliefert.
- **Direktor/Director** – Der Direktor orchestriert einen komplexeren Prozess zur Erzeugung von Objekten über die abstrakte Builder-Schnittstelle und stellt damit Anwendern eine einfachere und besser nutzbare Schnittstelle zur Verfügung.
- **Produkt/Product** – das Produkt bzw. die zu erzeugende Produkte. Jede konkrete Builder-Implementierung kann ihre eigenen Objekte bzw. Produkte erzeugen.

4.2.3 Lösungsbeispiel

Die oben beschriebene Konfiguration der `Computer`-Objekte lässt sich mit dem *Builder Pattern* so umsetzen, wie Sie es in Abbildung 4.7 sehen.

Ein entsprechendes `Builder`-Interface definiert die einzelnen Schritte bzw. Optionen, die für die Konfiguration eines Computers notwendig sind. Für das Beispiel sind das Methoden zum Setzen der Festplattengröße, der RAM-Größe und des CPU-Namens. Des Weiteren beinhaltet das Interface eine `Reset`-Methode, mit der eine Konfiguration abgebrochen oder zurückgesetzt werden kann.

Zwei konkrete Ausprägungen des `Builder`-Interfaces kümmern sich um die Erzeugung der jeweiligen Objekte: Der `ComputerBuilder` erzeugt physische `Computer`, der `ManualBuilder` erstellt eine dazu passende Bendienungsanleitung.

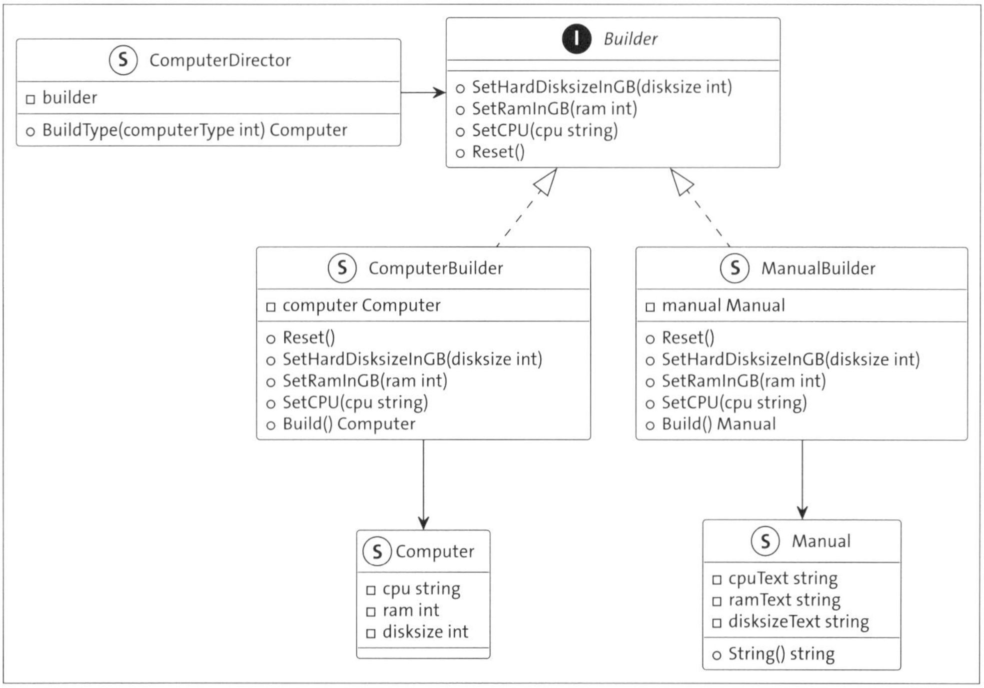

Abbildung 4.7 Beispielumsetzung des »Builder Pattern« für Computer

Um die Komplexität des Beispiels gering zu halten, wurde, wie Sie in Listing 4.9 sehen, auf explizite Datentypen für die Größenangaben zu Festplattenplatz oder Hauptspeichergröße verzichtet. Die Größen werden als primitive Datentypen angegeben. Das Builder-Interface sieht daher wie folgt aus:

```
package model

type Builder interface {
    SetHardDisksizeInGB(disksize int)
    SetRamInGB(ram int)
    SetCPU(cpu string)
    Reset()
}
```

Listing 4.9 Interface-Definition in Go – der Builder

Als Produkt ist der Typ `Computer` mit drei Feldern definiert (siehe Listing 4.10):

```
package model

type Computer struct {
    cpu      string
```

```
    ram      int
    disksize int
}
```

Listing 4.10 Die »Computer«-Implementierung – das Produkt (Go)

Die konkrete Builder-Implementierung `ComputerBuilder` ist in Listing 4.11 dargestellt. Da sie sich im selben Package wie der `Computer`-Struct befindet, kann sie auf die einzelnen, nicht exportierten Felder des `Computer`-Typs zugreifen und diese befüllen.

Innerhalb der konkreten Builder-Implementierung wird eine `Computer`-Instanz gehalten, die sukzessive mit Werten konfiguriert wird. Durch den Aufruf der Methode `Build()` wird die Instanz zurückgeliefert und der Builder zurückgesetzt.

```
package model

func NewComputerBuilder() *ComputerBuilder {
    return &ComputerBuilder{computer: Computer{}}
}

type ComputerBuilder struct {
    computer Computer
}

func (c *ComputerBuilder) Reset() {
    c.computer = Computer{}
}

func (c *ComputerBuilder) SetHardDisksizeInGB(disksize int) {
    c.computer.disksize = disksize
}
...
func (c *ComputerBuilder) Build() Computer {
    comp := c.computer
    c.Reset()
    return comp
}
```

Listing 4.11 Konkrete Builder-Implementierung des »ComputerBuilder« (Go)

Die Verwendung des konkreten `Builder` kann entweder direkt oder über einen entsprechenden `ComputerDirector` erfolgen, der bereits spezielle Methoden enthält, mit denen die Konfiguration der Objekte vereinfacht erstellt werden kann. Im folgenden Beispiel wird im Director beispielsweise ein Standard-Office-PC komplett konfiguriert. Abbildung 4.8 stellt den Ablauf in einem Sequenzdiagramm dar. Die Implementierung ist in Listing 4.12 zu sehen.

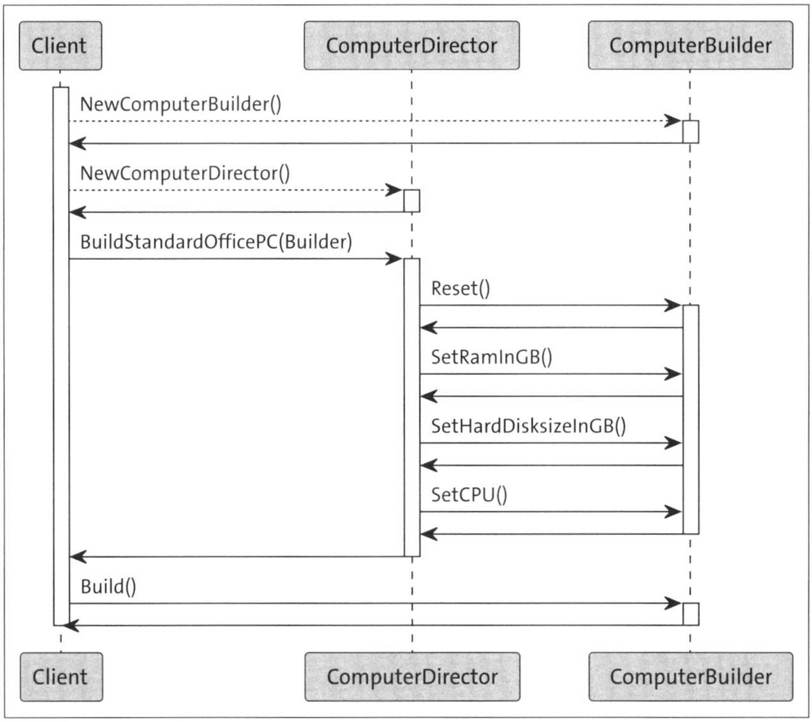

Abbildung 4.8 Builder Pattern für Computer – Sequenzdiagramm

```
package model

type ComputerDirector struct {
}

func NewComputerDirector() ComputerDirector {
    return ComputerDirector{}
}

func (d ComputerDirector) BuildStandardOfficePC(builder Builder) {
    builder.Reset()
    builder.SetRamInGB(128)
    builder.SetHardDisksizeInGB(1000)
    builder.SetCPU("latest greatest")
}
```

Listing 4.12 Implementierung des »ComputerDirector« – der Director (Go)

Innerhalb des Clients können anschließend die Klassen `ComputerBuilder` und `ComputerDirector` so, wie in Listing 4.13 gezeigt, instanziiert und verwendet werden:

```
builder := model.NewComputerBuilder()

director := model.NewComputerDirector()
director.BuildStandardOfficePC(builder)

computer := builder.Build()
```

Listing 4.13 Der Aufruf des Directors und des Builders – der Client (Go)t

Fluent API

Viele Builder-Implementierungen setzen auf eine sogenannte *Fluent API*, bei der Methodenaufrufe verkettet genutzt werden können. Methoden, die keinen Rückgabewert erfordern, liefern in einer Fluent API die eigene, aufgerufene Objektinstanz zurück.

Ohne Fluent API muss, wie in folgendem Go-Beispiel, bei jedem Aufruf die Objektinstanz bzw. Referenz erneut angegeben werden:

```
ship := model.Ship{}
ship.SetName("Unsinkbar")
ship.SetPosition(...)
```

Liefern die Setter-Methoden, wie in folgender Implementierung gezeigt, hingegen die eigene Objektinstanz zurück, können die Aufrufe anschließend verkettet durchgeführt werden:

```
func (s *Ship) SetName(name string) *Ship {
    s.name = name
    return s
}
```

Der Aufruf ändert sich dann entsprechend und wird zu einem kompakteren, verketteten Fluent-API-Ausdruck:

```
ship.SetName("Unsinkbar").SetPosition(...)
```

4.2.4 Wann kann oder soll man das Pattern einsetzen?

Zur Erstellung komplexer Objekte

Mit dem *Builder Pattern* kann eine komplexe Erstellungslogik unabhängig von den zu erstellenden Objekten gehalten werden.

Bei vielen optionalen Parametern, die bei der Erstellung der Objekte übergeben werden können, erlaubt es der Ansatz, diese Eigenschaften schrittweise und nur im

Bedarfsfall zu setzen. Dies führt zu einer klaren, schlanken und einfachen Schnittstelle für die Konstruktion von Objekten.

Mithilfe einer Director-Implementierung kann die Schnittstelle für Clients durch vordefinierte Konfigurationen darüber hinaus vereinfacht werden.

Zur Erstellung von Objekten mit unterschiedlicher Repräsentation

Das Pattern kann immer dann eingesetzt werden, wenn unterschiedliche Repräsentationen des zu erstellenden Objekts erzeugt werden sollen und für die Erstellung immer die gleichen Schritte erfolgen müssen.

4.2.5 Konsequenz

Bessere Kontrolle und lesbarer Code

Objekte können schrittweise und mit optionalen Parametern erzeugt werden, ohne dass für jede Permutation ein separater Konstruktor, sogenannte *Teleskop-Konstruktoren*, oder jeweils eine separate Subklasse benötigt wird.

Durch die Ausgliederung der Logik entsteht eine klare, übersichtlichere und flexible Schnittstelle für das Anlegen von komplexen Objekten.

Austauschbarkeit der Repräsentation

Durch die abstrakte Definition des Builder-Interfaces, in dem die Einzelschritte des Erzeugungsprozesses definiert sind, können mehrere konkrete Implementierungen umgesetzt werden. Die interne Struktur der Objekte bleibt als internes Detail der jeweiligen Builder verborgen.

Die Erstellungslogik des Clients bzw. des Directors kann für mehrere Repräsentationen bzw. Builder-Implementierungen verwendet werden.

Trennt komplexe Erzeugungslogik vom Objekt

Durch die Trennung der Logik, die die Objekte erzeugt, von der Geschäftslogik dieser Objekte werden Abhängigkeiten zwischen den Codeteilen minimiert. Diese Trennung fördert die Wartbarkeit und setzt gleichzeitig das *Single-Responsibility-Prinzip* um. Jede Komponente hat eine eindeutige Verantwortlichkeit: entweder die Erstellung von Objekten oder deren Einsatz im Geschäftsbetrieb.

Die Komplexität der Erzeugung steigt

Die Verwendung des *Builder Pattern* erfordert die Entwicklung zusätzlicher Klassen und Methoden, um den Konstruktor zu ersetzen. Dieser zusätzliche Code kann in komplexen Systemen Vorteile bieten, indem er die Objektkonstruktion vereinfacht und lesbarer macht. Bei einfacheren Anwendungsfällen mit wenigen Attributen und weniger Komplexität kann der Overhead durch das Pattern jedoch als unnötig empfunden werden.

Mögliche Inkonsistenzen bei der Erzeugung

Mit der Möglichkeit, Konfigurationsoptionen nur optional zu setzen, kann es zu unterschiedlichen – eventuell inkonsistenten – internen Zuständen kommen, wenn nicht alle erforderlichen Konfigurationsschritte durchgeführt wurden. Verschiedene Entwickler können die Schnittstelle potenziell unterschiedlich verwenden und dadurch unbeabsichtigt Fehler hervorrufen.

4.2.6 Real-World-Beispiel in Open-Source-Software

Java – Apache HttpComponents

Mit den *Apache HttpComponents* bietet die *Apache Software Foundation* Bibliotheken, für eine vereinfachte, »Low Level«-Kommunikation mittels HTTP und zugehörigen Protokollen. Eingesetzt werden können die Bibliotheken auf Client- wie auch auf Serverseite.

Die Komponenten sind wie folgt aufgeteilt:

- in *HttpCore* für die »Low Level«-Kommunikation auf der Transportschicht und
- in die darauf aufbauende *HttpClient*-Bibliothek, die HTTP/1.1-basierte Kommunikation durch eine übersichtliche und leicht verwendbare Schnittstelle einfacher gestaltet.

Für die Aufbau einer HTTP-Kommunikation nithilfe der Bibliothek wird eine sogenannte `HttpClient`-Instanz verwendet. Diese kann über den `HttpClientBuilder` erstellt werden, und zwar entweder direkt oder über die Klasse `HttpClients`, die in diesem Fall als *Director* fungiert und ihrerseits Methoden zum Anlegen von vorkonfigurierten Clients enthält (siehe Abbildung 4.9).

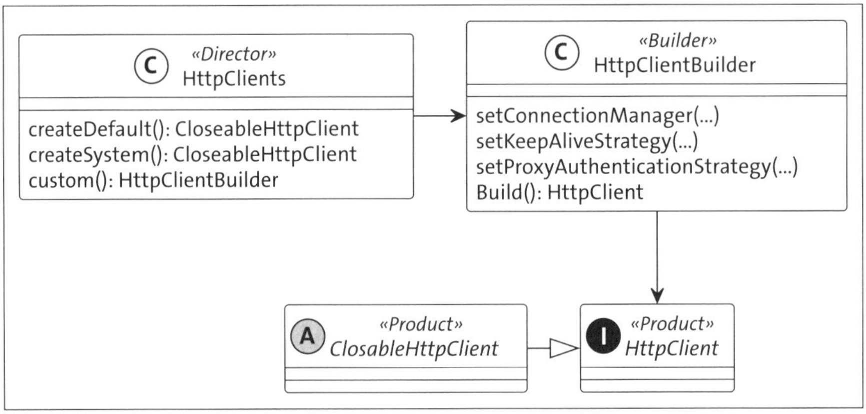

Abbildung 4.9 Aufbau der »HttpClient«-Bibliothek

Das Beispiel in Listing 4.14 zeigt die Erzeugung eines `HttpClient` mit dem *Director* `HttpClients` und den anschließenden Einsatz der neuen Instanz. Wie Sie sehen, werden auch die benötigten Request-Objekte mithilfe eigener Builder erstellt:


```
try (CloseableHttpClient httpclient = HttpClients.createDefault()) {
    ClassicHttpRequest httpGet =
            ClassicRequestBuilder.get("http://httpbin.org/get").build();

    httpclient.execute(httpGet, response -> {
        final HttpEntity entity1 = response.getEntity();
        //... do something
        EntityUtils.consume(entity1);
        return null;
    });

}
```

Listing 4.14 Beispiel für den Einsatz der »HttpClient«-Bibliothek (Java)

4.3 Strategy/Strategie

Ursprung: Gang of Four – Behavioral Pattern – Verhaltensmuster

Das *Strategy Pattern* gehört zu der Kategorie der Verhaltensmuster. Es erlaubt die Implementierung einer Familie von Algorithmen, die jeweils in separaten Klassen gekapselt werden. Diese Kapselung ermöglicht eine unabhängige Änderung der Algorithmen und macht diese dadurch austauschbar.

4.3.1 Problem und Motivation

Ein kleines Handwerksunternehmen hat sich entschlossen, seine Produkte über das Internet mithilfe eines Webshops zu verkaufen. Zunächst bot es nur die Bezahlung per Kreditkarte an. Der entsprechende Code wurde direkt in die Warenkorb-Komponente integriert und der Ablauf während des Bezahlvorgangs wurde dementsprechend umgesetzt.

Aufgrund der hervorragenden Qualität der Produkte steigen die Absatzzahlen und das Onlinegeschäft wächst stetig. Allerdings wollen einige der neuen Kunden nicht nur mit Kreditkarte bezahlen und fragen auch nach alternativen Bezahlfunktionen wie z. B. PayPal.

Mit dem nächsten Update des Warenkorbs wurde daher neben der Kreditkartenbezahlung die Möglichkeit der Bezahlung mit PayPal integriert. Weitere Updates brachten Möglichkeiten für ein Lastschriftverfahren und Vorkasse.

Aus Sicht des Managements ist der Verkauf über das Internet ein großer Erfolg: Es konnten immer mehr Produkte abgesetzt werden und ein immer größerer Kundenstamm aufgebaut werden.

Im Sourcecode des Warenkorbs hingegen wurde die Logik immer komplexer und dadurch fehleranfälliger. Viele If-Bedingungen prüfen, um welche Bezahlvariante es sich aktuell handelt und wie damit umgegangen werden muss.

Jede Aufnahme einer neuen Bezahlfunktion führt zu Code-Änderungen im Warenkorb und zu potenziellen Problemen mit den bestehenden Funktionen. Änderungen an einem Algorithmus einer einzelnen Bezahlvariante gefährden die Fehlerfreiheit der Abläufe im kompletten Warenkorb.

Zusätzlich erschwert diese Bündelung der unterschiedlichen Bezahlalgorithmen an einer zentralen Stelle die Zusammenarbeit mehrerer Entwickler, da Änderungen genau an einer Stelle erfolgen und diese eventuell umständlich über einen fehleranfälligen *Merge* zusammengebracht werden müssen.

4.3.2 Lösung

Das *Strategy Pattern* ermöglicht die Nutzung verschiedener Algorithmen oder Vorgehensweisen, ohne dass diese innerhalb einer gemeinsamen Klasse durch Bedingungsprüfungen unterschieden werden müssen.

Die spezifischen Algorithmen bzw. Vorgehen werden in separate Klassen (die sogenannten *konkreten Strategien*) ausgelagert und von der nutzenden Klasse (dem sogenannten *Kontext*) über eine abstrakte Algorithmus-Schnittstelle (die *Strategie*) aufgerufen. Abbildung 4.10 stellt die Struktur des *Strategy Pattern* dar.

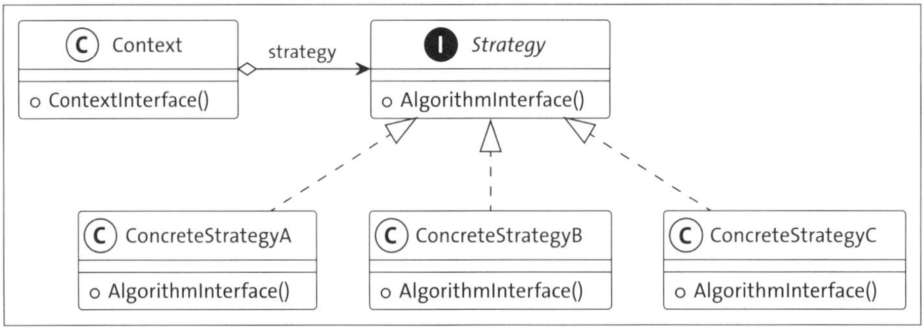

Abbildung 4.10 Struktur des »Strategy Pattern«

Innerhalb des Kontext-Objekts wird eine Referenz zu einer konkreten Strategie gespeichert und entsprechend in der Logik verwendet. Die Auswahl der Strategie erfolgt nicht innerhalb des Kontext-Objekts, sondern über dessen Aufrufenden.

Durch die abstrakte Definition des Algorithmus im `Strategy`-Interface werden die konkreten Implementierungen austauschbar und lassen sich unabhängig voneinander verwalten. Die Aufnahme von neuen Algorithmen wird einfacher und fehlertoleranter, da keine zentrale Stelle angepasst werden muss.

Struktur und Teilnehmer

- **Strategie/Strategy** – definiert eine abstrakte Schnittstelle für den Algorithmus, der innerhalb des Kontext-Objekts verwendet werden kann.
- **konkrete Strategie/Concrete Strategy** – Umsetzung eines konkreten Algorithmus
- **Kontext/Context** – Implementierung mit Referenz auf eine Strategie, die in der Logik verwendet wird. Die Auswahl der Strategie erfolgt über den Nutzer des Kontext-Objekts.

4.3.3 Lösungsbeispiel

Mithilfe des *Strategy Pattern* lässt sich das oben beschriebene Anwendungsproblem mit der komplexen Logik im Warenkorb lösen. Das Beispiel, dessen Klassendiagramm in Abbildung 4.11 dargestellt ist, ist in *TypeScript* umgesetzt.

Die bisher im Warenkorb enthaltenen Logiken für die verschiedenen Bezahlvarianten werden jeweils in separate Klassen ausgelagert. Als gemeinsame Schnittstelle wird das `PaymentStrategy`-Interface eingeführt, das die Methode `Pay` als abstrakte Beschreibung für den Bezahlvorgang enthält. Das neu eingeführte Ergebnis-Objekt `PaymentResult` liefert weitere Informationen zum Ausgang des tatsächlichen Bezahlvorgangs.

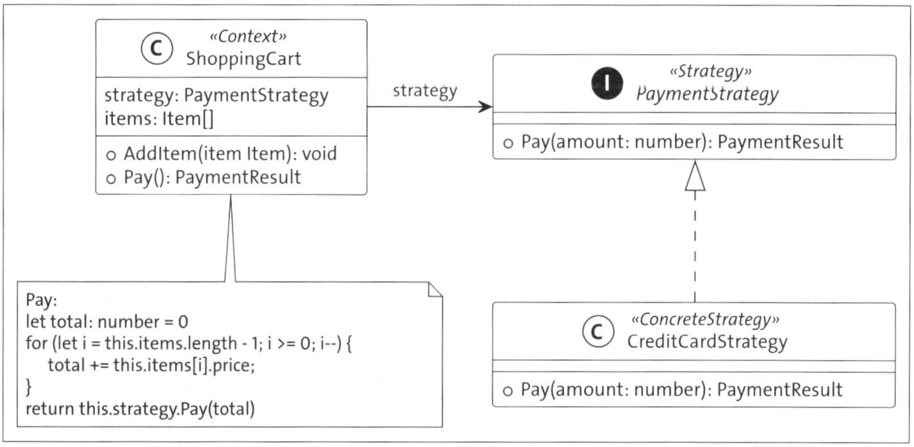

Abbildung 4.11 Unterschiedliche Bezahlvarianten mit TypeScript

Im Klassendiagramm aus Abbildung 4.11 sowie im *TypeScript*-Quellcode in Listing 4.15 ist nur eine konkrete Strategie, die `CreditCardStrategy`, dargestellt. Weitere Implementierungen für Bezahlvorgänge lassen sich dann durch entsprechende Klassen hinzufügen.

```
interface PaymentStrategy {
    Pay(amount: number): PaymentResult
}

class PaymentResult {
    success: boolean
    //...weitere Attribute für mehr Details
    constructor(success: boolean) {
        this.success = success;
    }
}

class CreditCardStrategy implements PaymentStrategy{
    Pay(amount: number): PaymentResult {
        console.log("pay with CreaitCard")
        //... Logik zum Bezahlen
        return new PaymentResult(true);
    }

}
```

Listing 4.15 Eine Strategie mit einer Implementierung in TypeScript

Die Klasse `ShoppingCart` enthält zum einen die Logik für die Verwaltung der einzelnen zu kaufenden Produkte (`Item`) und zum anderen eine Referenz zu einer `PaymentStrategy`, mit der der Bezahlvorgang durchgeführt werden soll.

Welche Strategie zum Einsatz kommt, entscheidet der Nutzer des Warenkorbs (`ShoppingCart`) über die API. Die konkrete Strategie kann entweder als Parameter über den Konstruktor oder über eine Setter-Methode übergeben werden.

Innerhalb der `Pay`-Methode des Warenkorbs wird lediglich, wie Listing 4.16 zu entnehmen ist, noch die zu bezahlende Gesamtsumme für die Produkte gebildet und der Bezahlvorgang gestartet. Die konkrete Ausprägung des Bezahlvorgangs ist dann jeweils der einzelnen Strategie überlassen.

```
class Item {
    price: number;

    constructor(price: number) {
```

```
        this.price = price;
    }
}

class ShoppingCart {

    private items: Item[];
    public strategy: PaymentStrategy;

    constructor(strategy: PaymentStrategy) {
        this.strategy = strategy;
        this.items = [];
    }

    AddItem(item: Item) {
        this.items.concat(item);
    }

    Pay() : PaymentResult {
        let total: number = 0
        for (let i = this.items.length - 1; i >= 0; i--) {
            total += this.items[i].price;
        }
        return this.strategy.Pay(total)
    }
}
```

Listing 4.16 Umsetzung eines Warenkorbs – Kontext (TypeScript)

Die Nutzung des Warenkorbs ist einfach. Nach der Instanziierung der Strategie und dem Setzen der Referenz in einen neuen Warenkorb können Produkte in ihn hineingelegt und bezahlt werden. Listing 4.17 zeigt das Beispiel:

```
let strategy: PaymentStrategy = new CreditCardStrategy();
let shoppingCart: ShoppingCart = new ShoppingCart(strategy)

let item1: Item = new Item(20)

shoppingCart.AddItem(item1)
let result:PaymentResult = shoppingCart.Pay()
console.log(result)
```

Listing 4.17 Nutzung der TypeScript-»PaymentStrategy«

4.3.4 Wann kann oder soll man das Pattern einsetzen?

Es sind mehrere Varianten eines Algorithmus vorhanden

Das *Strategy Pattern* lässt sich immer dann einsetzen, wenn mehrere Ausprägungen eines Teilverhaltens oder Algorithmus vorhanden sind und diese unabhängig voneinander entwickelt bzw. gepflegt werden sollen.

Es gibt Klassen, die sich nur in Teilen der Implementierung unterscheiden

Mit dem *Strategy Pattern* lassen sich komplexe Vererbungshierarchien aufbrechen, die nur dazu dienen, unterschiedliches Teilverhalten zu separieren.

Beispiel: Wie in Abbildung 4.12 dargestellt, könnten die unterschiedlichen Verhaltensvarianten aus dem Beispiel auch in einer Vererbungshierarchie abgebildet werden. Eine abstrakte Klasse `ShoppingCart` enthält die übergeordnete Logik und die jeweiligen Ableitungen enthalten den zusätzlichen Code für den entsprechenden Bezahlvorgang.

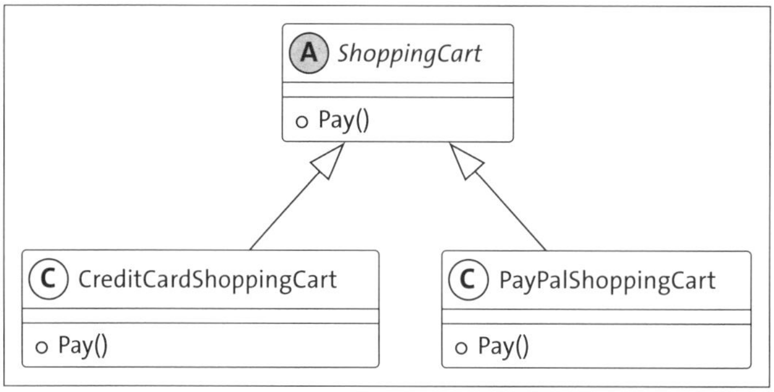

Abbildung 4.12 Wann sollten Sie das »Strategy Pattern« einsetzen?

Eine solche Umsetzungsvariante führt zum einen zu komplexen Klassenhierarchien, und zum anderen findet keine klare Trennung der Verantwortlichkeiten statt. Die Warenkorb- bzw. `ShoppingCart`-Klasse enthält Code zur Steuerung des generellen Ablaufs sowie Details zu spezifischen Verhaltensvarianten.

Sie wollen Implementierungsdetails der Algorithmen verbergen

Durch den Einsatz des Patterns kann über die Kontext-Klasse eine Schnittstelle geschaffen werden, bei der keine internen Details oder Abhängigkeiten der einzelnen Algorithmen bekannt werden. Interne Datenstrukturen der Algorithmen müssen z. B. nicht an Aufrufende weitergegeben und somit veröffentlicht werden.

Viele Code-Verzweigungen bei Verhaltensunterschieden

Wenn alle Verhaltensunterschiede, wie im beschriebenen Webshop-Beispiel, in nur einer Klasse implementiert werden, müssen Bedingungen und Verzweigungen im

Code eingebaut werden, mit denen das jeweilige Verhalten gewählt und ausgeführt wird. Nimmt die Anzahl der Verhaltensvarianten zu, erhöht sich im gleichen Zug die Komplexität der Klasse.

Mithilfe des *Strategy Pattern* können die unterschiedlichen Varianten des Verhaltens in separate Klassen ausgelagert werden, wodurch sich die Unterscheidungslogik reduzieren lässt. Die ausgelagerten Verhaltensunterschiede werden über eine abstrakte Schnittstelle angesprochen.

Die Logik zu Verhaltensunterschieden ist verteilt

Das Pattern lässt sich einsetzen, wenn die Logik zu verschiedenen einzelnen Algorithmen nicht zentral, sondern an verschiedenen Codestellen implementiert ist und die Wartbarkeit dadurch eingeschränkt ist.

4.3.5 Konsequenzen

Auswahl und Wechsel eines Algorithmus

Durch die Umsetzung des *Strategy Pattern* lassen sich verschiedene Ausprägungen eines Algorithmus nutzen und unter Umständen zur Laufzeit tauschen.

Alternative zu Vererbungshierarchien

Komplexe Vererbungshierarchien mit unklarer Trennung zwischen den Verantwortlichkeiten für die Ablaufsteuerung und die Algorithmus-Implementierung werden unterbunden. Es entstehen keine abstrakten Basisklassen, die von verhaltensabhängigen Klassen erweitert werden.

Der Kontext enthält die Ablaufsteuerung, und die Umsetzung der einzelnen Algorithmen findet in den konkreten Strategien statt. Die Verantwortlichkeiten sind somit klar definiert.

Strategien minimieren Bedingungsprüfungen

Durch die Auslagerung der einzelnen Strategien in separate Klassen und die Einführung einer entsprechenden abstrakten Schnittstelle für deren Ausführung entfällt in der aufrufenden Klasse die Prüfung zur Strategieauswahl bzw. deren Aufruf.

Die Ablaufsteuerung wird klarer und lässt sich dadurch auch besser testen.

Vererbung und Polymorphie

Das *Strategy Pattern* ist eine klassische Anwendung der objektorientierten Polymorphie, kann allerdings auch ohne Vererbung umgesetzt werden, wie im Kasten weiter unten noch gezeigt wird.

Strategien müssen beim Client bekannt sein

Die Verantwortung für die Auswahl der jeweiligen Strategie liegt beim Aufrufenden der Kontext-Klasse und muss dementsprechend auch bekannt sein. Der Client muss die relevanten Strategien kennen und auch die Möglichkeit besitzen, eine sinnvolle Auswahl zu treffen.

Steigende Komplexität

Eine Umsetzung des Patterns führt unter Umständen zu einem komplexeren Aufbau der Anwendung und ist bei nur wenigen Varianten im Algorithmus weniger sinnvoll.

Alternative Umsetzung mit Functional Types

Alternativ zu der Vererbungshierarchie können Sie Strategien in einigen Programmiersprachen mit sogenannten *Functional Types* umsetzen. Hierbei wird ein Typ definiert, dem eine Funktion zugewiesen werden kann. Das folgende Beispiel zeigt diesen Ansatz mit Go:

```
//Typdefinition - Functional Type
type PaymentStrategy = func(amount int) error

//Implementierung des Typs
func CreditCardPayment(amount int) error {
    fmt.Println("pay with CreditCard")
    return nil
}
```

Die Verwendung für das Pattern ist dann analog:

```
ShoppingCart := model.ShoppingCart{}
shoppingCart.SetStrategy(model.CreditCardPayment)
shoppingCart.AddItem(item)
err = shoppingCart.Pay()
```

Der Aufwand, der für den Einsatz des Patterns nötig ist, wird dadurch reduziert, und eine Trennung der Verantwortlichkeiten ist weiterhin gegeben.

4.3.6 Real-World-Beispiel

Im Java-Bereich ist wahrscheinlich einer der bekanntesten Anwendungsfälle des *Strategy Pattern* im *Collections-Framework* zu finden.

Alle Instanzen des `java.util.List`-Interface können sortiert werden: entweder mit der Klasse `java.util.Collections` oder mit der Methode `sort(...)` direkt an der Instanz selbst. Wie allerdings sortiert wird, bestimmt ein sogenannter `Comparator`, der dabei die Regeln für das Vergleichen von Elementen innerhalb der Liste und somit die

Reihenfolge nach dem Sortieren definiert. Abbildung 4.13 zeigt, dass dieser Ansatz ein Beispiel für das *Strategy Pattern* ist.

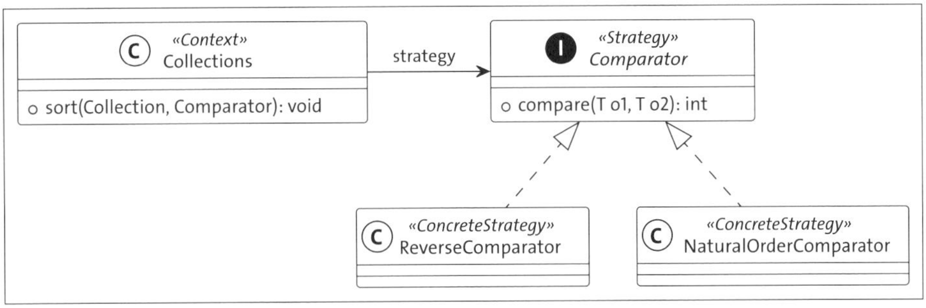

Abbildung 4.13 »Strategy Pattern«-Beispiel der Java Collections

In der Standardbibliothek des JDK sind mehrere Implementierungen enthalten. Auch eigene Implementierungen können durch die Umsetzung des Interfaces ergänzt werden. Folgendes Beispiel nutzt den `Comparator.reverseOrder()` sowie den `Comparator.naturalOrder()` zum Sortieren der Liste von Strings:

```
List<String> values = new ArrayList<>();
values.add("A");
values.add("C");
values.add("B");

Collections.sort(values, Comparator.reverseOrder());
values.sort(Comparator.reverseOrder());
System.out.println(values);
values.sort(Comparator.naturalOrder());
System.out.println(values);
```

Listing 4.18 Strategie-Implementierung im Collections Framework von Java

Die Ausgabe ist entsprechend:

```
[C, B, A]
[A, B, C]
```

Listing 4.19 Ausgabe der Anwendung

4.4 Chain of Responsibility/Zuständigkeitskette

Ursprung: Gang of Four – Behavioral Pattern – Verhaltensmuster

Das *Chain of Responsibility Pattern* bzw. Zuständigkeitskette-Pattern gehört zu den Verhaltensmustern und stammt ursprünglich aus dem Pattern-Katalog der Gang of Four.

Mithilfe dieses Patterns wird der Ersteller einer Anfrage vom tatsächlichen Ausführenden getrennt. Die möglichen ausführenden Objekte werden hierzu zu einer Kette verknüpft und die Anfrage wird in dieser Kette weitergegeben, bis ein Objekt die Anfrage bearbeitet.

4.4.1 Problem und Motivation

Ein Softwareanbieter hat eine Smartphone-App entwickelt, die dabei hilft, wöchentliche Einkäufe besser zu planen und durchzuführen. Über eine Integration zu unterschiedlichen Supermarktketten werden aktuelle Angebote eingeholt und mit einer Datenbank für Rezeptvorschläge abgeglichen. Daraus werden, zusammen mit den Präferenzen der Anwender, Vorschläge für den Einkauf erstellt.

Die erste Version der Anwendung wurde in die entsprechenden Smartphone-App-Stores hochgeladen und von den Nutzern rege verwendet. Falls die Nutzer Probleme meldeten, wurden diese meist direkt von den Entwicklern bearbeitet. Hierzu stand ein Webformular zur Verfügung.

Mit der Zeit stiegen die Downloadzahlen und die App wurde immer beliebter und erfolgreicher. Neue Funktionen kamen hinzu, sodass die Anwendung immer umfangreicher wurde.

Die steigende Beliebtheit und die größere Komplexität führten zu einer steigenden Anzahl an gemeldeten Problemen, die direkt an die Entwickler weitergeleitet wurden. Oftmals handelte es sich bei den gemeldeten Problemen allerdings nicht um Fehler, sondern um Fragen zur Software. In der Folge waren die Entwickler so sehr damit beschäftigt, den Support für die Anwendung zu leisten, dass sie keine neuen Funktionen umsetzen konnten.

Um die Entwickler zu entlasten und eintreffende Fragen automatisch beantworten zu lassen, wurde eine KI-basierte Lösung zur Bearbeitung der Kundenfragen eingeführt. Anfragen, die hier nicht beantwortet werden konnten, wurden weiterhin an die Entwickler weitergeleitet. Die entsprechende Logik wurde direkt in die Implementierung des Webformulars für die Entgegenname der Support-Anfragen eingebaut.

Das reduzierte die Support-Anfragen bei den Entwicklern deutlich, und so konnten sie wieder weitere Funktionen umsetzen. Das Problem trat allerdings von Neuem auf: Die neuen Funktionen lockten neue Anwender und die Anfragen nahmen wieder zu. Die KI-basierte Lösung arbeitete gut, aber die Support-Anfragen, die bei den Entwicklern eintrafen, stiegen wieder. Man entschloss sich daher, eine eigene Support-Gruppe zu schaffen, die die Anfragen, die von der KI nicht bearbeitet werden konnten, übernahm und nur dann an die Entwickler weitergab, wenn auch sie nicht helfen konnte.

Sämtliche Logik zur Steuerung des Ablaufs und die Logik zur Weitergabe der Anfragen wurde wieder direkt in das Webformular aufgenommen. Das Resultat war komplexer, fehleranfälliger und schlecht wartbarer Code.

Als schließlich eine Umstellung von einer E-Mail-basierten Kommunikation zu einer Instant-Messaging-basierten Übermittlung erfolgen sollte, führte dies zu Problemen, Ausfällen und sehr hohen Aufwänden bei der Umstellung. 4

4.4.2 Lösung

Mit dem *Chain of Responsibility Pattern* wird eine komplexere Verarbeitung in mehrere einzelnen Schritte aufgeteilt, und diese Schritte werden jeweils in eigenständige Objekte umgesetzt. Das Verhalten der Schritte wird über eine abstrakte Schnittstelle, ein `Handler`-Interface, definiert und von den Einzelschritten umgesetzt (siehe Abbildung 4.14).

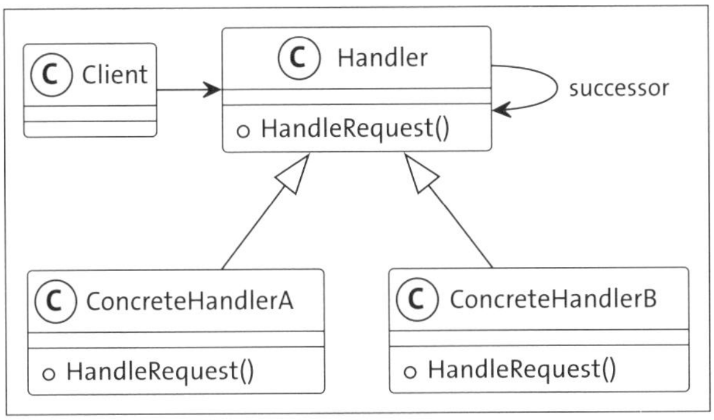

Abbildung 4.14 Struktur des »Chain of Responsibility Pattern«

Über einen Verweis auf den nächsten konkreten Handler, den jede Handler-Implementierung enthalt, wird eine Verarbeitungskette aufgebaut, die die Verarbeitung einer Anfrage übernimmt.

Ein Client kennt nur das erste Glied in der Kette. Wird oder kann eine Anfrage nicht innerhalb eines Handlers verarbeitet werden, gibt der entsprechende Handler die Anfrage an seinen sogenannten `Successor` weiter, der nun ebenfalls versucht, diese Anfrage zu verarbeiten. Sobald die Anfrage bearbeitet wird, bricht die Verarbeitung ab und die Antwort wird an den Aufrufenden zurückgeliefert.

Es werden (wie in Abbildung 4.15) nicht zwangsläufig alle Handler-Implementierungen in der Kette aufgerufen. Im Beispiel kann `ConcreteHandlerB` die Anfrage bearbeiten und ein Ergebnis liefern. Jeder Handler hat somit die Möglichkeit, die weitere Verarbeitung abzubrechen.

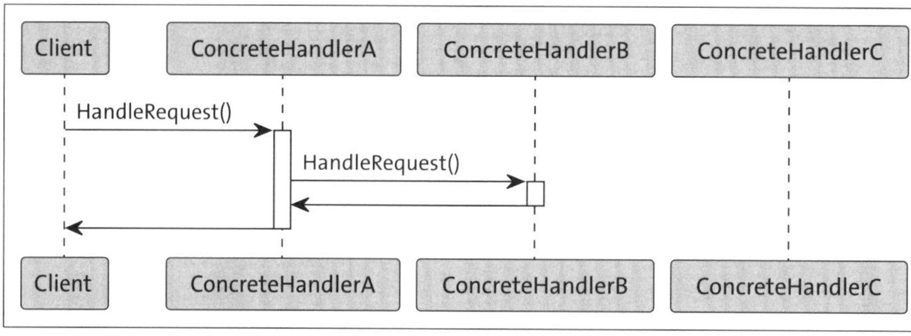

Abbildung 4.15 Sequenzdiagramm der »Chain of Responsibility«

Struktur und Teilnehmer

- **Bearbeiter/Handler** – Er definiert eine abstrakte Schnittstelle für die Einzelschritte, die miteinander verkettet werden sollen.
- **Konkreter Bearbeiter/Concrete Handler** – Umsetzung der abstrakten Schnittstelle zu einem konkreten Einzelschritt. Jeder konkrete Bearbeiter enthält eine Referenz zu seinem Nachfolger, die er aufruft, falls er die Anfrage nicht selbst verarbeiten will oder kann.
- **Aufrufender/Client** – Das ist aufrufender Code, der den ersten konkreten Handler in der Verarbeitungskette aufruft und ein Ergebnis zurückerwartet. Der Client kennt nur die abstrakte Schnittstelle und ist von den konkreten Implementierungen entkoppelt.

4.4.3 Lösungsbeispiel

Die Softwarefirma aus der Problembeschreibung löst ihr Problem mit dem komplexen und schlecht wartbaren Code für die Support-Verarbeitung innerhalb der Logik des Anfrage-Formulars mit dem *Chain of Responsibility Pattern*.

Wie in Abbildung 4.16 dargestellt, kann ein abstrakter `SupportHandler` in Form eines Interfaces mit einer Methode `handleRequest` definiert werden. Dieses Handler-Interface wird anschließend aus dem `SupportForm` (dem Webformular) heraus angesprochen. Welche Implementierung die Verarbeitung schlussendlich durchführt, spielt für das Formular keine Rolle mehr. In Java kann eine Implementierung des `Handler`-Interfaces so aussehen in Listing 4.20:

```
package com.sourcefellows.patterns.cor;

public interface SupportHandler {
    void handleRequest(CustomerRequest request);
}
```

Listing 4.20 Beispielimplementierung des Handlers in Java

Die Klasse `CustomerRequest` repräsentiert im Beispiel eine Anfrage, die beantwortet werden soll. Die Schnittstelle des `SupportHandler`-Interfaces definiert allerdings keine Antwort, da die Antwort des entsprechenden Handlers an eine in der Anfrage enthaltene Rückantwortadresse erfolgen soll, beispielsweise an eine E-Mail-Adresse des Kunden.

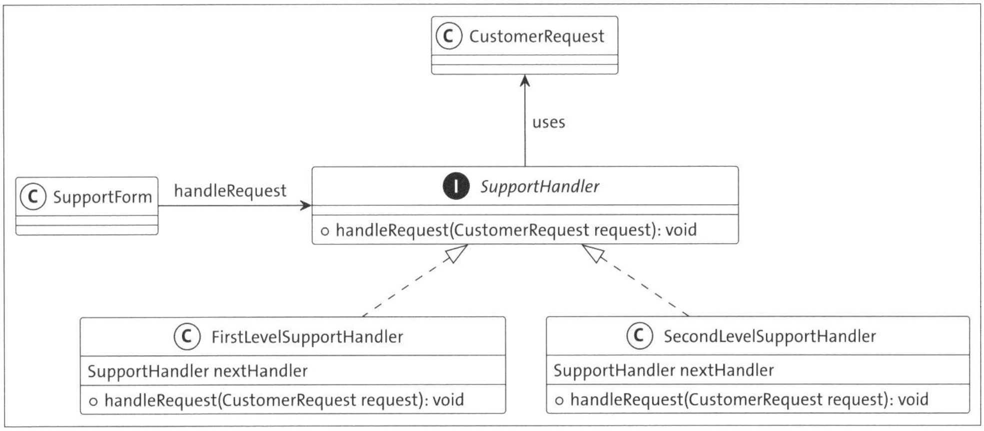

Abbildung 4.16 Beispielumsetzung des »Chain of Responsibility Pattern«

Jede konkrete Handler-Implementierung muss eine Referenz zu ihrem Nachfolger in der Kette aufweisen. Im Beispiel wird diese für den `FirstLevelSupportHandler` über den Konstruktor gesetzt. Innerhalb der Methode `handleRequest` wird ermittelt, ob die Anfrage bearbeitet werden soll oder ob diese an den nächsten Handler in der Kette weitergegeben werden soll. Listing 4.21 zeigt die Implementierung:

```
package com.sourcefellows.patterns.cor;

public class FirstLevelSupportHandler implements SupportHandler {

    private SupportHandler nextHandler;

    public FirstLevelSupportHandler(SupportHandler nextHandler) {
        this.nextHandler = nextHandler;
    }

    @Override
    public void handleRequest(CustomerRequest request) {
        if (...) { // Handler will oder kann nicht übernehmen
            this.nextHandler.handleRequest(request);
        }
         ...
    }
}
```

Listing 4.21 Implementierung eines konkreten Handlers in Java

Eine weitere Implementierung eines `SecondLevelSupportHandlers` sieht analog dazu aus. Auch sie enthält eine Referenz zu ihrem Nachfolger.

Innerhalb des Formulars kann die Verarbeitungskette erstellt und verwendet werden. In Listing 4.22 sind drei Handler-Implementierungen aufgenommen. Die dritte Implementierung, der `ThirdLevelSupportHandler`, besitzt keinen Nachfolger mehr und muss sich dementsprechend um alle Anfragen kümmern, die bis dahin nicht beantwortet wurden.

```
SupportHandler third = new ThirdLevelSupportHandler();
SupportHandler second = new SecondLevelSupportHandler(third);
SupportHandler handler = new FirstLevelSupportHandler(second);

handler.handleRequest(new CustomerRequest());
```

Listing 4.22 Aufruf innerhalb des Webformulars (Java)

Alternativ zu der gezeigten Umsetzung mittels Interface und direkten konkreten Implementierungen kann auch eine abstrakte Klasse die Verwaltung des nächsten Handlers übernehmen (siehe Abbildung 4.17).

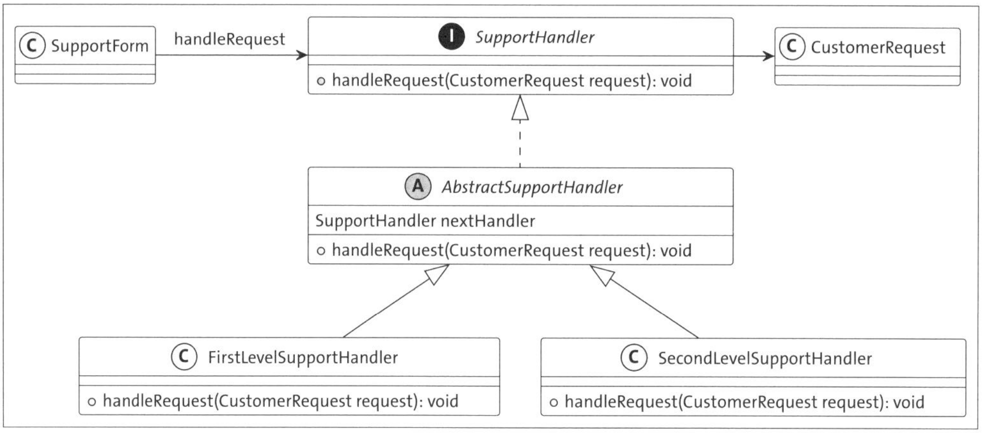

Abbildung 4.17 Umsetzung mithilfe einer abstrakten Basisklasse

4.4.4 Wann kann oder soll man das Pattern einsetzen?

Mehrere Handler-Implementierungen mit unbekannter Reihenfolge

Das *Chain of Responsibility Pattern* lässt sich immer dann einsetzen, wenn mehrere unterschiedliche Implementierungen für die Abarbeitung einer Anfrage vorhanden sind bzw. wenn diese später hinzugefügt werden sollen und deren Ausführungsreihenfolge zu Beginn noch nicht feststeht.

Entkopplung zwischen Aufrufendem und Ausführendem gewünscht

Durch den Einsatz des Patterns lässt sich der aufrufende Code vom tatsächlich aufgerufenen Verarbeitungscode entkoppeln. Der Aufrufer kennt die konkrete Implementierung, die für die Ausführung der Anfrage verwendet wird, nicht.

Dynamische Reihenfolge ermöglichen

Der Aufbau der Verarbeitungskette ist flexibel und kann unter Umständen auch erst zur Laufzeit geschehen. Mit einer entsprechenden Konfiguration können die Handler sehr dynamisch angepasst oder ausgetauscht werden.

4.4.5 Konsequenzen

Reihenfolge und Verantwortungsverteilung flexibel

Das Auftrennen der Verarbeitung von Anfragen in deren Einzelschritte führt ebenfalls zu einer Aufteilung der Verantwortung für den Gesamtprozess. Jeder Einzelschritt übernimmt einen entsprechenden Teil der Verantwortung und ermöglicht mit der flexiblen Konfiguration eine feingranulare Steuerung des konkreten Ablaufs.

Entkopplung des aufrufenden und ausführenden Codes

Das Pattern entkoppelt den aufrufenden vom aufgerufenen Code.

Der Client-Code arbeitet mit der abstrakten Schnittstelle und kennt die konkreten Implementierungen nicht. Andersherum kennt auch die konkrete Handler-Implementierung den Client nicht. Beide Komponenten arbeiten unabhängig voneinander, und keine der konkreten Implementierungen muss die Struktur der Verarbeitungskette oder eine weitere Implementierung kennen.

Als Ergebnis kann der Einsatz des Patterns die Abhängigkeiten innerhalb der Implementierungen verringern und eine Testbarkeit erhöhen.

Keine garantierte Ausführung

Für den Empfang bzw. die Verarbeitung einer Anfrage gibt es keine Garantien. Durch einen Fehler in einer Handler-Implementierung kann die komplette Verarbeitungskette fehlerhaft werden und Anfragen können potenziell nicht verarbeitet werden.

Ist z. B. die Kette falsch konfiguriert, kann eventuell der letzte Handler in der Kette die Anfrage nicht mehr weitergeben und die Anfrage wird verworfen.

4.4.6 Real-World-Beispiel

Event Bubbling ist ein Mechanismus zur Ereignis-Propagation innerhalb eines *Document Object Models* (DOM), wie es bei XML und HTML verwendet wird. Jedes Objekt eines Dokuments wird hierbei als Knoten innerhalb einer hierarchischen Baumstruktur dargestellt und kann Ereignisse, sogenannte *Events*, empfangen.

Treten neue Ereignisse auf, werden diese zuerst dem innersten Element und dann sukzessive den umschließenden Elternobjekten zugestellt. Das wird so lange fortgesetzt, bis die äußerste Struktur bzw. der Wurzelknoten der Baumstruktur erreicht ist.

Im Beispiel in Abbildung 4.18 wird ein Ereignis, das auf dem Element 3 auftritt, zuerst an Element 2 und anschließend an Element 1 weitergegeben. Alle Elemente haben die Möglichkeit, auf das Ereignis zu reagieren.

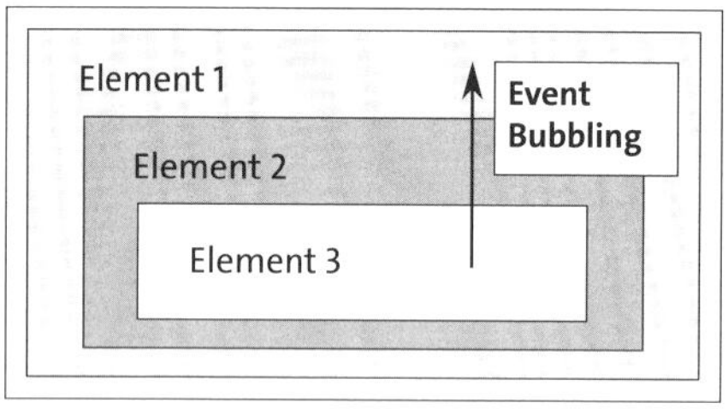

Abbildung 4.18 Event Bubbling in einem Document Object Model (DOM)

In Browsern lösen z. B. Aktionen eines Anwenders, wie der Klick auf einen Button oder das Tippen in einem Eingabefeld, Ereignisse aus. Es handelt sich um die einzige Möglichkeit, Ereignisse im Browser zu behandeln.

Für jedes Element eines Dokuments können sogenannte *EventHandler* registriert werden, mit denen auf spezielle Ergebnisse reagiert werden kann. In JavaScript gibt es hierfür die Methode `addEventListener`, die jede Implementierung des `EventTarget`-Interfaces besitzt (siehe Listing 4.23).

```
addEventListener(type, listener, options)
```

Listing 4.23 Methode zum Anmelden eines EventListeners (JavaScript)

Als Parameter der Methode kann eine Funktion oder ein sogenannter `Listener` bzw. Handler mit einer `handleEvent`-Funktion übergeben werden. Diese erhalten wiederum das aufgetretene Event als Parameter, das sie dann auswerten können. Listing 4.24 zeigt eine entsprechende Funktionssignatur:

```
function handleEvent(event) {
...
}
```

Listing 4.24 Listener- bzw. Handler-Implementierung (JavaScript)

Was fehlt zum »Chain of Responsibility Pattern« beim Bubbling?

Das JavaScript-Bubbling entspricht genau genommen nicht zu hundert Prozent dem *Chain of Responsibility Pattern*. Die Handler-Implementierungen haben keine Referenz auf den nächsten Handler in der Kette. Sie können allerdings durch einen Methodenaufruf die weitere Verarbeitung abbrechen.

Wenn die HTML-Seite selbst über JavaScript aufgebaut werden würde, könnte auch die Verarbeitungskette dynamisch zur Laufzeit angepasst werden. Das alles lasse ich allerdings für dieses Beispiel außen vor.

Im *Gang of Four*-Buch, in dem das Pattern zum ersten Mal beschrieben wurde, dient im Übrigen ebenfalls ein Benutzerinterface als Beispiel. In einer Anwendung werden Hilfetexte für Elemente angezeigt. Jedes Element hat die Möglichkeit, einen Text anzuzeigen oder die Verarbeitung an sein Elternelement weiterzugeben, um den übergeordneten Hilfetext zu verwenden.

Innerhalb der Handler-Funktion besteht, wie Sie in Listing 4.25 sehen, die Möglichkeit, das sogenannte Bubbling (also das automatische Weiterreichen der Events an das übergeordnete Elternelement) abzubrechen:

```
event.stopPropagation();
```

Listing 4.25 Abbruch des Event Bubbling innerhalb eines Handlers (JavaScript)

Bringt man die bis dahin gezeigten Code-Fragmente zusammen, kann für die folgende HTML-Seite eine Handler-Implementierung erstellt und so wie in Listing 4.26 gezeigt angemeldet werden:

```
<!DOCTYPE html>
<html lang="en">
<head>...</head>
<body id="body">
    <h1>Chain of Responsibility</h1>
    <p id="paragraph">
        <img id="logo" src="...">
    </p>
    <script src="index.js"></script>
</body>
</html>
```

Listing 4.26 Beispiel für ein HTML-Dokument mit Elementen, die ID-Attribute besitzen

ID-Attribute?

Die Seite setzt der Übersichtlichkeit halber auf ID-Attribute an den Elementen, auch wenn das in diesem Fall nicht nötig wäre.

Der in Listing 4.27 gezeigte JavaScript-Code ist in diesem Beispiel über eine externe Datei in die oben dargestellte HTML-Seite eingebunden. Dort können die entsprechenden Handler angemeldet und genutzt werden.

```
// Elemente in Dokument referenzieren
const img = document.getElementById("logo");
const paragraph = document.getElementById("paragraph");
const body = document.getElementById("body");
// Handler-Implementierungen
function imgHandler(event) {
    console.log("Image Handling:", event);
}
function paragraphHandler(event) {
    console.log("Paragraph Handling:", event);
    event.stopPropagation();
}
function bodyHandler(event) {
    console.log("Body Handling:", event);
}
// Anmeldungen der Handler für Click-Events
img.addEventListener("click", imgHandler);
paragraph.addEventListener("click", paragraphHandler);
body.addEventListener("click", bodyHandler);
```

Listing 4.27 Implementierung von Event-Listenern (JavaScript)

Wird die HTML-Seite im Browser geladen und wird auf das dargestellte Bild geklickt, wird zuerst die `imgHandler`- und dann die `paragraphHandler`-Funktion aufgerufen.

Mit dem Aufruf von `stopPropagation` innerhalb der `paragraphHandler`-Funktion wird das Bubbling der Events unterbrochen und die Verarbeitung endet.

4.5 Command/Kommando

Ursprung: Gang of Four – Behavioral Pattern – Verhaltensmuster

Mit dem *Command Pattern* wird in sogenannten Kommando-Objekten ein vom Client parametrisierbarer Befehl gekapselt.

Diese Kommandos können als Parameter für Methoden verwendet werden, um z. B. deren Ausführung für einen späteren Zeitpunkt anzumelden oder über eine Warteschlange zu ermöglichen.

Befehle können zusätzlich so umgesetzt werden, dass ihre Ausführung zu einem späteren Zeitpunkt wieder rückgängig gemacht werden kann.

4.5.1 Problem und Motivation

Ein großes Internetkaufhaus hat 2014 elektronische Schalter, sogenannte *Dash-Buttons*, eingeführt, mit denen man direkt Waren in seinem Online-Shop bestellen konnte. Jeder Schalter war für ein spezielles Produkt konfiguriert. Wurde der Knopf betätigt, wurde eine Bestellung ausgelöst und die Ware dem Kunden geliefert. Die Kommunikation mit dem Internet funktionierte über die Einbindung des Schalters in das WLAN des Kunden.

Seitdem der Service des Internetkaufhauses eingestellt wurde, können zwar keine Waren mehr über die Schalter bestellt werden, aber die WLAN-Signale können weiterhin dazu benutzt werden, um andere Aktionen auszulösen. Beim Betätigen des Schalters werden Signale erzeugt, die über eine eindeutige Schalter-ID dem jeweiligen Dash-Button zugeordnet werden können.

Ein findiger Entwickler begann daraufhin, Software zu implementieren, mit der verschiedene Aktionen in seinem Haus ausgeführt werden können. Da sich die Funktionalität der Schalter sehr ähnelt, hat er die Gemeinsamkeiten in einer abstrakten Basisimplementierung (`Button`) zusammengefasst und pro Schalter eine separate Ableitung der abstrakten Klasse erstellt, die Sie in Abbildung 4.19 sehen.

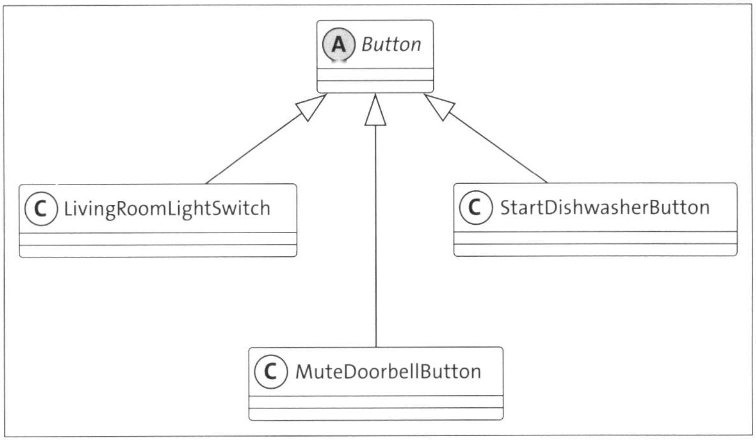

Abbildung 4.19 Umsetzung der Kommandos als Klassenhierarchie

So entstanden mehrere Implementierungen: eine für das Schalten des Wohnzimmerlichts, eine weitere für das Starten des Geschirrspülers und eine zum Stummschalten der Türklingel.

Jede der konkreten Implementierungen nutzt dabei gemeinsame Funktionalität der Basisklasse, z. B. den Empfang von Nachrichten. Dabei enthält sie zusätzlich Details zur auslösenden Aktion bzw. zum Schalter (wie die Schalter-ID).

Die Aufnahme von weiteren Schaltern in die Umgebung führt bei diesem Ansatz zu einer steigenden Anzahl von Subklassen. Das muss kein Problem sein. Sobald allerdings in der Basisklasse Änderungen vorgenommen werden müssen, besteht die Gefahr, dass die Funktionalität in den konkreten Implementierungen fehlerhaft wird und Probleme auftreten.

Jede Implementierung mischt zudem die Logik für die Kommunikation mit dem Schalter mit der eigentlichen Geschäftslogik, also der Ausführung der Aktion. Es findet keine klare Trennung von Verantwortlichkeiten statt.

Nach der Abschaltung des Service tauchten auf verschiedenen Online-Börsen immer wieder sehr günstige Schalter zum Kauf auf, und der Entwickler kam auf die Idee, weitere Schalter zu erwerben und zu nutzen.

Die neuen Schalter sollten allerdings keine neuen Funktionen übernehmen, sondern die bereits bestehenden Aktionen auslösen. Die Abschaltung der Türglocke sollte ab sofort nicht nur im Flur, sondern auch aus dem Schlafzimmer heraus möglich sein.

Da die konkreten Implementierungen Code für genau einen Schalter besitzen (nämlich über die Schalter-ID), ist die Weiternutzung der Aktionslogik für einen zweiten Schalter nicht ohne Probleme möglich. Eine weitere Subklasse würde das Problem zwar lösen, aber zu redundantem und unübersichtlicherem Code führen.

4.5.2 Lösung

Mit dem *Command Pattern* wird die auszuführende Aktion von der aufrufenden Logik entkoppelt, indem die einzelnen Aktionen bzw. Kommandos als Implementierungen einer abstrakten Schnittstellenbeschreibung, dem `Command`-Interface, umgesetzt werden.

Die konkrete Implementierung eines Kommandos enthält nur die Logik einer Aktion. Änderungen bzw. Methodenaufrufe, die während eines Aufrufs nötig sind, werden an einem Empfänger bzw. `Receiver` durchgeführt.

In dem Aufbau des *Command Pattern*, den Sie in Abbildung 4.20 sehen, führt das `ConcreteCommand` die Aktion `Action()` des `Receivers` aus.

Die Ausführung wird über einen Aufrufenden, den sogenannten `Invoker`, initiiert.

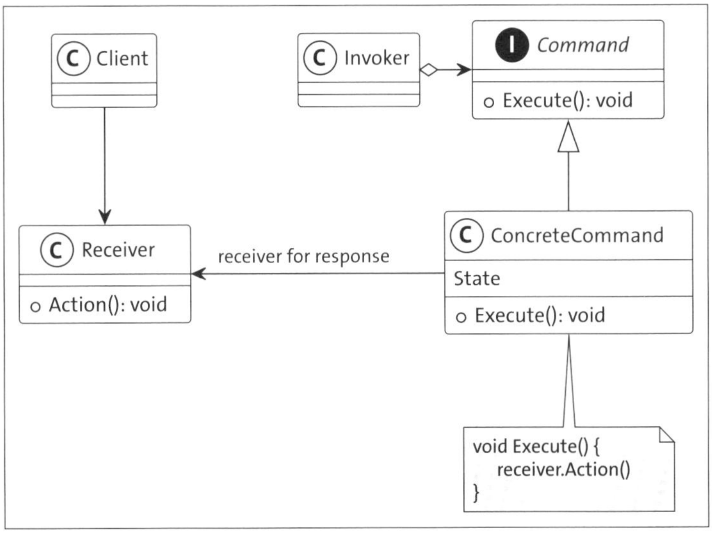

Abbildung 4.20 Struktur des »Command Pattern«

Der komplette Ablauf ist im Sequenzdiagramm in Abbildung 4.21 aufgeführt:

- Ein `Client` erzeugt ein konkretes Kommando (`ConcreteCommand`).
- Der `Client` übergibt das Kommando dem `Invoker`. Er nutzt hierzu die Methode `DoSth` mit dem Kommando als Parameter.
- Der `Invoker` startet das konkrete Kommando.
- Das Kommando führt die Aktionslogik (`Action`) aus, indem es Methoden des `Receivers` nutzt.

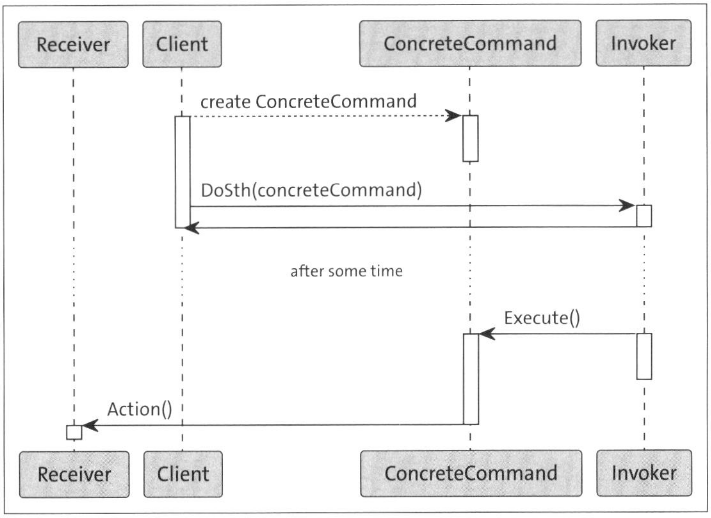

Abbildung 4.21 Sequenzdiagramm des »Command Pattern«

Struktur und Teilnehmer

- **Kommando/Command** – definiert eine abstrakte Schnittstelle für die auszuführenden Operationen bzw. Aktionen. Meistens besitzt die Methode keine Parameter.
- **Konkretes Kommando/Concrete Command** – implementiert die abstrakte Kommando-Schnittstelle und definiert die Verbindung zwischen der Aktion und dem Empfänger. Das Kommando führt die entsprechenden Methoden am Empfänger-Objekt aus, um die Aktion durchzuführen.
- **Klient/Client** – erzeugt ein konkretes Kommando und definiert den entsprechenden Empfänger, an dem die Aktion ausgeführt werden soll.
- **Aufrufer/Invoker** – nutzt ein Kommando, um eine Aktion auszuführen.
- **Empfänger/Receiver** – ist das Objekt, an dem die tatsächliche Aktion ausgeführt werden soll. Jede Klasse kann als Empfänger agieren.

4.5.3 Lösungsbeispiel

Die Anwendung des *Command Pattern* für die Anbindung der WLAN-Schalter zur Hausautomation aus dem obigen Beispiel trennt die Aktionslogik von der Ausführung über den Schalter. Für den betroffenen Entwickler entsteht die Möglichkeit, weitere Schalter in das System einzubinden und die Ausführungslogik weiter zu nutzen bzw. auch komplexere Szenarien durch Verkettung mehrerer Kommandos zu schaffen. Beispielsweise könnte durch einen Knopfdruck sowohl die Spülmaschine gestartet als auch das Wohnzimmerlicht gedimmt sowie die Türglocke ausgeschaltet werden.

Konkret kann eine Umsetzung zur Steuerung eines Lichtschalters so wie in Abbildung 4.22 aussehen.

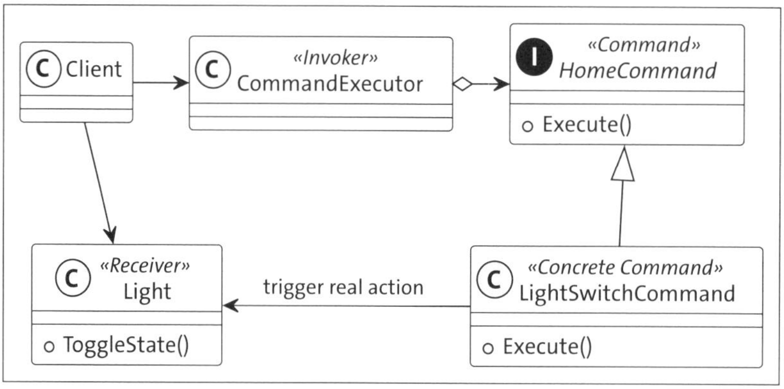

Abbildung 4.22 Lösung des Problems durch das »Command Pattern«

Im Beispiel wird das Interface `HomeCommand` mit lediglich der Methode `Execute` definiert. Es beschreibt die Schnittstelle für die einzelnen konkreten Kommandos, die ausgeführt werden sollen. Mit dem LightSwitchCommand existiert eine konkrete Implementierung, die über die Referenz zum Empfängerobjekt (Receiver) ihre Aktion (ToggleState) ausführt.

Das Kommando-Objekt LightSwitchCommand kapselt nur die Schritte der Aktion, nicht das Verhalten zum eigentlichen Schaltvorgang. Das geschieht innerhalb der Light-Implementierung, dem Receiver in dieser Umsetzung.

Das Go-basierte Beispiel aus Listing 4.28 ist übersichtlich gehalten. Das Empfängerobjekt Light enthält hier nur den Status des Lichtes und keine konkrete Anbindung an ein physikalisches Licht:

```
package model

type Light struct {
    onOffState bool
}
//Konstruktor/Factory-Methode
func NewLight(onOffState bool) *Light {
    return &Light{onOffState: onOffState}
}
// ToggleState schaltet den Zustand des Lichts um.
func (l *Light) ToggleState() {
    l.onOffState = !l.onOffState
}
```

Listing 4.28 Das »Receiver«-Objekt (Go)

Das Interface HomeCommand definiert, wie bereits beschrieben, die Execute-Methode, und das LightSwitchCommand implementiert diese Schnittstelle.

Bei der konkreten Umsetzung des Kommandos wird innerhalb der Execute-Methode das Empfängerobjekt Light genutzt, und an ihm wird die ToggleState-Methode aufgerufen (siehe Listing 4.29):

```
package internal

import (
    "fmt"
    "golang.source-fellows.com/pattern/command/internal/model"
)

type HomeCommand interface {
    Execute()
}
```

```
type LightSwitchCommand struct {
    light *model.Light
}

func NewLightSwitchCommand(light *model.Light) *LightSwitchCommand {
    return &LightSwitchCommand{light: light}
}

func (l LightSwitchCommand) Execute() {
    l.light.ToggleState()
}
```

Listing 4.29 Beispiel für das »Command Pattern« (Go)

Wie Sie im Beispielcode sehen, enthält das `LightSwitchCommand` nur Aktionsschritte, die an einem Empfängerobjekt aufgerufen werden. Das Empfängerobjekt bzw. der Receiver wird bei der Erstellung des Command-Objekts als Parameter der `NewLightSwitchCommand`-Funktion mitgegeben.

Die tatsächliche Ausführung der Kommandos geschieht entsprechend dem Pattern über einen sogenannten *Invoker*. Im Beispiel in Listing 4.30 wurde dieser mit dem Namen `CommandExecutor` umgesetzt und enthält eine Liste aller auszuführenden Kommandos. Innerhalb der `ExecuteAllCommands`-Methode werden in einer Schleife die einzelnen konkreten Kommandos aufgerufen, und nach deren Ausführung wird die Liste neu initialisiert. Es können neue Kommandos hinzugefügt werden.

```
package internal

import "fmt"

type CommandExecutor struct {
    commands []HomeCommand
}

func (i *CommandExecutor) AddCommand(command HomeCommand) {
    i.commands = append(i.commands, command)
}

func (i *CommandExecutor) ExecuteAllCommands() {
    for _, command := range i.commands {
        command.Execute()
    }
    i.commands = []HomeCommand{}
}
```

Listing 4.30 Beispiel für den Invoker des »Command Pattern« (Go)

In einem Client sehen die Konfiguration und der Aufruf so aus wie in Listing 4.31:

```
//Erstellen des Invokers/Executors
invoker := &internal.CommandExecutor{}

//Erstellen des Receivers/Empfänger-Objekts
livingRoomLight := model.NewLight(false)

//Erstellen des Kommandos mit der Referenz zum Empfänger
cmd1 := internal.NewLightSwitchCommand(livingRoomLight)

//Hinzufügen des Kommandos zur Liste
invoker.AddCommand(cmd1)
//Ausführen der Kommando-Liste
invoker.ExecuteAllCommands()
```

Listing 4.31 Beispiel-Client einer »Command Pattern«-Umsetzung (Go)

Die Umsetzung weiterer Kommandos kann analog erfolgen, und jedes Kommando kann mit separaten Empfängerobjekten arbeiten.

Für das Beispiel der Heimautomatisierung bedeutet das, dass der Entwickler mit jeder Schalterinteraktion ab sofort ein neues Kommando erzeugen und dem `CommandExecutor` übergeben kann. Je nachdem, wie das übergebene Kommando konfiguriert ist, kann er z. B. das zu schaltende Licht als Parameter übergeben. Die entsprechenden Implementierungen sind voneinander entkoppelt und können flexibel verwendet werden.

4.5.4 Wann kann oder soll man das Pattern einsetzen?

Parametrisierbare Objekte zur Ausführung

Mit dem *Command Pattern* lassen sich die Callback-Funktionen, die Sie aus der prozeduralen Programmierung kennen, in einer objektorientierten Syntax ausdrücken. Methodenaufrufe werden in eigenständige Objekte umgewandelt, die z. B. als Methodenparameter weitergegeben oder für eine spätere Ausführung gespeichert werden können. Eine Parametrisierung der Objekte ermöglicht einen flexiblen Einsatz der Kommandos.

Das Pattern eignet sich dementsprechend für die Fälle, in denen Aufgaben bzw. Kommandos konfiguriert und später ausgeführt werden sollen.

Unterschiedliche Zeiten für Definition, Beantragung und Ausführung

Mithilfe des `Invokers` werden die Zeitpunkte, an denen ein Kommando erstellt und ausgeführt wird, voneinander getrennt. Der `Invoker` nimmt die Kommandos entgegen und entscheidet, wann die tatsächliche Ausführung startet.

Immer wenn eine solche zeitliche Aufteilung benötigt wird, kann das Pattern eingesetzt werden. Oft wird das Pattern dementsprechend für eine asynchrone Abarbeitung von Aufträgen eingesetzt, die in diesem Fall als Kommando einer Queue übergeben werden. Neben einer lokalen Ausführung sind Szenarien denkbar, in denen ein Kommando über eine Remote-Schnittstelle übertragen und in einer entfernten Instanz ausgeführt wird.

Aktionen rückgängig machen

Auch wenn im dargestellten Beispiel keine Aktion rückgängig gemacht werden konnte, eignet sich das Pattern für diesen Einsatzzweck.

Kommandos können für einen solchen Fall eine Kompensationsmethode bzw. `Unexecute`-Methode anbieten, mit der die entsprechende Aktion im Bedarfsfall wieder rückabgewickelt werden kann. Falls das Kommando noch nicht ausgeführt wurde, kann es wieder aus der Queue entfernt werden.

Welche Kommandos bereits ausgeführt wurden, kann in einem eigenen History-Objekt mit einer entsprechenden Liste gespeichert werden.

Protokollierung von Aktionen

Wird eine Protokollierung der einzelnen ausgeführten Kommandos benötigt, kann dies mit überschaubarem Aufwand innerhalb der Invoker-Instanz erfolgen. So kann z. B. ein Audit-Log erstellt werden.

4.5.5 Konsequenzen

Entkopplung zwischen Ausführung und Definition

Das Pattern definiert zwei Objekte: ein Objekt, das die Ausführung steuert, und ein Objekt, an dem die Aktion ausgeführt wird. Dieser Ansatz entkoppelt nach dem *Single-Responsibility-Prinzip* die Aufgaben der beiden Objekte.

Kommandos sind »First-Class Objects«

Methodenaufrufe werden durch die Kapselung in eigenständigen Objekten zu sogenannten *First-Class Objects*. Sie können wie jedes andere Objekt behandelt werden und z. B. als Parameter weitergegeben werden.

Zusammenstellung von Kommandos möglich

Einzelne Kommandos können durch Kombination komplexere Aufgaben abarbeiten. In Textverarbeitungssoftware kennt man dies als Makrokommandos, bei denen man kleinere unabhängige Kommandos zu einem größeren, komplexeren Ablauf zusammenstellt.

Neue Kommandos können erweitert werden

Nach dem *Open-Closed-Prinzip* können weitere, neue Kommandos aufgenommen werden, ohne den bestehenden Code verändern zu müssen.

4.5.6 Real-World-Beispiel

Nach maßgeblicher Arbeit von Doug Lea wurde das `java.util.concurrent`-Package in das *Java Development Kit* Version 1.5 aufgenommen. Das Package wurde zuerst als externe Bibliothek gepflegt und bietet Hilfsklassen, mit denen die nebenläufige Programmierung in Java erleichtert wird.

Mit einer der Hauptkomponenten, den sogenannten *Executors*, lassen sich – vereinfacht gesagt – Aufgaben ausführen. Zum einen werden Schnittstellen zur Ausführung und zum anderen dazu passende konkrete Implementierungen bereitgestellt.

Die auszuführenden Aufgaben werden einem `Executor` übergeben und müssen das `java.lang.Runnable`-Interface implementieren. Auch hier sind bereits mehrere Implementierungen vorhanden. Abbildung 4.23 zeigt den prinzipiellen Aufbau der `Executor`-Komponente.

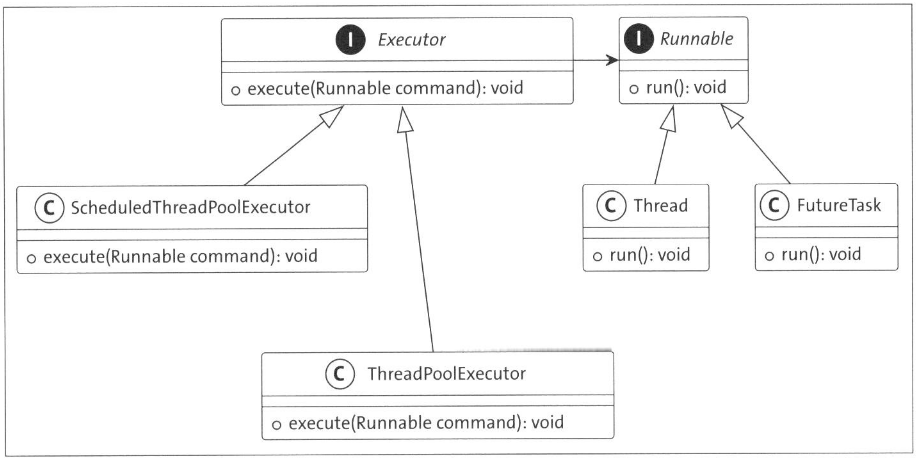

Abbildung 4.23 Die Hauptkomponente »Executor« des »Concurrent«-Package

Das Concurrent-Package wurde in den folgenden Java-Versionen weiter ausgebaut, und es kamen weitere Subklassen für die Ausführung von Aufgaben hinzu. Im folgenden Beispiel soll aber mit den »Basics« gearbeitet werden, weshalb ich die neueren Klassen nicht weiter vorstellen werde.

Wie Sie an dem Klassendiagramm erkennen, handelt es sich um das Grundgerüst eines *Command Pattern*. Der `Executor` entspricht dem Invoker und das `Runnable`-Interface entspricht dem Command.

In einem konkreten Beispiel sollen mit der Klasse `WebCrawler` Internetseiten abgerufen und analysiert werden. Die Ergebnisse der Auswertung werden in einer Datenbank gespeichert und können dort später abgerufen werden. Um das Datenvolumen der Abrufe besser kontrollieren zu können und über den Tag zu verteilen, wird das *Command Pattern* eingesetzt.

Abbildung 4.24 zeigt das Klassendiagramm des Beispiels. Die Klasse `CrawlCommand` implementiert das `Runnable`-Interface und kann dementsprechend einem `ThreadPoolExecutor` übergeben werden.

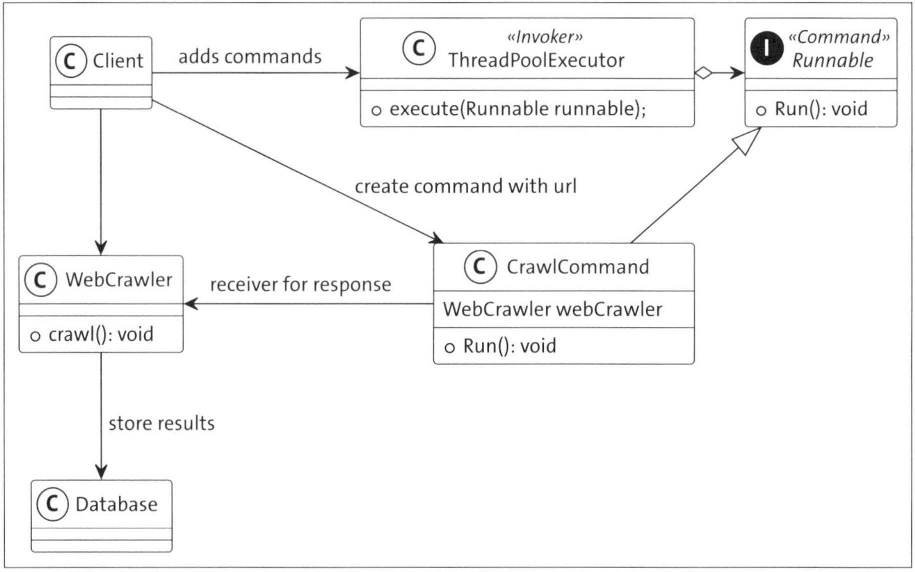

Abbildung 4.24 Beispiel für das »Command Pattern« mit dem »Java Concurrent Package«

Die Implementierung ist einfach gehalten und in Listing 4.32 dargestellt:

```
package com.sourcefellows.patterns.command;

public class CrawlCommand implements Runnable{

    private String url;
    private final WebCrawler webCrawler;

    public CrawlCommand(String siteToBeCrwawled, WebCrawler collector) {
        this.url = siteToBeCrwawled;
        this.webCrawler = collector;
    }
```

```
    @Override
    public void run() {
        webCrawler.crawl(this.url);
    }
}
```


Listing 4.32 Command-Objekt für den Abruf der Internetseiten (Java)

Die Aufgabe der Klasse `CrawlCommand` besteht darin, am Receiver-Objekt `WebCrawler` die Methode `crawl` mit der entsprechenden URL aufzurufen. Receiver und abzurufende URL werden bei der Erzeugung des Objekts als Parameter des Konstruktors übergeben.

Die `WebCrawler`-Implementierung nimmt die URL entgegen, ruft sie ab und speichert das Ergebnis der Auswertung (siehe Listing 4.33):

```
package com.sourcefellows.patterns.command;

public class WebCrawler {

    public WebCrawler() {}

    public void crawl(String url) {
        //Crawl URL
        //Save result in DB
    }

}
```

Listing 4.33 Implementierung des Receiver-Objekts (Java)

Innerhalb des Clients werden der `WebCrawler` sowie die einzelnen `CrawlCommand`-Objekte instanziiert. Die Kommandos werden einem `Executor`, im Beispiel einem `ThreadPoolExecutor`, übergeben. Eine Implementierung zeigt Listing 4.34:

```
var collector = new WebCrawler();
try (var executor =
             new ThreadPoolExecutor(20, 20,
                     10, MILLISECONDS,
                     new LinkedBlockingDeque<>())) {

    for (String url : urlsToCrawl) {
        executor.execute(new CrawlCommand(url, collector));
    }

}
```

Listing 4.34 Client-Implementierung (Java)

Lambda-Ausdrücke oder Methodenreferenz

In einigen Programmiersprachen lässt sich das *Command Pattern* auch mit Lambda-Ausdrücken oder alternativ mit der Übergabe von Methoden- bzw. Funktionsreferenzen umsetzen.

Das oben gezeigte Java-basierte Beispiel kann z. B. ohne konkrete Command-Objekt-Implementierung mit einem Lambda-Ausdruck umgesetzt werden. Das Einstellen des Kommandos innerhalb der Schleife würde sich dementsprechend verkürzen zu:

```
executor.execute(() -> collector.crawl(url));
```

Bei umfangreicherer Logik innerhalb der Command-Klasse kann dies unübersichtlicher werden.

Alternativ könnte auch mit Referenzen zu Methoden oder Funktionen gearbeitet werden.

4.6 Observer/Beobachter

Ursprung: Gang of Four – Behavioral Pattern – Verhaltensmuster

Mit dem *Observer Pattern* kann eine Verbindung von einem Objekt zu mehreren abhängigen Objekten aufgebaut werden, damit diese bei Zustandsänderungen am zentralen Objekt automatisch informiert werden und entsprechend auf sie reagieren können.

4.6.1 Problem und Motivation

Ein Online-Nachrichtenportal hat sich auf die Veröffentlichung von wichtigen Informationen zum Rohstoffhandel spezialisiert. Kunden auf der ganzen Welt erhalten zu jeder Zeit die neusten Berichte und ausführliche Dossiers zu den verschiedensten Themen. Neben einer klassischen Webseite bietet das Portal die Inhalte ebenfalls als PDF oder im EPUB-Format an, damit die Kunden die Informationen auch auf Geräten konsumieren können, die nicht immer mit dem Internet verbunden sein müssen.

Nach der Anmeldung im Portal können die Kunden durch einen Klick das entsprechende Datenformat auswählen und bekommen die Dokumente in der neusten Version generiert und zum Download angeboten.

Mit der Zeit steigen nicht nur die Abonnentenzahlen, sondern auch die Kosten der Cloud-Umgebung, in der das Online-Nachrichtenportal betrieben wird, und es wird nach Lösungen gesucht.

Nach den ersten Untersuchungen steht fest, dass die Generierung der Dokumente die Ressourcen stark beansprucht und damit einen Großteil der auftretenden Kosten in der Cloud verursacht: Zum einen müssen die neusten Berichte und Nachrichten aus einer Datenbank geladen werden und zum anderen benötigt die Erstellung der Dokumente viel Rechenzeit. Beide Punkte können als Kostentreiber in einer Cloud-Umgebung angesehen werden.

Die Entwickler richten daraufhin einen Zwischenspeicher für Dokumente ein, in dem sie vorgenerierte Dokumente ablegen, die sie den Kunden direkt ausliefern. Das hat nicht nur den Vorteil, dass die Kunden nicht mehr auf die Generierung warten müssen, sondern auch, dass die Dokumente nicht für jeden Kunden erneut generiert werden müssen. Das spart nicht nur Zeit, sondern auch einige Rechenressourcen und somit Geld.

Mit der Zeit nehmen allerdings die Beschwerden der Kunden zu, da sie feststellen, dass in den verschiedenen Formaten unterschiedliche Informationen enthalten sind und sie unter Umständen mit veralteten Neuigkeiten versorgt werden. Das war bisher nicht der Fall.

Der Grund ist die Umsetzung des Update-Mechanismus der Dokumente: Die Entwickler haben je nach Datenformat unterschiedliche Mechanismen umgesetzt: Die HTML-Seite wird weiterhin direkt aus der Datenbank erstellt und enthält somit die neusten Daten. Die PDFs und das EPUB-Format hingegen werden über Verarbeitungsjobs generiert, die in regelmäßigen Abständen ausgeführt werden. Leider sind die Generierungszeitpunkte unterschiedlich und es entstehen Dokumente mit unterschiedlichem Inhalt.

Werden keine neuen Artikel veröffentlicht, laufen die Verarbeitung der Jobs und die Generierung der Dokumente weiter. Auch wenn sich nichts geändert hat, werden neue Dokumente erstellt und veröffentlicht.

4.6.2 Lösung

Mit dem *Observer Pattern* können Zustandsänderungen, die an einem Objekt, dem sogenannten *Subject*, stattfinden, an registrierte Beobachter, die sogenannten *Observer* bzw. *Subscriber*, verteilt werden. Diese können auf die Änderung reagieren und ihren Zustand entsprechend anpassen.

Objekte, die Änderungsinformationen für ein bestimmtes Objekt erhalten möchten, müssen die abstrakte Schnittstellenbeschreibung `Observer` implementieren bzw. erweitern. Diese Schnittstelle definiert eine Methode, die immer dann aufgerufen wird, wenn es zu Änderungen am überwachten Objekt kommt. Im Klassendiagramm in Abbildung 4.25 ist das die `Update`-Methode der abstrakten Klasse `Observer` bzw. der konkreten Implementierung `ConcreteObserver`.

Damit die `Observer`-Implementierungen über Statusänderungen am überwachten Objekt, dem `Subject` informiert werden, werden diese dort über Methodenaufrufe registriert bzw. deregistriert. Im Klassendiagramm sind das die Methoden `Attach` und `Detach`, die jeweils einen `Observer` als Parameter erwarten.

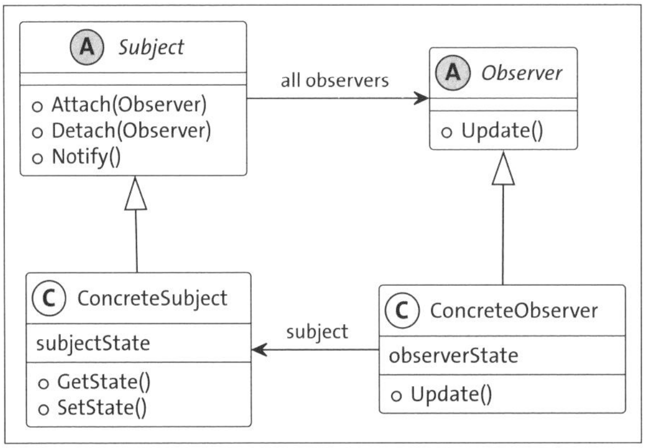

Abbildung 4.25 Struktur des »Observer Pattern«

Die Klasse `ConcreteSubject` hält den tatsächlich zu überwachenden Status und informiert die registrierten und gespeicherten Observer, wenn es zu Statusänderungen kommt. Das geschieht mit einem Aufruf der `Notify`-Methode der abstrakten Klasse `Subject`. Darin werden alle angemeldeten `Observer`-Instanzen über eine Statusänderung informiert. Dazu wird in der Methode über die gespeicherte Liste der Observer iteriert und bei jedem Observer die `Update`-Methode aufgerufen.

Werden die aktualisierten Daten nicht als Parameter der `Update`-Methode mitgegeben, können die einzelnen Observer sich diese Daten per Statusabruf so, wie im Sequenzdiagramm in Abbildung 4.26 dargestellt, holen und gegebenenfalls ihren internen Status entsprechend anpassen.

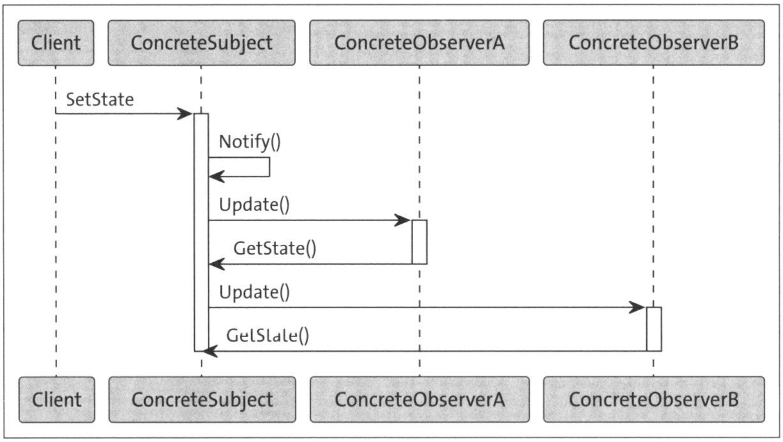

Abbildung 4.26 Sequenzdiagramm des »Observer Pattern«

Struktur und Teilnehmer

- **Subjekt/Subject** – beschreibt eine abstrakte Schnittstelle, an der die Interessenten von Statusänderungen registriert werden können. Intern wird eine Liste aller angemeldeten Interessenten, der *Beobachter*, gespeichert, und bei Änderungen werden diese informiert. Für die Benachrichtigung der Interessenten wird eine Schnittstelle zur Verfügung gestellt. Das Subjekt wird oftmals auch als *Publisher* bezeichnet und als separate Klasse und nicht als Basisklasse umgesetzt.
- **Konkretes Subjekt/Concrete Subject** – speichert und verwaltet den relevanten zu beobachtenden Status. Bei Änderungen an diesem Status werden alle Interessenten bzw. Beobachter darüber informiert. Sind keine Daten als Parameter in der Benachrichtigungsmethode enthalten, besitzt das konkrete Subjekt eine Methode zur Abfrage des entsprechenden Status.
- **Beobachter/Observer** – definiert eine Schnittstelle für die Benachrichtigung über Statusänderungen.
- **Konkreter Beobachter/Concrete Observer** – konkrete Umsetzung der Benachrichtigungsschnittstelle. Intern wird eine Referenz auf das überwachte Objekt gehalten, damit bei Statusänderungen der aktuelle Status dort abgerufen werden kann. Konkrete Beobachter werden am Subjekt angemeldet und erhalten dementsprechend Statusänderungen.

Observer und Messaging

Das Observer-Pattern kann auch in einer Messaging-Umgebung eingesetzt werden. Die *Enterprise Integration Pattern* enthalten z. B. das *Publish-Subscribe Channel Pattern*, das das *Observer Pattern* in eine Messaging-basierte Umgebung überträgt, indem es einen sogenannten *Event Channel* für die Kommunikation nutzt. Die Grundidee bleibt jedoch erhalten.

4.6.3 Lösungsbeispiel

Das Online-Nachrichtenportal aus der Problembeschreibung kann die nicht einheitliche Generierung der einzelnen Datenformate und die nicht optimale Ressourcennutzung mit dem *Observer Pattern* lösen.

Die einzelnen Dokumentengeneratoren werden als Observer umgesetzt, die bei der Neuanlage von Nachrichten aufgerufen werden. Für sie ist dies das Signal, dass neue Ausgabedokumente erstellt werden müssen. Da immer alle Dokumentengeneratoren in einer Schleife aufgerufen werden, stehen die neu eingetroffenen Informationen in allen Dokumentenformaten sofort zur Verfügung und die regelmäßigen Verarbeitungsjobs entfallen ebenfalls. Abbildung 4.27 zeigt ein UML-Diagramm der Anwendung.

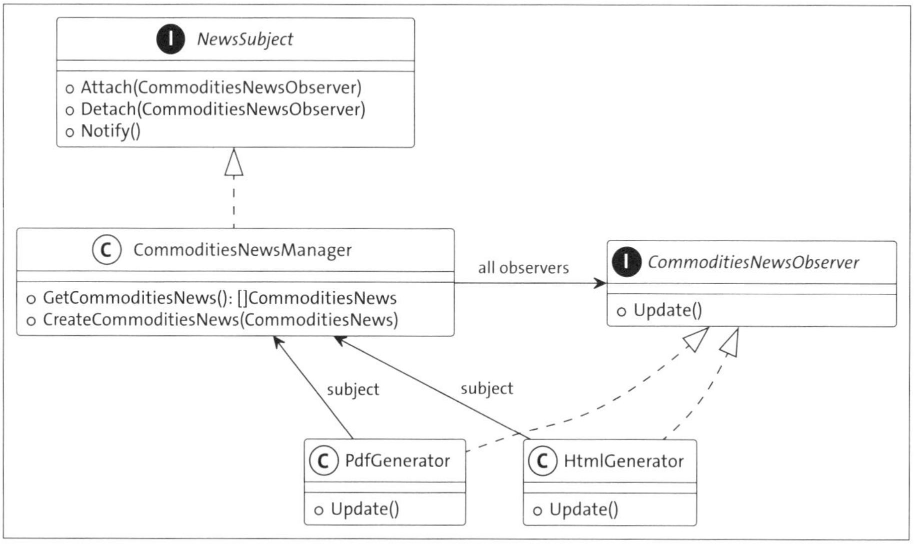

Abbildung 4.27 Rohstoffhandel-News mit dem »Observer Pattern«

Als konkretes Subjekt des Patterns fungiert ein `CommoditiesNewsManager`, bei dem neue Nachrichtenobjekte, die `CommoditiesNews`, über die Methode `CreateCommoditiesNews` hinzugefügt und intern gespeichert werden. Nach der Ablage der Nachrichten wird die Methode `Notify` aufgerufen, um alle registrierten `CommoditiesNewsObserver` über Neuigkeiten zu informieren.

In der Go-basierten Beispielimplementierung in Listing 4.35 ist das `Subject`-Interface `NewsSubject` definiert, das vom `CommoditiesNewsManager` als konkretes Subjekt implementiert wird:

```
type NewsSubject interface {
    Attach(observer CommoditiesNewsObserver)
    Detach(observer CommoditiesNewsObserver)
    Notify()
}

type CommoditiesNewsManager struct {
    observers          []CommoditiesNewsObserver
    allCommoditiesNews []*model.CommoditiesNews
}

func (m *CommoditiesNewsManager) Attach(
    observer CommoditiesNewsObserver) {
    m.observers = append(m.observers, observer)
}
```

```
func (m *CommoditiesNewsManager) Detach(observer CommoditiesNewsObserver) {
    ...
}

func (m *CommoditiesNewsManager) Notify() {
    for _, concreteObserver := range m.observers {
        concreteObserver.Update()
    }
}

func (m *CommoditiesNewsManager) CreateCommoditiesNews(commoditiesNews *model.
CommoditiesNews) {
    m.allCommoditiesNews = append(m.allCommoditiesNews, commoditiesNews)
    m.Notify()
}

func (m *CommoditiesNewsManager) GetCommoditiesNews() [
]*model.CommoditiesNews {
    return m.allCommoditiesNews
}
```

Listing 4.35 Beispielimplementierung in Go für ein konkretes Subjekt

Um die Implementierung nutzen zu können, muss zuerst das konkrete Subjekt, der `CommoditiesNewsManager`, erstellt werden. Danach können die einzelnen Observer, der `PdfGenerator` und der `HtmlGenerator`, über die `Attach`-Methode am konkreten Subjekt angemeldet werden (siehe Listing 4.36):

```
newTraining := model.NewCommoditiesNews("GO")
manager := &internal.CommoditiesNewsManager{}

pdfGenerator := pdf.NewGenerator(manager)
htmlGenerator := html.NewGenerator(manager)

manager.Attach(pdfGenerator)
manager.Attach(htmlGenerator)

manager.CreateCommoditiesNews(newTraining)
```

Listing 4.36 Nutzung des »Observer Pattern« (Go)

Beide Generatoren bzw. Observer erhalten jeweils eine Referenz zum konkreten Subjekt, damit sie von dort den aktuellen Status abfragen können (siehe Listing 4.37). Und um das CommoditiesNewsObserver-Interface zu implementieren, müssen sie die Methode Update implementieren:

```
type Generator struct {
    manager *internal.CommoditiesNewsManager
}

func NewGenerator(manager *internal.CommoditiesNewsManager) *Generator {
    return &Generator{manager: manager}
}
func (c *Generator) Update() {
    commoditiesNews := c.manager.GetCommoditiesNews()
    for _, news := range commoditiesNews {
        //...
    }
}
```

Listing 4.37 Umsetzung eines konkreten Observers mit Referenz zum Subjekt (Go)

4.6.4 Wann kann oder soll man das Pattern einsetzen?

Zustandsänderungen eines Objekts verteilen

Das *Observer Pattern* kann immer dann eingesetzt werden, wenn Zustandsänderungen, die an einem Objekt auftreten, an mehrere abhängige Objekte weitergegeben werden bzw. wenn diese über die Änderung informiert werden sollen.

Zustandsänderungen müssen überwacht werden

Oftmals müssen in Anwendungen Zustandsänderungen an Objekten überwacht werden, damit andere Komponenten sich entsprechend aktualisieren können.

Mit dem *Observer Pattern* lässt sich die »Überwachungsrichtung« umdrehen. Das heißt, dass nicht mehr die Interessenten der Information aktiv nachfragen müssen (*Polling*), sondern dass sie sich beim zu überwachenden Objekt registrieren, damit sie im Falle einer Zustandsänderung benachrichtigt werden (*Push*).

Der Empfänger von Zustandsänderungen ist zu Beginn unbekannt

Eventuell ist zu Beginn der Entwicklung einer Anwendung noch nicht klar oder genau abzusehen, welche Objekte oder Komponenten an Zustandsänderungen bestimmter Objekte interessiert sind. Das Pattern bietet hier Flexibilität und ermöglicht es, die Liste der Empfänger auch dynamisch anzupassen.

4.6.5 Konsequenzen

Entkopplung zwischen Sender und Empfänger

Durch die Einführung einer abstrakten Schnittstelle zur Benachrichtigung von Interessenten bzw. Beobachtern (den Observern) besitzt das Subjekt keine direkte Abhängigkeit mehr zu den konkreten Implementierungen. Die Kopplung zwischen Subjekt und Beobachter ist abstrakt und minimal.

Die Liste der Empfänger ist variabel

Die Liste der Beobachter ist variabel und muss nicht zu Beginn feststehen. Beobachter können angemeldet und abgemeldet werden. Eine dynamische Anpassung der Liste ist in der Anwendung möglich.

Eine Anpassung der Empfänger- bzw. Beobachterliste kann ohne Änderung des Subjekts erfolgen. Dies entspricht dem *Open-Closed-Prinzip*.

Keine Reihenfolge beim Observer-Aufruf

Die Observer können am Subjekt an- und wieder abgemeldet werden. Das Pattern definiert allerdings keine Reihenfolge, in der die registrierten Observer aufgerufen werden.

Nicht gewünschte Aktualisierungen

Das Subjekt ist von den Beobachtern entkoppelt und kennt die konkreten Implementierungen nicht. Änderungen werden an alle angemeldeten Beobachter weitergegeben. Falls Beobachter wiederum als Subjekt fungieren, also selbst ihre Statusänderung weitergeben, können ungewollte Kaskaden von Statusänderungen entstehen, die eventuell inkonsistente Zustände erzeugen oder im schlimmsten Fall zu Endlosschleifen bei Aktualisierungen führen.

Das Lapsed-Listener-Problem

Observer müssen, wenn sie nicht mehr benötigt werden, wieder abgemeldet werden.

Da das Subjekt weiterhin eine Referenz auf das Observer-Objekt hält, wird es weiter informiert. In Programmiersprachen mit einer Garbage-Collection können diese Objekte nicht aus dem Speicher entfernt werden. Das sogenannte *Lapsed-Listener-Problem* ist eine der verbreitetsten Quellen für *Memory-Leaks*.

4.6.6 Real-World-Beispiel

Im Java-Umfeld ist das *Spring Framework* weit verbreitet. Der sogenannte *Inversion of Control*-(IoC-)Container ist integraler Bestandteil des Frameworks und für die Verwaltung von Komponenten (der sogenannten *Beans*) zuständig. Eine Anmeldung der Beans kann entweder im Code über das `ApplicationContext`-Interface, über entsprechende Annotations oder über Konfigurationsdateien erfolgen.

Statusänderungen des `ApplicationContext`, wie das Starten oder Stoppen des Containers, werden publiziert und können von angemeldeten `EventListener`-Implementierungen verarbeitet werden.

Im folgenden Beispiel wurde eine `ApplicationListener`-Implementierung erstellt, die informiert werden soll, wenn es Änderungen am `ApplicationContext` gibt. Abbildung 4.28 stellt den Aufbau der `ApplicationListener` des Spring Frameworks vereinfacht in einem Klassendiagramm dar. Der Übersichtlichkeit halber werden abgeleitete Klassen und Komponenten, die das Verteilen der Events übernehmen, in dieser Abbildung nicht dargestellt.

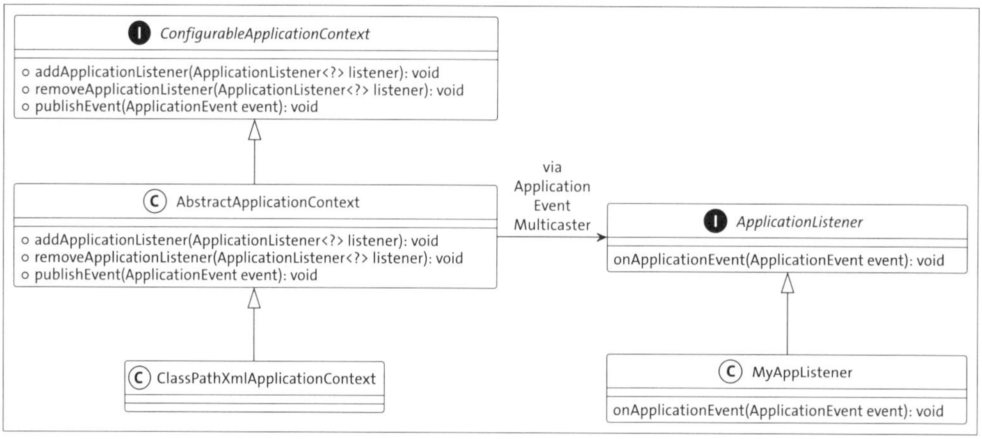

Abbildung 4.28 Das »Observer Pattern« im »Spring Framework«

Das Interface `ApplicationListener` entspricht im Spring Framework dem Observer des *Observer Pattern*, und der `ConfigurableApplicationContext` stellt das Subject dar. Die konkreten Implementierungen des Subjects entsprechen dem `AbstractApplicationContext` bzw. dem `ClassPathXmlApplicationContext`.

Im folgenden Listing 4.38 sehen Sie die Implementierung des konkreten Observers `MyAppListener`:

```
import ...context.ApplicationEvent;
import ...context.ApplicationListener;

public class MyAppListener implements ApplicationListener {
    @Override
    public void onApplicationEvent(ApplicationEvent event) {
```

```
        System.out.println("Event " + event);
    }
}
```

Listing 4.38 Implementierung des »ApplicationListener«-Interfaces (Java)

Die Anwendung im folgenden Listing 4.39 instanziiert einen `ApplicationContext`, registriert einen konkreten Observer bzw. Listener und beendet im Anschluss den Context wieder:

```
import ...context.ConfigurableApplicationContext;
import ...context.support.ClassPathXmlApplicationContext;

public class Main {
    public static void main(String[] args) {
        ConfigurableApplicationContext context =
                new ClassPathXmlApplicationContext("services.xml");

        var myAppListener = new MyAppListener();
        context.addApplicationListener(myAppListener);

        context.start();
        context.stop();

        context.close();
        context.removeApplicationListener(myAppListener);
    }
}
```

Listing 4.39 »ApplicationContext« und »ApplicationListener« im Spring Framework (Java)

Die Ausgabe zum Beispiel sieht gekürzt folgendermaßen aus:

```
Event org.springframework.context.event.ContextStartedEvent[source=
org.springframework.context.support.ClassPathXmlApplicationContext@5ce65a89,
  started …]
Event org.springframework.context.event.ContextStoppedEvent[source=
org.springframework.context.support.ClassPathXmlApplicationContext@5ce65a89,
  started …]
Event org.springframework.context.event.ContextClosedEvent[source=
org.springframework.context.support.ClassPathXmlApplicationContext@5ce65a89,
  started …]
```

Listing 4.40 Ausgabe der Beispielanwendung

4.7 Singleton/Einzelstück

Ursprung: Gang of Four – Creational Pattern – Erzeugermuster

Das *Singleton Pattern* bzw. Einzelstück-Pattern gehört zu den Erzeugermustern und stammt ursprünglich aus dem Pattern-Katalog der Gang of Four. Es soll sicherstellen, dass es nur eine Instanz eines Typs gibt, und definiert einen öffentlichen Zugangspunkt für das Objekt.

4.7.1 Problem und Motivation

Ein Hersteller von leistungsstarken Werkzeugmaschinen möchte seinen Kunden einen möglichst fehlerfreien Einsatz der von ihm produzierten Maschinen ermöglichen. Im produktiven Betrieb können allerdings durch die mechanische Belastung sämtlichen Komponenten immer wieder Probleme auftreten, die in der Folge Ausfälle verursachen.

Manche dieser Probleme kündigen sich schon Tage oder Stunden vor dem eigentlichen Ausfall der Maschine an. Weichen bestimmte Kennzahlen vom Normalbetrieb ab, möchte der Hersteller mit einem Predictive-Maintenance-Ansatz den Kunden frühzeitig informieren und zusammen mit dem Kunden reagieren können.

Ein neu verbautes *Internet of Things*-(IoT-)Gerät soll den Hersteller und den Kunden per Mobilfunk-Nachricht über den potenziell aufkommenden Fehlerfall informieren.

Die Softwareabteilung erstellt hierzu einen HTTP-Client, der die Kommunikation auf dem Endgerät mit dem vom Unternehmen entwickelten Backend-System übernimmt. Intern nutzt der Client wiederum das eingebaute Mobilfunkmodem. Verschiedene Softwarekomponenten nutzen diesen HTTP-Client, um in regelmäßigen Abständen Daten an den Server zu senden.

Nach den ersten Tests stellt das Team fest, dass die Kommunikation mit dem Backend-System sehr fehleranfällig ist. In vielen Fällen schlägt die Kommunikation fehl, da offensichtlich Daten von verschiedenen Komponenten durcheinandergebracht werden.

Bei der Überprüfung des Quellcodes wird festgestellt, dass jede Komponente eine eigene Instanz des HTTP-Clients nutzt und die Kommunikation über das Mobilfunkmodem fehleranfällig ist, wenn es gleichzeitig von mehreren Komponenten genutzt wird: Der aktuell implementierte HTTP-Client ist hierfür nicht ausgelegt. Daten kommen unvollständig oder falsch auf der Serverseite an. Zusätzlich authentifiziert sich jede Instanz des HTTP-Clients bei Aufrufen neu, was zu einem erhöhten Datenvolumen und somit zu erhöhten Übertragungskosten führt.

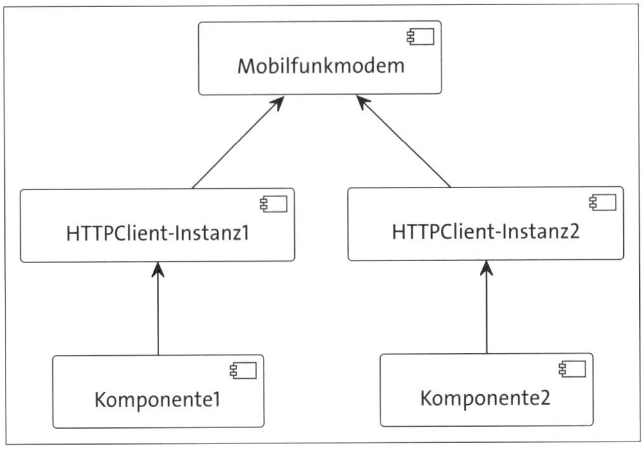

Abbildung 4.29 Problem ohne das »Singleton Pattern«

4.7.2 Lösung

Mit dem *Singleton Pattern* wird sichergestellt, dass nur eine Instanz eines Typs bzw. einer Klasse angelegt wird und gleichzeitig nur eine Zugriffsschnittstelle für dieses Objekt genutzt werden kann. Das Pattern forciert das *Single-Responsibility-Prinzip*.

Die Erstellung der Instanz erfolgt beim Einsatz des Patterns nicht über einen öffentlich zugänglichen Konstruktor des jeweiligen Typs, sondern über eine separate statische Methode, da Konstruktoren laut der objektorientierten Definition immer eine neue Instanz des entsprechenden Typs zurückliefern müssen.

Für die Umsetzung des Patterns wird der Konstruktor des zu erzeugenden Typs nicht mehr öffentlich zur Verfügung gestellt, sodass Clients über ihn keine neuen Instanzen erzeugen können. In vielen Programmiersprachen bedeutet das, dass keine Instanzen mehr mit dem Schlüsselwort `new` erstellt werden können.

Eine neue statische Methode übernimmt die Aufgabe des Konstruktors zur Erzeugung des Objekts. In Abbildung 4.30 ist dies die `getInstance`-Methode.

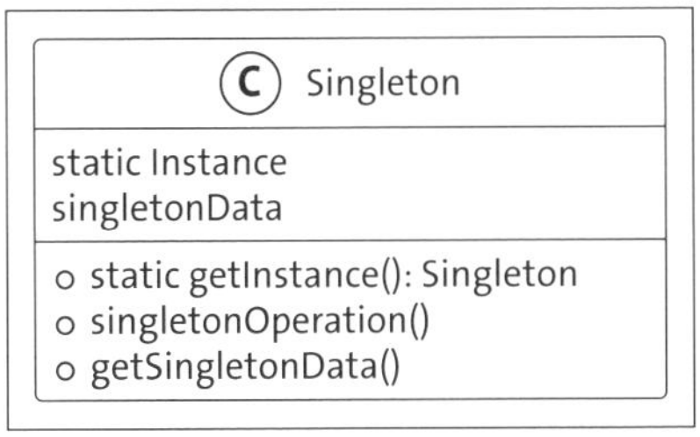

Abbildung 4.30 Struktur eines Singletons

Nachdem die Instanz über den privaten Konstruktor innerhalb der statischen Methode erzeugt worden ist, wird sie in einem statischen Attribut gespeichert und bei folgenden Aufrufen erneut zurückgeliefert.

Die Definition der Zugriffsschnittstelle erfolgt direkt über das zurückgelieferte Objekt.

Struktur und Teilnehmer

- **Einzelstück/Singleton** – definiert das Einzelstück mit einer entsprechenden Schnittstelle. Je nach Programmiersprache definiert der Typ ebenfalls die Methode zur Instanzerzeugung.

4.7.3 Lösungsbeispiel

Das Problem mit dem Mobilfunkmodem bzw. den HTTP-Clients aus der Problembeschreibung lässt sich mit dem *Singleton Pattern* umgehen. Die Erzeugung des HTTP-Clients in den nutzenden Komponenten erfolgt über eine statische Methode, und die Zugriffe auf das Modem werden innerhalb des HTTP-Clients synchronisiert, sodass keine Kommunikation mit dem Backend-System durcheinanderkommt.

Abbildung 4.31 zeigt den Aufbau der Beispielanwendung. Die Klasse `HTTClient` besitzt die Methode `getInstance`, mit der eine neue Instanz der Klasse angelegt wird. Die Kommunikation mit dem `MobilfunkModem` ist über die `sendData`-Methode gekapselt und sollte auch hier synchronisiert werden.

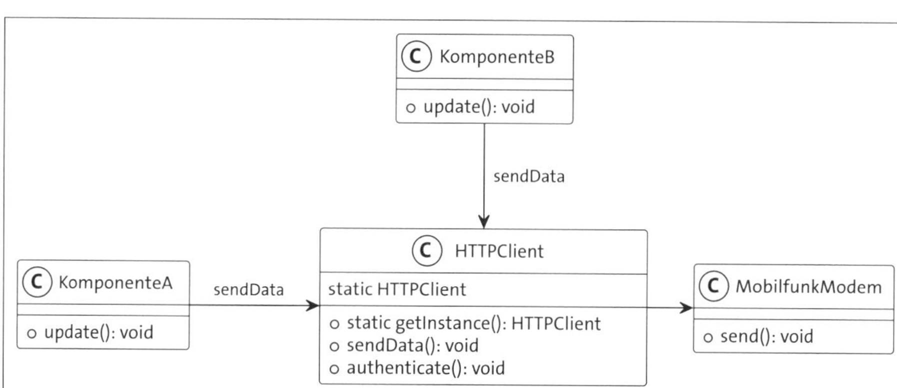

Abbildung 4.31 Beispielstruktur mit dem »Singleton Pattern«

Innerhalb der `getInstance`-Methode wird direkt nach der Erzeugung der Instanz die `authenticate`-Methode aufgerufen, damit der Client nur noch einmalig authentifiziert wird (siehe Listing 4.41). Abbildung 4.32 zeigt in einem Sequenzdiagramm den Ablauf.

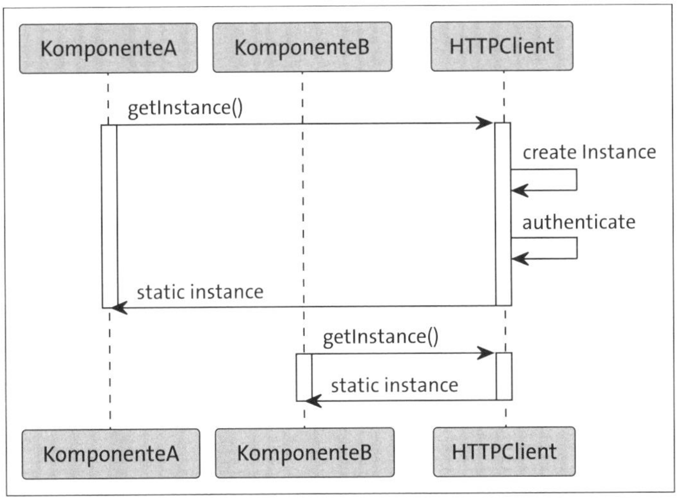

Abbildung 4.32 Sequenz des »Singleton Pattern« im Beispiel

```
public class HTTPClient {

    // Statische Instanz
    static HTTPClient instance;

    // Privater Konstruktor
    private HTTPClient() {
    }
    public static HTTPClient getInstance() {
        if (instance == null) {
            // Instanzerzeugung
            instance = new HTTPClient();
            // direkte Ausführung
            instance.authenticate();
        }
        return instance;
    }

    public void authenticate() {
        //...
    }
    public void sendData(Object data) {
       //...
    }
}
```

Listing 4.41 »HTTPClient«-Implementierung als Singleton (Java)

Die einzelnen Komponenten können wie in Listing 4.42 innerhalb ihrer `update`-Methode den Client nutzen und Daten versenden:

```
public class KomponenteA {
    public void updateData() {
        HTTPClient.getInstance().sendData(...);
    }
}
```

Listing 4.42 Nutzung des »HTTPClient« (Java)

4.7.4 Wann kann oder soll man das Pattern einsetzen?

Nur eine Instanz eines Objekts

Das Pattern kann immer dann eingesetzt werden, wenn nur eine Instanz eines Typs verwendet werden soll. Meist handelt es sich um Objekte, die den Zugriff auf Ressourcen kapseln (z. B. Datenbanken oder Dateien).

Erzeugung von Objekten beschränken

Mit dem *Singleton Pattern* wird die Erzeugung von Instanzen in einer Methode gekapselt. Die Implementierung kann somit die Anzahl der erzeugten Objekte bestimmen. Es könnten auch mehrere Objekte angelegt werden.

Abgeleitete Singleton-Klassen können einheitlich erzeugt werden

Klassen, die von der Singleton-Klasse abgeleitet werden, können ebenfalls von der statischen Methode zurückgeliefert werden und die entsprechenden Clients müssen nicht verändert werden. Es lassen sich Erweiterungen der Singleton-Implementierung einführen, ohne die Clients anzupassen.

4.7.5 Konsequenzen

Beschränkung auf eine Instanz

Durch den Einsatz des Patterns werden die Erzeugung von Instanzen eines Typs und der Zugriff auf sie kontrolliert. Es lässt sich sicherstellen, dass nur eine Instanz eines Typs erzeugt und verwendet wird.

Verzögerte Erzeugung von Objekten (Lazy Init)

Da die Objekterzeugung innerhalb einer speziellen Methode stattfindet, kann die Instanziierung so spät wie möglich erfolgen.

Multithreaded Zugriffe müssen beachtet werden

Eines der größeren Probleme beim Einsatz des *Singleton Pattern* sind nebenläufige Zugriffe und die Absicherung, dass ausschließlich nur eine Instanz erzeugt wird.

Im oben gezeigten Beispiel ist in einer Umgebung mit mehreren nebenläufig ausgeführten Threads nicht sichergestellt, dass nur eine Instanz erzeugt wird.

Wenn in Listing 4.43 zwei Clients »gleichzeitig« die Null-Prüfung durchführen, werden beide Clients eine eigene HTTPClient-Instanz erzeugen:

```
if (instance == null) {
   // Instanzerzeugung
   instance = new HTTPClient();
}
```

Listing 4.43 Problematische Null-Prüfung für Instanzerzeugung (Java)

Dieser Block muss entweder – in welcher Form auch immer – synchronisiert werden oder es muss auf die verzögerte Erzeugung verzichtet werden.

Die Instanziierung direkt in der Klasse ist eine mögliche Variante:

```
public class HTTPClient {

    // Statische Instanz
    static HTTPClient instance = new HTTPClient();
...
```

Listing 4.44 Erzeugung ohne Lazy Init (Java)

Multithreaded Zugriffe sind immer ein Problem

Es spielt keine Rolle, mit welcher Programmiersprache gearbeitet wird: Wenn Sie in einem nebenläufigen Umfeld arbeiten, müssen Sie immer sicherstellen, dass nur eine Instanz eines Objekts erzeugt werden kann. Das ist meist nicht trivial.

In Java können Sie z. B. mit dem synchronized-Schlüsselwort arbeiten, das allerdings beim Einsatz von größeren Codeblöcken zu sehr umfangreichen Sperren im Speicher führen kann und somit zu einer langsameren Ausführung beiträgt. Eine Möglichkeit des Einsatzes könnte so aussehen:

```
public static Singleton getInstance(String value) {
    Singleton result = instance;
    if (result != null) {
        return result;
    }
    synchronized(Singleton.class) {
        if (instance == null) {
            instance = new Singleton(value);
        }
        return instance;
```

```
    }
}
```

In Go wird oftmals der Einsatz der `sync.Once`-Funktion empfohlen, da diese sicherstellt, dass ein Codeblock nur einmalig ausgeführt wird:

```
var instance *Singleton
var once sync.Once
func GetInstance() *Singleton {
    once.Do(func() {
        instance = &Singleton{}
    })
    return instance
}
```

Erschwerte Tests

In vielen Testframeworks werden Abhängigkeiten durch generierte Mock-Objekte ersetzt, um eine bessere Kontrolle des Verhaltens zu erreichen. Dabei ist auch der Einsatz von *Dependency Injection* verbreitet, um mit diesen Abhängigkeiten beim Testen zurechtzukommen.

Wie Sie im Beispiel oben sehen, besitzen die Komponenten eine direkte Abhängigkeit zum `HTTPClient` und erzeugen selbst eine entsprechende Instanz. Beim Testen wird es schwerer, die konkrete Instanz durch eine Mock-Implementierung zu ersetzen.

4.7.6 Real-World-Beispiel

Im `java.lang`-Package des *Java SDK* finden Sie ein sehr prominentes Beispiel für die Umsetzung des *Singleton Pattern*: die Klasse `java.lang.Runtime`. Diese Klasse besitzt Methoden, mit deren Hilfe man mit der *Java Virtual Machine* (Java VM) kommunizieren oder auch Kommandos direkt auf dem Zielbetriebssystem ausführen kann.

Die `Runtime`-Implementierung wird als statisches Attribut innerhalb der Klasse selbst gespeichert und direkt bei der Erzeugung der Klasse instanziiert. Der entsprechende Code ist in Listing 4.45 dargestellt. Es findet keine verzögerte Erzeugung statt.

```
public class Runtime {
    private static final Runtime currentRuntime = new Runtime();
    public static Runtime getRuntime() {
        return currentRuntime;
    }
    private Runtime() {}
    ...
}
```

Listing 4.45 Runtime-Implementierung aus der Java-API

Nutzen können Sie die `Runtime`-Implementierung im eigenen Code, indem Sie die `getRuntime`-Methode verwenden und dann mit der Instanz arbeiten. Listing 4.46 zeigt ein Beispiel:

```
Runtime r = Runtime.getRuntime();
r.addShutdownHook(new Thread(() -> {
    System.out.println("Bye bye");
}));

// Grabage Collector aufrufen
r.gc();

// Kommando aufrufen
String[] cmd = new String[]{"sh", "-c", "echo Hello"};
String[] params = new String[]{};
Process exec = r.exec(cmd, params);
BufferedReader br = exec.inputReader();
System.out.println(br.readLine());

// Process beenden
r.exit(0);
```

Listing 4.46 Beispiel mit Java-»Runtime«

Singletons in Dependency-Injection-Frameworks

Contexts and Dependency Injection-(CDI-)Frameworks (wie z. B. das Spring Framework für Java) verwalten meist standardmäßig registrierte Services als *Singleton-Beans*. Das bedeutet, dass nur eine Instanz der *Bean* im gesamten Spring-Container existiert und von allen Abhängigkeiten geteilt wird.

In der Welt von CDI wird ein von der Anwendung definiertes Objekt, das vom Framework verwaltet wird, als *Bean* bezeichnet.

Der folgende Codeausschnitt zeigt die Umsetzung einer Spring *Service* Klasse.

```
@Service // Standardmäßig Singleton
public class MyService {
    public String greet(String name) {
        return "Hello, " + name + "!";
    }
}
```

4.8 Adapter/Wrapper

Ursprung: Gang of Four – Structural Pattern – Strukturmuster

Das *Adapter Pattern*, das auch *Wrapper Pattern* genannt wird, gehört zu den Strukturmustern und dient dazu, die Schnittstelle eines Objekts umzuwandeln bzw. zu übersetzen, damit Clients, die eine andere Schnittstelle erwarten, dieses Objekt ohne Anpassungen verwenden können. Dadurch sollen Inkompatibilitäten der Schnittstellen ausgeglichen werden.

4.8.1 Problem und Motivation

Ein auf Lebensversicherungen spezialisiertes Versicherungsunternehmen bietet seinen Kunden über das selbst entwickelte Internet-Portal eine Liste aller Verträge, die sie abgeschlossen haben, und dazu passende Interaktionsmöglichkeiten.

Die relevanten Vertragsdaten sind in einer Datenbank gespeichert und werden direkt von der Portalsoftware abgefragt und angezeigt. Für den Zugriff auf die Datenbank haben die Entwickler eine entsprechende Schnittstelle entworfen und in einer Listenkomponente eingesetzt (siehe Abbildung 4.33).

Verschiedene Gründe haben nun innerhalb des Unternehmens dazu geführt, dass neben dem Vertrieb der Lebensversicherungen noch eine weitere, eigenständige Sparte für den Vertrieb von Sachversicherungen entstanden ist. Diese Daten werden in einem komplett unabhängigen System verwaltet und können bisher nicht im Internet-Portal angezeigt werden.

Mit dem nächsten Update des Internet-Portals sollen die Kunden zusätzlich zu ihren Lebensversicherungen auch ihre Sachversicherungen dargestellt bekommen und ebenfalls passende Interaktionsmöglichkeiten erhalten.

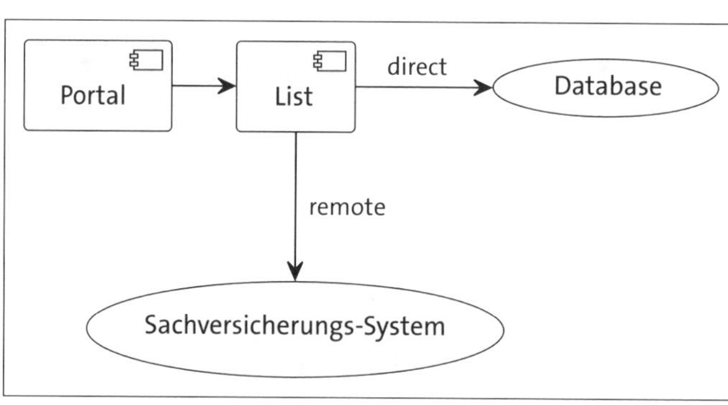

Abbildung 4.33 Aggregation der Daten über zwei Schnittstellen

Der Aufwand soll minimal gehalten werden und das System der Sachversicherungen soll über eine bestehende HTTP-basierte Remote-Schnittstelle angebunden werden.

4.8.2 Lösung

Das *Adapter Pattern* dient dazu, eine nicht kompatible Schnittstelle innerhalb des Client-Codes einsetzbar zu machen. Ein spezielles Objekt, der sogenannte *Adapter*, übersetzt dabei die Methoden- bzw. Schnittstellenaufrufe, die der Clients gegen die ihm bekannte Schnittstelle durchführt, in die für den Client inkompatible Schnittstelle.

Sämtliche Aufrufe vom Client zum Zielobjekt, dem sogenannten *Adaptee*, werden durch den Adapter verpackt und die nötige Komplexität wird darin gekapselt. Der aufgerufene *Adaptee* ist sich im Idealfall dieser Kapselung bzw. dem Aufruf durch den Adapter nicht bewusst.

Innerhalb eines Adapters kann eine komplette Protokollumsetzung oder Parametertyp-Umwandlung stattfinden. Werden z. B. Parameter als String-Werte übergeben, aber in der Zielschnittstelle als Integer-Werte benötigt, ist es die Aufgabe des Adapters, eine solche Konvertierung durchzuführen.

Die vom Client verwendete kompatible Schnittstelle wird für die Umsetzung des Patterns in Form einer abstrakten Interface-Beschreibung definiert und durch den Adapter implementiert. In den folgenden Abbildungen handelt es sich um das `Target`-Interface.

Das *Adapter Pattern* kann in zwei unterschiedlichen Varianten umgesetzt werden:

- als *Class-Adapter*, wie in Abbildung 4.34 dargestellt
- als *Object-Adapter*, wie in Abbildung 4.35 dargestellt

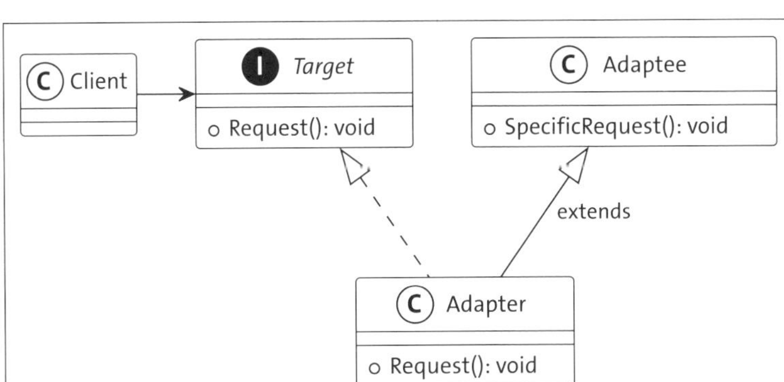

Abbildung 4.34 Das »Adapter Pattern« über einen Class-Adapter

Bei der Umsetzung als Class-Adapter implementiert der `Adapter` zum einen die kompatible `Target`-Schnittstelle und erweitert zum anderen das anzusprechende Objekt, den `Adaptee`. Innerhalb des Adapters kann durch die Subklassen-Implementierung auf die Funktionalität des erweiterten angesprochenen Objekts zugegriffen werden.

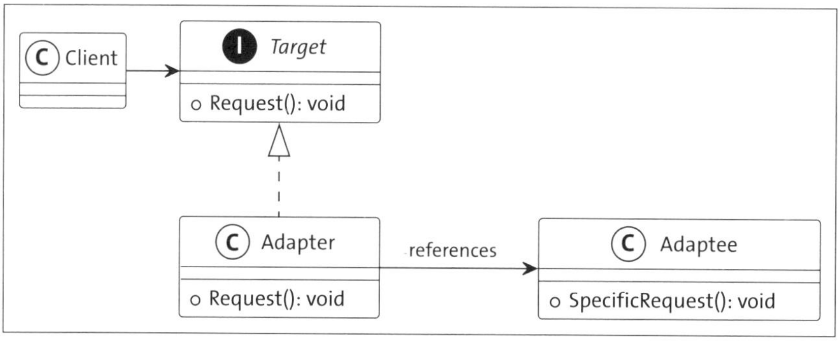

Abbildung 4.35 Das »Adapter Pattern« über einen Object-Adapter

In der zweiten Variante implementiert der Adapter das `Target`-Interface und besitzt eine Referenz zum aufzurufenden Objekt, dem `Adaptee`.

Beide Adapter-Implementierungen können kompatibel vom Client genutzt werden.

Struktur und Teilnehmer

- **Ziel/Target** – Das Target-Interface beschreibt das Protokoll, über das der Client kommuniziert. Diese Schnittstelle muss von allen entsprechenden Implementierungen umgesetzt werden, egal ob sie Adapter sind oder nicht.
- **Klient/Client** – Der Client verwendet die Ziel-Schnittstelle und besitzt kein Wissen über die konkret eingesetzten Implementierungen. Client und Adapter sind durch das Ziel-Interface entkoppelt.
- **Adapter** – Der Adapter fungiert als Vermittler, der dem Client eine von der eigentlichen Implementierung des Ziel-Objekts vollständig unabhängige Schnittstelle zur Verfügung stellt. Intern übersetzt er die Client-Aufrufe in die spezifische Schnittstelle des Ziel-Objekts.
- **Adaptee** – das aufzurufende Objekt mit zum Client inkompatibler Schnittstelle. In manchen Pattern-Beschreibungen wird der Adaptee auch als *Service* bezeichnet. Der Adaptee wird vom Adapter aufgerufen.

4.8.3 Lösungsbeispiel

Die oben beschriebene Herausforderung des Versicherungsunternehmens beim Betrieb seines Portals kann mit dem *Adapter Pattern* gelöst werden.

Die Entwickler haben das `ContractStore`-Interface für die Abfrage der Daten definiert und es innerhalb der Listen-Komponente `ContractList` eingesetzt. Mithilfe der konkreten Implementierung `SQLContractStore` haben sie bisher die konkrete Datenbank angebunden, in der die Lebensversicherungen gespeichert sind.

Durch eine minimale Anpassung kann die `ContractList` so erweitert werden, dass sie ihre Daten nicht nur von einer `ContractStore`-Implementierung bezieht, sondern die Daten von mehreren Interface-Umsetzungen aggregiert.

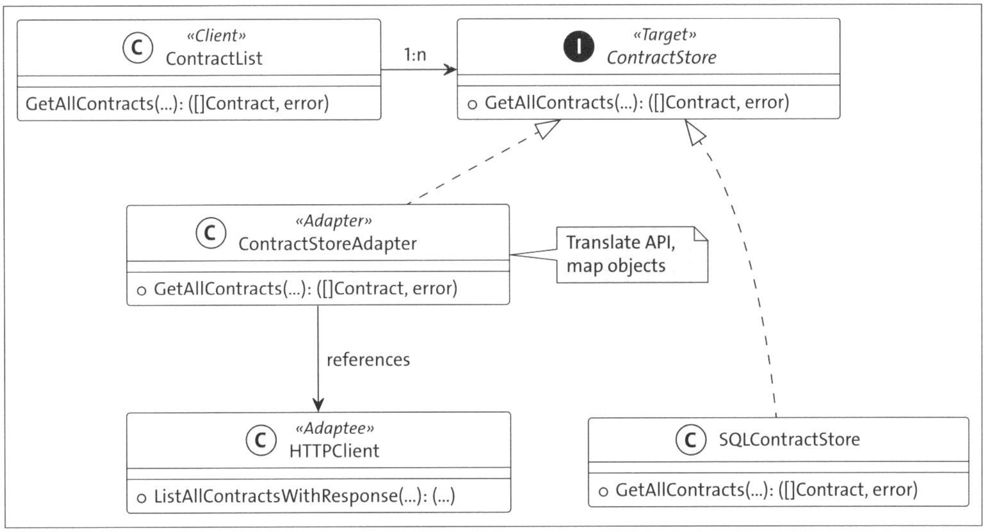

Abbildung 4.36 Aufbau eines Beispiels für das »Adapter Pattern«

Die Anbindung der HTTP-basierten Schnittstelle für die Sachversicherungen erfolgt mithilfe einer `HTTPClient`-Implementierung, die aus einer entsprechenden Schnittstellenbeschreibung in Form einer `openapi.yaml` generiert wird.

Wie Sie in Abbildung 4.36 sehen, unterscheidet sich das `ContractStore`-Interface, das innerhalb der `ContractList` verwendet wird, von der Schnittstelle, die für den `HTTPClient` generiert wurde: Das `ContractStore`-Interface besitzt die Methode `GetAllContracts`, und der `HTTPClient` bietet über die Methode `ListAllContractsWithResponse` eine Liste sämtlicher Verträge an.

Eine Übersetzung der Schnittstelle wird nötig. Diese Aufgabe übernimmt der `ContractStoreAdapter`. Er wandelt die Parameter und Rückgabewerte in das jeweils benötigte Format um. Das Code-Beispiel aus Listing 4.47 zeigt die Adapter-Implementierung für das Beispiel in Go:

```
// ContractStore entspricht dem Target-Interface.
type ContractStore interface {
    GetAllContracts(ctx context.Context,
        customer model.Customer) ([]model.Contract, error)
}
```

Listing 4.47 Target-Interface für die Beispielumsetzung (Go)

Die zugehörige Implementierung des `ContractStore`-Interfaces erfolgt mit dem `ContractStoreAdapter`. Innerhalb der `GetAllContracts`-Methode wird der generierte `HTTPClient` aufgerufen, und die Daten werden in das benötigte Datenmodell übertragen.

Auf eine ausführliche Fehlerbehandlung habe ich in diesem Beispiel absichtlich verzichtet (siehe Listing 4.48):

```
type ContractStoreAdapter struct{}

func (c ContractStoreAdapter) GetAllContracts(
    ctx context.Context,
    customer model.Customer) ([]model.Contract, error) {

    client, err := NewClientWithResponses("..")
    if err != nil {
        return nil, err
    }
    // Per HTTPClient Daten abfragen
    response, err :=
        client.ListAllContractsWithResponse(ctx, customer.CustomerNo)
    if err != nil {
        return nil, err
    }
    // Auf Fehler prüfen
    if response.JSON200 == nil {
        return nil, errors.New("something wrong")
    }
    // Ergebnisdaten in richtiges Format wandeln
    var returnValue []model.Contract
    for _, contract := range *response.JSON200 {
        returnValue = append(returnValue,
            model.Contract{Name: contract.Name})
    }

    return returnValue, nil
}
```

Listing 4.48 Die »ContractStoreAdapter«-Implementierung in Go

Generierung eines OpenAPI-Clients in Go

Für die Generierung des `HTTPClients` in Go habe ich in diesem Beispiel die *oapi-codegen*-Bibliothek verwendet. Mit ihrer Hilfe lassen sich aus *OpenAPI*-Dokumenten passende Clients generieren und zeitsparend einsetzen.

Generator und Bibliothek finden Sie unter:

https://github.com/deepmap/oapi-codegen

Innerhalb der `ContractList`-Komponente wird über mehrere Implementierungen des `ContractStore`-Interfaces iteriert und werden die Daten für eine komplette Liste aggregiert (siehe Listing 4.49). Diese kann anschließend im Portal angezeigt werden:

```
type ContractList struct {
    stores []ContractStore
}

func (l ContractList) GetAllContracts(
    ctx context.Context,
    customer model.Customer) ([]model.Contract, error) {

    var allContracts []model.Contract
    for _, store := range l.stores {
        contracts, err := store.GetAllContracts(ctx, customer)
        if err != nil {
            return nil, err
        }
        allContracts = append(allContracts, contracts...)
    }
    return allContracts, nil
}
```

Listing 4.49 Implementierung des Client-Codes in der »ContractList« (Go)

4.8.4 Wann kann oder soll man das Pattern einsetzen?

Die Schnittstelle einer bestehenden Klasse ist inkompatibel

Das Pattern lässt sich in Fällen einsetzen, in denen eine existierende Klasse in einem bestehenden Objekt verwendet werden soll, ihre Schnittstelle allerdings nicht zum aufrufenden Code kompatibel ist. Der Adapter übernimmt die Anpassung der Schnittstelle.

Wiederverwendbare Klasse mit unbekannten Abhängigkeiten

In manchen Fällen soll eine wiederverwendbare Klasse erstellt werden, deren Abhängigkeiten zu Beginn nicht vollumfänglich bekannt sind und voraussichtlich inkompatible Schnittstellen aufweisen.

4.8.5 Konsequenzen

Transformation von dr Logik getrennt

Die Einführung eines Adapters trennt die aufrufende Geschäftslogik von der Notwendigkeit einer Transformation der Schnittstelle.

Erweiterung mit neuen Adaptern

Durch die Abstraktion der Target-Schnittstelle ist der Austausch bzw. die Erweiterung der Anwendung durch alternative Adapter-Implementierungen möglich. Der aufrufende Code muss hierzu nicht verändert werden.

Komplexität nimmt zu

Die Einführung der Abstraktion und die Aufteilung des Codes kann zu einer höheren Komplexität der Anwendung führen.

4.8.6 Real-World-Beispiel

Das *Java Development Kit (JDK)* enthielt lange Zeit Klassen für das Lesen und Schreiben von XML-Dokumenten. Ab JDK-Version 9 wurden diese Klassen für das *Java XML Binding (JAXB)* sukzessive gelöscht und mit JDK-Version 11 endgültig aus dem Standardumfang entfernt. Der Grund dafür waren die geänderten Anforderungen und die durchgeführte Modularisierung des gesamten JDKs.

XML-Dokumente können weiterhin mit Java gelesen oder geschrieben werden. Allerdings müssen dafür spätestens seit Version 9 externe Bibliotheken für die APIs und eine konkrete Implementierung eingebunden werden.

Die Serialisierung bzw. Deserialisierung der XML-Dokumente und das Übertragen in Objektstrukturen übernimmt dabei das JAXB-Framework, dessen Verhalten mithilfe von Annotations angepasst werden kann. Für komplexe Strukturanpassungen können Sie zusätzlich eigene `XmlAdapter`-Implementierungen erstellen.

Wird z. B. eine `java.util.HashMap` über JAXB serialisiert, wird sie (wie in Listing 4.50 zu sehen ist) als XML erzeugt:

```
<hashmap>
    <entry>
        <key>1</key>
        <value>Test 1</value>
    </entry>
    <entry>
        <key>2</key>
```

```
        <value>Test 2</value>
    </entry>
</hashmap>
```

Listing 4.50 Standardserialisierung einer »java.util.HashMap«

Eine kompaktere Ausgabe zeigt Listing 4.51:

```
<hashmap>
    <entry key="1">Test 1</entry>
    <entry key="2">Test 2</entry>
</hashmap>
```

Listing 4.51 Alternative XML-Struktur

Die Implementierung eines eigenen `XmlAdapters` ermöglicht es, die Struktur der Daten entsprechend anzupassen. Dazu müssen lediglich zwei Methoden implementiert werden:

- `marshal` – wird beim Serialisieren der Daten vom Framework aufgerufen.
- `unmarshal` – wird bei der Deserialisierung vom Framework verwendet.

Beim `XmlAdapter` handelt sich um eine generische abstrakte Klasse, die zwei generische Typen definiert: zum einen den `BoundType`, der den im Objektmodell verwendeten Typ repräsentiert, und zum anderen den `ValueType`, der für die Serialisierung/Deserialisierung verwendet werden soll. Beide Methoden erhalten bzw. liefern die entsprechenden Datentypen, wie Sie in Listing 4.52 sehen:

```
public abstract class XmlAdapter<ValueType, BoundType> {
    protected XmlAdapter() {
    }

    public abstract BoundType unmarshal(ValueType var) throws Exception;
    ...
}
```

Listing 4.52 Abstrakte Definition des »XmlAdapter« in Java

Im Beispiel der HashMap-Serialisierung von weiter oben bedeutet das, dass im Objektmodell (also in den eigenen Java-Klassen) eine `HashMap` verwendet werden kann und mit dem Adapter ein alternativer Datentyp zurückgeliefert wird. Für die beschriebene kompakte Serialisierung, wie sie auch in Abbildung 4.37 zu sehen ist, sind das die Typen `MyHashMapType` und `MyHashMapEntryType`. Sie besitzen eine angepasste Objekt-Struktur und passende XML-Annotations.

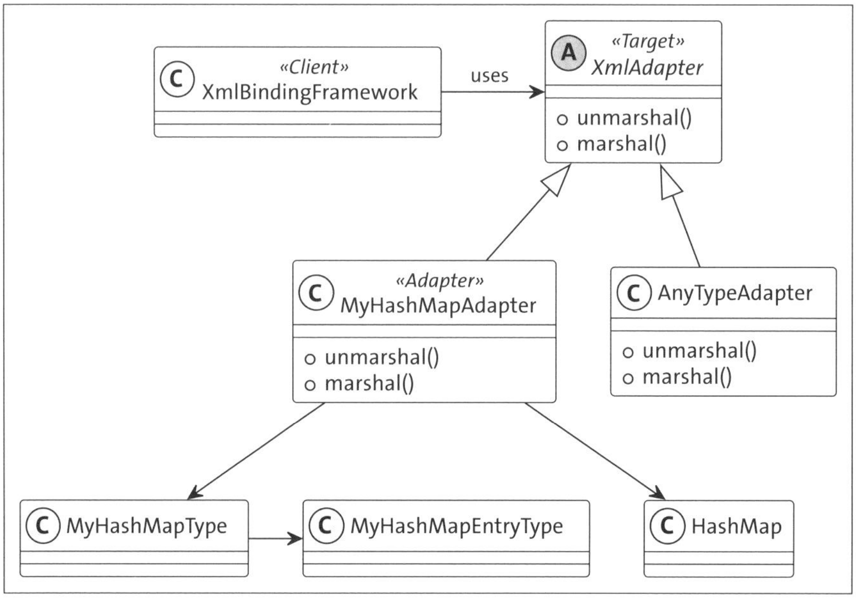

Abbildung 4.37 Java-JAXB-Adapter für die Datenumwandlung

Der `MyHashMapType` speichert die Daten nicht in einer `Map`, sondern in einer Liste von `MyHashMapEntryType`-Objekten (siehe Listing 4.53):

```
@XmlAccessorType(XmlAccessType.FIELD)
public class MyHashMapType {
    List<MyHashMapEntryType> entry;
}
```

Listing 4.53 Implementierung des »MyHashMapType« (Java)

Der `MyHashMapEntryType` ist über XML-Annotations auf die gewünschte XML-Struktur konfiguriert. Listing 4.54 zeigt die Umsetzung:

```
public class MyHashMapEntryType {
    @XmlAttribute
    public Integer key;

    @XmlValue
    public String value;

    public MyHashMapEntryType(Integer key, String value) {
        this.key = key;
```

```
        this.value = value;
    }
}
```

Listing 4.54 Implementierung des »MyHashMapEntryType« (Java)

Die Serialisierung eines `MyHashMapType` führt dann analog zu folgender XML-Struktur:

```
<entry key="1">Test 1</entry>
```

Listing 4.55 Ein »MyHashMapEntryType«, als XML serialisiert

Innerhalb der Adapter-Implementierung müssen noch die Datentypen konvertiert werden. Eine `java.util.HashMap` wird in einen `MyHashMapType` umgewandelt und ein `MyHashMapType` in eine `java.util.HashMap`. Das geschieht jeweils in der entsprechenden Methode. Die `marshal`-Methode liefert z. B. Objekte vom Typ `MyHashMapType`:

```
@Override
public MyHashMapType marshal(
        HashMap<Integer, String> hashMap)
        throws Exception {

    var myMap = new MyHashMapType();
    myMap.entry = new ArrayList<>();

    hashMap.forEach((key, value) -> {
        var et = new MyHashMapEntryType(key, value);
        myMap.entry.add(et);
    });

    return myMap;
}
```

Listing 4.56 Marshal-Methode einer eigenen Adapter-Implementierung (Java)

Die Anmeldung des Adapters kann direkt am Attribut einer Klasse erfolgen:

```
@XmlRootElement
@XmlAccessorType(XmlAccessType.FIELD)
public class Foo {
    @XmlJavaTypeAdapter(MyHashMapAdapter.class)
    HashMap<Integer, String> hashmap;
}
```

Listing 4.57 Anmelden des Adapters zur Serialisierung/Deserialisierung von Foo-Objekten (Java)

Durch die beschriebenen Anpassungen ändert sich das XML-Format der erzeugten Dokumente entsprechend.

4.9 Iterator

Ursprung: Gang of Four – Behavioral Pattern – Verhaltensmuster

Das *Iterator Pattern* gehört zu den Verhaltensmustern und ermöglicht einen sequenziellen Zugriff auf Objektstrukturen, ohne den darunterliegenden Aufbau zu kennen. Mit einem einheitlichen Interface können z. B. Listen oder Baumstrukturen traversiert werden.

4.9.1 Problem und Motivation

Eine Abteilung eines großen Beratungsunternehmens möchte, um eine bessere Kundenbindung zu erzielen, durch den Versand von E-Mails ihre Kunden über Neuigkeiten und Trends informieren und damit Gründe für eine Interaktion liefern. Die Adressen der entsprechenden Kunden werden allerdings nicht zentral in einem Unternehmenssystem gepflegt, sondern in einer Datenbank, die von der Abteilung selbst verwaltet wird.

Zu diesem Zweck wird in der Abteilung eine kleine Software erstellt, die über die Liste der Adressen aus der Datenbank iteriert und mithilfe einer E-Mail-Komponente die entsprechenden Nachrichten versendet. Die Nachrichten basieren jeweils auf einem Text-Template, das von der Abteilung erstellt wird. Abbildung 4.38 zeigt den einfachen Aufbau der Anwendung.

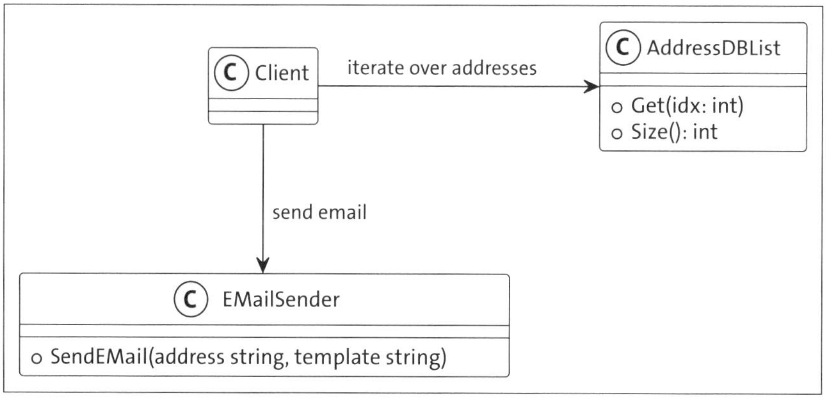

Abbildung 4.38 Initiale Lösung für E-Mail-Versand

Die ersten Mailing-Aktionen zeigen Erfolg und die Kunden sowie die Abteilung sind mit den Mails und den Reaktionen darauf sehr zufrieden. Da allerdings nicht sämtliche Informationen für jeden Kunden relevant sind, soll die Software so erweitert werden, dass unterschiedliche Mails für verschiedene Interessensgruppen erstellt und versendet werden können. Die Selektion der Mitglieder der Interessensgruppen soll über einen Filter für die Daten realisiert werden.

Außerdem hat noch eine weitere Abteilung Interesse an der Software gezeigt. Dort werden allerdings die Kundendaten in einer Textdatei vorgehalten und nicht in einer Datenbank.

Beide Abteilungen verständigen sich auf eine Erweiterung der Software. Trotz der unterschiedlichen Anforderungen an die Filterungslogik und unterschiedlichen der Listenimplementierungen soll die Logik zum Erstellen und für den Versand der E-Mails beibehalten werden.

4.9.2 Lösung

Mit dem *Iterator Pattern* wird die Logik zum Iterieren bzw. Traversieren von Objektansammlungen bzw. Collections in eine separate Implementierung ausgelagert. Die interne Struktur der Collection spielt keine Rolle, egal ob es sich um eine Listen- oder eine Baumstruktur handelt.

Über eine abstrakte Schnittstelle, das `Iterator`-Interface, wird eine einheitliche Zugriffsmöglichkeit zum Traversieren der Objekte in der Collection bzw. des sogenannten `Aggregate`s geschaffen. Konkrete Implementierungen des `Interator`-Interfaces werden instanziiert und setzen den zum Traversieren benötigten Algorithmus um. Sie halten beispielsweise die aktuelle Position in der Objektliste oder verwalten Filterkriterien.

Abbildung 4.39 zeigt die Struktur des *Iterator Pattern* als Klassendiagramm. Dort sehen Sie das `Iterator`-Interface, das in den meisten Umsetzungen zumindest eine Methode besitzt, mit der das nächste Element aus der Collection geliefert wird. Im Beispiel ist dies die `Next`-Methode. Liefert die Methode keine Werte mehr, ist das Ende der Collection erreicht.

Iteratoren können zusätzlich Methoden zur Positionierung des Zeigers anbieten, z. B. eine `First`- oder `Last`-Methode.

Dadurch, dass ein einheitliches Interface für das Traversieren verwendet wird, wird der `Client`-Code unabhängig vom verwendeten Algorithmus. Für den Fall, dass neue Logik benötigt wird, kann eine neue `Iterator`-Implementierung erstellt und verwendet werden.

Über das `Aggregate`-Interface wird eine einfache Schnittstelle zum Erzeugen neuer konkreter `Iterator`-Instanzen angeboten. Dieses Interface stellt entweder eine oder mehrere Methoden bereit. Sollen mehrere unterschiedliche Iteratoren erstellt werden können – eventuell mit einer unterschiedlichen Filterung –, lässt sich das mit mehreren Methoden im Interface erreichen.

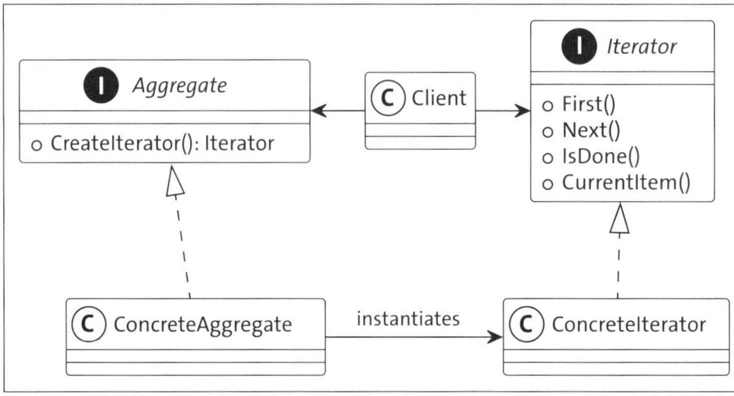

Abbildung 4.39 Struktur des »Iterator Pattern«

Struktur und Teilnehmer

- **Iterator** – definiert die abstrakte Schnittstelle für den Zugriff und zum Traversieren der Elemente im Aggregat.
- **Konkreter Iterator/Concrete Iterator** – implementiert die vom Iterator definierte Schnittstelle. Die Implementierung speichert den für die Traversierung benötigten Status.
- **Aggregat/Aggregate** – definiert die abstrakte Schnittstelle zum Erstellen eines oder mehrerer verschiedener Iterator-Objekte.
- **Konkretes Aggregat/Concrete Aggregate** – implementiert die vom Aggregat definierte Schnittstelle und liefert eine entsprechende konkrete Iterator-Implementierung zurück.

4.9.3 Lösungsbeispiel

Die Erweiterung der Go-basierten Software des Beratungsunternehmens aus dem beschriebenen Beispiel kann so umgesetzt werden, wie in der folgenden Abbildung 4.40 zu sehen ist.

Für den Client wird ein `CustomerIterator`-Interface eingeführt, mit dem über die Liste der Kunden iteriert werden kann. Unterschiedliche Implementierungen des Interfaces können verschiedene Filtermöglichkeiten anbieten. Im Beispiel wird ein `InterestFilteringIterator` erstellt, mit dessen Filterkriterium nur Kunden mit bestimmten Interessen zurückgeliefert werden:

```
type CustomerIterator interface {
    First() *Customer
    Next() *Customer
    IsDone() bool
    CurrentItem() *Customer
}
```

Listing 4.58 Iterator-Interface für Kunden (Go)

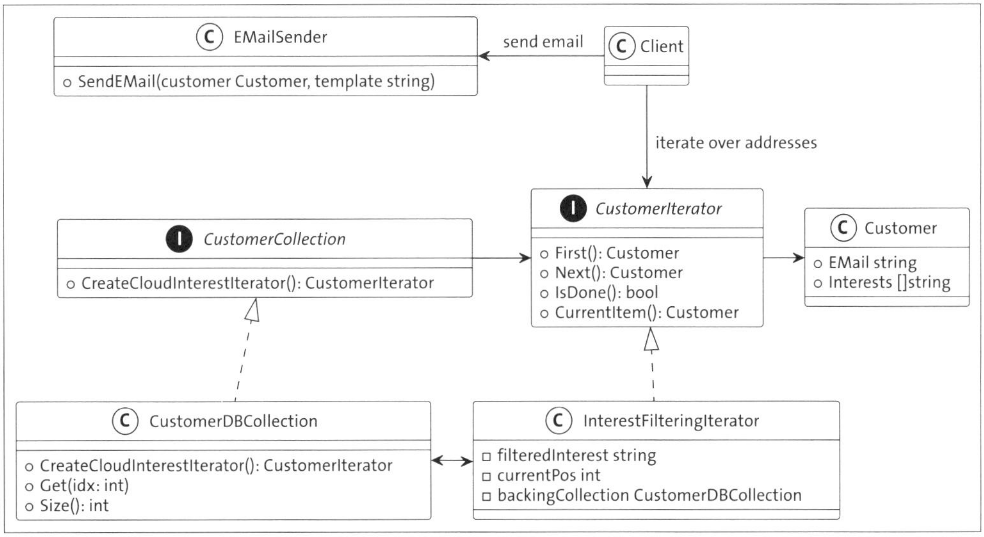

Abbildung 4.40 Lösungsbeispiel mithilfe des »Iterator Pattern«

Der Typ `InterestFilteringIterator`, der das Iterator-Interface implementiert, speichert eine Referenz zur konkreten Collection im Feld `backingCollection` sowie die aktuelle Position des Iterators in der Collection (`currentPosition`). In Listing 4.59 sehen Sie die Details:

```
type InterestFilteringIterator struct {
    filteredInterest  string
    currentPosition   int
    backingCollection *CustomerDBCollection
}
func (i *InterestFilteringIterator) First() *Customer {
    i.currentPosition = -1
    return i.Next()
}

func (i *InterestFilteringIterator) Next() *Customer {
    i.currentPosition = i.currentPosition + 1
```

```
    for newIdx, customer :=
        range i.backingCollection.customers[i.currentPosition:] {

        if customer.HasInterest(i.filteredInterest) {
            i.currentPosition = newIdx + i.currentPosition
            return &customer
        }
    }
    return nil
}

func (i *InterestFilteringIterator) IsDone() bool {
    return i.currentPosition == len(i.backingCollection.customers)
}

func (i *InterestFilteringIterator) CurrentItem() *Customer {
    return &i.backingCollection.customers[i.currentPosition]
}
```

Listing 4.59 Definition eines konkreten Iterators (Go)

Eine konkrete Iterator-Implementierung kann im Client über das `CustomerCollection`-Interface erstellt werden. Es beschreibt eine abstrakte Schnittstelle zum Zugriff auf eine Collection von Kunden und enthält im Beispiel nur die Methode `CreateCloudInterestedCustomerIterator` (siehe Listing 4.60).

Die Methode dient dazu, einen vorkonfigurierten Iterator mit Filterfunktionalität zu erstellen. Konkrete Collection-Implementierungen müssen dieses Interface entsprechend implementieren.

```
type CustomerCollection interface {
    CreateCloudInterestedCustomerIterator() CustomerIterator
}
```

Listing 4.60 Iterface-Definition (Go)

Für die erste Abteilung, die ihre Daten in einer Datenbank speichert, wird der Typ `CustomerDBCollection` umgesetzt. Er implementiert das `CustomerCollection`-Interface und liefert in der definierten Methode einen vorkonfigurierten Iterator mit einem Filter für Kunden zurück, die sich für Cloud-Themen interessieren.

Für das Beispiel in Listing 4.61 habe ich der Übersichtlichkeit halber auf eine tatsächliche Datenbankanbindung verzichtet. Die Daten werden in einem Slice »lokal« gespeichert.

```
type CustomerDBCollection struct {
    customers []Customer
}

func (cc *CustomerDBCollection) CreateCloudInterestedCustomerIterator()
     CustomerIterator {

    return &InterestFilteringIterator{
        currentPosition:   -1,
        filteredInterest:  "Cloud",
        backingCollection: cc}
}
```

Listing 4.61 »CustomerCollection«-Implementierung einer Abteilung (Go)

Innerhalb der Client-Implementierung können die entsprechenden Schnittstellen und Implementierung eingesetzt werden (siehe Listing 4.62):

```
//use Collection as CustomerCollection
var col internal.CustomerCollection = ...
sender := internal.EMailSender{}
iter := col.CreateCloudInterestedCustomerIterator()

for iter.Next() != nil {
    sender.SendEMail(iter.CurrentItem(), "cloud-template")
}

fmt.Println(iter.IsDone())
```

Listing 4.62 Implementierung eines Clients für den Iterator (Go)

Die zweite Abteilung kann nun eine eigene `CustomerCollection`- und eine `CustomerIterator`-Implementierung erstellen und den Client-Code unverändert einsetzen.

4.9.4 Wann kann oder soll man das Pattern einsetzen?

Einfacher Zugriff auf zugrunde liegende Struktur gewünscht

Mit dem *Iterator Pattern* kann eine einheitliche und einfachere Schnittstelle zum Traversieren von Objektstrukturen erstellt werden. Das Iterator-Interface enthält nur wenige, übersichtliche Methoden, um die interne Struktur bzw. Komplexität vom aufrufenden Code fernzuhalten.

Der Client muss sich nicht mit der eventuell umfangreichen API der Collection auseinandersetzen.

Zentrale Logik zum Traversieren

Für manche Collections ist die Logik zum Traversieren komplex und aufwendig umzusetzen. Das *Iterator Pattern* kapselt die Logik an einer zentralen Stelle, sodass diese nicht an mehreren Stellen implementiert werden muss.

Zusätzliche Collection-Implementierung später hinzufügen

Oftmals sind nicht vom Start der Implementierung an sämtliche möglichen Ausprägungen von Collections oder Traversierungslogiken bekannt. Mit dem *Iterator Pattern* kann die Anwendung jederzeit um neue Iteratoren oder Aggregate-Implementierungen erweitert werden.

4.9.5 Konsequenzen

Zentrale Logik zum Traversieren

Wie ich bereits beschrieben habe, ist der Code zum Traversieren an einer Stelle gebündelt und muss nicht vom Client mehrmals umgesetzt werden.

Erweiterungen möglich

Die Umsetzung des Patterns ermöglicht eine Arbeit nach dem *Open-Closed-Prinzip*. Neue Implementierungen können jederzeit ergänzt werden, ohne den bestehenden Client-Code verändern zu müssen.

Mehrere Iteratoren für eine Collection möglich

Da der Zustand eines Iterators, wie z. B. die Position in der Collection, jeweils in einer eigenen Instanz vorgehalten wird, ist es möglich, mehrere Iteratoren gleichzeitig für eine Collection einzusetzen.

Aufwand und Geschwindigkeit

Der Einsatz des Patterns führt zu komplexerem Code und verhindert eventuell durch das einheitliche Interface, dass spezielle, für die Collection optimierte Zugriffsmethoden verwendet werden können.

4.9.6 Real-World-Beispiel

Im Java Development Kit 1.2 wurden für das *Java Collections Framework* das `java.util.Iterator`-Interface sowie einige entsprechende Implementierungen eingeführt. Das Collections Framework wurde seitdem sukzessive ausgebaut und wurde dadurch immer mächtiger und umfangreicher.

Das Iterator-Interface besteht lediglich aus vier Methoden, wobei `hasNext()` und `next()` die vermutlich wichtigsten sind. In Abbildung 4.41 ist der Aufbau innerhalb des JDK beispielhaft gezeigt. Um für eine bessere Übersichtlichkeit zu sorgen, habe ich weitere List- und Iterator-Implementierungen ausgelassen.


```
package java.util;

import java.util.function.Consumer;

public interface Iterator<E> {
    boolean hasNext();

    E next();

    default void remove() {
        throw new UnsupportedOperationException("remove");
    }

    default void forEachRemaining(Consumer<? super E> action) {
        Objects.requireNonNull(action);
        while (hasNext())
            action.accept(next());
    }
}
```

Listing 4.63 Das Java-»Iterator«-Interface

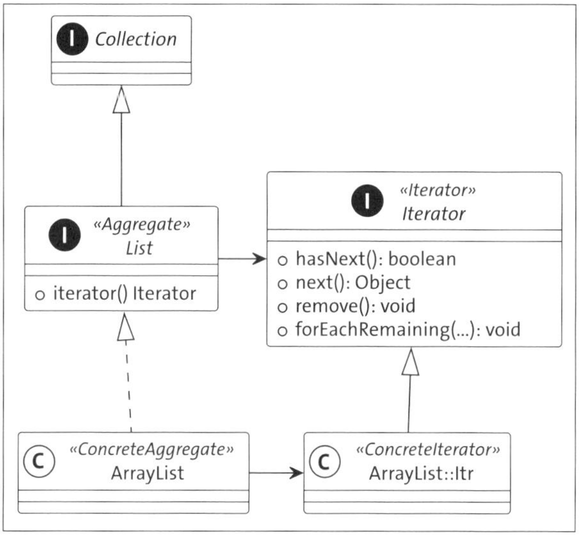

Abbildung 4.41 Iterator im Java Software Development Kit (SDK)

Im Client-Code können die Iterator-Methoden zum Traversieren der Objekte für jede List-Implementierung genutzt werden – und das sogar unabhängig von der internen Struktur.

```
List<String> arrayList = new ArrayList<>();
arrayList.add("Hello World");

Iterator<String> iterator = arrayList.iterator();

while (iterator.hasNext()) {
    System.out.println(iterator.next());
}

for (String s : arrayList) {
    System.out.println(s);
}
```

Listing 4.64 Nutzung eines Iterators im Client-Code (Java)

Mit den Erweiterungen des Collections-Frameworks und der Einführung von Lambda-Ausdrücken etc. sind nun auch kürzere Ausdrücke möglich, z. B. die for-Schleife in Listing 4.64. Intern wird weiterhin das Iterator-Interface verwendet.

Iteratoren in anderen Programmiersprachen

Das Iterator-Pattern ist ein weit verbreitetes Designmuster, das in vielen Programmiersprachen Anwendung findet. Es kommt beispielsweise in C++ in Form von Iteratoren vor, die als Abstraktion für Zeiger dienen, oder in anderen modernen Programmiersprachen (darunter Java, Python und JavaScript), die es für Collections und Schleifen nutzen.

4.10 Composite/Kompositum

Ursprung: Gang of Four – Structural Pattern – Strukturmuster

Das *Composite Pattern* gehört zu den Strukturmustern, mit deren Hilfe Objekte in einer Baumstruktur organisiert und »Teil-Ganzes«-Hierarchien abgebildet werden können.

Jedes Objekt in der Baumstruktur, egal ob Verzweigung oder Ast, besitzt eine einheitliche Schnittstelle und kann gleichermaßen verwendet werden.

4.10.1 Problem und Motivation

Ein Fahrzeughersteller möchte bereits früh in der Entwicklungsphase seines neuen E-Autos dessen Gewicht bestimmen. Allerdings befindet sich die Fahrzeugentwicklung in einem so frühen Stadium, dass noch kein Fahrzeug auf eine Waage geschoben werden kann.

Daraufhin entwickelt die Softwareabteilung eine Anwendung, mit der eine Liste von Bauteilen erfasst und das Gesamtgewicht des Fahrzeugs berechnet werden kann.

Im ersten Schritt funktioniert die Software gut, da die Entwicklungsabteilung nur größere Baugruppen mit entsprechenden Gewichten als Bauteil erfasst und aus ihnen ein ungefähres Fahrzeuggewicht ermittelt. Doch in weiteren Schritten sollen die Baugruppen weiter verfeinert und in ihre einzelnen Bestandteile aufgegliedert werden. Ein Lenkrad besteht beispielweise unter anderem aus Airbag, Blinker und Hupe.

Da die Software bisher nur eine Liste von Bauteilen verwalten kann, müssen die Baugruppen durch ihre Einzelteile ersetzt werden, und die wichtige Information, zu welcher Baugruppe ein Bauteil gehört, geht verloren. Das schadet der Übersichtlichkeit der Gesamtliste und erschwert den Austausch von Bauteilen durch alternative Teile, da nie klar ist, zu welcher Baugruppe ein Einzelteil in der Liste gehört. Außerdem können auch Baugruppen ihrerseits aus weiteren Baugruppen bestehen.

Mit der Erweiterung der Software soll eine Hierarchie der Bauteile abgebildet werden können, sodass ihre Beziehungen zueinander bzw. zu den Baugruppen erhalten bleiben. Wie erwähnt kann jede Baugruppe aus einzelnen Bauteilen oder aus Baugruppen bestehen.

Für die Gewichtsberechnung soll es keine Rolle spielen, ob es sich um eine Baugruppe oder ein Bauteil handelt. In beiden Fällen ergibt sich das Gewicht aus der Summe der Einzelteile bzw. aus dem Gewicht des Bauteils selbst.

4.10.2 Lösung

Mit dem *Composite Pattern* lassen sich hierarchische Baustrukturen von Objekten umsetzen und »Teil-Ganzes«-Hierarchien abbilden. Jeder Knoten und jedes Blatt des Baumes besitzt eine einheitliche Schnittstelle und kann dementsprechend einheitlich behandelt werden.

In Abbildung 4.42 ist die Struktur des *Composite Pattern* mit einem Klassendiagramm dargestellt. Die abstrakte Klasse `Component` definiert die einheitliche Schnittstelle und Funktionalität aller Elemente innerhalb des Baums.

Es gibt Blätter, im Beispiel die Klasse `Leaf`, die keine weiteren Elemente mehr enthalten, und `CompoundComponent`-Objekte, die als Container wiederum andere `Component`-Objekte enthalten können.

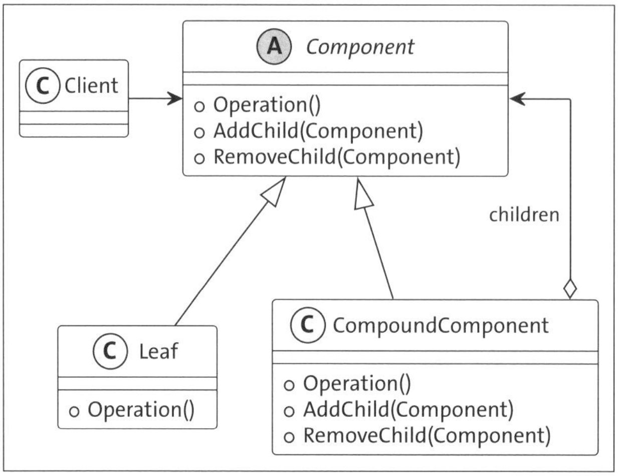

Abbildung 4.42 Struktur des »Composite Patter«

Clients können – unabhängig von der konkreten Ausprägung der im Baum enthaltenen Objekte – eine einheitliche Schnittstelle nutzen und jedes Objekt gleichermaßen verwenden. Es spielt keine Rolle, ob es sich um ein Blatt oder einen Knoten handelt.

Zusammengesetzte Objekte, die Komposita, können, wenn an ihnen eine Methode aufgerufen wird, diese jeweils an den enthaltenen Objekten aufrufen. Für den Aufrufenden ist das transparent.

Das Pattern kann unterschiedlich implementiert werden. Im dargestellten Klassendiagramm ist die Klasse `Component` als abstrakte Klasse mit den Methoden `AddChild` und `RemoveChild` zur Verwaltung der enthaltenen Kind-Objekte umgesetzt.

Da die `AddChild`-Methode ausschließlich in `CompoundComponents` benötigt wird, liefert die entsprechende abstrakte Implementierung immer einen Fehler zurück und nur die konkrete Implementierung innerhalb der `CompoundComponent` setzt die Logik um.

Als Alternative wird oftmals nur ein Interface für den Zugriff auf die einzelnen Komponenten erstellt und die Verwaltung der Baumstruktur geschieht parallel dazu. Im Beispiel würde das `Component`-Interface nur die Methode `Operation` enthalten.

Struktur und Teilnehmer

- **Komponente/Component** – definiert die Schnittstelle für den einheitlichen Zugriff auf sämtliche Objekte des Baumes und setzt unter Umständen gemeinsam benutzte Funktionalität um.
- **Blatt/Leaf** – ein einzelnes Baumelement, das keine weiteren Elemente enthält und die Schnittstelle der Komponente umsetzt. In diesen Objekten ist meist die Logik umgesetzt, da diese nicht mehr weiterdelegiert werden kann.

- **Kompositum/Composite** – Dieses auch häufig als *Container* bezeichnete Element verwaltet weitere Baumelemente als seine Kinder. Zusätzlich zum Komponenten-Interface stellt das Kompositum Operationen für die Verwaltung der Kinder zur Verfügung. Meist delegiert das Kompositum die über die Verwaltung der Kinder hinausgehende Logik an die enthaltenen Objekte.
- **Klient/Client** – Der Klient arbeitet mit den Elementen innerhalb des Baumes über die einheitliche Schnittstelle der Komponente.

4.10.3 Lösungsbeispiel

Die oben beschriebene Herausforderung des Autoherstellers lässt sich mit dem *Composite Pattern* adressieren. Durch die Umsetzung kann die Hierarchie der Bauteile und Baugruppen verwaltet und eine einheitliche Gewichtsberechnung durchgeführt werden.

Durch die Klasse `SimpleComponent` werden einzelne Bauteile repräsentiert, und die Klasse `CompoundComponent`, als Kompositum des Patterns, stellt diese Bauteile zu Baugruppen zusammen. Sie enthält eine Liste aller Komponenten, aus denen die Baugruppe besteht. Diese Komponenten können Bauteile oder ebenfalls wieder Baugruppen sein.

Beide Klassen implementieren das Interface `Component` mit der Methode `getWeight` für die Gewichtsberechnung. Abbildung 4.43 zeigt den Aufbau in Form eines Klassendiagramms.

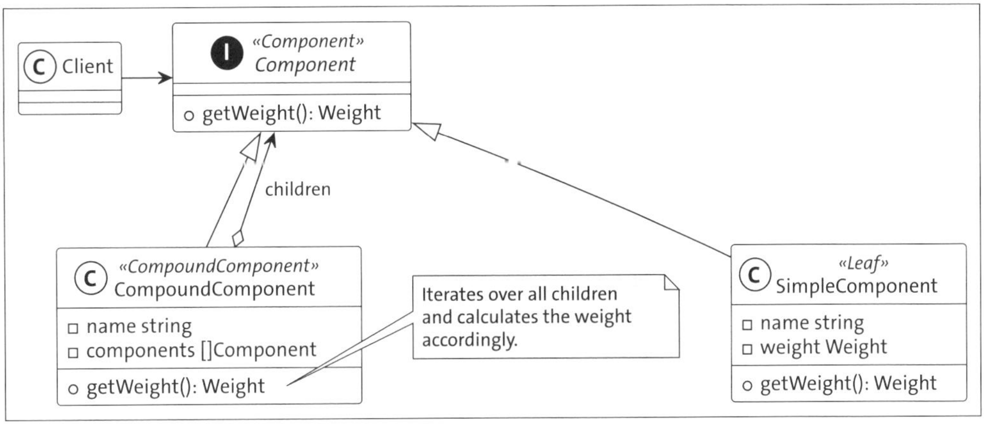

Abbildung 4.43 Beispiel für das »Composite Pattern«

In Java können Sie dieses Beispiel und die entsprechenden Interfaces und Klassen wie folgt umsetzen:

```
public interface Component {
    Weight getWeight();
}
```

Listing 4.65 Das »Component«-Interface zur Gewichtsberechnung (Java)

Die Bauteil-Implementierung enthält ein Gewicht und einen Namen. Die Methode `getWeight` liefert das Gewicht des Bauteils zurück (siehe Listing 4.66):

```
public class SimpleComponent implements Component {
    private final Weight weight;
    ...
    public SimpleComponent(String name, Weight weight) {
        this.weight = weight;
        ...
    }
    @Override
    public Weight getWeight() {
        return weight;
    }
    ...
}
```

Listing 4.66 Umsetzung einer konkreten Komponente innerhalb der Baumstruktur (Java)

Das Kompositum bzw. die Baugruppe wird durch die Klasse `CompoundComponent` umgesetzt. Sie verwaltet intern eine Liste aller enthaltenen `Component`-Objekte (siehe Listing 4.67). Beim Aufruf der `getWeight`-Methode berechnet die Implementierung das Gesamtgewicht aller enthaltenen Komponenten und liefert es zurück:

```
public class CompoundComponent implements Component{

    private List<Component> components;

    public CompoundComponent() {
        components = new ArrayList<>();
    }
    public void addComponent(Component component) {
        components.add(component);
    }
    @Override
    public Weight getWeight() {
        var weight = Weight.createWeight(0, Weight.Unit.MILLIGRAMS);
        for (var component : components) {
            weight = Weight.sum(weight, component.getWeight());
```

```
        }
        return weight;
    }
}
```

Listing 4.67 Baugruppen-Implementierung (Java)

Für den Client ist die Nutzung und die Gewichtsberechnung simpel. Die Baugruppen des Fahrzeugs können zusammengestellt werden, und für die Baugruppe »Auto« kann am Ende das Gesamtgewicht so ermittelt werden, wie Sie es in Listing 4.68 sehen:

```
var auto = new CompoundComponent();
var motor =
        new SimpleComponent("Motor", Weight.createWeight(200,
        Weight.Unit.KILOGRAM));

var sitze = new CompoundComponent();
sitze.addComponent(new SimpleComponent("Vordersitz links",
        Weight.createWeight(28, Weight.Unit.KILOGRAM)));
sitze.addComponent(new SimpleComponent("Vordersitz rechts",
        Weight.createWeight(28, Weight.Unit.KILOGRAM)));
sitze.addComponent(new SimpleComponent("Rückbank",
        Weight.createWeight(62, Weight.Unit.KILOGRAM)));

auto.addComponent(motor);
auto.addComponent(sitze);

System.out.println(auto.getWeight());
```

Listing 4.68 Beispiel für die Nutzung der Baumstruktur zur Gewichtsberechnung (Java)

4.10.4 Wann kann oder soll man das Pattern einsetzen?

Eine Baumstruktur von Objekten muss umgesetzt werden

Mithilfe des *Composite Pattern* können Baumstrukturen mit einer »Teil-Ganzes«-Hierarchie umgesetzt werden. Bei den einzelnen Elementen im Baum kann es sich an jeder Stelle jeweils um Blätter oder um Knoten handeln.

Objekte in einer Baumstruktur einheitlich behandeln

Das *Composite Pattern* hilft dabei, in einer Baumstruktur unterschiedliche Elemente einheitlich zu verwenden – und zwar unabhängig davon, ob es sich bei dem enthaltenen Objekt um ein komplexes, zusammengesetztes oder einfaches Objekt handelt.

4.10.5 Konsequenzen

Die Arbeit mit Baumstrukturen wird einfacher und einheitlicher

Für den Client wird der Zugriff auf Baumstrukturen erleichtert, da über das gemeinsame Interface auf sämtliche enthaltenen Objekte im Baum einheitlich zugegriffen werden kann.

Rekursionen werden von den Kompositum-Objekten selbst ausgeführt, und für den Client ist es unerheblich, ob es sich um einfache oder komplexe Objekte im Baum handelt.

Neue Komponenten können hinzugefügt werden

Der Aufbau des Patterns ermöglicht die Erweiterung und Aufnahme neuer Komponenten und entspricht damit dem *Open-Closed-Prinzip*.

Generalisiertes Design entsteht

Mit dem Pattern wird der Zugriff auf die im Baum enthaltenen Objekte vereinheitlicht und generalisiert. Das kann dazu führen, dass sehr abstrakte Schnittstellen entstehen, mit denen ein Client nur schwer arbeiten kann, und dass Objekte vor der Verwendung in einen entsprechenden Typ umgewandelt bzw. »gecastet« werden müssen.

4.10.6 Real-World-Beispiel

Für eine HTTP-basierte Kommunikation wird in Go das Package `http` aus der Standardbibliothek verwendet. Es stellt Implementierungen sowohl für die Client- als auch für die Serverseite zur Verfügung.

Soll ein eigener Server mit HTTP-Kommunikation erstellt werden, besteht dieser immer aus einer `Server`-Instanz und einem sogenannten Handler, der für die Abarbeitung der Anfragen verantwortlich ist. Das gleichnamige Interface `Handler` definiert ausschließlich die Methode `ServerHTTP` mit einem `ResponseWriter` und einem Pointer auf `Request` als Parameter. Innerhalb dieser Implementierungen werden im Normalfall einzelne Anwendungsfälle für die Kommunikation umgesetzt.

Bei der Erzeugung einer `Server`-Instanz kann direkt ein Handler angegeben werden, der die HTTP-Anfragen bearbeiten soll:

```
server := &Server{Addr: addr, Handler: handler}
```

Wird direkt eine `Handler`-Implementierung mit der Umsetzung eines Anwendungsfalls angemeldet, kann sich der Server immer nur um diesen einen Anwendungsfall kümmern. In manchen Fällen mag das sinnvoll sein, aber meist sollen bei HTTP-Servern unter verschiedenen URIs mehrere Funktionen angeboten werden.

Ein Bestandteil der Standardbibliothek ist der Typ `ServerMux`, der das Multiplexing übernimmt, also die Zuordnung und Weiterleitung von eintreffenden HTTP-Anfragen an einen entsprechenden `Handler`. `ServerMux` selbst implementiert das `Handler`-Interface und kann dementsprechend an der `Server`-Instanz angemeldet werden. Intern wird eine Zuordnung von URI-Angaben zu `Handler`-Implementierungen verwaltet. Auch diese Handler können wiederum `ServerMux`-Instanzen sein. Die folgende Abbildung 4.44 zeigt den Aufbau des *Composite Pattern*.

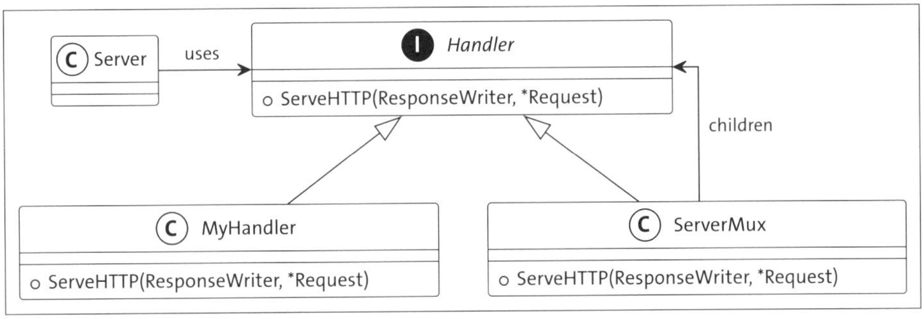

Abbildung 4.44 Ein HTTP-Server in Go, der mit dem Composite Pattern umgesetzt wurde

Verwenden lassen sich die `Server`- und `Handler`-Implementierungen über *Convenience-Methoden*. Mit ihrer Hilfe wird komplexere Funktionalität über eine einfache Schnittstelle zur Verfügung gestellt.

So nimmt beispielsweise die Funktion `ListenAndServe` aus dem `http`-Package eine Binding-Angabe und eine `Handler`-Implementierung als Parameter entgegen und erzeugt intern einen neuen `Server` mit einer entsprechenden Netzwerk-Binding-Konfiguration.

Wird der Funktion kein `Handler`-Parameter mitgegeben, wird automatisch der interne Standard-Multiplexer verwendet, und die `Handler` können z. B. über die Funktion `HandleFunc` mit Angabe von URI und Implementierung dort registriert werden.

Das Beispiel in Listing 4.69 zeigt eine komplette HTTP-Server-Implementierung in Go, bei der die interne `ServerMux`-Implementierung eingesetzt wird. Unter der URL *http://localhost:8081/*nix wird der Text `Hello World` zurückgeliefert.

```
package main

import "net/http"

func main() {
    http.HandleFunc("/nix", handle)
    http.ListenAndServe(":8081", nil)
}
```

```
func handle(writer http.ResponseWriter, _ *http.Request) {
    writer.Write([]byte("Hello World"))
}
```

Listing 4.69 Vollständiges HTTP-Server-Beispiel (Go)

4.11 Der Begriff der Anti-Patterns

In den vorangegangenen Abschnitten habe ich einige der verbreitetsten Design-Patterns vorgestellt.

Neben den Design-Patterns entstanden jedoch auch die sogenannten *Anti-Patterns*. Mit diesem Begriff beschreibt man Vorgehen und Lösungen, die zwar häufig angewendet werden, sich jedoch als ineffizient, problematisch oder kontraproduktiv erwiesen haben. Sie sind wie Fehler im Bauplan eines Hauses, die oftmals aufgrund von unzureichendem Wissen, Erfahrung oder Zeitdruck entstehen.

Die durch Anti-Patterns verursachten Probleme äußern sich meist in Form von erhöhtem Wartungsaufwand, schlechter Performance oder komplexem Code.

Anti-Patterns bieten Ihnen somit wertvolle Erkenntnisse darüber, welche Ansätze und Praktiken Sie vermeiden sollten, um gängige Fallstricke und Schwierigkeiten in der Softwareentwicklung zu umgehen.

Aus diesem Grund stelle ich in den folgenden Abschnitten fünf der »beliebtesten« Anti-Patterns vor.

4.11.1 Big Ball of Mud

Das Anti-Pattern *Big Ball of Mud* beschreibt eine unstrukturierte Codebasis ohne erkennbare Struktur oder klare Trennung von Verantwortlichkeiten. Es entsteht meist durch eine unorganisierte Entwicklung, in der keine präzise Definition einer Architektur vorhanden ist oder keine Designprinzipien eingehalten wurden.

Die Gründe für die Entstehung eines *Big Ball of Mud* sind vielfältig. Entweder wurde ein System bereits ohne klare Kommunikation oder ohne Vorhandensein eines Softwaredesigns begonnen oder ein bestehendes System wurde unüberlegt erweitert, d. h., ohne die Architektur zu beachten. Fehlende Kommunikation oder das Fehlen klarer Designrichtlinien sind oftmals ausschlaggebend.

Auswirkungen

- unzureichende bzw. schlechte Lesbarkeit und Verständlichkeit des Quellcodes
- geringe Produktivität der Entwickler, da effizientes Arbeiten erschwert wird

- höhere Fehleranfälligkeit durch den unnötig komplexen und undurchsichtigen Aufbau der Software
- schwierige Wartung und unter Umständen Angst des Teams vor Veränderungen, da sich Änderungen an einem Teil der Software auf andere Teile auswirken können

Gegenmaßnahmen

- Architektur definieren und dokumentieren
- Designprinzipien anwenden
- Code-Reviews und Refactorings durchführen
- Kommunikation und Informationsaustausch im Team

4.11.2 God Object

Ein sogenanntes *God Object* ist eine Klasse oder Komponente, die sehr viele Verantwortlichkeiten in sich vereint und damit praktisch »allmächtig«, aber auch unübersichtlich und schwer wartbar ist.

God Objects spielen meist eine zentrale Rolle in einem System und besitzen viele Abhängigkeiten zu anderen Komponenten, was dann Änderungen erschwert.

In Listing 4.70 sehen Sie ein Beispiel eines *God Objects* mit vielen vermischten Verantwortlichkeiten:

```
public class ApplicationManager {
    public void loginUser(String user, String password) {
        ...
    }
    public void parseXML(String document) {
        ...
    }
    public String renderHTML() {
        ...
        return "<html/>";
    }
    public void logError(String message) {
        ...
    }
    public void executeSQLQuery(String query) {
        ...
    }
}
```

Listing 4.70 Beispiel für ein »God Object« in der Klasse »ApplicationManager« (Java)

Auswirkungen

- **Starke Kopplung** – Die vielen Abhängigkeiten vom und zum God Object führen zu einer starken Kopplung von eigentlich unabhängigen Programmteilen. Änderungen wirken sich potenziell auf weite Teile der Anwendung aus.
- **Erschwerte Testbarkeit** – Komponenten, die das God Object verwendet, benötigen auch während der Ausführung innerhalb eines Unit-Tests eine entsprechende Referenz. Dafür sind oft umfangreiche Konfigurationen oder komplexe Mocking-Vorgehen nötig.
- **Schwer wartbar** – Fehlerbehebungen und Änderungen sind durch die vielen Abhängigkeiten der Komponenten komplexer und riskanter. Jede Änderung kann Auswirkungen auf viele andere Teile der Anwendung haben.
- **Nicht wiederverwendbar** – Durch die vielen verschiedenen Aufgaben und Abhängigkeiten des God Objects ist es in anderen Kontexten nur schwer wiederzuverwenden. Auch die referenzierenden Komponenten lassen sich ohne das God Object nicht wiederverwenden.

Gegenmaßnahmen

- **Zerlegung bzw. Modularisierung** – Das God Object sollte durch eine sinnvolle Aufteilung in mehrere spezialisierte Klassen mit klar definierten Verantwortlichkeiten aufgelöst werden.
- **Einhaltung des Single-Responsibility-Prinzips (SRP)** – Bei der Aufteilung in mehrere Klassen muss das SRP eingehalten werden.
- **Abstraktion** – Die Nutzung von Interfaces und abstrakten Klassen kann die Abhängigkeiten zwischen den Komponenten weiter reduzieren.
- **Regelmäßige Refactorings** – Im Quellcode ist es oftmals nicht einfach, die Entstehung eines zentralen allmächtigen Objekts frühzeitig zu erkennen. Regelmäßige Refactorings können helfen, God Objects zu entdecken und in kleinere Einheiten aufzuteilen.

4.11.3 Spaghetti-Code

Mit dem Begriff *Spaghetti-Code* wird unverständlicher Quellcode bezeichnet, bei dem der Kontrollfluss nur schwer nachzuvollziehen ist. Der Name soll dabei an die gleichnamige Nudelform erinnern, da seine Funktionsblöcke chaotisch verschlungen und ohne erkennbare Struktur sind.

Die Anzeichen für Spaghetti-Code sind lange Methoden mit einer hohen Verschachtelungstiefe und vielen Abhängigkeiten. Wenn zusätzlich verschachtelte Schleifen und Sprunganweisungen wie GOTO-Statements vorhanden sind, wird es fast unmöglich, den Ablauf des Programms nachzuvollziehen.

Auswirkungen

- **Komplexität und Unüberschaubarkeit** – Der Code wird mit jeder Verschachtelungstiefe und jeder Sprunganweisung komplexer und unübersichtlicher, bis er nicht mehr verständlich ist.
- **Hohe Fehleranfälligkeit** – Ein nicht nachvollziehbarer Kontrollfluss erhöht die Wahrscheinlichkeit von Bugs und macht es zusätzlich schwierig, diese zu beheben.
- **Wartungsaufwand** – Anpassungen oder Erweiterungen am Code sind durch die Komplexität zeitraubend und mühsam. Jede Änderung kann ungewollte Nebenwirkungen besitzen.

Gegenmaßnahmen

- **Regelmäßige Refactorings und Code-Reviews** – Durch die Überarbeitung von Code (z. B. mit dem *Extract Method*-Refactoring) entstehen Codeblöcke, die kleiner und somit besser zu warten und überschaubarer sind. Regelmäßige Code-Reviews können dabei helfen, frühzeitig Stellen zu erkennen, an denen Spaghetti-Code zu entstehen droht.
- **Verwendung von Design-Patterns** – Mit Design-Patterns können wiederkehrende Probleme auf eine standardisierte Weise gelöst werden.
- **Modularisierung** – Kleinere, logisch zusammenhängende Klassen bzw. Komponenten sind leichter wartbar und übersichtlicher.
- **Einhaltung des Single-Responsibility-Prinzips** – Wie bereits bei den anderen Anti-Patterns gilt: Sorgen Sie dafür, dass sich ein Codeblock auf eine einzige Aufgabe fokussiert und dass es nur einen Änderungsgrund gibt.

4.11.4 Reinventing the Wheel

Das Anti-Pattern *Reinventing the Wheel* (also »das Rad neu erfinden«) beschreibt die Praxis, dass jemand eine Lösung für ein Problem entwickelt, für das es bereits bewährte Lösungen gibt. Anstatt z. B. vorhandene Bibliotheken zu nutzen, wird bei dieser Vorgehensweise mit unnötigem Aufwand etwas von Grund auf neu entwickelt.

Entwickler sind meist Techniker und lieben es, technische Herausforderungen zu meistern. Oftmals setzen sie aus diesem Grund in Projekten lieber technische sowie fachliche Themen in einem hohen Detaillierungsgrad um. Da allerdings die meisten detailreichen technischen Lösungen viel Zeit brauchen, bis sie auch tatsächlich funktionieren, können diese in der Praxis meist nicht in vollem Umfang erstellt werden. In der Folge kommt es zu Fehlern und Unzulänglichkeiten der nicht fertig implementierten Lösung.

Auswirkungen

- **Verschwendung von Ressourcen** – Die Entwicklung einer eigenen Lösung erfordert Zeit und Aufwand, die für andere Aufgaben genutzt werden könnten. Die benötigte Zeit steht dementsprechend nicht für die Implementierung anderer Geschäftslogik oder neuer Features zur Verfügung.
- **Kostenfaktor** – Die Entwicklungskosten einer Software können schnell ansteigen, besonders wenn externe Fachkenntnisse oder eine technische Expertise benötigt werden.
- **Geringere Qualität** – Bestehende Lösungen sind meist erprobt und umfassend getestet. Eigene Implementierungen müssen in der Regel zuerst eine gewisse Reife erreichen.
- **Höherer Wartungsaufwand** – Wenn Sie beispielsweise eine bestehende Open-Source-Bibliothek nutzen, wird viel Support-Aufwand von der Community der Bibliothek übernommen. Eigene Implementierungen müssen Sie komplett selbst pflegen.

Gegenmaßnahmen

- **Recherche!** – Vor jeder Neuimplementierung sollten Sie bestehende Alternativen suchen und daraufhin bewerten, ob Sie diese in Ihrem Projekt einsetzen können.
- **Open-Source-Projekte nutzen** – Für die meisten Anforderungen wurden mittlerweile hochwertige Open-Source-Lösungen entwickelt, die kostenfrei verfügbar sind und die Sie an die eigenen Bedürfnisse anpassen können. Allerdings gibt es auch hier Lizenzen und eventuelle Beschränkungen Ihres Unternehmens, auf die Sie achten sollten. Zusätzlich sollten Sie über eine aktive Beteiligung an der Community nachdenken.
- **Kommerzielle Dienste berücksichtigen** – Für bestimmte Aufgaben gibt es leistungsstarke kommerzielle Dienste, die Ihnen viel Zeit sparen können.

4.11.5 Cargo Cult Programming

Cargo Cult Programming ist ein Anti-Pattern, bei dem Programmierer Code blind übernehmen oder anwenden, ohne dessen Zweck oder Funktionsweise vollständig zu verstehen.

Die Bezeichnung *Cargo-Kult* geht auf eine religiöse, aber auch politische Bewegung in Melanesien zurück, einer pazifischen Inselgruppe nordöstlich vor Australien. Die Gläubigen leben in der Erwartung, dass das Nachahmen bestimmter Handlungen und Gerätschaften, die sie zuvor bei Europäern und US-Amerikanern beobachtet hatten, eine Wiederkehr der Ahnen herbeiführen werde und dass diese Ahnen dann westliche Waren mitbringen würden (siehe zum Beispiel *https://de.wikipedia.org/wiki/Cargo-Kult*).

Nach dem Zweiten Weltkrieg wurden beispielsweise auf den Inseln Flugzeuge und Flughäfen imitiert in der Hoffnung, dass dadurch wieder – wie zuvor im Krieg – Fracht (engl. *cargo*) zu ihnen gebracht würde. Die Einwohner hatten dabei kein technisches Wissen über Flugzeuge oder Logistik.

In der Softwareentwicklung entsteht ein Cargo Cult oft mithilfe von StackOverflow oder ChatGPT, wenn Lösungen ohne Reflexion kopiert werden oder wenn neue, populäre und »hippe« Technologien in Projekten eingesetzt werden, obwohl sie nicht für das eigentliche Problem geeignet sind.

Auswirkungen

- **Fehlende Problemlösung** – Übernommener Code kann eventuell das aktuelle Problem nicht bzw. nicht effektiv lösen, da er für den Einsatz in einem anderen Kontext gedacht war. Vielleicht wird er zudem falsch angewendet oder konfiguriert.
- **Technische Schulden** – Code ohne Reflexion zu kopieren, kann zur Anhäufung von technischen Schulden führen und Software unübersichtlich und schwer wartbar machen. Der kopierte Code muss zudem den getroffenen Architekturentscheidungen entsprechen.
- **Eingeschränkte Lernkurve** – Wird Code nur oberflächlich kopiert, werden keine zugrunde liegenden Konzepte oder Prinzipien verstanden und die Lösung zukünftiger Probleme wird erschwert.

Gegenmaßnahmen

- **Grundlagen aneignen** – Bücher, Schulungen, Konferenzen oder Workshops helfen Entwicklern, die Konzepte und Prinzipien hinter den verwendeten Technologien und Patterns zu verstehen.
- **Themen und Lösungen hinterfragen** – Code-Reviews und Pair Programming können helfen, verwendete Konzepte, Lösungen und Umsetzungen besser zu verstehen. Hinterfragen Sie Lösungen, um diese besser zu begreifen.
- **Debuggen und einarbeiten** – Der Einsatz von Tools wie Debuggern, um Code Schritt für Schritt zu analysieren und sein Verhalten zu verstehen, helfen Ihnen, den Code gedanklich zu durchdringen und seine Funktionsweise im Detail zu begreifen.

5

Kapitel 5
Softwarearchitektur, -stile und -Patterns

Die Softwarearchitektur bildet das Grundgerüst für den Aufbau einer Software. Sie definiert die übergeordnete Struktur und die Beziehungen zwischen den verschiedenen Komponenten einer Anwendung, während das Softwaredesign bestimmte Details und Implementierungen konkretisiert. Architekturen legen dabei den Grundstein für eine effiziente Entwicklung, Wartung und Skalierung von Anwendungen. In diesem Kapitel lernen Sie verschiedene Architekturstile, Architektur-Patterns und Patterns kennen, die darüber hinaus bei einer Umsetzung helfen.

Die Erstellung qualitativ hochwertiger Software ist eine anspruchsvolle Aufgabe, die mit zunehmender Systemkomplexität immer schwieriger wird. Selbst wenn auf kleinstmöglicher Ebene im Quelltext alle bewährten Praktiken und Design-Patterns umgesetzt werden und ein lesbarer Quellcode entsteht, garantiert dies nicht automatisch ein gutes Endprodukt.

Für hochwertige Software ist eine klare Definition ihrer Struktur durch die hierarchische Zerlegung in Komponenten auf höchster Ebene essenziell. Software, die keine klaren Strukturen aufweist, verfügt meist über eine starke Kopplung der einzelnen Bestandteile. Solch ein verflochtener Aufbau von Anwendungen erschwert deren Wartung und Weiterentwicklung, da Änderungen an einer Stelle unvorhersehbare Auswirkungen auf andere Bereiche des Systems haben können.

Softwarearchitekturen definieren den grundsätzlichen Rahmen und Grundaufbau einer Anwendung und helfen dabei, die Komplexität in überschaubare Teile zu untergliedern. Sie legen den Grundstein für eine effiziente Entwicklung, Wartung und Skalierung von Anwendungen.

Martin Fowler, einer der führenden Experten und Buchautor für Softwarearchitektur, nennt zwei Punkte, die aus seiner Sicht eine Architektur auszeichnen:

- Architekturen zerlegen ein System in Komponenten auf höchster Ebene.
- Mit Architekturen werden Entscheidungen getroffen, die sich nur schwer ändern lassen.

Auch bei der Entwicklung von Softwarearchitekturen spielen Patterns eine entscheidende Rolle. Sie tragen – wie bereits beim Softwaredesign auf Sourcecode-Ebene – maßgeblich dazu bei, zentrale Eigenschaften und das grundlegende Verhalten von Anwendungen zu definieren, allerdings auf höherer Abstraktionsebene.

Manche dieser sogenannten *Softwarearchitektur-Patterns* eignen sich beispielsweise für hochskalierbare Anwendungen, während andere eher für agil entwickelte Anwendungen geeignet sind.

Um eine passende Architektur für die eigene Anwendung und deren fachlichen Anforderungen zu wählen, ist es wichtig, die Eigenschaften, Stärken oder Schwächen verschiedener Architekturansätze zu kennen.

Eine Klassifizierung von Architektur-Patterns findet mit sogenannten *Architekturstilen* statt, die anhand der eingesetzten Struktur oder der Organisation des Codes sowie der Interaktionen zwischen den verschiedenen Softwarekomponenten eine Einteilung vornehmen.

In Projekten ist meist eine Person in der Rolle des *Softwarearchitekten*. Sie trifft die Entscheidungen zu *Softwarearchitekturen* und stellt sicher, dass die Softwarearchitektur auch umgesetzt wird.

Innerhalb einer Anwendung können verschiedene Architekturen koexistieren. Ihr Einsatz ist nicht statisch, und man sollte sie an veränderte Anforderungen anpassen können. Auch wenn Martin Fowler betont, dass Architekturänderungen schwierig sind, müssen Architekturen flexibel genug sein, um sich an neue Herausforderungen oder veränderte Anforderungen anpassen zu lassen.

Innerhalb dieses Kapitels lernen Sie die vielfältigen Aufgaben des Softwarearchitekten sowie verschiedene Architekturstile, Architektur-Patterns und Patterns zur Unterstützung einer Implementierung dieser Architekturen kennen.

5.1 Die Rolle des Softwarearchitekten

Softwarearchitekten tragen die Verantwortung für die Definition und die erfolgreiche Umsetzung einer *Softwarearchitektur*. Sie stellen sicher, dass die Architektur den Anforderungen des Projekts entspricht und langfristig erfolgreich bleibt.

Simon Brown, Autor des Buchs *»Software Architecture for Developers«*, definiert praxisnah und pragmatisch sechs Aufgabengebiete der Softwarearchitekten-Rolle:

- Verständnis des fachlichen und technischen Kontexts
- Definition einer tragfähigen Softwarearchitektur
- Umgang mit technischen Herausforderungen und Risiken

- Weiterentwicklung der Architektur
- aktive Beteiligung an der Entwicklung
- Qualitätssicherung

Er betont, dass Softwarearchitekten nicht nur Entscheidungen treffen, sondern diese auch (mit) umsetzen müssen. Aus seiner Sicht dürfen keine *Elfenbeinturm-Architekten* entstehen, die nicht zusammen mit dem Team an Lösungen und der Architektur arbeiten.

Sehen wir uns diese Punkte nun im Einzelnen an.

Verständnis des fachlichen und technischen Kontexts

In einem Projekt ist es die Aufgabe eines Softwarearchitekten, die fachlichen und technischen Anforderungen an die Software zu kennen und zu überblicken. Diese bilden die Grundlage für alle seine weiteren Entscheidungen im Architekturprozess.

Obwohl manche technischen Rahmenbedingungen oder nicht-fachliche Anforderungen großen Einfluss auf eine Softwarearchitektur haben können, werden sie oftmals nur vage oder nicht konkret formuliert. Daher muss der Softwarearchitekt diese Restriktionen identifizieren, aufnehmen und in Bezug auf die Softwarearchitektur bewerten sowie deren Auswirkungen kommunizieren.

Definition einer tragfähigen Softwarearchitektur

Der Softwarearchitekt entwirft die Struktur einer Anwendung, indem er das Kontextwissen der Anwendung nutzt, um die zugrunde liegenden fachlichen Herausforderungen effektiv zu lösen. Dabei muss er stets die technischen Einschränkungen sowie das Potenzial für eine Weiterentwicklung der Architektur berücksichtigen.

Zu den technischen Einschränkungen zählen im Unternehmensumfeld oftmals Vorgaben zur eingesetzten Programmiersprache, zu den Frameworks, die verwendet werden sollen, oder Vorgaben zur Ausführungsumgebung.

Manche serverbasierten Softwaresysteme werden in einem eigenen Rechenzentrum ausgeführt, andere wiederum werden bei einem der großen Hyperscalern betrieben. So müssen viele verschiedene Aspekte berücksichtigt werden und in die Entscheidung für eine bestimmte Architektur einfließen.

Jede Entscheidung und die Architektur selbst müssen in adäquater Form dokumentiert werden, damit sie jederzeit diskutiert und kommuniziert werden können. Die entsprechenden Themen habe ich in Kapitel 3, »Sourcecode und Dokumentation der Softwareentwicklung«, vorgestellt.

Umgang mit technischen Herausforderungen und Risiken

Jede Entscheidung in einer Softwarearchitektur kann sich möglicherweise als ungünstig oder falsch erweisen und im Nachhinein zu Problemen führen. Das können

Entscheidungen zur gewählten technologischen Basis, aber auch zur gewählten Softwarearchitektur sein. Nicht jede neue Technologie, jeder Ansatz oder jedes gekaufte Produkt erfüllt alle Versprechungen der Werbeslogans.

Deshalb erfordert die Auswahl einer Technologie oder eines Architekturansatzes sorgfältige Überlegungen und sollte viele verschiedene Einflussfaktoren berücksichtigen. Unabhängig von der Entscheidungsfindung bleibt ein Restrisiko, mit dem konstruktiv umgegangen werden muss.

Es ist Aufgabe des Architekten, diese Entscheidungen zu treffen, sie zu hinterfragen, zu validieren und gegebenenfalls anzupassen. Viele Probleme treten erst bei einem Einsatz der jeweiligen Technologie oder des jeweiligen Architekturansatzes auf, obwohl sie in der Theorie vielversprechend klangen.

Entscheidungen in einer Softwarearchitektur sind nicht statisch, und Softwarearchitekten sollten proaktiv potenzielle Probleme aufdecken und diese möglichst früh im Lebenszyklus einer Anwendung entschärfen.

Weiterentwicklung der Architektur

Wie ich bereits beschrieben habe, sollte eine Architektur nicht als statisch und unflexibel wahrgenommen werden. Anforderungen können sich während der Laufzeit eines Projekts ändern oder getroffene Annahmen können sich als wenig praktikabel oder nicht umsetzbar erweisen.

In manchen Fällen ist es sinnvoll, getroffene Entscheidungen noch anzupassen. Architekten sollten deshalb nicht nur anfänglich in Projekten mitwirken und Architekturen vorgeben, sondern kontinuierlich an deren Entwicklung beteiligt sein und gegebenenfalls die Weiterentwicklung der Architektur vorantreiben und begleiten.

Manchmal braucht es auch neue, kreative Lösungsideen, denn für jede Anwendung dieselbe Lösungsschablone zu verwenden, ist oftmals nicht zielführend.

Aktive Beteiligung an der Entwicklung

Softwarearchitekten sollten sich aktiv an der Softwareentwicklung beteiligen, um genauestens zu verstehen, wie die gewählte Architektur in der Praxis von den Entwicklern wahrgenommen und umgesetzt wird.

Das bedeutet nicht, dass Architekten vollständig in den Entwickleralltag integriert werden müssen, aber eine Beteiligung am Entwicklungsprozess und eine aktive Einbindung in ihn ist ratsam.

Qualitätssicherung

Keine Technologie und kein Architekturansatz garantiert fehlerfreie Software. Qualität ist ein explizites Ziel, das stetig überprüft und verbessert werden muss.

Die Verantwortung für die Qualität von Software liegt nicht bei einer einzigen Person oder Rolle, sondern ist eine gemeinschaftliche Aufgabe, die von mehreren Beteiligten erledigt werden muss. Die Aufgaben eines Softwarearchitekten beinhalten dabei unter anderem:

- die Dokumentation und Kommunikation der Softwarearchitektur und der ihr zugrunde liegenden Entscheidungen
- regelmäßige Code-Reviews und technische Unterstützung des Entwicklungsteams
- das Vorgeben technischer Standards und Richtlinien sowie die Überprüfung, ob diese eingehalten werden
- die kontinuierliche Überprüfung und Validierung der gewählten Softwarearchitektur
- das Treffen von Designentscheidungen, die z. B. die Performance, Sicherheit und Skalierbarkeit der Anwendung gewährleisten

5.2 Softwarearchitekturstile

Ein *Architekturstil* legt auf höherer Abstraktionsebene eine grundlegende Struktur für die Organisation von Softwarekomponenten und deren Beziehungen untereinander fest. Jeder Stil basiert dabei auf spezifischen Prinzipien und Vorgehen, um bestimmte Anforderungen zu erfüllen, wie beispielsweise Skalierbarkeit, Modularität oder Wartbarkeit.

Architekturstile können auf verschiedene Weisen gruppiert werden. Die folgenden Softwarearchitekturen repräsentieren verschiedene Stile, die sich auf die grundlegende Struktur und Interaktion zwischen den einzelnen Komponenten konzentrieren.

5.2.1 Client-Server-Architektur

Eines der grundlegenden Konzepte bei verteilten Anwendungen und Diensten ist das sogenannte *Client-Server-Modell*. Dabei handelt es sich um ein Verteilungsmodell, in dem Anwendungen oder Dienste von einer sogenannten *Server*-Komponente für eine *Client*-Komponente zur Verfügung gestellt werden. Zwischen den Komponenten findet die Kommunikation über ein Netzwerk statt. Die Kommunikation basiert auf einem Request-Response-Mechanismus, bei dem ein Client eine Anfrage an den Server sendet, die der Server anschließend beantwortet.

Bei den Clients kann man zwischen verschiedenen Typen unterscheiden. Zu den wichtigsten zählen:

- **Thin Clients** – Bei einem Thin Client handelt es sich um einen Client, der nur minimale Ressourcen verbraucht und maßgeblich die Ressourcen des Servers nutzt. Ein Beispiel für Thin-Clients sind Webbrowser, wie z. B. Mozilla Firefox oder Google Chrome, die klassische serverseitige Webapps ohne viel JavaScript anzeigen.

- **Thick oder Fat Clients** – Als Thick bzw. Fat Client wird ein leistungsfähiger Client bezeichnet, der weniger Ressourcen des Servers benötigt, da Verarbeitungs- und Speicheraufgaben lokal auf dem Endgerät erledigt werden. Beispiele für Fat Clients sind das lokal ausgeführte Microsoft Office oder Videospiele, die lokal sehr viel Rechenleistung erfordern.

Sind Single Page Applications Thin Clients oder Fat Clients?

Eine sogenannte *Single Page Application* (SPA) ist eine Webanwendung, bei der alle Inhalte und Funktionen innerhalb einer einzigen HTML-Seite angezeigt werden. Anstatt wiederholt die gesamte Seite zu laden, werden benötigte Daten und Oberflächenelemente dynamisch über JavaScript nachgeladen und angezeigt.

Da meist ein großer Teil der Anwendungslogik vom Server auf den Client ausgelagert wird, werden SPAs oftmals als Fat Clients betrachtet. Eine klare Abgrenzung zwischen Fat oder Thin Client ist jedoch schwer und hängt stark damit zusammen, welche Komponente den Großteil der Verarbeitung übernimmt.

Im Client-Server-Modell wartet ein Server aktiv auf Anfragen der Clients, wobei die vom Server hierfür angebotene Dienstleistung auch als *Dienst* bzw. *Service* bezeichnet wird.

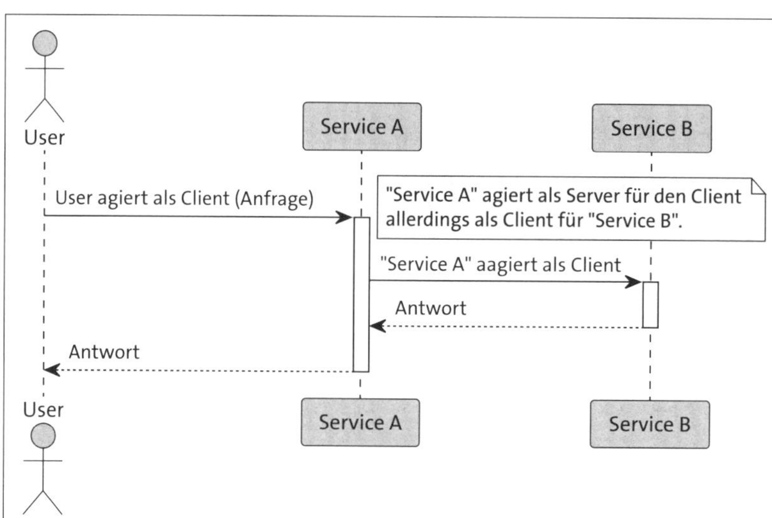

Abbildung 5.1 Beispiel für ein Client-Server-Modell mit mehreren Clients

Für die Kommunikation zwischen den Partnern wird ein dienstspezifisches Protokoll verwendet.

Die meisten modernen Softwarearchitekturen basieren auf dem Client-Server-Modell, und oftmals können Komponenten sowohl als Server wie auch als Client auftreten. Wie Sie in Abbildung 5.1 sehen, wird `Service A` vom User als *Service* aufgerufen.

`Service A` ruft allerdings wiederum `Service B` auf und tritt in dieser Kommunikation als *Client* auf.

5.2.2 Schichtenarchitektur und Service-Layer

Die *Schichtenarchitektur*, auch als *n-Tier-Architektur* bekannt, ist eines der verbreitetsten Architekturmuster in der Informationstechnologie, insbesondere in Enterprise-Anwendungen.

Durch die Nähe zu traditionellen Kommunikations- und Organisationsstrukturen von Unternehmen ist der Ansatz für die meisten Entwickler und Architekten ein vertrauter Standard. Oftmals findet man in größeren Unternehmen z. B. Datenbankteams, Geschäftslogik- oder Serviceteams sowie Frontend-Teams, die sich jeweils um die Belange eines speziellen Bereichs bzw. einer Schicht kümmern.

Die Einteilung einer Software in einzelne Schichten, die diesen Strukturen entsprechen, ist dementsprechend eine recht einfache Technik, um ein komplexes System in kleinere, gut überschaubare Einheiten zu untergliedern. Jede Schicht baut dabei, wie in Abbildung 5.2 gezeigt, auf einer darunterliegenden Schicht auf und nutzt die zur Verfügung gestellten Services bzw. Schnittstellen. Für die aufgerufene Schicht ist der Aufruf transparent. Sie kennt die auf ihr aufbauende bzw. aufbauenden Schichten allerdings nicht. Die Abhängigkeit ist immer nur in eine Richtung definiert: von einer höheren zu einer niedrigeren Schicht.

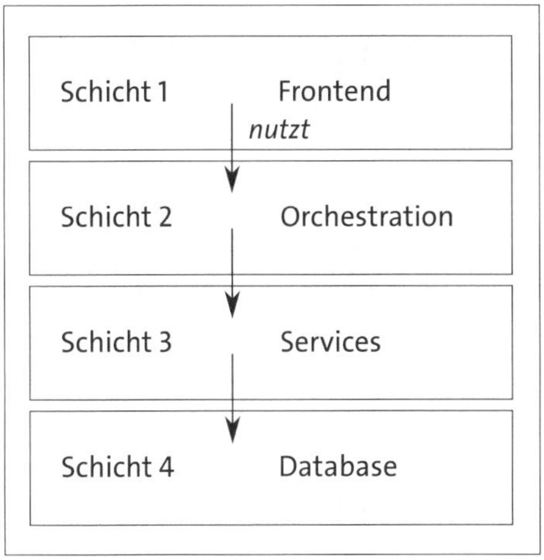

Abbildung 5.2 Schichtenarchitektur

Jede Schicht stellt eine eigene separate Schnittstelle zur Verfügung und kapselt darüber die unter ihr liegenden Schichten. Im obigen Beispiel nutzt Schicht 2 die Services von Schicht 3, die ihrerseits auf die Datenbank in Schicht 4 zugreift. Für Schicht 2 ist der Zugriff auf Schicht 4 transparent und die Schicht ist sich dessen nicht bewusst.

Das Konzept zur Isolation und Trennung der einzelnen Schichten wird mit dem Begriff *Isolationsschichten* bzw. *Layers of Isolation* beschrieben und fördert die Wartbarkeit und Erweiterbarkeit der Software. Änderungen in einer Schicht wirken sich durch die strikte Trennung und klaren Schnittstellen nicht direkt auf weitere Schichten aus. Die Vorteile dieses Konzepts bestehen zusätzlich unter anderem aus:

- der klaren Definition der Verantwortlichkeiten für jede Schicht und damit der Umsetzung des Prinzips *Separation of Concern*. Die einzelnen Schichten können separat besser getestet und verwaltet werden.
- Einzelne Schichten können separat verstanden werden, ohne das »große Ganze« zu kennen. Beim Speichern einer Datei über ein Betriebssystem, das auch in verschiedene Schichten untergliedert ist, muss man sich beispielsweise nicht mit den Details des Dateisystems oder der Verwaltung der Daten auf einer SSD-Festplatte befassen. Die Speicher-API kann einzeln verstanden und ohne Detailwissen über die restliche Speicherung angewendet werden.
- Schichten können durch adäquate Implementierungen mit den gleichen Schnittstellen ausgetauscht werden. Eine Anwendung, die beispielsweise Daten über die Betriebssystem-API speichert, kann ohne Anpassungen mit SSD-Festplatten oder mechanischen HDD-Festplatten arbeiten, solange die Schnittstelle gleich bleibt.
- Abhängigkeiten zwischen den Schichten werden minimiert. Mit der Abstraktion und Kapselung zwischen den Schichten werden die einzelnen Bestandteile unabhängiger, und komplexe Abhängigkeiten über mehrere Schichten hinweg werden unterbunden.
- Die Definition von Schichten mit expliziten Schnittstellen bietet Möglichkeiten zur Standardisierung. So wird beispielsweise mit dem *Open Systems Interconnection Model* (abgekürzt: OSI-Schichtenmodell) eine Schichtenarchitektur für Netzwerkprotokolle definiert, die z. B. für das Verständnis von Standards wie TCP oder IP nützlich ist.
- Auf einer Schicht können mehrere Schichten aufbauen. Im Beispiel aus Abbildung 5.2 baute auf einer Schicht immer genau eine weitere Schicht auf. In einer Schichtenarchitektur können aber auch mehrere Schichten auf einer Schicht basieren. Soll z. B. eine Anwendung mehrere Benutzerschnittstellen besitzen, können mehrere parallele Frontend-Schichten erstellt werden, z. B. eine für Webbrowser-basierte Oberflächen und eine für Handy-Apps.

Die Nachteile einer Schichtenarchitektur sind jedoch:

- Oftmals kapseln einzelne Schichten die darunterliegenden Schichten nicht ausreichend und Änderungen müssen über mehrere Schichten hinweg nachgezogen werden. In manchen Projekten werden beispielsweise Objekte, die in der Benutzerschnittstelle verwendet werden, aus einem Datenbank-Schema generiert und brechen damit das Schichtenmodell auf.

- Viele Schichten können die Performance eines Systems negativ beeinflussen.

3-Schichten-Architektur

Schon in den Anfängen der Softwareentwicklung wurde die Aufteilung von Anwendungen in hierarchisch angeordnete modulare Schichten eingesetzt, das wachsende Maß an Komplexität zu bewältigen. In den 1990er-Jahren erlebte diese Entwicklung einen Meilenstein mit der Verbreitung der *Client-Server-Architektur*. Diese trennte Aufgaben zwischen Client und Server und nutzte häufig eine Datenbank als zentrale Datenquelle auf der Serverseite.

Bei den Client-Anwendungen handelte es sich meist um Desktop-Anwendungen, die als sogenannte *Rich Clients* ausgelegt waren und Daten lokal auf dem Clientgerät verarbeiteten oder auch größere Datenmengen zwischenspeicherten.

Viele Hersteller boten für die Implementierung dieser Architekturen Komponentenbibliotheken oder auch komplette Entwicklungsumgebungen für die unterschiedlichsten Betriebssysteme an. In ihnen konnte man über grafische Werkzeuge per Drag-and-drop eine Anwendung erstellen. Die Komponentenbibliotheken umfassten unter anderem UI-Komponenten, die es ermöglichten, direkte SQL-Datenbankanbindungen zu konfigurieren und Anwendungen schnell zu erstellen. Beispiele hierfür sind Entwicklungsumgebungen wie *Borland Delphi*, *Microsoft Visual Basic* und *PowerBuilder* von Sybase.

Der beschriebene Ansatz führte allerdings zu Problemen bei der Wiederverwendung von Code der Geschäftslogik. Denn oftmals wurde diese Logik direkt – und damit voneinander isoliert – in die einzelnen Frontend-Seiten bzw. Formulare einer Anwendung implementiert. Das erschwert die Wiederverwendung von bereits existierenden Komponenten und erhöht den Aufwand für Wartungsarbeiten und Erweiterungen, da Änderungen an mehreren Stellen vorgenommen werden müssen. Je komplexer die Anwendung wird, desto deutlicher zeigt sich diese Problematik.

Teilweise wurden daraufhin Logikblöcke direkt in der Datenbank als *Stored Procedures* implementiert, während andere Blöcke in spezielle Komponenten bzw. Bibliotheken ausgegliedert und gemeinsam genutzt wurden. Stored Procedures sind immer datenbankabhängig, und durch ihre Nutzung verliert man die Möglichkeit einer einfachen Portierung zu einer alternativen Persistenz-Technologie. Die Verwaltung der zentralen Bibliotheken und die Unterstützung mehrerer Versionen gleichzeitig wurde ebenfalls zu einer Herausforderung.

In der Folge wurden die sogenannten *3-Schichten-Architekturen* immer beliebter. Dies wurde vor allem durch die Verbreitung der objektorientierten Programmiersprachen und Technologien begünstigt, wie z. B. *Java* und *JavaEE*. Außerdem mussten mit der

Verbreitung des Internets Anwendungen plötzlich neben einer Desktop-Anwendung parallel auch Webinterfaces besitzen. Logik, die nur innerhalb einer Desktop-Anwendung implementiert war, war dazu hinderlich, da sie nicht zusätzlich in einem weiteren Client wiederverwendet werden kann.

Klassischerweise wurden und werden 3-Schichten-Architekturen, deren einzelne Schichten teilweise auch physikalisch getrennt sind, wie folgt untergliedert:

- **Präsentationsschicht** – Über diese Schicht werden Dienste oder Informationen dem Benutzer zur Verfügung gestellt. Dies kann über Rich Clients, HTML-basierte Oberflächen oder auch über Programmierschnittstellen erfolgen.
- Die **Geschäftslogikschicht** bzw. **Domänenschicht** ist der Kern der Anwendung und enthält die eigentliche Logik sowie alle Prozesse und Regelwerke, die für den Geschäftsbetrieb essenziell sind. Hier werden Daten aus der Datenbank verarbeitet, Berechnungen durchgeführt, Prüfungen auf Richtigkeit oder Gültigkeit vorgenommen und Entscheidungen auf Basis der implementierten Regeln getroffen.
- **Datenhaltungsschicht** bzw. **Datenquelle** – Diese Schicht übernimmt die Kommunikation mit externen Systemen, die verschiedene Aufgaben für die Anwendung erfüllen oder Daten speichern. Häufig werden Datenbanken als externe Systeme genutzt.

Die Betrachtung der Abhängigkeiten zwischen den Schichten ist genauso wichtig wie die Festlegung ihrer Verantwortlichkeiten. In einer Schichtarchitektur sollten Abhängigkeiten immer nur in eine Richtung verlaufen und niemals bidirektional. In der 3-Schichten-Architektur bedeutet das beispielsweise: Die Präsentationsschicht kann auf die Geschäftslogikschicht zugreifen, aber nicht umgekehrt. Mit dieser Regel kann potenziell eine Präsentationsschicht oder eine Datenhaltungsschicht leicht durch eine alternative Implementierung ersetzt werden, ohne Geschäftslogik nachimplementieren zu müssen.

n-Schichten-Architekturen

Schichten-Architekturen müssen nicht aus genau drei Schichten bestehen. Mark Richards fügt in seinem Buch *»Software Architecture Patterns«* beispielsweise immer eine vierte Schicht zur klassischen 3-Schichten-Architektur hinzu:

- Präsentation
- Geschäftslogik
- Speicherung/Persistenz
- Datenbank

Die Anzahl der Schichten ist nicht relevant, solange die Schichtentrennung und deren hierarchischer Aufbau eingehalten werden. Man spricht oftmals einfach nur von *n-Schichten-Architekturen*.

Das Prinzip der offenen und geschlossenen Schichten

Ein Schlüsselprinzip der Schichtenarchitektur ist nach Mark Richards, dem Autor des Buchs »*Software Architecture Patterns*«, die Einteilung der einzelnen Schichten in offene bzw. geschlossene Einheiten. Er bezieht sich nicht auf das obligatorische *Open-Closed-Prinzip*, dass eine Schicht bzw. ihre Schnittstelle offen für Erweiterungen und geschlossen gegenüber Änderungen sein soll. Richards beschreibt mit den Begriffen, welche Schichten an der Bearbeitung einer Anfrage beteiligt werden oder ob beispielsweise eine Schicht übersprungen werden kann.

In Abbildung 5.3 besteht die Schichtenarchitektur aus vier *geschlossenen Schichten*. Das heißt, dass eine Anfrage, die von der Schicht 1 entgegengenommen wird, durch alle darunterliegenden Schichten verarbeitet bzw. durchgereicht wird, bis sie Schicht 4, die Datenbankschicht, erreicht. Jede Schicht ist an der Abarbeitung der Anfrage beteiligt und stellt die Trennung der einzelnen Schichten sicher.

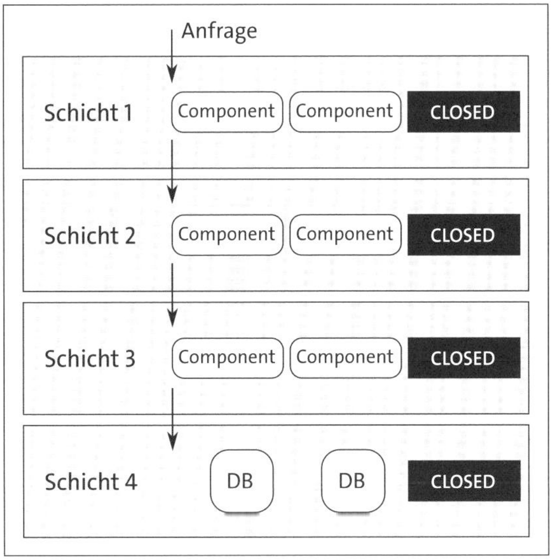

Abbildung 5.3 Geschlossene Schichten

Die strikte Trennung und Isolation der Schichten ist essenziell für eine gute Wartbarkeit der Anwendung und sorgt dafür, dass sich Änderungen an einer Schicht sich nicht im kompletten System ausbreiten und nachgezogen werden müssen.

In manchen Situationen ist es allerdings sinnvoll, sogenannte *offene Schichten* zu definieren, bei denen Anfragen nicht durch diese hindurch, sondern an ihnen vorbeigeleitet werden dürfen. In Abbildung 5.4 ist beispielsweise die Schicht 2 als offen gekennzeichnet und eine Anfrage von Schicht 1 könnte in diesem Fall direkt an Schicht 3 weitergegeben werden, ohne in Schicht 2 verarbeitet zu werden.

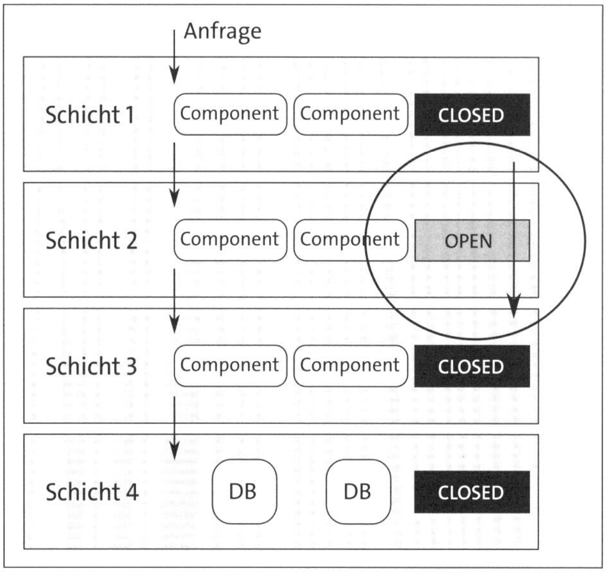

Abbildung 5.4 Geschlossene und offene Schichten

Wenn beispielsweise gemeinsam genutzte Geschäftskomponenten in die Architektur integriert werden sollen, die sowohl von der bestehenden Geschäftslogikschicht als auch von der bisherigen Präsentationslogik genutzt werden sollen, dann kann eine zusätzliche *Serviceschicht* bzw. ein sogenannter *Service-Layer* definiert werden. Diese Schicht befindet sich architektonisch unterhalb der Geschäftslogikschicht und ist somit für die Präsentationslogik nicht direkt erreichbar. Durch die Definition der neuen Schicht wird bereits über die Schichtenarchitektur eine Zugriffsbeschränkung für die neue Schicht erreicht.

Allerdings müsste mit der Einführung der neuen Schicht, die ja unterhalb der Geschäftslogikschicht liegt, nun jeder Aufruf durch diese Schicht verarbeitet werden. In diesem Fall ist es sinnvoll, die Schicht als offen zu kennzeichnen und Aufrufe direkt an die nächsttiefere Schicht an ihr vorbeizuleiten.

Der Einsatz von offenen Schichten muss wohlüberlegt erfolgen. Zu viele offene Schichten und direkte Zugriffe auf andere Schichten können ein System und dessen Komponenten unübersichtlich und stark gekoppelt werden lassen. Die Schichtenarchitektur verliert dadurch ihre Vorteile, und Systeme werden anfälliger für ausufernde Änderungen und somit auch schwerer zu testen und zu warten.

Open-Closed-Schichten und Patterns

Offene und geschlossene Schichten werden manchmal im Rahmen von Patterns definiert. Für JavaEE wurden im Jahr 2001 z. B. die *»Design Patterns for Optimizing the Performance of J2EE Applications«* veröffentlicht. Diese Auflistung von einigen Patterns zur Optimierung von Java-Enterprise-Anwendungen enthält beispielsweise das sogenannte *Fast-Lane-Reader Pattern*, das eine Art Überholspur und die Umgehung von mehreren Schichten für schnellere Datenbankzugriffe beschreibt. In diesem Fall werden für Lesezugriffe alle Schichten als offen betrachtet.

Mittlerweile gilt dieses Pattern jedoch eher als Anti-Pattern: Eine vollständige Umgehung aller Schichten ist nicht zu empfehlen, da sie die gesamte Schichtenarchitektur untergräbt.

5.2.3 Event-Driven Architecture

Eine *Event-Driven Architecture* (EDA) ist ein Architekturstil, der auf der Verarbeitung von Ereignissen, sogenannten *Events*, basiert. Verarbeitung bedeutet hier die Art und Weise, wie auf bestimmte Ereignisse reagiert wird. Jedes Event stellt dabei eine Zustandsänderung innerhalb eines Systems dar, wie z. B. die Änderungen einer Kundenadresse.

Die Architektur besteht aus unabhängigen Komponenten, die über Ereignisse miteinander kommunizieren und jeweils Daten empfangen und verarbeiten. Dadurch, dass die Kommunikation asynchron stattfindet, können die Komponenten flexibel und unabhängig voneinander verwendet und skaliert werden.

Dieser Ansatz eignet sich sowohl für große als auch für kleine Anwendungen und bietet die folgenden Vorteile:

- **Entkopplung der einzelnen Komponenten** – Die einzelnen Komponenten empfangen und verarbeiten einzelne Ereignisse. Die Kommunikation zwischen ihnen erfolgt über eine Abstraktionsschicht, die sogenannten *Channels* (siehe auch im Kapitel zur Kommunikation zwischen Services). Solange das Datenformat der ausgetauschten Ereignisse stabil bleibt, erfordern Änderungen an einer Komponente keine zusätzlichen Anpassungen an weiteren Komponenten.
- **Erweiterungen der Funktionalität** – Neue Features können durch das Hinzufügen neuer Komponenten aufgenommen werden, ohne bestehende Komponenten anpassen zu müssen.
- **Skalierbarkeit** – In einer EDA werden die Ereignisse asynchron verarbeitet. Dadurch können sie parallel oder bei Lastspitzen zeitverzögert verarbeitet werden.
- **Flexibilität** – Komponenten können unabhängig voneinander entwickelt, erweitert und zusammengestellt werden. Dadurch lässt sich Funktionalität flexibel anpassen, aufnehmen oder entfernen.
- **Echtzeitverarbeitung** – Ereignisse können direkt verarbeitet werden, was die Erstellung sogenannter *reaktiver Anwendungen* ermöglicht.

Die Kommunikation zwischen den Komponenten kann in einer Event-Driven Architecture mit zwei Topologien bzw. Patterns umgesetzt werden:

- *Message Processor-* bzw. *Mediator-Topologie*
- *Message Broker-* bzw. *Broker-Topologie*

Bei der *Mediator-Topologie* wird ein zentraler Vermittler, der sogenannte *Mediator* oder *Message Processor* eingesetzt. Dieser steuert die Koordination und Verarbeitung von Ereignissen und orchestriert so die Nachrichtenverarbeitung innerhalb der Komponenten. Dieser Ansatz ist besonders für komplexere Workflows innerhalb einer Anwendung geeignet.

Die *Broker-Topologie* hingegen verteilt die Ereignisse über einen zentralen *Event-Broker*, der ausschließlich für die Weiterleitung und Verteilung der Ereignisse zuständig ist.

Oftmals wird eine Event-Driven Architecture mit Messaging-Technologien umgesetzt, die wir in Kapitel 6, »Kommunikation zwischen Services«, noch ausführlicher betrachten.

Message Processor

Die Orchestrierung eines Prozesses durch einen zentralen Mediator bzw. *Process Manager* ist immer dann sinnvoll, wenn ein Ereignis von mehreren Komponenten in einem komplexeren Workflow verarbeitet werden muss.

Löst z. B. ein Kunde eine Bestellung in einem Shop-System aus, kann ein zentraler Process Manager die weiteren Schritte orchestrieren:

- Valididierung der Bestellung, indem die Verfügbarkeit des Artikels geprüft wird und dieser für den Kunden reserviert wird
- Kommunikation mit dem Zahlungsdienstleister für die Zahlungsabwicklung
- Versandvorbereitung
- Rechnungserstellung und Versand an Kunden
- Mailversand an Kunden mit Einladung zum Feedback-Formular

Im beschriebenen Fall sind die Reihenfolge der Einzelschritte und die Abhängigkeit zwischen ihnen entscheidend, da der Versand erst nach erfolgreicher Zahlung erfolgen darf. Der Process Manager stellt sicher, dass die einzelnen Schritte koordiniert und korrekt ausgeführt werden, bevor das Event an weitere Komponenten weitergeleitet wird.

Der Einsatz eines zentralen Process Managers bzw. Mediators führt zum sogenannten *Hub-and-Spoke*-Nachrichtenfluss-Pattern, das in Abbildung 5.5 visualisiert ist.

Bei diesem Pattern startet eine sogenannte *Trigger Message* einen neuen Prozess innerhalb des Process Managers. Der Process Manager analysiert anschließend die Nachricht und bestimmt anhand der enthaltenen Logik und Regeln, welche Komponente die Verarbeitung übernehmen soll. Daraufhin leitet er die Nachricht an die entsprechende Komponente weiter. Sobald die Komponente ihre Aufgabe erledigt hat, sendet sie ihre Antwort an den Prozessmanager zurück. Dieser entscheidet erneut anhand der Nachricht, welche Komponente den nächsten Verarbeitungsschritt ausführt, und leitet die Nachricht entsprechend weiter.

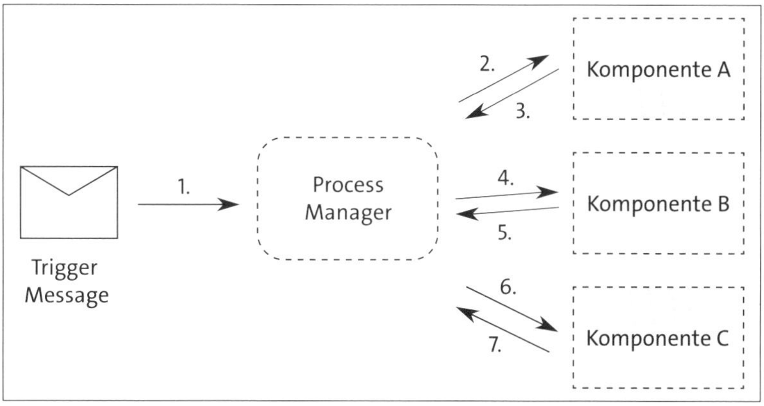

Abbildung 5.5 Event-Driven Architecture mit Process Manager

Der Process Manager führt keine eigene Geschäftslogik mit oder an den Nachrichten durch. Seine Aufgabe besteht ausschließlich in der korrekten Weiterleitung der Nachrichten an die lose gekoppelten, unabhängigen Komponenten, die sehr spezifische Aufgaben erfüllen.

Umgesetzt werden kann ein zentraler Process Manager bzw. Mediator entweder mit einer Eigenimplementierung – oder Sie greifen auf bestehende Softwareprodukte und Bibliotheken zurück. Verschiedene kommerzielle und Open-Source-Produkte können hierzu eingesetzt werden. Unter anderem sind das:

- *Spring Integration*
- *Apache Camel*
- *IBM App Connect Enterprise*
- Redux-Middleware wie *Redux Thunk*

Vorteile

- Unabhängige, lose gekoppelte Komponenten können integriert werden.
- flexible und vielfältige Einsatzmöglichkeiten des Managers, z. B. die Ausführung von parallelisierten Prozessen, wodurch die meisten Interaktionsabläufe realisiert werden können
- zentrale Verwaltung der einzelnen Geschäftsprozesse und bessere Überwachungsmöglichkeiten
- Verringerung der Direktverbindungen zwischen verschiedenen Systemen

Nachteile

- Die Einführung eines zentralen Process Managers birgt die Gefahr eines *Single-Point-of-Failure*.
- Der Process Managers enthält eine umfangreiche Logik und zahlreiche Regeln für die Nachrichtenverteilung, die dort auch verwaltet werden müssen.
- Die Architektur wird im Einsatz zunehmend komplexer, da zusätzliche Komponenten verwaltet und überwacht werden müssen.

Message Broker

Bei der *Message-Broker*-Topologie werden die Nachrichten ebenfalls über eine zentrale Stelle, den sogenannten *Message Broker*, ausgetauscht. Dieser enthält allerdings keine Logik oder Regeln zum Abbilden eines Prozesses, sondern ist nur für die Nachrichtenvermittlung der einzelnen Komponenten zuständig. Die entsprechende Logik für den Nachrichtenfluss ist über die beteiligten Komponenten verteilt.

In der Message-Broker-Topologie verarbeiten die einzelnen Komponenten Ereignisse und erzeugen ihrerseits Ereignisse, die das Resultat der ausgeführten Aktion widerspiegeln (siehe Abbildung 5.6).

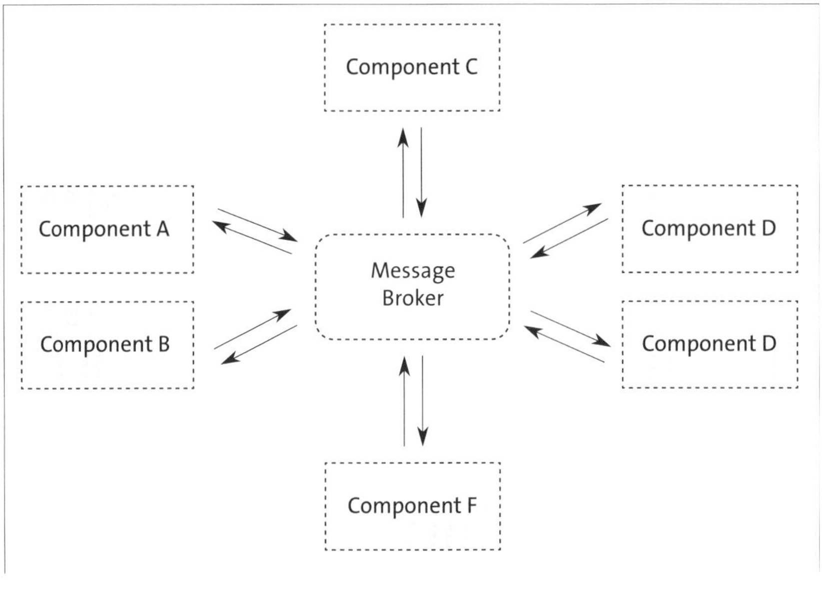

Abbildung 5.6 Aufbau einer EDA mit Message Broker

Wenn z. B. ein Kunde eine Bestellung in einem Shop-System auslöst, erzeugt die Warenkorb-Komponente das Ereignis »Neue Bestellung« und übermittelt es an den Message Broker. Alle Komponenten, die an diesem Ereignis interessiert sind, erhalten das Ereignis und können es verarbeiten. Als Ergebnis liefert die Validierungskomponente das Ereignis »Bestellung erfolgreich validiert« und ermöglicht so der nächsten interessierten Komponente den weiteren Arbeitsfortschritt. Dieser Vorgang wiederholt sich fortlaufend, bis der Bestellprozess abgeschlossen ist oder keine interessierte Komponente mehr vorhanden ist.

Die Arbeitsweise dieser Topologie lässt sich gut mit einem Staffellauf vergleichen: Jede Komponente übergibt das Ereignis, nachdem sie es bearbeitet hat, an die nächste Komponente in der Kette.

Diese Topologie ist für Anwendungsfälle geeignet, in denen nur eine begrenzte Logik für die Nachrichtenverteilung erforderlich ist und eine zentrale Orchestrierung der Prozesse nicht erwünscht ist.

Für die Umsetzung einer Message-Broker-Topologie bieten sich verschiedene bewährte Softwareprodukte und Bibliotheken an. Unter anderem sind das:

- *Apache Kafka*
- *RabbitMQ*
- Googles *Cloud Pub/Sub*
- *AWS SNS und SQS*

Vorteile

- lose Kopplung der einzelnen Komponenten, da der Message Broker die Vermittlung der Nachrichten übernimmt
- Änderungen und das Hinzufügen neuer Komponenten sind ohne Anpassungen an bestehenden Komponenten möglich.
- asynchrone und flexible Verarbeitung der Nachrichten durch die Komponenten
- gute Möglichkeiten einer Skalierung der Komponenten, da diese auch parallel ausgeführt werden können
- Durch den zentralen Message Broker wird die Komplexität von vielen Einzelverbindungen zwischen Komponenten reduziert.

Nachteile

- In einigen Fällen ist lediglich die Nachrichtenübermittlung von der verwendeten Technologie unabhängig, während die Komponenten den nächsten Verarbeitungspartner in der Kette kennen, an den sie die Nachricht senden.
- Der Message Broker kann zu einem Engpass werden, da alle Nachrichten über ihn laufen müssen.
- steigende Komplexität der Architektur beim Einsatz, da zusätzliche Komponenten verwaltet und überwacht werden müssen

5.2.4 Microkernel Architecture bzw. Plugin Architecture

Die *Microkernel-Architektur* ist ein Architekturstil, bei dem ein Kernsystem über eine Erweiterungsschnittstelle um neue Funktionen ergänzt werden kann. Oftmals wird der Ansatz auch als *Plugin Architecture Pattern* bezeichnet.

Eine Anwendung wird dabei so strukturiert, dass einzelne Funktionsmodule, die sogenannten *Plugins*, nahtlos zu einer Kernanwendung hinzugefügt bzw. aus ihr entfernt werden können. Diese Plugins sind eigenständige Komponenten, die über definierte Schnittstellen mit der Hauptanwendung kommunizieren. Die sogenannten *Extension Points* definieren diese Schnittstellen. Abbildung 5.7 stellt das Modell dar.

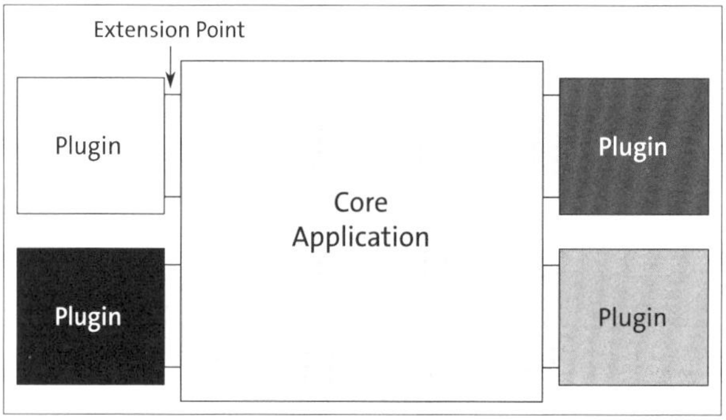

Abbildung 5.7 Microkernel- bzw. Plugin-Architektur

Mit diesem Ansatz kann neue Funktionalität hinzugefügt werden, ohne die Hauptanwendung anpassen zu müssen.

Das Pattern wird oftmals für die Entwicklung von Anwendungen eingesetzt, die als vollständig autonome Software ausgeliefert werden sollen, wobei einzelne Funktionen dennoch unabhängig entwickelt und in eine Hauptanwendung integriert werden können.

Der Einsatz einer Plugin-Architektur kann auch bei der Strukturierung von Serveranwendungen vorteilhaft sein, insbesondere in Kombination mit dem Konzept von *Vertical Slices* (siehe Abbildung 5.8).

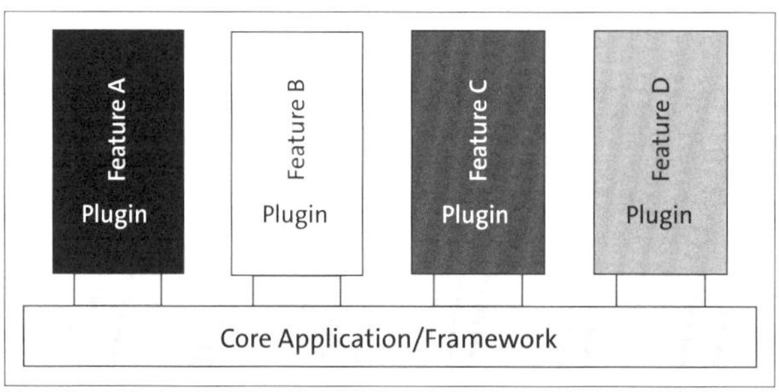

Abbildung 5.8 Plugin-Architektur mit Vertical Slices

Dabei werden besser isolierte und unabhängige Module geschaffen, die jeweils einen Geschäftsbereich abdecken. Diese Module, die als eigenständige Vertical Slices fungieren, kommunizieren miteinander über einen Mechanismus, der von der Kernanwendung oder dem zugrunde liegenden Framework bereitgestellt wird.

Folgende Open-Source-Projekte verwenden eine Microkernel-Architektur und nutzen einen Erweiterungsmechanismus:

- *Eclipse*-Plugins
- *Visual Studio Code*-Extensions
- *WordPress*-Plugins
- *Blender*-Plugins

Die Kernprinzipien des Patterns können wie folgt zusammengefasst werden:

- **Modularität und Wartbarkeit** – Durch die Aufteilung in unabhängige Module, die Plugins, die jeweils für eine spezifische Funktionalität zuständig sind, lässt sich die Anwendung einfacher warten und die Module beeinflussen sich nicht gegenseitig.
- **Erweiterbarkeit** – Ein Grundpfeiler dieser Architektur ist die Erweiterbarkeit. Entwickler können neue Funktionalität erstellen, ohne die Kernanwendung anpassen zu müssen. Ein solches Design gewährleistet die Anpassungsfähigkeit der Software an veränderte Anforderungen oder neue Technologien, ohne dass eine grundlegende Überarbeitung erforderlich ist.
- **Trennung der Verantwortlichkeiten** – Die Aufteilung der Anwendung in mehrere Module, die jeweils eine spezifische Funktionalität übernehmen, trennt dessen Verantwortlichkeiten (siehe Abschnitt 2.6, »Separation of Concerns und Aspektorientierung«).

Beispiel

Das folgende Beispiel stellt die Funktionsweise einer Microkernel-Architektur dar. Eine Anwendung liest dabei eine XML-Konfigurationsdatei mit Plugin-Konfigurationen ein und führt diese entsprechend der Plugin-Schnittstelle aus.

Das `Plugin`-Interface, das von allen Plugins implementiert werden muss, sehen Sie in Listing 5.1:

```
package plugins;

public interface Plugin {
    void execute();
}
```

Listing 5.1 Plugin-Interface (Java)

Innerhalb einer XML-Konfigurationsdatei müssen alle `Plugin`-Implementierungen aufgelistet werden, damit sie von der Kernanwendung genutzt werden können. Listing 5.2 zeigt eine solche Konfigurationsdatei:

```
<plugins>
    <plugin>
        <name>GreetingPlugin</name>
        <class>myplugins.GreetingPlugin</class>
    </plugin>
    <plugin>
        <name>AnotherPlugin</name>
        <class>myplugins.AnotherPlugin</class>
    </plugin>
</plugins>
```

Listing 5.2 Plugin-Konfigurationsdatei

Die Kernanwendung in Listing 5.3 lädt über einen `PluginLoader` die einzelnen konfigurierten Plugins und führt deren Funktionalität in einer Schleife aus:

```
package app;

import plugins.Plugin;
import java.util.List;

public class MainApplication {
    public static void main(String[] args) {
        String xmlPath = "plugins.xml";
        List<Plugin> plugins = PluginLoader.loadPluginsFromXML(xmlPath);

        System.out.println("Loaded Plugins:");
        for (Plugin plugin : plugins) {
            plugin.execute();
        }
    }
}
```

Listing 5.3 Microkernel-Anwendung, die Plugins nutzt (Java)

Vorteile

- Flexibilität und Erweiterbarkeit der Anwendung, da Änderungen und Erweiterungen über Plugins vorgenommen werden. Die Kernanwendung ist davon unberührt.
- Schon innerhalb der Architektur werden Verantwortlichkeiten getrennt.

- Dass die Plugins isoliert voneinander entwickelt werden können, kann die Entwicklung der Anwendung effektiver machen.

Nachteile

- Anpassungen an der Kernanwendung sind nahezu ausgeschlossen. Änderungen an der Schnittstelle zu den Plugins würden eine Änderung bei allen Plugins nach sich ziehen.
- Die Anwendung kann von Plugins abhängig werden, wenn wichtige Funktionalität nicht von der Kernanwendung selbst, sondern auch durch Plugins bereitgestellt wird.

5.2.5 Microservices

Über lange Zeit wurden Enterprise-Anwendungen in Form von großen zusammenhängenden Einheiten entworfen und umgesetzt. Dieser Ansatz wird als *monolithischer Architekturstil* bezeichnet. Sämtliche Geschäftsfunktionalitäten werden hierbei in einer Einheit ausgeliefert und zur Laufzeit innerhalb eines (Betriebssystem-)Prozesses ausgeführt.

Die interne Strukturierung und Aufteilung in Komponenten solcher Anwendungen wird mithilfe der jeweiligen Programmiersprache durchgeführt, beispielsweise durch die Verwendung von Klassen, Funktionen oder Namensräumen.

Mit diesem Ansatz wurden und werden viele erfolgreiche Produkte bzw. Projekte umgesetzt. Allerdings nahmen auch mit zunehmender Größe und Projektlaufzeit der Anwendung oftmals die Probleme und die Frustration über die Anwendung bei Anwendern, Fachabteilungen und Entwicklern zu.

Einige Projektteams und Firmen begannen als Reaktion darauf, ihre monolithischen Systeme aufzulösen und durch kleinere unabhängigere Anwendungen zu ersetzen bzw. neue Bestandteile als separate Applikationen zu entwickeln.

James Lewis und Martin Fowler trugen daraufhin im Jahr 2012 die Gemeinsamkeiten der verschiedenen Ansätze der unterschiedlichen Teams zusammen und beschrieben das entstandene Modularisierungskonzept. In der Folge entstand der Begriff *Microservices*. Eine feste Definition existiert jedoch nicht. Daher werden häufig die von Lewis und Fowler beschriebenen Eigenschaften als Orientierung für die Umsetzung dieses Architekturstils herangezogen.

Adrian Cockroft, der bei Netflix maßgeblich an der Umstellung auf eine Microservice-Architektur beteiligt war, beschreibt diesen Architekturansatz beispielsweise so:

> *»Service-oriented architecture composed of loosely coupled elements that have bounded contexts« (Adrian Cockcroft)*

Anwendungen, die dem Architekturstil der Microservices folgen, weisen dementsprechend folgende Eigenschaften auf:

- **Komponenten als separate Services** – Anwendungen sind meist aus mehreren einzelnen Komponenten zusammengesetzt. Bei monolithischen Anwendungen werden alle Komponenten zu einer Einheit zusammengefügt und ausgeführt. Bei den Microservices hingegen wird jede Komponente als separater Service bzw. separate Instanz ausgeführt.
- **Lose Kopplung zwischen den Services** – Die Abhängigkeiten zwischen den einzelnen Komponenten sind minimal und die Kommunikation zwischen den Komponenten ist *technologieagnostisch*, das heißt, sie ist von der Technologie der einzelnen Services unabhängig. Fachliche Änderungen an einer Komponente ziehen nicht zwangsläufig Änderungen an weiteren Komponenten nach sich.
- **Bounded Context** – Jeder Service ist um eine eigenständige, klar abgegrenzte Business-Funktionalität herum gebaut. Es bestehen minimale fachliche Abhängigkeiten zu anderen Komponenten. In diesem Kontext wird gerne die UNIX-Philosophie erwähnt: »Do one thing and do it well.« Die Aufteilung von Komponenten bzw. Bounded Contexts ist in einer Microservice-basierten Anwendung oftmals die größte Herausforderung.

Smart endpoints and dumb pipes

In der Microservice-Welt hat sich der Ansatz von *smart endpoints and dumb pipes* verbreitet. Die Idee dahinter ist, die einzelnen Endpunkte, also die Services, mit allem auszustatten, was sie benötigen, und sie gleichzeitig so weit wie möglich von anderen Services zu entkoppeln. Die Kommunikation zwischen den Services soll möglichst leichtgewichtig sein und nicht auf komplexe Protokolle oder Datenformate aufgebaut werden.

Ein Zitat, das in diesem Zusammenhang oft verwendet wird, stammt von Ian Robinson: *»Be of the web, not behind the web«*. Das bedeutet, es sollen möglichst offene, weitverbreitete Standards aus dem Internet verwendet werden. HTTP, Rest, JSON und XML sind Beispiele hierfür.

- **Passende Technologien** – Jeder Service wird in einer für die entsprechende Anforderung passenden Technologie umgesetzt. Ein zentraler Zwang zu einem Technologie-Stack entfällt. Durch die klaren Schnittstellen über standardisierte Protokolle bleiben die Services interoperabel und können weiterhin zusammenarbeiten.
- **Dezentrale Datenhaltung** – Jeder Service ist für seine Daten verantwortlich und speichert diese in einer eigenen Persistenz-Schicht, auf die nur über die Schnittstellen des Service zugegriffen werden kann.

- **Dezentrale Verwaltung** – In Microservice-Umgebungen gibt es keine zentrale Instanz, die für alle Services zuständig ist und diese steuert oder verwaltet. In *serviceorientierten Architekturen* (SOA) ist das z. B. ein sogenannter *Enterprise Service Bus* (ESB).

Service-Oriented Architecture (SOA) und Enterprise Service Bus (ESB)

5

Mit dem Begriff *serviceorientierte Architektur* (SOA) beschreibt man einen Architekturstil, bei dem Anwendungen in kleine wiederverwendbare Services aufgeteilt und zentral durch einen *Enterprise Service Bus* (ESB) gesteuert werden. Alle Services innerhalb der SOA nutzen ein gemeinsames Daten-Repository. Dadurch wird es schwieriger, die Services unabhängig voneinander zu verwalten.

Geschäftsprozesse werden zentral innerhalb des ESB abgebildet bzw. gesteuert, und der Ausfall eines Service kann zu einem Ausfall des gesamten Geschäftsablaufs führen.

- **Ein Team** – Die Verantwortung für einen Service liegt bei einem Team. Im Gegensatz zu den monolithischen Anwendungen, bei denen sich mehrere Teams die Verantwortung teilen, ist in einer Microservice-basierten Umgebung jedes Team für »seinen« Service verantwortlich. Absprachen zwischen den Teams werden minimiert, da z. B. Releases unabhängig voneinander geplant werden können.

Die ideale Teamgröße für Microservices

Über die ideale Teamgröße gibt es ebenfalls die verschiedensten Aussagen. Laut Martin Fowler gibt es bei Amazon z. B. die »Zwei-Pizza-Team«-Größe. Das soll so viel bedeuten wie: Das Team soll so groß sein, dass ihm zwei Pizzen zum Sattwerden reichen. Über die Größen der Pizzen kann spekuliert werden.

In der Realität haben sich Teamgrößen von drei bis zwölf Personen pro Service als sinnvoll herauskristallisiert. Bei mehr als zwölf Personen nimmt der Kommunikations-Overhead wieder zu, und bei weniger als drei Personen kann nicht mehr von einem Team gesprochen werden.

- **Infrastruktur und Automatisierungen** – In Microservice-basierten Anwendungen wird die Konfiguration bzw. der Aufbau von Infrastruktur so weit wie möglich automatisiert. Technologien wie *Docker* oder *Terraform* sind mit der Verbreitung dieses Architekturstils entstanden und haben sich seitdem stark verbreitet.
- **Auf Fehlersituationen vorbereitet sein** – Die Aufteilung einer Anwendung in mehrere einzelne, eigenständige Komponenten erhöht die Wahrscheinlichkeit, dass es zu Fehlern kommt, insbesondere bei der Interaktion zwischen den Komponenten. Daher muss in einer Microservice-Architektur jeder Service zu jeder Zeit auf mögliche Fehlersituationen vorbereitet sein.

Kritik an Microservices

Organisationen können, wenn sie eine komplexe und stark skalierbare Anwendungslandschaft besitzen, von den Vorteilen des Microservice-Architekturstils profitieren. Allerdings darf man nicht die Herausforderungen vernachlässigen, die bei der Verwendung dieses Ansatzes entstehen:

- **steigende Komplexität** der Systemlandschaft durch die Aufteilung der Anwendung in viele separate Services, die verwaltet werden müssen
- **Overhead für Infrastruktur**, da oft zusätzliche Bestandteile wie zentrale Monitoring-Lösungen oder Service-Discovery-Systeme benötigt werden
- **Kommunikations-Overhead**, da zwischen den Services keine lokalen Methodenaufrufe mehr durchgeführt werden, sondern ausschließlich Remote-Aufrufe. Diese müssen z. B. über das Netzwerk übertragen und abgesichert werden.
- **Datenkonsistenz und Transaktionen** sind durch die Verteilung der Anwendung schwieriger umzusetzen, und eine Datenkonsistenz über mehrere Services kann eventuell erst zeitverzögert hergestellt werden.
- Das **Testen und Debuggen** des Gesamtprozesses ist schwer.
- **Organisatorische Herausforderungen** entstehen, da jedes Team unabhängig agiert und für seinen Service verantwortlich ist. Unter Umständen müssen neue Teams zusammengestellt werden und z. B. Betriebsteams auf die einzelnen Teams aufgeteilt werden. Microservices erfordern eine klare Kommunikation sowie eine Zusammenarbeit und Koordination zwischen den Teams.

Manche Organisationen haben ihre monolithische Anwendung auf viele kleinere Services aufgeteilt und danach festgestellt, dass der Aufwand für die Implementierung und den Betrieb der Microservices den Nutzen überstieg, den die Microservices mit sich brachten. Wie bei jeder Technologie oder jedem Pattern sollte ein Einsatz wohlüberlegt sein und sollten die Vor- und Nachteile gründlich abgewogen werden. Die genannten Herausforderungen würden bei einer Pattern-Beschreibung unter dem Punkt »Konsequenzen« aufgeführt.

5.3 Stile zur Anwendungsorganisation und Codestruktur

Ein Architekturstil legt, wie bereits beschrieben, eine grundlegende Struktur für die Organisation von Softwarekomponenten und deren Beziehungen untereinander fest. Jeder Stil basiert dabei auf spezifischen Prinzipien und Vorgehen, um bestimmte Anforderungen zu erfüllen. Beispiele hierfür sind Skalierbarkeit, Modularität oder Wartbarkeit.

Zudem benötigen alle Anwendungen, unabhängig von ihrer Größe, eine klare, eindeutige Domänenlogik, die die spezifischen Regeln und die entsprechenden Geschäftsprozesse implementiert.

Daher liegt der Schwerpunkt dieses Abschnitts auf einer effizienten Organisation der Anwendung und einer strukturierten Codebasis, um eine effektive und wartbare Implementierung der Geschäftslogik zu gewährleisten.

5.3.1 Domain-Driven Design

Eric Evans stellte bei seiner Arbeit fest, dass viele Softwareprojekte aufgrund unklarer Anforderungen, mangelnder Kommunikation zwischen den Softwareentwicklern und den Fachexperten oder durch unzureichende Modellierung der Geschäftsprozesse scheiterten bzw. ernst zu nehmende Probleme hatten. Gleichzeitig beobachtete er eine Entwicklung in der objektorientierten Community, deren Ziel es war, die Softwareentwicklung besser an die realen Geschäftsanforderungen anzupassen und die alltäglichen Herausforderungen besser zu bewältigen. Er bezeichnete diesen Ansatz als *Domain-Driven Design* (DDD).

Im Jahr 2003 veröffentliche Eric Evans das Buch *»Domain-Driven Design: Tackling Complexity in the Heart of Software«*, in dem er diesen Ansatz bzw. diese Philosophie ausführlich beschrieb und damit maßgeblich den Begriff des *Domain-Driven Designs* prägte.

Das dicke Blaue – Big Blue Book

Eric Evans' Buch von 2003 wird oftmals wegen seiner Farbe und seinem Umfang als *Big Blue Book* bezeichnet. Zehn Jahre später veröffentlichte Vaughn Veron das Buch *»Implementing Domain-Driven Design«*, das einen roten Einband besitzt und in der Community aus diesem Grund gerne als *Big Red Book* bezeichnet wird. Verons Buch ist etwas praxisorientierter und fokussiert sich darauf, wie DDD umgesetzt werden kann.

Folgende Prämissen stellt Evans für geschäftsbezogene und nicht technisch orientierte Software auf:

- Der Fokus von Softwareprojekten muss auf der Fachlichkeit liegen.
- Komplexe Fachlichkeit sollten auf einem Modell beruhen.

Das Domain-Driven Design beschreibt keine expliziten Programmierprinzipien, sondern beschäftigt sich mit der Modellierung von Geschäftsmodellen und deren Prozessen sowie mit der Definition eines Vokabulars zur Modellierung eines Fachgebiets, einer sogenannten *Domäne*. Es ist ein Ansatz zur Entwicklung komplexer Softwaresysteme, die sich mit der Zeit weiterentwickeln können.

Auch wenn eine Nähe zur objektorientierten Softwareentwicklung besteht und es in der Praxis dort oftmals für die Analyse und das Design eingesetzt wird, ist das Domain-Driven Design auch bei anderen Vorgehensweisen einsetzbar und nicht auf die objektorientierte Programmierung beschränkt.

Einsatzgebiete des Domain-Driven Designs

In der Vergangenheit haben sich das Domain-Driven Design und seien Ansätze immer weiter verbreitet. Sie gelten mittlerweile als eine der wichtigsten Vorgehensweisen, um fachliche Funktionalitäten in komplexen Softwaresystemen zu organisieren und abzubilden.

Das Domain-Driven Design kann z. B. mit dem Konzept des *Bounded Context* dazu beitragen, Modulgrenzen zu finden, und deshalb die Aufgliederung einer Anwendung in mehrere Bestandteile oder Services zu unterstützen. Beim Entwurf von Microservice-Architekturen hilft das Konzept dabei, klare Servicegrenzen zwischen den einzelnen Microservices zu definieren und eine strukturierte Kommunikation zwischen ihnen zu ermöglichen.

Einer der wichtigsten Punkte ist dabei die enge Zusammenarbeit und Kommunikation zwischen Entwicklern und Fachexperten, weshalb sich der Ansatz besonders in agilen, iteraktiven Umfeldern stark verbreitet hat.

Der Kern jedes Domain-Driven Designs besteht in der Modellierung einer klar abgegrenzten Fachdomäne. In einer objektorientierten Umsetzung stellt das die Basis zur Definition von Domänenklassen dar und ermöglicht deren strikte Abgrenzung bzw. Entkopplung von den anderen Funktionalitäten des Systems.

In Abbildung 5.9 sehen Sie ein schlichtes Beispiel eines Domänenmodells für die Verwaltung von Schulungen. Es enthält keine technischen Abhängigkeiten und beschreibt ausschließlich Fachlichkeit.

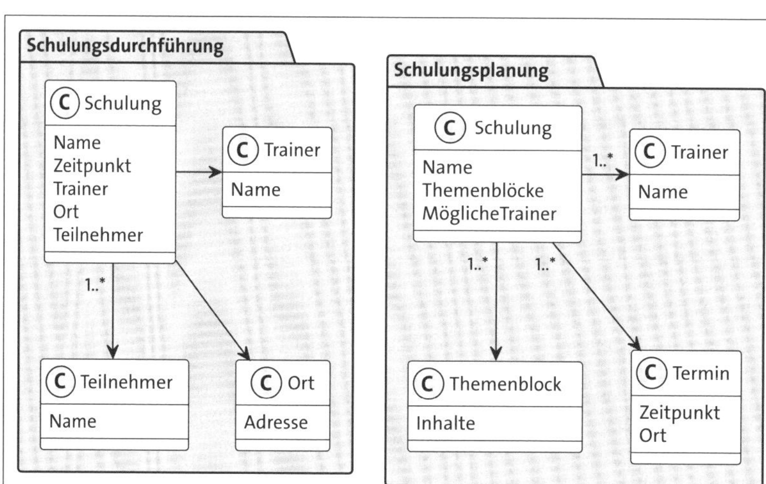

Abbildung 5.9 Beispiel für ein Klassendiagramm

Das Beispiel führt allerdings zu zwei weiteren Domain-Driven-Design-Konzepten, die innerhalb der sogenannten *Strategic Design Phase* definiert werden:

- eine einheitliche Sprache
- ein abgeschlossener Kontext bzw. eine abgeschlossene Einheit

Ubiquitous Language bzw. einheitliche Sprache

Zur Modellierung der Fachlichkeit gehört beim Domain-Driven Design (DDD) immer die Schaffung einer einheitlichen, allgegenwärtigen und für alle Beteiligten verbindlichen Sprache. Dieses Vokabular soll die Kommunikation zwischen Fachexperten und Softwareentwicklern fördern und damit sicherstellen, dass ein gemeinsames Verständnis der Fachlichkeit vorhanden ist. Eine solche *Ubiquitous Language* (dt. »allgegenwärtige Sprache«) ist nicht zwangsläufig allgemeinverständlich und erfordert oftmals eine tiefe Kenntnis des fachlichen Kontextes.

In Projekten ohne eine einheitliche Sprache müssen sehr häufig Begriffe zwischen Fachexperten, Entwicklern oder anderen Projektbeteiligten übersetzt oder erläutert werden. Das gilt nicht nur zwischen Fachexperten und Entwicklern, sondern manchmal auch zwischen den Entwicklern selbst. Verwirrung und Missverständnisse, die durch eine fehlende einheitliche Sprache entstehen, führen zwangsläufig zu erhöhtem Aufwand in der Entwicklung und letztlich zu fehleranfälliger und weniger stabiler Software.

Aus Sicht des Domain-Driven Designs bedeutet das, dass die fachlichen Begriffe der Ubiquitous Language sich unverändert im Code wiederfinden sollten und dass diese nicht übersetzt werden sollen.

Im Beispiel aus Abbildung 5.9 wurden z. B. folgende Begriffe verwendet:

- Schulung
- Trainer
- Teilnehmer
- Ort

Ein Fachexperte, der tief in der spezifischen Domäne verankert ist, könnte im dargestellten Modell dem Begriff »Ort« widersprechen. Aus seiner Sicht wäre »Durchführungsort« präziser und passender. Diese Unterschiede in der Wortwahl stellen jedoch kein Hindernis dar, sondern bieten vielmehr die Chance für einen konstruktiven Austausch zwischen Fachleuten und Entwicklern, sodass sich das gemeinsame Modell und eine einheitliche Sprache entwickeln können.

Die Ubiquitous Language sollte auf jeden Fall festgehalten werden und konsequent in Dokumenten oder Diagrammen zum Einsatz kommen. Im einfachsten Fall erstellt man ein Glossar mit allen Begriffen, die in der Sprache vorkommen.

Bounded Context bzw. abgeschlossener Kontext

Das Beispiel in Abbildung 5.10 zeigt allerdings noch eine zweite Herausforderung. Die Anwendung besteht aus zwei Bestandteilen: Schulungsplanung und Schulungsdurchführung. Jeder Teilbereich definiert den Begriff »Schulung« unterschiedlich. Er ist somit nicht eindeutig definiert.

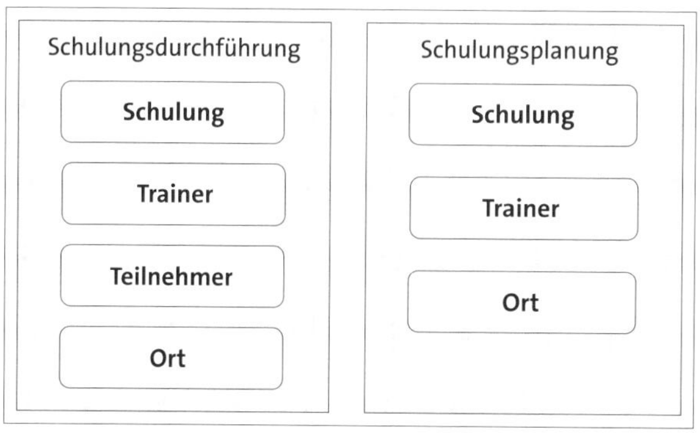

Abbildung 5.10 Beispiele für »Bounded Context«

Eine mögliche Lösung ist die Kombination der beiden Modelle in einem gemeinsamen Modell. In diesem Kontext können eindeutige Begriffe wie z. B. »Schulungstermin« und »Schulungsdefinition« eingeführt werden. Alternativ könnte auch ein allgemeiner Schulungsbegriff definiert werden, der in beiden Teilbereichen verwendet werden kann. Obwohl diese Vorgehensweise für dieses Beispiel hilfreich sein könnte, führt sie zu einem umfangreicheren, komplexeren und möglicherweise unübersichtlicheren Modell.

Erweitert man das Modell auf diese Weise sukzessive immer weiter, führt das höchstwahrscheinlich zu einem recht komplexen, kaum noch wartbaren Domänenmodell mit unklaren Verantwortlichkeiten.

Das Domain-Driven Design kennt als mögliche Lösung das Konzept eines sogenannten *Bounded Context*. Mit diesem abgeschlossenen und klar begrenzten Kontext wird ein Bereich definiert, in dem ein Fachmodell mit entsprechenden Regeln und einer einheitlichen Sprache gilt.

Ein Bounded Context zeichnet sich durch folgende Punkte aus:

- **Klare Grenze** – Der Kontext definiert, welche Teile eines Systems innerhalb oder außerhalb liegen. Diese Grenze kann funktional, organisatorisch oder technischer Natur sein.
- **Einheitliche Sprache** – Innerhalb des Kontextes gilt eine Ubiquitous Language, damit alle Begriffe und Konzepte für alle Teammitglieder eindeutig und verständlich sind.

- **Spezifische Modelle und Regeln** – Wie im Beispiel oben angesprochen, besitzt jeder Kontext ein spezifisches, fachliches Modell mit eigenen Regeln und Logiken. Dies ermöglicht eine exakte Trennung und eine Fokussierung auf die kontexteigene Fachlichkeit, um diese präzise abbilden zu können.
- **Klare Verantwortlichkeiten** – Ein Kontext beschreibt nicht nur Geschäftsmodelle, sondern auch die zugehörigen Verantwortlichkeiten der enthaltenen Modelle und Komponenten. Dadurch soll sichergestellt werden, dass es zu weniger Konflikten zwischen den verschiedenen Teilsystemen kommt. In der Softwareentwicklung können dies auch klar definierte Team-Verantwortlichkeiten sein.

Im obigen Schulungsbeispiel kann dieser Ansatz zu zwei Bounded-Context-Instanzen mit jeweils einem eigenen Geschäftsmodell führen. Jedes Modell hat genau die Verantwortlichkeit für einen entsprechenden Bereich und definiert exakt nur die Abhängigkeiten und Attribute, die für diesen Bereich notwendig sind. Am Beispiel mit der Klasse `Schulung` sieht man recht gut, dass die beiden Schulungen doch recht unterschiedlich sind und im Bereich der Schulungsdurchführung andere Attribute interessant sind als im Bereich der Schulungsplanung.

Evans stellt klar, dass ein Bounded Context nicht zwangsläufig eine Modulgrenze darstellt und dass in Modulen mehrere Kontexte parallel definiert sein können. Ein Bounded Context ist in erster Linie keine technische Grenze, auch wenn diese oftmals durch Technik umgesetzt wird.

Durch die Auftrennung der Modelle und die Definition zweier Kontexte wird das obige Beispiel übersichtlicher, klarer und wartbarer. Änderungen in einem Teilbereich haben keine direkten Auswirkungen auf den zweiten Bereich, und die Weiterentwicklung kann getrennt voneinander stattfinden, was in einem gemeinsamen Modell nicht möglich wäre. Teilt man das Beispiel in zwei Module, eventuell auch Services, könnten z. B. auch zwei Teams parallel daran arbeiten und ihre beiden Versionen unabhängig voneinander ausliefern.

5.3.2 Strategisches und taktisches Design

Das Domain-Driven Design definiert mehrere zeitliche Phasen, die der Entwicklungsprozess durchläuft. Vereinfacht kann man zwei wichtige Phasen hervorheben:

- *Strategisches Design* bzw. *Strategic Design*
- *Taktisches Design* bzw. *Tactical Design*

Innerhalb des strategischen Designs wird die Fachdomäne analysiert und modelliert. Es werden Bounded Contexts und deren Beziehung zueinander aufgestellt. Der Fokus liegt hier klar auf der umzusetzenden Fachlichkeit und einer groben Gliederung des Systems.

Während der Phase des taktischen Designs wird das Domänenmodell verfeinert und mithilfe von bestehenden Bausteinen näher beschrieben. Das Domain-Driven Design definiert folgende Bausteine:

- Services
- Aggregates
- Entitys
- Value Objects
- Repositorys
- Factorys

Im Schulungsbeispiel haben wir bisher ein strategisches Design erstellt und eine taktische Weiterentwicklung sollte folgen.

5.3.3 Hexagonale Architektur bzw. Ports and Adapters

Die *hexagonale Architektur*, die auch als *Ports-and-Adapters-Architektur* bezeichnet wird, wurde von Alistair Cockburn entwickelt und erstmals im Jahr 2005 in einem Blogbeitrag von ihm vorgestellt. Mit seinem Architekturansatz verfolgt er das Ziel, Softwaresysteme flexibler, testbarer und leichter wartbar zu machen.

Alistair Cockburn entwickelte diesen Ansatz, nachdem er in vielen Anwendungen, deren Quellcode er im Laufe der Jahre gelesen und damit gearbeitet hatte, die Geschäftslogik mit dem Code der Oberflächenlogik verschmolzen sah. Daraus entstanden unter anderem folgende Probleme:

- **Die Anwendungen ließen sich nur schlecht automatisiert testen** – Wenn die zu testende Logik direkt in der Oberflächenlogik enthalten ist, können Änderungen an der Darstellung, z. B. eine Größenänderung oder die Positionsänderung eines Buttons, zu Fehlern beim Testen der Logik führen.
- **Eine automatisierte Hintergrundverarbeitung ist unmöglich** – Ist die Logik mit der Oberflächenlogik verschmolzen, lässt sich diese auch nicht separat ausführen, z. B. innerhalb eines Batch-Prozesses. Ein Aufruf muss immer über die Oberfläche erfolgen.
- **Keine alternativen Aufrufwege möglich** – Aus denselben Gründen, also weil die Geschäftslogik über die Oberfläche aufgerufen werden muss, können keine weiteren Clients angeschlossen werden. Möchte z. B. eine weitere Anwendung die Logik aufrufen, müsste diese ebenfalls die Oberfläche verwenden. Eine externe Programmierschnittstelle steht nicht zur Verfügung.

Viele zu dieser Zeit entstandenen unternehmenskritischen Anwendungen verfolgten eine logische Schichtentrennung und unterteilten die Anwendung dementsprechend in mehrere logische Bereiche. Verbreitet war die 3-Schichten-Architektur mit User-Interface, Business- und DataAccess-Schicht, wie in Abbildung 5.11 dargestellt.

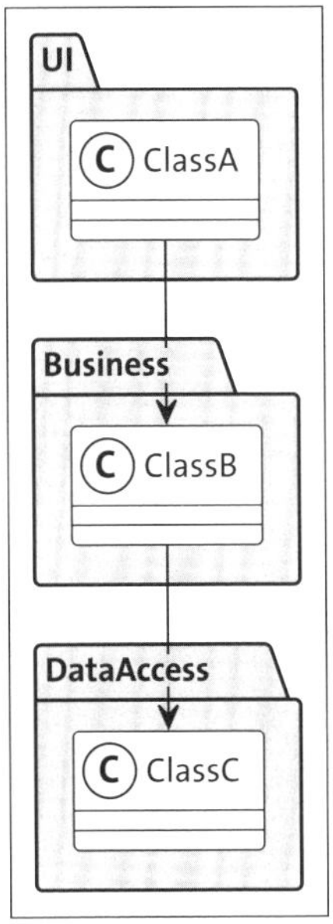

Abbildung 5.11 Klassische 3-Schichten-Architektur

Entdeckte man in solchen Anwendungen Verletzungen der Schichtentrennung – beispielsweise durch Code, der in einer nicht dafür vorgesehenen Schicht implementiert wurde –, versuchte man, diesen Code in die korrekte Schicht zu verschieben. Wenn die dafür benötigte Schicht fehlte, wurde sie oft kurzerhand eingeführt. So entstand ein iterativer Prozess, der ohne effektive Kontrollen schnell zu Chaos führen kann, da immer mehr neue Schichten mit nicht klar abgegrenzten Aufgaben entstehen. Ohne eine effektive Kontrolle, ob die Schichtenstruktur eingehalten wird, ist der Einsatz dieses Modells nicht sinnvoll umzusetzen.

Zusätzlich neigen derart aufgebaute Schichtenmodelle dazu, Abhängigkeiten innerhalb der Anwendung nicht so abzubilden, wie es die Geschäftslogik erfordern würde. In Abbildung 5.11 gibt es z. B. eine Abhängigkeit der Business-Schicht von der DataAccess-Schicht. Das heißt, dass die Geschäftslogik in extremen Fällen von der technischen Umsetzung einer Datenhaltung oder von Änderungen in der Infrastruktur abhängig ist und technische Änderungen die Geschäftslogik beeinflussen können.

Wenn z. B. ein datenbankabhängiger Datentyp für die Speicherung von Objekt-IDs in der Datenbank verwendet wird und diese Datenbankabhängigkeit in den Geschäftsobjekten als Attribut übernommen wird, ist ihre Nutzung an das jeweilige Datenbankprodukt gebunden. Ein Einsatz ohne die entsprechende Datenbankbibliothek oder den Zugriff auf die Datenbank wird deutlich erschwert oder sogar unmöglich.

Das beeinträchtigt die Testdurchführung, und Änderungen an der eingesetzten Datenbanktechnologie erfordern Anpassungen im Datenmodell der Geschäftslogik.

Jede Abhängigkeit schränkt die Weiterentwicklung ein und macht eine Architektur unflexibler. Änderungen in Abhängigkeiten erzwingen eventuell Anpassungen an den abhängigen Komponenten. In langlebigen Systemen wird es, je länger die Software eingesetzt wird, unter Umständen häufiger zu Infrastrukturänderungen kommen als zu grundlegenden Änderungen der Geschäftslogik.

Solche Abhängigkeitsprobleme wirken sich immer auch auf das Testen der Anwendung aus. Jede Abhängigkeit im Code muss zum Zeitpunkt des Tests erfüllt sein. Hängt die Geschäftslogik von einer Datenbank ab, kann nur mit dieser Datenbank getestet werden. Das macht die Tests komplexer und unflexibler.

In den klassischen Schichtenmodellen spricht man immer von Abhängigkeiten, die von »oben nach unten« oder »von rechts nach links« bestehen. Die Richtung hängt davon ab, ob das Modell als Grafik horizontal oder vertikal dargestellt wird.

Cockburns Ansatz ordnet diese Abhängigkeiten neu. Das zentrale Element ist bei ihm die Anwendungslogik, die sich im »Inneren« befindet. Um sie herum, im »Äußeren«, werden externe Ressourcen über Ports angebunden (siehe Abbildung 5.12). Zwischen einem Port und der Geschäftslogik vermitteln sogenannte *Adapter*. Abhängigkeiten bestehen nur von außen nach innen.

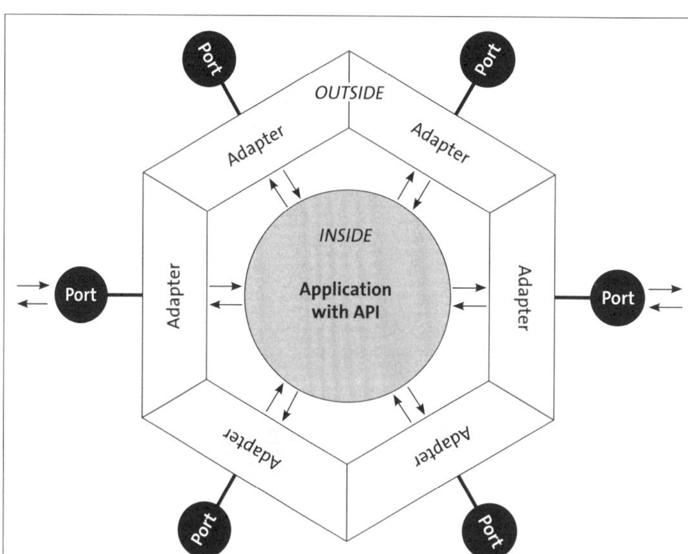

Abbildung 5.12 Hexagonale Architektur bzw. »Ports and Adapter«

Mit dem namensgebenden Sechseck in Abbildung 5.12 wollte Cockburn zeigen, dass es nicht nur zwei externe Abhängigkeiten, wie Datenhaltung und Darstellung, geben kann, sondern dass eine Vielzahl von externen Ressourcen angebunden werden können. Die Zahl sechs ist hier nur symbolisch zu verstehen, weshalb der Ansatz auch oftmals als *Ports and Adapter* bezeichnet wird.

Der Begriff *Port* steht für einen Punkt, an dem kompatible externe Komponenten angebunden werden können – analog zu einem Betriebssystem-Port, über den externe Komponenten kommunizieren können, die das entsprechende Protokoll unterstützen. Der *Adapter* hat die Aufgabe, die Kommunikation, die über einen Port geführt wird, in die Schnittstelle des »inneren Kerns« der Anwendung zu übersetzen und damit eine »Protokollumwandlung« durchführen.

Bei einem Rest-Call zu einer Anwendung würde der HTTP-Port die externen Anfragen entgegennehmen und ein entsprechender Adapter (bei Java z. B. ein Servlet) würde die Parameter auswerten und die Anfragen im passenden Format an die eigentliche Geschäftslogik weitergeben.

Für die Anbindung einer Datenbank stellt der Datenbanktreiber den Port dar und eine schlanke Zugriffsschichtenkomponente, die Adapter-Implementierung, würde die Übersetzung zwischen Geschäftslogik und Datenbanktreiber vornehmen.

Diese Form der Anwendungsstruktur erlaubt es, den Kern der Anwendung von äußeren Änderungen zu isolieren und auf diese Weise die Flexibilität und die Testbarkeit zu erhöhen.

Um die Abhängigkeiten der Anwendungsteile nach diesem Modell auszurichten, lässt sich auf Codeebene für eine Umsetzung das *Inversion of Control*-Prinzip einsetzen (siehe Abschnitt 2.5). Durch die Definition eines fachlich orientierten Interfaces innerhalb der Business-Schicht, wie in Abbildung 5.13 gezeigt, kann man die Abhängigkeit zwischen den beiden Schichten umdrehen. Wichtig ist hier, dass das eingeführte Interface ausschließlich fachlich orientiert ist und keine technischen Details enthält. Die *Ports and Adapters*-Architektur ist hierzu die logische Fortsetzung.

Durch die Einführung der fachlichen Interfaces in die Geschäftslogik-Komponente kann beim automatisierten Testen über ein Testframework recht einfach ein Stellvertreterobjekt, einen sogenanntes *Mock-Objekt*, eingesetzt werden (siehe Abbildung 5.14). Dessen Verhalten kann für jeden Testfall individuell angepasst werden. Im Beispiel einer Datenbankanbindung entfallen damit aufwendige Testdaten bzw. die Vorkonfigurationen der Datenbank.

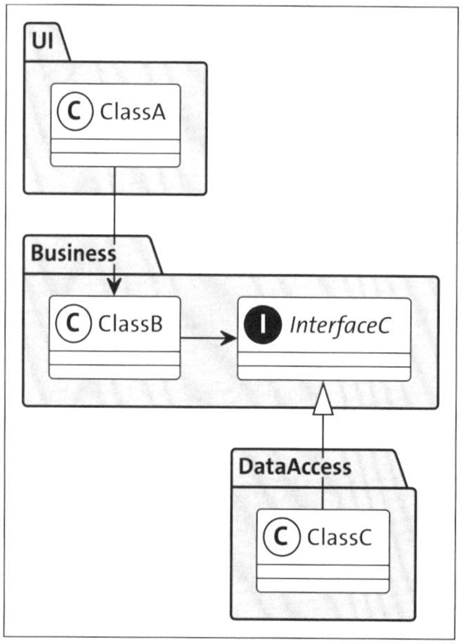

Abbildung 5.13 3-Schichten-Architektur mit »Inversion of Control«

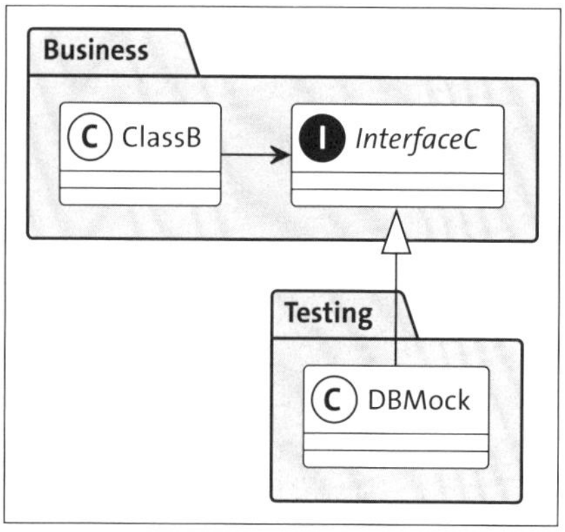

Abbildung 5.14 Mock-Objekte beim Testen einsetzen

Die Grundidee und die Definition von Alistair Cockburn wurde an verschiedenen Stellen um weitere Ringe oder Sechsecke erweitert, z. B. um eine Service-Schicht. Alle Ansätze haben allerdings folgende gemeinsamen Ziele:

- bessere Entkopplung der Geschäftslogik von externen technischen Ressourcen und Abhängigkeiten
- bessere Wartbarkeit durch klarere Verantwortlichkeiten
- verbesserte Testbarkeit
- Die Geschäftslogik kann über Schnittstelle veröffentlicht und flexibler eingesetzt werden.

Daten-Mapping in einer hexagonalen Architektur

In einer *Ports and Adapters*-Architektur wird über sogenannte Ports mit externen Systemen kommuniziert.

Jedes System bzw. jede eingesetzte Technologie hat meist eigene Anforderungen an die verwendeten Datenobjekte. Bei einer HTTP/JSON-Übertragung sind z. B. nur sehr eingeschränkte Datentypen möglich, und bei einer Datenbankanbindung spielen Mapping-Informationen eine Rolle.

In beiden Beispielen handelt es sich um nicht fachliche Anforderungen an die Datenobjekte. Die Geschäftslogik sollte von diesen Anforderungen unberührt bleiben.

Das führt dazu, dass jeder Adapter ein eigenes Datenmodell sowie einen entsprechenden Mapper für die Transformation zwischen den beiden Modellen enthalten sollte, sofern der Port ein spezielles Datenformat benötigt. Die Kommunikation über die Schnittstelle muss immer mit dem internen Datenmodell erfolgen.

5.3.4 Clean Architecture

Im Jahr 2012 veröffentlichte Robert C. Martin alias Uncle Bob einen wegweisenden Blogeintrag. Dort stellte er erstmals den Begriff *Clean Architecture* vor, der sich schnell als ein wichtiges Konzept in der Softwareentwicklung etablierte und bis heute Einfluss auf die Gestaltung von Softwarearchitekturen ausübt. Das Ziel einer Clean Architecture besteht für ihn darin, eine Software zu entwerfen, die gut strukturiert, wartbar und flexibel ist.

In seinem 2017 erschienenen gleichnamigen Buch führte er die Idee weiter aus und legte damit den Grundstein für eine Vielzahl von Best Practices.

Neben den sogenannten *SOLID*-Prinzipien, die ebenfalls als Bestandteil dieses Buchs behandelt werden, beschreibt Uncle Bob die Erweiterung bereits vorhandener Softwarearchitekturen und führte diese zu einer konsolidierten Sicht, der Clean-Architecture, zusammen. Mit diesem Architekturansatz können Softwaresysteme erstellt werden, die folgende Grundanforderungen erfüllen:

- **Unabhängigkeit von Frameworks** – Die Software soll unabhängig von Bibliotheken oder anderer externer Software sein und nicht nur im Zusammenspiel mit dieser funktionieren.
- **Testbarkeit** – Die Geschäftslogik sollte unabhängig getestet werden können, ohne zum Testzeitpunkt auf externe Abhängigkeiten wie Datenbanken oder Webserver angewiesen zu sein.
- **Unabhängigkeit einer Präsentationsschicht** – Die Präsentationsschicht soll keine Geschäftslogik enthalten und einfach ausgetauscht werden können.

- **Unabhängigkeit von Datenbanken** – Für die Persistenzschicht sollen die gleichen Regeln wie für die Präsentationsschicht gelten. Auch sie darf keine Geschäftslogik enthalten und die Persistenztechnologien müssen austauschbar sein.
- **Unabhängig von externen Partnern** – Die interne Geschäftslogik muss unabhängig von der »äußeren Welt« und externen Partnern bleiben.

Als Basis nutzte er:

- die *hexagonale Architektur* von Alistair Cockburn
- die *Zwiebel-Architektur* (engl. *Onion Architecture*) von Jeffrey Palermo
- seine eigene *Screaming Architecture*
- das Architekturmuster *Data, Context and Interaction* (DCI) von James Coplien und Trygve Reenskaug
- das Architekturmuster *Entity-Control-Boundry* bzw. *Boundary-Control-Entity* (BCE) von Ivar Jacobson

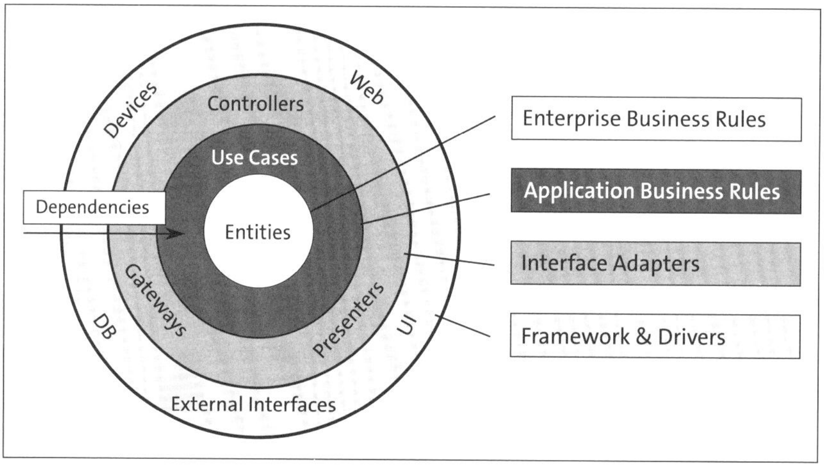

Abbildung 5.15 Clean Architecture nach Robert C. Martin (»Uncle Bob«)

Seine Darstellung der Architektur, die in Abbildung 5.15 zu sehen ist, besteht aus mehreren konzentrischen Kreisen, die jeweils einen speziellen Bereich der Software darstellen. Die Anzahl der Kreise ist dabei nicht fix definiert und kann von Umsetzung zu Umsetzung variieren. Wichtig ist allerdings, dass immer die sogenannte *Dependency Rule* bzw. *Abhängigkeitsregel* eingehalten wird. Sie besagt, dass Sourcecode-Abhängigkeiten ausschließlich von einer äußeren Schicht zu einer inneren Schicht gerichtet sein dürfen, niemals in die entgegengesetzte Richtung.

Die inneren Bereiche enthalten somit Geschäftslogik, die absolut frei von Abhängigkeiten von äußeren Bereichen ist. Das gilt insbesondere für Abhängigkeiten von Datenformaten oder Strukturen, die in äußeren Bereichen definiert sind und eventuell durch Frameworks generiert oder vorgegeben sind. Im Java-Bereich verletzen z. B. JPA-Entity-Klassen, die innerhalb der Geschäftslogik verwendet werden, diese Regel, da sie technische Abhängigkeiten und somit eine Abhängigkeit von einem der äußeren, technischen Bereiche besitzen. In Listing 5.4 sehen Sie ein Beispiel für so eine Klasse:


```
import jakarta.persistence.Column;
import jakarta.persistence.Entity;
import jakarta.persistence.Id;
import jakarta.persistence.Table;
import java.time.LocalDate;

@Entity
@Table(name = "Attendees")
public class Attendee {

    @Id
    private long id;

    @Column(name = "created_at")
    private LocalDate creationDate;
```

Listing 5.4 Entity-Klasse mit technischen Anhängigkeiten (Java)

Je weiter sich ein Bereich im Inneren der Kreisdarstellung befindet, desto höher ist seine Abstraktionsebene. Die äußersten Kreisbestandteile enthalten die technischen, konkreten Details. Dabei gilt:

> *»We don't want anything in an outer circle to impact the inner circles.«*
> *(Robert C. Martin)*

In der Clean-Architecure definiert Uncle Bob vier Schichten:

- *Enterprise Business Rules* bzw. unternehmensweite Geschäftslogik
- *Application Business Rules* bzw. anwendungsbezogene Geschäftslogik
- *Interface Adapters* bzw. Schnittstellenadapter
- *Frameworks and Drivers* bzw. Frameworks und Treiber
- Diese Schichten sehen wir uns nun genauer an.

Entities – Enterprise Business Rules bzw. unternehmensweite Geschäftslogik

Im Kern der Anwendung befinden sich die sogenannten *Entitäten*, die die relevanten Implementierungen der unternehmensweit definierten Geschäftslogik und -regeln umfassen. Das können Objekte mit entsprechenden Methoden oder reine Datenobjekte und Funktionen sein.

Änderungen in äußeren Bereichen oder externen Abhängigkeiten sollten möglichst keine oder – wenn überhaupt – sehr selten Auswirkungen auf die Entitäten im Kernbereich haben. Eine Umstellung der Datenbanktechnologie oder eine Anpassung der Darstellung einer Webanwendung sollte keine Auswirkungen auf die Entitäten haben.

Für Anwendungen heißt das, dass die Klassen und Objekte im inneren Kreisbereich keine externen Abhängigkeiten bzw. Referenzen besitzen dürfen. Im Sourcecode lässt sich das gut über benötigte Import-Statements überwachen: Sind Import-Statements zu anderen externen Packages bzw. Bereichen vorhanden, ist die Regel verletzt.

Abhängigkeiten im Kern der Anwendung

Ganz ohne Abhängigkeiten werden Entitäten in der Praxis nicht auskommen. Selbst die Verwendung von Standarddatentypen wie z. B. `java.lang.String` aus der Programmiersprachen-Standardbibliothek von Java ist bereits eine Abhängigkeit.

Pragmatisch betrachtet, werden Entitäten Abhängigkeiten besitzen; Sie sollten allerdings darauf achten, dass die eingesetzten Abhängigkeiten stabile Schnittstellen besitzen, sodass darüber keine Änderungen zu erwarten sind. Standardbibliotheken und die in ihnen enthaltenen Klassen oder Typen kann man in der Regel als stabil betrachten und referenzieren. Technologische Abhängigkeiten sollten, wie bereits erläutert, nicht dazu zählen und daher nicht im Kern der Anwendung zum Einsatz kommen.

Bei Logging-Bibliotheken ist häufig ein Kompromiss erforderlich. Wenn keine abstrakten, technologieunabhängigen Schnittstellen eingesetzt werden können, wie sie z. B. von *SLF4J* definiert werden, sind Sie eventuell auf spezifische Bibliotheken angewiesen und müssen Ihre Abhängigkeitsregeln anpassen.

Use Cases – Application Business Rules bzw. anwendungsbezogene Geschäftslogik

Jede Anwendung besitzt ihre eigene Geschäftslogik. Im Kreisbereich der *Use Cases* (siehe Abbildung 5.15) werden alle Anwendungsfälle der Anwendung gekapselt und umgesetzt. Sie steuern den Datenfluss mit den Entitäten im innersten Bereich. Änderungen in äußeren Schichten dürfen keine Änderungen in diesem Bereich der Anwendung verursachen. Die einzigen zulässigen Gründe für Anpassungen sind Änderungen an den Entitäten oder der Geschäftslogik, auf der die Anwendung basiert.

Controllers, Gateways, Presenters – Interface Adapters bzw. Schnittstellenadapter

Die Schicht der Interface Adapters ist für die Umsetzung der Daten bzw. der Datenformate von den inneren Bereichen zu den äußeren Bereichen zuständig. Nutzt eine Datenbank beispielsweise ein anderes Datenformat als im Kern der Anwendung genutzt wird, erfolgt eine passende Umsetzung in dieser Schicht. Für Benutzeroberflächen enthält die Schicht z. B. die Komponenten, die für die Umsetzung des *Model-View-Controller Pattern* (siehe Abschnitt 5.4.1) nötig sind.

Wie bei allen anderen Schichten auch, sollten keine Details dieser Schicht in die inneren Schichten weitergegeben werden. Für das Java-JPA-Beispiel von weiter oben würde das bedeuten, dass in der Interface-Adapter-Schicht die JPA-Entitäten definiert und wenn nötig in ein Format einer inneren Schicht umgewandelt werden.

Devices, Web, DB, UI, external Interfaces – Frameworks and Drivers bzw. Frameworks und Treiber

In der äußersten Schicht des Architekturmodells befinden sich die Framework- bzw. Bibliotheksabhängigkeiten und die Umsetzungen der technischen Details. Hier werden Webframeworks oder Datenbanktreiber geladen und verwendet – also Details, die in den inneren Schichten nicht von Bedeutung sind.

5.4 Patterns für die Unterstützung der Architekturstile

Die Strukturierung einer Anwendung erfordert die Betrachtung mehrerer Abstraktionsebenen. Dieser Abschnitt präsentiert Designmuster, die innerhalb der Anwendung implementiert werden können, um die Umsetzung verschiedener Architekturstile zu unterstützen.

5.4.1 Model View Controller Pattern

Ursprung: Trygve Reenskaug – Web Presentation Patterns

Das *Model-View-Controller (MVC) Pattern* ist eines der bekanntesten und am weitesten verbreiteten Architekturmuster in der Softwareentwicklung, insbesondere für interaktive Anwendungen mit einer Benutzerschnittstelle. Es definiert eine strukturierte Trennung in drei Hauptkomponenten:

- **Model** – Das Modell enthält die Daten und Geschäftslogik.
- **View** – Die View visualisiert die Daten für den Benutzer.
- **Controller** – Der Controller nimmt Benutzereingaben entgegen und steuert die Interaktion zwischen Model und View.

Problem und Motivation

Eine zentrale Herausforderung bei der Entwicklung von Benutzeroberflächen liegt in der Vermeidung einer zu engen Verknüpfung zwischen Benutzerinteraktion, Daten und Geschäftslogik. Eine solche Verflechtung führt oft zu schwer wartbarem, schlecht testbarem und in der Flexibilität eingeschränktem Sourcecode.

Die Trennung des Codes für die Präsentation vom Geschäftsmodell ist eines der grundlegenden Prinzipien eines guten Softwaredesigns für Anwendungen mit einer Benutzeroberfläche. Sie ist unter anderem aus folgenden Gründen unerlässlich:

- **Grundlegend verschiedene Anliegen von Ansicht und Modell** – Das Modell fokussiert sich auf die Implementierung und das Einhalten der Geschäftslogik sowie möglicherweise auf die Datenspeicherung in einem Datenspeicher wie einer Datenbank. Für die Präsentation der Daten liegt der Fokus hingegen auf den Benutzerinteraktionen und einer möglichst optimalen Darstellung. Die Kombination dieser beiden gegensätzlichen Aspekte kann oft zu Herausforderungen führen.
- **Unterschiedliche Repräsentation derselben Daten** – Sind die Geschäftsmodelle, die Geschäftslogik sowie die Darstellungslogik in einer Komponente vereint, ist es nicht möglich, dieselben Komponenten in unterschiedlichen Kontexten einzusetzen. Sollen z. B. zwei Benutzerschnittstellen wie eine HTML-Oberfläche und eine Remote-Procedure-Call-(RPC-)Schnittstelle dieselben Daten mit derselben Validierungslogik nutzen, ist eine Wiederverwendung des Codes nicht möglich.
- **Testbarkeit der Geschäftslogik** – Je stärker die Darstellungslogik mit der Geschäftslogik gekoppelt ist, desto schwieriger wird das Testen der eigentlichen Geschäftslogik. Denn die Tests erfordern die gleichzeitige Überprüfung der Benutzerschnittstelle, was die Testabläufe komplexer gestaltet und eventuell den Einsatz von Oberflächen-Skript-Tools erfordert.
- **Wartbarkeit** – Anpassungen oder Erweiterungen der Software werden durch eine enge Verknüpfung verschiedener Aspekte erschwert, da Entwickler oft große Codeabschnitte verstehen und verändern müssen, um die gewünschten Änderungen zu implementieren. Dies erhöht das Risiko von Fehlern und verzögert die Entwicklung.

Lösung

Das *Model-View-Controller Pattern* (MVC) löst das Problem, indem es, wie in Abbildung 5.16 zu sehen, die Software in drei klar voneinander getrennte Komponenten untergliedert:

- Model
- View
- Controller

Die Geschäftsdaten sowie die zugehörige Logik werden durch ein sogenanntes *Model* (dt. »Modell«) repräsentiert. Das Modell kann eigenständig entwickelt, getestet und in verschiedenen Kontexten eingesetzt werden.

Für die Darstellung des Modells in der Benutzerschnittstelle ist die *View*-Komponente zuständig. Bei der Darstellung eines Kundenobjekts könnte die *View* z. B. aus einem

Fenster mit Steuerelementen oder einer HTML-Seite mit entsprechenden Anzeigeelementen bestehen.

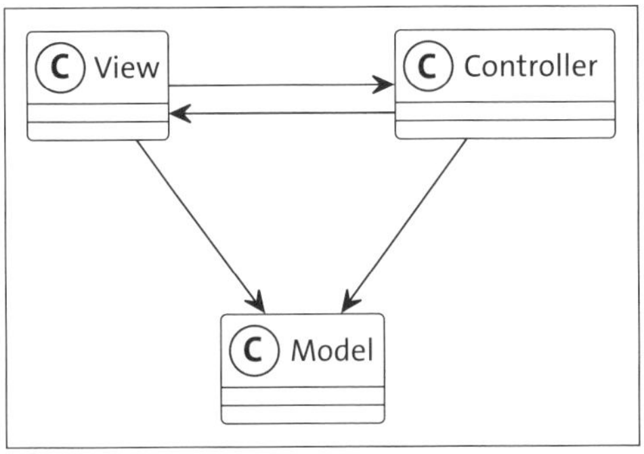

Abbildung 5.16 Struktur des »Model-View-Controller Pattern«

Die Steuerung der *View* und die Aktualisierung des *Models* übernimmt die dritte Komponente: der *Controller*. Er nimmt die Benutzerinteraktionen entgegen, verarbeitet diese und aktualisiert dementsprechend die *View* und das *Model*.

Bei der Aufteilung der Verantwortlichkeiten in die einzelnen Komponenten müssen die Abhängigkeiten zwischen ihnen berücksichtigt und korrekt eingehalten werden. Die Präsentation, also die *View*, hängt vom *Model* ab, aber das *Model* darf im Gegenzug nicht von der *View* abhängen. Das ermöglicht den späteren Einsatz des *Models* in weiteren Präsentationen, ohne Anpassungen vornehmen zu müssen. Das gleiche Prinzip gilt für den *Controller*: Auch dieser ist vom *Model* abhängig, jedoch nicht umgekehrt.

Die Benutzerschnittstelle der Anwendung besteht somit aus den beiden Komponenten *View* und *Controller*.

Struktur und Teilnehmer

- **Model** – Das *Model* enthält die Daten sowie die Geschäftslogik.
- **View** – Die *View* enthält den Code, der für die Darstellung des *Models* und die Entgegennahme von Benutzereingaben in einer speziellen Technologie nötig ist.
- **Controller** – Der *Controller* wertet die Benutzereingaben aus und aktualisiert entsprechend das *Model* sowie die *View*.

Lösungsbeispiel

Ruby on Rails (RoR) ist ein Framework, das Entwickler beim Aufbau von serverseitigen, datengetriebenen Webanwendungen unterstützt. Es basiert auf der Programmiersprache Ruby und dem MVC-Pattern.

In einer Anwendung soll eine Liste von Blog-Artikeln auf einer Webseite dargestellt werden. Nach der Initialisierung eines neuen Rails-Projekts, können mit dem Kommandozeilenwerkzeug `rails` ein Controller, eine View und ein Model angelegt werden. In Abbildung 5.17 sind die Komponenten und ihr Speicherort innerhalb der Anwendung dargestellt.

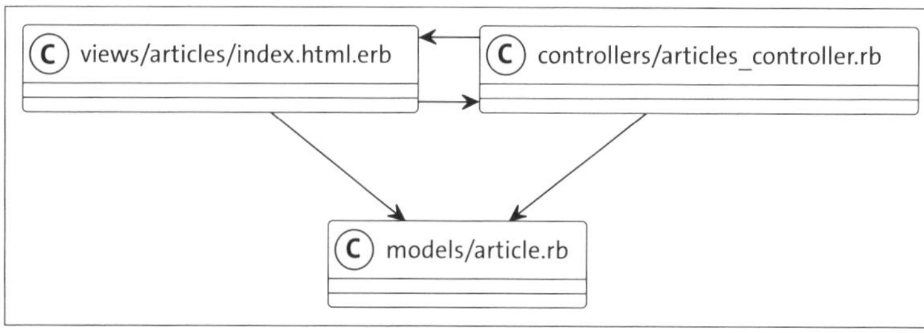

Abbildung 5.17 Aufbau der Beispielanwendung mit Rails

Das Kommando in Listing 5.5 legt ein neues *Model* für das `Article`-Objekt an. Die entstehende Datei wird als `models/article.rb` abgelegt.

```
./bin/rails generate model Article title:string body:text
```

Listing 5.5 Anlegen des »Article«-Models

Zeitgleich mit dem Anlegen der neuen *Model*-Datei wird automatisch ein Datenbankskript angelegt, mit dem die entsprechende Datenbankstruktur für die `Article`-Objekte aktualisiert werden kann. Mit dem `rails`-Kommandozeilenwerkzeug können diese, wie in Listing 5.6 dargestellt, übernommen werden:

```
./bin/rails db:migrate
```

Listing 5.6 Rails-Kommando zur Aktualisierung der Datenbank

Nach erfolgreicher Ausführung der beiden Kommandos steht ein *Model*-Objekt zur Verfügung, in dem die Geschäftslogik umgesetzt werden kann und das bereits Funktionalität zum Arbeiten mit der Datenbank enthält.

Über die Kommandozeilenwerkzeuge lässt sich in *Grails* ebenfalls eine sogenannte *Console* ausführen, mit der man direkt mit den Objekten arbeiten kann.

Sollen neue Datenbankeinträge generiert werden, kann das mit den hervorgehobenen Kommandos aus Listing 5.7 erreicht werden:

```
$ ./bin/rails console
Loading development environment (Rails X.X.X)
mvc-sample(dev)> article = Article.new(title: "Hello Rails", body: "Bla")
```

```
=>
#<Article:0x000079effc35dc50
...
mvc-sample(dev)> article.save
  TRANSACTION (0.5ms)  begin transaction
  Article2 Create (11.4ms)  INSERT INTO "article2s" ("title", "body", "desc",
"created_at", "updated_at") VALUES (?, ?, ?, ?, ?) RETURNING "id"  [["title",
"Hello Rails"], ["body", "I am on Rails!"], ["desc", nil], ["created_at",
"2024-12-06 13:55:08.412293"], ["updated_at", "2025-04-05 13:55:08.412293"]]
  TRANSACTION (11.2ms)  commit transaction
=> true
```

Listing 5.7 Mit den fett hervorgehobenen Kommandos werden »Article«-Objekte in der DB angelegt.

Wie Sie im Beispiel sehen, ist die Geschäftslogik des Article-Objekts gekapselt und kann bereits über die *Console* ohne explizite Benutzerschnittstelle genutzt werden. Das *Model* ist, wie es das Pattern definiert, von der Oberfläche entkoppelt.

Zum Anlegen eines HTML-Controllers mit einer Funktion index für die Ausgabe der Articles kann das Kommando aus Listing 5.8 verwendet werden:

```
./bin/rails generate controller Articles index
```

Listing 5.8 Kommando zum Anlegen eines neuen Controllers mit Rails

Das Kommando erstellt einen passenden *Controller* sowie eine *View*-Komponente, die jedoch noch erweitert werden müssen. Damit Daten angezeigt werden können, muss innerhalb der index-Funktion des Controllers die bereits generierte Article.all-Funktion aufgerufen werden. In Listing 5.9 ist die gesamte Implementierung des Controllers aufgeführt:

```
class ArticlesController < ApplicationController
  def index
    @articles = Article.all
  end
end
```

Listing 5.9 Controller-Implementierung in Ruby

Die Darstellung übernimmt die HTML-Seite, die neben dem HTML-Markup noch sogenanntes *Embedded Ruby* zur Template-Steuerung einsetzt. Listing 5.10 zeigt die angepasste *View*-Implementierung:

```
<h1>Articles</h1>

<ul>
  <% @articles.each do |article| %>
    <li>
      <%= article.title %>
    </li>
  <% end %>
</ul>
```

Listing 5.10 HTML-Seite für die Anzeige der »Articles« mit Embedded Ruby

Eine Erweiterung zum Neuanlegen von `Article`-Objekten über die HTML-Oberfläche würden Sie wie folgt durchführen:

- Sie erstellen eine Methode innerhalb des `ArticleControllers`, die die Funktionalität des `Article`-Models nutzt, um die Daten in die Datenbank zu speichern.
- Sie erweitern die View-Komponente um einen Button oder Link, bei dessen Betätigung die entsprechende Controller-Methode aufgerufen und die Aktion durchführt wird. Am Ende der Speicherung würde das Model aktualisiert und die Anzeige muss durch den Controller neu erzeugt werden. Das würde durch einen Redirect bzw. erneutes Laden der Seite erfolgen.

Wann kann oder soll man das Pattern einsetzen?

Trennung zwischen Anzeige und Geschäftslogik erforderlich

Mit dem MVC-Pattern kann die Anzeigelogik von den Geschäftsdaten und deren Logik getrennt werden, damit die Geschäftskomponenten wiederverwendet werden können. Eine Trennung sollte bei nicht trivialen Anwendungen immer durchgeführt werden, damit die Erweiterbarkeit, Testbarkeit etc. der Anwendung nicht eingeschränkt wird.

Komplexe Logik in den Geschäftsobjekten

Bei komplexen Geschäftslogiken innerhalb der Objekte sollte immer eine Trennung durchgeführt werden, damit sich Anpassungen an der Geschäftslogik nicht auf die Darstellung auswirken und die Komponenten wiederverwendet werden können.

Verbesserung der Testbarkeit im Frontend gewünscht

Eine Trennung von Darstellung und Geschäftslogik ermöglicht separate Tests der Verantwortlichkeiten.

Konsequenzen

Der Einsatz des Patterns hat folgende Konsequenzen:

- Die Anwendung lässt sich besser warten.
- Tests der Geschäftslogik können ohne gleichzeitige Tests der Darstellungslogik erstellt werden.
- Geschäftsobjekte und Logiken können in unterschiedlichen Kontexten, z. B. in mehreren Schnittstellen, ohne Anpassungen eingesetzt werden.

5.4.2 Model View ViewModel Pattern

Das *Model View ViewModel Pattern* (kurz: *MVVM Pattern*) ist eine spezielle Form des oben vorgestellten *MVC Pattern* und wird auch als *Presentation Model Pattern* bezeichnet.

Das MVC Pattern und das MVVM Pattern unterscheiden sich in der Art und Weise, wie die Logik, die Daten und die Benutzeroberfläche miteinander interagieren. Während das MVC Pattern häufig in Desktop-Anwendungen eingesetzt wird, wird das MVVM Pattern meist in Webanwendungen und Webframeworks eingesetzt, z. B. in *Angular*.

Problem und Motivation

In vielen Anwendungen ergänzen Statusinformationen die Geschäftsdaten und die Logik, um die Benutzeroberfläche korrekt oder übersichtlicher darzustellen. Diese Informationen dienen z. B. zur dynamischen Steuerung der Detailansicht von Datensätzen oder zur Speicherung des aktuellen Textes in einem Eingabefeld.

Eine Integration dieser Statusinformationen in die Geschäftsobjekte bzw. das *Model* im MVC-Pattern erhöht die Kopplung zwischen dem Model und der View unnötig und vermischt die eigentlich getrennten Verantwortlichkeiten.

Lösung

Das *Model View ViewModel Pattern* nutzt spezielle Modelle für die View-Komponenten, die sogenannten *ViewModel*-Objekte. Diese sind über ein *Value Binding* an die View gebunden. Das bedeutet, dass die View-Komponenten Änderungen an den ViewModels überwachen und diese direkt anzeigen. Die einzelnen Felder im ViewModel sind entsprechend an Anzeigekomponenten in der View »gebunden«.

Im Gegensatz zum *Model View Controller Pattern*, bei dem der Controller eine Abhängigkeit zur View besitzt und diese aktualisiert, überwacht beim *Model View ViewModel Pattern* die View das ViewModel und das Value Binding führt die Aktualisierung durch. Damit wird das ViewModel unabhängiger und kann für verschiedene Views eingesetzt werden. Ebenso ist darüber die Zusammenstellung mehrerer ViewModels in einer neuen View einfach möglich.

Die Geschäftslogik und die Daten der Model-Objekte werden innerhalb der ViewModel referenziert und genutzt. Wenn aus der View Aktionen ausgeführt werden sollen, greifen diese auf die Funktionalität zurück, die in den ViewModels umgesetzt ist. Abbildung 5.18 zeigt den Aufbau.

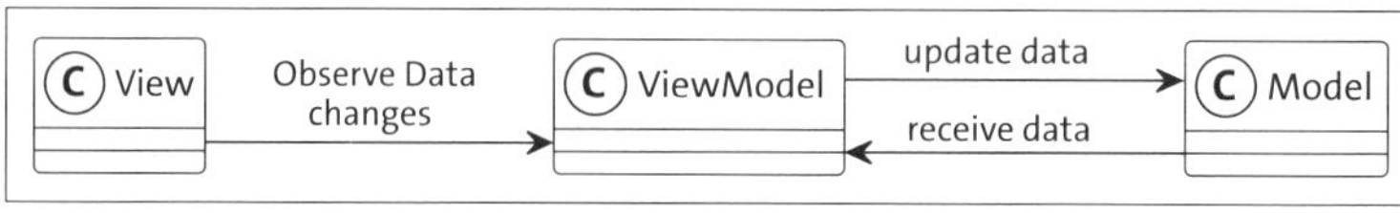

Abbildung 5.18 Struktur des »Model View ViewModel Pattern«

Struktur und Teilnehmer

- **Model** – Das *Model* enthält die Daten sowie die Geschäftslogik.
- **View** – Die *View* ist die Darstellungskomponente, die auf das *ViewModel* über *Data Binding* zugreift, um Daten anzuzeigen. Aktionen führt die View ebenfalls über das *ViewModel* aus.
- **ViewModel** – Das *ViewModel* ist ein eigens für die Darstellung entwickeltes *Model*, das auch mehrere Geschäftsmodelle nutzen kann und über *Value Binding* in *Views* eingebunden wird. Das ViewModel stellt der View zusätzlich zu den Daten Aktionen zur Verfügung, die ausgeführt werden können.

Lösungsbeispiel

Angular ist ein von Google entwickeltes clientseitiges Webframework, das auf *TypeScript* basiert und zur Erstellung dynamischer *Single Page Applications* (SPA) eingesetzt wird. Obwohl *Angular* kein striktes MVVM-Framework ist, integriert es die Konzepte des MVVM-Patterns in seine Architektur.

In Angular werden Daten und Geschäftslogik in sogenannten *Services* gebündelt. Diese übernehmen Aufgaben wie API-Aufrufe oder Validierungen und bilden das *Model* für die Umsetzung des MVVM-Patterns.

Die *View* wird in Angular über Templates repräsentiert. Das sind HTML-Seiten mit Angular-spezifischem Code für das Value Binding sowie weiteren Elementen zur Logiksteuerung, z. B. if-Statements.

Das *ViewModel* wird durch *Komponentenklassen* implementiert. Sie enthalten neben allen Daten, die in der View angezeigt werden sollen, die Logik, die für die Darstellung notwendig ist.

In einer Anwendung sollen Nachrichten, die von einem Server abgerufen werden, in einer View angezeigt werden. In der View kann über einen einfachen Button gesteuert werden, ob die Nachricht angezeigt werden soll (siehe Abbildung 5.19) oder nicht (siehe Abbildung 5.20).

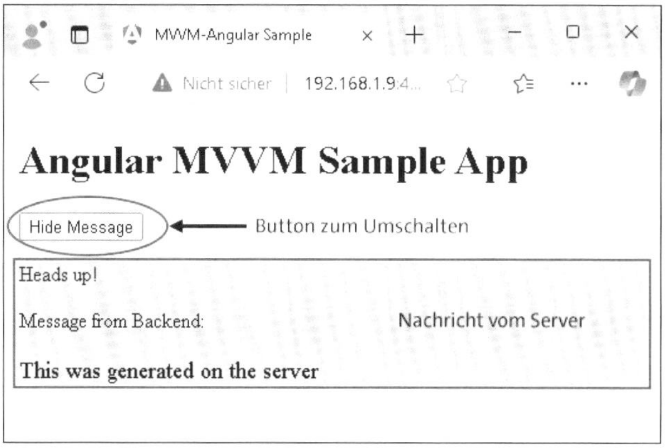

Abbildung 5.19 Angezeigte Nachricht vom Server

5

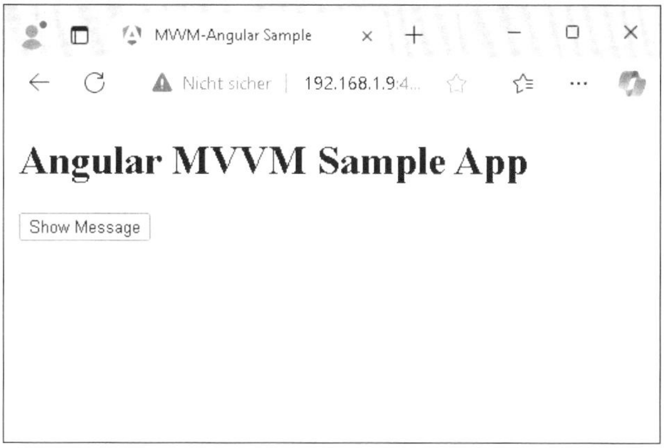

Abbildung 5.20 Nicht angezeigte Nachricht

Die Anwendung nutzt zwei Views, die ineinander verschachtelt sind. In der inneren View (`MessageView`) wird die Nachricht vom Server angezeigt; die äußere View (`AppView`) enthält die Logik zum Ein- und Ausblenden der inneren View. Listing 5.11 zeigt die Implementierung der äußeren `AppView` mit der Logik zum Anzeigen und Ausblenden. Das HTML-Tag `app-message` referenziert die innere `MessageView` und wird nur dann eingebunden, wenn in der Variablen `showMessage` der Wert `true` steht. Durch einen Klick auf den dargestellten Button kann der Wert geändert werden.

```
<main class="main">
  <h1>{{title}}</h1>
  @if (!showMessage) {
  <button (click)="toggleMessage()">Show Message</button>
  } @else {
  <button (click)="toggleMessage()">Hide Message</button>
```

```
  }
  @if (showMessage) {
  <app-message></app-message>
  }
</main>
```

Listing 5.11 Äußere View – App-Komponent-View

Die Variable showMessage wird für die AppView in ihrem ViewModel, das in Listing 5.12 gezeigt ist, verwaltet. Hier ist auch die Methode toggleMessage definiert, die zum Umschalten in der View verwendet wird:

```
import {Component} from '@angular/core';
import {MessageComponent} from './message/message.component';

@Component({
  selector: 'app-root',
  imports: [MessageComponent],
  templateUrl: './app.component.html',
  styleUrl: './app.component.css'
})
export class AppComponent {
  title = 'Angular MVVM Sample App';
  showMessage = false

  constructor() {
  }

  toggleMessage() {
    this.showMessage = !this.showMessage;
  }
}
```

Listing 5.12 ViewModel für »AppView«

Die Implementierung der Message-Komponente besteht aus folgenden einzelnen Komponenten:

- Service für den Zugriff auf das Backend (Model) (siehe Listing 5.13)
- ModelView für die Logik bzw. zur Kommunikation mit dem Service (siehe Listing 5.14)
- View für die Darstellung der Nachricht (siehe Listing 5.15)

```
import {HttpClient} from '@angular/common/http';
import {Injectable} from '@angular/core';
import {Observable} from 'rxjs/internal/Observable';
import {BackendMessage} from './backendMessage';

@Injectable({
  providedIn: 'root'
})
export class BackendService {

  constructor(private http: HttpClient) {
  }

  getMessage(): Observable<BackendMessage> {
    return this.http.get<BackendMessage>("http://...")
  }
}
```

Listing 5.13 Service-Implementierung (Model)

```
import {Component} from '@angular/core';
import {BackendService} from '../backend.service';

@Component({
  selector: 'app-message',
  imports: [],
  templateUrl: './message.component.html',
  standalone: true,
  styleUrl: './message.component.css'
})
export class MessageComponent {

  message: string | undefined

  //DependencyInjection
  constructor(private service: BackendService) {
    service.getMessage().subscribe(body => {
      this.message = body.message;
    });
  }
}
```

Listing 5.14 Message-Komponente als ViewModel

```
<div class="message">
  <p>Heads up!</p>
  <p>Message from Backend:</p>
  <p class="backend">{{message}}</p>
</div>
```

Listing 5.15 HTML-View für die Darstellung der Nachricht

Eine Übersicht aller Komponenten finden Sie in Abbildung 5.21.

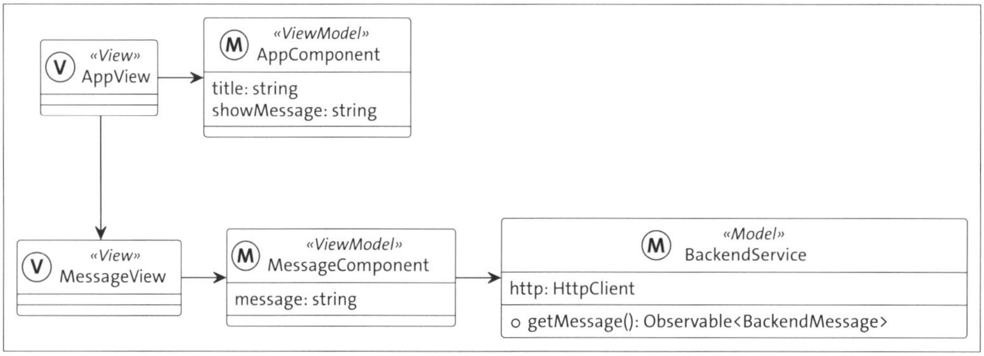

Abbildung 5.21 Übersicht über Angular-Komponenten

Wann kann oder soll man das Pattern einsetzen?

Zustandsmanagement für die Anzeige

Ist die Anzeige nicht nur für die Darstellung von Daten aus Geschäftsmodellen zuständig, sondern muss zusätzlich der Zustand der Anzeige selbst verwaltet werden, können diese Zustände im ViewModel gespeichert werden.

Reaktive Benutzeroberflächen

Das Pattern und die entsprechenden Frameworks eignen sich besonders für die Erstellung von reaktiven Benutzeroberflächen, wenn Änderungen nahezu in Echtzeit angezeigt bzw. aktualisiert werden sollen. Das Data-Binding zwischen View und ViewModel erleichert die Synchronisation ungemein.

Wiederverwendbare Benutzeroberflächen

Da die View keine Abhängigkeiten zum ViewModel besitzt, können beide unabhängig voneinander besser wiederverwendet werden. Die meisten MVVM-Frameworks nutzen diesen Vorteil und bieten umfangreiche Bibliotheken für gängige Benutzeroberflächenkomponenten.

Komplexe Benutzerinteraktionen erforderlich

Bei komplexen Anwendungen mit vielen Benutzerinteraktionen und komplexen Verarbeitungsschritten bietet sich das MVVM-Pattern an. Das ViewModel übernimmt die logische Verarbeitung dieser Aktionen, wodurch es von der Benutzeroberfläche sauber getrennt wird.

Praktische Beispiele hierfür sind Validierungen von Benutzerangaben und die dynamische Anpassung von Eingabefeldern.

Konsequenzen

Der Einsatz des Patterns hat folgende Konsequenzen:

- Durch eine klare Trennung der Verantwortlichkeiten lässt sich die Anwendung besser warten.
- Die einzelnen Komponenten lassen sich besser testen, da weniger Abhängigkeiten bestehen.
- Die Wiederverwendbarkeit der Komponenten wird erhöht.
- Das sogenannte *Two-Way Binding* ermöglicht es, dass Änderungen im ViewModel direkt in der View und umgekehrt angezeigt werden. Dadurch entstehen reaktionsschnellere und benutzerfreundlichere Anwendungen.
- Die Komplexität der Anwendung steigt.
- Ohne Einsatz eines Frameworks ist der Aufwand hoch, und durch den Einsatz eines Frameworks bindet man sich an dieses.

5.4.3 Data Transfer Objects (DTO)

Ursprung: Fowler Patterns of Enterprise Applications – Verteilungs-Patterns

Das *Data Transfer Object Pattern* (kurz: *DTO Pattern*) dient dazu, die Datenstruktur, die zwischen verschiedenen Schichten einer Anwendung oder über Netzwerkschnittstellen ausgetauscht wird, von der zugrunde liegenden Geschäftslogik zu entkoppeln und zu optimieren. Dadurch wird die Übertragung und die Serialisierung in gängige Formate wie JSON oder XML vereinfacht.

Problem und Motivation

Schnittstellen sollten nach dem *Interface-Segregation-Prinzip* (ISP, siehe Abschnitt 2.3.4) kundenspezifisch gestaltet werden und nach dem Prinzip des *Information Hiding* ausschließlich Daten und Informationen bereitstellen, die für den jeweiligen Client relevant sind. Für eine Software zur Rechnungserstellung sind wahrscheinlich Daten zur Größe eines Artikels nebensächlich, wobei diese Daten für eine Logistiksoftware sicher von größerer Bedeutung sein werden.

Dies bedeutet, dass nicht alle Attribute eines Geschäftsobjekts zwingend übertragen werden müssen. In manchen Fällen ist eine vollständige Übertragung sogar unmöglich, da Geschäftsobjekte komplexe, miteinander verflochtene Abhängigkeiten bilden, die in ihrer Gesamtheit nicht einfach serialisiert werden können.

Die direkte Verwendung der Geschäftsobjekte für die Datenübertragung hätte außerdem zur Folge, dass deren Klassendefinition auch auf dem Client verfügbar sein müsste. Dies würde eine sehr enge Kopplung zwischen den Clients und der internen Geschäftslogik des Servers bedeuten, die ebenfalls vermieden werden sollte.

Zudem können Remote-Aufrufe aufgrund der Übertragungs- und Verarbeitungszeiten auf der Client- und Serverseite zu einer längeren Reaktionszeit führen. Wenn ein Client mehrere Datensätze benötigt, müssen häufig mehrere separate Aufrufe an den Server erfolgen, was dementsprechend zu einem erhöhten Ressourcenbedarf und einer möglicherweise spürbaren Verzögerung für den Nutzer führt.

Lösung

Anstelle komplexer Objekte werden beim Einsatz des *Data Transfer Object Pattern* lediglich schlanke und flache Datenstrukturen ausgetauscht, die nur die vom Client benötigten Informationen enthalten. Diese Objekte werden zwischen den einzelnen Schichten einer Anwendung ausgetauscht.

Die Objekte enthalten keine Logik, sondern dienen lediglich als Datencontainer mit Feldern und zugehörigen Getter- und Setter-Methoden. Dadurch vereinfacht sich die Serialisierung in Formate wie z. B. JSON, XML oder Protobuf (Protocol Buffers) und die Datenübertragung wird optimiert.

Da Clients nicht direkt auf die internen Datenmodelle der aufgerufenen Schicht zugreifen können, können sie deren Daten auch nicht direkt manipulieren. Das DTO-Pattern schützt somit die internen Datenmodelle vor unberechtigten Zugriffen und Änderungen durch externe Clients. Dadurch erhöhen sich die Wartbarkeit und Flexibilität der Geschäftslogik und der Anwendung.

Transfer-Objekte werden oftmals mithilfe von Code-Generatoren erzeugt. In Java kann beispielsweise die Bibliothek *Project Lombok* verwendet werden, um zügig DTOs zu erstellen. Mittels einer Annotation an einer Klasse können automatisch Zugriffsmethoden erzeugt werden:

```
import lombok.Setter;
import lombok.Data;
import lombok.ToString;

@Data
public class DataExample {
  private final String name;
  private double score;
  private String[] tags;

  @ToString(includeFieldNames=true)
  @Data(staticConstructor="of")
```

```
  public static class Exercise<T> {
    private final String name;
    private final T value;
  }
}
```

Listing 5.16 Lombok-Beispiel zur Erstellung eines DTO (Java)

Seit Java 14 können ebenfalls die sogenannten *Java Records* eingesetzt werden. Bei ihnen handelt es sich um eine spezielle Art von Klassen, die dazu dienen, unveränderliche Datenobjekte auf einfache und prägnante Weise zu definieren. Sie reduzieren ebenfalls den *Boilderplate-Code*, aber als integriertes Feature der Sprache, und können Lombok in diesem Bereich ersetzen.

```
public record DataExample(String name, double score, String[] tags) {
}
```

Listing 5.17 Beispiel für einen Java Record

Lösungsbeispiel

In einer *TypeScript*-basierten Anwendung besteht das interne Datenmodell aus einem Benutzer-Objekt, das viele Felder enthält, die nicht direkt an den Client übertragen werden sollen. Das sind beispielsweise die Änderungszeitstempel und der Passwort-Hash des Benutzers (siehe Listing 5.18), aber auch die Referenzen zur Adresse und den getätigten Bestellungen:

```
// UserEntity.ts
export class UserEntity {
  id: number;
  username: string;
  email: string;
  passwordHash: string; // Sensible Daten
  createdAt: Date;
  updatedAt: Date;
  orders: Order[];
  address: Address;
}
```

Listing 5.18 Klasse eines Benutzers mit internen Informationen (TypeScript)

Ein Auszug aus diesen Daten, die in einer Datenbank gespeichert werden, soll externen Clients über eine REST-Schnittstelle zur Verfügung gestellt werden. Dazu wird ein DTO erstellt, das nur die Felder enthält, die tatsächlich an die Clients geliefert werden sollen. Listing 5.19 zeigt ein solches DTO, das nur den Benutzernamen und die E-Mail-Adresse enthält:

```
// UserDTO.ts
export class UserDTO {
  username: string;
  email: string;

  constructor(username: string, email: string) {
    this.username = username;
    this.email = email;
  }
}
```

Listing 5.19 DTO zur Übertragung in der REST-Schnittstelle

Innerhalb eines Frontend-Controllers werden die Daten aus der Datenbank über den Service geladen und in das DTO-Objekt kopiert, damit dieses an die Clients geliefert werden kann. Listing 5.20 zeigt die entsprechende Implementierung:

```
// UserController.ts
import { UserService } from './UserService';

export class UserController {
  private userService = new UserService();

  getUserResponse(id: number) {
    const user = this.userService.getUserById(id);
    const userDTO = new UserDTO(user.username, user.email);
    return {
      status: 'success',
      data: userDTO,
    };
  }
}
```

Listing 5.20 Frontend-Controller zum Ausliefern der Daten

Der Client erhält dementsprechend ein Objekt mit den für ihn relevanten Feldern, das in Listing 5.21 dargestellt ist:

```
{
  "status": "success",
  "data": {
    "username": "john_doe",
    "email": "john@example.com"
  }
}
```

Listing 5.21 Ergebnisdokument, das an den Client übertragen wird

Wann kann oder soll man das Pattern einsetzen?

Verteilte Systeme mit verschiedenen Schnittstellen

In verteilten Anwendungen kann die Datenübertragung und die Serialisierung der Geschäftsobjekte ermöglicht und optimiert werden. Das Pattern ermöglicht es, dass jeder Dienst nur die benötigten Daten an den nächsten Dienst überträgt, und verhindert, dass unnötige oder sensible Daten weitergegeben werden.

Größere Systeme

In kleineren Anwendungen wird das DTO-Pattern oftmals als Entwicklungs- und Betriebs-Overhead betrachtet, da ein zusätzlicher Aufwand für die Verwaltung der DTOs entsteht und die Objekte zur Laufzeit ineinander kopiert werden müssen.

Sinnvoll ist allerdings ein Einsatz in größeren Anwendungen, wenn die Geschäftslogik von der Übertragung entkoppelt werden soll und die Geschäftsobjekte komplexere Funktionen als einfache Lese- und Schreiboperationen bieten sollen.

Konsequenzen

Der Einsatz des Patterns hat folgende Konsequenzen:

- Die Geschäftslogik ist von der Datenübertragung entkoppelt.
- Die Datenübertragung in einer verteilten Umgebung kann durch die Zusammenfassung mehrerer Aufrufe zu einem Gesamtaufruf optimiert werden.
- Die Serialisierung der Objekte wird einfacher, da keine komplexe Geschäftsdatenstruktur übertragen werden muss.
- Das *Information Hiding* und das Interface-Segregation-Prinzip werden eingehalten.
- Code muss unter Umständen in DTOs und Geschäftsobjekten doppelt gepflegt werden, da beide mit ähnlichen Definitionen der Attribute bzw. Felder ausgestattet sind.
- Die Konvertierung zwischen den Objekten kann komplex und fehleranfällig werden.
- Performanceprobleme durch die Konvertierung zwischen den Geschäfts- und Transferobjekten sind möglich. Das kann vor allem bei größeren Datenmengen ein Problem werden.

5.4.4 Remote Facade Pattern

Ursprung: Fowler Patterns of Enterprise Applications – Verteilungs-Patterns

Das *Remote Facade Pattern* ist ein Architekturmuster, das die Kommunikation zwischen einer Anwendung und einem entfernten System abstrahiert und vereinfacht.

Problem und Motivation

Wenn Domänenlogik innerhalb einer Anwendung umgesetzt wird, entstehen oft feingranulare Objekte, die durch Komposition zusammengestellt sind und intensiv miteinander kommunizieren. Eine solche Unterteilung der Anwendung in mehrere Komponenten und die damit verbundene Entkopplung der Verantwortlichkeiten bieten den Vorteil einer verbesserten Wartbarkeit und Flexibilität. Die Komponenten sind leichter zu verstehen, zu pflegen und zu modifizieren. So kann eine Anwendung schneller an veränderte Anforderungen angepasst werden, ohne dass größere Teile des Codes überarbeitet werden müssen. Werden die Objekte allerdings über eine Prozessgrenze hinweg eingesetzt, kann sich eine intensive Kommunikation über eine externe Schnittstelle negativ auf die Leistung einer Anwendung auswirken. Jede einzelne Anfrage zwischen den Prozessen führt zu längeren Reaktionszeiten und somit zu einer insgesamt geringeren Leistungsfähigkeit.

Abbildung 5.22 zeigt ein Sequenzdiagramm einer Anwendung, die über eine Remote-Schnittstelle mit einem Domänenobjekt kommuniziert. Jedes Feld des Objekts wird einzeln über einen Remote-Aufruf gelesen bzw. aktualisiert.

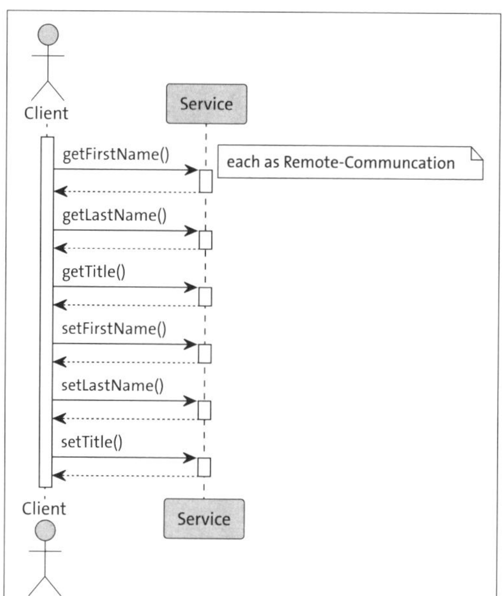

Abbildung 5.22 Remote-Kommunikation mit einzelnen Aufrufen

Lösung

Die Definition einer grobgranularen Schnittstelle für den Objektaufruf von entfernten Clients reduziert die Anzahl der notwendigen Aufrufe und würde damit das Problem der sich summierenden Laufzeiten der Remote-Anfragen lösen. Allerdings beeinflusst das nicht nur die Methodenaufrufe, sondern betrifft auch die aufgerufenen Objekte selbst: Anstelle einzelner Methoden für den Abruf und das Setzen von

Werten müssen diese Objekte eine angepasste Schnittstelle bereitstellen. Dies würde die feinere Struktur der Objekte auflösen und zu schwer wartbarem Code führen.

Das *Remote Facade Pattern* führt eine sogenannte *Remote Facade* ein, die dazu dient, eine grobgranulare Schnittstelle in eine zugrunde liegende feingranulare Objektstruktur zu übersetzen. Dabei enthält sie keine zusätzliche Logik.

In diesem Fall kommt das *Separation of Concerns*-Prinzip zum Tragen, indem verschiedene Verantwortlichkeiten getrennt werden: Die komplexe Geschäftslogik wird in den Domänenobjekten implementiert, während der Code, der einen effizienten Remote-Zugriff ermöglicht, in der Facade gekapselt ist. 5

Das obige Beispiel ändert sich durch die Einführung einer *Remote Facade*, wie Sie in Abbildung 5.23 sehen. Der Client nutzt nun nur die zwei grobgranularen Methoden `getData` und `setData`. Beim Aufruf dieser sogenannten *Bulk-Accessor-Methoden* sammelt die Facade die entsprechenden Daten von den Domänenobjekten und liefert sie gesammelt aus. Das kann z. B. mithilfe eines Data Transfer Objectss (DTO, siehe Abschnitt 5.4.3) geschehen.

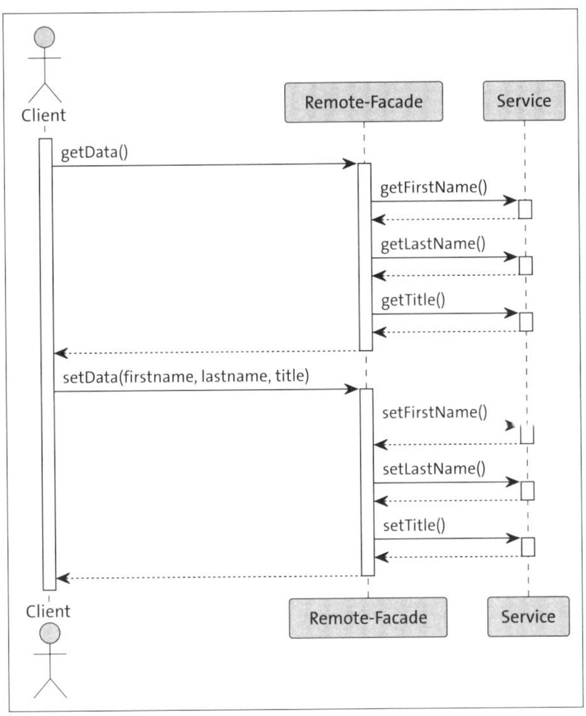

Abbildung 5.23 Einführung einer Remote Facade

Obwohl die Remote-Facade-Schnittstellen für die Kommunikation mit dem Client statusbehaftet konzipiert sein könnten, bietet sich eine statuslose Auslegung an. Dies ermöglicht eine besser skalierbare und fehlertolerantere Implementierung auf dem Server (siehe Kapitel 7, »Patterns und Konzepte für verteilte Anwendungen«).

Lösungsbeispiel

Die Software eines Reiseveranstalters nutzt mehrere Services für verschiedene Aufgaben innerhalb eines Buchungsprozesses. Nun soll ein Client die einzelnen Services über eine *Remote Facade* nutzen, um eine Hotelbuchung durchführen zu können.

In Abbildung 5.25 ist das Klassendiagramm der Anwendung dargestellt. Es umfasst die Klasse `BookingFacade` sowie drei Interfaces für die jeweils eingesetzten Services: `UserService`, `HotelService` und `PaymentService`.

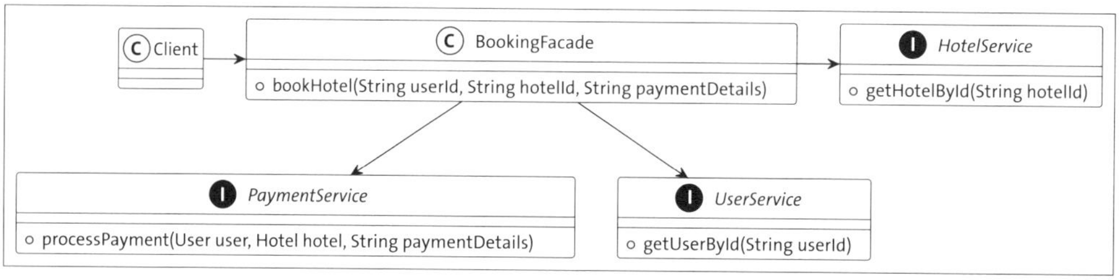

Abbildung 5.24 Klassendiagramm der Remote-Facade-Beispielanwendung

Der Client soll, wie in Abbildung 5.25 dargestellt, eine Buchung mit einem Remote Call ausführen können. Die `BookingFacade` stellt dementsprechend eine grobe Schnittstelle für den Client zur Verfügung. Sie kann z. B. über gRPC oder einen REST-Aufruf erreicht werden.

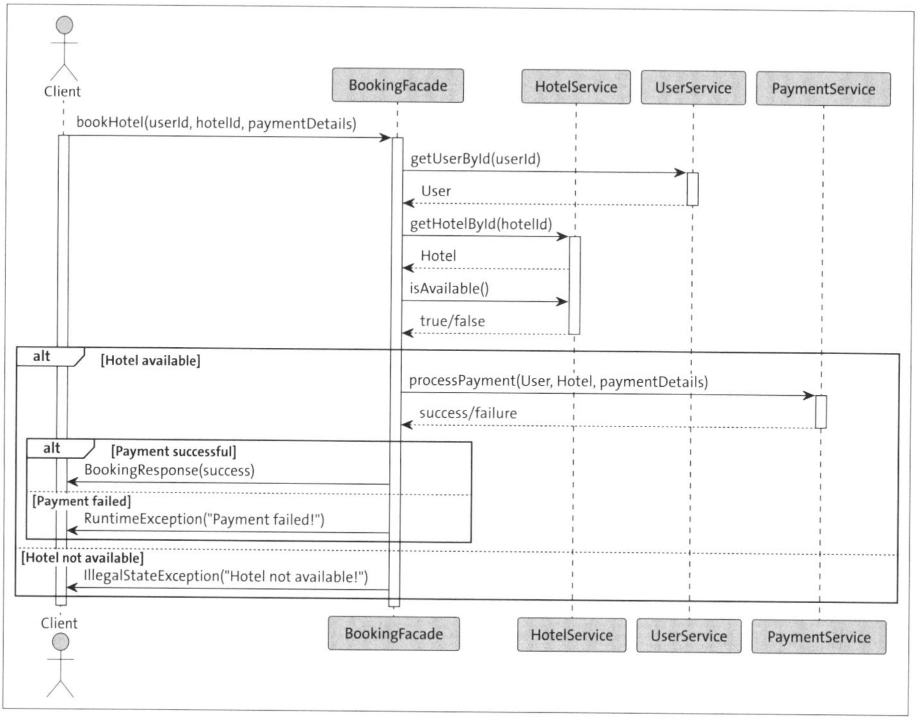

Abbildung 5.25 Sequenzdiagramm der Beispielanwendung

Die Implementierung der Facade kann so wie in Listing 5.22 erfolgen:

```
public class BookingFacade {

    private final HotelService hotelService;
    private final UserService userService;
    private final PaymentService paymentService;

    public BookingFacade(HotelService hotelService,
                         UserService userService,
                         PaymentService paymentService) {

        this.hotelService = hotelService;
        this.userService = userService;
        this.paymentService = paymentService;
    }

    // Methode zur Buchung eines Hotels
    public BookingResponse bookHotel(String userId,
                                     String hotelId,
                                     String paymentDetails) {
        // 1. Benutzer überprüfen
        var user = userService.getUserById(userId);
        if (user == null) {
            throw new IllegalArgumentException("Benutzer nicht gefunden!");
        }

        // 2. Hotelverfügbarkeit prüfen
        var hotel = hotelService.getHotelById(hotelId);
        if (!hotel.isAvailable()) {
            throw new IllegalStateException("Hotel ist nicht verfügbar!");
        }

        // 3. Zahlung durchführen
        var paymentSuccess =
                paymentService.processPayment(user, hotel, paymentDetails);
        if (!paymentSuccess) {
            throw new RuntimeException("Zahlung fehlgeschlagen!");
        }

        // 4. Buchung bestätigen
        var response = new BookingResponse();
        response.setUser(user);
```

```
        response.setHotel(hotel);
        response.setStatus("Buchung erfolgreich!");

        return response;
    }
}
```

Listing 5.22 Implementierung der Facade

Der Client-Code nutzt entsprechend die *Remote Facade*, um die Aktion auszuführen:

```
public class BookingClient {

    private BookingFacade bookingFacade;

    public void book() {

        // Hotelbuchung über die Facade
        String userId = "123";
        String hotelId = "456";
        String paymentDetails = "Kreditkarte: 1111-2222-3333-4444";

        try {
            BookingResponse response =
                 bookingFacade.bookHotel(userId, hotelId, paymentDetails);
            System.out.println(response.getStatus());
        } catch (Exception e) {
            System.err.println("Fehler: " + e.getMessage());
        }
    }
}
```

Listing 5.23 Client-Implementierung

Wann kann oder soll man das Pattern einsetzen?

Vermeidung von komplexer und umfangreicher Kommunikation

Das Pattern eignet sich um, eine komplexe und umfangreiche Kommunikation zwischen einem Client und einem Service zu vereinfachen, indem es eine grobgranulare Schnittstelle für die Interaktionen zur Verfügung stellt.

Minimierung der Datenübertragung

Jeder Remote-Aufruf erhöht die Reaktionszeit und das zu übertragende Datenvolumen eines Systems. Mit dem Pattern können Übertragungen optimiert und effizienter gestaltet werden.

Gemeinsame Funktionalität zusammenfassen

Viele Remote-Schnittstellen teilen sich übergreifende Anforderungen wie das Logging oder Sicherheitsüberprüfungen. Diese sogenannten *Cross-Cutting Concerns* lassen sich durch die Einführung einer *Remote Facade* zentral erfassen und konsistent bereitstellen.

Konsequenzen

Der Einsatz des Patterns hat folgende Konsequenzen:

- Die Entwicklung eines Clients wird erleichtert, da er auf eine für ihn abgestimmte Schnittstelle zugreifen kann und nicht alle Details der Geschäftsobjekte kennen muss.
- Änderungen an den Geschäftsobjekten sind von der Remote-Schnittstelle getrennt und können unabhängig durchgeführt werden.
- Alle komplexen Abläufe können an einer Stelle zusammengeführt und gemeinsam verwaltet werden.
- Die Datenübertragungen und die Interaktionen zwischen Systemen werden optimiert.
- Umfangreiche Facaden können zu Lastproblemen führen, da die einzelnen Aufrufe nicht mehr an mehrere Remote-Instanzen geleitet werden können.

Kapitel 6
Kommunikation zwischen Services

In verteilten Systemen ist der Austausch von Informationen essenziell. Erst mit der Kommunikation zwischen verschiedenen Anwendungen wird es möglich, komplexere Anwendungsfälle abzubilden. In diesem Kapitel stelle ich unterschiedliche Kommunikationsstile zwischen Systemen vor und beschreibe dabei bewährte Patterns, mit denen Sie die Resilienz der Kommunikation erhöhen und Fehlerquellen minimieren können.

Die wenigsten Softwareapplikationen werden völlig eigenständig und isoliert ausgeführt. So gut wie jede Anwendung muss aus den verschiedensten Gründen Daten mit anderen Systemen austauschen. Ein Online-Shop muss beispielsweise Informationen aus dem Bestandssystem abfragen, um aktuelle Verfügbarkeiten anzuzeigen, oder eine Auslieferungsplattform für Software muss mit den neusten Software-Versionen aus der Entwicklung versorgt werden können.

Die Kommunikation zwischen verschiedenen Anwendungen bzw. Systemen ermöglicht es, komplexe Anwendungsfälle umzusetzen, deren Einzelschritte sich über mehrere Systeme erstrecken und die in einem einzelnen System nicht komplett umgesetzt werden könnten.

Mit dem Internet und insbesondere seit der Entstehung des Architekturstils der Microservices bzw. seit dem Einsatz von Cloud-Lösungen wurde die Kommunikation zwischen verschiedenen Systemen bzw. Anwendungen noch einmal deutlich intensiviert und komplexer, verglichen mit den davor verbreiteten monolithischen Anwendungsstrukturierungen.

Microservices setzen auf eine Vielzahl kleiner, unabhängiger Dienste, die über definierte Programmierschnittstellen (APIs) miteinander kommunizieren und Informationen austauschen. Eine solche verteilte Architektur erfordert immer effizientere und verlässliche Mechanismen zur Datenübertragung und -synchronisation zwischen den einzelnen Bestandteilen. Insgesamt führt der Architekturstil zu einer stetig wachsenden Anzahl an Interaktionen.

Jede Interaktion oder Integration eines Systems erfolgt normalerweise über ein Netzwerk und steht immer wieder vor den gleichen Herausforderungen:

- **Netzwerke sind unzuverlässig** – Die Kommunikation über ein Netzwerk besitzt ein viel höheres Fehlerpotenzial als eine lokale Datenübertragung, da die Daten über mehrere Komponenten (z. B. Switches, Firewalls oder Proxys) hinweg weitergegeben werden müssen. Jede der beteiligten Komponenten kann zu einer Verzögerung oder Unterbrechung der Übertragung führen und somit die gesamte Kommunikation unzuverlässig machen. Je mehr Komponenten in den Datenaustausch eingebunden sind, desto unzuverlässiger wird die Übertragung.
- **Netzwerke sind langsam** – Im Vergleich zu lokalen Methodenaufrufen oder einer Interprozess-Kommunikation zwischen Prozessen eines Rechners sind Netzwerkaufrufe extrem langsam. Das liegt nicht nur an einer langsameren Übertragungsgeschwindigkeit durch das Netzwerk, sondern meist auch an der notwenigen Serialisierung bzw. Deserialisierung der zu übertragenden Daten. Werden verteilte Anwendungen analog zu lokal kommunizierenden Anwendungen entworfen, kann das dementsprechend zu sehr schlechten Verarbeitungsgeschwindigkeiten einer Anwendung führen.
- **Anwendungen und Umgebungen sind unterschiedlich** – In verteilten Umgebungen werden meist unterschiedliche Technologien eingesetzt, z. B. verschiedene Programmiersprachen, Betriebssysteme oder Datenformate. Auch wenn die eigene Softwareentwicklung auf einem homogenen Technologie-Stack basiert, müssen in den meisten Fällen Fremdsysteme innerhalb oder außerhalb der Unternehmensgrenze angebunden werden. Jede Integration bzw. Kommunikation muss sich dementsprechend auf unterschiedliche Technologien einstellen bzw. darauf ausgelegt sein.
- **Veränderung ist unvermeidbar** – Änderungen von fachlichen oder technischen Anforderungen erfordern oftmals die Anpassung einer eingesetzten Komponente. Hierbei kann es sich beispielsweise um eine neue bzw. aktualisierte fachliche Funktion oder die Aktualisierung eines eingesetzten Frameworks handeln. Diese internen Änderungen können sich wiederum auf die externen Kommunikationsmechanismen einer Anwendung auswirken und auch dort zu Anpassungen führen. Aus diesem Grund sollten die Abhängigkeiten zwischen den einzelnen Systemen möglichst minimiert werden. Das Ziel beim Aufbau von Kommunikationsverbindungen sollte darin bestehen, diese möglichst lose zu koppeln, sodass eine Anpassung einer Anwendung keine Kettenreaktion von Änderungen in mehreren Applikationen auslöst.

Um diese Herausforderungen im Bereich der Datenübermittlung und -integration zu bewältigen, können verschiedene Kommunikationsstile oder Lösungsmuster eingesetzt werden. Neben traditionellen Integrationsmethoden wie dem File-Transfer oder der Nutzung einer gemeinsamen Datenbank kommen heute meist direkte synchrone Aufrufe oder Messaging zum Einsatz.

Unabhängig von der Technologie oder des Kommunikationsstils sollte eine Datenübertragung zwischen verschiedenen Services bzw. Komponenten immer so gestaltet sein, dass sie zuverlässig und stabil funktioniert. Außerdem sollten die Dienste möglichst lose gekoppelt sein, um eine hohe Flexibilität und Anpassungsfähigkeit im System zu gewährleisten.

Dieses Kapitel befasst sich dementsprechend mit unterschiedlichen Interaktionsmodellen sowie ihren jeweiligen Stärken und Schwächen. Des Weiteren werden etablierte Pattern zur Sicherstellung einer stabilen Kommunikation vorgestellt, um die genannten Herausforderungen zu meistern.

Das Kapitel ist in vier Unterkapitel gegliedert:

- Stile der Anwendungskommunikation (Abschnitt 6.1)
- Resilience Patterns (Abschnitt 6.2)
- Messaging Patterns (Abschnitt 6.3)
- Schnittstellenversionierungs-Patterns (Abschnitt 6.4)

In den folgenden Abschnitten stelle ich Ihnen verschiedene Patterns und Lösungen für den jeweiligen Bereich vor.

6.1 Stile der Anwendungskommunikation

Verschiedene Kommunikationsstile, auch bekannt als *Protokolle* oder *Schnittstellen*, ermöglichen den Datenaustausch und die Interaktion zwischen Softwareanwendungen. Die Wahl des passenden Stils hängt dabei von den spezifischen Anforderungen und Gegebenheiten der beteiligten Systeme ab und sollte sorgfältig ausgewählt werden.

Dabei können die folgenden Kriterien entscheidend sein:

- **Kopplung zwischen den Anwendungen** – Eng gekoppelte Systeme gehen von gemeinsamen *Annahmen* aus, die für eine Datenübertragung notwendig sind. Hierbei kann es sich beispielsweise um Datenformate, den Aufbau bzw. die Struktur der Daten oder um die verwendeten Protokolle handeln. Diese Annahmen und die daraus entstehenden direkten Abhängigkeiten zwischen den Systemen können zu einfachen und performanten Datenübertragungen führen. Allerdings verringert sich mit einer engen Kopplung der Systeme die Flexibilität, und Änderungen in einem System können weitere Änderungen im abhängigen System nach sich ziehen. Aus diesem Grund können Änderungen in einem System im ungünstigsten Fall zu einer Unterbrechung oder einem Ausfall der Datenübertragung führen. In den meisten Fällen sollten direkte und starke Abhängigkeiten zwischen Systemen vermieden und durch eine lose Kopplung ersetzt werden. Schnittstellen sollten so spezifisch wie nötig, allerdings so allgemein wie möglich definiert werden.

- **Datenformat** – Die kommunizierenden Anwendungen müssen sich über ein passendes Datenformat verständigen. Im Idealfall handelt es sich dabei um ein verbreitetes, einheitliches Datenformat, das in beiden Systemen sinnvoll verarbeitet werden kann. In manchen Systemen werden allerdings nur sehr wenige Datenformate unterstützt, und auch die nutzbaren Schnittstellen sind beschränkt. Manche Host-Anwendungen können, obwohl XML oder JSON wünschenswert wären, beispielsweise nur CSV-Textdateien ein- und ausgeben.
- **Kommunikationsgeschwindigkeit** – Der Datenaustausch zwischen verschiedenen Systemen sollte immer möglichst zeitnah erfolgen, um konsistente Daten zu gewährleisten. Je regelmäßiger bzw. zeitnaher die Daten ausgetauscht werden, desto geringer ist dieses Risiko. Tauschen die Systeme dementsprechend sofort viele kleine Datenpakete z. B. durch viele einzelne HTTP-Abfragen aus, kann das im Gegenzug zu einer ineffizienten Datenübertragung führen und sich negativ auf die gesamte Umgebung auswirken.
- **Daten oder Funktionen** – Zwischen Systemen können entweder Daten oder Funktionen geteilt bzw. genutzt werden. Daten werden explizit übertragen, während bei der gemeinsamen Nutzung von Funktionen bestimmte Aufgaben in einem anderen System ausgeführt werden. Der Einsatz von Funktionen bietet oft eine höhere Abstraktion und führt zu einer geringeren Abhängigkeit zwischen den Systemen, da sie Details verstecken und nur eine Schnittstelle für den Aufruf bereitstellen.
- **Skalierbarkeit und Verfügbarkeit** – In Unternehmensumfeldern werden Daten oftmals nicht nur in einem Zielsystem benötigt, sondern müssen an mehrere Systeme verteilt werden. Die Information, dass z. B. ein neuer Artikel in einem Shop verkauft werden soll, kann für den Shop selbst, die Buchhaltung oder die Lagerverwaltung relevant sein. Werden die Daten in mehreren Systemen benötigt, sollte der eingesetzte Kommunikationsstil flexibel genug sein, um weitere Empfänger aufzunehmen, und kommt es im System zu einem Fehler, sollte er potenziell auch dafür sorgen, dass die Daten weiterhin für die verschiedenen Systeme verfügbar sind.

In den folgenden Abschnitten beschreibe ich verschiedene Kommunikationsstile und zeige ihre Stärken und Schwächen auf.

6.1.1 Synchrone Kommunikation

Sehr häufig wird zur Verbindung mehrerer Systeme eine synchrone Kommunikation eingesetzt. Sie ist einfach zu implementieren und bietet den Vorteil, dass die Antwort auf eine Anfrage sofort erfolgt.

Bei einer synchronen Kommunikation ruft ein Client einen sogenannten Server bzw. Service auf und wartet auf die sofortige Antwort. Der Client blockiert in der Zwischenzeit seine weitere Verarbeitung.

In Abbildung 6.1 ruft beispielsweise der Client einen Service synchron auf und blockiert so lange, bis der Service seine Arbeit durch einen weiteren synchronen Aufruf der Komponente Backend erledigt hat. Er erhält direkt eine Rückmeldung, ob der Aufruf fehlerfrei durchgeführt werden konnte oder nicht.

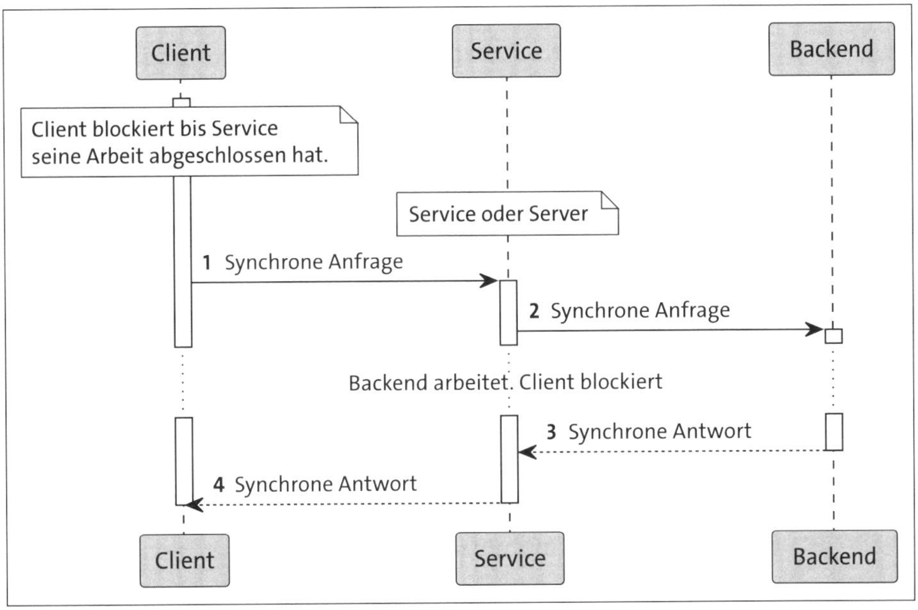

Abbildung 6.1 Synchrone Kommunikation

Verwendung

Der Einsatz einer synchronen Kommunikation bietet sich in Anwendungen mit Benutzerinteraktionen oder API-Aufrufen an, die eine direkte und sofortige Antwort erwarten.

Vorteile

- direkte, sofortige Rückmeldung über den Erfolg oder Misserfolg des Aufrufs
- einfache Interaktion

Nachteile

- Blockierende Aufrufe zwingen den Client zum Warten.
- Bei langen Aufrufketten über mehrere Komponenten hinweg multiplizieren sich die möglichen Fehlerquellen.

Beispiele

- HTTP/Rest
- gRPC
- SOAP

6.1.2 Asynchrone Kommunikation und Messaging

Im Unterschied zu einer synchronen Kommunikation sendet bei einer asynchronen Kommunikation ein Client eine Nachricht und fährt mit seiner Verarbeitung fort, ohne eine unmittelbare Antwort auf seine Nachricht abzuwarten. Das ermöglicht es dem Client, andere Aufgaben zu erledigen, während die Verarbeitung der Nachricht durch einen Empfänger (auch zeitlich verzögert) erledigt wird. Eine mögliche Antwort des Empfängers kann ebenfalls zeitverzögert erstellt und übermittelt werden.

Eine spezielle Ausprägung der asynchronen Kommunikation ist das Konzept des *Messagings*, bei dem, wie in Abbildung 6.2 dargestellt, ein zentraler Vermittler die Entgegennahme und die Zustellung von Nachrichten übernehmen kann. In modernen Architekturen ist das ein sogenanntes *Messaging-System*. In Abschnitt 6.3 werden weitere mögliche alternative Umsetzungen einer messaging-basierten Kommunikation vorgestellt.

Beim Einsatz eines Messaging-Systems endet für den Client der Aufruf mit einer erfolgreichen Übermittlung der Nachricht. Danach kann er weitere Aufgaben erledigen, ohne blockierend auf eine Antwort warten zu müssen. Das Messaging-System stellt im weiteren zeitlichen Verlauf die Nachricht an den Empfänger zu (in unserem Beispiel ab die `Service`-Komponente), die daraufhin mit der Verarbeitung beginnt. Abbildung 6.2 stellt den Ablauf grafisch dar.

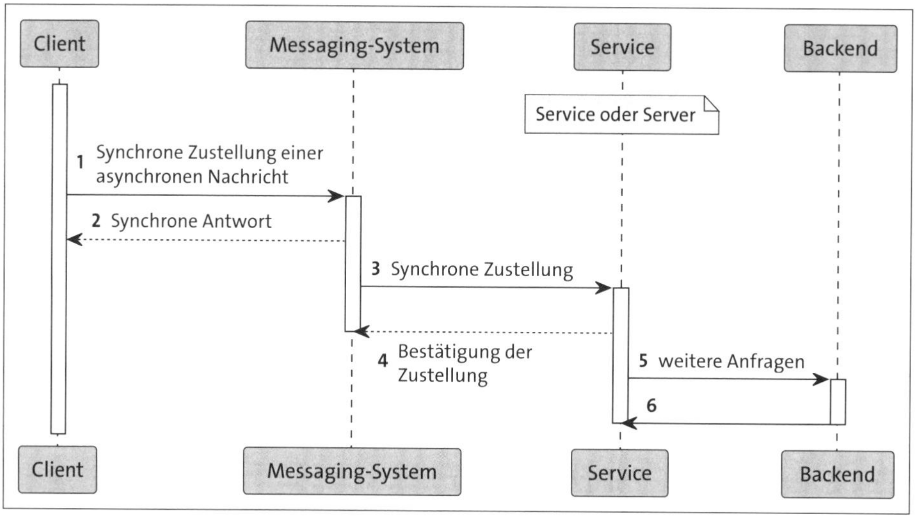

Abbildung 6.2 Asynchrone Kommunikation

Antwort bei asynchroner Kommunikation?

Asynchrone Kommunikation zeichnet sich dadurch aus, dass der Sender nicht unmittelbar eine Antwort auf seine Nachricht erhält. Das ist nicht immer sinnvoll, und in den meisten Fällen wird eine Antwort vom aufgerufenen System erwartet – insbesondere dann, wenn es sich um eine Anfrage, eine Frage oder eine Aufgabe handelt.

Mit dem sogenannten *Request-Reply*-Mechanimus und einem Correlation Identifier (Näheres dazu finden Sie in Abschnitt 6.3.3, »Message Construction Patterns«) kann eine solche Kommunikation mit Antwort aufgebaut werden und die asynchrone Kommunikation erweitert werden.

Messaging und Messaging-Systeme

Messaging bezeichnet eine spezielle Form der asynchronen Kommunikation, bei der ein zentraler Vermittler – ein sogenanntes *Messaging-System* bzw. eine *Message-Oriented Middleware* (MOM) – die Nachrichtenvermittlung übernimmt.

Verwendung

Asynchrone Kommunikation eignet sich für den Informations- bzw. Nachrichtenaustausch von Systemen, in denen ein Zeitverzug der Verarbeitung akzeptabel ist bzw. in denen die Verarbeitung der Nachrichten zeitlich entkoppelt werden soll.

Beispiele hierfür sind Batch-Verarbeitungen oder APIs, die größere Datenbankabfragen im Hintergrund durchführen und das Ergebnis erst nach abgeschlossener Verarbeitung dem Client senden.

Messaging-Lösungen, die auf eine asynchrone Kommunikation aufbauen, können zusätzlich dazu genutzt werden, um einen Nachrichtenaustausch robuster und flexibler zu gestalten. Nachrichten können beispielsweise an mehrere Empfänger zugestellt oder durch das Messaging-System zwischengespeichert werden, damit Vorgänge wiederholt oder, wenn ein Kommunikationspartner nicht verfügbar ist, verlässlich durchgeführt werden.

Vorteile

- Innerhalb des Clients kommt es zu keinen blockierenden Aufrufen.
- Die Kommunikationspartner beim Messaging müssen nicht zur gleichen Zeit verfügbar und nicht direkt miteinander verbunden sein. Es findet eine Entkopplung statt.
- Messaging-Lösungen bieten häufig Mechanismen zum Zwischenspeichern von Nachrichten, sodass selbst dann, wenn ein System ausfällt, diese nicht verloren gehen. Nachrichten können dementsprechend, sobald das System wieder verfügbar ist, zu einem späteren Zeitpunkt verarbeitet werden.
- Das Puffern und Zwischenspeichern von Nachrichten beim Messaging kann zusätzlich dazu genutzt werden, um verarbeitende Systeme zu entlasten, indem Nachrichten zeitverzögert und sequenziell abgearbeitet werden. Bei synchronen

Aufrufen müssen diese direkt bearbeitet werden. In asynchronen Szenarien kann beispielsweise der Empfänger die Verarbeitungsgeschwindigkeit und Parallelität bestimmen.

- Nachrichten können durch eine eingesetzte Messaging-Lösung flexibel an mehrere Empfänger zugestellt werden.

Nachteile

- Asynchrone Kommunikation ist in der Regel komplexer und schwieriger zu implementieren, da zusätzliche Konzepte beachtet bzw. umgesetzt werden müssen – wie eine parallele Verarbeitung, zeitliche Entkopplung und einzuhaltende Reihenfolgen in der Verarbeitung oder Wiederholungslogik.
- Beim Einsatz einer Messaging-Lösung steigt die Komplexität der eingesetzten Infrastruktur. Neue Komponenten müssen integriert und verwaltet werden.
- In einer asynchronen Kommunikation treten Fehler eventuell erst zeitverzögert auf und müssen an den Aufrufenden zurückgemeldet werden. Zusätzlich müssen Mechanismen zum Wiederholen von fehlgeschlagenen Verarbeitungen umgesetzt werden.
- Die Verarbeitung der Nachrichten findet nicht sofort statt und ein konsistenter Zustand des Gesamtsystems ist dementsprechend ebenfalls erst zu einem späteren Zeitpunkt gewährleistet.
- Die Reihenfolge der Nachrichtenverarbeitung kann bei paralleler Verarbeitung eine Herausforderung darstellen.

Beispiele

- ereignisgesteuerte Aktionen
- Messaging
- Batch-Verarbeitung
- Webhooks

6.1.3 Streaming

Streaming bezeichnet eine kontinuierliche Datenübertragung zwischen Systemen. Im Gegensatz zu einer Request-Response-basierten Kommunikation, bei der die gesamte Datenmenge auf einmal übertragen wird, werden beim Streaming die Datenpakete fortlaufend in kleineren Einheiten übertragen. Dies ist insbesondere dann nützlich, wenn entweder große Datenmengen oder Echtzeitdaten übertragen werden sollen bzw. wenn die Latenz zwischen Anfrage und erster Verarbeitung der Daten verringert werden soll. In einer streaming-basierten Kommunikation kennt der Client oftmals nicht die endgültige Datenmenge, die vom Server übertragen wird.

Abbildung 6.3 zeigt ein Sequenzdiagramm, bei dem ein Client eine Kommunikation mittels Streaming startet und daraufhin vom Server fortlaufend mit neuen Datenpaketen versorgt wird. Der Client kann die Daten sofort verarbeiten und muss nicht warten, bis sämtliche Daten auf dem Server vorliegen bzw. von ihm an den Client übertragen wurden.

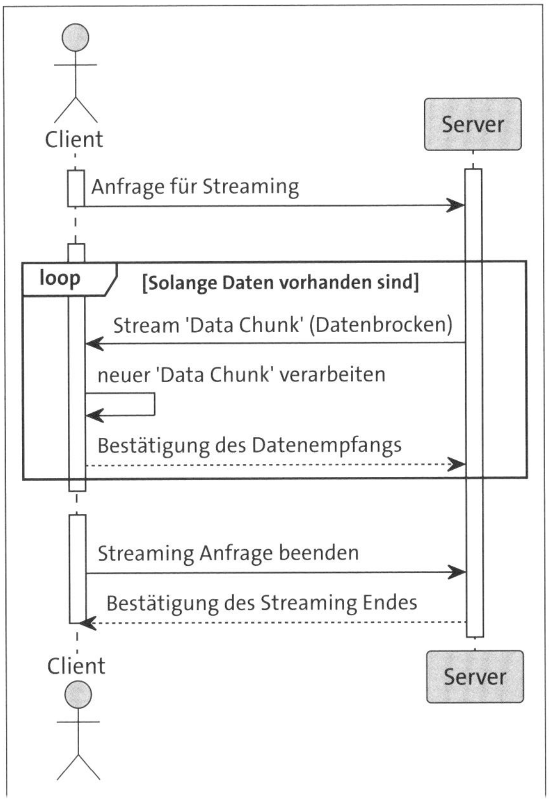

Abbildung 6.3 Sequenzdiagramm für das Streaming

Verwendung

Die Kommunikation mittels Streaming ist sinnvoll, wenn große Datenmengen effizient und mit geringer Latenz in Echtzeit übertragen werden sollen. Klassische Anwendungsfälle für das Streaming sind beispielsweise die Videotelefonie oder Börsendaten, die sich in Echtzeit im Browser aktualisieren müssen.

Auch aufgrund der geringen Latenz und einer effizienteren Ressourcennutzung wird bei der Kommunikation zwischen Microservices oftmals Streaming eingesetzt. Auf Server- wie auch auf Clientseite müssen für Anfragen nicht mehr die kompletten Daten im Speicher zwischengespeichert werden, um eine komplette Rückgabedatenstruktur (z. B. ein JSON-Dokument) aufzubauen. Zusätzlich können Clients bereits beim Empfang des ersten Datenpakets mit ihrer Verarbeitung starten und somit eine geringe Reaktionszeit erreichen.

Übertragungen können beim Streaming nicht nur vom Server zum Client stattfinden, sondern auch in die entgegengesetzte Richtung, also vom Client zum Server. Je nach eingesetzter Technologie ist auch ein bidirektionales Streaming möglich.

HTTP-Range und Streaming

Im RFC 7233 werden die sogenannten *HTTP-Range Requests* (dt. »HTTP-Range-Anfragen«) spezifiziert, die es einem HTTP-Client erlauben, nur bestimmte Datenblöcke einer größeren Datei von einem Server anzufragen, anstatt diese komplett herunterzuladen. Diese Technologie wird ebenfalls gerne bei Microservices eingesetzt, um große Datenmengen zu übertragen.

In der ersten HTTP-Anfrage teilt der Server dem Client die gesamte Größe der Datei mit und in den folgenden Aufrufen kann der Client mit einem speziellen HTTP-Header spezielle Teile der Datei abfragen. In der hier gezeigten Anfrage fordert der Client beispielsweise die Bytes 1000 bis 5000 vom Server an:

```
GET /video.mp4 HTTP/1.1
Host: example.com
Range: bytes=1000-5000
```

Bei dieser Art der blockweisen Übertragung handelt es sich streng genommen *nicht* um eine streaming-basierte Kommunikation, da der Client bereits zu Beginn über die endgültige Datenmenge informiert wird und die Übertragung nicht fortlaufend, sondern auf explizite Anfrage des Clients durchgeführt wird.

HTTP-Range-Anfragen sind beispielsweise für die Wiederaufnahme unterbrochener Downloads nützlich, aber es handelt sich nicht um echtes Streaming.

Vorteile

- geringe Latenz, da die Daten fortlaufend in kleineren Portionen übertragen werden und ein Client frühzeitig mit einer Verarbeitung starten kann, ohne auf die komplette Übertragung warten zu müssen
- effiziente Ressourcennutzung, da nicht die gesamte Datenmenge einer Anfrage im Speicher zwischengespeichert werden muss, sondern sukzessive verarbeitet werden kann
- Skalierbarkeit, da Streaming-Technologien für große Datenmengen und verteilte Systeme entworfen wurden

Nachteile

- Die Komplexität der Umgebung und der Anwendung steigt.

Beispiele

- WebSockets
- Event-Streaming mit Produkten wie z. B. Apache Kafka oder NATS (siehe *https://docs.nats.io/*)
- gRPC mit Streaming
- VoIP

6.2 Resilience Patterns

Bei jeder Datenübertragung zwischen Systemen, unabhängig vom eingesetzten Kommunikationsstil, können Fehler auftreten. Diese können beispielsweise durch technische Störungen, fehlerhafte Software oder auch durch menschliche Eingriffe verursacht werden.

Ruft ein System ein anderes System auf, kann es bei beispielsweise 10.000 Aufrufen dementsprechend zu insgesamt 10.000 Fehlern kommen. Die Wahrscheinlichkeit, dass einer dieser möglichen 10.000 Fehler eintritt, nimmt mit der Anzahl der in den Aufruf involvierten Systeme oder Komponenten zu. Je länger eine Aufrufkette der beteiligten Komponenten ist, desto höher ist die tatsächliche Eintrittswahrscheinlichkeit eines Fehlers.

Abbildung 6.4 zeigt als Beispiel eine Aufrufkette für einen einfachen Service, der für die Beantwortung von Client-Anfragen eine zentrale Datenbank nutzt. In der gezeigten Aufrufkette sind allerdings nicht nur die genannten Anwendungskomponenten Client, Server und Datenbank beteiligt, sondern auch weitere Infrastrukturkomponenten, die ebenfalls ausfallen bzw. Fehler verursachen können. Die Aufrufkette des Beispiels beinhaltet dementsprechend bereits acht Komponenten.

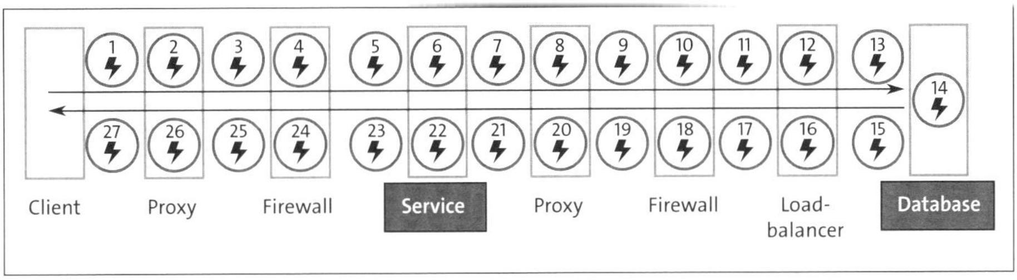

Abbildung 6.4 27 Fehlermöglichkeiten beim Aufruf einer Datenbank

Zählt man nur die sogenannten *Integration-Points*, also die Punkte, an denen ein System ein anderes System anfragt bzw. wieder eine Antwort zurückgeliefert bekommt, haben wir bereits 14 Punkte, an denen Fehler auftreten können (7 für eine Strecke und insgesamt 14 beim Hin- und Rückweg). Geht man zusätzlich noch davon aus, dass auch innerhalb der Komponenten Fehler auftreten können, kommen in diesem kleinen Beispiel bereits 27 mögliche Fehlerquellen zusammen, die die Eintrittswahrscheinlichkeit für Fehler beeinflussen.

Die Frage, die man sich beim Betrieb von verteilten Systemen und Anwendungen, die über ihre eigenen Systemgrenzen hinweg kommunizieren, stellen muss, lautet demnach nicht, ob ein Fehler auftritt, sondern eher wann ein Fehler aufritt.

Mit der zunehmenden Verbreitung von verteilten Anwendungen und des Architekturstils der Microservices, der seit den frühen 2000er-Jahren an Popularität gewann, nahmen auch die Fehler in diesen Systemen bzw. ihren Kommunikationsverbindungen zu, und Michael T. Nygard stellte 2007 fest, dass das Softwaredesign bis dahin aus seiner Sicht nicht vollständig war:

> *»Software design as taught today is terribly incomplete. It talks only about what systems should do. It doesn't address the converse—things systems should not do.« (Michael T. Nygard)*

Er veröffentlichte daraufhin sein Buch *»Release IT! Design and Deploy Production-Ready Software«* und legte damit den Grundstein für die sogenannten *Resilience Pattern*, die Lösungen beschreiben, mit deren Hilfe Systeme widerstandsfähiger gegen Störungen und Fehler werden können.

Bis zu diesem Zeitpunkt wurden Anwendungen und Systeme maximal redundant ausgelegt. Das bedeutete, dass für jedes System mindestens ein weiteres System vorhanden war, das die Aufgaben beim Ausfall des ersten Systems übernehmen konnte. Oftmals bestand eines der obersten Ziele darin, eine absolute Ausfallsicherheit zu gewährleisten, um die Anwendung verfügbar zu halten.

Ein zentrales Prinzip dieses redundanzbasierten Ansatzes ist allerdings die Annahme, dass Programme in der Regel aufgrund interner Fehler wie Bugs abstürzen. In modernen Programmiersprachen mit verbesserter Speichersicherheit sind jedoch vollständige Abstürze seltener geworden und stellen heutzutage kaum noch ein relevantes Problem dar.

In den zunehmend verteilten Systemen können hingegen Probleme häufig an den sogenannten *Integration Points* entstehen, da hier verschiedene Komponenten miteinander verbunden sind und es so zu Problemen innerhalb der Anwendung kommen kann.

> *»Integration points are the number-one killer of systems.« (Michael T. Nygard)*

Die *Resilience Patterns* fokussieren sich hingegen darauf, Fehler als unvermeidliches Element zu akzeptieren. Das Ziel der Patterns liegt nicht mehr in einer absoluten Ausfallsicherheit der Umgebung, sondern in einer fehlertoleranteren Architektur, die auch bei auftretenden Problemen weiterhin funktionieren und angemessen reagieren kann.

Fehler werden als Teil der Realität hingenommen und akzeptiert. Somit können Systeme mit einer vorausschauenden Planung und dem Design von Mechanismen zur Bewältigung möglicher Fehler robust gegen Störungen werden und eine gewisse Widerstandsfähigkeit aufbauen.

Anwender sollen ihre Anwendungsfälle, eine sogenannte *Unit-of-Work* bzw. *Geschäftstransaktion*, weiterhin durchführen und erfolgreich abschließen können. Im Idealfall erkennt der Anwender im Fehlerfall keine Unterschiede zu einer problemlosen Durchführung.

6.2.1 Fehlerpropagation

Ein hohes Risiko im Umgang mit komplexen Systemen besteht darin, dass scheinbar harmlose lokale Probleme sich wie Kettenreaktionen über ein Gesamtsystem ausbreiten und schließlich zu einem vollständigen Systemzusammenbruch führen können. Häufig beginnt ein solcher Komplettausfall mit einer kleinen Störung, die zunächst unbedeutend erscheint – z. B. mit einer langsam reagierenden Datenbankverbindung.

Dieser Verzögerung kann z. B. die Ursache zugrunde liegen, dass viele gleichzeitige Anfragen vorliegen und der verfügbare Verbindungspool schnell gefüllt ist. Neue Verbindungen können dann nicht mehr ausreichend schnell oder überhaupt nicht mehr hergestellt werden. Die Folge sind blockierende Threads, die auf neue Verbindungen aus dem Datenbankverbindungspool warten und in der Zwischenzeit selbst weitere Ressourcen oder Anfragen blockieren.

Im Falle eines Microservice können das beispielsweise Remote-Verbindungen sein, die nicht mehr beantwortet werden und somit weitere Systeme in Mitleidenschaft ziehen.

Eine zunächst unbedeutende Verzögerung oder Störung kann sich, vergleichbar einem Steinschlag in der Frontscheibe eines Autos, allmählich weiterentwickeln und zu weiteren weitverzweigten Problemen oder Ausfällen führen – bis zum Ausfall eines Gesamtsystems. Michael T. Nygard spricht in diesem Zusammenhang von sogenannten *Cracks*, die sich in einem System ausbreiten.

Aus diesem Grund ist es wichtig, die Verbreitung von Fehlern zu unterbinden, um damit das Gesamtsystem zu schützen. Analog zur Automobilindustrie, in der sich beispielsweise sogenannte Knautschzonen etabliert haben, die im Falle eines Zusammenstoßes die auftretende Aufprallenergie aufnehmen und absichtlich zusammenbrechen, um die Insassen zu schützen, können auch in Softwaresystemen definierte Schwachstellen bzw. Trennschalter eingebaut werden, die auftretende Fehler absorbieren und sich um diese kümmern und so das Gesamtsystem schützen.

Diese Trennschalter bzw. *Crackstoppers* können in einem System unverzichtbare Bestandteile zum Schutz vor Überlastung sein.

> *»At each step in the chain of failure, the crack can be accelerated, slowed, or stopped. High levels of complexity provide more directions for the cracks to propagate in.« (Michael T. Nygard)*

Die explizite Bearbeitung von Fehlern sorgt für Transparenz: Der Umgang mit ihnen ist vorhersehbar und verhindert somit unvorhergesehene Folgen.

6.2.2 Untergliederung der Resilience Patterns

Die *Resilience Patterns* können, je nach ihrer grundsätzlichen Aufgabe, in unterschiedliche Kategorien untergliedert werden:

- Fehlervermeidung
- Fehlererkennung
- Fehlerkorrektur
- Wiederherstellung
- Elastizitäts- und Skalierungsmuster

In den folgenden Abschnitten stelle ich ausgewählte Patterns für diese Zwecke vor.

Patterns zur Fehlervermeidung

Patterns in dieser Kategorie haben das Ziel, proaktiv Fehler zu vermeiden. Ihre Aufgabe besteht darin, die Stabilität eines Systems bereits im Design und während der Implementierung sicherzustellen und potenzielle Schwachstellen und damit mögliche Fehlerursachen zu minimieren.

Aus folgenden Gründen ist das Pattern unter anderem wichtig:

- **Vermeidung von zu komplexen Strukturen im Anwendungsdesign** – Je komplexer eine Anwendung aufgebaut ist, desto höher ist die Anzahl potenzieller Fehlerquellen. Müssen Daten beispielsweise von externen Services oder Datenbanken geladen werden, nimmt, wie ich oben bereits beschrieben habe, die Anzahl der sogenannten Integration-Points zu und die Gefahr von Funktionsstörungen gleichfalls. Aber auch ein intern zu komplexes Anwendungsdesign kann zu fehlerbehaftetem Code und somit zu daraus resultierenden Ausfällen führen.
- **Redundanz** – Die Redundanz von Systemen spielt auch in verteilten Systemen weiterhin eine große Rolle, und der Einsatz mehrerer Instanzen für kritische Komponenten ist sinnvoll, um entsprechende Ausfälle abmildern zu können.
- **Sinnvolle Timeout-Steuerung und Zeitlimits** – Sinnvoll gewählte Timeouts können dazu genutzt werden, blockierende Aufrufe abzubrechen und somit Ressour-

cen wieder freizugeben. Damit kann eine unkontrollierbare Fehlerausbreitung unterbunden bzw. minimiert werden.

Patterns zur Fehlererkennung

Wie ich in oben bereits beschrieben habe, ist ein zentrales Ziel einer robusten und widerstandsfähigen Architektur, die Ausbreitung von Fehlern im Gesamtsystem zu verhindern. Je frühzeitiger auftretende Störungen erkannt und isoliert werden, desto besser können notwendige Maßnahmen eingeleitet werden.

Die Aufgabe der Patterns in dieser Kategorie ist die Früherkennung von Fehlern, die potenziell das Gesamtsystem gefährden. Zu den Patterns in dieser Kategorie zählen unter anderem:

- **Heartbeats und Health Checks** – Unter *Heartbeats* bzw. *Health Checks* werden wiederkehrende, regelmäßige Überprüfungen von Komponenten verstanden, die erkennen sollen, ob die jeweilige Komponente noch aktiv und funktionsfähig ist.
- **Circuit Breaker** – Ein sogenannter *Circuit Breaker* unterbricht, analog zu einer Stromsicherung, die Kommunikation mit einer fehlerhaften Komponente, um externe Probleme zu isolieren und die Ausbreitung von Fehlern einzudämmen bzw. zu verhindern. Dieses Pattern wird in Abschnitt 6.2.4 näher betrachtet.
- **Monitoring und Alerting** – Mit diesen Maßnahmen und Patterns werden Überwachungsmechanismen implementiert, um Anomalien frühzeitig zu identifizieren und darüber zu informieren.

Patterns zur Fehlerkorrektur

In diese Kategorie fallen Muster, die die Auswirkungen von Fehlern minimieren sollen und das System trotz teilweiser Ausfälle funktionsfähig halten sollen.

Unter anderem zählen folgende Patterns zu dieser Kategorie:

- **Retry/Backoff** – Mit einem *Retry*-Mechanismus werden zuvor ausgeführte Anfragen an ein System wiederholt, um kurzfristige Fehler zu überbrücken. Ein sogenannter *Backoff*-Wert steuert dabei die sukzessive Erhöhung der Verzögerungen zwischen den einzelnen Wiederholungen.
- **Graceful Degradation** – Unter der *Graceful Degradation* versteht man den Ansatz, dass eine Anwendung weiterhin verfügbar bleibt, auch wenn Teile des Systems ausfallen bzw. nicht mehr verfügbar sind. Beispielsweise kann eine Internet-Shop-Anwendung auch ohne die Kommentarfunktion weiter betrieben werden. Anstatt komplett auszufallen, reduziert sich die Funktionalität der Anwendung schrittweise auf ein immer noch akzeptables Minimum.
- **Load Shedding** – Beim *Load Shedding* handelt es sich um eine Strategie zur Entlastung überlasteter Systeme. Bestimmte Abfragen oder Prozesse werden dabei gezielt abgewiesen oder erst zeitverzögert ausgeführt, um eine Überbelastung des

Systems zu vermeiden. Durch die Lastreduktion können wichtige Prozesse oder Anfragen weiterhin verarbeitet und kann das System stabil gehalten werden.

Patterns zur Wiederherstellung bzw. Recovery

Die Patterns dieser Kategorie fokussieren sich auf einen möglichst effizienten Wiederherstellungsprozess eines Systems nach einem Ausfall. Dadurch werden die Ausfallzeiten minimiert und wird der negative Einfluss auf Anwender durch schnellere Verfügbarkeit des Systems reduziert.

Unter anderem zählen folgende Patterns zu dieser Kategorie:

- **Auto-Recovery** – Mit dem Begriff *Auto-Recovery* wird eine automatische Wiederherstellung bzw. der automatische Neustart eines Dienstes oder einer Instanz nach einem Fehler bezeichnet.
- **Failover** – Beim Ausfall eines Dienstes oder einer Instanz wird bei einem *Failover* der Datenverkehr auf ein weiteres, redundantes Backup-System oder eine alternative Instanz umgeleitet.
- **Snapshot und Rollback** – Nach einem Ausfall kann das System mithilfe eines erstellten *Snapshots* wieder auf einen früheren Zustand zurückgesetzt werden. Ein Snapshot bezeichnet hierbei eine gespeicherte Kopie des Systemzustands zu einem definierten Zeitpunkt.

Elastizitäts- und Skalierungsmuster

Patterns in dieser Kategorie befassen sich mit der Fähigkeit, Schwankungen in der aktuellen Arbeitslast zu erkennen und dynamisch auf diese Änderungen zu reagieren. Durch eine automatische Anpassung an die aktuelle Situation sollen Überlasten einzelner Systeme vermieden werden. Auch hier geschieht dies zum Schutz des gesamten Systems.

Unter anderem zählen folgende Patterns zu dieser Kategorie:

- **Auto-Scaling** – Zur Laufzeit der Anwendung wird der tatsächliche Ressourcenbedarf ermittelt, und falls nötig werden neue Ressourcen (beispielsweise weitere Server, die die Anwendung ausführen) zur Verfügung gestellt oder nicht mehr benötigte Ressourcen werden wieder freigegeben.
- **Load Balancing** – Auftretende Last wird auf verschiedene Ressourcen (z. B. mehrere Instanzen einer Anwendung) verteilt, um zu stark ausgelastete Bereiche, sogenannte *Hot Spots*, zu vermeiden. Durch deren übermäßige Nutzung könnte es an anderer Stelle zu Engpässen kommen, was die Gesamtleistung des Systems negativ beeinflussen könnte.
- **Partitionierung** – Systeme, Dienste oder Daten werden in mehrere logische Einheiten unterteilt, um die Skalierbarkeit und die Isolation zu verbessern.

6.2.3 Timeout Pattern

Eines der grundlegendsten und effektivsten Resilience Pattern zur Erhöhung der Stabilität, Robustheit und Reaktionsfähigkeit eines Systems ist das *Timeout Pattern*. Sinnvoll gewählte Timeouts können Fehler isolieren und unerwartete Ereignisse daran hindern, sich unkontrolliert innerhalb eines Systems auszubreiten.

Timeouts dienen dazu, Prozesse abzubrechen, von denen nach dem Überschreiten eines bestimmten Zeitrahmens keine Antwort mehr erwartet wird.

In Abbildung 6.5 ist zur Verdeutlichung ein Beispielprozess eines Internet-Shops dargestellt, in dem ein Kunde über den enthaltenen `OrderService` eine Bestellung auslöst und auf eine synchrone Antwortet wartet. Der `OrderService` wiederum nutzt für die Abarbeitung der Anfrage die zwei Services `PaymentService` und `ShippingService`. Beide Services sind im Beispiel als eigenständige Microservices ausgelegt und werden über das Netzwerk aufgerufen.

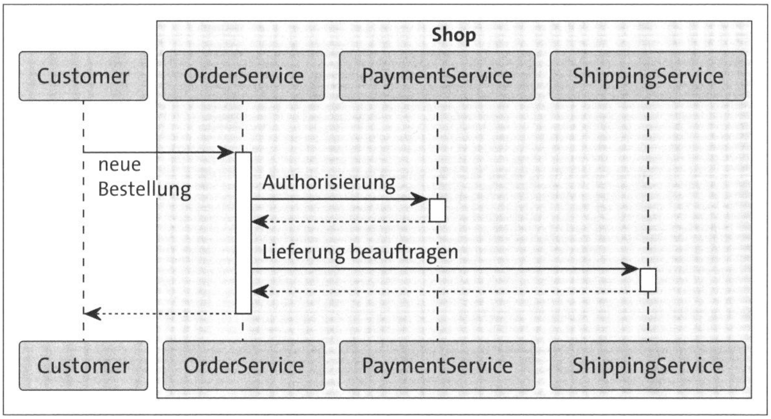

Abbildung 6.5 Beispiel für einen Bestellprozess

Ohne eine Timeout-Steuerung könnte der Ablauf des Prozesses wie folgt aussehen:

- Der Kunde schließt seine Bestellung im Shop ab und erstellt dementsprechend im `OrderService` eine neue Bestellung.
- Der `OrderService` ruft den `PaymentServive` auf, um die Zahlungsinformationen des Kunden zu verifizieren und die Zahlung zu autorisieren.
- Der `OrderService` wartet auf eine Antwort des `PaymentService`, um danach den `ShippingService` zu informieren.
- Allerdings hat der `PaymentService` zu diesem Zeitpunkt aufgrund einer Überlast oder eines Netzwerkausfalls Probleme, die Anfrage zu beantworten. Seine Antwort kommt entweder zeitverzögert oder bleibt komplett aus. In der Folge ist die gesamte Verarbeitung des Prozesses blockiert und bleibt hängen.

Der Kunde ist in diesem Beispiel gezwungen, entweder lange auf eine Rückmeldung zu warten, oder der Prozess schlägt schlussendlich fehl. Das beeinträchtigt die Benutzererfahrung, und das System kann unter Umständen überhaupt keine weiteren Daten mehr ausliefern. Blockieren beispielsweise mehrere Kundenbestellungen, kann das dazu führen, dass ebenfalls der HTTP-Verbindungspool für eingehende Anfragen ausgelastet ist und somit weitere eintreffende Anfragen von anderen Kunden blockiert werden.

Mit der Anwendung des Timeout-Patterns kann das Problem gelöst werden. Der Prozess könnte wie folgt aussehen:

- Der Kunde schließt seine Bestellung im Shop ab und erstellt dementsprechend im `OrderService` eine neue Bestellung.
- Der `OrderService` ruft mit einem festgelegten Timeout von z. B. zwei Sekunden den `PaymentServive` auf, um die Zahlungsinformationen des Kunden zu verifizieren und die Zahlung zu autorisieren.
- Wenn der `PaymentService` innerhalb der konfigurierten zwei Sekunden keine Antwort liefert, bricht der `OrderService` die Anfrage ab.

Nach dem Timeout bestehen im `OrderService` mehrere Alternativen, um mit der Situation umzugehen:

- Der Kunde erhält zeitnah eine Fehlermeldung, die besagt, dass eine Zahlung aktuell nicht möglich ist und er es später erneut versuchen soll.
- Es wird ein *Retry-Mechanismus* eingesetzt, mit dem die Zahlungsanfrage nach einer kurzen, vordefinierten Zeit erneut gestellt wird.
- Es wird das *Circuit Breaker Pattern* eingesetzt, das in Abschnitt 6.2.5 behandelt wird.
- Speichern der Bestellung und erneute asynchrone Verarbeitung: Dem Kunden kann in diesem Fall eine Meldung angezeigt werden, dass seine Bestellung erfolgreich entgegengenommen wurde und seine Zahlungsdaten überprüft werden.

Der Einsatz des *Timeout Pattern* bietet dementsprechend folgende Vorteile:

- Ressourcen werden nicht blockiert und stehen anderen Prozessen zur Verfügung.
- Die Benutzererfahrung kann durch frühzeitiges Feedback zum Prozess verbessert werden.
- Fehler werden isoliert, sodass Probleme einer Ressource bzw. eines externen Service sich nicht auf das gesamte System auswirken.

Um es mit Michael T. Nygard zu sagen:

> *»The Timeouts pattern is useful when you need to protect your system from someone else's Failure.« (Michael T. Nygard)*

Timeouts sollten allerdings nicht nur für externe Verbindungen, sondern bei allen potenziell blockierenden Ressourcenzugriffen konfiguriert werden, z. B. bei der Arbeit mit Thread-Pools. Blockierende Threads können, wie bereits erwähnt, gesamte Systeme lahmlegen und zu unvorhersehbaren Kettenreaktionen führen.

Die Konfiguration von Timeouts ist nicht nur in einer niedrigen Abstraktions- bzw. Anwendungsebene wie bei der Netzwerkkonfiguration sinnvoll. Auch höhere Abstraktionsebenen können von einer entsprechenden Konfiguration profitieren. Die Werte sollten allerdings immer aufeinander abgestimmt werden. Das ist nicht trivial, und bei Änderungen im System (z. B. durch die Einführung eines neuen Backend-Systems, das während eines Prozesses aufgerufen wird) müssen diese erneut überprüft werden.

Im obigen Beispiel könnte der `OrderService` mit einer Timeout-Konfiguration von beispielsweise fünf Sekunden ausgestattet werden, sodass der Client eine maximale Wartezeit von dieser Zeit hat. Jeder enthaltene Aufruf könnte (wie in Abbildung 6.6 dargestellt) mit einer kürzeren Zeitspanne als der Gesamt-Timeout konfiguriert werden.

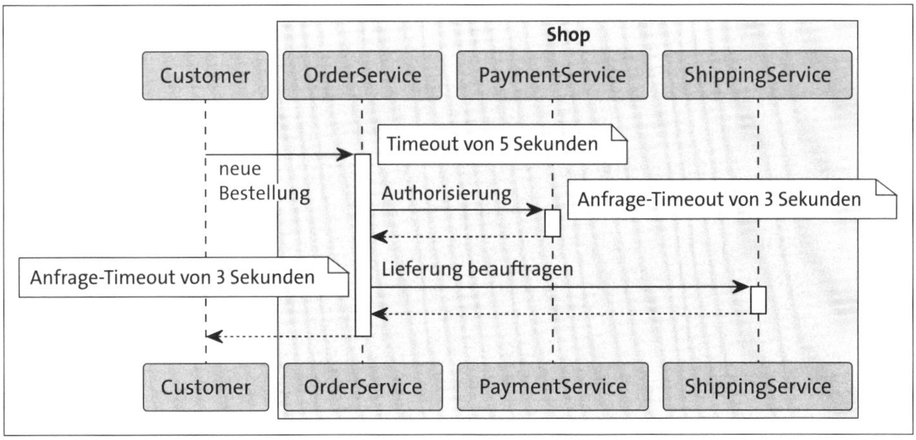

Abbildung 6.6 Timeout-Konfiguration im Beispiel-Bestellprozess

Timeouts bei asynchronen Prozessen und Messaging

Arbeitet man mit asynchronen Prozessen und Messaging, kann eine Nachricht mit einer sogenannten *Time-To-Live-Information* (TTL-Information) ausgestattet werden. Diese Information legt entweder ein Ablaufdatum oder eine maximale Lebensdauer für die Nachricht fest, um z. B. zu verhindern, dass die Nachricht unbegrenzt in einer Warteschlange verbleibt oder veraltete Daten verarbeitet werden.

Vor Beginn der eigentlichen Verarbeitung prüft jede Komponente bzw. das Messaging-System, ob die Nachricht bereits abgelaufen ist. Falls ja, wird die Verarbeitung abgebrochen und die Nachricht nicht verarbeitet bzw. abgewiesen.

Konfiguration von Timeout-Werten in Bibliotheken

Die meisten Kommunikationsbibliotheken, wie z. B. Datenbanktreiber oder HTTP-Clients, bieten heutzutage die Möglichkeit, verschiedenste Timeout-Werte zu konfigurieren. Allerdings sollten die vorgegebenen Werte stets überprüft und an den eigenen Anwendungsfall angepasst werden. Ein unreflektierter Einsatz der Standardwerte sollte in jedem Fall vermieden werden.

In vielen HTTP-Client-Bibliotheken sind auch gar keine Timeouts konfiguriert. Das ist bei Streaming-Anwendungen sinnvoll, da bei ihnen offene Verbindungen nicht geschlossen werden sollen. Dies ist jedoch in allen anderen Fällen problematisch und kann, wie im Beispiel weiter oben beschrieben, die Stabilität einer ganzen Umgebung gefährden.

Listing 6.1 zeigt beispielsweise das »Getting Started«-Beispiel der *Apache HTTPComponents*-Bibliothek Version 5, in dessen Default-Einstellungen ein Socket-Timeout von drei Minuten eingestellt ist. Das heißt, der Client blockiert maximal drei Minuten, wenn die Gegenstelle keine Daten liefert. Das kann in manchen Situationen bereits zu lange sein.

```
try (CloseableHttpClient httpclient = HttpClients.createDefault()) {
    ClassicHttpRequest httpGet = ClassicRequestBuilder.get("...")
            .build();
     httpclient.execute(httpGet, response -> {
        System.out.println(response.getCode());
        final HttpEntity entity1 = response.getEntity();
        EntityUtils.consume(entity1);
        return null;
    });
}
```

Listing 6.1 Das »Getting Started«-Beispiel des Apache HttpClient (Java)

Für den HttpClient 5.x kann wie in Listing 6.2 eine Socket-Timeout- und eine Connect-Timeout-Einstellung vorgenommen werden:

```
ConnectionConfig connConfig = ConnectionConfig.custom()
        .setConnectTimeout(200, TimeUnit.MILLISECONDS)
        .setSocketTimeout(200, TimeUnit.MILLISECONDS)
        .build();

BasicHttpClientConnectionManager conMan =
 new BasicHttpClientConnectionManager();
conMan.setConnectionConfig(connConfig);
...
HttpClients.custom().setConnectionManager(conMan).build();
```

Listing 6.2 Timeout-Settings für HttpClient 5.x (Java)

Informieren Sie sich immer über die Konfigurationsmöglichkeiten Ihrer Client-Bibliotheken und konfigurieren Sie diese Ihren Anforderungen entsprechend. Mit Tools wie *Toxiproxy* können Sie die eingesetzten Werte testen und so sicherstellen, dass diese auch zum Einsatz kommen.

Toxiproxy zum Testen von TCP-Verbindungen

Toxiproxy ist ein Open-Source-Framework, mit dem schlechte Netzwerkverbindungen simuliert werden können. Auf diese Weise können Sie hervorragend Timeout-Einstellungen einer Client-Bibliothek überprüfen. 6

Innerhalb einer zentralen Toxiproxy-Instanz können für einzelne TCP-Verbindungen sogenannte *Proxys* konfiguriert werden, über die Applikations-Clients mit ihrem eigentlichen Zielserver, einem *Upstream-Server*, kommunizieren können. Jede dieser Verbindungen kann mit einem oder mehreren Fehlverhalten, sogenannten *Toxics*, konfiguriert werden, um die Kommunikation zwischen den einzelnen Partnern zu stören.

In Abbildung 6.7 sehen Sie eine Toxiproxy-Instanz, für die ein Proxy konfiguriert wurde, der Anfragen eines Clients auf Port 9999 entgegennimmt und diese an einen Upstream-Server auf Port 80 weitergibt. Dieser Proxy kann nun über eine Management-API mit Fehlverhalten ausgestattet werden.

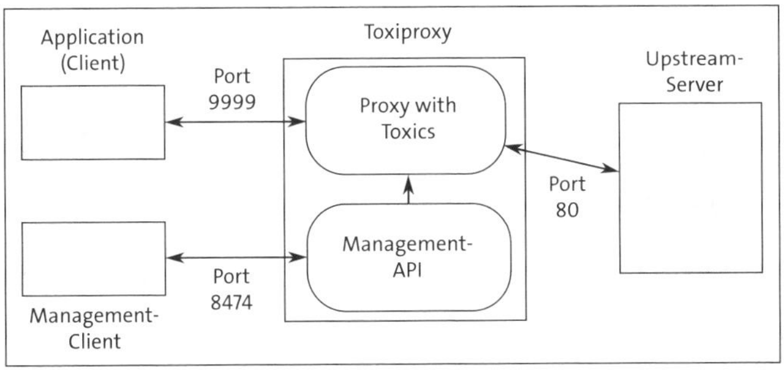

Abbildung 6.7 Aufbau von Toxiproxy

Die Toxiproxy-Distribution enthält zum einen die eigentliche Toxiproxy-Instanz, aber auch Management-Clients als Programmierbibliotheken in verschiedenen Sprachen sowie einen Kommandozeilenclient, mit dem die Proxys konfiguriert werden können.

Folgende Toxics können konfiguriert werden:

- **latency** – Mit diesem Toxic kann eine Zeitverzögerung in die Datenübertragung durch den Proxy aufgenommen werden.
- **down** – Proxys können komplett aktiviert oder deaktiviert werden, um Erreichbarkeitsprobleme zu simulieren.
- **bandwidth** – Datenverbindungen durch die Proxys können mit diesem Toxic limitiert und auf einen maximalen Wert pro Sekunde konfiguriert werden.
- **slow_close** – Am Ende einer Datenübertragung, wenn die Verbindung wieder geschlossen werden sollte, kann der Verbindungsabbau verzögert werden.

- **timeout** – Mithilfe des *timeout*-Toxic können Verbindungen nach einer definierten Zeit geschlossen oder endlos blockiert werden.
- **reset_peer** – Dieses Toxic simuliert ein *TCP RESET (Connection reset by peer)*, der zusätzlich mit einem Zeitverzug ausgestattet werden kann.
- **slicer** – Größere Datenpakete können mit diesem Toxic bei der Übertragung in kleinere Portionen zerlegt und optional mit einem Zeitversatz ausgestattet werden.
- **limit_data** – Schließt die Verbindung nach einem definierten Datenlimit.

Mit dem Kommandozeilenclient können Sie z. B. mit den folgenden Kommandos einen neuen Proxy für eine Redis-Kommunikation erstellen und konfigurieren:

```
toxiproxy-cli create -l localhost:26379 -u localhost:6379 redis
toxiproxy-cli toxic add -t latency -a latency=1000 redis
```

Verbindet sich ein Client in diesem Fall anschließend mit dem Proxy und nicht direkt mit dem Upstream-Redis-Server, läuft die Kommunikation zeitverzögert ab und die Client-Konfiguration kann überprüft werden.

Toxiproxy ist unter folgender URL verfügbar:
https://github.com/Shopify/toxiproxy

6.2.4 Retry Pattern

Das *Retry Pattern* ermöglicht es Anwendungen, kurzzeitige Ausfälle oder fehlgeschlagene Operationen für den Aufrufenden transparent zu behandeln. Durch das wiederholte Ausführen der betroffenen Aktion wird sichergestellt, dass kritische Vorgänge trotz vorübergehender Probleme erfolgreich abgeschlossen werden können.

Problem und Motivation

Verteilte Anwendungen müssen so konzipiert sein, dass sie temporäre Ausfälle von Komponenten abfangen und angemessen auf diese Fehler reagieren können. Zu diesen Fehlern zählen kurzzeitige Verluste von Netzwerkverbindungen, die vorübergehende Nichtverfügbarkeit eines Dienstes (z. B. durch ein Deployment) oder Timeouts beim Zugriff auf einen externen Service.

Oftmals lösen sich Nichtverfügbarkeitsprobleme beim Zugriff auf einen externen Dienst nach kurzer Zeit von selbst und ein wiederholter Aufruf kann nach einer kurzen Wartezeit erfolgreich durchgeführt werden.

Sind die Verfügbarkeitsprobleme beispielsweise auf ein Deployment zurückzuführen, ist dieses nach einer gewissen Zeit abgeschlossen und der Service wieder verfügbar. Eventuell ist auch für eine Ressource eine sogenannte *Throttling Strategy* umgesetzt, bei der im Falle einer Überlastung nur eine bestimmte Menge an Anfragen bearbeitet wird.

Lösung

Jede Anwendung in einer Cloud-Umgebung sollte mit kurzfristigen Ausfällen von Komponenten umgehen und diese für den Geschäftsprozess möglichst transparent und ohne bemerkbare Auswirkungen behandeln können. Eine einfache Möglichkeit besteht in der Einführung eines *Retry-Mechanismus*, der die betroffene Aktion wiederholt, bis sie entweder erfolgreich durchgeführt wurde oder bis eine maximale Zahl an Wiederholungen erreicht wurde.

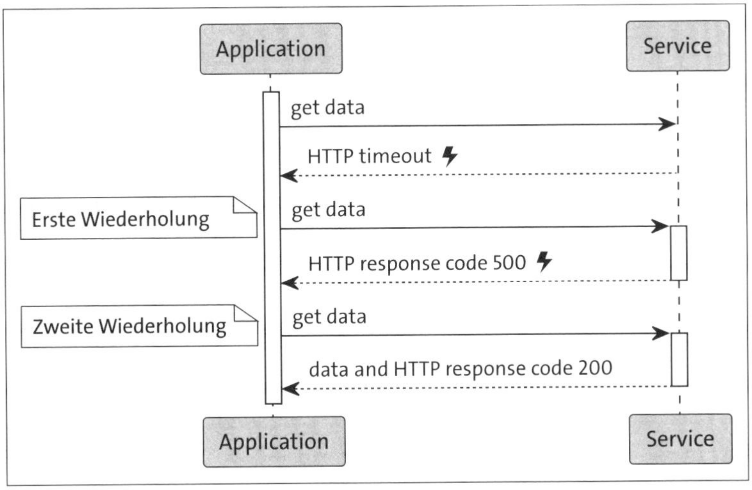

Abbildung 6.8 Sequenz eines Retry-Mechanismus

In Abbildung 6.8 ist ein Sequenzdiagramm für einen Retry-Mechanismus für einen HTTP-Aufruf gezeigt. Bei fehlerhaften Aufrufen wird die Aktion mehrmals wiederholt, bis die Daten schlussendlich abgerufen werden konnten oder bis die maximale Anzahl der Wiederholungen erreicht wird. In diesem Fall muss die Anwendung den Fehler entsprechend verarbeiten.

Lösungsbeispiel

Die Umsetzung eines Retry-Mechanismus kann durch eigenen Sourcecode oder alternativ mithilfe der Implementierungen stattfinden, die bereits in viele Bibliotheken eingebaut sind.

Wichtig ist in beiden Fällen, dass innerhalb der Implementierung anhand des Fehlers entschieden werden kann, wie mit der Fehlersituation umgegangen werden soll. Hierfür sind mehrere Strategien möglich:

- **Direkter Abbruch mit einem Fehler, keine Wiederholung** – Handelt es sich um einen Fehler, bei dem auch eine Wiederholung höchstwahrscheinlich keinen Erfolg versprechen würde, sollte die Aktion direkt abgebrochen werden. Meldet ein Server beispielsweise bei einem Anmeldeversuch zurück, dass der Anwender nicht gefunden wurde oder Eingabedaten nicht validiert werden konnten, wird eine Wiederholung ebenfalls nicht erfolgreich sein.

- **Sofortige Wiederholung** – Wenn die Ursache des Fehlers höchstwahrscheinlich nur kurzzeitig und vorübergehend besteht, kann eine sofortige Wiederholung sinnvoll sein, zum Beispiel wenn es sich um Paketverluste in der Netzwerkübertragung oder um selten auftretende *Race Conditions* bzw. Ressourcenbeschränkungen handelt.
- **Wiederholung nach Wartezeit** – In den meisten Fällen dauert es eine gewisse Zeit, bis ausgefallene Dienste oder Netzwerkkomponenten wieder verfügbar sind. Aufrufe mit Fehlern, die auf einen temporären, kurzzeitigen Ausfall hindeuten, bei denen aber eine sofortige Wiederholung nicht sinnvoll erscheint, sollten mit einer Zeitverzögerung ausgeführt werden, um die Wahrscheinlichkeit eines erneuten Fehlers und eine mögliche Überlastung des Zielsystems zu minimieren.

Die Bestimmung der Wartezeit zwischen der Wiederholung fehlgeschlagener Aufrufe erfolgt mithilfe einer sogenannten *Backoff-Strategie*. Gängige Varianten, die auch kombiniert eingesetzt werden können, sind:

- **Fixed Backoff** – Einsatz einer konstanten Zeitspanne zwischen den Wiederholungsversuchen. Diese Strategie ist sinnvoll, wenn sich bereits kurze Verzögerungen positiv auf die Erfolgsquote auswirken und das Zielsystem keine Überlastung zu erwarten hat.
- **Linearer Backoff** – Die Wartezeit zwischen den Wiederholungen wird mit jedem Versuch linear, also um einen fixen Wert erhöht. Bei einem linearen Backoff von zwei Sekunden würden die Wiederholungen damit nach zwei, vier, sechs usw. Sekunden stattfinden. Diese Strategie ist sinnvoll, wenn die Erhöhung der Wartezeit hilft, die Systemlast zu senken und die Erfolgsquote zu erhöhen.
- **Exponential Backoff** – Bei dieser Strategie erhöht sich die Wartezeit zwischen den Wiederholungen exponentiell. Beispielsweise könnte sich die Zeit zwischen den Versuchen verdoppeln und ein Service demnach nach zwei, vier, acht, sechzehn usw. Sekunden aufgerufen werden. Diese Strategie wird oft bei stark frequentierten Systemen eingesetzt, um die Last des fremden Systems zu verringern. Es ist sinnvoll, eine zeitliche Obergrenze festzulegen, um die Versuche zu begrenzen.
- **Exponential Backoff mit Jitter** – Diese Strategie basiert auf dem Exponential Backoff, verwendet allerdings zusätzlich zu den berechneten Werten eine zufällige Abweichung, ein sogenanntes *Jitter*, zwischen den Aufrufen. Besonders bei vielen zeitgleichen Anfragen von unterschiedlichen Clients ist eine zufällige Komponente sinnvoll, um eine Überlast durch zu viele Wiederholungen zu vermeiden.

»Fast retries are very likely to fail again.« (Michael T. Nygard)

In Java- oder Kotlin-Anwendungen können Sie beispielsweise die Bibliothek *Resilience4j* zur Implementierung eines Retry-Mechanismus einsetzen. Sie enthält bereits Umsetzungen verschiedener Strategien für die Fehlerbestimmung und Backoff-Strategien und enthält außerdem Erweiterungen für verschiedene Frameworks und Umgebungen, z. B. das Spring Framework.

Das Beispiel in Listing 6.3 zeigt die Implementierung eines Retry-Mechanismus mithilfe der *Resilience4j*-Bibliothek, in dem ein exponentieller Backoff verwendet wird. Die Unterscheidung, ob ein Aufruf des `HelloWorldService` wiederholt werden soll, wird anhand des String-Rückgabewerts der aufgerufenen Methode oder anhand einer erzeugten Exception vorgenommen.


```
// Backoff-Intervall-Konfiguration
IntervalFunction intervalWithExponentialBackoff = IntervalFunction
        .ofExponentialBackoff(IntervalFunction.DEFAULT_INITIAL_INTERVAL);

// Konfiguration für den Retry-Mechanismus
RetryConfig config = RetryConfig.<String>custom()
        // maximale Wiederholungszahl
        .maxAttempts(10)
        // Backoff-Konfiguration
        .intervalFunction(intervalWithExponentialBackoff)
        // Wiederholung bei bestimmten Ergebnissen
        .retryOnResult(response -> response.equals("error"))
        // Exceptions, die zu einem Retry führen sollen
        .retryExceptions(IOException.class, TimeoutException.class)
        // Exceptions, die für ein Retry ignoriert werden sollen
        .ignoreExceptions(BusinessException.class)
        .build();

Retry retry = Retry.of("helloworld", config);

// Aufzurufender Service
HelloWorldService helloWorldService = new HelloWorldService();

// Erstellen eines dekorierten Service mit Retry-Funktionalität
CheckedSupplier<String> supplier = Retry
        .decorateCheckedSupplier(retry, helloWorldService::sayHelloWorld);

// Aufruf des Service über den "Dekorator"
String result = supplier.get();
```

Listing 6.3 Resilience4J-Retry-Beispiel (Java)

Folgende Punkte sollten Sie bei einer Umsetzung bzw. Nutzung von Bibliotheken beachten.

Laufzeitverhalten

Werden fehlerhafte Aufrufe wiederholt, führt das zwangsläufig zu einer längeren Laufzeit des gesamten Prozesses. Aus diesem Grund muss die eingesetzte Retry-Strategie immer mit den Anforderungen an die Anwendung abgeglichen werden.

Für interaktive Anwendungen, bei denen ein Anwender auf Ergebnisse wartet, kann es sinnvoll sein, wenige und kurze Wiederholungen der fehlgeschlagenen Aufrufe durchzuführen, um damit den Anwender nicht zu langen Wartezeiten zu zwingen. Im Fehlerfall kann der Anwender aufgefordert werden, die Aktion zu einem späteren Zeitpunkt noch einmal durchzuführen. In Batchprozessen sind mehrere und längere Retrys dagegen unter Umständen sinnvoll, damit die entsprechenden Prozesse erfolgreich durchgeführt werden können.

Zu beachten ist ebenfalls, dass eine Retry-Strategie mit vielen kurzen Wiederholungen zu einem ungewollten Lastanstieg im Zielsystem führen kann und damit dieses System, falls es bereits an der Lastgrenze arbeitet, zu einem kompletten Absturz bringen könnte.

Idempotenz

Idempotente Operationen können einmal oder mehrfach aufgerufen werden, ohne das Ergebnis der Aktion über die erste Ausführung hinaus zu verändern.

Liefert der Aufruf einer Bestellfunktion dem Aufrufendem einen Fehler, könnte es beispielsweise erst nach dem Speichern der Daten zu Problemen gekommen sein. Eventuell konnten nur die Antwortdaten nicht an den Client übertragen werden.

In diesem Fall wäre eine wiederholte Ausführung, wenn die Bestellfunktion nicht idempotent ausgelegt ist, problematisch, da die Bestellung ein weiteres Mal ausgeführt werden würde.

Bei idempotenten Aktionen ist nicht die tatsächliche Antwort, sondern der interne Zustand des aufgerufenen Systems entscheidend. Wird z. B. ein Kundendatensatz über eine HTTP-`DELETE`-Methode gelöscht, kann beim ersten Aufruf eine positive Rückmeldung erfolgen und bei weiteren Aufrufen eine Fehlerinformation geliefert werden, da der Kunde nicht mehr existiert. Der Zustand des Systems ändert sich bei weiteren Aufrufen nicht.

HTTP-Methoden und Idempotenz

HTTP-Methoden, die auch als *HTTP-Verben* bezeichnet werden, sind Befehle, die in HTTP-Anfragen mit an den Server übertragen werden, um diesem mitzuteilen, welche Aktion mit einer bestimmten Ressource durchgeführt werden soll. Beim Aufruf einer Webseite wird z. B. die Methode `GET` verwendet, zum Senden eines Formulars die `POST`-Methode.

Idempotenz ist ein wichtiges Konzept für HTTP-Methoden, das die Zuverlässigkeit, Fehlertoleranz und Leistung von Webanwendungen verbessert. Im RFC 7231 befindet sich eine Liste der unterschiedlichen HTTP-Methoden und deren definierte Idempotenz. Leider halten sich nicht alle APIs an diese Definition.

Methode	Idempotent?
CONNECT	Nein
DELETE	Ja
GET	Ja
HEAD	Ja
OPTIONS	Ja
POST	Nein
PUT	Ja
TRACE	Ja
PATCH	Jein (siehe RFC 5789) – mit entsprechendem Header

Berücksichtigung von Fehlertypen

Der Aufruf eines externen Dienstes kann aus den verschiedensten Gründen scheitern. Der konkrete Fehler sollte immer innerhalb des Retry-Mechanismus berücksichtigt und entsprechend behandelt werden. Manche Fehler sollten zu Wiederholungen führen, für andere Fehler ist dies nicht sinnvoll. Mit typisierten Fehlerbeschreibungen wie z. B. dem RFC 7807 (*https://datatracker.ietf.org/doc/html/rfc7807*) können Fehler besser definiert und verarbeitet werden.

HTTP-Statuscodes für Fehlereinordnung

Im HTTP-Protokoll sind Statuscodes definiert, mit denen ein Server über den Ausgang einer Anfrage informieren kann. Mithilfe dieser Statuscodes kann der Client eine entsprechende Retry-Strategie wählen. Tabelle 6.1 enthält eine Übersicht, um den Fehlercode einer Retry-Aktion zuzuordnen.

Statuscode	Retry-Aktion
2xx	Erfolg: keine Wiederholung
3xx	Umleitungen: keine Wiederholung

Tabelle 6.1 Liste der »Retry«-Aktionen für HTTP-Statuscodes

Statuscode	Retry-Aktion
4xx	Client-Fehler: Eine Wiederholung ist meist nicht erfolgreich, da Eingabedaten nicht den Erwartungen entsprechen. Beispielsweise: `Status 405 Method not allowed`
5xx	Serverseitige Fehler: Hier kann eine Wiederholung sinnvoll sein.

Tabelle 6.1 Liste der »Retry«-Aktionen für HTTP-Statuscodes (Forts.)

Transaktionen

Jede Wiederholung einer Operation innerhalb einer laufenden Transaktion kann zu Problemen mit der Konsistenz der Gesamttransaktion führen.

Bricht beispielsweise ein Prozess durch einen fehlerhaften Aufruf ab, müssen eventuell zuvor erfolgreiche Remote-Aufrufe zurückgerollt werden. In diesen Situationen ist es eventuell sinnvoll, mit Retrys einzelner Schritte den gesamten Prozess vollständig durchzuführen und eine Zeitverzögerung in Kauf zu nehmen.

Wann kann oder soll man das Pattern einsetzen?

Das Pattern sollte immer dann eingesetzt werden, wenn es zu kurzzeitigen Fehlern beim Aufruf von externen Ressourcen kommen kann und eine Wiederholung des Aufrufs meist erfolgreich verlaufen wird.

Problematisch ist der Einsatz des Patterns, wenn es sich um Fehler handelt, die über eine längere Zeit bestehen und Wiederholungen höchstwahrscheinlich nicht erfolgreich sein werden. Auch Fehler in der Geschäftslogik lassen sich oftmals nicht sinnvoll wiederholen, da möglicherweise bestimmte Vorbedingungen oder Eingabedaten bereits nicht korrekt sind.

Zu häufige Wiederholungen von Aufrufen aufgrund von Lastsituationen können zusätzlich auf die Notwendigkeit einer Skalierung im Zielsystem hindeuten.

Konsequenzen

Mit dem *Retry Pattern* können externe Aufrufe robuster und ausfallsicherer gestaltet werden, sodass Gesamtprozesse trotz temporärer Ausfälle oder Probleme durchgeführt werden können.

6.2.5 Circuit Breaker Pattern

Das *Circuit Breaker Pattern* dient dazu, sicherzustellen, dass ein System robust gegenüber Ausfällen oder Problemen anderer Systeme bleibt. Gleichzeitig kann es eine aufgerufene Ressource vor Überlastung durch zu viele Aufrufversuche schützen.

Problem und Motivation

Verteilte Anwendungen sollten nicht nur widerstandsfähig gegenüber kurzzeitigen Ausfällen von Komponenten sein, sondern auch effektiv auf unvorhergesehene, länger andauernde Fehlersituationen reagieren können. Fällt beispielsweise ein Service komplett aus und dauert die Wiederherstellung der Verfügbarkeit über einen längeren Zeitraum an, sind wiederholte Aufrufe, wie sie das Retry Pattern vorsieht, nicht sinnvoll, da auch diese höchstwahrscheinlich nicht erfolgreich durchgeführt werden können.

Folgendes Beispielszenario zeigt die Problematik: In einer Webshop-Anwendung ist für die Zahlungsabwicklung ein externer Dienstleister über eine HTTP-Verbindung angebunden. Sobald ein Kunde eine Bestellung auslöst, werden die eingegebenen Zahlungsinformationen bei diesem Dienstleister verifiziert und der entsprechende Rechnungsbetrag angefordert. Für den entsprechenden HTTP-Client, der für die Kommunikation eingesetzt wird, ist das *Timeout Pattern* (siehe Abschnitt 6.2.3) umgesetzt und jede Anfrage bricht nach einer vorgegebenen Zeit ab. Um auf kurzzeitige Ausfälle vorbereitet zu sein, ist ebenfalls das *Retry Pattern* (siehe Abschnitt 6.2.4) im Einsatz.

Kommt es nun beispielsweise durch Hardwareprobleme beim Zahlungsdienstleister zu einem Teilausfall des externen Dienstes und werden die an ihn gerichteten Anfragen nur noch sehr langsam beantwortet, führt das durch die beiden eingesetzten Pattern (*Timeout* und *Retry*) dazu, dass sämtliche Aufrufe durch den HTTP-Client nach einer bestimmten Wartezeit abgebrochen und erneut ausgeführt werden. Allerdings werden auch die wiederholten Anfragen erneut durch einen Timeout abgebrochen, da die Hardwareprobleme nicht sofort gelöst werden können.

Innerhalb des aufrufenden Service werden in den Timeout-Wartezeiten wichtige Ressourcen blockiert. Jeder aufrufende und blockierte Kunde besitzt eventuell mindestens eine TCP-Verbindung zum Service, die in einem Verbindungspool für eingehende Verbindungen verwaltet wird. Je mehr Kundenanfragen wegen des Zahlungsdienstleisters blockieren, desto höher ist die Wahrscheinlichkeit, dass dieser Verbindungspool ausgeschöpft ist und der Service nicht mehr in der Lage ist, neue Verbindungen anzunehmen.

In diesem Beispiel kann der Ausfall eines externen Dienstes zu einer kompletten Nichtverfügbarkeit des Webshops führen.

Lösung

Die Einführung des *Circuit Breaker Pattern* hilft dabei, längerfristige Ausfälle externer Systeme zu isolieren und das eigene System vor daraus resultierenden kaskadierenden Fehlern zu schützen.

Das Grundprinzip des Patterns entspricht dem einer Sicherung in einem Stromkreislauf: Kommt es dort zu einer Überlast eines Verbrauchers, löst die Sicherung aus und der Verbraucher wird vom Netz getrennt. Damit wird verhindert, dass eine solche Überlast zu weiteren Schäden im Stromkreislauf führen kann, beispielsweise zu einem Brand durch überhitzte Kabel.

Analog zu diesem Sicherungsmechanismus eines Stromkreislaufs unterbricht das *Circuit Breaker Pattern* die Kommunikation mit einer aufgerufenen Ressource, wenn in einem festgelegten Zeitfenster zu viele Fehler bei Aufrufen festgestellt werden. Zusätzlich besitzt das Pattern einen Mechanismus, der automatisch prüft, ob die Ressource wieder einsatzbereit ist und erneut aufgerufen werden kann. Hierfür definiert das Pattern für seine Arbeit, wie in Abbildung 6.9 dargestellt, drei Zustände, zwischen denen der Circuit Breaker wechselt:

- **Geschlossen/Closed** – Der angesprochene Dienst funktioniert normal. Sämtliche Anfragen werden direkt an den Service weitergegeben.
- **Offen/Open** – Keine Anfragen werden an das Zielsystem weitergegeben.
- **Halb-Geöffnet/Half-Open** – In diesem Zustand werden einzelne Anfragen zum Test an das Zielsystem weitergegeben.

Arbeitet die angesprochene externe Ressource fehlerfrei und werden bei deren Aufruf keine Probleme festgestellt, befindet sich der Circuit Breaker im geschlossenen Zustand und sämtliche Aufrufe werden direkt an das Zielsystem weitergegeben.

Werden allerdings in einem festgelegten Zeitfenster zu viele fehlerhafte Aufrufe festgestellt, wechselt der Circuit Breaker in den offenen Zustand und weist alle neuen Anfragen an die Zielressource direkt, also ohne Weitergabe an das Zielsystem, mit einem Fehler ab.

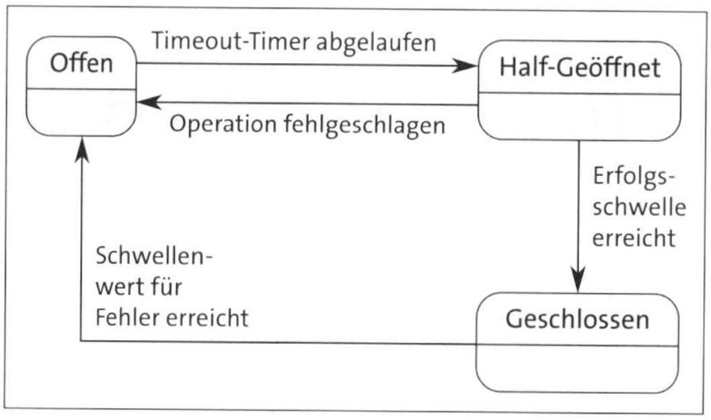

Abbildung 6.9 Zustandsdiagramm des »Circuit Breaker Pattern«

Nach einer definierten Wartezeit wechselt schließlich der Circuit Breaker in den halb geöffneten Zustand und gibt einzelne Aufrufe an die Zielressource weiter, um zu prüfen, ob diese wieder verfügbar ist und korrekt arbeitet. Werden diese Anfragen erfolgreich beantwortet, schaltet der Circuit Breaker in den geschlossenen Zustand zurück und das externe System wird wieder normal aufgerufen. Scheitern allerdings diese

Testaufrufe, wechselt der Circuit Breaker wieder in den offenen Zustand und die Wartezeit beginnt erneut. Abbildung 6.10 zeigt ein entsprechendes Sequenzdiagramm.

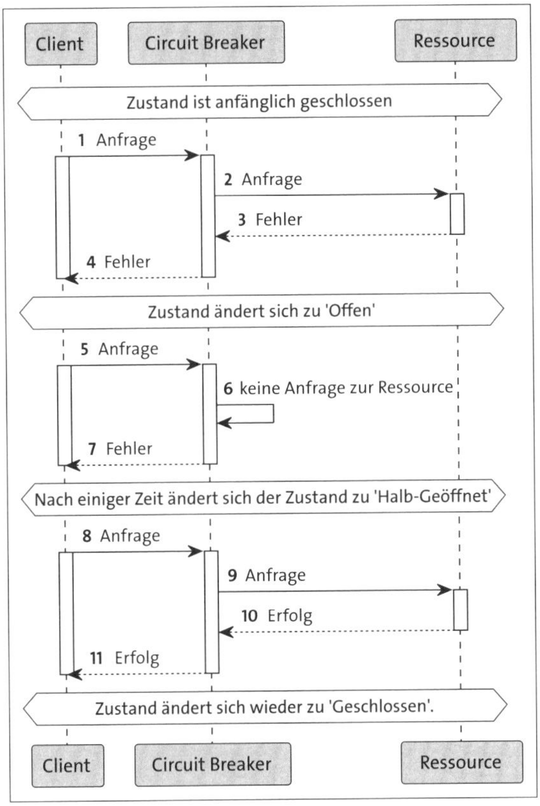

Abbildung 6.10 Sequenzdiagramm des »Circuit Breaker Pattern«

Lösungsbeispiel

Eine Umsetzung des *Circuit Breaker Pattern* erreichen Sie am einfachsten in den verschiedenen Programmiersprachen mithilfe von Bibliotheken. In Java z. B. können Sie die bereits angesprochene Bibliothek *Resilient4J* einsetzen. Für Go hat Sony z. B. die Bibliothek *github.com/sony/gobreaker* veröffentlicht, die ebenfalls zu diesem Zweck verwendet werden kann.

Alle Implementierungen beruhen auf einem ähnlichen Prinzip und setzen das *Decorator Pattern* ein, bei dem das dekorierte Objekt die eigentliche Ressource darstellt. Der Decorator, der den Zugriff auf die Ressource kapselt, verwendet meist eine Circuit-Breaker-Implementierung, in der unter anderem der aktuelle Zustand gespeichert ist.

Abbildung 6.11 zeigt ein entsprechendes Klassendiagramm (auch wenn es in Go keine Klassen gibt) für eine beispielhafte Go-Umsetzung des in der Problembeschreibung aufgeführten Beispiels.

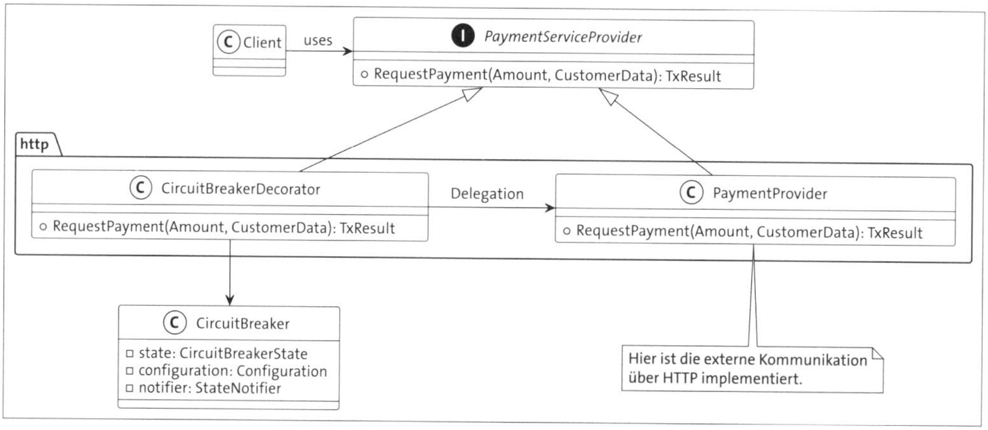

Abbildung 6.11 Struktur des »Circuit Breaker Pattern«

Für das Lösungsbeispiel ist das `PaymentServiceProvider`-Interface mit der Methode `RequestPayment` definiert. Mit ihrer Hilfe werden die Zahlungsinformationen validiert und der Rechnungsbetrag angefordert:

```
type PaymentServiceProvider interface {
    RequestPayment(amount float64, data CustomerData) (TxResult, error)
}
```

Listing 6.4 Das »PaymentServiceProvider«-Interface (Go)

Zwei Implementierungen sind, entsprechend Abbildung 6.11, für dieses Interface vorhanden:

- `http.PaymentProvider` – Hier befindet sich die eigentliche HTTP-Anbindung an den externen Service.
- `http.CircuitBreakerDecorator` – Im Decorator ist die Circuit-Breaker-Funktionalität umgesetzt. Sie leitet im Bedarfsfall die Anfragen an den eigentlichen Provider weiter.

Die Implementierung des Decorators nutzt die bereits erwähnte *gobreaker*-Bibliothek, die den typisierbaren Datentyp `CircuitBreaker` definiert. Er lässt sich über verschiedene Felder konfigurieren und besitzt die `Execute`-Methode, mit der eine ihm übergebene Funktion bzw. Methode entsprechend den konfigurierten Werten ausgeführt werden kann. Die Signatur der Methode sehen Sie in Listing 6.5:

```
func (cb *CircuitBreaker[T]) Execute(req func() (T, error)) (T, error)
```

Listing 6.5 Die »Execute«-Methode der »gobreaker«-Bibliothek (Go)

6

Konfiguration von gobreaker

Die folgenden Konfigurationsmöglichkeiten stehen in der *gobreaker*-Bibliothek zur Verfügung:

- `MaxRequests` – die maximale Anzahl der Requests, die im halboffenen Zustand durch den Circuit Breaker gelangen können
- `Interval` – das Zeitintervall, nach dem die Anzahl der im geschlossenen Zustand fehlgeschlagenen Aufrufe wieder zurückgesetzt werden soll
- `Timeout` – das Zeitintervall, nach dem der Circuit Breaker aus dem offenen Zustand in den halboffenen Zustand wechseln soll
- `ReadyToTrip` – Callback-Methode, die immer dann aufgerufen wird, wenn im geschlossenen Zustand ein Fehler auftritt und geprüft werden muss, ob der Zustand des Circuit Breakers so verändert werden soll, dass er auf »offen« steht
- `OnStateChange` – Callback-Methode, die immer bei Zustandsänderungen des Circuit Breakers aufgerufen wird
- `IsSuccessful` – Callback-Methode, die vom Circuit Breaker aufgerufen wird, um zu prüfen, ob ein aufgetretenes Problem als Fehler gewertet werden soll

Innerhalb der `NewCircuitBreakerDecorator`-Factory-Methode wird für die Beispielumsetzung eine `CircuitBreaker`-Instanz so wie in Listing 6.6 konfiguriert und erzeugt:

```
func NewCircuitBreakerDecorator(
    wrapped internal.PaymentServiceProvider) *CircuitBreakerDecorator {

    settings := gobreaker.Settings{
        Name:        "",
        MaxRequests: 1,
        Interval:    30 * time.Second,
        Timeout:     15 * time.Second,
        ReadyToTrip: func(counts gobreaker.Counts) bool {
            return true
        },
        OnStateChange: func(name string,
            from gobreaker.State,
            to gobreaker.State) {

            log.Println("state changed", name, from, to)
        },
        IsSuccessful: nil,
    }
```

```
    cb := gobreaker.NewCircuitBreaker[internal.TxResult](settings)
    return &CircuitBreakerDecorator{wrapped: wrapped, circuitBreaker: cb}
}
```

Listing 6.6 »gobreaker«-Konfiguration und Erzeugung (Go)

Listing 6.7 zeigt die verbliebene Go-basierte Umsetzung des Decorators und zeigt auch, wie die `Execute`-Methode die `RequestPayment`-Methode des dekorierten Objekts nutzt. Dieser Aufruf findet nur statt, wenn der `CircuitBreaker` sich im richtigen Zustand befindet.

```
type CircuitBreakerDecorator struct {
    wrapped        internal.PaymentServiceProvider
    circuitBreaker *gobreaker.CircuitBreaker[internal.TxResult]
}

func (c *CircuitBreakerDecorator) RequestPayment(
    amount float64,
    data internal.CustomerData) (internal.TxResult, error) {

    transactionResult, err := c.circuitBreaker.Execute(
        func() (internal.TxResult, error) {

            result, err := c.wrapped.RequestPayment(amount, data)
            return result, err
        })

    return transactionResult, err
}
```

Listing 6.7 Implementierung des »CircuitBreakerDecorator« in Go

Wann kann oder soll man das Pattern einsetzen?

Das Pattern sollte immer dann eingesetzt werden, wenn es zu länger andauernden Fehlern beim Aufruf von externen Ressourcen kommen kann und eine einfache Wiederholung durch einen Retry-Mechanismus nicht sinnvoll ist bzw. zu weiteren kaskadierenden Fehlern führen kann.

Mit dem Einsatz des Patterns können Sie wiederholte, höchstwahrscheinlich erfolglose Aufrufe verhindern und damit das externe sowie das eigene System stabiler und robuster gegen Überbelastung machen.

Circuit Breaker stabilisieren nicht nur das System, sondern ermöglichen es in Fehlersituationen auch, alternative Antworten anstelle von Fehlern zurückzuliefern und damit zu einer verbesserten Benutzererfahrung und Reaktionszeit der Anwendung beizutragen.

Durch die automatische Erholung des Systems gelingt zusätzlich eine Rückkehr vom fehlerhaften Betrieb in den Normalbetrieb ohne manuellen Eingriff, wodurch Ausfallzeiten minimiert werden und ebenfalls die Nutzererfahrung verbessert wird.

Das *Circuit Breaker Pattern* ist kein allgemeiner Schutzschild gegenüber allen möglichen Ausfallszenarien. Es sollte gezielt dort eingesetzt werden, wo es am sinnvollsten ist, um die Stabilität und Zuverlässigkeit einer Anwendung zu verbessern. Für lokale Zugriffe auf private Ressourcen, z. B. Speicherzugriffe, eignet sich das Pattern weniger, da die zusätzliche Komplexität den geringen Mehrwert nicht rechtfertigen kann.

Konsequenzen

Die Integration des *Circuit Breaker Pattern* in die Architektur einer Anwendung kann zu einem Anstieg der Komplexität führen, da zusätzliche Komponenten und ausführlichere Logik zur Fehlerbehandlung eingeführt werden.

Sämtliche auftretenden Fehler müssen ausgewertet und in verschiedene Fehlerkategorien einsortiert werden können. Nicht jeder Fehler muss zu einem Statuswechsel des Circuit Breaker führen. Liefert ein Service beispielsweise für einen nicht gefundenen Kunden einen Fehler, kann dieser im Rahmen des Circuit Breakers vernachlässigt werden, da der Service in diesem Fall weiterhin einsatzbereit ist.

Generell wird die Wirksamkeit des Patterns durch einen sinnvollen Einsatz des *Timeout Pattern* bestimmt. Sind keine Timeout-Einstellungen vorhanden, wird eventuell bei blockierenden Aufrufen kein Fehler festgestellt und der Circuit Breaker ist dann wirkungslos, da es nie zu einem Statuswechsel aufgrund eines Fehlers kommt. Timeouts zählen zu den Grundvoraussetzungen für den Einsatz eines Circuit Breakers.

Im Falle von Abbrüchen durch den Circuit Breaker müssen Sie eine Fallback-Strategie definieren und deren Konsequenzen durchdenken: Brechen Aufrufe sofort ohne Wartezeit ab, kann dies ebenso wie sehr langsame Antwortzeiten zu Problemen oder Überlastung in aufrufenden Systemen führen. Unter Umständen ist die aufrufende Logik so implementiert, dass von einer kurzen Wartezeit ausgegangen wird und bei schnellen Antworten Fehler in konkurrierenden Aufrufen auftreten. Auch vordefinierte Antworten im Fehlerfall sind vorstellbar; sie müssen aber fachlich sinnvoll sein.

Jeder Einsatz eines Circuit Breakers sollte durch eine passende Monitoring-Strategie ergänzt werden, sodass Fehlersituationen transparent gemacht werden und entsprechend auf sie reagiert werden kann. Auf diese Weise können Sie auftretende Probleme später analysieren oder gegebenenfalls die Verarbeitung in anderen Systembestandteilen für die Zeit eines offenen Circuit Breakers stoppen.

6.2.6 Bulkhead Pattern

Das *Bulkhead Pattern* dient dazu, die Auswirkungen von Fehlern oder Ausfällen einzelner Systemkomponenten zu begrenzen und somit das gesamte System vor unberechenbaren Kettenreaktionen oder Ausfällen zu schützen.

Im Schiffsbau, aus dem der englische Begriff *Bulkhead* (dt. »Schott«) übernommen wurde, bezeichnet ein Schott eine geschlossene Trennwand innerhalb eines Schiffs, die Flutungen auf leckgeschlagene Bereiche begrenzt und somit eine chaotische Verbreitung von eindringendem Wasser verhindert. Schiffe sollen in diesen Situationen vor einem Untergang geschützt werden.

Problem und Motivation

In verteilten Anwendungen werden komplexe Aufgaben oft durch das Zusammenspiel mehrerer Services bewältigt. Werden Daten oder Funktionen eines externen Dienstes benötigt, wird über das Netzwerk auf sie zugegriffen. Diese Zugriffe benötigen innerhalb eines Service dann interne Ressourcen, wie Threads oder Verbindungen aus einem Verbindungspool.

Werden sämtliche Ressourcen innerhalb eines Service gemeinsam verwaltet und genutzt, ist beispielsweise folgendes Szenario vorstellbar: In einer Webshop-Anwendung werden Bestellungen und Artikeldaten in einer Datenbank gespeichert. Löst ein Kunde eine Bestellung aus, wird in der Datenbank eine Bestellung angelegt und die Zahlung bei einem Zahlungsdienstleister beauftragt. Der gesamte Prozess zur Kaufabwicklung läuft innerhalb einer Datenbanktransaktion, die nach erfolgreicher Bestätigung des Zahlungsdienstleisters abgeschlossen wird. Die dafür eingesetzte Datenbankverbindung wird wieder in den Pool zurückgegeben.

Treten während der Zahlungsbestätigung Probleme bzw. Zeitverzögerungen auf, können die entsprechenden offenen Transaktionen, wie in Abbildung 6.12 dargestellt, nicht abgeschlossen und die dafür verwendeten Datenbankverbindungen nicht in den Verbindungspool zurückgegeben werden. In der Folge kann bei vielen parallelen, blockierenden Bestellungen der Verbindungspool zur Datenbank ausgeschöpft werden und es ist dann nicht mehr möglich, weitere Verbindungen zur Datenbank aufzubauen.

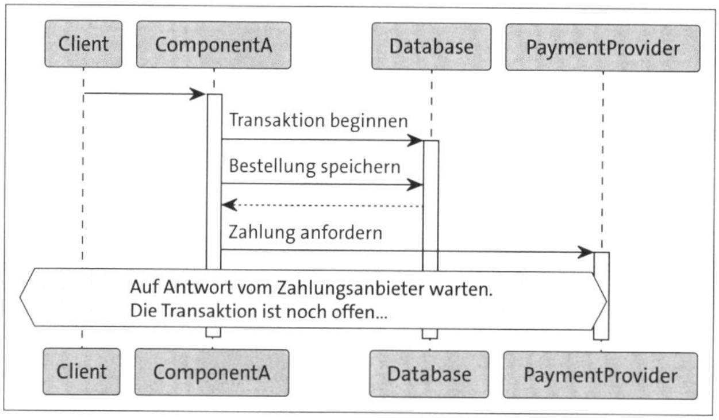

Abbildung 6.12 Ein Aufruf blockiert die Datenbank für weitere Verbindungen.

Da die Artikeldaten ebenfalls in der Datenbank gespeichert sind und die Auslieferung der HTML-Oberfläche der Shop-Anwendung auf diesen Datenbankzugriff angewiesen ist, können durch den ausgeschöpften Verbindungspool auch keine Artikelseiten mehr ausgeliefert werden. Selbst Kunden, die noch keinen Bestellvorgang gestartet haben, sind in diesem Fall von den Auswirkungen des Fehlverhaltens betroffen.

Lösung

Das *Bulkhead Pattern* löst die beschriebene Problematik, indem es die verwendeten Ressourcen bzw. die Ressourcenzugriffe innerhalb des Systems anhand der individuellen Last- und Verfügbarkeitsanforderungen in verschiedene Gruppen bzw. unabhängige Bereiche untergliedert. Fehler, die in diesen unabhängigen Bereichen auftreten, werden dort isoliert und eine weitere Ausbreitung wird verhindert. Nicht betroffene und davon getrennte Teile des Systems können im Falle eines Fehlers weiterhin verwendet werden.

Im oben genannten Beispiel können beispielsweise zwei Verbindungspools zur Datenbank so eingesetzt werden, wie Sie es in Abbildung 6.13 sehen. Die Bestell- und die Shop-Komponente verwenden in diesem Fall jeweils einen separaten Verbindungspool und die beschriebenen Probleme können sich nicht in weitere Komponenten ausbreiten.

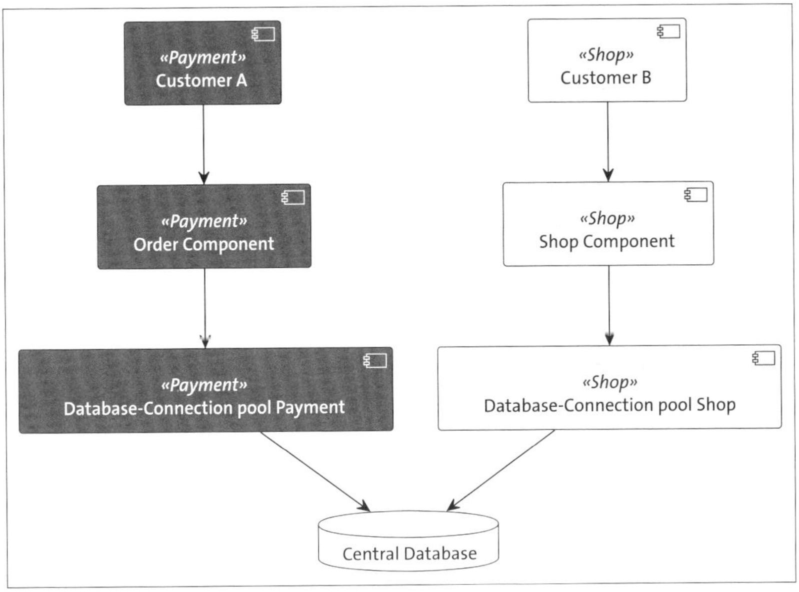

Abbildung 6.13 Aufteilung der Ressourcenzugriffe

Alternativ kann eine Untergliederung des Systems auch auf Service-Instanz-Ebene erfolgen (siehe Abbildung 6.14). Bei diesem Ansatz wird verschiedenen Clients des Systems jeweils eine komplette, dedizierte Instanz zugeordnet, mit der sie arbeiten können. In unserem Beispiel könnten zwei Shop-Instanzen betrieben werden, von denen sich eine Instanz um die Auslieferung der Artikeldaten kümmert und die zweite Instanz ausschließlich für den Bestellprozess eingesetzt wird. Darüber wären die beiden Anwendungsfälle getrennt und könnten sich nicht beeinflussen.

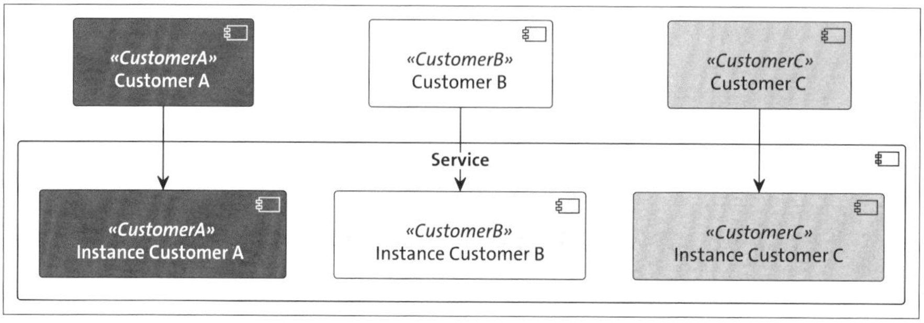

Abbildung 6.14 Mehrere Instanzen einer gemeinsam genutzten Ressource

Eine Untergliederung von Systemen und der Einsatz des *Bulkhead Pattern* bieten mehrere Vorteile:

- Die Untergliederung eines Systems in mehrere Bereiche sorgt für eine gute Isolation und Lokalisierung von Fehlern, sodass sich Fehler in einem Bereich nicht auf weitere Bereiche ausbreiten können. Damit kann ein Ausfall des Gesamtsystems vermieden werden.
- Trotz auftretender Fehler kann ein System weiterhin Funktionalität bereitstellen.
- Durch eine Untergliederung eines Systems können zusätzlich mehrere Bereiche mit unterschiedlichen Prioritäten oder Quality-of-Service-Anforderungen betrieben werden.

Die Umsetzung des *Bulkhead Pattern* kann auf vielfältige Weise auf verschiedenen Ebenen der Architektur erfolgen. Einige Anwendungsbeispiele sind:

- **Thread-Pool Bulkhead** – Verwendung verschiedener Thread-Pools für die Ausführung von Aufgaben
- **Service Bulkhead** – Instanziierung mehrerer gleichartiger Services für verschiedene Clients
- **Database Bulkhead** – Trennung von Verbindungspools oder Partitionen; eventuelle Aufteilung nach Schreib- und Leseoperationen
- **Infrastructure Bulkhead** – Untergliederung von Ressourcen wie z. B. Einführung eines Management-Netzwerks oder Ausführung eines Service auf verschiedenen physischen Maschinen.

Lösungsbeispiel

Wie oben beschrieben, hat das *Bulkhead Pattern* vielseitige Einsatzmöglichkeiten und das oben genannte Problem lässt sich auf verschiedene Weisen lösen.

Auf Infrastrukturebene könnten beispielsweise in Kubernetes, wie in Listing 6.8 gezeigt, zwei Shop-Container innerhalb eines Pods gestartet werden. Auch wenn dieses Beispiel nicht optimal für eine Kubernetes-Konfiguration ist, soll es verdeutlichen, dass der Betrieb von zwei Instanzen für unterschiedliche Einsatzzwecke oft problemlos möglich ist. 6

```
apiVersion: v1
kind: Pod
metadata:
  name: web-shops
spec:
  containers:
    - name: readonly-shop
      image: web-shop
      resources:
        requests:
          memory: "64Mi"
          cpu: "250m"
        limits:
          memory: "128Mi"
          cpu: "1"
    - name: order-shop
      image: web-shop
      resources:
        requests:
          memory: "64Mi"
          cpu: "250m"
        limits:
          memory: "128Mi"
          cpu: "1"
```

Listing 6.8 Kubernetes-Konfiguration für zwei identische Container

Um das Pattern effizient im eigenen Code zu implementieren, bieten sich Frameworks wie *Resilience4J* (Java) oder *Polly* (.NET) an. Zusätzlich ermöglichen es fast alle Ressourcentreiber oder HTTP-Bibliotheken, separate Verbindungspools für zuvor definierte Bereiche festzulegen. Diese Möglichkeit sollten Sie immer zuerst ausschöpfen.

Wann kann oder soll man das Pattern einsetzen?

Das *Bulkhead Pattern* sollte immer dann eingesetzt werden, wenn

- ein Service beim Ausfall einer angebundenen externen Ressource noch Funktionalität zur Verfügung stellen kann – wenn auch nur in Teilen.
- eine komplette Isolation mehreren Clients gewünscht ist.
- ein System vor kaskadierenden Fehlern geschützt werden soll.

Konsequenzen

Die Umsetzung des *Bulkhead Pattern* erhöht die Komplexität des Systems, da es mehrere unabhängige Bereiche erfordert, die jeweils definiert und konfiguriert werden müssen. In der Konsequenz führt das zusätzlich zu einer ineffizienteren Ressourcennutzung, da z. B. Verbindungspools für jeden Bereich separat mit Kapazitätsreserven konfiguriert werden müssen, anstatt optimal gemeinsam verwaltet zu werden. Dadurch steigt der Ressourcenverbrauch insgesamt an.

Eine sinnvolle Aufteilung der Bereiche erfordert nicht nur die Berücksichtigung der technischen Abhängigkeiten, sondern auch eine klare Definition der fachlichen Beziehungen und Verantwortlichkeiten. Nur so lässt sich erkennen, welche Bereiche eigenständig operieren können, ohne neue Probleme durch fachliche Abhängigkeiten zu verursachen.

Das *Bulkhead Pattern* allein reicht nicht aus, um die Leistungsfähigkeit eines Systems zuverlässig zu gewährleisten. Es ist effizient im Zusammenspiel mit anderen Patterns wie dem *Retry-*, dem *Timeout-* oder dem *Circuit Breaker Pattern*.

6.2.7 Steady State Pattern

Das *Steady State Pattern* hat das Ziel, Systeme ohne manuelle Eingriffe dauerhaft selbstständig in einem stabilen, vorhersehbaren Betriebszustand zu halten.

Problem und Motivation

In traditionellen IT-Umgebungen ohne Cloud-Komponenten werden oftmals größere Systemausfälle durch manuelle Eingriffe auf produktiven Umgebungen ausgelöst. Administratoren müssen sich potenziell direkt in die Produktionssysteme einloggen und mit Kommandozeilenbefehlen komplexe Datenbereinigungen durchführen, da eine vollständige Belegung des verfügbaren Speicherplatzes zu Instabilität und Performanceproblemen führen kann. Zu den zu löschenden Daten zählen z. B. alte Logdateien oder Cachedateien, die nicht mehr benötigt werden.

Ein einziger falscher Befehl während eines solchen Bereinigungslaufs kann zu irreversiblen Datenverlusten oder zum Absturz eines ganzen Systems führen.

Manuelle Löschaktionen von Daten scheinen im Cloud-Umfeld nicht mehr nötig zu sein, da die externen Ressourcen scheinbar unendlich verfügbar sind. Aber auch hier kann das Ansammeln von Daten zu Problemen führen:

> *»It sometimes seems that you'll be lucky if the system ever runs at all in the real world. The notion that it will run long enough to accumulate too much data to handle seems like a ›high-class problem‹—the kind of problem you'd love to have.« (Michael T. Nygard)*

Aus folgenden Gründen sollten Sie sich in jedem Fall um die Bereinigung von nicht mehr benötigten Daten kümmern:

- **Manuelle Aktionen gefährden Systeme** – Wie ich bereits erwähnt habe, sind manuelle Eingriffe in Systeme immer mit Risiken von Fehlern verbunden und können die Stabilität von Systemen beeinflussen.
- **Speicherbegrenzung und Kosten** – Speicherplatz ist auf lokalen Rechnern begrenzt, und im Cloud-Umfeld können große Datenmengen erhebliche Kosten verursachen.
- **Leistung und Skalierbarkeit** – Die Verarbeitung von großen Datenmengen erfordert viel Rechenleistung und somit auch Zeit. Das kann sich z. B. in Datenbanken durch längere Abfragezeiten bemerkbar machen. Auch Backups und deren Wiederherstellung benötigen deutlich mehr Zeit, wenn die Anzahl der Daten umfangreicher wird.
- **Datenschutz und Compliance** – Häufig dürfen Daten nur zeitlich begrenzt gespeichert werden. Die Datenschutz-Grundverordnung (DSGVO) oder die CCPA (*California Consumer Privacy Act*) in den USA schreiben beispielsweise für personenbezogene Daten entsprechende Aufbewahrungsfristen vor. Unnötige Aufbewahrung kann zu rechtlichen Konsequenzen führen.
- **Relevanz und Qualität** – Veraltete Daten können aktuelle Auswertungsergebnisse verfälschen und wichtige Geschäftsentscheidungen negativ beeinflussen.
- **Sicherheitsrisiken** – Je mehr Daten in einem System gespeichert werden, desto größer ist das Risiko eines Missbrauchs oder eines entstehenden Datenlecks. Werden beispielsweise vertrauliche Daten vor einem Download durch einen autorisierten Benutzer auf dem Server in einem Cache-Verzeichnis zwischengespeichert und wird dieses Verzeichnis nicht automatisch bereinigt, dann können unter Umständen nicht berechtigte Personen diese Informationen einsehen.

Lösung

Für sämtliche anfallenden Daten müssen Sie möglichst früh im Entwicklungsprozess eine Strategie zu deren Bereinigung festlegen und umsetzen. Diese Strategie sollte klare Richtlinien zum Umgang mit verschiedenen Arten von Daten festlegen, z. B. das Löschen irrelevanter bzw. nicht mehr benötigter Informationen, das Komprimieren großer Datensätze oder das Archivieren historischer Daten. Die Definition einer solchen Strategie hängt stark von den geschäftlichen oder gesetzlichen Anforderungen an die Speicherdauer der Daten ab.

Im Idealfall werden die entsprechenden Strategien direkt mit der Auslieferung bzw. Installation der Software umgesetzt und in Betrieb genommen, mit dem Ziel einer dauerhaft laufenden Lösung ohne manuelle Eingriffe.

Außer auf die Bereinigung der Daten müssen Anwendungen zusätzlich auf die Verarbeitung von großen Datenmengen vorbereitet sein. Meist stehen zum Entwicklungszeitpunkt nur sehr eingeschränkt Testdaten zur Verfügung und Datenzugriffe müssen in diesen Fällen nicht beschränkt werden. Sobald eine Anwendung allerdings in produktiven Umgebungen ausgeführt wird, verursachen die vorhandenen bzw. entstehenden Datenmengen oftmals Last- und Stabilitätsprobleme.

Werden z. B. in der Software alle Bestellungen angezeigt, funktioniert das in der Entwicklungsumgebung mit fünf Datensätzen gut; sobald jedoch in einem Produktivsystem allerdings >50.000 Datensätze vorhanden sind, kommt manche Software aufgrund von Last und Speichernutzung an ihre Grenzen.

Aus diesem Grund sollten alle Datenabfragen von Beginn an auf einen bestimmten Ausschnitt der Daten beschränkbar sein. Bei Datenbanken kann z. B. ein *Paging-Mechanismus* umgesetzt werden, bei dem durch die Abfrage immer nur ein gewisser Ausschnitt der Ergebnismenge angefragt und zurückgeliefert wird.

In einigen Anwendungen sind oftmals auch nur die ersten Treffer einer Ergebnismenge interessant und daher ausreichend. Das Laden weiterer Daten ist in einem solchen Fall überflüssig. Als Beispiel sei die Google-Suche genannt, bei der wahrscheinlich die wenigsten Benutzer zu Seite 2 navigieren.

Lösungsbeispiel

In einer Beispielanwendung sollen Schulungsteilnehmer (`Attendee`) aus einer bestehenden Datenbank ausgelesen und auf der Kommandozeile dargestellt werden. Die Umsetzung findet in Java mithilfe des *Spring Framwork* und der *Spring Data JPA* statt.

Spring Data vereint verschiedene Bibliotheken auf Basis des *Spring Frameworks*, die den Zugriff auf unterschiedliche Persistenz-Technologien (z. B. Datenbanken) deutlich vereinfachen. Durch die automatische Generierung von Zugriffscode und Abstraktion komplexer Konfigurationsschritte reduziert *Spring Data* den Aufwand für Anwendungsentwickler erheblich.

Für den Zugriff auf eine relationale Datenbank via SQL ist mit der *Spring Data JPA* beispielsweise eine Entity- und eine Interface-Definition ausreichend. Der entsprechende Zugriffscode wird vom Framework zur Laufzeit automatisch erzeugt.

In Listing 6.9 ist die für das Beispiel eingesetzte Java-Klasse der JPA-Entität ohne weitere Zugriffsmethoden für die Attribute aufgeführt:

```
@Entity
public class Attendee {
    @Id
    private long id;
    private Date CreationDate;
    private String Salutation;
    private String FirstName;
    private String LastName;
    private String EMail;
    ...
}
```

Listing 6.9 JPA-Entity für Teilnehmer (Java)

Wie ich bereits erwähnt habe, ist für die Datenbankanbindung nur die Definition eines Interfaces erforderlich, das wiederum bestimmte Interfaces von *Spring Data* erweitert. Abbildung 6.15 zeigt das im Beispiel verwendete Klassendiagramm mit dem anwendungsspezifischen `AttendeeRepository`-Interface, das die beiden Interfaces `PagingAndSortingRepository` und `CrudRepository` von Spring Data implementiert.

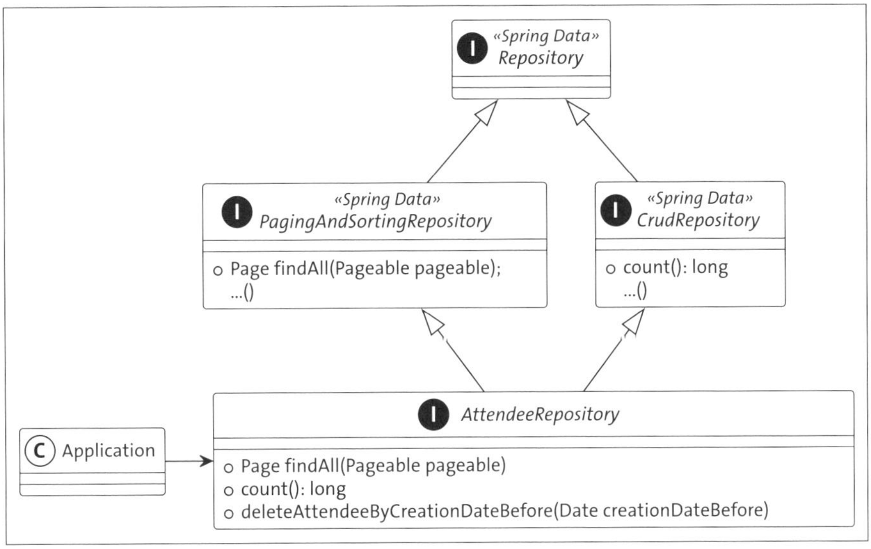

Abbildung 6.15 Klassendiagramm mit »Spring Data«

CRUD – Eine krude Implementierung?

CRUD ist ein Akronym, das für die vier grundlegenden Operationen steht, die auf Daten angewendet werden können: **C**reate (Erstellen), **R**ead (Lesen), **U**pdate (Aktualisieren) und **D**elete (Löschen).

Meist bilden diese Operationen die Grundlage für Datenbankinteraktionen und werden in vielen Anwendungen zur Verwaltung der Daten eingesetzt. Manche Anwendungen werden auch als *CRUD-Anwendung* bezeichnet, wenn sie ausschließlich Daten in einer Datenbank manipulieren und keine umfangreichere Applikationslogik besitzen.

Interfaces besitzen oftmals den Namenszusatz CRUD, um zu signalisieren, dass mit ihnen genau diese Funktionalität zur Verfügung gestellt wird.

Durch die Erweiterung der beiden Interfaces besitzt das anwendungsspezifische Repository bereits Methoden zum blockweisen Auslesen sowie zum Zählen der Datensätze in der Datenbank. Der Methodenname `deleteAttendeeByCreationDateBefore` entspricht zusätzlich einem vorgegebenen Methodennamen-Namensmuster, über das die Funktionalität zum Löschen von alten Datensätzen definiert wird. Listing 6.10 zeigt das komplett erstellte Interface:

```
import org.springframework.data.jpa.repository.JpaRepository;
import org.springframework.data.repository.PagingAndSortingRepository;

public interface AttendeeRepository
        extends PagingAndSortingRepository<Attendee, Long>,
        CrudRepository<Attendee, Long> {

    void deleteAttendeeByCreationDateBefore(Date creationDateBefore);
}
```

Listing 6.10 Repository-Implementation mit »Spring Data JPA« (Java)

Der relevante Code des Kommandozeilenclients ist in Listing 6.11 aufgeführt und zeigt, wie mithilfe des `Pageable`-Interfaces die `findAll`-Methode des Repositorys so genutzt werden kann, dass nicht alle Daten auf einmal ausgelesen werden. Das anwendungsspezifische Interface enthält automatisch eine Implementierung für einen Paging-Mechanismus, der eine übermäßige Ressourcennutzung verhindern soll.

```
@Bean
public CommandLineRunner printAttendees(AttendeeRepository repository) {
    return (args) -> {
        int elementCount = (int) repository.count();
        int pageSize = 10;
        for (int pageNumber = 0;
             pageNumber <= elementCount/pageSize;
             pageNumber++) {
```

```
            Pageable request = PageRequest.of(pageNumber, pageSize);
            repository.findAll(request).forEach(attendee -> {
                System.out.println(attendee.toString());
            });
        }
        System.out.println("ende");
    };
}
```


Listing 6.11 Nutzung des Repositorys für eine Kommandozeilenausgabe (Java)

Die ebenfalls vom Framework generierte Implementierung der `deleteAttendeeByCreationDateBefore`-Methode kann in periodischen Abständen zum Löschen von alten Daten eingesetzt werden. Listing 6.12 zeigt eine Umsetzung, die ohne großen Aufwand erstellt werden kann:

```
@Scheduled(fixedRate = 12, timeUnit = TimeUnit.HOURS)
public void cleanDB() {
    System.out.println("cleanDB");
    LocalDate date = LocalDate.now().minusDays(30);
    repository.deleteAttendeeByCreationDateBefore(date);
}
```

Listing 6.12 Periodischer Löschjob mit dem »Spring Framework« (Java)

Wann kann oder soll man das Pattern einsetzen

Das *Steady State Pattern* sollte immer dann eingesetzt werden, wenn Anwendungen Daten erzeugen bzw. abspeichern. Das Ziel seines Einsatzes sollte darin bestehen, dass eine Anwendung ohne manuelle Interaktion endlos ausgeführt werden kann.

Konsequenzen

Systeme, die das *Steady State Pattern* umsetzen, können ohne manuelle Interaktion endlos betrieben werden. Die Anwendungen sorgen selbst dafür, dass sich nicht zu viele nicht benötigte Daten ansammeln und anfallende große Datenmengen nicht zu einer Instabilität führen. Allerdings erhöht sich mit dem Einsatz dieses Patterns auch die Komplexität der Lösung, da zusätzliche automatisierte Bereinigungen definiert und umgesetzt werden müssen.

6.3 Messaging Patterns

Messaging ist, wie bereits in Abschnitt 6.1.2 beschrieben, ein *asynchroner Kommunikationsstil*, bei dem Nachrichten zwischen den einzelnen beteiligten Kommunikationspartnern ausgetauscht werden. Im Unterschied zu synchroner Kommunikation müssen die Anwendungen nicht gleichzeitig aktiv sein, was den Austausch zwischen ihnen robuster und unabhängiger von zeitlichen Abhängigkeiten macht. Ein zentrales *Messaging-System* übernimmt die Aufgabe der zuverlässigen Übermittlung und Zustellung der Nachrichten, wodurch die Anwendungsentwicklung vereinfacht wird. Die Anwendungen können sich auf den Inhalt der übertragenen Informationen konzentrieren anstatt darauf, wie die Informationen ausgetauscht werden.

In diesem Abschnitt stelle ich Ihnen verschiedene Patterns vor, mit denen eine messaging-basierte Kommunikation aufgebaut werden kann.

6.3.1 Messaging-Konzepte

Das *Messaging* umfasst bestimmte grundlegende Konzepte, die ich im Folgenden näher erläutern möchte.

Channel

Anwendungen, die Messaging einsetzen, übertragen ihre Daten durch sogenannte *Message-Channels* bzw. *Nachrichtenkanäle*. Dabei handelt es sich um eine logische Verbindung zwischen einem Sender (engl. *Sender* oder *Producer*) und einem Empfänger (*Receiver* oder *Consumer*).

Channels stellen keine konkrete technische Umsetzung dar, sondern sind ein Konzept, das die Details einer physischen Kommunikation abstrahiert und eine klare Schnittstelle für den Nachrichtenaustausch definiert.

Message

Eine *Message* enthält die eigentlichen Informationen, die zwischen Applikationen ausgetauscht werden. Die sendende Applikation packt die gewünschten Daten und Anweisungen in eine oder mehrere Nachrichten, um sie an die empfangende Anwendung zu senden. Die Empfänger extrahieren schließlich die relevanten Informationen aus diesen Nachrichtenpaketen zur Verarbeitung. Ein zentrales Messaging-System übernimmt während der Kommunikation die Verantwortung für den sicheren Transport der Nachrichten bis zum erfolgreichen Empfang durch die Empfänger.

Pipes und Filters

In den einfachsten Anwendungsfällen kann ein Messaging-System eine Nachricht, die von einem Sender versendet wurde, direkt an einen Empfänger übermitteln. Allerdings müssen oftmals weitere Aktionen durchgeführt werden, bevor die Nachrichten beim eigentlichen Empfänger verarbeitet werden können. In solchen Fällen übernehmen die sogenannten *Pipes und Filters* Validierungen oder Formatumwandlungen, sodass der Empfänger der Nachricht diese korrekt verarbeiten kann.

Routing

In messaging-basierten Systemen können mehrere Anwendungen, Channels Pipes und Filter vorhanden sein. Das sogenannte *Routing* beschreibt den Vorgang, bei dem ein Messaging-System bestimmt, wohin eine Nachricht gesendet und somit verarbeitet werden soll. Diese Entscheidung kann auf bestimmten Regeln, Kriterien oder Attributen von Nachrichten erfolgen.

Vor allem bei komplexeren Logiken kennt der Sender der Nachricht den Empfänger häufig nicht und die Nachrichten werden durch einen sogenannten *Message-Router* entweder direkt einem Empfänger, einem anderen Channel oder einem weiteren Message-Router gesendet.

Transformation

Die Art und Weise, wie Nachrichten in einer messaging-basierten Umgebung formatiert werden sollten, kann von Anwendung zu Anwendung variieren und eine *Transformation* zwischen den unterschiedlichen erwarteten Formaten erfordern.

Diese Aufgabe übernehmen spezielle Filter, die sogenannten *Message-Transformer*, die die Nachrichten in inhaltlich gleiche und für eine Zielanwendung verständliche Formate umwandeln.

Endpoints

Endpoints sind die Ein- und Ausgangspunkte von Nachrichten, über die Sender und Empfänger mit dem Messaging-System kommunizieren.

An diesen Schnittstellen, den sogenannten Adaptern, werden über APIs, die vom jeweiligen Messaging-System abhängen, entweder Nachrichten erzeugt (produziert) und an Channels übergeben oder Nachrichten von Channels empfangen und verarbeitet (konsumiert).

Die *Message-Endpoints* abstrahieren und kapseln den Code, der vom Message-System abhängig ist. Dadurch wird er vom Rest der Anwendung entkoppelt.

6.3.2 Messaging Channel Patterns

Message-Channels bilden die Grundlage für die Kommunikation in messaging-basierten Systemen, und für ihren passenden Einsatz müssen verschiedene Entscheidungen getroffen werden:

- Gibt es einen oder mehrere Empfänger?
- Welche Daten sollen übertragen werden?
- Was soll mit ungültigen oder nicht zustellbaren Nachrichten passieren?
- Wie soll im Fehlerfall mit Nachrichten umgegangen werden?
- ...

Im Folgenden beschreibe ich einige der wichtigsten Patterns, damit Sie anhand der oben genannten Fragen das für Ihre Zwecke passende Pattern auswählen können.

Point-to-Point Channel

Synchrone *Remote Procedure Calls (RPC)* haben den Vorteil, dass sie von genau einem serverseitigen Prozess empfangen und verarbeitet werden. Da der Aufruf den Prozess nur einmalig erreicht, wird die Aktion auch nur einmal ausgeführt.

Im Gegensatz dazu besteht beim Messaging die Möglichkeit, dass eine erstellte Nachricht, die an einen Channel übertragen wurde, von mehreren Konsumenten im Channel entdeckt und daraufhin mehrfach verarbeitet wird.

Eine mögliche Lösung wäre, den Zugriff auf den Channel durch das Messaging-System so zu beschränken, dass nur noch ein Konsument Nachrichten aus diesem Channel lesen kann. Dies würde allerdings eine parallele Verarbeitung verschiedener Nachrichten von unterschiedlichen Konsumenten verhindern.

Alternativ könnten sich mehrere konkurrierende Konsumenten untereinander verständigen, wer für welche Nachricht zuständig ist und welcher Konsument welche Nachricht verarbeiten soll. Das Resultat wäre eine komplexe Logik innerhalb der Konsumenten, die zusätzlich mit einer engeren Kopplung zwischen ihnen verbunden wäre, da sich in diesem Fall alle Konsumenten untereinander kennen und miteinander kommunizieren müssten.

Ein sogenannter *Point-to-Point Channel* (siehe Abbildung 6.16), der von den meisten Messaging-Systemen bereitgestellt wird, löst ebenfalls das Problem. Er stellt sicher, dass eine Nachricht, die in einen Channel übertragen wurde, nur von einem der sogenannten *Competiting Consumer* verarbeitet wird. Die Synchronisation, welcher Konsument die Nachricht verarbeiten soll, findet im Messaging-System und nicht durch die Kommunikation der Konsumenten statt.

Dieses Pattern ermöglicht eine skalierbare Nachrichtenverarbeitung, da zum einen sichergestellt ist, dass jede Nachricht nur einmalig verarbeitet wird, und zum anderen die Anzahl der möglichen Konsumenten zur Laufzeit variiert werden kann.

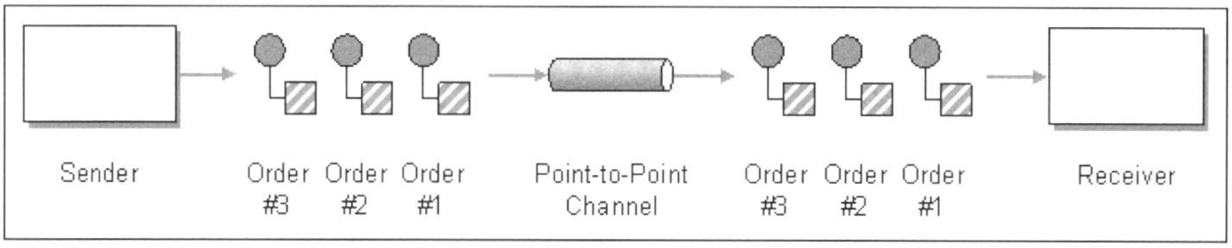

Abbildung 6.16 Point-to-Point Channel
(Quelle: *https://enterpriseintegrationpatterns.com/*)

Beispiele

- allgemein Queues
- *Java Messaging System*-(JMS-)Queues
- *RabbitMQ*-Queues

- AWS *SQS* (*Simple Queue Service*)
- Topics in *Apache Kafka* mit konfigurierter *Consumer Group*

Publish-Subscribe Channel

Oft ist es nötig, dass in bestimmten Anwendungsfällen Nachrichten über einen *Broadcast-Mechanismus* an mehrere Empfänger gesendet und von diesen jeweils nur einmal verarbeitet werden. Bei Finanztransaktionen oder bei der Ereignisprotokollierung ist dies wichtig, um doppelt ausgeführte Aktionen oder Datenänderungen zu vermeiden. Das von der Gang of Four definierte *Observer Pattern* liefert hierzu eine Beschreibung, wie Objekte (*Observer*) Updates von anderen Objekten (*Subjects*) erhalten können und trotzdem lose gekoppelt bleiben.

Auch wenn das *Observer Pattern* keine einmalige Verarbeitung einer Nachricht garantiert, bietet es ein Grundgerüst für die Verwaltung von Registrierungen und Benachrichtigungen. Der sogenannte *Publish-Subscribe Channel* erweitert diese grundlegende Funktionalität des Patterns um die Technologie des Messagings.

Das Pattern arbeitet dabei nach einem einfachen Prinzip: Der Produzent erzeugt seine Nachrichten und übergibt diese einem Eingangs-Channel. Für jeden Konsumenten wird ein separater Ausgangs-Channel angelegt, aus dem nur er Nachrichten lesen und verarbeiten kann. Trifft eine neue Nachricht im Eingangs-Channel ein, wird diese in alle vorhandenen Ausgangs-Channels der Konsumenten kopiert. Dadurch ist sichergestellt, dass jeder Konsument die Nachricht nur einmalig verarbeitet und dass diese verarbeiteten Nachrichten auch aus den entsprechenden Channels gelöscht werden können. Abbildung 6.17 zeigt den Vorgang schematisch.

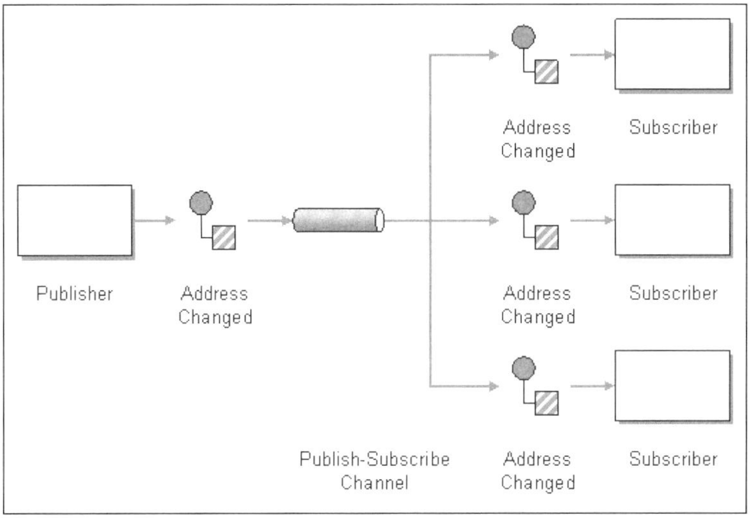

Abbildung 6.17 Publish-Subscribe Channel
(Quelle: *https://enterpriseintegrationpatterns.com/*)

Die Konsumenten werden bei diesem Pattern auch als *Subscriber* bezeichnet, da sie sich für bestimmte Channels registrieren bzw. diese Channels abonnieren. Messaging-Lösungen bieten oftmals zusätzlich die Möglichkeit, dass sich Konsumenten an mehreren Channels gleichzeitig über Namens-Wildcards anmelden.

Beispiele

- *Topics* in Apache Kafka
- *Java Messaging System*-(JMS-)Topics
- *MQTT*-Protokoll
- *Fanout-Exchange* von RabbitMQ

Format Indicator und Datatype Channel

In einer messaging-basierten Umgebung werden meist mehrere Nachrichten ausgetauscht. Damit die Daten auch erfolgreich verarbeitet werden können, müssen sich der Produzent und der Empfänger jeweils über das übertragene Nutzdatenformat einig sein.

Überträgt ein Produzent beispielsweise mehrere Nachrichten wie Bestellungen, Artikel-Updates oder Bewertungen zu Artikeln, muss auf der Konsumentenseite entschieden werden können, mit welcher Logik die Nachrichten verarbeitet werden sollen. Wird nur ein Message-Channel für alle Nachrichten verwendet, wird die Unterscheidung der einzelnen Nachrichten, sofern unterschiedliche Datenformate verwendet werden, ohne weitere Information schwer.

Eine solche Information zum übertragenen Datenformat kann beispielsweise mit einem sogenannten *Format-Indicator* als zusätzliches Metadatenfeld der übertragenen Nachricht mitgegeben werden, und der Konsument kann über eine Logik entscheiden, wie die Nachricht verarbeitet werden soll.

Als Format-Indicator kann beispielsweise eine Versionsnummer, ein Formatname oder ein ganzes beschreibendes Formatdokument eingesetzt werden. Wichtig ist in diesen Fällen, dass der Konsument auf diese Angaben vorbereitet ist.

Die *Cloud Native Computing Foundation* (CNCF) hat beispielsweise mit der *CloudEvents*-Spezifikation ein einheitliches Message-Format definiert, das bereits fest definierte Felder für die Übertragung eines Format-Indicators vorsieht. In Listing 6.13 sehen Sie ein Beispiel eines CloudEvents mit dem entsprechendem Feld `type`:

```
{
    "specversion" : "1.0",
    "type" : "com.github.pull_request.opened",
    "source" : "https://github.com/cloudevents/spec/pull",
    "subject" : "123",
    "id" : "A234-1234-1234",
```

```
    "time" : "2018-04-05T17:31",
    "comexampleextension1" : "value",
    "comexampleothervalue" : 5,
    "datacontenttype" : "text/xml",
    "data" : "<much wow=\"xml\"/>"
}
```

Listing 6.13 »CloudEvent«-Beispiel für einen Format-Indicator

CloudEvents

Unter dem Namen *CloudEvents* hat die *Cloud Native Computing Foundation* (CNCF) einen offenen Standard und mehrere zugehörige Spezifikationen zusammengefasst, die zur Beschreibung und Übermittlung von Ereignissen in cloud-basierten Umgebungen dienen.

Das Ziel der CloudEvents ist es, eine interoperable Kommunikation zwischen verschiedenen Diensten zu schaffen, die unabhängig von der eingesetzten Technologie ist.

Als Bestandteil der CloudEvents werden zusätzlich Client-APIs angeboten, mit denen sehr einfach die CloudEvents-Spezifikationen eingesetzt werden können.

Einige der großen Cloud-Plattformen wie AWS, Google Cloud oder Azure nutzen diesen Standard für die Kommunikation zwischen ihren Komponenten.

Alternativ zum Format-Indicator können pro Datenformat dedizierte Channels, sogenannte *Datatype Channels*, eingesetzt werden. Mit ihnen erhält jedes Datenformat einen eigenen Channel. Im obigen Beispiel würde das bedeuten, dass es einen Channel für Bestellungen, einen Channel für die Artikel-Updates und einen Channel für die Bewertung von Artikeln gibt.

Die Vorteile dieses Ansatzes sind, dass der Produzent anhand des Nachrichtentyps den richtigen Channel wählen kann und dass auf Konsumentenseite alle Nachrichten eines Channels gleichartig verarbeitet werden können.

Die beiden Patterns können auch in Kombination eingesetzt werden, sodass mehrere Channels für unterschiedliche Formate verwendet werden, aber über eine zusätzliche Angabe eine Versionsangabe für das übermittelte Format mitgegeben wird.

Das Thema »Versionierung von Schnittstellen« werde ich in Abschnitt 6.4, »Patterns zur Schnittstellenversionierung«, noch einmal ausführlicher erläutern.

Beispiele

- *CloudEvents* mit Typangabe
- *AVRO Object Container File* (Schema als Teil der Nachricht)
- MIME-Type der Nachricht im Header
- unterschiedliche Topics oder Queues für unterschiedliche Datenformate

Invalid Message Channel und Dead Letter Channel

Auch in messaging-basierten Systemen kann es zu Fehlern bei der Verarbeitung von Nachrichten kommen. Eventuell kann eine Nachricht wegen eines Formatfehlers oder fehlerhafter Daten nicht verarbeitet werden oder die Nachricht kann aus diversen anderen Gründen nicht dem Empfangs-Channel übergeben werden.

Wenn z. B. eine fehlerhafte Nachricht in einem Channel entdeckt wird, muss der Konsument darauf reagieren und kann diese entweder wieder zurück in den Channel geben oder die Nachricht verwerfen. Beide Varianten scheinen nicht ideal zu sein, da im ersten Fall die Nachricht noch einmal verarbeitet werden würde und höchstwahrscheinlich wieder mit dem gleichen Fehler aussortiert wird. In der zweiten Variante würden auftretende, vielleicht schwerwiegende Fehler nicht sichtbar und im schlimmsten Fall ignoriert werden. Ein Verlust von Nachrichten sollte in den meisten Fällen vermieden werden.

Neben den nicht verarbeitbaren Nachrichten kann auch die Zustellung der Nachrichten in einem Channel fehlschlagen. Eventuell wurde ein Channel In der Zwischenzeit versehentlich gelöscht oder die Konfiguration des Produzenten ist falsch. Unabhängig vom Auslöser des Problems sollten diese Fehler ebenfalls nicht ignoriert werden, da sie auf größere Probleme in der Umgebung oder der Konfiguration hinweisen können.

Zwei relativ ähnliche Messaging Patterns beschreiben Lösungen für diese Problemstellung:

- *Invalid Message Channel*
- *Dead Letter Channel*

Das *Invalid Message Channel Pattern* beschäftigt sich mit Nachrichten, die von einem Konsumenten empfangen wurden, aber dort nicht korrekt gelesen werden konnten, und das *Dead Letter Channel Pattern* beschreibt eine Lösung für den Fall, dass die Nachrichten vom Messaging-System nicht an den richtigen Empfänger zugestellt werden konnten.

Beide Patterns arbeiten mit einem separaten Channel, in dem die nicht verarbeitbaren Messages im Fehlerfall übergeben und später analysiert oder weiterverarbeitet werden. Den Aufbau der Patterns verdeutlichen Abbildung 6.18 und Abbildung 6.19.

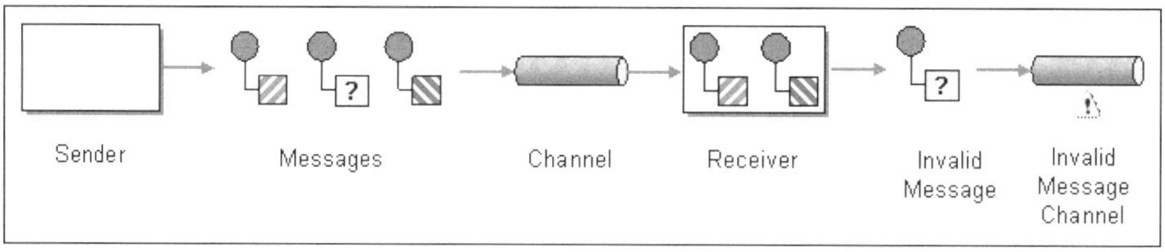

Abbildung 6.18 Das »Invalid Message Channel Pattern«
(Quelle: *https://enterpriseintegrationpatterns.com/*)

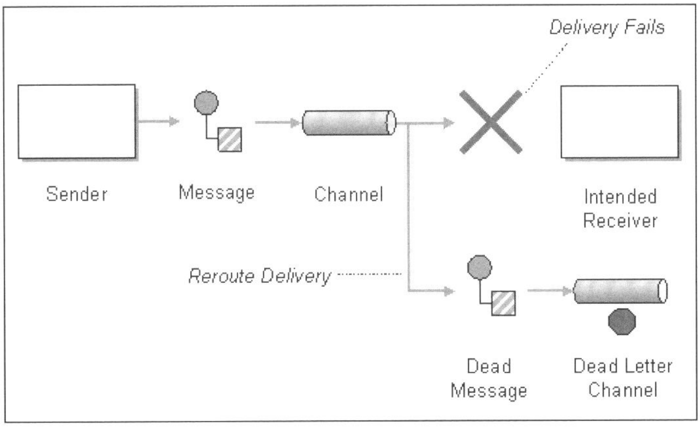

Abbildung 6.19 Aufbau des »Dead Letter Channel Pattern«
(Quelle: *https://enterpriseintegrationpatterns.com/*)

Für das Invalid Message Channel Pattern ist es wichtig, dass nur falsch formatierte und somit invalide Nachrichten in den Channel übergeben werden. Applikationsspezifische Fehler – wie z. B. beispielsweise ein invalider RPC-Aufruf – müssen weiterhin innerhalb des Konsumenten verarbeitet und geloggt werden.

Einheitliche Definition von validen und invaliden Nachrichten

Werden Channels von mehreren Konsumenten parallel verarbeitet, sollten alle Konsumenten eine einheitliche Definition zur Unterscheidung von validen oder invaliden Nachrichten besitzen. Wenn eine Nachricht für einen Konsumenten des Channels ungültig ist, sollte dies auch für alle anderen Konsumenten des Channels gelten.

Wird diese Regel nicht eingehalten, ist beispielsweise der Einsatz des *Invalid Message Channel Patterns* unmöglich, da Nachrichten, die von einem Konsumenten als invalide eingestuft und aus dem Channel entfernt werden, von den anderen Konsumenten nicht mehr verarbeitet werden können.

Nachrichten im Invalid Message Channel deuten auf Integrationsprobleme in der Messaging-Umgebung hin: Offensichtlich erzeugt ein Konsument Messages, die von den Konsumenten nicht verarbeitet werden können. In den wenigsten Fällen wird ein automatisierter Prozess in der Lage sein, diese Formatfehler zu beseitigen. Ein manuelles Eingreifen, z. B. die Anpassung von Software, ist dann notwendig.

Wie ich bereits erwähnt habe, arbeitet auch das *Dead Letter Channel Pattern* mit einem separaten Channel für Nachrichten, die nicht durch das Messaging-System zugestellt werden konnten. Im Unterschied zum Invalid Channel Pattern sind die Nachrichten nicht zwangsläufig invalide und eine automatisierte Wiederholung des Zustellvorgangs ist unter Umständen möglich.

Beide Patterns können entweder durch die Mechanismen der eingesetzten Messaging-Lösung oder selbst entwickelt werden.

Beispiele

- *Dead Letter Exchange* mit RabbitMQ
- *Error Channel* im *Spring Integration*-Framework
- *dead-letter queues* in IBM MQ

6.3.3 Message Construction Patterns

Der Aufbau und der Inhalt der übertragenen Nachrichten spielen eine entscheidende Rolle in messaging-basierten Umgebungen, und prinzipiell kann zwischen drei Nachrichtentypen unterschieden werden:

- **Command Message** – Diese Form von Nachrichten enthalten konkrete Anweisungen, welche Aktionen in Form von Funktions- oder Methodenaufrufen beim Konsumenten aufgerufen werden sollen.
- **Document Message** – Mit diesen Nachrichten werden Datenstrukturen vom Produzenten zu den Konsumenten übertragen, aber ohne direkte Anweisungen, was mit diesen Daten gemacht werden soll. Der Konsument kann entsprechende Aktionen für sich ableiten.
- **Event Message** – In diesem Fall informiert der Produzent über bei ihm aufgetretene Ereignisse. Die Nachricht enthält Informationen zu diesem Ereignis, aber keine Anweisung, wie darauf reagiert werden soll. Das liegt in der Verantwortung des Konsumenten.

Welcher Nachrichtentyp in einer Kommunikation verwendet werden soll, hängt von der Art der Interaktion und der Intention der Nachrichtenübermittlung ab. Sehen wir uns die drei Nachrichtentypen nun etwas genauer an.

Command Message

Wie ich bereits erläutert habe, werden synchrone Aufrufe unmittelbar ausgeführt, und der ausführende Prozess bleibt so lange blockiert, bis der Server seine Antwort sendet. Dies ist besonders vorteilhaft, wenn das Ergebnis sofort benötigt wird und direkt verarbeitet werden soll.

Treten allerdings während des Aufrufs Fehler auf und ist der aufgerufene Service beispielsweise nicht erreichbar, wird der vermeintliche Vorteil zum Nachteil und die Verarbeitung muss abgebrochen werden.

Mit einem asynchronen Aufruf könnte in diesem Fall hingegen mit der eigentlichen Verarbeitung im aufrufenden Programm fortgefahren werden und der fehlerhafte

Aufruf könnte im Hintergrund so lange wiederholt werden, bis er erfolgreich durchgeführt werden kann.

Um einen Aufruf asynchron und über Messaging ausführbar zu machen, muss er in eine Nachricht verpackt werden. Hierfür bietet das *Command Pattern* der Gang of Four bereits eine Lösung für lokale Methodenaufrufe. Das *Command Message Pattern* überträgt diesen Ansatz auf eine Nachrichtenübertragung beim Messaging und ermöglicht es, Aufrufe als Nachrichten in Channels zu übergeben.

Für die Umsetzung des *Command Message Pattern* wird kein spezifisches Nachrichtenformat definiert. Wichtig ist nur, dass der Methodenname sowie alle Parameter in die Nachricht integriert und gespeichert werden können.

Der Übertragungsstil *SOAP-RPC* ist ein Beispiel dafür, wie Command-Objekte als Nachrichten serialisiert werden können. Oftmals werden diese Nachrichten zwar synchron ausgetauscht, eine asynchrone Ausführung ist allerdings ebenfalls möglich.

Ebenfalls möglich sind allerdings auch proprietäre Formate, z. B. das in Listing 6.14 gezeigte JSON-Dokument mit einem enthaltenen Kommmando:

```
{
  "command": "WAKE_UP",
  "device_id": "12345",
  "timestamp": "2024-11-21T10:30"
}
```

Listing 6.14 Beispiel für eine JSON-basierte Command Message

Das *Command Message Pattern* wird meist in Zusammenhang mit einem Point-to-Point Channel eingesetzt, da die Kommandos nur ein einziges Mal ausgeführt werden sollten.

Document Message

In verteilten Anwendungen werden oftmals dieselben Daten in mehreren Systemen benötigt und müssen dementsprechend zwischen diesen übertragen werden.

Klassische Integrationsansätze, wie beispielsweise der Datenaustausch über Dateitransfer oder die Nutzung einer gemeinsamen Datenbank, können eine Lösung bieten. Jedoch weisen diese Methoden in Bezug auf Robustheit, Zuverlässigkeit und Aktualität der Daten gegenüber messaging-basierten Techniken auch Schwächen auf.

Werden beispielsweise Daten in einer gemeinsam genutzten Datenbank zur Datenübertragung aktualisiert, müssen die Nutzer der Daten über eine Aktualisierung informiert werden. Das kann unter Umständen fehlschlagen oder erst zeitverzögert möglich sein. Dasselbe gilt analog für eine Übertragung per Datei.

Messaging bietet hingegen eine robustere, zuverlässigere und flexiblere Möglichkeit der Datenübertragung. Die einzelnen Datensätze können dabei in Form von sogenannten *Document Messages* verpackt und in dedizierten Channels übertragen werden. Die Nachrichten enthalten ausschließlich die Nutzdaten und keinerlei Information darüber, wie die Daten verarbeitet werden sollen. Große Datenmengen können im Bedarfsfall zusätzlich auf viele kleinere Datenpakete bzw. Nachrichten aufgeteilt werden.

Für Integrationslösungen können *Point-to-Point Channels* eingesetzt werden, um die Daten von einer Anwendung zu einer zweiten zu übertragen. Sind mehrere Konsumenten vorhanden, die Interesse an den Daten haben, können die Nachrichten alternativ an einen *Publish-Subscribe Channel* übergeben werden und alle interessierten Konsumenten können im Bedarfsfall die Daten des Channels auslesen. Allerdings muss bei mehreren Empfängern sichergestellt sein, dass die übertragenen Daten nicht von einzelnen Konsumenten verändert werden, ansonsten drohen Inkonsistenzen.

Wie bereits bei den Command Messages gibt es auch bei den Document Messages keine Vorgaben zum Format der Nachrichten. In Listing 6.15 sehen Sie als Beispiel den Inhalt einer Document Message als XML-Dokument: Es enthält keinerlei Informationen darüber, wie die Daten verarbeitet werden sollen.

```
<ProductDataDocument>
    <GeneratedAt>2024-11-21T14:30:00Z</GeneratedAt>
    <Products>
        <Product>
            <ProductID>101</ProductID>
            <Name>Notebook</Name>
            <Category>Electronics</Category>
            <Price>999.99</Price>
            <InStock>true</InStock>
        </Product>
        <Product>
            <ProductID>102</ProductID>
            <Name>Desk Chair</Name>
            <Category>Furniture</Category>
            <Price>149.50</Price>
            <InStock>false</InStock>
        </Product>
    </Products>
</ProductDataDocument>
```

Listing 6.15 Beispiel für eine Document Message

Document Messages können nicht nur für Integrationsaufgaben, sondern auch für Workflows genutzt werden, die eine Dokumentenverarbeitung über mehrere Stufen hinweg vorsehen. Dabei wird ein Dokument an verschiedene Instanzen, die *Pipes* und *Filters*, weitergeleitet, bis es schließlich beim endgültigen Empfänger landet.

Event Message

In Softwaresystemen müssen oftmals Komponenten über Ereignisse informiert werden, die in anderen Komponenten aufgetreten sind. Befinden sich die Komponenten innerhalb einer Anwendung, kann mit dem *Observer Pattern* der Gang of Four eine entsprechende Lösung aufgebaut werden.

Auch in verteilten Umgebungen, wenn sich die Komponenten über mehrere Systeme hinweg erstrecken, können die gleichen grundlegenden Konzepte des Patterns eingesetzt werden. Allerdings sollte aus Gründer der Robustheit und Flexibilität in diesem Fall die synchrone Kommunikation durch einen asynchronen Mechanismus ausgetauscht werden.

Eine synchrone Kommunikation würde zum einen dazu führen, dass das Subjekt, also die informierende Komponente, alle zu informierenden Komponenten kennen und direkt aufrufen müsste. Und zum anderen müsste das Subjekt ebenfalls mit fehlerhaften Aufrufen umgehen können und eventuell alternative Aktionen definieren.

Wird dagegen eine messaging-basierte asynchrone Kommunikation über einen *Publish-Subscribe Channel* eingesetzt, können die empfangenden Komponenten lose mit dem sendenden Subjekt verbunden werden; und falls zum Zeitpunkt der Event-Übermittlung ein Empfänger nicht verfügbar ist, können die Nachrichten auch zu einem späteren Zeitpunkt von ihnen aus dem Channel konsumiert werden.

Die auftretenden Ereignisse können dann in Nachrichten als sogenannte *Event Messages* verpackt und versendet werden. Auch hier ist vom Pattern keine feste Formatierung vorgegeben und die Nachrichten ähneln sehr stark den *Document Messages*. Sie enthalten ebenfalls keine Anweisungen, wie mit den enthaltenen Informationen umgegangen werden soll. Der Unterschied zwischen Nachrichten besteht in der Bedeutung des Zeitpunkts und des Inhalts: Bei den Event Messages ist meist der Zeitpunkt entscheidender als der Inhalt. In einigen Fällen können auch Event Messages ohne Inhalt vollkommen ausreichend sein, um über ein Event zu informieren.

Sollen Systeme per Nachricht über Ereignisse informiert werden, sind grundsätzlich auch die entsprechenden Nutzdaten von Interesse. Zwei Übertragungsmodelle für *Event Messages* sind in der Praxis gut einsetzbar:

- **Push Model** – In diesem Fall ist die übertragene Nachricht eine Kombination aus einer Event Message und einer Document Message. Die Nachricht enthält die entsprechenden Nutzdaten bzw. die Daten des neuen Zustands direkt und der Empfänger kann diese nutzen. Das Modell ist immer dann sinnvoll, wenn die Nutzdaten gering sind, also in die Nachricht eingepackt werden können, und alle Empfänger an diesen Daten interessiert sind.

- **Pull Model** – Bei diesem Modell enthält das Ereignis keine Nutzdaten und die einzelnen Observer müssen im Bedarfsfall die Daten separat beziehen. Die Nachricht kann hierzu beispielsweise eine URL oder die Adresse eines Channels besitzen, bei dem die Daten angefordert werden können. Das Modell ist immer dann geeignet, wenn die Ereignisnachrichten möglichst klein gehalten werden sollen, da sie eventuell in einer hohen Frequenz erzeugt werden.

Request Reply

Die Nachrichtenübermittlung beim Messaging findet immer in eine Richtung und ohne Antwort statt. Der Sender übergibt eine Nachricht an einen Channel und der Empfänger erhält die Nachricht aus dem Channel. Diese asynchrone *One-Way-Kommunikation* ermöglicht zum einen eine robuste Nachrichtenübermittlung, und zum anderen werden die Prozesse der Nachrichtenerstellung von der Nachrichtenverarbeitung entkoppelt.

Auch wenn dieser Mechanismus Vorteile bietet, erwarten viele Komponenten eine Antwort für ausgeführte Aktionen. Bei synchronen Aufrufen liefert ein Methodenaufruf das Ergebnis oder zumindest die Information, ob eine Ausführung fehlerfrei war oder nicht.

In asynchronen messaging-basierten Umgebungen kann mit dem *Request-Reply Pattern* eine *Two-Way-Kommunikation* realisiert werden, also ein Aufruf, der eine Antwort erwartet.

Zwei Teilnehmer sind dabei definiert:

- **Requestor** bzw. **Anfragender** – Der *Requestor* erzeugt eine Anfrage als Nachricht und wartet auf eine entsprechende Antwort.
- **Replier** bzw. **Antwortender** – Der *Replier* empfängt die Anfragenachricht, bearbeitet sie und übermittelt eine Antwortnachricht.

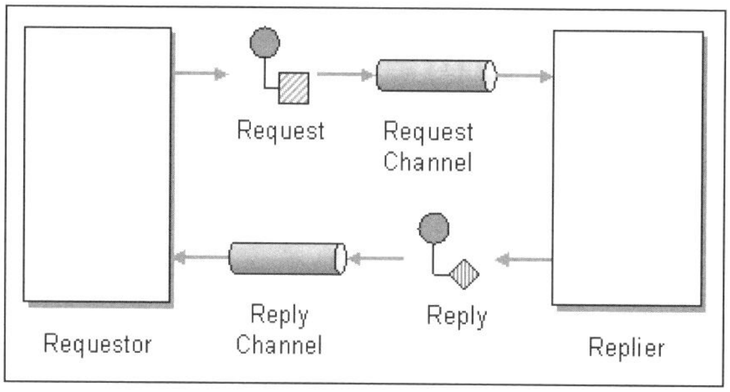

Abbildung 6.20 Aufbau des »Request Reply Pattern« (Quelle: *https://enterpriseintegrationpatterns.com/*)

Wie in Abbildung 6.20 zu sehen ist, werden für die Kommunikation zwei Channels eingesetzt: ein Channel für die Anfrage und ein weiterer für die Antwort. Typischerweise handelt es sich beim Anfrage-Channel um einen *Point-to-Point Channel*, allerdings sind auch *Publish-Subscribe Channels* möglich, wenn mehrere *Replier* angesprochen und mehrere Antworten verarbeitet werden sollen. Beim Antwort-Channel handelt es sich immer um einen Point-to-Point Channel, da die Antwort immer dem *Requestor* zugestellt werden soll und ein Broadcasting nicht sinnvoll wäre. Kein weiterer Empfänger kann die Antwort für einen speziellen Aufruf eines Requestors sinnvoll verarbeiten.

Durch die Nutzung des asynchronen Messagings besteht innerhalb des Requestors die Möglichkeit, entweder synchron auf eine Antwort zu warten und den aufrufenden Thread in der Zwischenzeit zu blockieren oder asynchron mit weiteren Aufgaben fortzufahren und über einen Callback-Mechanismus die Antwort zu empfangen und zu verarbeiten.

Wird im Requestor mit einem synchronen, blockierenden Aufruf gearbeitet, bleibt die Aufruflogik einfach und es werden die Vorzüge einer robusten Nachrichtenübermittlung genutzt. Falls ein Replier allerdings, aus welchen Gründen auch immer, keine Antwort sendet, muss der Requestor darauf vorbereitet sein und entsprechend reagieren. Der Request-Reply-Mechanismus kann für drei unterschiedliche Anfragearten eingesetzt werden:

- **Messaging RPC** – In dieser Variante wird ein Remote Procedure Call (RPC) mithilfe von Messsaging umgesetzt. *Command Messages* werden an einen Replier gesendet, der diese Kommandos ausführt und anschließend eine *Document Message* als Antwort zurücksendet.
- **Messaging Query** – Bei dieser Anfrageart schickt der Requestor eine *Command Message* mit einer Suchanfrage an den Replier und dieser antwortet mit einer oder mehreren *Document Messages*, die wiederum die einzelnen Ergebnisdatensätze enthalten. Wichtig in diesem Fall ist, dass der Requestor die Antwortdokumente wieder einer Anfrage zuordnen kann. Das kann beispielsweise über eine in den Nachrichten enthaltene Sequenznummer stattfinden.
- **Notify/Acknowledgement** – Oftmals wird nur eine Rückantwort erwartet, die besagt, dass die Nachricht erfolgreich ankam und verarbeitet wurde. In diesem Fall wird über *Event Messages* kommuniziert.

Correlation Identifier

In asynchronen Umgebungen mit mehreren Sendern und Empfängern kann die Verarbeitungsreihenfolge der Nachrichten nur schwer vorhergesagt werden. Auch wenn die Nachrichten sequenziell aus einem Channel gelesen werden, kann durch eine unterschiedliche Verarbeitungsgeschwindigkeit innerhalb verschiedener Empfänger eine Nachricht, die später in den Channel geschrieben wurde, früher verarbeitet worden sein als eine Nachricht, die zeitlich davor in den Channel übergeben wurde. Nachrichten können sich also »überholen«.

Sendet beispielsweise bei einem Request-Reply-Mechanismus ein Requestor in kurzer Abfolge mehrere Nachrichten an eine Menge von Repliern, kann es vorkommen, dass die Reihenfolge der eintreffenden Antworten nicht der Abfragereihenfolge entspricht.

Aufgrund dessen ist es sinnvoll, eine eindeutige Anfrage-ID, einen sogenannten *Correlation Identifier*, in die Nachrichten zu integrieren. Diese ID wird bei der Erzeugung der ausgehenden Nachricht durch den Requestor erstellt und als Teil der Nachricht an den Replier übergeben. Er speichert diesen *Correlation Identifier*, um später eine entsprechende Antwort mit der gestellten Anfrage verknüpfen zu können.

Bei der Verarbeitung der Nachricht durch den Replier liest dieser den integrierten *Correlation Identifier* und sendet ihn als Teil der Antwortnachricht wieder zurück an den Requestor. Dieser kann damit die passende Verknüpfung zur Anfrage herstellen und diese entsprechend verarbeiten.

Der *Correlation Identifier* kann als Teil der Nutzdaten innerhalb einer Message, wie in Listing 6.16 zu sehen ist, oder als Meta-Information der Nachricht im Message-Header übertragen werden.

```
{
  "messageId": "abc123",
  "correlationId": "order-98765",
  "event": "OrderShipped",
  "timestamp": "2024-11-21T15:00",
  "data": {
    "orderId": "98765",
    "shipmentId": "56789",
    "carrier": "DHL",
    "trackingNumber": "1Z999AA10123456784"
  }
}
```

Listing 6.16 Mitgabe des Correlation Identifiers in den Nutzdaten

Wird die CloudEvents-Spezifikation zur Formatierung der Messages verwendet, können Sie die Daten auch in den Message-Header schreiben. Listing 6.17 zeigt ein Beispiel, in dem das Go-SDK verwendet wird:

```
correlationId := uuid.New()
event := cloudevents.NewEvent()
event.SetID(uuid.New().String())
event.SetSource("source-fellows.com/training-fellow/training-administrator")
```

```
event.SetType("type")
event.SetData(cloudevents.ApplicationJSON, bytes)
event.SetExtension("correlationid", uuid.New())
```

Listing 6.17 Mitgabe eines Correlation Identifiers bei CloudEvents (Go)

Beispiele

- *X-Request-ID* oder *X-Trace-ID* als HTTP-Header
- *Trace Context*-Spezifikation des W3C bzw. *Distributed Tracing*

6.3.4 Messaging Endpoint Pattern

Messaging Endpoints abstrahieren und kapseln den vom Messaging-System abhängigen Code und übernehmen so die Verantwortung dafür, Nachrichten entgegenzunehmen und zu versenden.

In der Regel nutzt der Adapter-Code eine vom Messaging-System bereitgestellte API, beispielsweise eine *JMS*-oder *RabbitMQ*-Bibliothek, um die Kommunikation mit dem Messaging-System zu gewährleisten. Für die Kommunikation mit der Anwendung wird eine applikationsabhängige API für den Versand bereitgestellt oder beim Empfang verwendet.

Idealerweise abstrahiert der Messaging Endpoint die Kommunikation mit dem Messaging-System so, dass die Anwendungskomponenten, die den Code verwenden, keine Kenntnis davon haben müssen, dass es sich um eine Anbindung auf Basis von Messaging handelt.

Anhand der folgenden Patterns werden Sie sehen, dass eine Implementierung von Endpoints alternativ auch ohne die Verwendung von messaging-system-abhängigen Bibliotheken möglich ist.

Asynchronous Request-Reply

Das *Asynchronous Request-Reply Pattern* ermöglicht es dem Sender, in einer nicht messaging-system-basierten Kommunikation eine Anfrage zu stellen, ohne auf das Ergebnis der Verarbeitung warten zu müssen und später die Antwort zu erhalten.

Problem und Motivation

Viele moderne Anwendungen besitzen neben einem Serverbestandteil eine HTML-basierte Oberfläche, die über synchrone HTTP-Aufrufe mit einer REST-Semantik angebunden sind. Eine solche Anbindung über synchrone Aufrufe ist einfach umzusetzen und bei schnellen Reaktionszeiten des Servers meist vorteilhaft.

Verlängern sich allerdings die Antwortzeiten auf dem Server oder werden dort selbst asynchrone Prozesse angestoßen, werden die synchron blockierenden Clients zu einem Problem, da der Clientcode zum Warten gezwungen wird und die Benutzererfahrung darunter leidet.

Abhängig vom technologischen Umfeld können zur Implementierung eines asynchronen Aufrufs messaging-basierte Lösungen eingesetzt werden. Bei Clients, die im Browser als HTML/JavaScript ausgeführt werden, ist eine direkte Anbindung von Message-Channels über spezielle Netzwerkports, Netzwerkprotokolle oder Bibliotheken meist nicht möglich.

Lösung

Das *Asynchronous Request-Reply Pattern* beschreibt eine Lösung auf Basis von *HTTP-Polling*, bei der ein Client mehrere Anfragen an den Server sendet, bis das Ergebnis vorliegt.

Der Ablauf der Aufrufe ist in Abbildung 6.21 dargestellt:

1. Der Client stellt seine Anfrage, deren Verarbeitung auf der Serverseite länger dauert.
2. Der Server antwortet mit dem HTTP-Status Code 202 (ACCEPTED) und signalisiert dem Client, dass die Anfrage angenommen wurde und nun verarbeitet wird. Als Teil der Antwort erhält der Client eine Referenz oder eine URL, mit der er den Status zum gestarteten Job abfragen kann. Vor der Ausführung des Prozesses sollte der Server die vom Client übergebenen Daten validieren und im Bedarfsfall die Anfrage mit einem entsprechenden HTTP-Statuscode (z. B. 400 – Bad Request) abweisen.

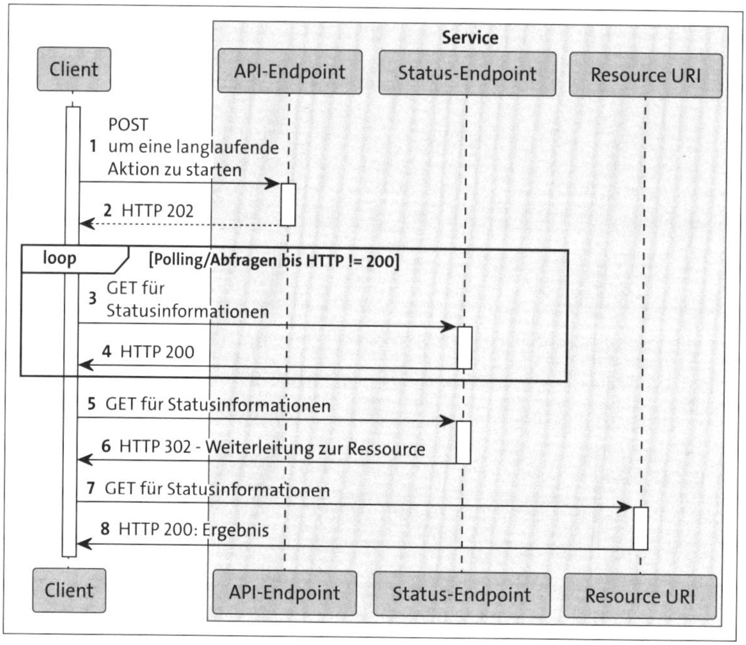

Abbildung 6.21 »Asynchronous Request-Reply« mit HTTP-Polling

3. Nach einer gewissen Zeit fragt der Client unter der zurückgelieferten URL oder an einem dedizierten Status-Endpoint mit der Referenz, die bereits der erste Call geliefert hatte, den Status des angestoßenen Prozesses ab.
4. Wird der Prozess weiterhin ausgeführt, liefert der Server eine HTTP-Antwort mit dem Statuscode 200, um zu signalisieren, dass noch alles in Ordnung ist und er nach einer gewissen Zeit noch einmal anfragen soll.
5. Die Abfrage des Status wird so lange wiederholt, bis der Server keinen HTTP-Statuscode mehr liefert.
6. Ist die Arbeit des Hintergrundprozesses beendet, liefert der Server den HTTP-Statuscode 302 (`REDIRECT`) mit einer URL, unter der der Client das Ergebnis der Verarbeitung abrufen kann.
7. Der Client ruft das Ergebnis ab.
8. Der Client erhält die entsprechende Antwort.

Lösungsbeispiel

HTTP-Polling lässt sich auch in der Kommunikation mit Clients einsetzen, die über Firewalls oder andere eingeschränkte Verbindungen mit einem Server verbunden sind. Das folgende Beispiel zeigt einen Go-Client und die zugehörige HTTP-Kommunikation.

In Listing 6.18 wird eine erste Anfrage an einen HTTP-basierten Service gesendet, um einen langlaufenden Prozess zu starten. Der entsprechende HTTP-Client wird zusätzlich so konfiguriert, dass er keinem automatischen Redirect folgt.

```
http.DefaultClient = &http.Client{
    CheckRedirect: func(req *http.Request, via []*http.Request) error {
        return http.ErrUseLastResponse
    },
}

response, err := http.Get("http://localhost:8082/start")
if err != nil {...}

if response.StatusCode != http.StatusAccepted {
    log.Fatal("could not start process. got status ", response.Status)
}
```

Listing 6.18 Ausschnitt eines Go-Clients für HTTP-Polling

Die entsprechende HTTP-Kommunikation ist in Listing 6.19 gezeigt:

```
POST http://localhost:8082/start
Content-Type: application/json
...
```

```
HTTP/1.1 202 Accepted
Location: http://localhost:8082/status123
Date: Sat, 23 Nov 2024 17:25:25 GMT
Content-Length: 0
```

Listing 6.19 HTTP-Kommunikation zum Starten eines Prozesses

Nach dem ersten Aufruf startet der Client eine Schleife, in der er den Status des Prozesses prüft. Der Code in Listing 6.20 zeigt, wie der Client die zurückgelieferte URL im `Location`-Header für weitere Anfragen nutzt:

```
resultStatus := http.StatusOK
for resultStatus == http.StatusOK {
    waitTime := response.Header.Get("Retry-After")
    if waitTime != "" {
        sleep, err := strconv.Atoi(waitTime)
        if err != nil {...}
        time.Sleep(time.Duration(sleep) * time.Second)
    }

    newUrl := response.Header.Get("Location")
    response, err = http.Get(newUrl)
    if err != nil {...}
    resultStatus = response.StatusCode
    log.Println("got status", resultStatus)
}
```

Listing 6.20 Schleife zum Abruf des Status (Go)

Diese Antwort mit den Headern `Location` und `Retry-After` auf eine Statusanfrage zeigt Listing 6.21. Die beiden genannten HTTP-Header geben dem Client die Information, wie lange er bis zur nächsten Anfrage warten soll und welche URL er dazu benutzen soll:

```
HTTP/1.1 200 OK
Location: http://localhost:8082/status123
Retry-After: 1
Date: Sat, 23 Nov 2024 17:33:37 GMT
Content-Length: 0
```

Listing 6.21 HTTP-Kommunikation

Wenn der langlaufende Prozess abgeschlossen ist, antwortet der Server mit einem HTTP-Statuscode 302 und leitet den Client zur Ergebnisseite weiter. Aus diesem Grund wurde ganz zu Beginn der automatische Redirect im Client deaktiviert.

```
HTTP/1.1 302 Found
Location: http://localhost:8082/result123
Date: Sat, 23 Nov 2024 17:39:08 GMT
Content-Length: 0
```

Listing 6.22 Antwort mit Weiterleitung zum Ergebnis

Listing 6.23 zeigt den Code für den abschließenden Aufruf und die Ausgabe im Client:


```
newUrl := response.Header.Get("Location")
response, err = http.Get(newUrl)
if err != nil {
    log.Fatal(err)
}
defer response.Body.Close()
bytes, err := io.ReadAll(response.Body)
if err != nil {
    log.Fatal(err)
}

log.Println("result is:", string(bytes))
```

Listing 6.23 Abruf des Ergebnisses (Go)

Wann kann oder soll man das Pattern einsetzen?

Das *Asynchronous Request-Reply Pattern* kann immer dann eingesetzt werden, wenn:

- es in der Client-Umgebung, wie in einem Browser, sehr schwer oder unmöglich ist, Callback-Methoden für die Notifizierung von asynchronen Antworten bereitzustellen.
- der Client nur über HTTP angebunden werden kann, da Verbindungseinschränkungen, wie z. B. eine Firewall, andere Protokolle unterbinden.
- der Server nur per HTTP angebunden werden kann und dieser keine aktuelle Technologien wie z. B. WebSockets unterstützt.

Ein Einsatz ist hingegen nicht zu empfehlen, wenn:

- beim Empfang der Daten keine Zeitverzögerung durch die Wartezeit zwischen den Statusabfragen toleriert werden kann.
- neuere Technologien (z. B. WebSockets) bei allen Kommunikationspartnern eingesetzt werden können.
- wenn messaging-basierte Implementierungen bzw. entsprechende Bibliotheken direkt eingesetzt werden können, da keine Verbindungsrestriktionen bestehen.

Konsequenzen

Clients können, obwohl technische Restriktionen vorhanden sind, von einer asynchronen Kommunikation mit einem Service profitieren und damit die Benutzererfahrung der Anwender steigern.

Long Polling

Das *Long Polling Pattern* ist ein Pattern, das zwischen einer Frontend- und einer Backend-Komponente dazu eingesetzt werden kann, Echtzeitdaten vom Backend zum Frontend zu übertragen.

Problem und Motivation

Einige Client-Anwendungen benötigen Daten, die zwischen einem Server und einer Client-Komponente möglichst ohne Zeitverzug ausgetauscht werden. Das können beispielsweise Börsendaten oder einfache Chat-Nachrichten sein.

Mit neueren Technologien oder unbeschränkten Netzwerkübertragungen können auch in Webbrowsern Daten nahezu in Echtzeit übertragen werden. Sobald allerdings die Übertragungen z. B. durch Firewalls oder Proxys eingeschränkt sind, wird es für Browser schwer, Daten ohne großen Zeitversatz von einem Service zu erhalten, ohne selbst mit ständigen und eventuell überflüssigen Abrufen Lastspitzen zu erzeugen. Da der Client den Update-Zeitpunkt der neuen Daten nicht kennt, muss er durch ein sogenanntes Polling ständig neue Anfragen stellen und damit Ressourcen auf der Serverseite verschwenden.

Lösung

Mit dem sogenannten *Long Polling* besteht eine effiziente Möglichkeit, Clients in nahezu Echtzeit über neue Daten zu informieren, ohne einen traditionellen Polling-Mechanismus einzusetzen, der ja auch sehr viele Anfragen erzeugt.

Genutzt wird das HTTP-Protokoll, bei dem eine einzelne Anfrage für die Rückgabe mehrerer Datensätze verwendet wird. Die Verbindung wird offengehalten, und der Server schreibt seine Daten, sobald er diese zur Verfügung hat, in den HTTP-Response-Body, der vom Client auch portionsweise ausgelesen wird.

Der Ablauf des Long Polling ist in Abbildung 6.22 dargestellt:

1. Der Client stellt seine initiale Anfrage. Eventuell überträgt er selbst Nutzdaten, die für den Datenabruf wichtig sind.
2. Der Server beantwortet die Anfrage möglicherweise direkt und schickt die ersten Daten zurück zum Client. Wichtig ist, dass er die HTTP-Anfrageverbindung – und somit den HTTP-Body der Antwort – nicht schließt.

3. Der Server wartet selbst auf Daten und lässt den Request vom Client weiterhin offen.
4. Es treffen neue Daten ein, die an den Client übertragen werden sollen.
5. Der Server schreibt weitere Daten in den bereits geöffneten Response-Body des HTTP-Requests.
6. Der Client kann die Daten verarbeiten und auf weitere warten.
7. Der Server hält weiterhin die Verbindung offen und wartet auf Daten.
8. Weitere Daten treffen auf dem Server ein.
9. Der Server schreibt die Daten wieder in den noch immer offenen HTTP-Response-Body.
10. Der Client kann die erneut übertragenen Daten ebenfalls verarbeiten.
11. Kommt es zu einem Connection-Timeout der Verbindung, stellt der Client erneut eine Anfrage und der Ablauf beginnt von Neuem.

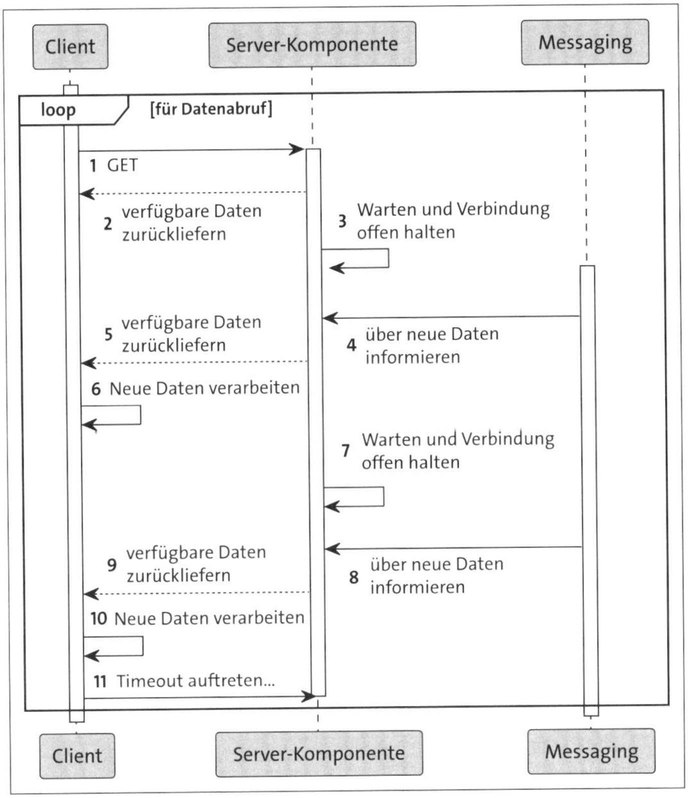

Abbildung 6.22 Sequenzdiagramm für das Long Polling

Lösungsbeispiel

Die Umsetzung des Patterns kann innerhalb moderner Browser recht einfach mit reinem JavaScript erreicht werden.

Listing 6.24 zeigt die `callEndless`-Funktion, mit der für ein übergebenes HTTP-Response-Promise ein entsprechender Reader ermittelt und zur Auswertung weitergegeben wird. Falls der HTTP-Aufruf bzw. für das übergebene Promise ein Ergebnis vorliegt oder es beendet wurde, wird die Methode erneut gestartet. Es entsteht eine Endlosschleife mit sich wiederholenden Aufrufen.

```
/**
 * @param {Promise<Response>} httpRequest to use
 */
function callEndless(httpRequest) {
    httpRequest.then(response => {
        const reader = response.body.getReader();
        return readDataFromStream(reader);
    }).catch((error) => {
        console.log("error", error);
    }).finally(() => {
        callEndless(fetch("http://localhost:8080"));
    });

}
```

Listing 6.24 Long-Polling-Implementierung mit »purem« JavaScript

Listing 6.25 zeigt die Auswertelogik des Readers. Dieser wertet immer ein neues Datenpaket vom Server aus bzw. liest aus dem übergebenen Reader. Im Beispiel wird mit den vom Server übertragenen JSON-Daten eine Liste im Frontend aktualisiert:

```
let decoder = new TextDecoder();

/**
 *
 * @param {ReadableStreamGenericReader<Uint8Array>} reader
 * @returns {ReadableStreamGenericReader<Uint8Array> | undefined}
 */
function readDataFromStream(reader) {
    return reader.read().then(({ done, value }) => {
        // Wenn keine weiteren Daten mehr vorliegen, Stream schließen
        if (done) {
            return;
```

```
        }
        let jsonString = decoder.decode(value);
        let jsonData = JSON.parse(jsonString);
        addEntryToList(jsonData.message)
        // Nächste Daten verarbeiten
        return readDataFromStream(reader);
    });
}
```


Listing 6.25 Auswertung der Daten im JS-Client

Der letzte Arbeitsschritt ist das Starten der Endlosschleife zum Abrufen der Daten:

```
callEndless(fetch("http://localhost:8080"));
```

Beispiel-Server für Long Polling

Zum Testen des gezeigten Client-Codes kann ein Go-Server implementiert werden, der mehrere JSON-Dokumente in den Response-Body der HTTP-Anfrage schreibt. Beachten Sie, dass hierfür kein Buffering für den ResponseWriter verwendet werden darf, und die Handler-Funktion muss die Daten »direkt« an den Client versenden.

Folgende Codezeilen zeigen den wichtigen Teil der entsprechenden Handler-Implementierung, bei dem der Buffer der Daten manuell durch einen `Flush`-Aufruf geleert bzw. an den Client geschickt wird:

```
func longPolling(response http.ResponseWriter, request *http.Request) {
    flusher, _ := response.(http.Flusher)
    for range 3 {
        data := []byte(`{"message": "Long Polling"}`)
        response.Write(data)
        flusher.Flush()
        time.Sleep(1 * time.Second)
    }
    flusher.Flush()
}
func main() {
    log.Println("Starting server")
    log.Fatal(http.ListenAndServe(":8080",
        http.HandlerFunc(longPolling)))
}
```

Wann kann oder soll man das Pattern einsetzen?

Das Pattern kann immer dann eingesetzt werden, wenn ein Client nicht über modernere Technologien wie z. B. WebSockets oder eine Messaging-System-API angebunden werden kann, aber Daten in nahezu Echtzeit benötigt werden.

Sind neuere Kommunikationswege möglich, sollte das Pattern nicht verwendet werden, da modernere Technologien deutlich effektiver arbeiten und keine proprietäre Implementierung benötigt wird.

Konsequenzen

Clients, die nur über eingeschränkte HTTP-Verbindungen mit dem Server kommunizieren können, können mit Daten nahezu in Echtzeit versorgt werden. Kurzes und ressourcenverbrauchendes Polling der Daten entfällt, was die Server- und Client-Komponenten entlastet.

6.4 Patterns zur Schnittstellenversionierung

Die Kommunikation zwischen verteilten Systemen funktioniert nur, wenn sich beide Systeme darüber einig sind, wie Informationen ausgetauscht werden und vor allem welche Bedeutung diese Informationen besitzen.

Die Bedeutung der einzelnen übertragenen Daten wird oftmals in Form eines Datenschemas definiert, z. B. mit XML-Schemata, Protobuf-Beschreibungen oder JSON-Schemata.

Listing 6.26 zeigt den Inhalt einer Protobuf-Datei, in der die Struktur für eine Person definiert wird:

```
message Person {
  string name = 1;
  int32 id = 2;  // Eindeutige ID für die Person.
  string email = 3;

  message PhoneNumber {
    string number = 1;
    PhoneType type = 2;
  }

  repeated PhoneNumber phones = 4;

  google.protobuf.Timestamp last_updated = 5;
}
```

```
enum PhoneType {
  PHONE_TYPE_UNSPECIFIED = 0;
  PHONE_TYPE_MOBILE = 1;
  PHONE_TYPE_HOME = 2;
  PHONE_TYPE_WORK = 3;
}

// Unsere Adressbuchdatei ist nur eine davon.
message AddressBook {
  repeated Person people = 1;
}
```


Listing 6.26 Protobuf-Beispiel einer Person

Aber auch Formate wie z. B. *OpenAPI* oder *AsyncAPI*, die für die Beschreibung einer Schnittstelle eingesetzt werden, können ebenfalls Blöcke zur Beschreibung der Daten enthalten.

In Listing 6.27 werden die zurückgelieferten Benutzerdaten eines HTTP-GET-Aufrufs als Liste von String-Werten spezifiziert:

```
openapi: 3.0.0
info:
  title: Sample API
  version: 0.1.9
paths:
  /users:
    get:
      summary: Returns a list of users.
      responses:
        "200": # status code
          description: A JSON array of user names
          content:
            application/json:
              schema:
                type: array
                items:
                  type: string
```

Listing 6.27 »OpenAPI.yml« mit enthaltenem Datenschema

Allerdings ändern sich meist die Anforderungen an die übertragenen Daten während der Laufzeit eines Softwareprojekts. Eventuell müssen neue Felder in die zu übertragenden Daten aufgenommen worden oder ihr Format bzw. die Struktur muss grundlegend überarbeitet werden.

Ohne eine Versionierung der Schnittstelle können schnell ernsthafte Probleme in der Kommunikation zwischen verschiedenen Parteien auftreten. Einige der möglichen Fehler sind beispielsweise:

- **Fehlende Rückwärtskompatibilität** – Bestehende Clients unterstützen nach der Änderung das neue Format nicht und funktionieren nicht mehr korrekt. Die Schnittstelle enthält inkompatible Änderungen wie eine Umstrukturierung der Daten, sodass eine Anpassung an der Clientsoftware nötig wird, um weiterhin mit den Daten arbeiten zu können.
- **Unklare Kommunikation** – Die Kommunikation zwischen mehreren Teams wird erschwert, da nicht klar bzw. nachvollziehbar ist, über welchen Stand der Änderungen gesprochen wird.
- **Mangelnde Kontrolle über Änderungen** – Ohne eine Protokollierung der Änderungen ist schnell unklar, wann eine bestimmte Änderung eingeführt wurde oder welche Clients potenziell Probleme mit einer bevorstehenden Änderung bekommen können.
- **Parallele Entwicklung unmöglich** – Wird nur ein Stand einer Schnittstelle veröffentlicht, können keine neuen Funktionen oder Anpassungen durchgeführt werden, ohne bestehende Clients zu gefährden.
- **Frustrierte und unzufriedene API-Nutzer** – Werden Änderungen an APIs ohne Vorankündigung und ohne weitere Informationen durchgeführt, können die APIs schnell als unzuverlässig gelten und durch Alternativen ersetzt werden.

Aus diesen Gründen ist eine Versionierung von Schnittstellen unumgänglich. Es spielt hierbei keine Rolle, ob es sich um eine synchrone oder eine asynchrone Schnittstelle handelt. Beim Messaging müssen die Nachrichtenformate beschrieben werden und bei einer synchronen Übertragung sogar die komplette Übertragung.

Im Folgenden wird nur noch von »der Schnittstelle« gesprochen, gemeint sind beide Kommunikationsstile. Die übertragenen Nachrichten stellen somit die ausgetauschten Informationen dar. Im Falle eines Remote Procedure Calls handelt es sich um die übertragenen Parameter, beim Messaging handelt es sich um die tatsächlich übertragenen Daten.

Semver – Semantic Versioning

Mit dem *Semantic Versioning* (SemVer) hat Tom Preston-Werner, einer der Mitbegründer von GitHub, ein Versionierungsschema entwickelt, an dem sich mittlerweile sehr viele Softwareprojekte orientieren.

Im Wesentlichen definiert die Spezifikation die folgenden drei Komponenten einer Versionsnummer:

- **MAJOR** – Diese Ziffer innerhalb einer Versionsnummer soll immer dann erhöht werden, wenn zur letzten Version inkompatible Änderungen vorgenommen wurden.
- **MINOR** – Die Erhöhung dieser Ziffer stellt eine neue Version mit Erweiterungen dar, die allerdings keine inkompatiblen Änderungen enthalten.
- **PATCH** – Hierdurch werden neue Versionen gekennzeichnet, die kompatible Bug Fixes enthalten.

Beispiel: Version 1.3.5 – MAJOR 1, MINOR 3, PATCH 5

Die gesamte Spezifikation können Sie unter folgender URL abrufen: *https://semver.org/*

Bei jeder Änderung, die Sie an einer Schnittstelle vornehmen, müssen Sie sich Gedanken darüber machen, ob die Änderung ein *Breaking Change* darstellt, also die Kommunikation bricht, sodass mindestens ein System nicht mehr korrekt funktioniert, oder ob die Auswirkungen der Änderung nicht so groß sind und alle Systeme weiterhin korrekt arbeiten.

Die Erkennung von *Breaking Changes* ist manchmal nicht so einfach, wie es auf den ersten Moment erscheint. Hier ist Vorsicht geboten, denn Sie sollten nicht nur technische Aspekte betrachten. Änderungen können auch semantisch sein. Damit sind Änderungen gemeint, die trotz einer fehlerfreien Übertragung dazu führen, dass mindestens ein System nicht mehr korrekt arbeitet. Zum Beispiel könnten es Werte sein, die in einer neuen Version der Schnittstelle vorausgesetzt werden, jedoch in einer früheren Version noch als optional gekennzeichnet waren. Auch Felder, die zusätzlich übertragen werden, aber vom Empfänger nicht ignoriert werden, können zu Problemen führen.

Rein technisch gesehen, gibt es fünf Patterns dafür, wie man eine Schnittstelle mit Versionsinformationen ausstatten kann bzw. wie man sicherstellen kann, dass Änderungen am Format zu keinem *Breaking Change* führen:

- Endpoint for Version
- Referencing Message
- Selfcontained Message
- Message with Referencing Metadata
- Message with Selfdescribing Metadata

Alle Pattern werde ich im Folgenden noch kurz beschreiben. In Abbildung 6.23 sehen Sie, wo diese Pattern eingesetzt werden können.

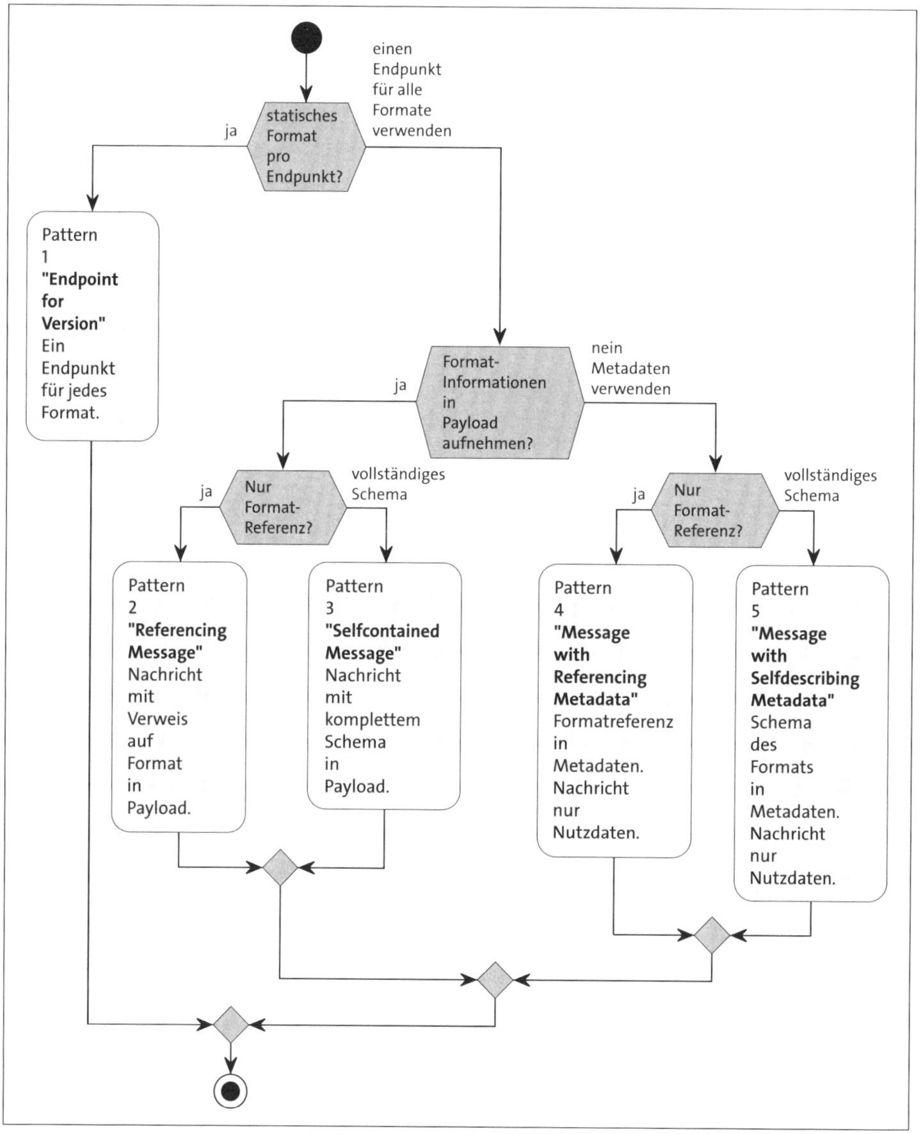

Abbildung 6.23 Übersicht der Pattern zur Versionierung

6.4.1 Endpoint for Version Pattern

Beim Einsatz des *Endpoint for Version Pattern* wird pro Version der Schnittstelle ein separater Endpunkt verwendet. Bei HTTP-basierten Rest-Calls bedeutet das, dass pro Version eine separate URL definiert wird. Im Falle einer asynchronen Kommunikation wird jeweils ein separater Channel pro Version eingesetzt, sprich z. B. ein Topic. Im Abschnitt zu den Messaging Patterns habe ich bereits das *Datatype Channel Pattern* erwähnt, das diesem Ansatz entspricht.

Beispiele

HTTP-basierte Kommunikation mit Rest:

Kompatible Version	Entsprechende URL
Version 1	*http://host:port/api/v1/article*
Version 2	*http://host:port/api/v1/article*

Tabelle 6.2 Beispiele für HTTP-basierte Kommunikation

Asynchrone Kommunikation mit Messaging:

Kompatible Version	Entsprechender Channel- bzw. Topic-Name
Version 1	`finance.transactions.v1`
Version 2	`finance.transactions.v2`

Vorteile

- Die Implementierung ist einfach und ein paralleler Betrieb ist möglich.
- Die Versionsangabe ist direkt aus der Endpunkt-Adresse ersichtlich und damit ist eine direkte Information zur eingesetzten Version gegeben.

Nachteile

- Grundsätzlich gibt es viele Endpunkte, die parallel verwaltet und betrieben werden müssen, wenn ältere Clients nicht auf neuere Versionen migriert werden.
- Die Pflege und Verwaltung der Endpunkte ist sehr aufwendig, z. B. in Bezug auf Sicherheit oder Lastenverteilung.

6.4.2 Referencing Message Pattern

Beim *Referencing Message Pattern* wird eine Nachricht übermittelt, in der neben den Nutzdaten eine Referenz auf die verwendete Version des Schemas enthalten ist. Der Empfänger der Nachricht kann mit dieser Information die Nachricht validieren bzw. den entsprechenden Code zur Auswertung der Daten verwenden. Bei der Referenz kann es sich entweder um eine dereferenzierbare URL handeln, unter der das Schema abgerufen werden kann, oder um eine Angabe, die vom Empfänger z. B. durch eine Schema-Registry mit einem Schema verknüpft werden kann.

Das zuvor erwähnte CloudEvents-Format verfolgt diesen Ansatz, ohne jedoch eine genaue Definition der verwendeten Attribute oder deren Form vorzuschreiben. Die Spezifikation gibt lediglich eine Empfehlung für bestimmte Einsatzzwecke.

Hält man sich an die Empfehlung, wird innerhalb der Nachricht eine Referenz zum Schema bzw. eine Versionsangabe übergeben (siehe Listing 6.28). Das `type`-Attribut enthält im Beispiel die Angabe `com.example.someevent` für die Definition des verwendeten Schemas. Bei einer inkompatiblen Änderung des Datenformats der Nachrichten wird die Angabe durch eine Versionsangabe ergänzt, beispielsweise durch `com.example.someevent.v2`.

```
{
    "specversion" : "1.0",
    "type" : "com.example.someevent",
    "source" : "/mycontext",
    "id" : "A234-1234-1234",
    "time" : "2018-04-05T17:31",
    "comexampleextension1" : "value",
    "comexampleothervalue" : 5,
    "datacontenttype" : "application/vnd.apache.thrift.binary",
    "data_base64" : "... base64 encoded string ..."
}
```

Listing 6.28 CloudEvents-Beispiel für das Referencing message Pattern

Zur Referenzierung des Schemas können alternativ auch die ebenfalls definierten Attribute `dataschema` oder `datacontenttype` verwendet werden, da dies gemäß der Spezifikation möglich ist.

Vorteile

- Unterschiedliche Nachrichten bzw. Versionen können an einen Endpunkt versendet werden. Der Client kann anhand der enthaltenen Informationen die Nachrichten verarbeiten.
- Für jede Nachricht ist klar, wie sie verarbeitet werden kann und soll.
- Nachrichten können zwischengespeichert und zu einem späteren Zeitpunkt verarbeitet werden, da über die Schemaangabe definiert wird, wie die Nachricht verarbeitet werden soll.

Nachteile

- Der Empfänger muss eventuell unbekannte Formate herausfiltern beziehungsweise ignorieren.
- Der Empfänger muss das Schema kennen bzw. dieses von einer externen Quelle herunterladen.
- Es ist keine parallele Verwaltung von mehreren Endpunkten notwendig.

6.4.3 Selfcontained Message Pattern

Das *Selfcontained Message Pattern* beschreibt Nachrichten, die neben den Nutzdaten das komplette Schema innerhalb der Nachrichten enthalten und somit ohne weitere Abfragen oder zusätzliche Informationen aus externen Quellen verarbeitet werden können. Als Teil des Serialisierungsformats *AVRO* der Apache Software Foundation ist beispielsweise ein sogenanntes *Container-Format*, der *AVRO Object Container* definiert, mit dem in jeder Nachricht neben den Nutzdaten die Schemainformation für die enthaltenen Daten mitgeliefert wird.

Das Beispiel in Listing 6.29 zeigt eine AVRO-Schemabeschreibung für Datensätze, die aus zwei Feldern bestehen: `time` und `customer`.

```
{
  "type": "record",
  "name": "test_schema",
  "fields": [
    {
      "name": "time",
      "type": "long"
    },
    {
      "name": "customer",
      "type": "string"
    }
  ]
}
```

Listing 6.29 AVRO.Schemabeispiel

Wird eine entsprechende neue Nachricht mit zwei Datensätzen im *Object Container Format* (OBF) erzeugt und in eine Datei gespeichert, entsteht eine Binärdatei. In Abbildung 6.24 sehen Sie einen Screenshot mit dem Hexdump einer solchen Datei. Der erste Teil der Datei enthält die Schema-Information, gefolgt von einer Encoding-Information und den eigentlichen Nutzdaten.

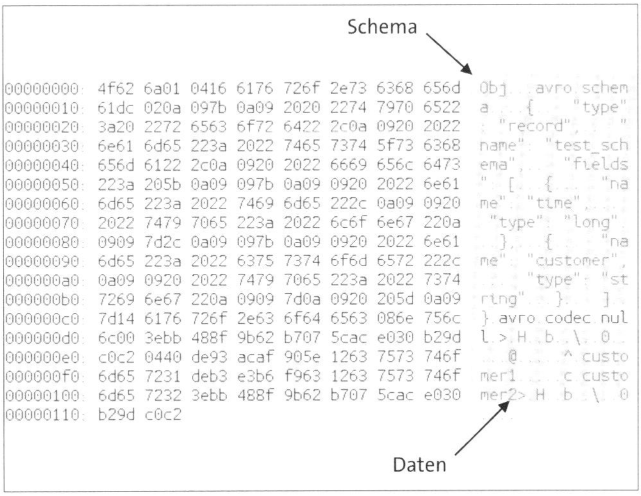

Abbildung 6.24 Screenshot des AVRO-Datenformats

Vorteile

- Nachrichten können autark verarbeitet werden. Es ist keine Abfrage von externen Quellen notwendig.
- Nachrichten können zwischengespeichert und zu einem späteren Zeitpunkt verarbeitet werden, da über die Schemaangabe definiert wird, wie die Nachricht verarbeitet werden soll.
- Unterschiedliche Formate können an einen Endpunkt übertragen werden, was bei Aktualisierungen des Datenformats hilfreich sein kann.
- Hohe Flexibilität und Unabhängigkeit der Empfänger: Sie können dynamisch auf Änderungen reagieren.

Nachteile

- Die zu übertragende Datenmenge der Nachrichten ist größer.
- Bei vielen gleichartigen Nachrichten wird die Datenübertragung redundant.

6.4.4 Message with Referencing Metadata

Beim *Message with Referencing Metadata Pattern* werden die Daten und die Angabe des Formats bzw. der Version voneinander getrennt, aber trotzdem gemeinsam übertragen.

Die übertragene Nachricht besteht in diesem Fall aus zwei Bestandteilen: aus einem Nutzdatenbereich, der ausschließlich diese Daten enthält, und aus einem Metadatenbereich für zusätzliche Informationen zur Nachricht. Bei einer Übertragung über HTTP sind das beispielsweise die HTTP-Header, die bei jeder Anfrage übertragen werden. Bei einer messaging-basierten Kommunikation bieten die APIs auch immer die Möglichkeit, Metadaten zu jeder Nachricht zu übertragen.

Das folgende Beispiel zeigt den Ansatz, wie ihn das HTTP-Protokoll vorsieht. In Listing 6.30 sehen Sie eine Anfrage, die im Header den `Content-Type`-Schlüssel mit einem entsprechenden MIME-Type (siehe Kasten) enthält. Somit weiß der Empfänger, mit welchen Daten er im Body der Nachricht rechnen muss.

```
PUT http://www.source-fellows.com/api/audi
Content-Type: application/vnd.mydatatypeV1+json

{
  "Kennzeichen":"RT-X-123"
}
```

Listing 6.30 HTTP-Anfrage mit einem HTTP-Header-Feld für das Format

Bei der Antwort vom Server kann dieser wieder im `Content-Type`-Header eine Information zum Format mitgeben.

Die MIME-Type-Informationen können zusätzlich über Parameter wie eine Versionsnummer erweitert werden:

```
Content-Type: application/vnd.api+json; version=2.0
```


MIME-Types

MIME-Types (kurz für *Multipurpose Internet Mail Extensions Types*) sind standardisierte und verbreitete Typ- bzw. Formatbezeichnungen für im Internet ausgetauschte Dokumente oder Nachrichten. Die Formatbezeichnungen sind in einen Medientyp (z. B. `text`, `image` oder `application`) und in einen Subtyp (z. B. `plain`, `jpeg` oder `json`) untergliedert.

Beispiele für MIME-Types:

- `text/plain` – unformatierter Text
- `application/pdf` – PDF-Dokumente
- `application/json` – JSON-Dokumente
- `text/html` – HTML-Dokumente
- `application/vnd.ms-excel` – Microsoft Excel-Dateien

Neben vordefinierten Typen, die für eine gute Interoperabilität und Verständlichkeit der Dokumente sorgen, können Sie auch eigene Formate mit dem Präfix `application/vnd.` definieren. Das Kürzel `vnd` steht hierbei für »Vendor« und drückt aus, dass es sich um ein proprietäres Format handelt.

Vorteile

- Nutzung der Grundidee des HTTP Protokolls und damit die Verwendung eines etablierten Standards.
- Nutzdaten sind frei von Format- oder Versionsinformationen.
- Die Nutzung eines Endpoints für verschiedene Formate ist möglich.
- Der Overhead bei der Übertragung der Daten ist minimal.

Nachteile

- Beim Abspeichern der reinen Nutzdaten gehen unter Umständen die Formatinformationen verloren und die Daten können nur schwer zu einem späteren Zeitpunkt verarbeitet werden.
- Die Art und Weise, wie die Informationen mitgegeben werden, hängt vom eingesetzten Protokoll bzw. von der verwendeten API ab.

6.4.5 Message with Selfdescribing Metadata

Als *Message with Selfdescribing Metadata Pattern* wird der Ansatz bezeichnet, bei dem innerhalb der Metadaten zu einer Nachricht das gesamte Datenformat anhand eines Schemas beschrieben wird.

Vorteile

- Empfänger der Nachrichten können die Daten unabhängig von ihrem Vorwissen über das mitgegebene Datenformat interpretieren. Das erhöht die Flexibilität und kann Systeme zusätzlich entkoppeln.
- Die Nutzdaten sind frei von Format- oder Versionsinformationen.
- Die Möglichkeit, verschiedene Datenformate an einen Endpunkt zu übertragen, erleichtert Aktualisierungen des Datenformats.

Nachteile

- Das zu übertragende Datenvolumen ist größer, da bei jeder Anfrage ein komplettes Schema übertragen wird.
- Meist ist keine direkte Mitgabe der Schema-Information möglich, sodass die Daten z. B. im Base64-Format encodiert werden müssen.

Kapitel 7
Patterns und Konzepte für verteilte Anwendungen

In modernen verteilten Systemen sind Skalierbarkeit, Konsistenz, Fehlertoleranz und Transparenz essenziell für einen erfolgreichen Einsatz. Dieses Kapitel vermittelt Ihnen grundlegende Konzepte und geeignete Designmuster, die Ihnen dabei helfen, moderne verteilte Architekturen hinsichtlich dieser Herausforderungen optimal zu gestalten.

Moderne Anwendungen sind in der Regel Teil komplexer Systeme, die an diverse andere Systeme angebunden sind und oftmals selbst in Cloud-Umgebungen betrieben werden. Skalierbarkeit, Konsistenz, Fehlertoleranz und Transparenz sind essenziell für einen erfolgreichen Einsatz.

Obwohl diese Anforderungen primär für die Entwicklung verteilter Anwendungen relevant sind, sollten die Lösungen auch bei der Entwicklung von Standalone-Anwendungen bekannt sein. Diese greifen meist ebenfalls auf zentrale Services zu. Eine effektive Kommunikation bzw. Zusammenarbeit mit diesen Diensten erfordert ein Verständnis der Server-Konzepte auch auf Client-Seite. Einige der Konzepte oder Design-Patterns lassen sich dabei ebenso auf Client-Anwendungen übertragen.

Die Patterns, die ich Ihnen in diesem Kapitel vorstelle, lassen sich in folgende Kategorien einteilen:

Pattern	Kategorie	Fokus
Stateless Architecture	Zustandsmanagement	Skalierbarkeit, Vereinfachung
Database per Service	Datenbank	Entkopplung, Autonomie
Optimistic Locking	Konsistenz	Parallelitätskontrolle
Saga (verteilte Transaktionen)	Konsistenz	Fehler- und Rollback-Handling

Tabelle 7.1 Zuordnung der Pattern in Kategorien

Pattern	Kategorie	Fokus
Transactional Outbox	Konsistenz	Konsistenz zwischen Events/Daten, gesicherte Zustellung
Event Sourcing	Zustandsmanagement	Historisierung, Rückverfolgbarkeit
Command Query Responsibility Segregation	Performance	Effiziente Lesetransaktionen
Distributed Tracing	Monitoring	Debugging, Performanceanalyse

Tabelle 7.1 Zuordnung der Pattern in Kategorien (Forts.)

Zunächst befassen wir uns aber mit dem Thema Konsistenz und einigen damit zusammenhängenden Theoremen.

7.1 Konsistenz

Der Begriff *Konsistenz* bezeichnet in Systemen den Zustand, in dem alle Kopien bzw. Repliken eines Datensatzes identisch sind und festgelegte Regeln oder Beschränkungen einhalten.

Konsistenz ist in einem System wichtig, um sicherzustellen, dass alle Prozesse im System eine einheitliche und vor allem korrekte Sicht auf die Daten haben. Nur mit korrekten Daten können die darauf aufbauenden Entscheidungen korrekt getroffen werden. In Bankanwendungen ist beispielsweise die Korrektheit der Daten entscheidend und eine Konsistenz muss immer gegeben sein.

In konsistenten Systemen liefert jede Leseoperation, unabhängig von der benutzten Kopie eines Datensatzes, immer den zuletzt geschriebenen und damit aktuellen Wert. Schreiboperationen werden nur dann als erfolgreich bezeichnet, wenn alle Kopien der vorhandenen Datensätze nach dem Schreibvorgang den neusten Wert besitzen.

Aktualisiert ein Client beispielsweise einen Wert in einer Anwendung, die auf mehreren Knoten in einem Cluster betrieben wird, muss dieser Zustand auf alle Knoten repliziert werden, bevor ein weiterer Client die Daten lesen kann. Abbildung 7.1 visualisiert diesen Vorgang:

1. Ein Client aktualisiert einen Wert auf einem der Knoten der Anwendung. Zur gleichen Zeit versucht ein weiterer Client, die Daten von einem zweiten Knoten zu lesen. Bevor die beiden Operationen von Client 1 und Client 2 zurückkehren, muss die Aktualisierung der Daten auf alle Knoten verteilt werden.
2. Die Werte werden auf alle Knoten verteilt.
3. Die Schreiboperation von Client 1 und die Leseoperation von Client 2 liefern den aktuellen Wert.

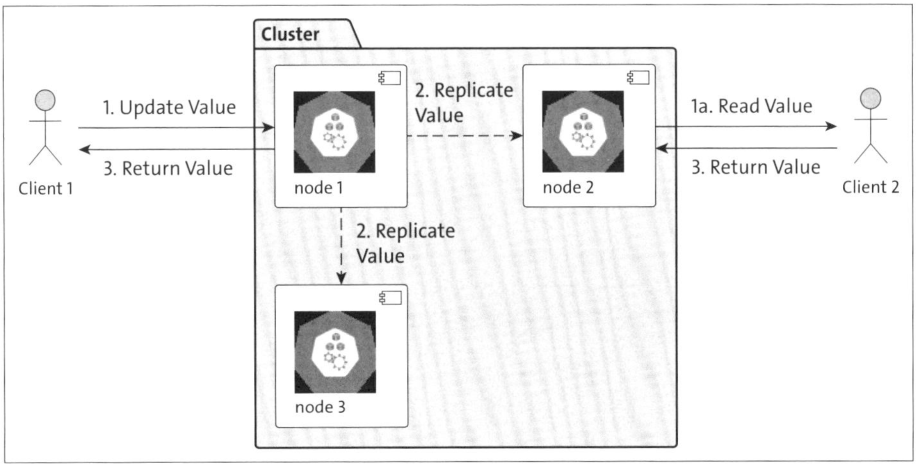

Abbildung 7.1 Update in einem konsistenten System

In diesem Beispiel verhält sich das Cluster als geschlossenes System mit einer starken Konsistenz und kein Client erhält veraltete Daten.

Die von der Konsistenz betroffenen Daten können sich auch über mehrere Datensätze erstrecken. Um beim Beispiel der Bankanwendung von weiter oben zu bleiben, bedeutet dies, dass eine Abbuchung auf einem Konto eine Gegenbuchung auf einem anderen Konto zur Folge haben muss, und nur dann, wenn beide Aktionen durchgeführt sind, sind die Daten konsistent: Sie werden von einem konsistenten Zustand in einen weiteren konsistenten Zustand überführt.

7.2 Das CAP-Theorem

Das von Eric Brewer vorgestellte *CAP-Theorem* stammt aus der Datenbanktheorie und besagt, dass es in verteilten Systemen unmöglich ist, die folgenden drei Eigenschaften gleichzeitig zu garantieren:

- *Konsistenz* bzw. **C**onsistency – Jeder Lesezugriff, der zur selben Zeit ausgeführt wird, erhält entweder die aktuellen Daten oder einen Fehler. Nach einem Schreibzugriff auf Daten ist jede Kopie dieser Daten ebenfalls aktualisiert.
- *Verfügbarkeit* bzw. **A**vailability – Jede Anfrage an ein nicht ausgefallenes System erhält eine Antwort.
- *Ausfalltoleranz* bzw. **P**artition Tolerance – Systeme arbeiten selbst bei ihrer Aufteilung in mehrere Partitionen und beim Verlust von Nachrichten zwischen ihnen weiter. Das kann beispielsweise durch den Ausfall von Netzwerkkomponenten geschehen.

Nach dem CAP-Theorem können in verteilten Systemen maximal zwei der drei Eigenschaften garantiert werden.

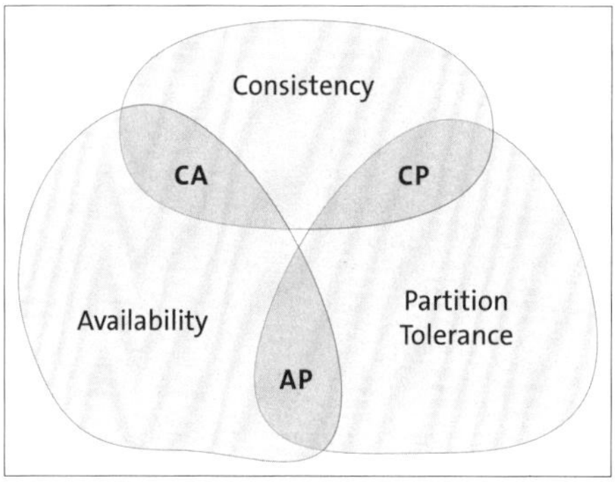

Abbildung 7.2 Darstellung des CAP-Theorems

Daraus ergeben sich drei mögliche Kombinationen, zwischen denen man sich entscheiden kann (siehe Abbildung 7.2):

- CA – Konsistenz und Verfügbarkeit
- CP – Konsistenz und Ausfallsicherheit
- AP – Verfügbarkeit und Ausfallsicherheit

In verteilten Systemen (und das habe ich bereits in Kapitel 6, »Kommunikation zwischen Services«, angesprochen) muss davon ausgegangen werden, dass Netzwerke unzuverlässig sind und jedes System mit den daraus entstehenden Problemen umgehen können muss.

Das heißt in Bezug auf das CAP-Theorem, dass zwei Eigenschaften übrig bleiben, zwischen denen Sie sich – zusätzlich zur Ausfallsicherheit – in verteilten Systemen entscheiden müssen:

- **Konsistenz** – führt zu CP (Consistency/Partition Tolerance).
- **Verfügbarkeit** – führt zu AP (Availability/Partition Tolerance)

Wählen Sie die Konsistenz als vorrangiges Ziel, muss das System bei einer Partitionierung, die beispielsweise durch einen Netzwerkausfall verursacht wird, Anfragen mit einer Fehlermeldung beantworten, da die Verteilung der Daten bei Schreibzugriffen ebenfalls nicht mehr gewährleistet ist.

Wählen Sie im anderen Fall eine hohe Verfügbarkeit als Ziel, liefert das System, auch bei einer Partitionierung, weiterhin Daten, auch wenn diese eventuell nicht mehr aktuell sind, da auf einem anderen Knoten die Daten aktualisiert wurden und durch einen Netzwerkfehler nicht repliziert werden konnten.

7.3 Das PACELC-Theorem

Mit dem *PACELC-Theorem* entstand eine Erweiterung des CAP-Theorems. PACELC nimmt zusätzlich zur Konsistenz und Verfügbarkeit auch die Latenz mit in die Betrachtung auf und schließt somit auch eine Performancebetrachtung mit ein.

Das Theorem besagt, dass selbst dann, wenn das System fehlerfrei ausgeführt wird und nicht durch einen Netzwerkfehler partitioniert ist, immer eine Entscheidung zwischen der Konsistenz und der Latenz getroffen werden muss.

Garantiert ein System die Konsistenz der Daten, verlängern sich dadurch zwangsläufig dessen Latenzen, da die Daten immer verteilt werden müssen. Das kann unter Umständen sehr lange dauern.

Ein angepasstes Entscheidungsdiagramm mit der Erweiterung für PACELC ist in Abbildung 7.3 dargestellt (das E im Theorem steht für *else*).

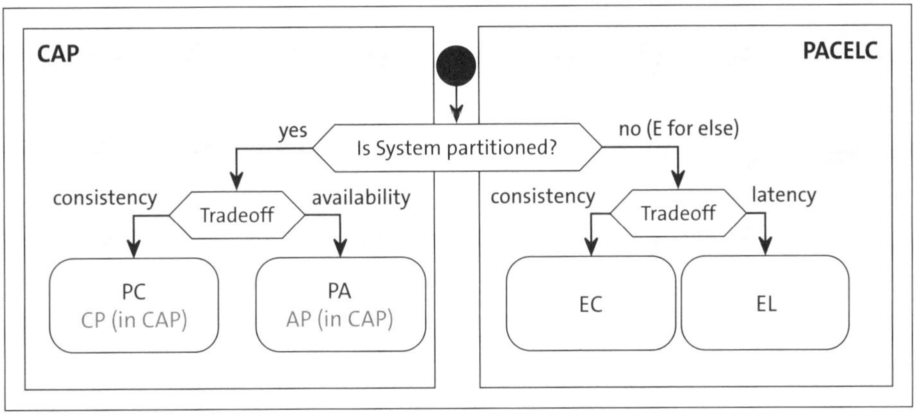

Abbildung 7.3 Entscheidungsbaum bei dem PACELC-Theorem

Mehrere Systeme (z. B. NoSQL-Datenbanken) entscheiden sich zur Laufzeit, verschieden vorzugehen, und nehmen dadurch unterschiedliche Kompromisse in Kauf.

Das heißt, wenn eine Partitionierung vorliegt, entscheiden sie sich zwischen Konsistenz oder Verfügbarkeit; und in Situationen, in denen keine Partitionierung vorliegt, entscheiden sie im Sinne der Performance des Systems zwischen Konsistenz oder Latenz.

Demnach entstehen bei unterschiedlicher Partitionierung des Systems die folgenden möglichen Kombinationen, aus denen Anwendungen wählen können:

- **PA/EL** – Im Falle einer Partitionierung (P) des Systems wird die Verfügbarkeit (A) priorisiert, ansonsten (E) die Latenz (L). Die Konsistenz spielt bei diesem Ansatz eine untergeordnete Rolle.
- **PA/EC** – Im Falle einer Partitionierung (P) des Systems wird die Verfügbarkeit (A) priorisiert, ansonsten (E) wird die Konsistenz (C) priorisiert.
- **PC/EL** – Im Falle einer Partitionierung (P) des Systems wird die Konsistenz (K) priorisiert, ansonsten (E) die Latenz (L).
- **PC/EC** – Im Falle einer Partitionierung (P) des Systems wird die Konsistenz (C) priorisiert, ansonsten (E) wird die Konsistenz (C) priorisiert.

7.4 Eventual Consistency

Wie ich bereits erwähnt habe, ist in verteilten Systemen das Erreichen einer sogenannten starken Konsistenz, wie sie oben beschrieben wurde, aufwendig bzw. nicht möglich. Zudem besagt das CAP-Theorem, dass eine Konsistenz innerhalb eines verteilten Systems nur erreicht werden kann, wenn entweder die Verfügbarkeit oder die Ausfalltoleranz eine untergeordnete Rolle spielt.

Das Prinzip der *Eventual Consistency* beschreibt aus diesem Grund ein Konsistenzmodell, das als eine Kompromisslösung für all die Herausforderungen des CAP-Theorems verstanden werden kann.

Eventual Consistency basiert auf der sogenannten schwachen Konsistenz bzw. *Weak Consistency*, bei der das System nicht garantiert, dass Lesezugriffe, die auf einen Schreibvorgang folgen, den aktualisierten Wert erhalten. Der Zeitraum zwischen der Aktualisierung des Werts und dem Zeitpunkt, an dem jeder Client den aktualisierten Wert erhält, wird dabei als *Inconsistency Window* bezeichnet.

Als Erweiterung der schwachen Konsistenz garantiert die *Eventual Consistency*, dass – wenn in der Zwischenzeit keine weiteren Aktualisierungen der Daten vorgenommen werden – schließlich der zuletzt aktualisierte Wert zurückgegeben wird. Treten keine Fehler auf, kann das *Inconsistency Window* über die Kommunikationszeiten zwischen den Systemen bzw. über die Auslastung der Systeme oder der benötigten Replika bestimmt werden.

Als wohl bekanntestes *eventual-consistency*-basierte System kann das *Domain Name System* (DNS) betrachtet werden: Die Aktualisierungen der Domain-Namen werden über festgelegte Mechanismen und zeitgesteuerte Caches über die Welt verteilt. Die Daten sind jedoch nicht immer über alle Systeme konsistent.

Der Ablauf einer Aktualisierung in einem eventual-consistency-basierten System kann beispielsweise so ablaufen, wie Sie es in Abbildung 7.4 sehen:

- Der Client 1 initiiert eine Aktualisierung (1. links), die von einem Knoten des Clusters entgegengenommen wird.
- Wenn zeitgleich Client 2 denselben Datensatz erfragt, erhält er den noch nicht aktualisierten Wert (1. und 2. rechts).
- Nach dem Schreibvorgang von Client 2 erhält er sofort eine Antwort (2. links) und die Replikation der Daten wird angestoßen.
- Die Replikation zu allen Knoten wird durchgeführt (3.).
- Stellt Client 3 nach der Replikation eine Anfrage, erhält er entsprechend den aktualisierten Wert.

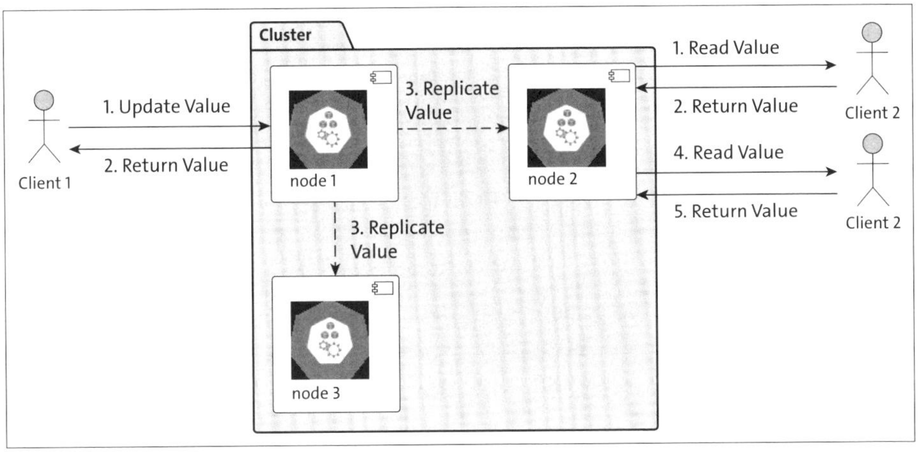

Abbildung 7.4 Eventual-Consistency-Ablauf

Eventual Consistency ist ein Kompromiss, der auch in Anwendungen und nicht nur in verteilten Microservices eingesetzt werden kann, um die Performance und die Skalierbarkeit zu verbessern. Das folgende Beispiel eines Webshops soll das zusätzlich verdeutlichen:

- Kunde A durchsucht einen Webshop und findet das letzte verfügbare Exemplar eines Patterns-Buchs. Er legt es in seinen Warenkorb und schließt die Bestellung ab.
- Zeitgleich findet auch Kunde B das Patterns-Buch im Webshop und legt es in seinen Warenkorb. Auch er sieht, dass es das letzte verfügbare Exemplar ist.

- Nach seiner Bestellung erhält Kunde A sofort eine Bestellbestätigung. Allerdings wurde der Lagerbestand noch nicht aktualisiert, da dies durch einen asynchronen Prozess im Hintergrund geschieht. So lange sieht Kunde B das Buch weiterhin als verfügbar und die Konsistenz des Gesamtsystems ist nicht gegeben.
- Nach kurzer Zeit wird der Lagerbestand aktualisiert und die Konsistenz der Daten ist wieder hergestellt. Kunde B sieht nun auch, dass das letzte Buch bereits vergriffen ist, und kann seinen Bestellvorgang nicht abschließen.

Weitere Beispiele im Rahmen von Anwendungen sind: Aktualisierung des Bestellstatus, Anzeige von Produktbewertungen oder die Synchronisation von Daten zwischen einzelnen verteilten Services.

Das Prinzip der *Eventual Consistency* kann zum einen eingesetzt werden, um kurzzeitige Ausfälle von Systemkomponenten zu überbrücken, aber auch, um die Latenz eines Systems zu verbessern, da nicht alle Zustände direkt verteilt werden müssen und Anfragen direkt beantwortet werden können.

Die Vorteile der *Eventual Consistency* lassen sich dementsprechend wie folgt zusammenfassen:

- **Gewährleistung einer hohen Verfügbarkeit** – Trotz Ausfällen von Netzwerkkomponenten und trotz der Partitionierung des Systems können weiterhin Anfragen verarbeitet werden, ohne eine starke Konsistenz zu erzwingen.
- **Gute Skalierbarkeit eines Systems** – Werden neue Knoten in ein System aufgenommen, müssen diese nicht während jeder Schreiboperation verfügbar sein und synchron mit Daten versorgt werden.
- **Verbesserte, niedrige Latenz** – Schreibzugriffe müssen nicht über alle Systembestandteile repliziert werden. Lesezugriffe erfordern ebenfalls keine Sperren in den Datenquellen und können mit lokalen Daten durchgeführt werden.
- **Bessere Fehlertoleranz** – Das System bleibt auch bei einzelnen nicht verfügbaren Knoten funktionsfähig.

Einige der folgenden Patterns nutzen das Prinzip der *Eventual Consistency*, beispielsweise:

- das *Optimistic Locking Pattern* (siehe Abschnitt 7.7)
- das *Event Sourcing Pattern* (siehe Abschnitt 7.10)
- das *Command Query Responsibility Segregation Pattern* (Abschnitt 7.11)
- *Materialized Views*, bei denen vorab berechnete Ergebnisse von Datenbankabfragen in einer physischen Tabelle gespeichert werden (siehe dazu auch Abschnitt 7.11 über das Command Query Responsibility Segregation Pattern).

7.5 Stateless Architecture Pattern

Das *Stateless Architecture Pattern* beschreibt ein grundlegendes und eventuell das wichtigste Designprinzip für cloudbasierte Anwendungen, bei dem eine Anwendung keinen Zustand zwischen einzelnen Anfragen eines Clients speichert. Jede Anfrage wird vollständig unabhängig von den bereits durchgeführten Anfragen verarbeitet, und alle benötigten Werte werden als Parameter mitgegeben.

Problem und Motivation

In modernen, verteilten Anwendungen, z. B. in *Microservice-Architekturen*, stehen Skalierbarkeit, Fehlertoleranz und Wartbarkeit im Mittelpunkt der Softwarearchitektur. Zustandsbehaftete Anwendungen stellen in diesen Punkten eine besondere Herausforderung dar. Sie speichern zwischen den einzelnen Anfragen eines Clients einen client-abhängigen Zustand, der verwaltet werden muss. Dieser enthält beispielsweise in einer E-Commerce-Anwendung die Artikel, die ein Anwender in seinen Warenkorb gelegt hat, oder den Fortschritt in einem mehrseitigen Formulardialog.

Handelt es sich um nur eine Instanz der Anwendung, kann dies eventuell im Hauptspeicher der Anwendung geschehen. Werden allerdings mehrere Instanzen eingesetzt, wie es in modernen Cloud-Umgebungen üblich ist, dann steigt der Aufwand der Verwaltung des Zustands und erschwert eine horizontale Skalierung der Anwendung. Der Zustand muss entweder zwischen den Instanzen synchronisiert werden oder einzelne Clients werden mit einer sogenannten *Sticky Session* auf dedizierte Server gebunden, damit ihr Zustand nicht repliziert werden muss. Das kann z. B., wie in Abbildung 7.5 gezeigt, mit einem Load Balancer erreicht werden.

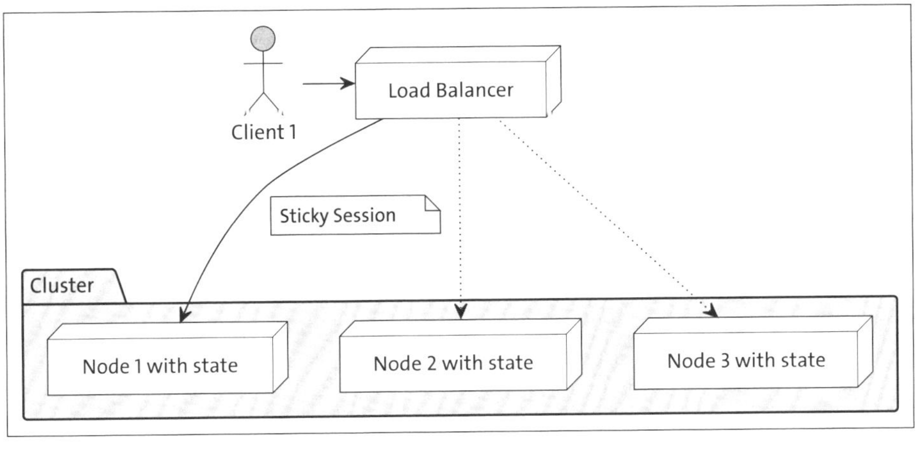

Abbildung 7.5 Load Balancer und Sticky Session

Oftmals werden ebenfalls, wie in Abbildung 7.6 dargestellt, Datenbanken für die Ablage eines Zustands verwendet, z. B. eines Session-Zustands für Clients. Damit muss der

Zustand nicht mehr explizit zwischen den einzelnen Knoten synchronisiert werden, allerdings entsteht eine neue Abhängigkeit zu einer Datenbank.

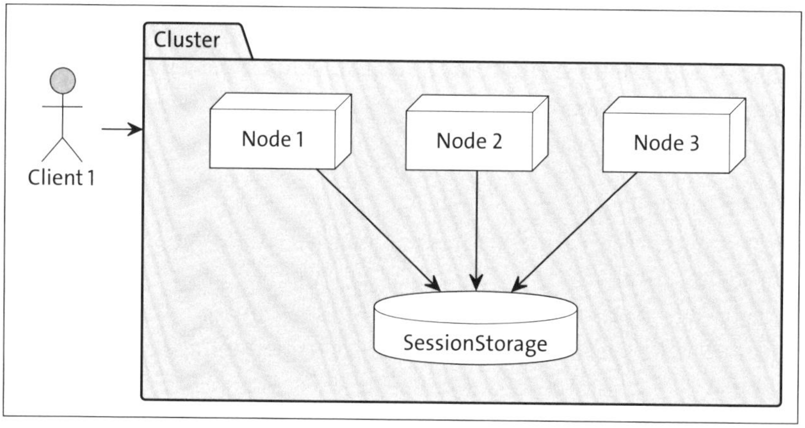

Abbildung 7.6 SessionStorage für zentrale Datenablage

Solche Abhängigkeiten erhöhen die Komplexität der Anwendung und können bei Systemausfällen oder Lastspitzen zu Problemen führen. Mit der Zunahme der gleichzeitigen Clients steigen in diesem Beispiel automatisch die Last der Anwendung und das Datenvolumen in der Datenbank. Die Möglichkeiten einer Skalierung werden eingeschränkt.

Lösung

Statuslose Anwendungen besitzen keinen anwenderabhängigen Status und erfordern damit keine Statusverwaltung. Der Begriff *Stateless* bezeichnet dabei nicht den vollständigen Verzicht auf eine Datenablage, sondern bezieht sich vielmehr auf die Tatsache, dass keine anwenderabhängigen Daten gespeichert werden.

Folgende Unterscheidung ist für eine Abgrenzung wichtig:

- **Anwendungsstatus** bzw. **Application State** – Mit dem Anwendungsstatus wird der Status bezeichnet, der serverseitig für einen Client vorgehalten wird und Informationen zum aktuellen Context dieses Clients enthält. Das sind beispielsweise Warenkörbe von Kunden.
- **Ressourcenstatus** bzw. **Resource State** – Der Status einer Ressource ist der Zustand einer vom Server verwalteten Resource, die unabhängig von einer Interaktion eines Clients ist. Das können beispielsweise Artikeldaten oder ein Lagerbestand sein.

Statuslose Anwendungen verzichten auf den Anwendungsstatus.

Statuslos trotz Status in der Datenbank?

Oftmals werden auch Anwendungen, die einen benutzerabhängigen Status in einer Datenbank speichern (z. B. in einer Session-Datenbank), als statuslos bezeichnet, da sie keinen Zustand innerhalb der Anwendungsinstanz speichern. Trotzdem besitzen diese Anwendungen einen Anwendungsstatus, der verwaltet werden muss, und sind aus diesem Grund streng genommen nicht statuslos.

Jede Anfrage wird als separate, unabhängige Transaktion betrachtet und zwischen den Anfragen wird kein Zustand eines Anwenders gespeichert. Bei jedem Aufruf müssen alle erforderlichen Parameter übergeben werden. 7

Der Ablauf entspricht dem des ebenso statuslosen HTTP-Protokolls, bei dem auch jede HTTP-Anfrage unabhängig und eigenständig ist. Es gibt keinen Bezug zu vorherigen Anfragen oder einem Kontext. Das kann über Cookies oder Parameter erreicht werden, aber diese müssen ebenfalls bei jeder Anfrage erneut übergeben werden. Bei statuslosen Anwendungen ist der Client für das Speichern sessionabhängiger Daten zuständig.

In statuslosen Anwendungen bedeutet das für eine Authentifizierung, dass bei jeder Anfrage die entsprechenden Informationen erneut übertragen werden müssen. Die Nutzung einer HTTP-Session über Cookies ist nicht möglich.

Zwei HTTP-Anfragen sollen das verdeutlichen. Listing 7.1 zeigt eine statusbehaftete Kommunikation mit dem Server. Der erste Request führt eine Suche aus und liefert eine Ergebnismenge. Möchte der Client zur zweiten Seite springen, sendet der Client eine Anfrage an eine generische URL. Ein Session-Cookie identifiziert ihn dabei gegenüber dem Server, damit dieser die entsprechenden Daten liefern kann.

```
# Suche
GET https://www.google.de/search?q=Golang

# Abfrage der nächsten Seite
GET https://www.google.de/nextPage
Cookie: ...

GET https://www.google.de/nextPage
Cookie: ...
```

Listing 7.1 Beispiel für statusbehaftete HTTP-Anfragen

Die Kommunikation in Listing 7.2 ist hingegen statuslos. Der Client gibt bei jeder Anfrage sämtliche Informationen mit, und der Server kann die Anfrage entsprechend beantworten.

```
# Statuslose Anfragen
GET https://www.google.de/search?q=Golang&page=1
GET https://www.google.de/search?q=Golang&page=2
GET https://www.google.de/search?q=Golang&page=3
```

Listing 7.2 Beispiel für statuslose HTTP-Anfragen

Eine statuslose Architektur hat folgende Vorteile:

- Die Anwendung lässt sich recht einfach horizontal skalieren.
- Das Caching von Daten wird erleichtert, da alle Informationen bei den einzelnen Anfragen mitgegeben werden und diese dadurch unterschieden werden können.
- Die Anwendungsarchitektur ist einfacher im Vergleich zu statusbehafteten Lösungen und damit besser wartbar.
- Es ist keine Replikation zwischen einzelnen Anwendungsknoten erforderlich.
- Es gibt eine hohe Fehlertoleranz gegenüber Ausfällen von einzelnen Knoten, da jede Instanz die Aufgaben eines ausgefallenen Knotens nahtlos übernehmen kann.
- Ein Deployment kann flexibel erfolgen, da keine Zustandsdaten synchronisiert werden müssen.

Lösungsbeispiel

Als Beispiel sehen wir uns hier eine Anwendung für To-do-Listen an, die im Hintergrund auf eine Datenbank zugreift. Ein anwenderabhängiger Status oder eine Session wird nicht verwendet. Der Client muss sich bei jeder Abfrage mit einem Security-Token erneut authentifizieren, und die Daten werden als Ressourcen für alle Clients gespeichert.

Statuslos trotz Authentifizierung?

Im Beispiel werden mit jeder Anfrage innerhalb des HTTP-Headers `Authorization`-Anmeldedaten in Form eines *Tokens* mitgegeben. Das Token enthält dabei typischerweise alle vom Server benötigten Informationen, um den Nutzer zu authentifizieren. Im Falle von *JSON Web Tokens* (JWT) kann zusätzlich eine grundlegende Validierung des Tokens durch eine enthaltene Signatur ohne Zugriff auf einen externen Dienst durchgeführt werden.

Obwohl der Zustand einer Autorisierung innerhalb des Headers verwendet wird, bedeutet dies nicht zwangsläufig, dass die Anwendung selbst zustandsbehaftet im klassischen Sinne ist. Solange der Server keine Sitzungsinformationen (eine sogenannte *Session*) über den Client speichert und alle relevanten Informationen in den Anfragen enthalten sind (einschließlich des Tokens), gilt die Anwendung weiterhin als statuslos.

Wenn der Server allerdings den Status oder Informationen zum Token in einer Datenbank speichert (z. B. zur Verwaltung einer Widerrufsliste), dann wird die Anwendung statusbehaftet.

In Abbildung 7.7 sehen Sie das Klassendiagramm für die Spring-basierte Anwendung.

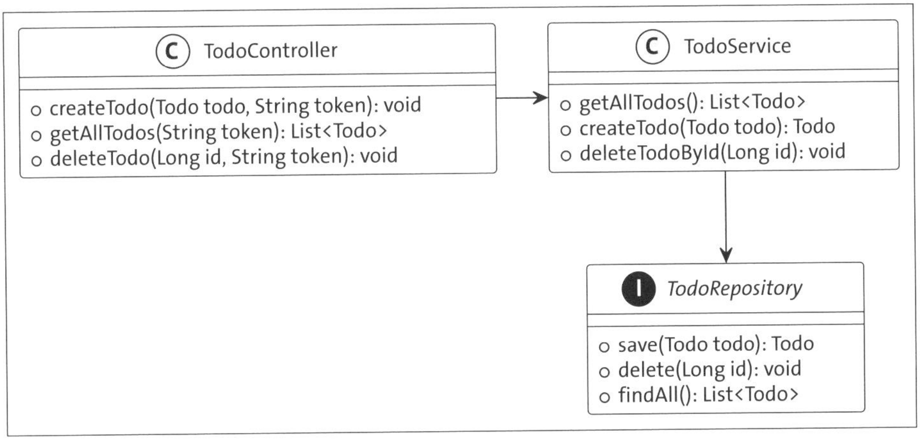

Abbildung 7.7 Klassendiagramm der Anwendung

Die Anwendung besitzt eine statuslose HTTP-Schnittstelle, mit der `Todo`-Objekte angelegt, angezeigt und gelöscht werden können. Ein neuer Eintrag kann mit der in Listing 7.3 dargestellten HTTP-Anfrage erstellt werden. Wichtig ist hier, dass der Anfrage ein Token zur Authentifizierung mitgegeben wird, da keine HTTP-Session aufgebaut wird:

```
# Einen neuen Eintrag hinzufügen
POST http://localhost:8082/api/todos
Authorization: Bearer xxx
Content-Type: application/json

{
  "title": "Cleanup",
  "completed": false
}
```

Listing 7.3 HTTP-Request zum Anlegen eines neuen Eintrags

Der Code auf der Serverseite muss für jeden Aufruf die Authentifizierung erneut prüfen. In dem Beispiel in Listing 7.4 ist das in jeder Methode separat implementiert. Natürlich könnte und sollte hier ein Interceptor bzw. Filter verwendet werden.

```
@PostMapping
public ResponseEntity<Todo> createTodo(@RequestBody Todo todo,
                                       @RequestHeader("Authorization") String token) {

    validateToken(token); // JWT-Validierung
    Todo createdTodo = todoService.createTodo(todo);
    return ResponseEntity.status(HttpStatus.CREATED).body(createdTodo);
}
```

Listing 7.4 Spring-Controller-Implementierung zur Annahme der Daten

Die restlichen HTTP-Anfragen und Controller-Implementierungen sind analog und in Listing 7.5 gezeigt:

```
# Alle vorhandenen Todo-Einträge abfragen
GET http://localhost:8082/api/todos
Authorization: Bearer xxx

###
# Einen bestehenden Eintrag löschen
DELETE http://localhost:8082/api/todos/1
Authorization: Bearer xxx
```

Listing 7.5 Statuslose Anfragen für Server

Wann kann oder soll man das Pattern einsetzen?

Das Pattern kann und soll immer dann eingesetzt werden, wenn

- der Server keinen anwenderabhängigen Status besitzt bzw. besitzen soll.
- eine gute horizontale Skalierbarkeit der Anwendung gegeben sein soll.
- die Umgebung auf sich ändernde Lastanforderungen reagieren muss, indem dynamisch weitere Instanzen gestartet werden.
- Ausfallsicherheit über mehrere Instanzen erreicht werden soll und der Ausfall einzelner Instanzen unerheblich sein soll.
- einfache Strukturen in der Anwendung die Wartbarkeit erhöhen sollen.

Konsequenzen

Der Einsatz des Patterns hat folgende Konsequenzen:

- Die Anwendung ist gut skalierbar.
- Es gibt eine höhere Fehlertoleranz, da einzelne Instanzen ohne Probleme ersetzt werden können.
- Die Wartung ist einfacher, da die Anwendung weniger komplex ist.

- Anwendungen, die mit diesem Pattern entworfen wurden, können einfach in Cloud-Technologien eingesetzt werden, z. B. in Container-Umgebungen, mit Kubernetes und in serverlosen Umgebungen.
- Es kommt zu einem größeren Overhead bei einzelnen Anfragen, da immer alle Parameter übergeben werden müssen.
- Es ist keine client-abhängige Zustandsverwaltung nötig. Eventuell sind Workarounds für Session-Verwaltung erforderlich, z. B. wenn Session-Ressourcen angelegt werden sollen.
- Es ist keine Session-Unterstützung vorhanden.

7.6 Database per Service Pattern

Mit dem *Database per Service Pattern* wird jedem Service einen eigener, unabhängiger Speicherort zugewiesen. Der Service kann nur die Daten aus dieser Datenablage (z. B. einer Datenbank) nutzen.

Problem und Motivation

Eines der Hauptziele bei der Entwicklung von Microservices bzw. Services für die Cloud ist deren lose Kopplung untereinander. Die einzelnen Dienste sollen möglichst autark entwickelt, erweitert und betrieben werden können.

Nutzen allerdings mehrere Komponenten dieselben Daten aus einer gemeinsamen Datenbank, entstehen Abhängigkeiten, die die einzelnen Komponenten zwangsläufig miteinander koppeln. Änderungen an einer Tabelle bzw. an ihrer Struktur können dazu führen, dass alle abhängigen Komponenten betroffen sind. Dies beeinflusst auch die Unabhängigkeit der ursprünglich isolierten Services, da diese zwangsläufig auch angepasst werden müssen.

Sind Referenzen zwischen einzelnen Tabellen in der Datenbank definiert, können diese Abhängigkeiten eine möglicherweise geplante Skalierung der Datenbank erschweren oder zu Performanceeinbußen führen, da z. B. Datenbanksperren (*Locks*) oder Transaktionen in der Datenbank über mehrere Services hinweg überprüft und eingehalten werden müssen.

Beim Ausfall einer zentralen Datenbank ist durch ihren Charakter als *Single-Point-of-Failure* unter Umständen die Funktionalität von vielen Komponenten betroffen und deren Funktionalität beeinträchtigt. Dasselbe gilt auch bei Datenproblemen, wie Inkonsistenzen, die zwar von einem Service verursacht werden, sich jedoch auf mehrere Services auswirken können.

Mit der losen Kopplung und der Unabhängigkeit der einzelnen Microservices soll auch die Möglichkeit geschaffen werden, dass jeder Service die für ihn bestmögliche Technologie einsetzt. Das betrifft nicht nur die Programmiersprache, mit der der Service implementiert wird, sondern auch beispielsweise auch Persistenz-Technologien, die zur Verwaltung der Daten eingesetzt werden. Für manche Services ist die Ablage der Daten in einer SQL-basierten Datenbank von Vorteil, andere Services profitieren eventuell davon, dass die Daten in einer NoSQL-basierten Datenbank abgelegt werden. Nutzt man eine gemeinsame, zentrale Datenbank, kann dieses Ziel nicht erreicht werden und es müssen andere Lösungen her.

Lösung

Eine Möglichkeit ist die Umsetzung des *Database per Service Pattern*, bei dem jeder Service einen eigenen, unabhängigen Speicherort zugeordnet bekommt.

Für die Ablage der Daten in einer SQL-Datenbank können unterschiedliche Strategien angewendet werden:

- **Private-Tables-per-Service** – Bei dieser Ablagestrategie werden die Daten zwar in einer gemeinsamen Datenbank, aber in separaten Tabellen gespeichert. Die Tabellen der einzelnen Services sind dabei nicht durch Referenzen (z. B. Fremdschlüssel) miteinander verknüpft.
- **Schema-per-Service** – Mit dieser Strategie wird weiterhin eine zentrale Datenbank eingesetzt, aber die Daten der einzelnen Services werden in unterschiedlichen Datenbankschemata abgelegt. Das ermöglicht explizite Sicherheitseinstellungen und verhindert Referenzen zwischen den Daten.
- **Database-server-per-Instance** – Nutzt jeder Service eine eigene Instanz einer Datenbank, sind die Services maximal voneinander getrennt. Wie die Instanzen verwaltet werden, ist eine Infrastrukturaufgabe, die an dieser Stelle nicht diskutiert werden soll.

Für alternative Persistenz-Technologien können diese Strategien natürlich analog angewendet werden.

Die Vorteile durch den Einsatz des Patterns sind:

- Es entsteht eine lose Kopplung, da die Datenbank keine Abhängigkeiten zwischen den Anwendungen aufbaut.
- Jeder Service kann eine passende Datenbanktechnologie wählen.
- Änderungen in der Datenstruktur können pro Service und ohne Abhängigkeiten zu anderen Services durchgeführt werden.
- Zugriffe auf die Daten eines Service erfolgen ausschließlich über die veröffentlichte API des Service.
- Der Zugriff auf die Daten kann besser kontrolliert werden.
- Die Resilienz steigt, da kein Single-Point-of-Failure durch eine einzelne Datenbank mehr vorhanden ist.

Lösungsbeispiel

Bei der Umsetzung des Patterns müssen Sie vor allem auf die Trennung der Daten bzw. der Referenzen zwischen ihnen achten.

Das in Abbildung 7.8 dargestellte Beispiel zeigt zwei Services, die ursprünglich eine gemeinsame Datenbank mit zwei Tabellen verwendet haben. Die beiden Tabellen waren durch den Fremdschlüssel `CUSTOMER_ID` miteinander verbunden.

In der Lösung wurden die beiden Tabellen auf die jeweiligen Services aufgeteilt, und die Schnittstelle des `OrderService` enthält nun die `CUSTOMER_ID` als zusätzlichen Parameter. Beide Services sind dadurch voneinander getrennt. 7

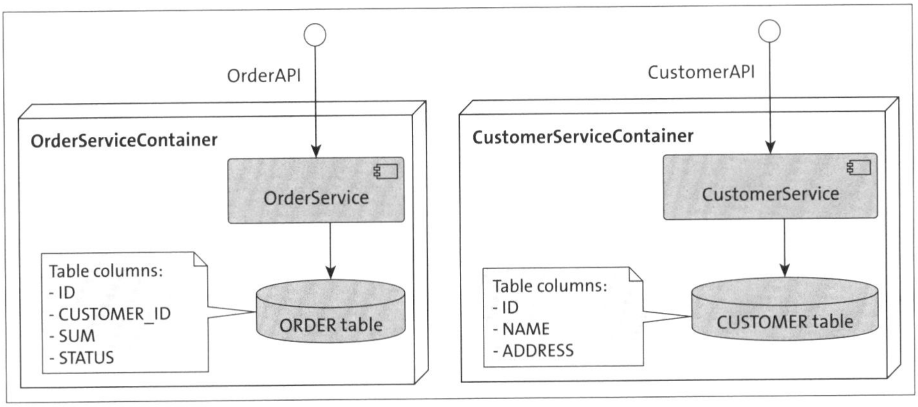

Abbildung 7.8 Lösungsbeispiel des »Database per Service Pattern«

Wann kann oder soll man das Pattern einsetzen?

Das Pattern kann und soll immer dann eingesetzt werden, wenn

- Services möglichst lose gekoppelt werden sollen und das durch eine gemeinsame Datenstruktur verhindert wird.
- eine zentral vorgegebene und eingesetzte Persistenz-Strategie die Anforderungen aller Services nicht effizient erfüllen kann.
- Zugriffe auf unterschiedliche Daten besser getrennt werden sollen.
- Skalierungsprobleme wegen zu vielen Referenzen in der Datenbank auftreten.
- fehlerhafte Daten, die von einem Service erzeugt wurden, sich auf viele Services direkt auswirken können.

Konsequenzen

Der Einsatz des Patterns hat folgende Konsequenzen:

- Services sind danach nicht mehr über Persistenz-Technologie gekoppelt.
- Jeder Service kann die passendste Persistenz-Technologie nutzen.

- Transaktionen sind eventuell schwerer umzusetzen, da sie sich über mehrere Services hinweg erstrecken.
- Datenabfragen werden unter Umständen erschwert, da sich die Daten nicht mehr zentral in einer Datenbank befinden.
- Beim Einsatz mehrerer Persistenz-Technologien müssen ebenfalls die entsprechenden Produkte betreut werden.
- Eventuell müssen Daten zwischen Services repliziert werden.

7.7 Optimistic Locking Pattern

Mit dem *Optimistic Locking Pattern* können Datenkonsistenzen bei parallel arbeitenden Clients vermieden werden. Es basiert darauf, dass vor dem Speichern der Daten überprüft wird, ob sich die ursprünglichen Daten seit dem letzten Zugriff verändert haben.

Problem und Motivation

In verteilten Systemen oder in Umgebungen mit mehreren gleichzeitigen Nutzern können Situationen entstehen, in denen verschiedene Benutzer parallel versuchen, dieselben Daten zu lesen und diese zu ändern. Ohne eine passende Synchronisation zwischen den verschiedenen Schreibvorgängen könnten gleichzeitige Aktualisierungen zu Dateninkonsistenzen führen. Eine zeitlich später eintreffende Änderung könnte dann versehentlich bereits angepasste Werte überschreiben und damit zum sogenannten *Lost Update Problem* führen.

Der in Listing 7.15 dargestellte Ablauf einer Anwendung zur Artikelverwaltung verdeutlicht das Problem. Zwei Clients lesen die Verfügbarkeit eines Artikels von einem gemeinsam genutzten Service und aktualisieren diese:

- `Client 1` liest den Artikel-Datensatz mit der ID 1. Bei dieser Abfrage erhält er als aktuelle Verfügbarkeit des Artikels den Wert 3.
- In der Zwischenzeit liest `Client 2` die Daten ebenfalls, um diese zu aktualisieren. Auch er erhält den aktuellen Wert 3 für die Verfügbarkeit des Artikels.
- `Client 2` aktualisiert die lokale Kopie der Daten und reduziert die Verfügbarkeit um 1 auf den neuen Wert 2.
- Mit einem weiteren Aufruf des gemeinsam genutzten Service überträgt `Client 2` den aktualisierten Artikel und setzt damit die neue Verfügbarkeit auf den Wert 2, der nun in der Datenbank übernommen ist.
- Nachdem `Client 2` seine Arbeit abgeschlossen hat, reduziert `Client 1` ebenfalls den Verfügbarkeitswert um 1. Allerdings tut er das auf der ihm bekannten Basis von 3

(diesen Wert hat er ja zu Beginn gelesen). Somit setzt auch er die neue Verfügbarkeit auf den Wert 2.

- `Client 2` nutzt ebenfalls die Schnittstelle des gemeinsam genutzten Service, um die aktualisierten Artikeldaten zu übertragen und abschließend in die Datenbank einzutragen.

Das Resultat sind inkonsistente Daten, da beide Clients die Verfügbarkeit des Artikels um 1 reduziert haben, aber der Datenbankzustand insgesamt nur um 1 und nicht um den Wert 2 geändert wurde.

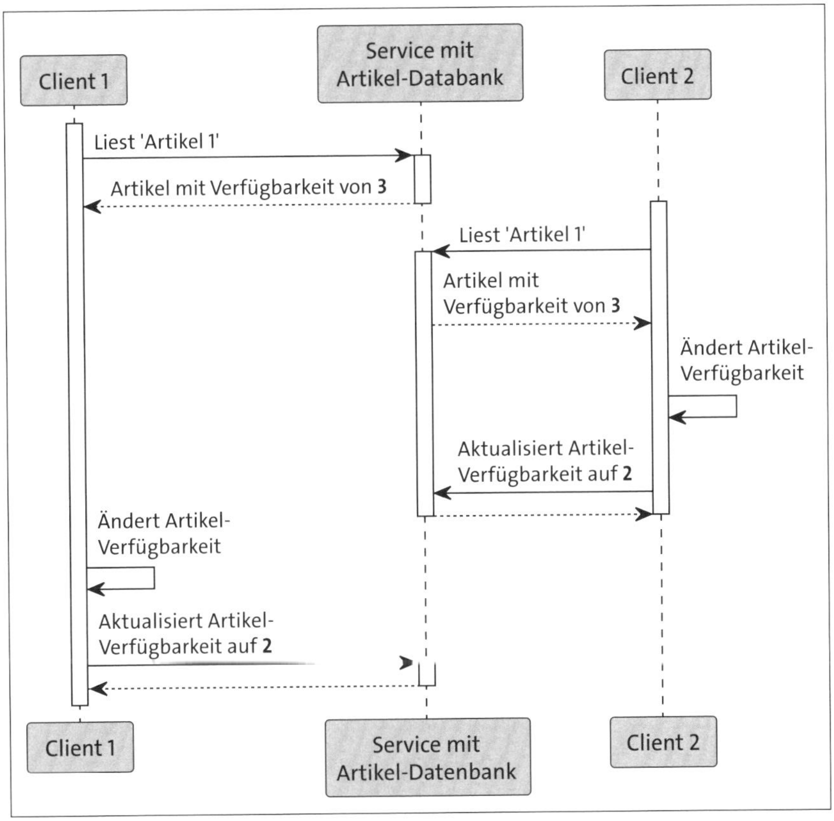

Abbildung 7.9 Problem bei fehlenden Locks

Der Einsatz von Sperren in der Datenbank könnte im Prinzip das Problem lösen. Bei jedem Zugriff auf einen Datensatz würde dieser durch einen Client gesperrt werden und könnte erst dann wieder von anderen Clients verwendet werden, wenn der erste Client die Sperre wieder freigibt.

In verteilten Mehrbenutzer-Systemen würde das zu erheblichem Aufwand und zu Performanceeinbußen führen: Clients müssten aufeinander warten, und im Fehlerfall – beispielsweise wenn ein Client aufgrund eines Fehlers seine gesetzte Sperre nicht mehr freigibt – müssen solche Situationen speziell behandelt werden.

Lösung

Das *Optimistic Locking Pattern* ermöglicht bei gleichzeitiger Änderung eines Datensatzes durch konkurrierende Benutzer eine effektive Konflikterkennung.

Jeder Datensatz erhält beim *Optimistic Locking Pattern* ein zusätzliches Feld, das entweder eine Versionsnummer oder einen Änderungszeitstempel enthält. Der entsprechende Wert wird bei jeder Aktualisierung des Datensatzes ebenfalls aktualisiert. Vor dem Speichern prüft das System, ob der Zustand des Datensatzes, seitdem die Daten gelesen wurden, unverändert geblieben ist. Falls ein weiterer Schreibvorgang bereits die Daten aktualisiert hat und die Werte nicht übereinstimmen, wird die Änderung abgelehnt.

In Abbildung 7.10 sehen Sie, wie sich der Ablauf in unserem Beispiel durch den Einsatz des *Optimistic Locking Pattern* ändert:

- `Client 1` liest den Artikel-Datensatz mit der ID 1. Bei dieser Abfrage erhält er die aktuelle Verfügbarkeit des Artikels von 3 sowie die Versionsnummer 1 des Artikeldatensatzes.
- In der Zwischenzeit liest `Client 2` die Daten ebenfalls, um diese zu aktualisieren. Auch er erhält den aktuellen Wert 3 für die Verfügbarkeit des Artikels und die Versionsnummer 1 des Datensatzes.
- `Client 2` aktualisiert die lokale Kopie der Daten und reduziert die Verfügbarkeit um 1 auf den neuen Wert 2.
- Mit einem weiteren Aufruf des gemeinsam genutzten Service überträgt `Client 2` den aktualisierten Artikel mit der enthaltenen Versionsnummer 1.
- Der Service gleicht die Versionsnummer des übergebenen Artikeldatensatzes mit dem aus der Datenbank ab. Im vorliegenden Fall haben beide den Wert 1 und die Aktualisierung kann durchgeführt werden. Nach dem Update erhält der Datensatz in der Datenbank die neue Versionsnummer 2.
- Nachdem `Client 2` seine Arbeit abgeschlossen hat, reduziert `Client 1` ebenfalls den Verfügbarkeitswert um 1 auf den neuen Wert 2.
- `Client 1` nutzt ebenfalls die Schnittstelle des gemeinsam genutzten Service, um die aktualisierten Artikeldaten zu übertragen und schlussendlich in die Datenbank einzutragen. Der übertragende Datensatz besitzt weiterhin die Versionsnummer 1.
- Der Service überprüft vor dem Update erneut die Versionsangabe in der Datenbank mit der Angabe aus dem übergebenen Datensatz. Da diese sich unterschei-

den, weil die Datenbank bereits die Versionsangabe 2 besitzt und der übergebene Datensatz auf Version 1 basiert, wird die Aktualisierung abgewiesen.

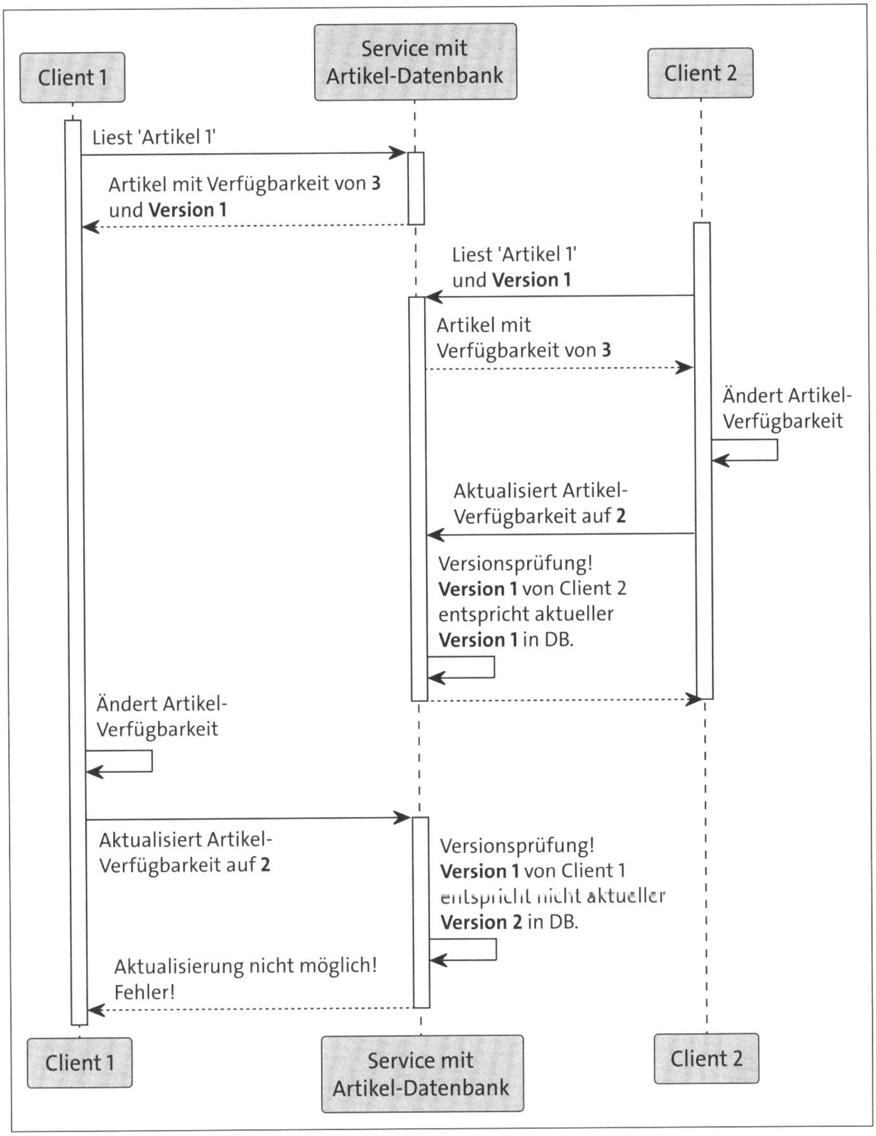

Abbildung 7.10 »Optimistic Locking« mit Versionsnummer

Unter Umständen ist es sinnvoll, außer einer Versionsnummer ebenfalls Informationen dazu abzulegen, wer den Datensatz zuletzt aktualisiert hat. Mit diesen Daten kann bei einer abgewiesenen Aktualisierung der Anwender ausführlicher informiert werden.

Das *Optimistic Locking Pattern* kann bei SQL-basierten Datenbanken entweder direkt über SQL-Befehle oder alternativ über Erweiterungen von vielen OR-Mapper-Bibliotheken erfolgen.

Für eine Umsetzung mittels SQL können Sie z. B. die UPDATE-Statements durch eine Versionsnummer erweitern. Innerhalb der WHERE-Bedingung wird die aktuelle bzw. die bekannte Version eingesetzt, und die Aktualisierung schließt die Versionsnummer mit ein, die bereits um 1 erhöht wurde. Liefert das Statement keine geänderte Datenbankzeile zurück, wurden die Daten in der Zwischenzeit bereits aktualisiert und die Aktualisierung muss abgelehnt werden, wie Sie anhand von Listing 7.6 sehen:

```
UPDATE seminare.trainer
SET email="dieter.develop@source-fellows.com" and version = 4214
WHERE id = 4711
  AND version = 4213
```

Listing 7.6 SQL-Statement für Optimistic Locking

Wird ein *OR-Mapper* wie z. B. *Hibernate* bzw. die *Java Persistence API* (JPA) verwendet, kann oftmals über eine Deklaration eine Versionsangabe in die Entitys integriert werden. Diese Versionsangabe wird bei Updates ausgewertet und führt im Bedarfsfall zu den entsprechenden Meldungen.

```
@Entity
public class Student {

    @Id
    private Long id;

    private String firstName;

    private String lastName;

    @Version
    private Integer version;
...
}
```

Listing 7.7 JPA-Entity-Klasse mit einer Versionsangabe für das Optimistic Locking

Lösungsbeispiel

Im Folgenden zeige ich Ihnen die Umsetzung des *Optimistic Locking Patterns* anhand eines Go-basierten Beispiels mit dem OR-Mapper *GORM* und dem zusätzlichen Plugin *optimisticlock*. Das Plugin verwaltet dabei automatisch die Version der Entitäten und prüft diese bei Aktualisierungen.

In der Anwendung werden Artikeldaten mit einer Lagerverfügbarkeit in einer Datenbank gespeichert. Listing 7.8 zeigt den entsprechenden `Article`-Struct, der zum einen ein `gorm.Model` als sogenannten *EmbeddedType* besitzt und dadurch dessen Felder »enthält« und der zum anderen ein Feld `Version` vom Typ `optimisticlock.Version` des *optimisticlock*-Plugins besitzt.


```
import (
   "gorm.io/gorm"
   "gorm.io/plugin/optimisticlock"
)

type Article struct {
    gorm.Model
    Version      optimisticlock.Version
    Availability int
}
```

Listing 7.8 Artikeldatensatz

Die Artikel werden dementsprechend mit der in Abbildung 7.11 dargestellten Struktur in der Datenbank abgelegt.

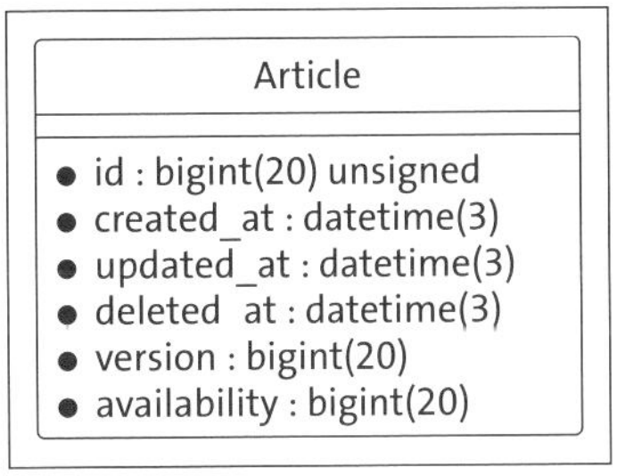

Abbildung 7.11 Datenbanktabelle für eine Artikeldatenbank

Werden über die GORM-Bibliothek Daten aktualisiert, erweitert das Plugin automatisch die SQL-Statements um die Versionsnummer und stellt damit sicher, dass das *Optimistic Locking* eingehalten wird. Dazu implementiert der `Version`-Struct die beiden Interfaces `CreateClausesInterface` und `UpdateClausesInterface` der GORM-Bibliothek, deren Implementierungen zu den entsprechenden Zeitpunkten aufgerufen werden können. Ein entsprechendes Klassendiagramm sehen Sie in Abbildung 7.12.

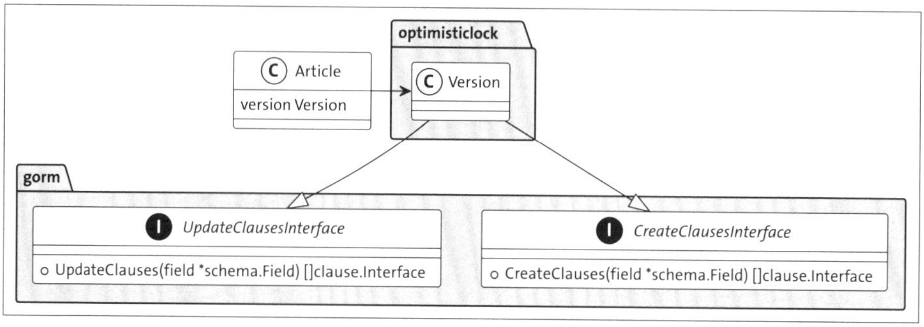

Abbildung 7.12 Klassendiagramm des »optimisticlock«-Plugins

Innerhalb der Anwendung wird, wie in Listing 7.9 gezeigt, die Verfügbarkeit bzw. der Lagerbestand des Artikels aktualisiert:

```
var article model.Article
err := db.First(&article).Error
if err != nil {
    return err
}
firstArticle.Availability = 3
update := db.Updates(&article)
```

Listing 7.9 Code zum Aktualisieren eines Artikels

Diese Aktualisierung führt in der Datenbank zu dem in Listing 7.10 dargestellten SQL-Statement:

```
UPDATE `article`
SET `availability`=?,
    `created_at`=?,
    `id`=?,
    `version`=`version` + 1,
    `updated_at`=?
WHERE `article`.`deleted_at` IS NULL
  AND `article`.`version` = ?
  AND `id` = ?
```

Listing 7.10 Beispiel-SQL für die Aktualisierung eines Artikels

Nach einer durchgeführten Aktualisierung der Datenbank muss noch überprüft werden, ob durch das Statement Daten geändert wurden, da die Versionsangabe automatisch mit in die `WHERE`-Bedingung aufgenommen wurde. So kann sichergestellt werden, dass sich die Versionsnummer zwischendurch nicht verändert hat:

```
update := db.Updates(&firstArticle)
if update.Error != nil {
    return update.Error
}
if update.RowsAffected != 1 {
    return errors.New("no update - version mismatch")
}
```

Listing 7.11 Überprüfung, ob Datenbankzeilen verändert wurden

Wann kann oder soll man das Pattern einsetzen?

Das Pattern kann und soll immer dann eingesetzt werden, wenn

- in einem verteilten Mehrbenutzersystem konkurrierende Zugriffe auf Datensätze möglich sind.
- das *Lost Update Problem* für eine verteilte Mehrbenutzeranwendung vermieden werden soll.
- in einem System die Anzahl der Lesezugriffe die Anzahl der Schreibvorgänge deutlich übersteigt und Datenbanksperren vermieden werden sollen.
- Anwendungen trotz Konsistenzprüfungen skalierbar bleiben sollen.

Konsequenzen

Der Einsatz des Patterns hat folgende Konsequenzen:

- Mit seiner Hilfe kann Datenkonsistenz in einer verteilten Mehrbenutzeranwendung mit konkurrierenden Zugriffen sichergestellt werden.
- Sämtliche Entitäten, die geprüft werden sollen, müssen mindestens ein zusätzliches Feld für die Versionierung besitzen.
- Versionsinformationen müssen bis zum Client übertragen werden.
- Eine Auditierung kann mit wenig Aufwand ergänzt werden.
- Jede Aktualisierung in der Datenbank muss eine Versionsprüfung enthalten.
- Möglichkeiten für das Auftreten von Deadlocks in der Datenbank werden minimiert, da Clients nicht blockierend auf Daten zugreifen müssen.
- Bei hoher Schreiblast oder vielen konkurrierenden Zugriffen können häufig Konflikte auftreten.
- Konflikte bei Leseoperationen bleiben problematisch. Wenn mehrere Clients Daten abrufen und diese später aktualisiert werden, arbeiten die Clients weiter mit den veralteten Daten.
- Die Verantwortung für das Lösen der Datenkonflikte liegt beim Client, der in dieser Situation entscheiden muss, wie er damit umgeht und den Konflikt löst.

Pessimistic Locking

Im Gegensatz zum *optimistischen Locking* sperren *pessimistische Locking*-Mechanismen Daten exklusiv für den Zugriff eines Benutzers. Andere Clients erhalten in diesem Fall entweder nur eingeschränkten oder keinen Zugriff auf die Daten.

Um Dateninkonsistenzen zu vermeiden, setzt ein Client beim Lesen der Daten eine Sperre, die er nach Abschluss seiner Arbeit wieder freigibt. So kann er während seiner Bearbeitung mit den Daten arbeiten, ohne dass es im Gesamtsystem zu Konflikten kommen kann.

Pessimistisches Locking können Sie in SQL-basierten Datenbanken explizit mithilfe von Anweisungen wie `SELECT FOR UPDATE` erreichen. Diese Anweisung sperrt alle Daten, die beim Lesen zurückgegeben werden, für weitere Zugriffe. Die Sperre wird am Ende der zugehörigen Transaktion aufgehoben.

Da die meisten SQL-Datenbanktreiber standardmäßig einen *Isolation-Level* von `SERIALIZABLE` verwenden, werden Transaktionen bereits isoliert ausgeführt und setzen dadurch implizite pessimistische Sperren ein. Achten Sie daher bei der Konfiguration Ihrer Datenbankverbindung darauf, wie sich dies auf Ihr Anwendungssystem auswirkt.

Pessimistisches Locking wird in der Regel in Anwendungen mit hoher Konfliktrate, z. B. in Buchungssystemen, eingesetzt, wenn die Datenintegrität absolut kritisch ist. Dies liegt daran, dass dieses Locking-Verfahren bei vielen parallelen Datenzugriffen zu Leistungsproblemen und Deadlocks führen kann.

Isolation-Levels

In relationalen Datenbanksystemen legen die sogenannten *Isolation-Levels* den Grad der Isolation zwischen gleichzeitig ausgeführten Transaktionen fest. Sie können in gewisser Weise eine Abschwächung der *ACID*-Eigenschaften darstellen (der Begriff wird im nächsten Abschnitt erläutert), die fordern, dass Transaktionen unabhängig voneinander ausgeführt werden müssen.

Die Isolation-Levels bestimmen, inwieweit konkurrierende Zugriffe voneinander isoliert werden, um Konflikte und Inkonsistenzen zu vermeiden. Es gibt vier Standard-Isolation-Levels:

- **Read Uncommitted** – Transaktionen können ungesicherte (*uncommitted*) Änderungen anderer Transaktionen lesen.
- **Read Committed** – Transaktionen können **gesicherte** (*committed*) Änderungen anderer Transaktionen lesen.
- **Repeatable Read** – Wiederholte Lesevorgänge auf denselben Daten innerhalb einer Transaktion liefern konsistente Ergebnisse.
- **Serializable** – Transaktionen werden so behandelt, als ob sie nacheinander (*seriell*) ausgeführt würden. Dieser Isolation-Level stellt die höchste Stufe dar und ist oftmals die Standardeinstellung für Datenbanken bzw. Datenbanktreiber.

Die Anwendung von Isolation-Levels kann die Isolation zwischen Transaktionen abschwächen, was zu einer möglichen Beschleunigung führen, aber auch zu Dateninkonsistenzen beitragen kann.

Abbildung 7.13 zeigt beispielsweise im Vergleich die Isoaltion-Levels *Read Uncommitted* und *Serializable*:

- Eine Transaktion (Tx1) beginnt und liest einen Datensatz aus der Datenbank.
- Kurz danach starten die beiden Transaktionen Tx2 und Tx3.
- Tx1 aktualisiert den Datensatz in der Datenbank auf einen neuen Wert. Der Zustand des Datensatzes wird jetzt in der Datenbank als *Dirty* bezeichnet. 7
- Tx2 und Tx3 versuchen ebenfalls, den Datensatz aus der Datenbank zu lesen.
- Tx2 besitzt den Isolation-Level *Read Uncommitted*, was zu einem sogenannten *Dirty Read* führt. Tx2 erhält den noch nicht festgeschriebenen/committeten Wert Y.
- Tx3 wird mit dem Isolation-Level *Serializable* ausgeführt und muss – je nach Datenbankimplementierung – entweder warten, bis die Transaktion Tx1 abgeschlossen ist, oder Tx3 erhält, wie im Beispiel, den Wert vor der Transaktion.

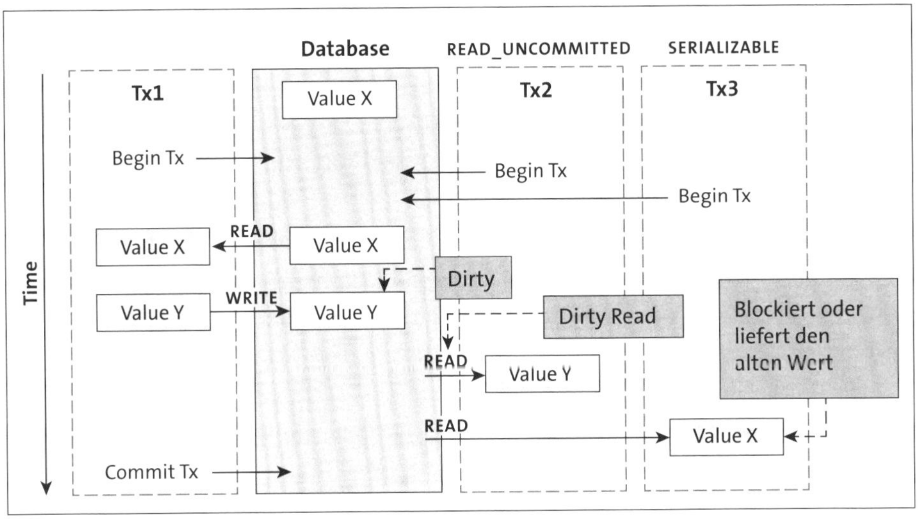

Abbildung 7.13 Isolation-Level-Ablauf dreier Transaktionen

7.8 Saga Pattern – das Verteilte-Transaktionen-Pattern

Mit dem sogenannten *Saga Pattern* können Sie in verteilten Umgebungen eine Datenkonsistenz über mehrere transaktional geschützte Services erreichen.

Problem und Motivation

In modernen Architekturen sind Systeme oftmals in viele kleine lose gekoppelte und unabhängigere Services aufgeteilt. Jeder Dienst besitzt zusätzlich, wenn das *Database-per-Service Pattern* angewendet wurde, eine eigene Persistenz-Schicht, um seine Daten abzulegen.

Diese Umstände machen es fast unmöglich, eine klassische technische Transaktion, die mehrere Datenzugriffe mehrerer Services umschließt, durchzuführen und somit komplexere fachliche Geschäftsprozesse, die sich über mehrere Services hinweg erstrecken, in den verschiedenen Datenbanken konsistent umzusetzen.

Das liegt unter anderem an den *ACID-Paradigmen* der Datenbanken. Diese besagen, dass eine Transaktion:

- atomar bzw. **a**tomic
- konsistent bzw. **c**onsistent
- isoliert bzw. **i**solated
- dauerhaft bzw. **d**urable

durchgeführt werden muss. Die ACID-Paradigmen sind für einzelne Datenbanken ausgelegt und nur sehr schwer in verteilten Umgebungen umzusetzen.

Eine Lösung wären sogenannte *Two-Phase-Commit-* oder kurz *2PC*-Protokolle, die sicherstellen, dass eine Transaktion, die mehrere Datenbanken oder Systeme umfasst, entsprechend den ACID-Paradigmen ausgeführt wird. Diese sind allerdings stark von der eingesetzten Technologie abhängig und erfordern einen zentralen Transaktionsmanager sowie die Weitergabe von Transaktionsinformationen.

Würde ein 2PC-Protokoll eingesetzt und eine starke Konsistenz der Daten analog den ACID-Paradigmen umgesetzt werden, kann sich das zusätzlich in verteilten Systemen negativ auf die Performance auswirken, da jeder Service seine Daten für die Zeit einer Geschäftstransaktion sperren muss.

Neben den technischen Restriktionen kann auch der eigentliche Geschäftsprozesses für die Durchführung einer längeren technischen Transaktion hinderlich sein. Hier könnten z. B. nicht abgeschlossene Prozesse mit langen Wartezeiten oder Transaktionen, die sehr lange offen bleiben müssen, diese Probleme auslösen.

Der Vorteil von technischen Transaktionen besteht darin, dass sie atomar durchgeführt werden, also entweder komplett oder gar nicht. Im Zusammenhang mit verteilten Systemen ist dies allerdings ebenfalls problematisch: Erstreckt sich der Prozess über mehrere Aufrufe, von denen jeder fehlschlagen kann, kann ein Geschäftsprozess bzw. die Transaktion nur dann erfolgreich durchgeführt werden, wenn alle aufgerufenen Systeme zu einem Zeitpunkt verfügbar und nutzbar sind.

Lösung

Das sogenannte *Saga Pattern* ermöglicht es, in einem verteilten Umfeld eine Datenkonsistenz über mehrere Services sicherzustellen und die entsprechenden Transaktionen zu verwalten.

Saga – woher kommt der Name?

Man könnte vermuten, dass der Name *Saga* ein Akronym ist. Er wurde jedoch aus der nordischen Mythologie und Literatur übernommen. Dort bezeichnet er epische Geschichten oder Chroniken, die oft komplexe und langwierige Ereignisse beschreiben, die sich über längere Zeiträume und verschiedene Figuren erstrecken. Meist werden mehrere Handlungsstränge miteinander verwoben.

In der Softwareentwicklung wird mit dem Begriff *Saga* die Idee beschrieben, dass komplexe, langlaufende Prozesse in viele kleine unabhängige Schritte unterteilt sind. Die einzelnen Schritte müssen koordiniert werden und ergeben, analog zur epischen Geschichte, gemeinsam ein Gesamtbild bzw. den Gesamtprozess.

Jeder Geschäftsprozess, der sich über mehrere Services erstreckt, wird als sogenannte Saga umgesetzt – also als eine Sequenz von lokalen, abgeschlossenen Transaktionen.

Die Umsetzung des *Saga Pattern* kann auf zwei Arten erfolgen:

- **Event-basiert** bzw. **Choreography** – Die unterschiedlichen Services kommunizieren über Nachrichten.
- **Orchestriert** – Ein zentrale Instanz koordiniert die Gesamttransaktion und steuert die einzelnen Services durch Aufrufe. Auch hier finden kürzere lokale Transaktionen innerhalb der einzelnen Services statt.

Die event-basierte Kommunikation wird dabei über *Messaging* implementiert, wobei Nachrichten bzw. Events mit Informationen zum Prozess zwischen den Services ausgetauscht werden.

Wird eine Nachricht innerhalb eines Service verarbeitet, wird dafür eine lokale technische Transaktion ausgeführt und die Daten des Service werden aktualisiert. Treten allerdings Fehler während einer lokalen Verarbeitung auf, sind dafür *Kompensationsaktionen* definiert, die die zuvor durchgeführten lokalen Transaktionen wieder rückgängig machen. Hierzu werden ebenfalls entsprechende Nachrichten versendet. Technische Fehler werden innerhalb der Services wiederholt und führen nicht direkt zu einem Abbruch der Gesamttransaktion.

Bei einer orchestrierten Umsetzung ist der Geschäftsprozess innerhalb einer zentralen Instanz implementiert, die die einzelnen Services und somit die lokalen Transaktionen steuert und auf deren Ergebnisse reagiert.

Lösungsbeispiel

Die Umsetzung des *Saga Pattern* wird im Folgenden mit einem Beispiel zur Schulungsregistrierung dargestellt: Ein Gesamtprozess zur Anmeldung wurde mithilfe mehrerer unabhängiger Services in Einzelschritte aufgeteilt, die durch Nachrichtenaustausch miteinander kommunizieren.

Daran beteiligt sind vier Services:

- **RegistrationService** – Dieser Service ist für das Entgegennehmen von Schulungsanmeldungen und für deren Speicherung zuständig.
- **AdministrationsService** – Hier werden alle Schulungen und Schulungstermine verwaltet.
- **CustomerService** – In diesem Service werden alle Daten zu den Teilnehmern gespeichert und verwaltet.
- **NotificationService** – Dieser Service versendet Nachrichten an Kunden, Trainer und Administratoren.

Der Gesamtprozess läuft wie folgt ab (siehe dazu Abbildung 7.14):

1. Der Kunde registriert sich für eine Schulung. Das geschieht innerhalb des `RegistrationService`, der nach erfolgreichem Anlegen des Kunden eine Nachricht über dieses Ereignis versendet. Falls ein Fehler auftritt, wird der Kunde mithilfe des `NotificationService` darüber informiert. Dieser ist ebenfalls über Messaging angebunden.
2. Der `AdministrationsService` verarbeitet die Nachricht über die neue Registrierung und prüft, ob noch Plätze für die gewählten Schulungen frei sind. Er aktualisiert dementsprechend die Verfügbarkeit in seiner Datenbank und versendet eine entsprechende Nachricht mittels Messagings.
3. Danach wird die Registrierung entsprechend der Verfügbarkeit der Schulung angepasst. Ist kein Platz verfügbar, wird die Registrierung storniert und eine passende Nachricht über den `NotificationService` an den Kunden gesendet. Die Stornierung stellt in diesem Fall die *Kompensationslogik* für den Fehlerfall innerhalb einer Gesamttransaktion dar.
4. Sind noch Plätze für die Schulung verfügbar, wird der Kundendatensatz im `CustomerService` aktualisiert, damit später eine Rechnung erzeugt werden kann.
5. Falls bei der Aktualisierung des Kunden Fehler auftreten, wird die Registrierung storniert (Kompensation). Unabhängig vom Ausgang wird der Kunde über den `NotificationService` über das Ergebnis der Registrierung benachrichtigt.

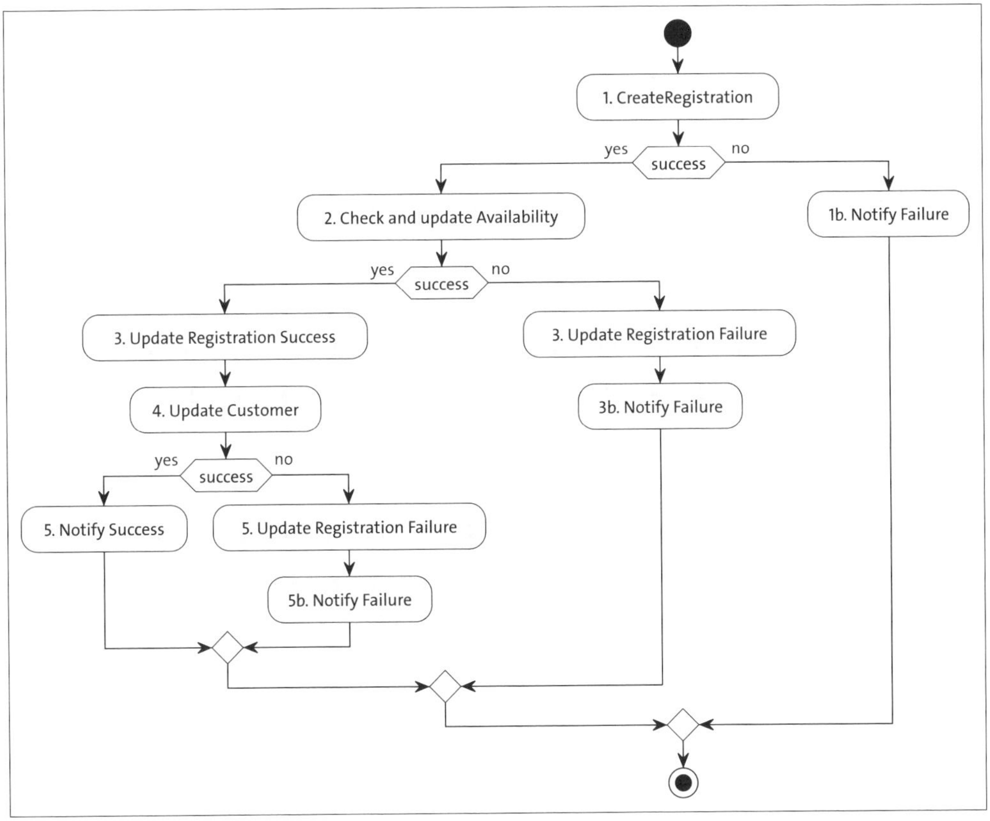

Abbildung 7.14 Ablauf einer Schulungsbuchung – die Registrierung

Durch die Untergliederung der Transaktion in mehrere Schritte können Teilbereiche wiederholt werden, und für technische Fehler innerhalb eines Service können Retry-Mechanismen eingesetzt werden. Nur bei fachlichen Fehlern muss dennoch abgebrochen werden.

Wann kann oder soll man das Pattern einsetzen?

Das Pattern kann und soll immer dann eingesetzt werden, wenn

- verteilte Anwendungen lose gekoppelt bleiben sollen.
- in einer verteilten Anwendung langlaufende Transaktionen umgesetzt werden sollen, die sich über mehrere Services erstrecken.
- die Datenkonsistenz über alle beteiligten Services sichergestellt werden soll.
- die Möglichkeit einer Rückabwicklung gegeben sein soll, falls ein Prozess fehlschlägt.

Konsequenzen

Der Einsatz des Patterns hat folgende Konsequenzen:

- Langlaufende Transaktionen können über mehrere Services hinweg durchgeführt werden.
- Die Datenkonsistenz zwischen verschiedenen Services kann sichergestellt werden.
- Durch die Kompensationsaktionen, die für Fehlerfälle zusätzlich implementiert werden müssen, ist der Aufwand höher. Es kann nicht auf einen automatischen Rollback einer Transaktion zurückgegriffen werden.
- Die Isolation der langlaufenden aufgeteilten Transaktion ist nicht gegeben. Das ACID-Paradigma ist hier verletzt.
- Zwischen den einzelnen Services muss eine asynchrone Kommunikation stattfinden.
- Die Nachrichtenauslieferung muss transaktional gesichert sein.

7.9 Transactional Outbox Pattern

Das *Transactional Outbox Pattern* ermöglicht eine zuverlässige, transaktional mit der Anwendungslogik verknüpfte Kommunikation mit Fremdsystemen.

Problem und Motivation

In verteilten Anwendungen werden oftmals zwischen den einzelnen Anwendungen Nachrichten über ein Messaging-System ausgetauscht. Die Nachrichten informieren die anderen Systeme dabei über Änderungen oder auch über den Status eines Geschäftsprozesses.

Werden die Nachrichten innerhalb einer Datenbanktransaktion versendet, kann ein später auftretender Fehler zu einem Rollback führen. Dadurch können die Daten innerhalb einer Datenbank zurückgerollt werden, allerdings besteht keine Möglichkeit die versendeten Nachrichten zu widerrufen bzw. zurückzuholen.

Abbildung 7.15 zeigt ein Beispiel eines `RegistrationService`, der zu Beginn eines lokalen Prozesses eine Registrierung in der Datenbank speichert und daraufhin eine Nachricht an das Messaging-System übergibt. Die Datenbankaktionen laufen innerhalb einer lokalen Transaktion.

Nach dem Nachrichtenversand tritt allerdings ein Fehler auf und die umschließende Datenbanktransaktion wird zurückgerollt. Die Nachricht kann aber, da das Messaging-System nicht Teil der lokalen Transaktion ist, nicht zurückgeholt werden und die Information zur neu erzeugten Registrierung wurde versendet. Es drohen dadurch Dateninkonsistenzen.

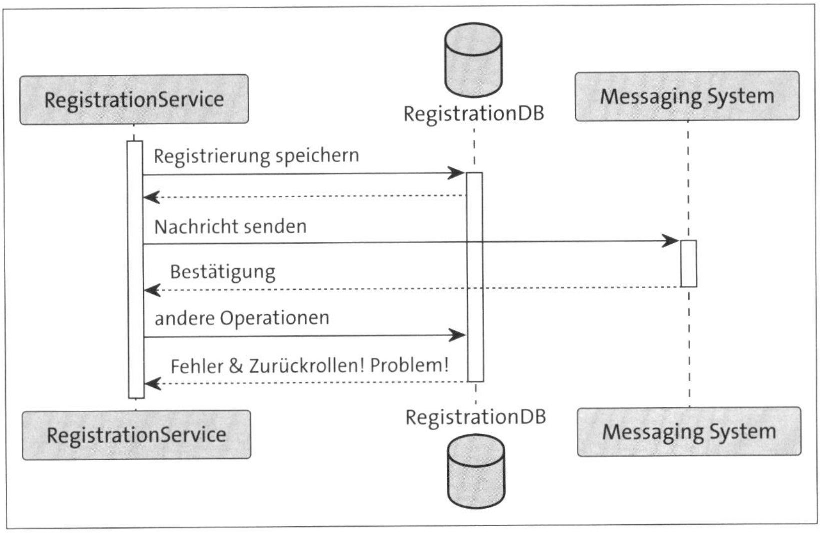

Abbildung 7.15 Problem ohne »Transactional Outbox Pattern«

Eine Lösung des Problems besteht in der Einführung eines Two-Phase-Commit-Protokolls, das bereits im Rahmen des *Saga Pattern* angesprochen wurde. Die Datenbank und das Messaging-System müssen hierbei innerhalb einer gemeinsamen verteilten Transaktion angesprochen werden, die beide zur Transaktionssteuerung verwenden. Das ist zum einen aufwendig in der Konfiguration, da noch ein separater Transaktionsmanager benötigt wird, und andererseits unterstützen die wenigsten Messaging-Systeme eine solche Integration mit verteilten Transaktionen.

Lösung

Fachlich zusammenhängende Operationen, die sowohl Daten in eine Datenbank als auch Nachrichten über ein Messaging-System austauschen, lassen sich mithilfe des *Transactional Outbox Pattern* zuverlässig und transaktional geschützt durchführen.

Das Pattern unterteilt den Gesamtprozess, der die Aktualisierung der Daten und den Nachrichtenversand beinhaltet, in zwei Teile, die jeweils transaktional durch die Datenbank geschützt sind. Im ersten Schritt wird, wie in Abbildung 7.16 dargestellt, die Datenänderung in der Datenbank durchgeführt. Allerdings wird nicht wie bisher die entsprechende Nachricht als Teil des Prozesses direkt über das Messaging-System versendet, sondern in eine separate Datenbank gespeichert, die sogenannte *Outbox*.

Beide Datenbankoperationen laufen innerhalb einer gemeinsamen Transaktion, und die Nachricht bzw. die Information, dass eine Nachricht versendet werden soll, kann im Fehlerfall gemeinsam mit der Datenänderung rückgängig gemacht werden. Im Erfolgsfall enthält die Datenbank die Datenänderungen sowie die Information zum Nachrichtenversand.

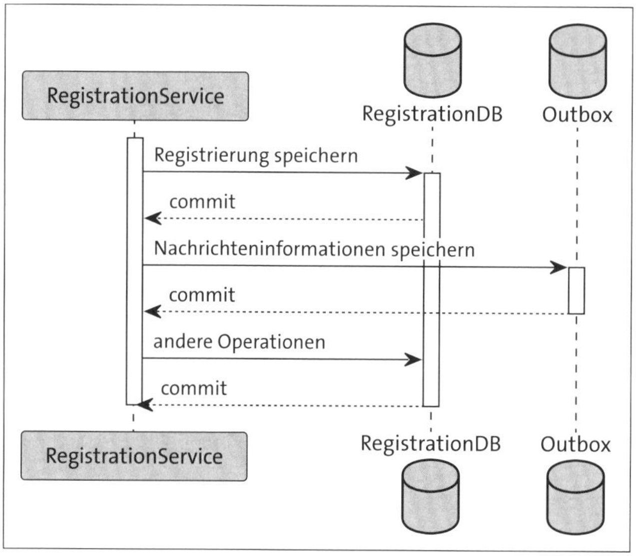

Abbildung 7.16 Die Lösung mit dem »Transactional Outbox Pattern« – Daten erstellen

Im zweiten Schritt übernimmt, wie in Abbildung 7.17 dargestellt, eine separate Komponente, die *Outbox-Processing*-Komponente, den Versand der Nachrichten. Sie überprüft, ob in der Outbox-Datenbank Nachrichten vorhanden sind, die noch an das Messaging-System übertragen werden müssen. Ist dies der Fall, werden diese Nachrichten dem Messaging-System übergeben. Erst nach einem erfolgreichen Versand über das Messaging-System wird die Nachricht aus der Outbox gelöscht oder als versendet markiert. Somit ist auch ein erneuter Versuch, sie zu senden, möglich.

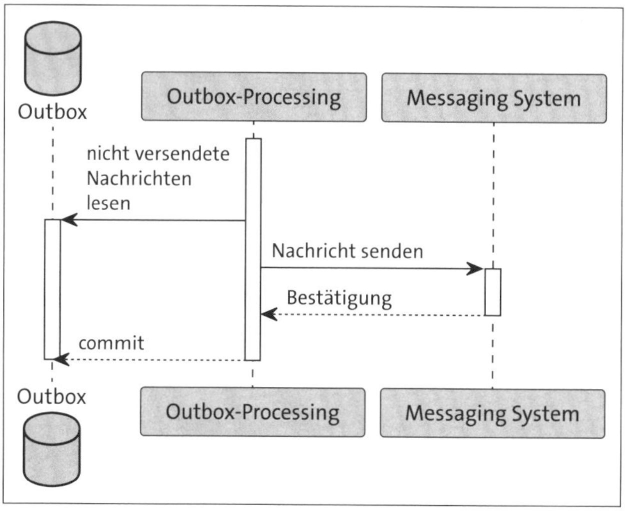

Abbildung 7.17 Lösung mit dem »Transactional Outbox Pattern« – Nachricht versenden

Lösungsbeispiel

Das folgende Beispiel zeigt eine Umsetzung des Patterns mit Java und dem *Spring Framework* bzw. mit *Spring Data JPA*.

Während eines Registrierungsprozesses soll nach dem erfolgreiche Anlegen einer Schulungsregistrierung eine Nachricht über diese neue Registrierung informieren. Der Ablauf ist mit den entsprechenden Klassen und Interfaces in Abbildung 7.18 dargestellt.

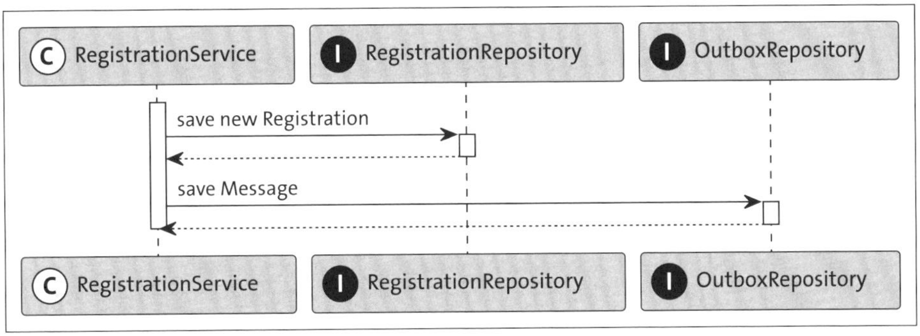

Abbildung 7.18 Ablauf des Registrierungsprozesses

Die Umsetzung enthält, wie in Abbildung 7.19 visualisiert, die zwei Repository-Interfaces `RegistrationRepository` und `OutboxRepository`.

Beide Interfaces erweitern das `CrudRepository`-Interface von *Spring Data* und besitzen damit automatisch Funktionalität für das Ablegen und das Lesen von Datensätzen. Im Beispiel wird lediglich die `save`-Methode verwendet.

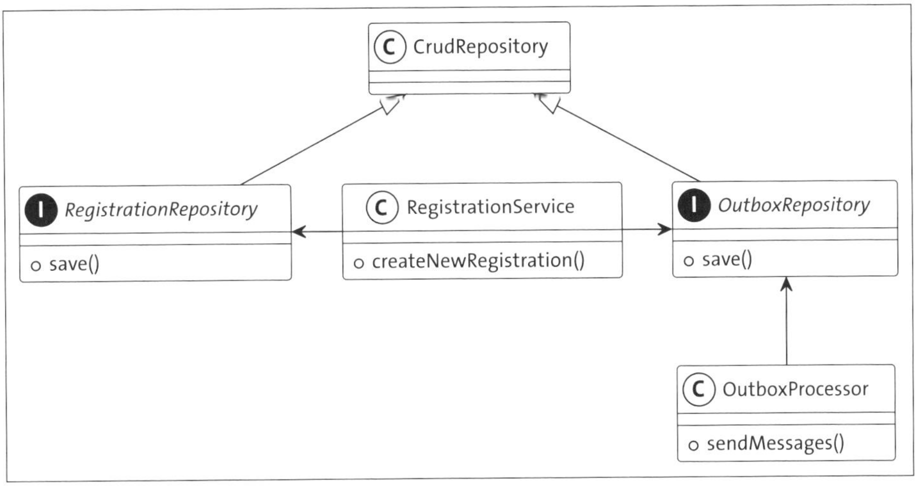

Abbildung 7.19 Klassendiagramm für das »Transactional Outbox Pattern«

Der Code der entsprechenden Service-Implementierung ist in Listing 7.12 zu sehen. Damit die beiden Datenbankzugriffe tatsächlich innerhalb einer gemeinsamen Transaktion ausgeführt werden, ist die `@Transactional`-Annotation zwingend erforderlich. Nur mit dieser Angabe werden beide Aufrufe der entsprechenden `save`-Methoden gemeinsam in einer Transaktion verwaltet und die Grundvoraussetzung des Patterns erfüllt.

```
import org.springframework.transaction.annotation.Transactional;

@Service
public class RegistrationService {

    private final RegistrationRepository registrationRepository;
    private final OutboxRepository outboxRepository;

    @Autowired
    RegistrationService(OutboxRepository outboxRepository,
                        RegistrationRepository registrationRepository) {
        this.outboxRepository = outboxRepository;
        this.registrationRepository = registrationRepository;
    }

    @Transactional
    public void registerNewAttendee(Registration registration) {
        Registration saved = this.registrationRepository.save(registration);
        Message message = new Message(...);
        this.outboxRepository.save(message);
    }
    ...
}
```

Listing 7.12 Implementierung des »RegistrationService«

Wird das Pattern in anderen Programmiersprachen umgesetzt, müssen Sie in ihnen ebenfalls darauf achten, dass eine gemeinsame lokale Transaktion für beide Datenbankzugriffe verwendet wird. Ansonsten drohen auch hier Dateninkonsistenzen.

Da der Nachrichtenversand im Beispiel nicht zeitkritisch ist, wird er periodisch über einen *ScheduleTask* ausgeführt und die Nachricht wird am Ende aus der Outbox gelöscht. Listing 7.13 zeigt eine entsprechende Implementierung:

```
@Service
public class OutboxProcessor {
```

```
    private final OutboxRepository outboxRepository;

    @Autowired
    public OutboxProcessor(OutboxRepository outboxRepository) {
        this.outboxRepository = outboxRepository;
    }

    @Scheduled(fixedRate = ...)
    public void sendMessages() {
        log.info("sendMessages");
        this.outboxRepository.findAll().forEach(outbox -> {
            log.info("sendMessages ");
            ...//echte Sendelogik
            this.outboxRepository.delete(outbox);
        });
    }
    ...
}
```

Listing 7.13 Implementierung des »OutboxProcessor«

Wann kann oder soll man das Pattern einsetzen?

Das Pattern kann und soll immer dann eingesetzt werden, wenn

- Datenbankaktualisierungen innerhalb einer messaging-basierten verteilten Anwendung zum Versand von Nachrichten führen und eine Datenintegrität gewahrt werden muss.
- der Commit einer Datenbanktransaktion zum Nachrichtenversand führen muss und ein Zurückrollen der Transaktion keinen Versand initiieren soll.
- eine atomare Ausführung einer Operation sichergestellt werden muss, die mehrere Services aufruft.
- die Nutzung eines 2PC-Protokolls nicht möglich ist, da entweder die Datenbank oder das Messaging-System keine Integration unterstützt.

Konsequenzen

Der Einsatz des Patterns hat folgende Konsequenzen:

- Operationen, die Datenbankaktualisierungen und den Nachrichtenversand zusammenfassen, können transaktional ausgeführt werden.
- Es wird kein 2PC-Protokoll benötigt, das darüber hinaus von vielen Messaging-Lösungen nicht unterstützt wird.
- Die Anwendung wird durch die neue Outbox-Processing-Komponente komplexer.

- Die Reihenfolge des Nachrichtenversands muss unter Umständen überprüft und sichergestellt werden. Durch die asynchrone Verarbeitung des Nachrichtenversands kann unter Umständen die Reihenfolge der Datenbankänderungen nicht mit der Reihenfolge des Nachrichtenversands übereinstimmen.
- Je nach Umsetzung des Outbox-Processings können Nachrichten doppelt versendet werden und für eine idempotente Verarbeitung eine eindeutige ID enthalten, damit sie nicht doppelt verarbeitet werden.

7.10 Event Sourcing Pattern

Das *Event Sourcing Pattern* ist ein Architekturansatz, bei dem die vollständige Änderungshistorie von Datenobjekten in Form von Ereignissen gespeichert wird und nicht deren aktueller Zustand. Der aktuelle Zustand wird aus der Summe der Ereignisse rekonstruiert.

Problem und Motivation

Oftmals verwenden Anwendungen Datenbanken, um den aktuellen Zustand eines Datenobjekts zu speichern. Bei einer Software zur Verwaltung von Schiffen kann das beispielsweise die aktuelle Position eines bestimmten Schiffs sein. Treffen neue Positionsangaben ein, wird der Zustand, also die Position des Schiffs, in der Datenbank entsprechend aktualisiert.

In Bezug auf die Nachvollziehbarkeit bzw. Auditfähigkeit hat dieser Ansatz jedoch auch Nachteile: Mit jeder Aktualisierung wird der alte Zustand überschrieben und die Historie der Objekte geht dabei verloren. Im obigen Beispiel kann der Weg der Schiffe somit im Nachhinein nicht nachvollzogen werden.

Wird nur der zuletzt gemeldete Zustand gespeichert, können auch nachträgliche Anpassungen am Verarbeitungsalgorithmus nicht mehr auf zurückliegende Änderungen angewendet werden. Soll für ein Schiff z. B. nicht nur die aktuelle Position abgespeichert werden, sondern zusätzlich die Fahrstrecke, die es bis dahin zurückgelegt hat, ist dies nur auf Basis neuerer Daten möglich.

Im Beispiel der Schiffspositionen ist es recht unwahrscheinlich, dass mehrere konkurrierende Änderungen einer Schiffsposition eintreffen und in der Datenbank gespeichert werden müssen. Werden allerdings Daten wie z. B. der Kontostand eines Bankkunden aktualisiert, sind konkurrierende Zugriffe nicht auszuschließen und die Änderungen des Zustands müssen synchronisiert werden. In Datenbanken wird das mit viel Aufwand, Transaktionen und Transaktionssperren erreicht.

Lösung

Beim Einsatz des *Event Sourcing Pattern* werden die Anwendungsdaten als Liste von Änderungen und nicht als einzelner Zustand in der Datenbank gespeichert.

Für das genannte Beispiel mit den Positionen von Schiffen wird nicht die letzte Position, sondern die Liste der Positionsänderungen abgelegt. Damit bleibt eine Historie, die zu der aktuellen Position geführt hat, erhalten und der Zustand kann aus allen Ereignissen rekonstruiert werden. In der Anwendung muss der aktuelle Zustand allerdings nicht mehr separat gespeichert werden.

Hinter dem Event Sourcing steht die Idee, dass Speicherplatz und Rechenleistung unbegrenzt (zumindest in einem bestimmten Rahmen) zur Verfügung stehen und somit der aktuelle Zustand problemlos aus der Historie berechnet werden kann.

Zur Optimierung der Zustandsberechnung können aber auch, wie in Abbildung 7.20 dargestellt, Zwischenzustände berechnet und gespeichert werden. So muss zur Bestimmung des aktuellen Zustands nicht immer die komplette Historie verarbeitet werden.

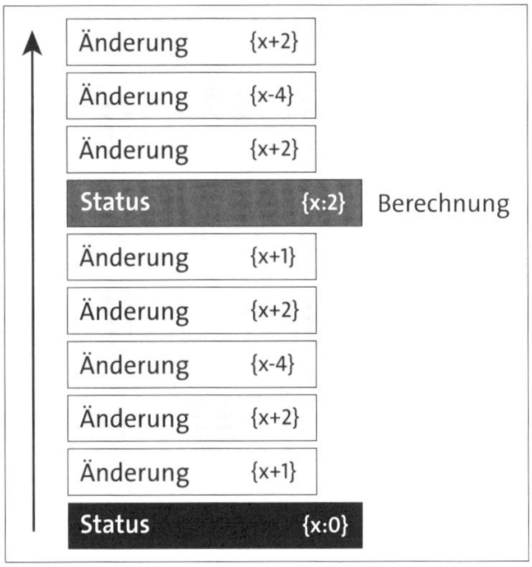

Abbildung 7.20 Der Status (»State«) ergibt sich aus der Summe der Änderungen.

Dieses Pattern bietet sich vor allem für einen Einsatz in verteilten Anwendungen an, in denen Zustandsänderungen über Nachrichten zwischen den Komponenten ausgetauscht werden. Eine zentrale Messaging-Plattform speichert alle aufgetretenen Ereignisse zu Entitäten, und jeder angeschlossene Konsument kann die kompletten Nachrichten verarbeiten, um auf den aktuellen Zustand zu kommen.

Aber auch eine Entkopplung zwischen Lese- und Schreiboperationen innerhalb einer Anwendung ist durch das Pattern möglich. Finden beispielsweise sehr viele Leseoperationen, aber nur sehr wenige Schreiboperationen in einer Anwendung statt, kann der aktuelle Zustand im Speicher gehalten werden und die Aktualisierungen werden durch die Nachrichten asynchron verarbeitet.

Lösungsbeispiel

Das folgende Beispiel zeigt die Umsetzung des *Event Sourcing Pattern* anhand des bereits erwähnten Schiffsbeispiels in Go. Genutzt wird *NATS.io* als Messaging-System.

Was ist NATS.io?

NATS.io ist ein performantes, leichtgewichtiges und skalierbares Open-Source-Messaging-System. Es wurde für verteilte Systeme und sogenannte cloud-native Anwendungen entwickelt.

Mit der *JetStream*-Erweiterung können Nachrichten persistiert werden und kann somit *Event Sourcing* effektiv umgesetzt werden.

https://www.nats.io

Die Beispielanwendung erhält von einem externen System für das jeweilige Schiff in regelmäßigen Zeitabständen aktualisierte Positionsangaben in Form von Schiffsbewegungen.

Jede Schiffsbewegung wird dabei als *CloudEvents*-Event empfangen und enthält neben dem Namen auch einen Zeitstempel und die aktuelle Position des Schiffs. Diese Daten werden in der Anwendung in Objekte des Go-Structs `Movement` umgewandelt. Dies ist in Listing 7.14 zu sehen:

```
type Movement struct {
    ShipName   string
    TimeStamp  time.Time
    ToPosition Position
}
```

Listing 7.14 Bewegung als Ereignis

Sehr viele Clients sind an den aktuellen Schiffspositionen interessiert und fragen diese Information recht häufig ab. Aus diesem Grund werden die Daten im Speicher vorgehalten und nicht persistiert. Aktualisierungen werden asynchron ausgelöst und durch die Events direkt im Speicher durchgeführt.

Die beiden Go-Structs `Ship` und `Position`, die in Listing 7.15 gezeigt sind, stellen in der Anwendung den entsprechenden Ausschnitt aus dem Domänenmodell dar. Innerhalb der `UpdatePosition`-Methode des Typs `Ship` wird lediglich die aktuelle Position aktualisiert.

```
type Position struct {
    Lat float64
    Lon float64
}
```

```
type Ship struct {
    name                 string
    position             Position
}
func (s *Ship) UpdatePosition(pos Position) {
    s.position = pos
}
```

Listing 7.15 Domänenmodell der Anwendung

Abbildung 7.21 zeigt das entsprechende Klassendiagramm.

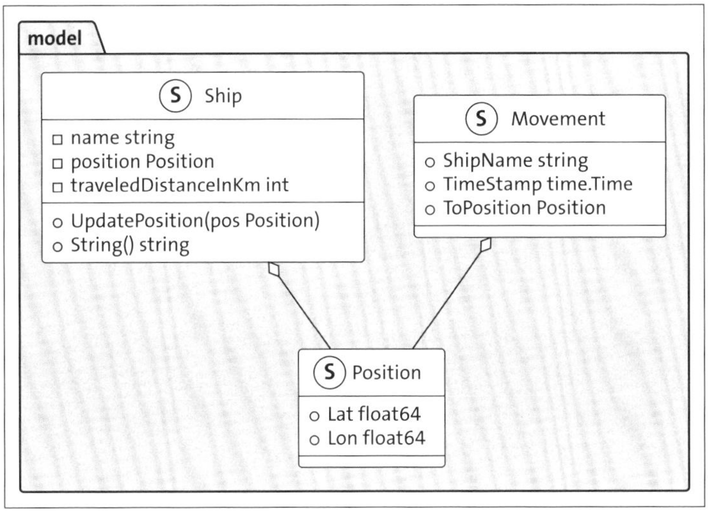

Abbildung 7.21 Klassendiagramm der Anwendung

Wie ich bereits erwähnt habe, werden die `Movement`-Objekte über Messaging ausgetauscht. Der entsprechende Go-Code zum Empfangen der Nachrichten ist in Listing 7.16 dargestellt. Zugunsten der Lesbarkeit des abgedruckten Quellcodes werden konsequent alle Fehler darin ignoriert.

```
nc, _ := nats.Connect(...)
js, _ := jetstream.New(nc)
stream, _ := js.Stream(ctx, "positionStream")
consumer, _ := stream.CreateConsumer(ctx, jetstream.ConsumerConfig{
    Durable:       "cons1",
    AckPolicy:     jetstream.AckExplicitPolicy,
    FilterSubject: "position.new",
})

iter, _ := consumer.Messages()
```

```
for {
    msg, _ := iter.Next()
    event := cloudevents.Event{}
    event.UnmarshalJSON(msg.Data())
    handleEvent(event)
    msg.Ack()
}
```

Listing 7.16 Empfang der Nachrichten über NATS.io

Die Verarbeitung der Objekte erfolgt in der `handleEvent`-Funktion (siehe Listing 7.17), die die Daten verwendet, um die `Ship`-Objekte im Speicher zu aktualisieren. Auch hier werden eventuell auftretende Fehler ignoriert.

```
func handleEvent(event cloudevents.Event) {

    movement := model.Movement{}
    json.Unmarshal(event.Data(), &movement)

    ship, ok := ships[movement.ShipName]
    if !ok {
        ship = model.NewShip(movement.ShipName, movement.ToPosition)
        ships[movement.ShipName] = ship
    } else {
        ship.UpdatePosition(movement.ToPosition)
    }
}
```

Listing 7.17 Nachrichtenverarbeitung

In der nats.io-Instanz wird die sogenannte *JetStream*-Erweiterung eingesetzt, die sämtliche `Movement`-Nachrichten in der auftretenden Reihenfolge persistiert, damit diese auch zu einem späteren Zeitpunkt noch einmal abgerufen werden können.

Falls nun die Clients nicht nur an der aktuellen Position der Schiffe interessiert sind, sondern auch an der Gesamtstrecke, die sie zurückgelegt haben, dann müssen Sie die Logik und die Datenstruktur der Anwendung anpassen.

Der Typ `Ship` erhält dann ein zusätzliches Feld `traveledDistanceInKm`, das in einer angepassten `UpdatePosition`-Methode entsprechend gefüllt werden kann. Listing 7.18 zeigt die Umsetzung:

```
type Ship struct {
    name                string
    position            Position
```

```
    traveledDistanceInKm int
}

func (s *Ship) UpdatePosition(pos Position) {
    if s.position.Lat == 0 {
        s.position = pos
        return
    }
    s.traveledDistanceInKm += calculateDistance(s.position, pos)
    s.position = pos
}
```

Listing 7.18 Angepasste Geschäftslogik in der Anwendung

Alte Events bleiben im nats.io-Messaging-System gespeichert und können von der Anwendung erneut konsumiert werden. Dies ermöglicht es, den Datenbestand erneut zu synchronisieren und ihn damit lokal zu aktualisieren. Auf diese Weise kann jeder Client neben der Position eines Schiffs auch die zurückgelegte Gesamtstrecke abfragen.

Wann kann oder soll man das Pattern einsetzen?

Das Pattern kann und soll immer dann eingesetzt werden, wenn

- die Möglichkeit bestehen soll, den aktuellen Zustand von Entitäten aus deren Historie zu rekonstruieren.
- Anpassungen an der Verarbeitung von Events im Nachhinein möglich sein sollen – auch zu Testzwecken oder für Simulationen.
- Nachvollziehbarkeit und die Möglichkeit zur Auditierung gegeben sein sollen.
- keine Persistenz des aktuellen Zustands notwendig ist und dieser im Bedarfsfall erneut ermittelt werden kann.
- eine Entkopplung zwischen Aktualisierungs- und Leseoperationen gewünscht ist. Aktualisierungen können asynchron eingepflegt werden, wobei die Leseoperationen nicht beeinträchtigt werden.
- hohe Lastansprüche an Leseoperationen vorhanden sind, aber nur wenige Schreiboperationen vorhanden sind.
- unterschiedliche Darstellungen der gleichen Daten und ihrer Historie vorhanden sein sollen.

Konsequenzen

Der Einsatz des Patterns hat folgende Konsequenzen:

- Die Anwendung muss keinen Zustand speichern. Es werden nur unveränderbare Zustandsänderungen gespeichert.

- Die Nachvollziehbarkeit und die Möglichkeit zur Auditierung der Änderungen sind durch eine komplette Historie der durchgeführten Änderungen gegeben.
- Lese- und Schreiboperationen können voneinander getrennt werden. Schreiboperationen können asynchron durchgeführt werden.
- Der Speicher- und Rechenbedarf für das Ablegen der Änderungen und die Berechnung des aktuellen Zustands steigt ständig. Es muss dafür gesorgt werden, dass genug Kapazitäten für beides vorhanden sind.
- Das Wiedereinspielen alter Events kann einen enormen Zeitaufwand darstellen.
- Eventuell treten Probleme durch sich ändernde Nachrichtenformate auf. Alle Formate müssen unterstützt werden.

7.11 Command Query Responsibility Segregation Pattern

Das *Command and Query Responsibility Segregation Pattern*, das oft mit *CQRS* abgekürzt wird, trennt Lese- und Schreiboperationen für eine Datenablage, um die Performance, Skalierbarkeit und Sicherheit einer Anwendung zu erhöhen.

Problem und Motivation

Der Kern jeder Anwendung sollte aus einem Geschäftsdatenmodell bestehen, das durch Klassen bzw. Datentypen abgebildet ist. Innerhalb dieses Modells sollten die Geschäftsregeln und Validierungen zu den einzelnen Datenobjekten implementiert sein.

Viele Anwendungen verwenden diese Modelle, z. B. über *ORM-Bibliotheken*, zur Definition der Datenbankstruktur und in den Schnittstellen zum Speichern oder Lesen der Daten.

ORM – Object-Relational Mapper

ORM bzw. *Object-Relational Mapping* bezeichnet eine Technik, mit der Daten aus einer relationalen Datenbank mithilfe der Objektorientierung verwaltet werden können. Tabellen werden durch Klassen repräsentiert, und die einzelnen Zeilen werden in Instanzen der jeweiligen Klasse gespeichert.

Das Mapping übernehmen meist Bibliotheken. Hier sind einige bekannte Beispiele:

- Java Persistence API (Java)
- Hibernate (Java)
- Django ORM (Python)
- Entity Framework (.NET)
- NHibernate (.NET)
- Doctrine (PHP)
- GORM (Go)

Dieser unkomplizierte Weg zur Persistenz eignet sich für zahlreiche Anwendungen, insbesondere für solche, die primär auf grundlegenden CRUD-Operationen basieren.

Sobald allerdings die Anwendung verschiedene Datenbankabfragen durchführt und die aufrufenden Anwendungen dafür unterschiedliche Datenobjekte zurückerhalten (z. B. Data Transfer Objects), kann eine Umwandlung der Daten immer komplexer werden. Eventuell müssen über das ORM-Framework Daten geladen werden, die für eine Übermittlung zum Client nicht benötigt werden, oder es müssen Validierungen durchgeführt werden, die für den aktuellen Anwendungsfall unerheblich sind. Abbildung 7.22 zeigt den Aufbau schematisch.

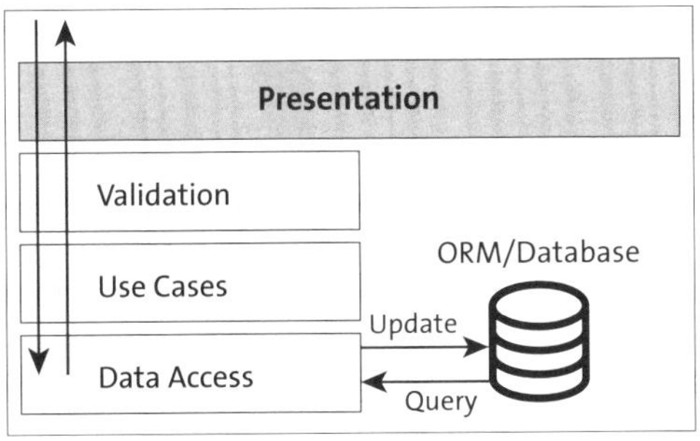

Abbildung 7.22 Alle Zugriffe auf Daten über »Object-Relational Mapping« (ORM)

Wird mit größeren, zusammenhängenden Datenmodellen gearbeitet, werden meist auch Datenbankreferenzen (z. B. Fremdschlüssel) innerhalb der Datenbank benötigt, die eine Konsistenz sicherstellen. Gleichzeitige Lese- und Schreibvorgänge der Daten können dabei zu merklichen Geschwindigkeitseinbußen führen, da die Zugriffe bei transaktionaler Sicherung serialisiert werden müssen. Diese Serialisierung erzwingt eine sequenzielle Durchführung der Vorgänge, wodurch die konkurrierenden Prozesse aufeinander warten müssen, bis einer der Vorgänge abgeschlossen ist.

Neben den technischen Einschränkungen kann auch die Einhaltung von Zugriffsrechten eine Herausforderung darstellen, da diese im Datenmodell bzw. beim Mapping der Daten geprüft werden muss.

Lösung

Das *Command and Query Responsibility Segregation (CQRS) Pattern* trennt die Lese- und Schreibvorgänge und verwendet zwei jeweils unabhängige Datenmodelle. Sogenannte *Commands* übernehmen die Aktualisierung der Daten, und sogenannte *Querys* führen die Leseoperationen durch.

Mit der Trennung der beiden Modelle wird deren Design und Umsetzung erleichtert, da beispielsweise die Datenmodelle, die als Ergebnis einer Datenabfrage an den Client zurückgeliefert werden, für den jeweiligen Anwendungsfall optimiert werden können. Da *Querys* zusätzlich keine Daten aktualisieren können, kann man in den entsprechenden Modellen auf eine Validierung der Daten verzichten.

Die einzelnen *Commands*, die die Aktualisierung der Daten vornehmen, werden aufgabenbezogen und nicht datenzentriert umgesetzt. Das heißt, dass jede Aktion einen Usecase umsetzt und nicht die Aufgabe hat, einzelne Datenfelder zu aktualisieren. *Commands* sollten dementsprechend die Aufgabe »Melde User XY bei einer Schulung an« umsetzen und nicht »Setze Verfügbarkeit der Schulung auf Wert X«.

Neben der synchronen Ausführung der Schreiboperation können die *Commands* ebenfalls asynchron durch eine Messaging-Lösung ausgeführt werden. Das entkoppelt die Lese- und Schreibvorgänge zusätzlich und kann die Schreibzugriffe weiter optimieren, da diese sequenziell durchgeführt werden können.

Dieser Ansatz ist in Abbildung 7.23 dargestellt.

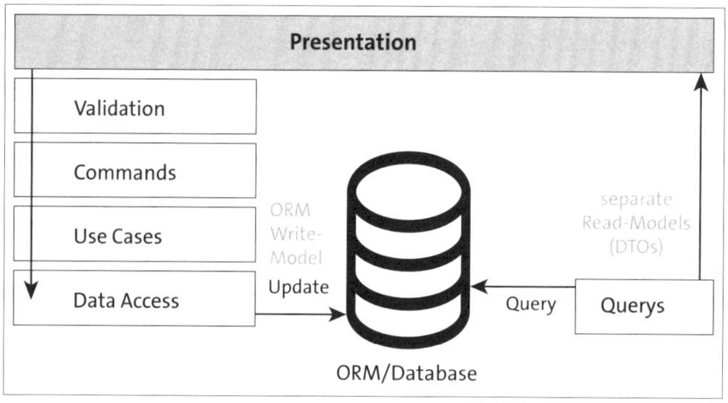

Abbildung 7.23 Unterschiedliche Modelle zum Lesen und Schreiben

Um eine noch bessere Isolation der Lese- und Schreibzugriffe zu erreichen, können darüber hinaus die Datenbanken in zwei Instanzen getrennt werden: in eine Lese- und in eine Schreibdatenbank. Dies können Sie dadurch erreichen, indem Sie z. B. die Daten aus der Datenbank für Schreibzugriffe durch einen periodisch laufenden Job in eine Nur-Lese-Datenbank replizieren, die ausschließlich für die Lesezugriffe zuständig ist. Abbildung 7.24 zeigt einen Aufbau dieser Art.

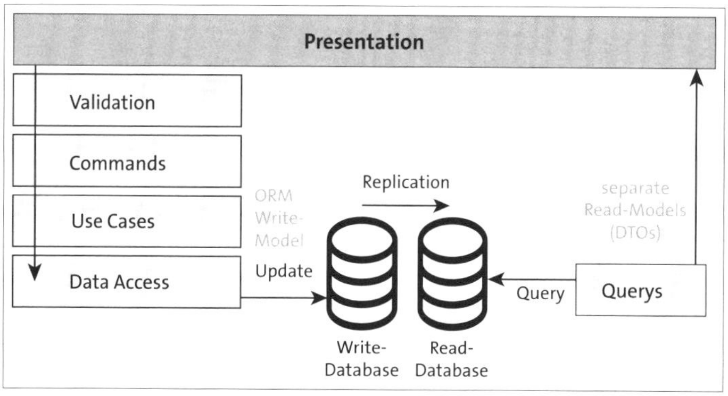

Abbildung 7.24 Zwei separate Datenbanken bei CQRS

Auch wenn eine 1:1-Replikation meist simpel umzusetzen ist, bieten sich verschiedene Optionen für die Trennung der Datenbanken an. Einige Varianten sind:

- **Unterschiedliche Schemata** – Der Aufbau der Lesedatenbank kann sich von dem Aufbau der Schreibdatenbank unterscheiden. Sogenannte *Materialized Views* können beispielsweise die Daten direkt in der Form speichern, in der sie später abgefragt und ausgelesen werden sollen. Das spart Datenbank-Joins bei der Abfrage oder unnötig komplexe Objekt-Mappings beim Lesen.
- **Messaging mit Events zum Datenaustausch** – Die Aktualisierungen können auch in Form von Nachrichten über ein Messaging-System verteilt und verarbeitet werden (siehe hierzu das *Event Sourcing Pattern* in Abschnitt 7.10).
- **Unterschiedliche Datenbanktechnologien** – Die Lesedatenbank kann ebenfalls eine separate Datenbanktechnologie einsetzen. Falls sich für die Abfrage beispielsweise eine NoSQL-Datenbank besser eignet als eine relationale Datenbank, die zum Speichern eingesetzt wird, kann hier unterschieden werden.

Das *CQRS Pattern* wird gern in Kombination mit dem *Event Sourcing Pattern* eingesetzt, und die Nachrichten in der Messaging-Lösung werden häufig als Datenquelle bzw. »Schreibdatenbank« eingesetzt. Das bietet die Vorteile des Event Sourcing vermeidet konkurrierende Zugriffe und inkonsistente Schreibzugriffen, bietet aber auch die Möglichkeit, die *Materialized Views*, die die Daten speziell für einzelne Anwendungsfälle bereithalten, zu jeder Zeit erneut zu erzeugen.

Lösungsbeispiel

Für einen Schulungsdienstleister wurde ein Schulungsportal entwickelt, in dem sich die Schulungsteilnehmer anmelden und verschiedene Aktionen zu ihren Schulungen durchführen können. So können sie beispielsweise das Schulungsmaterial oder ihre Teilnehmerzertifikate herunterladen.

Abbildung 7.25 zeigt den entsprechenden Ausschnitt aus dem Klassendiagramm der Anwendung.

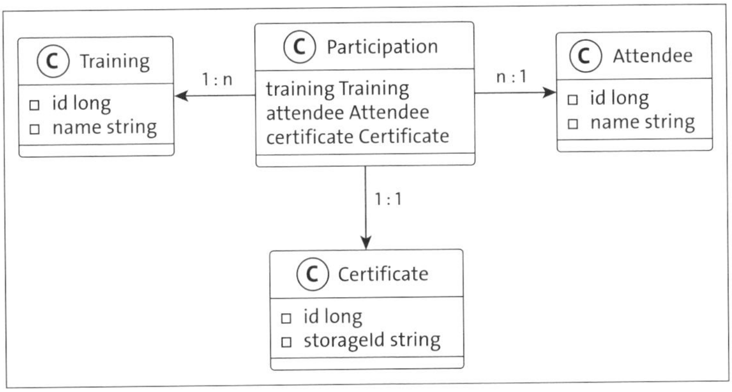

Abbildung 7.25 Das Klassendiagramm der Beispielanwendung

Die Daten werden in einer relationalen Datenbank abgelegt, wie im Entity-Relation-Diagramm in Abbildung 7.26 zu sehen ist. Das Mapping übernimmt hierbei ein ORM-Mapper, und innerhalb der implementierten Typen bzw. Klassen ist auch entsprechende Validierungslogik implementiert.

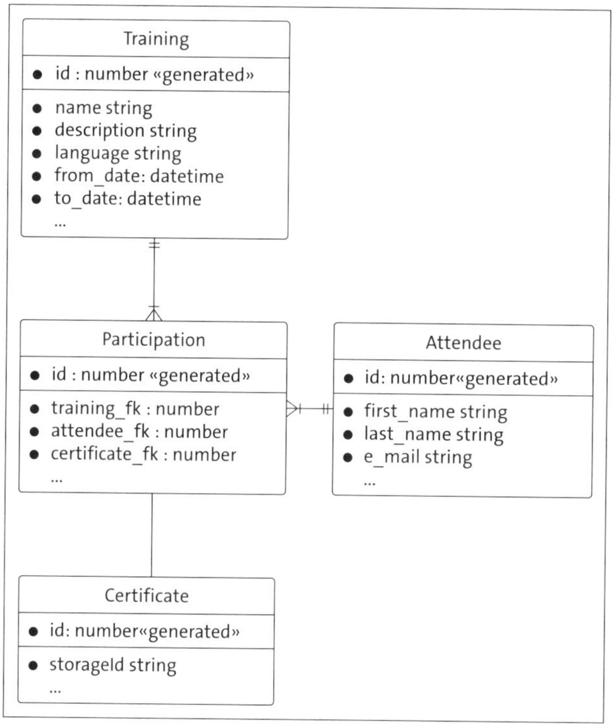

Abbildung 7.26 Das Datenmodell der Beispielanwendung

Da im Portal für jeden Teilnehmer nach einer Anmeldung immer eine Liste seiner besuchten Trainings mit einem Link zum Download des entsprechenden Zertifikats angezeigt wird, würde über einen OR-Mapper bei jedem Laden der Ansicht jeweils das komplett Objektmodell geladen werden. Allerdings würden nur wenige Datenbankfelder davon dargestellt werden. Auch wenn das folgende SQL-Statement ausreichend wäre, enthält es mehrere Datenbank-Join-Statements, die bei jedem Seitenzugriff erneut ausgewertet werden müssten:

```
select t.name, c.storage_id, t.from_date
from seminare.certificate c
        join seminare.participation p on c.id = p.certificate_fk
        join seminare.training t on t.id = p.training_fk
        join seminare.attendee a on a.id = p.attendee_fk
where a.e_mail = 'Hans.Wurst@source-fellows.com'
```

Listing 7.19 SQL-Abfrage für die Anzeige des Download-Links

Zur Optimierung der Zugriffe wird eine zweite, optimierte Tabelle (eine sogenannte *Materialized View*) für diese Abfrage angelegt. Sie enthält nur noch die benötigten Daten, wie in Abbildung 7.27 gezeigt.

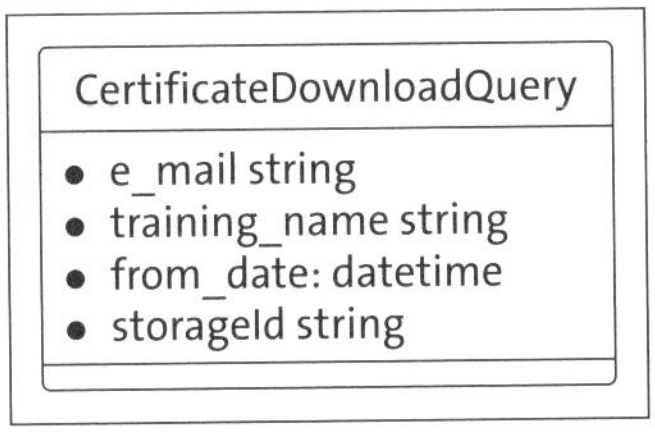

Abbildung 7.27 Optimierte Tabelle für die Einstiegsseite

Durch die Aufteilung der Modelle in ein Lese- und ein Schreibmodell sind die durch den OR-Mapper erzeugten SQL-Statements wesentlich einfacher und für den Anwendungsfall optimierter, da sie nicht mehr alle Daten in den Speicher laden.

Jede Aktualisierung der Daten wird im Beispiel über spezielle Command-Objekte durchgeführt. Wie Sie in Abbildung 7.28 sehen, sind zwei *Commands* definiert: `BookingCommand` und `TrainingCompletedCommand`. Beide werden durch einen sogenannten `CommandHandler` ausgeführt.

Wichtig ist hier zu verstehen, dass es sich nicht wirklich um Command-Objekte handelt, wie sie im *Command Pattern* beschrieben werden (siehe Abschnitt 4.5), sondern dass es sich vielmehr um Parameter für eine Command-Ausführung handelt, die vom `CommandHandler` übernommen wird.

Diese Commands werden immer dann erzeugt, wenn in der Oberfläche die entsprechende Aktion angestoßen wurde. Nach einer erfolgreichen Änderung der Daten werden die Commands zusätzlich als Event über das Messaging-System versendet, das ebenfalls die Lese-Datenbank aktualisiert.

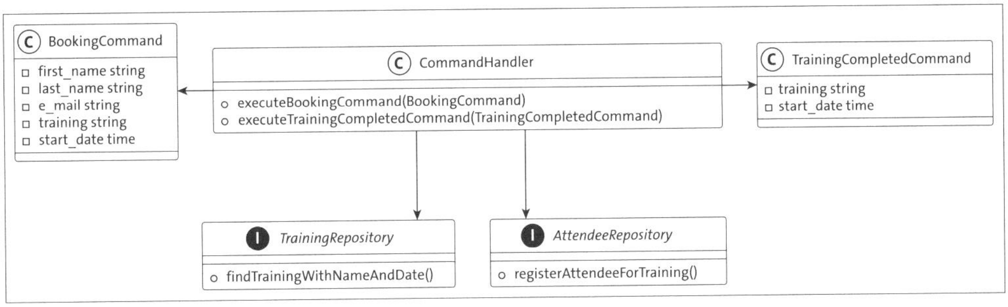

Abbildung 7.28 Klassendiagramm der Commands

Dort werden die Nachrichten von einem `DownloadQueryUpdater` verarbeitet, und die entsprechenden Informationen werden im Bedarfsfall in die Tabelle eingetragen.

Wann kann oder soll man das Pattern einsetzen?

Das Pattern kann und soll immer dann eingesetzt werden, wenn

- Lese- und Schreibzugriffe in einer Anwendung aufgrund von Performance, Sicherheit oder Skalierbarkeit voneinander getrennt werden sollen.
- nur wenige Schreiboperationen in der Anwendung vorhanden sind und die Lesegeschwindigkeit der Daten extrem wichtig ist.
- aufgabenbasierte Aktualisierungen in der Geschäftslogik eingesetzt werden können und die Domänenmodelle aufwendig auf Konsistenz und Validität überprüft werden müssen.
- eine Trennung zwischen den Entwicklern gewünscht ist, die für die Schreibzugriffe sowie für die zugehörige komplexe Logik zuständig sind, und den Entwicklern, die für die optimierte Darstellung verantwortlich sind.
- andere Systeme auch über Event Sourcing angebunden werden sollen.

Konsequenzen

Der Einsatz des Patterns hat folgende Konsequenzen:

- Die Komplexität der Anwendung steigt, da die Lese- und Schreibmodelle unabhängig gepflegt werden müssen.
- Beim Einsatz mehrerer Datenbanken müssen diese synchronisiert und gewartet werden.
- Werden die Daten asynchron verarbeitet bzw. zwischen mehreren Datenbanken synchronisiert, kann es zu Konsistenzproblemen kommen, da es sein könnte, dass noch nicht alle Änderungen überall angekommen bzw. verarbeitet worden sind.

7.12 Distributed Tracing Pattern

Das *Distributed Tracing Pattern* ermöglicht es, Anfragen in verteilten Systemen über verschiedene Services hinweg zu verfolgen. Es schafft Transparenz, ermöglicht die Analyse der Performance und verbessert die Fehlerdiagnose.

Problem und Motivation

Verteilte Anwendungen werden, wie der Name schon sagt, verteilt über mehrere Systeme hinweg ausgeführt. Die Anfrage eines Clients wird nicht wie in einer klassischen Client-Server-Architektur nur von einem Service beantwortet, sondern durchläuft ein eventuell komplexes Netz an Services, die zusammenarbeiten, um diese Anfrage zu bearbeiten. In einer Microservice-Architektur wird zudem jeder dieser einzelnen Services unabhängig entwickelt und skaliert, was die Ausführungsumgebung zusätzlich dynamisch gestaltet. Mit den klassischen Verfahren, z. B. mit dem Tracing über lokale Log-Dateien oder dem Profiling mit Tools wie *JProfiler* oder *VisualVM*, ist es nahezu unmöglich, eine Anfrage in den Systemen nachzuverfolgen. Diese Verfahren sind alle für eine lokale Auswertung konzipiert.

Schreiben die einzelnen Services beispielsweise jeweils ihre Log-Statements in eine lokale Log-Datei, müssen für eine Auswertung zuerst alle Dateien von allen Services gesammelt und anschließend aggregiert werden, bevor sie letztendlich analysiert werden können.

Auch zentrale Logging-Lösungen, bei denen die einzelnen Services ihre Logs in eine zentrale Datenbank übertragen, sind nur dann von Vorteil, wenn die Logs der Services sinnvoll aggregiert werden können und nicht als unabhängige Datenströme betrachtet werden.

Ohne eine gemeinsame Kennung für die einzelnen Aufrufe oder ein einheitliches Format der Log-Statements ist eine Aggregation mit anschließender Analyse zeitaufwendig und nur schwer umsetzbar.

Lösung

Mit dem *Distributed Tracing Pattern* können Aufrufe über mehrere Services und Systeme hinweg verfolgt werden und dabei detaillierte Einblicke in den Ablauf und die Performance liefern.

Distributed Tracing funktioniert, indem es mehrere einzelne Teilabschnitte eines kompletten Aufrufs an einer zentralen Stelle zu einem gemeinsamen Prozess zusammenbringt. Folgende Begriffe sind dafür wichtig:

- **Trace** – Ein *Trace* bezeichnet den gesamten Prozess bzw. den Lebenszyklus einer Anfrage, die durch ein verteiltes System beantwortet wird. Das kann beispielsweise eine Suchanfrage sein, die von einem Client an einen Service gestellt wurde und von mehreren Systemen beantwortet wird.
- **Span** – Ein *Span* ist eine einzelne Operation innerhalb eines *Trace*, der wiederum aus mehreren Spans bestehen kann. Jeder Span enthält die Start- und Endzeit, die Dauer und weitere Metadaten der durchgeführten Operation. Das kann z. B. ein HTTP-Aufruf zu einem externen System sein.
- **Trace-ID** – Jeder Trace besitzt eine eindeutige Kennung, mit der er identifiziert werden kann. Alle in diesem Trace enthaltenen Spans erhalten ebenfalls diese Trace-ID, um eine spätere Korrelation zu ermöglichen. Oftmals handelt es sich um eine generierte UUID.
- **Span-ID** – Auch jeder Span besitzt eine eindeutige ID, mit der er identifiziert und referenziert werden kann. Diese IDs können dazu verwendet werden, um Abhängigkeiten zwischen einzelnen Spans zu definieren. Falls ein Span z. B. Teil eines größeren Ablaufs ist, kann ein Span auch die Span-ID des übergeordneten Spans, des sogenannten *Parent-Span*, referenzieren.
- **Tag** bzw. **Attribut** – Jeder Span kann zusätzliche Daten als Schlüssel-Wert-Paare enthalten. Diese kontextabhängigen Werte werden als *Tag* oder *Attribut* bezeichnet. Für eine HTTP-Anfrage kann das beispielsweise die Information sein, mit welcher HTTP-Methode eine Aktion aufgerufen wurde.

Das Distributed Tracing läuft (wie am Beispiel in Abbildung 7.29 gezeigt) folgendermaßen ab:

- Ein `Client` ruft den `Service A` auf, um einen Prozess zu starten, der sich über mehrere Services erstreckt.
- Innerhalb von `Service A` wird für jede Anfrage eine *Trace-ID* erzeugt, die diese Anfrage identifiziert.
- Für die aufgerufene Operation wird zusätzlich ein *Span* als Teil des übergeordneten *Trace* erstellt und an ein zentrales `Tracing Sytem` gesendet.
- `Service A` ruft im Rahmen seiner ausgeführten Operation `Service B` über eine Remote-Schnittstelle auf. Bei diesem Aufruf überträgt er die relevanten Span- und Trace-Informationen. Dadurch können die einzelnen Operationen auf den beiden Services bei einer folgenden Auswertung miteinander kombiniert werden können.
- Innerhalb des zweiten Service, dem `Service B`, wird ein neuer Span erzeugt, der mit dem aufrufenden Span verknüpft wird. Auch diese Information wird an das zentrale `Tracing System` übermittelt.
- Die Operationen werden abgeschlossen, und die Ergebnisse der Operationen werden ebenfalls an das `Tracing System` übermittelt.

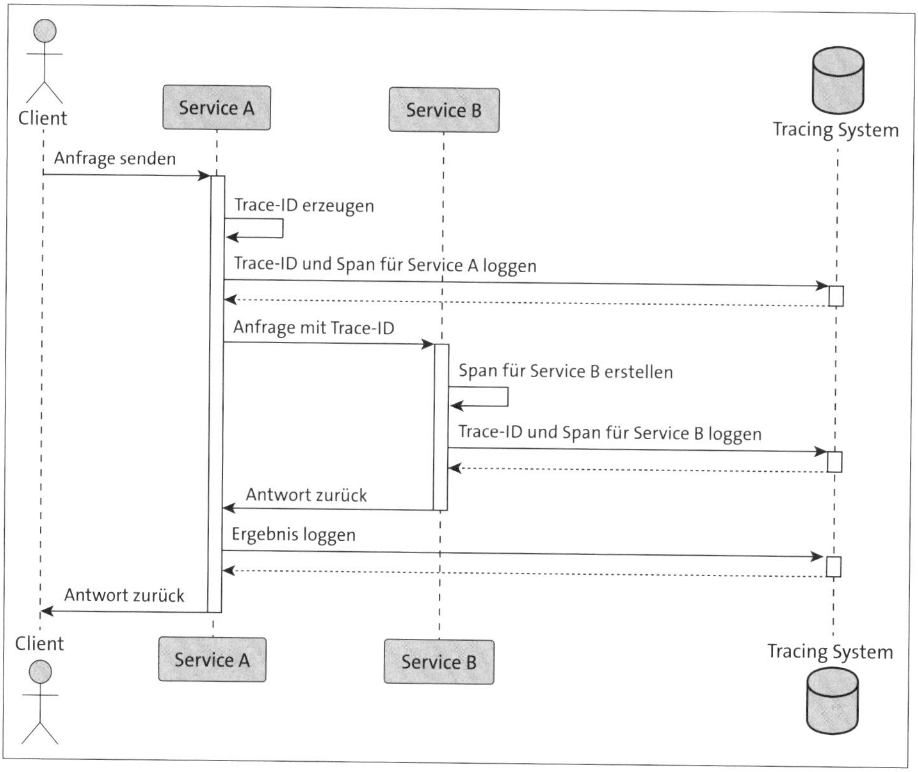

Abbildung 7.29 Sequenzdiagramm für das »Distributed Tracing«

Innerhalb des `Tracing Systems` werden die Informationen in einer Datenbank gesammelt und können ausgewertet werden. In Abbildung 7.30 ist ein Screenshot der *Jaeger UI*, einer Open-Source-Tracing-Lösung, abgebildet, in dem ein einfacher Trace über zwei Systeme gezeigt wird.

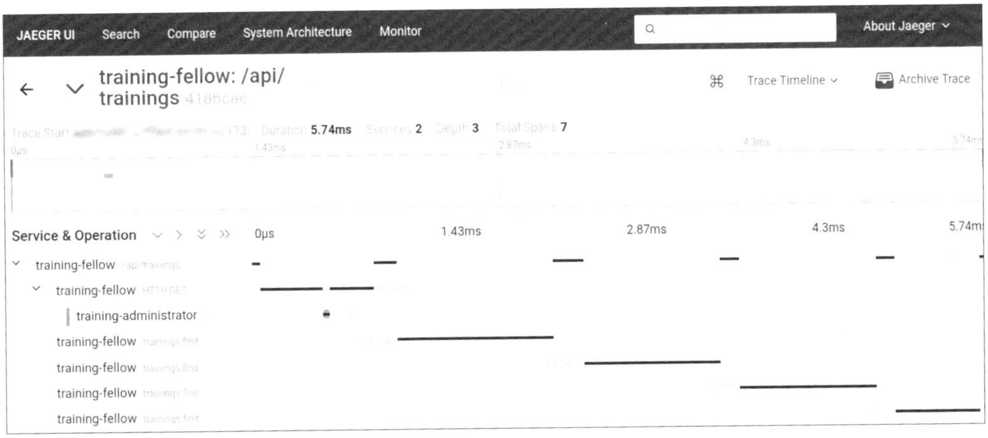

7

Abbildung 7.30 Screenshot einer Anzeige in »Jaeger UI«

Lösungsbeispiel

Distributed Tracing lässt sich am einfachsten mithilfe von existierenden Softwarelösungen umsetzen. *OpenTelemetry* (OTel) spielt hierbei eine zentrale Rolle, da es als Open-Source-Standard entwickelt wird und 2019 aus den beiden verbreiteten und konkurrierenden Produkten *OpenTracing* und *OpenCensus* entstanden ist.

Zahlreiche Softwareanbieter unterstützen mittlerweile diesen Standard, wodurch Tracing-Lösungen interoperabel wurden und Daten von verschiedenen Systemen nun einheitlich erfasst und ausgewertet werden können. Darüber hinaus bieten die großen Hyperscaler wie AWS, Google oder Microsoft Azure eigene Tools und optimierte Distributionen an, um Entwicklern den Einsatz in ihrer Plattform zu erleichtern. Dies erhöht die Attraktivität ihrer jeweiligen Technologie für Entwickler.

Die *OpenTelemetry*-Spezifikation definiert Standards und Richtlinien für die Implementierung von Distributed Tracing – unter anderem das *OpenTelemetry Protocol* (OTLP), das beschreibt, wie Tracing-Informationen zwischen verschiedenen Systemen übertragen werden sollen. Enthalten sind aber auch: eine Schnittstellenspezifikation (API) und Software Development Kits.

Ein mögliches Softwarepaket, das für das Speichern und Auswerten von Tracing-Daten eingesetzt werden kann, ist das Open-Source-Produkt *Jaeger*. Es handelt sich dabei um eine *Distributed Tracing Observability Platform*, die OpenTelemetry-Daten verarbeiten kann und einige Client-Bibliotheken und Möglichkeiten zur Instrumentation anbietet.

Der Aufbau beim Einsatz von Jaeger ist in Abbildung 7.31 dargestellt und funktioniert wie folgt:

- Sobald innerhalb des Applikationscodes ein Block erreicht wird, der verfolgt werden soll, wird über eine eingebundene *OpenTelemetry*-Bibliothek ein *Span* und gegebenenfalls ein neuer *Trace* erzeugt. Das erfolgt entweder durch explizite Methodenaufrufe im eigenen Code oder über eingewobene Aspekte (siehe *aspektorientierte Programmierung*).
- Die gesammelten Informationen werden über das ebenfalls in der Anwendung enthaltene *OpenTelemetry SDK* an einen sogenannten *Collector* gesendet. Im dargestellten Beispiel ist das ein *Jaeger Collector*, der innerhalb einer Jaeger-Installation ausgeführt wird.
- Der *Jaeger Collector* speichert die Daten in einer Datenbank.
- Über eine UI, im Beispiel die *Jaeger UI*, können die Daten ausgewertet werden.

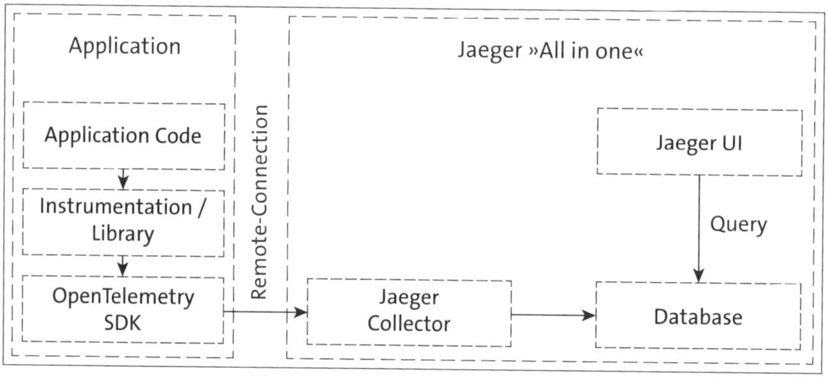

Abbildung 7.31 Aufbau beim Tracing mit Jaeger

Lokale Jaeger-»Installation«

Für lokale Tests bietet sich eine einfache »Installation« über eine Docker-Umgebung an. Das Jaeger-Projekt hat hierzu ein »All-in-one«-Docker-Image veröffentlicht, das sehr einfach verwendet werden kann.

Mit folgendem Kommando können Sie das Image lokal starten:

```
docker run -p 16686:16686 -p 4318:4318 jaegertracing/all-in-one:1.56
```

Danach können Traces gespeichert werden und diese über eine einfache Web-UI abgerufen bzw. analysiert werden: *http://localhost:16686/*

Distributed Tracing in der eigenen Anwendung

Mit einer microservice-basierten Software zur Schulungsverwaltung wird in diesem Abschnitt der Einsatz von *OpenTelemetry* und von Distributed Tracing in einer Go-Anwendung dargestellt.

Auf der Internetseite des Schulungsanbieters werden Schulungen mit den zugehörigen Durchführungsterminen veröffentlicht. Die dazu benötigten Daten werden vom sogenannten *Training-Fellow*-Service per HTTP-GET-Anfrage geladen. Der Service besitzt eine Datenbank, in der die jeweiligen Schulungstermine abgelegt sind.

Da allerdings das Schulungsunternehmen die fachliche Schulungserstellung von der Terminplanung entkoppelt hat, werden die zu den Schulungen gehörenden Beschreibungen und Materialien in einem separaten Service verwaltet. Deshalb muss der Training-Fellow-Service, um eine vollständige Darstellung der Schulungen zu erreichen, auf den *Training-Administrator*-Service zugreifen und dort die aktuellen Beschreibungen abrufen. Abbildung 7.32 zeigt ein entsprechendes »fachliches« Sequenzdiagramm. Damit Schulungen, die nicht mehr verwaltet werden, nicht mehr angezeigt werden, wird zu Beginn des Prozesses die Liste aller aktuellen Schulungen beim *Training Administrator* abgerufen.

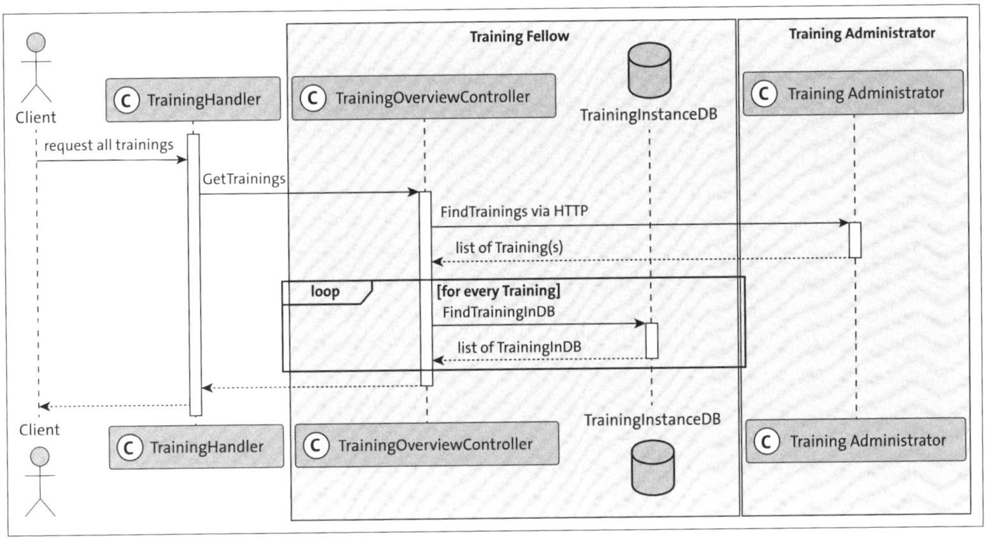

Abbildung 7.32 Sequenzdiagramm der Schulungsanwendung

Zur Verarbeitung der HTTP-Anfragen nutzt die Anwendung das *Gin*-Framework und implementiert dazu den `TrainingHandler`, der wiederum den `TrainingOverviewController` aufruft. Der entsprechende Code ist in Listing 7.20 zu sehen:

```
func (t *TrainingHandler) handleGetTrainings(c *gin.Context) {
    ctx := c.Request.Context()
    trainings, err := t.controller.GetTrainings(ctx)
    if err != nil {...}
    internalTrainings := ...//Mapping-Logik
    c.JSON(http.StatusOK, internalTrainings)
}
```

Listing 7.20 »TrainingHandler«-Implementierung

Damit die »Geschäftslogik« innerhalb der Handler-Implementierung von der Tracing-Logik entkoppelt bleibt, setzt die Anwendung auf einen aspektorientierten Ansatz und nutzt die vom OpenTelemetry-Projekt bereitgestellte *OTel*-Middleware, die in die Verarbeitungskette eingebunden wird. Abbildung 7.33 zeigt das entsprechende Sequenzdiagramm für diesen Ausschnitt.

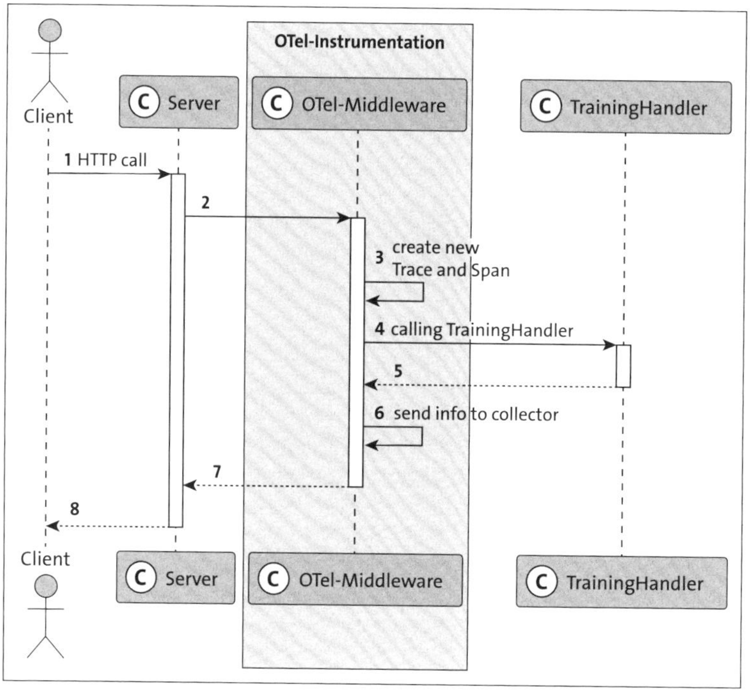

Abbildung 7.33 OTel-Middleware im Gin-Framework

Diese Einbindung erfolgt für alle in der Anwendung enthaltenen HTTP-Handler beim Serverstart. Somit wird jeder eingehenden HTTP-Anfrage direkt ein Span zugewiesen. Die Middleware-Implementierung übernimmt ebenfalls die Weiterleitung an den *Collector*.

```
import (
  "go.opentelemetry.io/contrib/instrumentation/github.com/gin-gonic/gin/
otelgin"
  ...
)
...
trainingHandler := TrainingHandler{controller: controller}
r := gin.Default()
r.Use(otelgin.Middleware("api"))
r.GET("/api/trainings", trainingHandler.handleGetTrainings)
```


Listing 7.21 Anmeldung des Gin-Handlers sowie der OTel-Middleware

Die Weitergabe bzw. die Speicherung des Trace-Contexts erfolgt Go-typisch innerhalb des `context.Context`-Objekts, das bei jedem Methodenaufruf mitgegeben wird.

Damit die Tracing-Informationen auch im *Training-Administrator*-Service zur Verfügung stehen und die dort erzeugten Spans mit dem richtigen Trace verknüpft werden können, muss die entsprechende Information mitgegeben werden. Das W3C (*World Wide Web Consortium*) hat dazu die Spezifikation zum sogenannten *Trace Context* veröffentlicht, die hierfür das HTTP-Header-Feld `traceparent` vorgibt. Eine Anfrage mit dem Header-Feld ist in Listing 7.23 dargestellt:

```
GET http://localhost:8085/trainings
Accept: application/json
traceparent: 00-0af7651916cd43dd8448eb211c80319c-b7ad6b7169203331-01
```

Listing 7.22 HTTP-Anfrage mit einem »traceparent«-Header

Die Einbindung in Go bzw. den HTTP-Client der Standardbibliothek kann ebenfalls mit einem aspektorientierten Ansatz erfolgen. Als Teil der *OpenTelemetry Contrib Instrumentation*-Bibliothek, wird ein entsprechender *RoundTripper* zur Verfügung gestellt, der als `Transport`-Implementierung für den HTTP-Client gesetzt werden kann, wie in Listing 7.23 zu sehen ist:

```
import (
    "go.opentelemetry.io/contrib/instrumentation/net/http/otelhttp"
    "go.opentelemetry.io/otel/propagation"
    ...
)
...
options := otelhttp.WithPropagators(propagation.TraceContext{})
```

```
httpClient := &http.Client{
    Transport: otelhttp.NewTransport(http.DefaultTransport, options),
}
```

Listing 7.23 »RoundTripper« für OTel-Mitgabe des Trace-Contexts

Innerhalb des *Training-Administrator*-Service kann das Header-Feld anschließend mit der dortigen OpenTelemetry-Implementierung ausgewertet und verwendet werden. Damit können die Spans zu einem Trace in der Jaeger-Datenbank zusammengefügt werden.

Die Anwendung nutzt zur Ablage der Daten eine *MongoDB*-Datenbank sowie den offiziellen *MongoDB*-Datenbanktreiber für Go. Auch diese Datenbankzugriffe können als separate Spans angelegt werden.

Ebenfalls als Teil des *OTel Contrib*-Packages ist ein sogenannter *MongoDB-Monitor* umgesetzt, der die Erstellung der Spans übernimmt. Dieser kann bei der Initialisierung des MongoDB-Clients gesetzt werden. Mehr Arbeit ist nicht notwendig. Listing 7.24 zeigt die Implementierung:

```
import (
    "go.opentelemetry.io/contrib/instrumentation/go.mongodb.org/mongo-driver/
mongo/otelmongo"
)
...
opts := options.Client().ApplyURI("mongodb://...")
opts.Monitor = otelmongo.NewMonitor()

client, err := mongo.Connect(ctx, opts)
if err != nil {
    return nil, err
}
```

Listing 7.24 Einbindung des OTel-Monitors für die MongoDB

Damit alle Teile korrekt zusammenarbeiten, muss die OTel-Umgebung innerhalb der Go-Applikation noch konfiguriert werden. Das zeigt Listing 7.25:

```
import (
   "go.opentelemetry.io/otel"
   "go.opentelemetry.io/otel/exporters/otlp/otlptrace"
   "go.opentelemetry.io/otel/exporters/otlp/otlptrace/otlptracehttp"
   "go.opentelemetry.io/otel/sdk/resource"
   "go.opentelemetry.io/otel/sdk/trace"
   semconv "go.opentelemetry.io/otel/semconv/v1.27.0"
```

```
    ...
)
...
headers := map[string]string{
    "content-type": "application/json",
}

exporter, err := otlptrace.New(
    ctx,
    otlptracehttp.NewClient(
        otlptracehttp.WithEndpoint("jaegerserver:4318"),
        otlptracehttp.WithHeaders(headers),
        otlptracehttp.WithInsecure(),
    ),
)
if err != nil {...}

tracerprovider := trace.NewTracerProvider(
    trace.WithBatcher(
        exporter,
        trace.WithMaxExportBatchSize(trace.DefaultMaxExportBatchSize),
        trace.WithBatchTimeout(trace.DefaultScheduleDelay*time.Millisecond),
        trace.WithMaxExportBatchSize(trace.DefaultMaxExportBatchSize),
    ),
    trace.WithResource(
        resource.NewWithAttributes(
            semconv.SchemaURL,
            semconv.ServiceNameKey.String("training-fellow"),
        ),
    ),
)
otel.SetTracerProvider(tracerprovider)
```

Listing 7.25 Konfiguration der OTel-Bibliothek

Schlussendlich kann somit der gesamte Aufruf einzelner Clients verfolgt werden. Das Ergebnis haben Sie bereits in Abbildung 7.30 gesehen.

Wann kann oder soll man das Pattern einsetzen?

Das Pattern kann und soll immer dann eingesetzt werden, wenn:

- verteilte Systeme einheitlich überwacht werden sollen.
- eine bessere Identifikation von Performance-Engpässen benötigt wird.

- die Möglichkeit geschaffen werden soll, Aufrufe zu verfolgen, die sich über mehrere Systeme erstrecken.
- das Debugging und die Fehlersuche in Systemen erleichtert werden sollen.
- Multi-Cloud-Umgebungen eingesetzt werden und die Überwachung vereinfacht werden soll.
- eine standardisierte Lösung für das Tracing durch den Einsatz von OpenTelemetry verwendet werden soll.

Konsequenzen

Der Einsatz des Patterns hat folgende Konsequenzen:

- Die Prozesse in verteilten Systemen werden transparent und überwachbar.
- Die Fehlersuche in verteilten Systemen wird vereinfacht und unter Umständen erst möglich.
- Es wird zusätzliche Infrastruktur (wie die zentrale Tracing-Lösung) benötigt und der Ressourcenbedarf der Anwendung steigt durch die Erzeugung und Übermittlung der Tracing-Daten.
- Das Tracing wird standardisiert und interoperabel.
- Die Komplexität der Anwendung steigt, und Entwickler müssen das Tracing konsequent und korrekt einsetzen, damit überhaupt ein Mehrwert entsteht.

Index

C

D

E

K

L

M

S

T

U

V

W

X

Z